U0592053

中国房地产市场的
区域差异及差别化调控研究

董纪昌　李秀婷　董　志　等　著

科　学　出　版　社
北　京

内 容 简 介

本书对我国房地产市场区域发展现状进行多层面的综合分析，进而对我国房地产市场区域进行多视角的合理划分；在新的区域划分基础上，系统分析房地产市场的区域特征差异，研究调控政策在不同区域房地产市场的作用机制和传导效应，搭建区域房地产调控政策综合评价体系，据此对不同区域的房地产调控的综合效应进行评价。最后，从调控思路、目标、原则、长效调控机制和短期调控策略等多方面提出差别化的调控政策建议。

本书对房地产相关研究机构和学者开展学术研究有一定的参考价值，同时可为政府相关部门在制定和调整政策时提供参考，也可供房地产企业开发投资决策、居民购房决策时参考。

图书在版编目（CIP）数据

中国房地产市场的区域差异及差别化调控研究/董纪昌等著. —北京：科学出版社，2015

ISBN 978-7-03-046962-5

Ⅰ. ①中… Ⅱ. ①董… Ⅲ. ①房地产市场–研究–中国 Ⅳ. ①F299.233.5

中国版本图书馆 CIP 数据核字（2015）第 311445 号

责任编辑：魏如萍 / 责任校对：赵桂芬
责任印制：霍 兵 / 封面设计：无极书装

科 学 出 版 社 出版
北京东黄城根北街 16 号
邮政编码：100717
http：//www.sciencep.com

北京通州皇家印刷厂印刷
科学出版社发行 各地新华书店经销

*

2016 年 4 月第 一 版 开本：720×1000 1/16
2016 年 4 月第一次印刷 印张：30 3/4
字数：620 000

定价：126.00 元

（如有印装质量问题，我社负责调换）

编 者 名 单

董纪昌　中国科学院大学经济与管理学院副院长、教授、博士生导师
李秀婷　中国科学院大学经济与管理学院讲师、管理学博士
董　志　中国科学院大学经济与管理学院博士生
林　睿　中国科学院大学经济与管理学院博士生
周克成　中国科学院大学经济与管理学院博士生
王国梁　中国科学院大学经济与管理学院博士生
张　欣　中国科学院大学经济与管理学院博士生
刘佳佳　中国科学院大学经济与管理学院博士生
朱琳琳　中国科学院大学经济与管理学院博士生
宋子健　中国科学院大学经济与管理学院博士生
沙思颖　中国科学院大学经济与管理学院博士生
戴　伟　中国科学院大学经济与管理学院博士生
郑长敬　中国科学院大学经济与管理学院博士生
焦丹晓　中国科学院大学经济与管理学院博士生
苗晋瑜　中国科学院大学经济与管理学院硕士生
高　雅　中国科学院大学经济与管理学院硕士生
孙熙隆　中国科学院大学经济与管理学院硕士生
王　炳　中国科学院大学经济与管理学院硕士生
何　静　中国科学院大学经济与管理学院硕士生
代高琪　中国科学院大学经济与管理学院硕士生
尹浩宇　中国科学院大学经济与管理学院硕士生
李一纯　中国科学院大学经济与管理学院硕士生
轩丹丹　中国科学院大学经济与管理学院硕士生

序

房地产业是我国国民经济发展的基础性与先导性产业，在国民经济发展中具有不可替代的地位。房地产市场波动影响宏观经济运行和经济金融安全，同时牵系社会民生。因此，如何促进房地产业的健康发展及房地产市场的平稳运行是近些年国家宏观调控的重要目标，同时是学者孜孜不倦、不断努力探索的目标。

我国幅员辽阔，区域经济发展呈现不均衡特征，不同区域、不同城市的房地产市场发展呈现区域差异性。受区域经济发展、房地产市场调控政策等影响，不同城市房地产市场分化趋势正不断扩大。在此情况下，“一刀切”的房地产调控政策难以达到预期目标。现有的房地产区域差异相关研究以实证分析为主，缺乏对区域差异形成机理的探析，需要学术界更多加强这方面的研究，为国家实施差别化调控提供理论支撑。

中国科学院大学房地产研究组在董纪昌教授的带领下，一直致力于房地产经济与政策研究，对房地产业的宏观经济效应、房地产业态、房地产市场预测、房地产政策效应评估、房地产市场微观主体行为等一系列问题有着深入研究，建树颇丰。2008 年以来，研究团队每年发布我国房地产市场预测报告和中科房地产市场系列指数，据此撰写的年度报告《中国房地产市场回顾与展望》已成为政府相关部门、企业及居民的决策参考。他们的科研工作为房地产经济相关理论发展做出了重要贡献，为我国房地产市场调控实践提供了重要参考。

《中国房地产市场的区域差异及差别化调控研究》是董纪昌教授主持国家自然科学基金面上项目“我国房地产市场的区域差异及调控政策的差别化研究”（项目编号：71173213）的结题成果。该书从区域差异与差别化调控的视角对房地产经济领域的重要理论问题进行了系统而深入的探讨，理论扎实、内容翔实、论述深入，数据准确、结果严谨，具有理论前沿性。同时，在当前房地产市场分化趋势日益扩大、差别化调控有待加强的背景下，该书将为政府实施差别化调控、企业及居民理性决策提供可靠支撑，应用价值突出。

汪寿阳

2015 年 11 月

前　言

近二十年来，我国房地产业经历了快速发展，在国民经济发展中具有不可替代的作用。在房地产业快速增长的同时，也出现了房价过快上涨、投资过剩、供需矛盾突出、风险集聚等一系列问题。对此，中央政府出台一系列调控政策，以稳定房地产市场发展、保障居民住房需求。房地产市场调控政策虽然取得了一定效果，但市场供需矛盾仍较为突出，区域房地产市场分化程度日益加深。房地产市场的根本性问题，如土地价格持续攀升、地方财政对房地产业依赖严重、个别城市房价涨幅过快等，以及深层次的结构性问题依然突出，并未通过一系列调控政策得到彻底解决，房地产市场仍面临诸多亟待解决的问题。

我国幅员辽阔，区域经济发展、社会环境存在显著差异，不同类型城市发展特点迥异，房地产市场具有明显的区域性特征，不同城市房地产市场面对宏观调控政策的反应也存在差异。2012 年以来，我国不同城市房地产市场供给、需求及价格分化趋势日益明显，造成此类现象的原因是什么？宏观调控效果未达到预期效果是否与房地产市场区域差异特征相关？房地产市场宏观调控政策在不同区域的作用机制和传导效应如何，调控政策效果如何评价？应如何制定与实施区域差别化调控政策？这一系列问题仍是我国房地产市场宏观调控亟待解决的现实问题。

现有研究普遍认同房地产市场的区域性特征，并针对具体的区域市场特征进行了分析研究，指出房地产市场的区域性特征显著，应因地制宜地实施区域差别化房地产宏观调控。目前的房地产市场区域差异研究大多是基于现有的经济区域划分，专门针对房地产市场区域划分的研究较少。此外，现有研究虽然强调实施差别化房地产市场调控的重要性和必要性，但缺少针对调控政策在不同区域的作用机理和传导效应等问题的系统而深入的探索。同样，现有的针对房地产市场调控政策效果的评价研究也存在一定的局限性。

本书在合理划分房地产市场的基础上，探析房地产市场区域差异特征及其形成的内在机理，为我国房地产市场差别化调控提供依据。本书对我国房地产市场进行了合理划分，进而深入分析了房地产市场区域差异性的本质和动态规律，以及房地产调控政策的差异化传导机理和调控效应，据此提出了差别化调控建议。

全书共分为四篇内容，具体如下。

第一篇为我国房地产市场区域发展现状分析，包括第 1 章和第 2 章的内容。从房地产供给、需求、价格等方面对我国整体房地产市场及不同区域房地产市场的发展现状进行分析与比较，论证我国房地产市场区域划分与分类调控的必要性。

第二篇为我国房地产市场区域划分研究，包括第 3 章至第 5 章的内容。分别从静态供需资源分布、动态价格波动、异质收敛等角度对我国房地产市场区域进行合理划分，为区域差异分析与分类调控提供基础框架。

第三篇为我国房地产市场区域差异特征研究，包括第 6 章至第 10 章的内容。在区域划分的基础上，分析房地产投资、价格的区域差异特征，深入分析房地产市场区域差异性的本质和动态规律，为区域政策效应分析与分类调控策略设计提供基础。

第四篇为我国房地产市场差别化调控研究，包括第 11 章至第 16 章的内容。在新划分区域的基础上，研究调控政策在不同区域房地产市场的作用机制和传导效应，借此把握各区域房地产市场的政策需求；进而搭建区域房地产调控政策综合评价体系，为区域调控目标和调控策略的调整提供基础。最终，在确保调控政策的基本原则和方向与中央保持一致的前提下，因地制宜地制定适合各区域的短期调控策略和长效调控机制。

本书在一定程度上丰富了房地产调控领域的研究，相关成果有助于中央政府制定更具针对性和有效性的房地产调控政策，指导地方政府实施更为准确有效的差别调控，维持我国房地产市场稳定发展。

本书由国家自然科学基金面上项目“我国房地产市场的区域差异及调控政策的差别化研究”（项目编号：71173213）资助，并得到中国科学院大学、中国科学院预测科学研究中心的大力支持。科学出版社编辑马跃等为本书的出版付出了辛勤的劳动。在此，向所有为本书付出努力，提供过帮助与支持的领导、同事及朋友表示最诚挚的感谢。

当然，由于学识水平和能力所限，本书可能存在一些有待商榷和值得探讨的地方，欢迎各界朋友交流、探讨、批评与指正。

董纪昌　李秀婷　董　志

2015 年 11 月

目　录

第一篇　我国房地产市场区域发展现状分析

第二篇　我国房地产市场区域划分研究

第三篇　我国房地产市场区域差异特征研究

第四篇　我国房地产市场差别化调控研究

第一篇　我国房地产市场区域发展现状分析

第 1 章　我国房地产市场地区层面差异分析

本章从地区层面分析我国近年来区域房地产市场的发展状况，通过对区域房地产市场投资、需求、供给及房地产销售价格等因素的描述统计分析，揭示我国区域房地产市场的差异化程度。

1.1　房地产开发投资分析

如图 1-1 所示，2000～2014 年我国房地产开发投资完成额由 4 984.05 亿元上升为 95 035.61 亿元，其年均增速为 23.43%。其中，住宅开发投资完成额由 3 311.98 亿元上升为 64 352.15 亿元，其年均增速为 23.60%。住宅开发投资额占比（住宅开发投资额占房地产开发投资额的比重）稳定在 67%～72%。

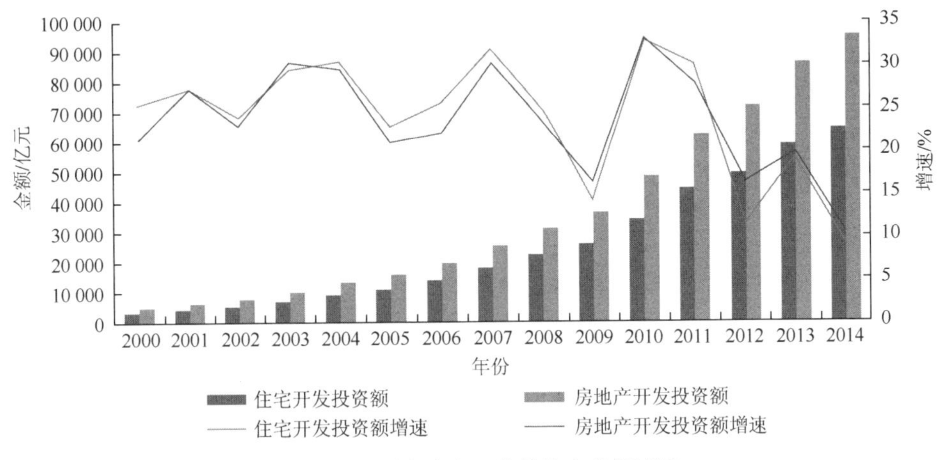

图 1-1　我国房地产开发投资完成额情况

分地区情况分别看东部、中部和西部的情况，如图 1-2～图 1-4 所示，2000～2014 年，我国东部地区房地产开发投资完成额由 3 568.13 亿元上升为 52 940.54 亿元，其年均增速为 21.24%。其中，住宅开发投资完成额由 2 426.18 亿元上升为 35 477.24 亿元，其年均增速为 21.12%。中部地区房地产开发投资完成额由 616.87 亿元上升为 20 662.29 亿元，其年均增速为 28.51%。其中，住宅开发投资完成额由 416.20 亿元上升为 14 551.87 亿元，其年均增速为 28.90%。西部地区房地产开发投资完成额由 730.39 亿元上升为 21 379.85 亿元，其年均增速为

27.28%。其中，住宅开发投资完成额由 476.36 亿元上升为 14 293.60 亿元，其年均增速为 27.50%。

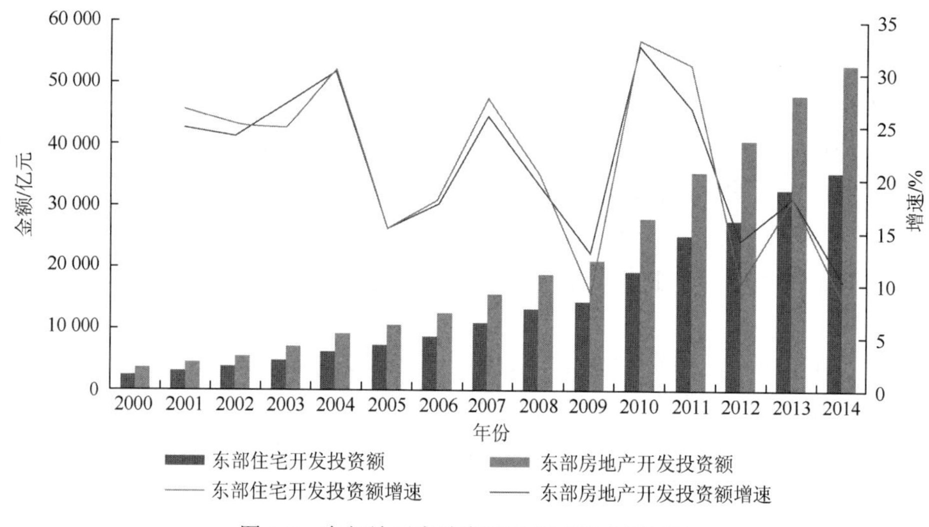

图 1-2 东部地区房地产开发投资完成额情况

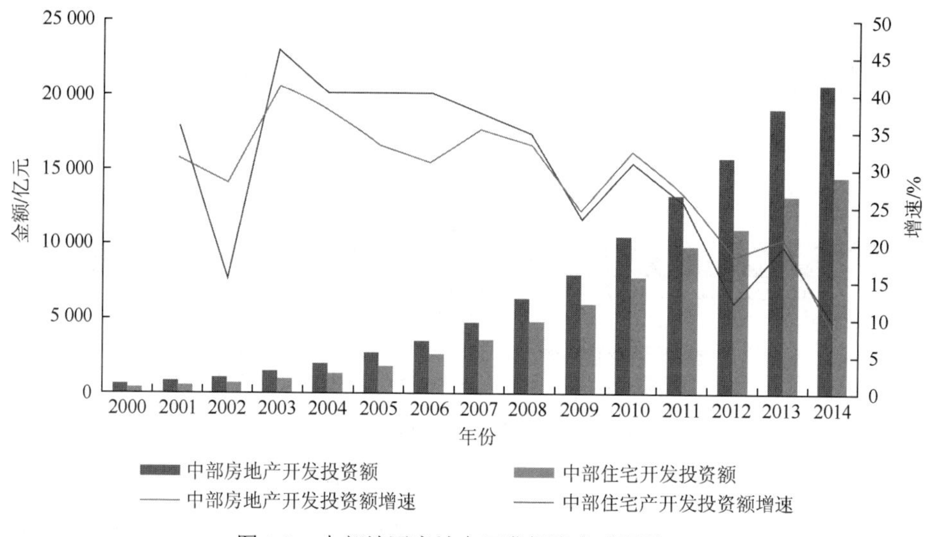

图 1-3 中部地区房地产开发投资完成额情况

为了更好地观察地区投资额的差异，选取 2000 年第 1 季度到 2015 年第 2 季度的住宅投资额季度数据，经过季节调整和 HP 滤波过滤后，得到对应的住宅投资额趋势。如图 1-5 所示，中部和西部表现相当，但均远低于东部。尽管中部和西部地区的平均年增长率高于东部，但是从趋势来看，东部地区与中西部地区的差距在被不断拉大。可见中部和西部地区房地产投资额及住宅投资额的高增长率并不能改变房地产投资分化情况的进一步加剧。

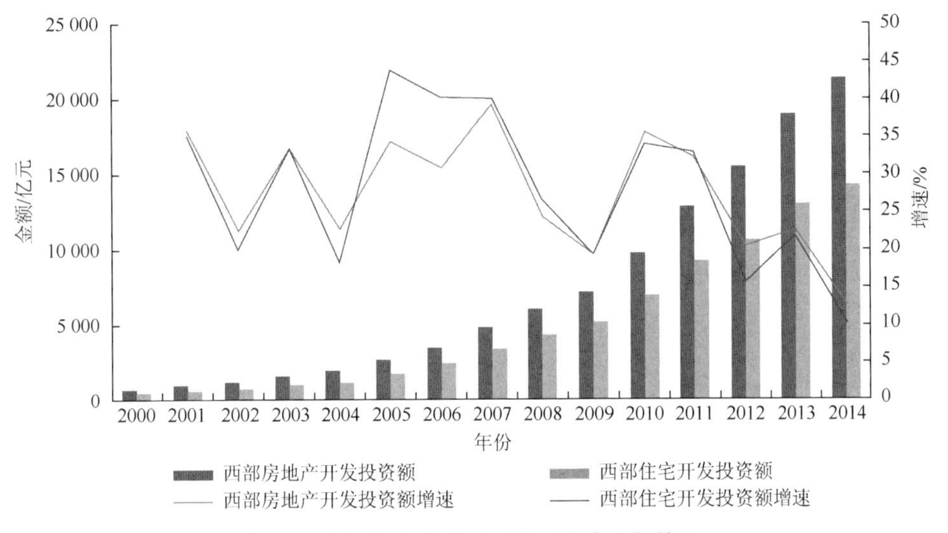

图1-4 西部地区房地产开发投资完成额情况

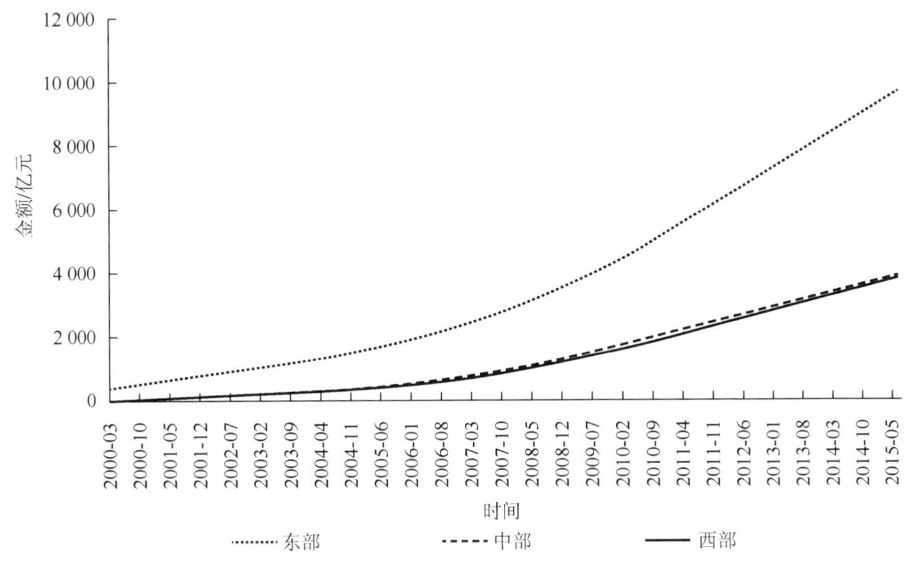

图1-5 东部、中部、西部地区住宅投资额变化趋势

通过分析住宅开发投资额占比（即住宅开发投资完成额占房地产开发投资完成额的比重）来判断不同地区房地产市场的细分程度，比较不同地区房地产市场的主导成分，如表1-1所示。

表 1-1 住宅开发投资完成额占比情况

年份	全国住宅开发投资完成额占比/%	东部地区住宅开发投资完成额占比/%	中部地区住宅开发投资完成额占比/%	西部地区住宅开发投资完成额占比/%
2000	66.45	68.00	67.47	65.22
2001	66.47	68.96	69.63	64.88
2002	67.10	69.66	62.55	63.50
2003	66.74	68.42	64.68	63.60
2004	67.16	68.75	65.67	61.26
2005	68.27	68.72	69.15	65.55
2006	70.22	69.08	74.16	70.25
2007	71.20	70.07	75.50	70.56
2008	71.92	70.73	76.21	71.87
2009	70.67	68.39	75.40	72.13
2010	70.51	68.68	74.62	71.31
2011	71.72	70.87	73.96	71.69
2012	68.76	68.20	70.19	68.79
2013	68.54	68.16	69.65	68.38
2014	67.71	67.01	70.43	66.86

通过比较分析发现，近十多年来我国东部、中部、西部各地区的房地产市场主要以住宅市场为主，其住宅开发投资完成额占比基本在65%以上，其数值大多维持在65%～72%，其中中部地区住宅开发投资完成额占比有上升趋势，较东部、西部地区比值偏高。东部地区数值较为稳定，而西部地区住宅开发投资完成额占比也有了明显上升，这说明中部地区与西部地区房地产市场成分更为集中。从全国的情况来看，我国房地产市场仍以住宅市场为主。

下面通过分析我国东部、中部、西部地区的房地产开发投资完成额占整体情况的比重来分析我国房地产开发投资的重心或者区域集聚程度。由图 1-6 可知，我国房地产开发投资完成额主要集中在东部地区，中部、西部两个地区所占比重基本持平。同时可以看到，2000～2014 年东部地区的开发投资额占比正在逐年减少，由 72.59%降为 55.74%，而中部、西部地区所占比重正在逐年上升，中部地区所占比重由12.55%上升为21.75%，西部地区所占比重由14.86%上升为22.51%。可以看出近十多年来我国房地产开发投资的地区差异正在逐步缩小，但仍以东部地区为主，中部、西部地区房地产开发正在迅速发展与提升。

上述内容从整体层面及东部、中部、西部地区层面对我国房地产市场的开发投资完成额进行了统计描述。接下来，通过分析省际层面的数据，将地区进行细分，分析我国省份间的房地产市场开发投资的差异，首先按照经济区划的方式，列出东部、中部、西部三个地区所包含的省份：西部地区包括四川、重庆、贵州、

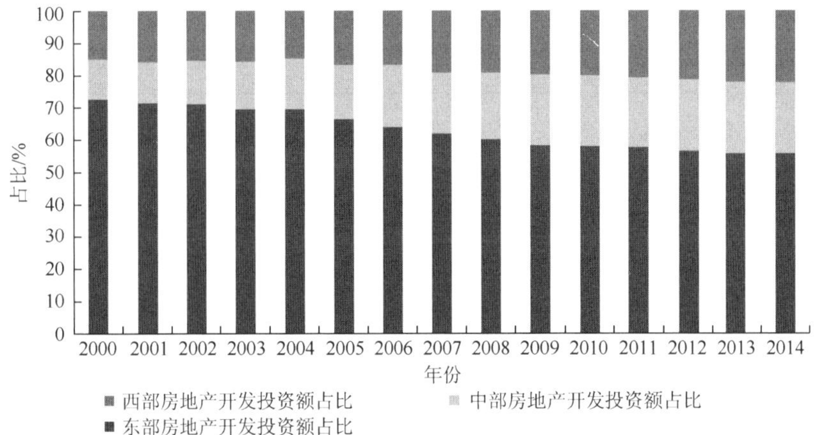

图 1-6　房地产开发投资完成额占比情况

云南、西藏、陕西、甘肃、青海、宁夏、新疆、广西、内蒙古 12 个省（直辖市、自治区）；中部地区包括山西、吉林、黑龙江、安徽、江西、河南、湖北、湖南 8 个省；东部地区包括北京、天津、河北、辽宁、上海、江苏、浙江、福建、山东、广东和海南 11 个省（直辖市）。

东部地区各省份的房地产开发投资、住宅开发投资完成及其增速、占比情况如表 1-2～表 1-5 所示。

表 1-2　东部地区各省份房地产开发投资完成情况（单位：亿元）

年份	北京	天津	河北	辽宁	上海	江苏	浙江	福建	山东	广东	海南
2000	522	134	108	264	552	357	357	199	220	831	10
2001	784	161	141	322	620	412	536	214	292	943	17
2002	989	176	175	388	720	545	724	249	391	1 117	20
2003	1 202	211	252	486	901	809	972	362	580	1 210	36
2004	1 473	264	316	701	1 175	1 270	1 295	478	765	1 356	56
2005	1 525	328	391	874	1 247	1 527	1 455	540	974	1 498	71
2006	1 720	402	480	1 142	1 276	1 901	1 573	787	1 179	1 834	89
2007	1 996	505	708	1 498	1 308	2 516	1 821	1 132	1 519	2 510	127
2008	1 909	654	1 063	2 058	1 367	3 064	1 999	1 114	1 976	2 932	189
2009	2 338	735	1 517	2 641	1 464	3 339	2 254	1 136	2 429	2 961	288
2010	2 901	867	2 265	3 466	1 981	4 302	3 030	1 819	3 252	3 660	468
2011	3 036	1 080	3 070	4 488	2 170	5 553	4 137	2 403	4 108	4 899	663
2012	3 153	1 260	3 087	5 456	2 381	6 206	5 226	2 824	4 708	5 353	887
2013	3 483	1 481	3 445	6 451	2 820	7 241	6 216	3 703	5 445	6 490	1 197
2014	3 715	1 700	4 060	5 301	3 206	8 240	7 262	4 567	5 818	7 638	1 432

表 1-3 东部地区各省份住宅开发投资完成情况（单位：亿元）

年份	北京	天津	河北	辽宁	上海	江苏	浙江	福建	山东	广东	海南
2000	288	114	71	181	399	261	257	123	151	575	7
2001	464	121	83	228	472	314	369	144	217	646	13
2002	587	121	105	276	556	397	545	158	286	802	15
2003	633	153	168	343	676	596	709	237	406	854	29
2004	776	175	224	481	901	961	978	308	550	889	47
2005	780	235	293	614	921	1 124	1 088	364	698	989	56
2006	864	311	383	839	836	1 420	1 143	512	893	1 295	64
2007	992	343	572	1 166	838	1 879	1 307	777	1 189	1 794	105
2008	941	459	847	1 575	844	2 297	1 420	748	1 562	2 133	158
2009	907	495	1 218	1 933	919	2 424	1 581	743	1 860	2 104	262
2010	1 509	565	1 786	2 481	1 230	3 160	2 058	975	2 513	2 538	417
2011	1 778	679	2 296	3 413	1 399	4 086	2 700	1 592	3 202	3 495	574
2012	1 628	843	2 317	3 962	1 452	4 355	3 437	1 752	3 473	3 705	725
2013	1 724	986	2 539	4 666	1 616	5 172	4 089	2 402	3 977	4 531	995
2014	1 846	1 122	3 010	3 844	1 725	5 925	4 594	2 917	4 184	5 187	1 122

表 1-4 东部地区各省份房地产开发投资增速情况（单位：%）

年份	北京	天津	河北	辽宁	上海	江苏	浙江	福建	山东	广东	海南
2000	23.9	14.5	27.9	46.6	10.4	9.1	36.5	14.1	27.5	22.9	71.3
2001	50.1	20.4	30.1	21.7	12.4	15.3	50.4	7.9	32.7	13.5	70.8
2002	26.2	9.0	24.2	20.6	16.1	32.3	35.1	16.1	33.9	18.5	14.5
2003	21.5	20.2	44	25.3	25.1	48.6	34.2	45.4	48.4	8.3	84.4
2004	22.5	24.8	25.4	44.2	30.4	56.9	33.2	32.0	32.0	12.1	55.7
2005	3.5	24.1	23.6	24.6	6.1	20.2	12.3	13.1	27.4	10.5	26.5
2006	12.8	22.8	22.9	30.8	2.3	24.5	8.1	45.7	21.0	22.4	26.0
2007	16.0	25.6	47.5	31.1	2.5	32.3	15.8	43.8	28.9	36.8	42.2
2008	–4.4	29.4	50.1	37.4	4.5	21.8	9.8	–1.6	30.1	16.8	49.1
2009	22.5	12.5	42.8	28.3	7.1	8.9	12.7	2.0	22.9	1.0	52.1
2010	24.1	17.9	49.3	31.3	35.3	28.9	34.5	60.1	33.9	23.6	62.5
2011	4.7	24.6	35.5	29.5	9.6	29.1	36.5	32.1	26.3	33.9	41.7
2012	3.9	16.7	0.6	21.6	9.7	11.8	26.3	17.5	14.6	9.3	33.7
2013	10.5	17.5	11.6	18.2	18.4	16.7	18.9	31.1	15.7	21.2	34.9
2014	6.7	14.8	17.9	–17.8	13.7	13.8	16.8	23.3	6.9	17.7	19.6

表 1-5 东部地区各省份住宅开发投资完成情况占比（单位：%）

年份	北京	天津	河北	辽宁	上海	江苏	浙江	福建	山东	广东	海南
2000	55	85	65	68	72	73	72	62	69	69	70
2001	59	75	59	71	76	76	69	67	74	68	76
2002	59	69	60	71	77	73	75	63	73	72	77
2003	53	73	67	71	75	74	73	66	70	71	81
2004	53	66	71	69	77	76	76	65	72	66	84
2005	51	72	75	70	74	74	75	67	72	66	79
2006	50	77	80	73	66	75	73	65	76	71	71
2007	50	68	81	78	64	75	72	69	78	71	82
2008	49	70	80	77	62	75	71	67	79	73	84
2009	39	67	80	73	63	73	70	65	77	71	91
2010	52	65	79	72	62	73	68	54	77	69	89
2011	59	63	75	76	64	74	65	66	78	71	87
2012	52	67	75	73	61	70	66	62	74	69	82
2013	49	67	74	72	57	71	66	65	73	70	83
2014	50	66	74	73	54	72	63	64	72	68	78

从表 1-2 可以看出，东部地区房地产开发投资规模较大的地区为辽宁、江苏、浙江、广东、山东等地区，受宏观调控政策的影响，北京市房地产开发投资近几年有所减缓，平均增速较高的地区为河北、辽宁、浙江、山东、海南。从表 1-2～表 1-5 可以看出，各省（直辖市）的房地产市场集中度也有所不同，其中北京地区房地产市场中住宅开发投资占房地产开发投资的比重在 50%～60%，比例相对较低；其他地区住宅开发投资比重除个别年份外，大部分年份保持在 65%以上，其中海南的住宅开发投资比重一直保持在 70%以上，近 8 年来基本保持在 80%以上。而浙江、上海、天津的住宅开发投资比重呈现下降趋势。

对东部地区各省份季度住宅投资额进行趋势分析可以看出，住宅投资规模较大的地区为江苏、广东、浙江、山东和辽宁，这与房地产开发投资规模大小相契合。然而在投资规模较大的省份中，其趋势发展不尽相同。江苏、广东和浙江的投资规模增长迅速，高于其他省份。其中，山东住宅投资规模增速放缓，而辽宁在 2012 年后增速明显放慢之后甚至有减少的趋势。在规模较小的剩余城市中，开发投资比重最大的海南的住宅投资规模最小，北京、天津和上海三个重点地区受多方面的影响，增长缓慢，河北维持稳定增长，而福建基数较小，但是增长迅速。通过上述分析，发现在国家多轮市场调控过程中，各个省份的表现呈现多种变化，而这种复杂性和多样性使得调控政策并未达到预期效果。

结合东部地区各省份的特点可以看出，东部地区由于整体经济发展水平较高，房地产市场开发较早并且市场化程度较高，房地产市场投资额较大，增速较快的江苏、广东、浙江等都是人口净流入较高的省份。而辽宁由于经济发展速度趋缓，人口净流出加快，房地产市场需求增速趋缓，存在供给过剩问题。具体如图 1-7 所示。

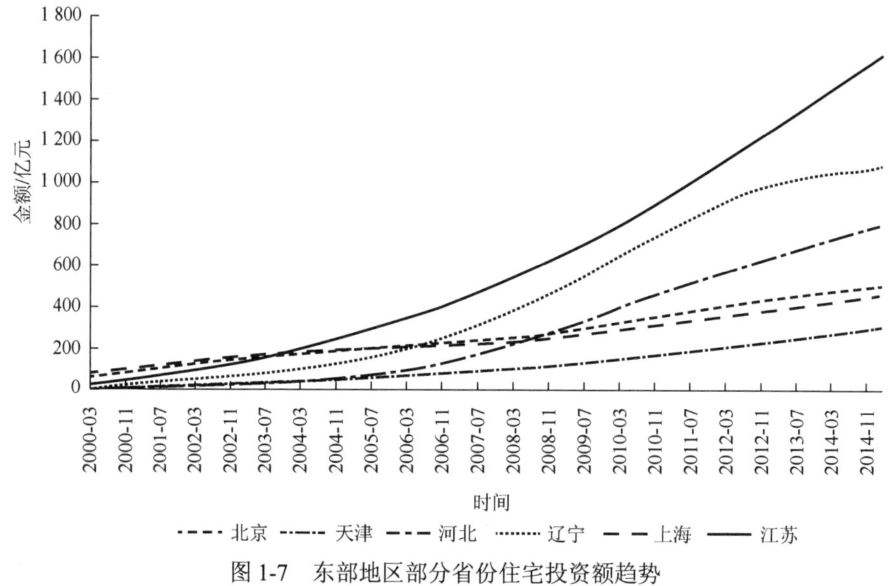

图 1-7　东部地区部分省份住宅投资额趋势

中部地区各省份的房地产开发投资、住宅开发投资完成及其增速、占比情况如表 1-6～表 1-9 所示。

表 1-6　中部地区各省份房地产开发投资完成情况（单位：亿元）

年份	山西	吉林	黑龙江	安徽	江西	河南	湖北	湖南
2000	37	63	104	88	38	78	135	74
2001	45	93	147	111	55	102	151	106
2002	67	116	146	146	95	138	179	151
2003	95	139	163	241	174	186	239	230
2004	126	160	214	350	243	259	337	335
2005	175	196	268	459	301	389	448	448
2006	209	310	321	637	344	582	565	556
2007	259	488	382	892	432	837	724	761
2008	327	625	453	1 352	544	1 186	904	896
2009	477	756	564	1 668	635	1 554	1 200	1 085

续表

年份	山西	吉林	黑龙江	安徽	江西	河南	湖北	湖南
2010	592	921	843	2 252	707	2 114	1 618	1 469
2011	790	1 165	1 219	2 590	853	2 620	2 063	1 897
2012	1 010	1 310	1 536	3 152	970	3 035	2 539	2 211
2013	1 309	1 252	1 604	3 946	1 175	3 844	3 286	2 628
2014	1 404	1 030	1 324	4 339	1 322	4 376	3 984	2 884

表 1-7　中部地区各省份住宅开发投资完成情况（单位：亿元）

年份	山西	吉林	黑龙江	安徽	江西	河南	湖北	湖南
2000	25	46	71	58	24	61	93	39
2001	32	75	102	72	35	75	112	61
2002	37	82	77	89	50	102	132	80
2003	49	96	89	166	107	135	172	135
2004	72	113	140	242	152	175	228	207
2005	115	145	175	323	205	272	318	317
2006	156	242	248	481	264	432	411	381
2007	190	398	280	662	353	639	508	575
2008	228	521	322	1 003	445	946	669	669
2009	379	605	442	1 173	509	1 235	804	838
2010	457	732	657	1 608	545	1 685	1 041	1 135
2011	615	904	939	1 884	657	2 022	1 327	1 484
2012	736	988	1 123	2 059	684	2 203	1 698	1 573
2013	959	911	1 125	2 550	795	2 827	2 252	1 846
2014	1 011	732	9 46	2 848	972	3 289	2 755	1 999

表 1-8　中部地区各省份房地产开发投资增速情况（单位：%）

年份	山西	吉林	黑龙江	安徽	江西	河南	湖北	湖南
2000	–4.6	19.8	26.5	23.8	23.9	10.5	8.7	31.8
2001	23.0	46.4	41.2	26.0	45.0	31.0	12.3	43.6
2002	48.6	24.4	–0.8	32.0	73.7	35.6	18.1	41.9
2003	41.3	20.4	11.9	64.3	82.2	34.1	33.8	52.4
2004	32.6	14.8	31.2	45.6	39.7	39.5	41.1	45.6
2005	38.8	22.4	25.0	31.2	23.8	50.1	32.8	33.6
2006	19.5	58.6	20.1	38.7	14.2	49.8	26.1	24.2
2007	24.1	57.3	19.0	39.9	25.6	43.8	28.1	36.9

续表

年份	山西	吉林	黑龙江	安徽	江西	河南	湖北	湖南
2008	26.2	28.0	18.5	51.6	26.1	41.6	24.9	17.8
2009	46.1	20.9	24.4	23.4	16.6	31.0	32.8	21.0
2010	24.1	21.8	49.5	35.0	11.4	36.1	34.8	35.5
2011	33.4	26.5	44.6	15.0	20.6	23.9	27.5	29.1
2012	27.8	12.4	26.0	21.7	13.7	15.8	23.1	16.6
2013	29.6	–4.4	4.4	25.2	21.1	26.7	29.4	18.9
2014	7.3	–17.7	–17.5	10.0	12.5	13.8	21.2	9.7

表 1-9　中部地区各省份住宅开发投资完成情况占比（单位：%）

年份	山西	吉林	黑龙江	安徽	江西	河南	湖北	湖南
2000	68	72	68	65	63	78	69	53
2001	70	81	69	65	65	74	74	58
2002	55	71	53	61	52	74	74	53
2003	52	69	54	69	61	73	72	59
2004	57	70	65	69	63	68	68	62
2005	66	74	65	70	68	70	71	71
2006	75	78	77	75	77	74	73	69
2007	73	82	73	74	82	76	70	76
2008	70	83	71	74	82	80	74	75
2009	80	80	78	70	80	79	67	77
2010	77	79	78	71	77	80	64	77
2011	78	78	77	73	77	77	64	78
2012	73	75	73	65	71	73	67	71
2013	73	73	70	65	68	74	69	70
2014	72	71	71	66	74	75	69	69

从表 1-6 可以看出，中部地区房地产开发投资规模较大的地区为安徽、河南、湖北、湖南，其中山西、江西的房地产开发投资规模较小。近几年中部地区房地产开发投资增速虽然波动较大，但是年均增速一直保持在较高水平。相比于东部地区各省份，中部地区各省份住宅开发投资完成额所占房地产开发投资额的比重更高，房地产市场投资集中于住宅开发。

分析中部地区各省份季度住宅投资额趋势，住宅投资规模较大的省份有河南、安徽、湖北和湖南。其中，安徽和湖南增速较为稳定，而河南和湖北住宅投资增速逐年加快。住宅投资规模相对偏低的省份中，山西和江西增速稳中趋慢，而黑龙江和吉林呈现下降趋势。

中部地区的房地产投资额区域差异和各地区经济发展水平存在一定关系。投资规模较大、增速较快的省份，如河南、安徽、湖北和湖南的经济发展水平明显高于中部其他地区，经济发展和房地产市场投资相互影响、相互作用。在经济水平相对较低的地区中，如吉林和黑龙江，经济运行面临下行压力，人口净流出现象较为突出，房地产市场需求增速趋缓，使其房地产市场开发投资呈下降趋势具体如图 1-8 所示。

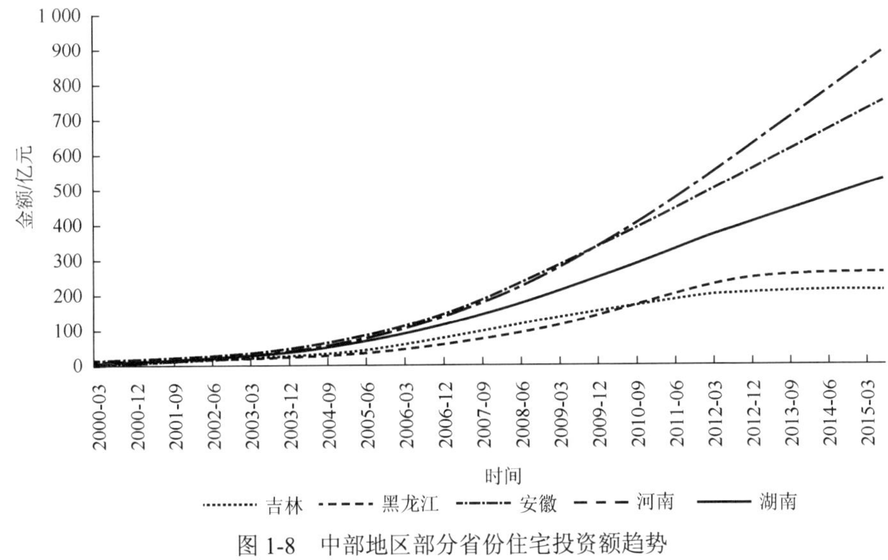

图 1-8　中部地区部分省份住宅投资额趋势

西部地区各省份的房地产开发投资、住宅开发投资完成及其增速、占比情况如表 1-10～表 1-13 所示。

表 1-10　西部地区各省份房地产开发投资完成情况（单位：亿元）

年份	内蒙古	广西	重庆	四川	贵州	云南	陕西	甘肃	青海	宁夏	新疆	西藏
2000	45	39	140	194	42	79	78	28	13	15	57	1
2001	66	56	197	266	61	81	99	31	15	22	97	2
2002	72	74	246	345	77	92	124	38	17	31	86	2
2003	91	120	328	449	104	112	189	51	22	51	99	2
2004	111	192	393	510	122	150	231	72	26	67	105	5
2005	162	287	518	699	153	234	298	86	29	75	102	6
2006	325	370	630	920	188	315	395	98	31	77	120	7
2007	501	537	850	1 331	248	423	535	134	34	93	170	8
2008	736	622	991	1 430	308	558	749	171	50	117	222	13

续表

年份	内蒙古	广西	重庆	四川	贵州	云南	陕西	甘肃	青海	宁夏	新疆	西藏
2009	815	814	1 239	1 587	370	737	944	204	73	163	231	16
2010	1 120	1 206	1 620	2 195	557	900	1 160	266	108	254	345	9
2011	1 650	1 500	2 015	2 837	879	1 273	1 421	363	145	331	518	5
2012	1 291	1 555	2 508	3 266	1 468	1 782	1 836	561	190	429	606	7
2013	1 479	1 615	3 013	3 853	1 943	2 488	2 240	725	248	559	826	10
2014	1 371	1 838	3 630	4 380	2 188	2 847	2 426	721	308	655	1 015	53

表 1-11　西部地区各省份住宅开发投资完成情况（单位：亿元）

年份	内蒙古	广西	重庆	四川	贵州	云南	陕西	甘肃	青海	宁夏	新疆	西藏
2000	29	21	73	132	26	52	58	17	8	10	50	0
2001	40	30	111	186	38	59	64	20	8	13	75	1
2002	40	44	131	242	48	67	86	25	10	21	57	1
2003	52	73	177	325	59	80	124	34	15	35	53	1
2004	69	113	209	338	71	100	150	47	17	42	57	5
2005	115	191	300	472	84	167	211	60	17	47	70	4
2006	256	248	377	658	105	230	319	72	23	56	90	5
2007	384	354	522	943	155	320	428	95	28	67	140	7
2008	572	425	620	1 022	194	424	587	124	43	88	187	11
2009	574	577	789	1 149	248	553	782	137	55	126	184	11
2010	782	879	1 091	1 535	329	655	939	188	75	187	278	7
2011	1 112	1 074	1 438	1 998	580	874	1 180	258	90	236	418	4
2012	846	1 070	1 707	2 198	930	1 153	1 478	413	141	279	444	4
2013	1 004	1 167	2 044	2 538	1 244	1 642	1 769	540	160	340	556	6
2014	937	1 293	2 451	2 848	1 350	1 830	1 870	496	191	412	616	29

表 1-12　西部地区各省份房地产开发投资增速情况（单位：%）

年份	内蒙古	广西	重庆	四川	贵州	云南	陕西	甘肃	青海	宁夏	新疆	西藏
2000	55.8	18.2	24.1	37.4	59.7	−12.0	21.4	12.4	20.1	20.8	203.7	−24.1
2001	46.9	42.8	40.9	36.9	44.6	1.7	27.7	13.5	15.2	44.1	69.6	142.4
2002	10.1	33.9	25.0	29.6	27.3	14.4	24.5	20.2	10.9	38.9	−11.7	−1.9
2003	25.5	61.6	33.3	30.3	34.3	21.7	52.6	34.7	32.1	65.0	14.6	9.6
2004	22.5	59.9	19.9	13.5	16.9	33.7	22.6	41.9	17.6	32.0	6.3	213.4
2005	45.5	49.2	31.7	37.1	26.0	55.9	28.9	19.0	10.9	11.2	−2.9	10.6

续表

年份	内蒙古	广西	重庆	四川	贵州	云南	陕西	甘肃	青海	宁夏	新疆	西藏
2006	100.5	28.9	21.6	31.5	22.4	34.6	32.5	14.0	7.1	3.0	18.4	23.3
2007	54.1	45.1	35.0	44.8	32.4	34.4	35.6	37.2	9.7	21.0	41.0	12.4
2008	47.0	15.8	16.6	7.4	23.9	31.9	40.0	27.3	47.3	26.1	30.8	57.0
2009	10.8	30.9	25.0	10.9	20.1	32.3	26.0	19.6	44.6	38.6	4.0	21.2
2010	37.3	48.2	30.8	38.3	50.6	22.1	22.9	30.5	48.5	56.3	49.4	−43.0
2011	47.3	24.4	24.4	29.3	57.8	41.3	22.4	36.2	33.8	29.9	50.2	−42.7
2012	−21.7	3.6	24.5	15.1	67.0	40.0	29.2	54.6	31.0	29.8	16.9	33.8
2013	14.6	3.9	20.1	18.0	32.4	39.6	22.0	29.2	30.5	30.3	36.3	42.9
2014	−7.3	13.8	20.5	13.7	12.6	14.4	8.3	−0.6	24.2	17.2	22.9	430.0

表 1-13　西部地区各省份住宅开发投资完成情况占比（单位：%）

年份	内蒙古	广西	重庆	四川	贵州	云南	陕西	甘肃	青海	宁夏	新疆	西藏
2000	64	55	52	68	62	66	75	63	60	64	87	0
2001	61	54	56	70	62	73	64	63	55	57	77	55
2002	55	59	53	70	62	73	70	66	56	67	66	59
2003	57	61	54	72	56	71	66	68	69	68	54	80
2004	62	59	53	66	58	67	65	65	63	62	55	98
2005	71	67	58	67	55	71	71	70	57	64	68	62
2006	79	67	60	72	56	73	81	73	74	72	74	74
2007	77	66	61	71	62	76	80	71	82	72	83	84
2008	78	68	63	71	63	76	78	73	85	75	84	85
2009	70	71	64	72	67	75	83	67	76	77	80	72
2010	70	73	67	70	59	73	81	71	70	74	81	78
2011	67	72	71	70	66	69	83	71	62	71	81	73
2012	65	69	68	67	63	65	80	74	74	65	73	62
2013	68	72	68	66	64	66	79	74	65	61	67	60
2014	68	70	68	65	62	64	77	69	62	63	61	55

从表 1-10～表 1-13 可以看出，西部地区房地产开发投资规模较大的地区为四川、重庆、广西、云南、陕西等，西部地区的房地产开发投资额与中部地区的差距在逐年缩小；2000～2014 年西部地区房地产开发投资额年均增速较高的地区为广西、贵州、陕西、宁夏、内蒙古；各省份的房地产市场集中度也有所不同，西部地区住宅开发投资比例较高的省份为广西、四川、陕西、甘肃、青海、新疆。

由于西藏月度数据缺失较多，在分析住宅投资变化趋势时选取了除去西藏的 11 个西部省份。西部地区住宅投资规模较高的省份或者直辖市有四川、重庆、陕西和云南。处于中间水平的是贵州、广西和内蒙古，其中贵州保持比较稳定的增长趋势，而广西和内蒙古增速均有明显放缓，内蒙古甚至趋于零增长。处在低水平的剩下四个省份，其增长速度均比较稳定，无显著波动。具体如图 1-9 所示。

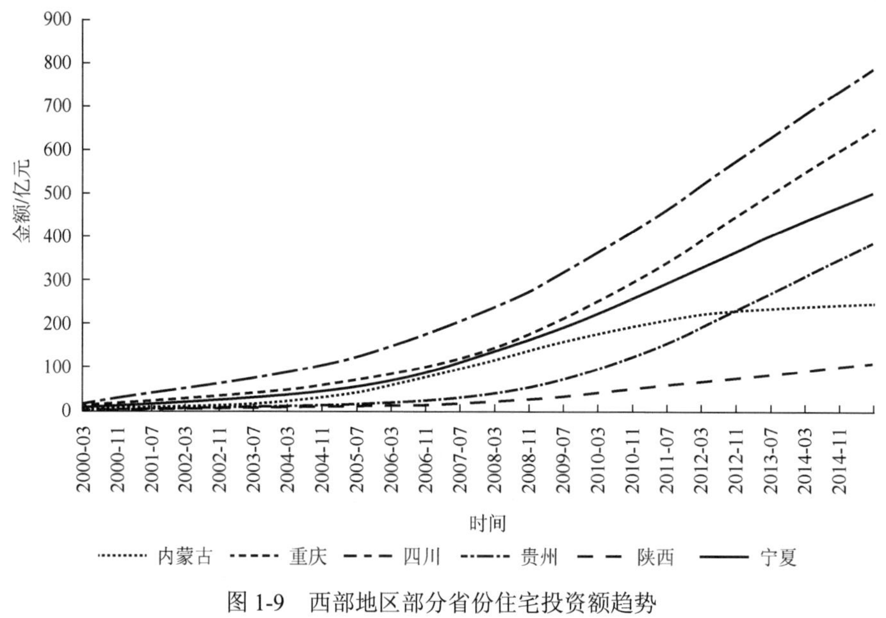

图 1-9　西部地区部分省份住宅投资额趋势

西部地区住宅投资规模较小的省份普遍特点是地广人稀，地方城市缺乏投资吸引力，房地产市场需求多为自住型需求，同时人口净流出现象突出。而规模较高的省份，如四川，其经济发展水平相对较高，拥有高投资吸引力城市，土地供给充足，存在较为稳定的有效市场需求，为住宅投资的快速增长提供了基础。

综合来看，东部、中部和西部地区内部省份在房地产投资上的分化现象都是比较明显的，而且这种现象的产生不是由单一的原因造成的，不同地区的主要影响因素也各不相同，经济发展水平、人口、土地供应面积、政策等的不同都会造成各省份的差异。

1.2　房地产市场需求分析

通过分析各地区房地产市场商品房及住宅销售面积、商品房与住宅销售额的趋势特征，分析不同地区房地产市场的需求状况。由图 1-10 可知，在 2008 年之前，我国房地产市场的销售情况一直处于高速增长阶段。2008 年受美国次贷危机影响，房地产市场销售面积大幅度下降。2009 年之后受房地产市场调控政策的影响，销售面积增速放缓，在 2014 年出现了一定程度的下降。2000～2014 年商品房销售面积由 18 637 万平方米上升至 120 648 万平方米，年均增速为 14.3%，其中住宅销售面积由 16 570 万平方米上升至 105 182 万平方米，年均增速为 14.1%。同时商品房与住宅销售面积增长趋势具有一致性特征。

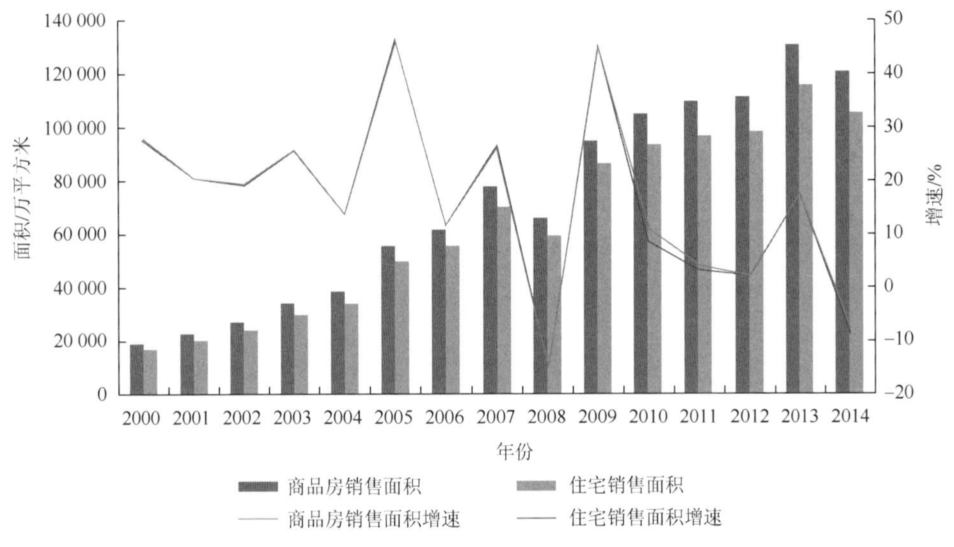

图 1-10　2000～2014 年全国商品房、住宅销售面积情况

由图 1-11 可知，我国商品房、住宅销售额的变动情况与销售面积的变动情况具有相似性。2008 年之前，我国房地产市场的销售情况一直处于高速增长。2008～2009 年受金融危机的影响，市场出现较大幅度波动，2010～2013 年经历了稳定增长阶段，而 2014 年销售额增速呈现下降趋势。2000～2014 年商品房销售额由 3 935 亿元上升至 76 292 亿元，年均增速为 23.6%，其中住宅销售额由 3 229 亿元上升至 62 396 亿元，年均增速为 23.6%。

图 1-12～图 1-14 为我国东部、中部、西部三个地区的商品房、住宅的年销售面积与同比增速情况，通过比较发现，东部、中部、西部地区房地产市场销售变化趋势同全国市场基本趋势保持一致，其同比增速呈现前高后低的发展趋势，2008 年之后增速有所放缓。比较具体的销售数量可以看出，东部地区的房地产市场销售面积要远高于中部、西部地区，而中部、西部地区的市场销售情

况较为接近。通过计算，东部地区商品房销售面积年均增速为 11.6%，中部地区商品房销售面积年均增速为 18.0%，西部地区商品房销售面积年均增速为 17.4%。近十几年中部和西部地区的房地产市场得到了较快的发展。

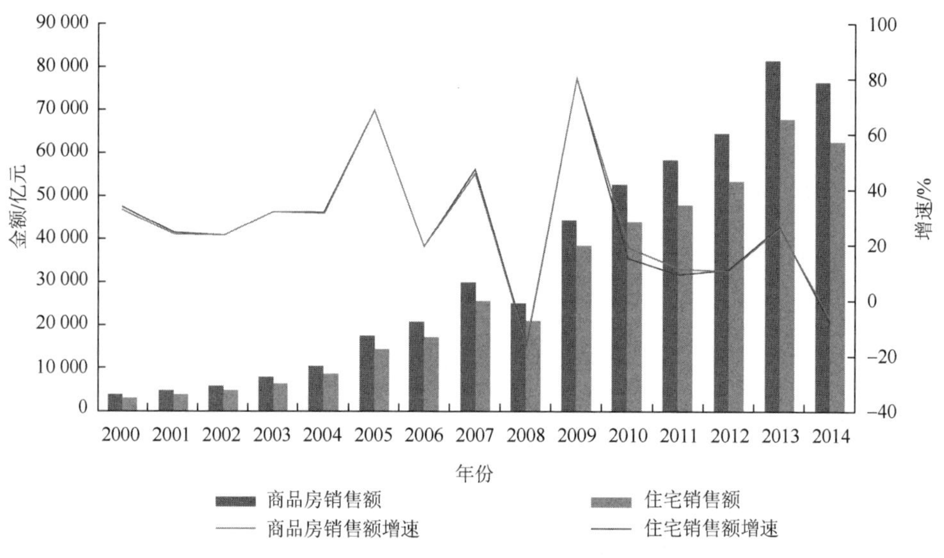

图 1-11　2000～2014 年全国商品房、住宅销售额情况

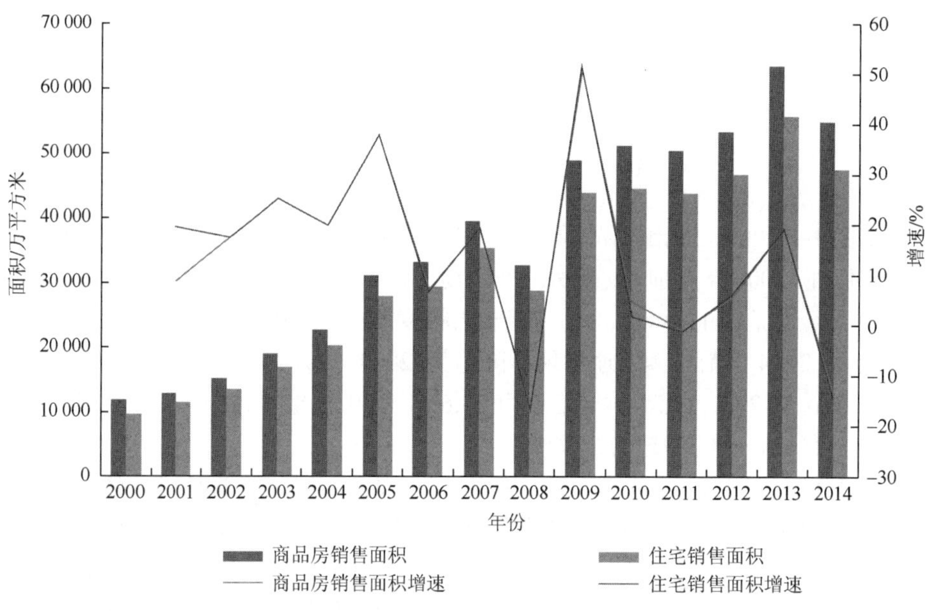

图 1-12　东部地区商品房、住宅销售面积情况

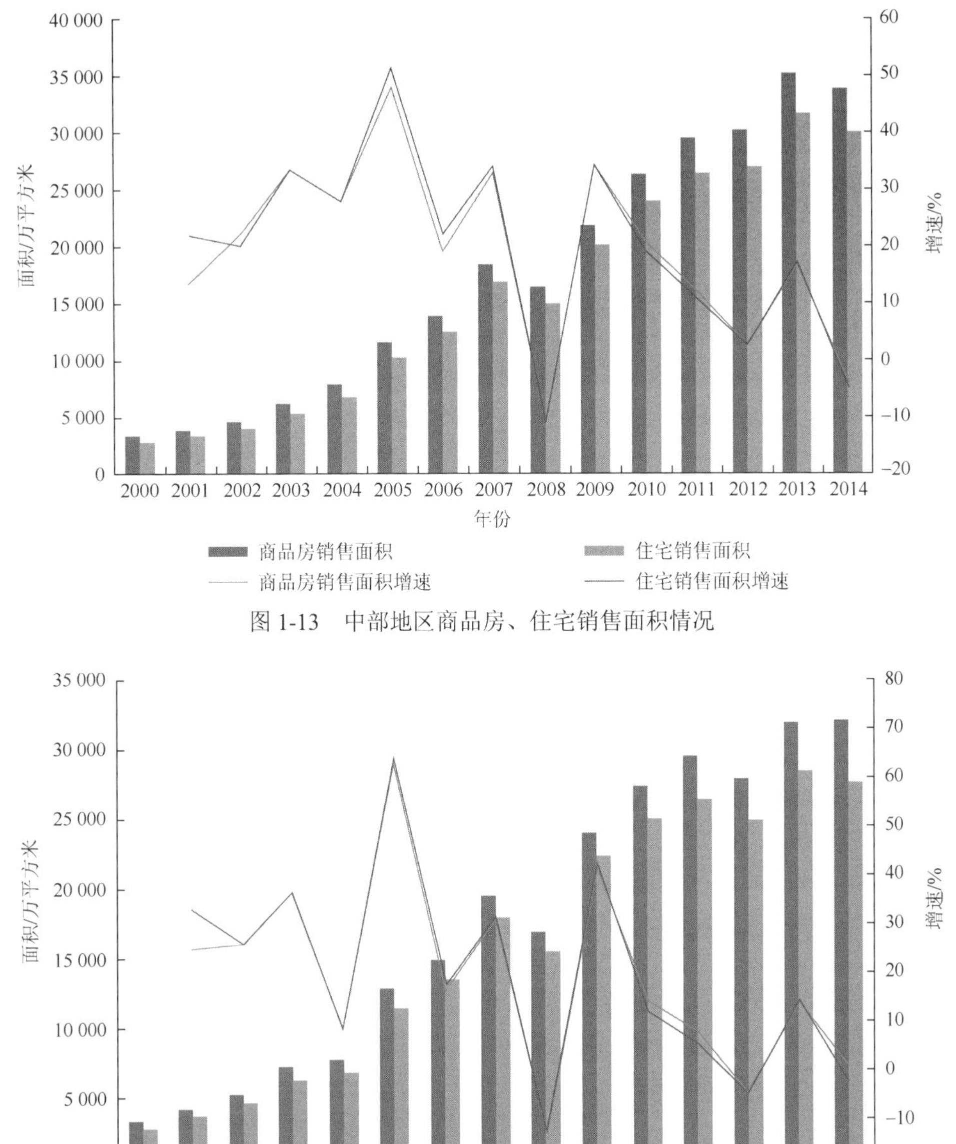

图 1-13　中部地区商品房、住宅销售面积情况

图 1-14　西部地区商品房、住宅销售面积情况

图 1-15～图 1-17 为我国东部、中部、西部三个地区的商品房、住宅的年销售额及同比增速情况，通过比较东部、中部、西部三个地区房地产市场销售额情况发现，2000～2014 年三个地区的整体走势基本保持一致，以 2008 年为分界点（2008

年受次贷危机的影响，销售额出现严重下滑），同比增速呈现前高后低的走势。通过比较具体数据可以看出，东部地区的商品房与住宅销售额明显高于中部地区、西部地区，中部、西部地区的商品房与住宅销售额较为接近。

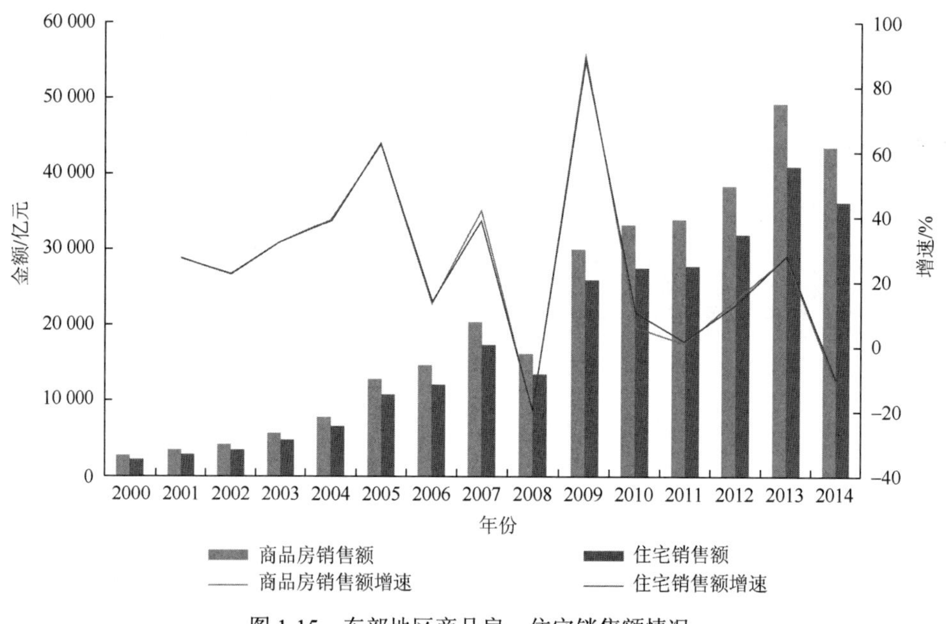

图 1-15　东部地区商品房、住宅销售额情况

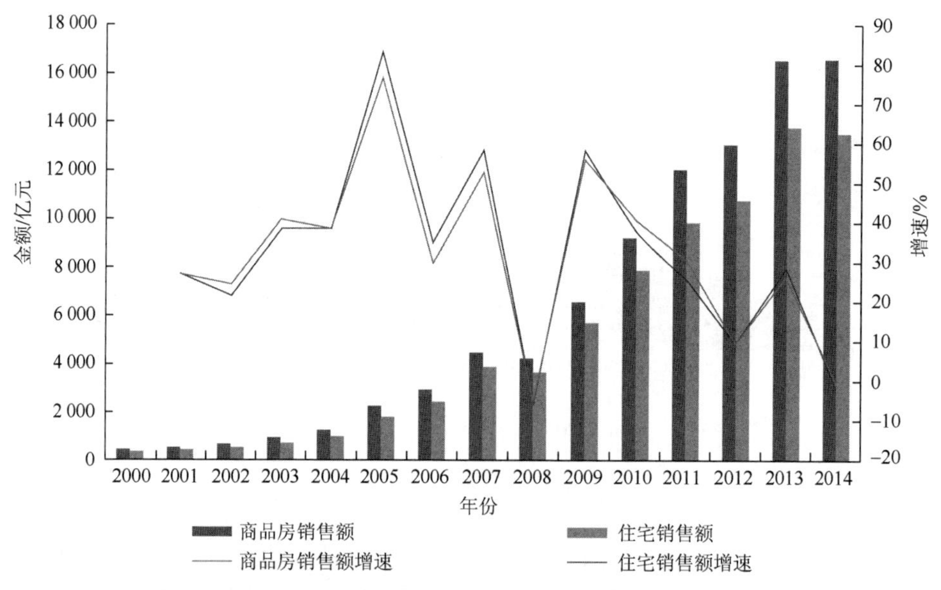

图 1-16　中部地区商品房、住宅销售额情况

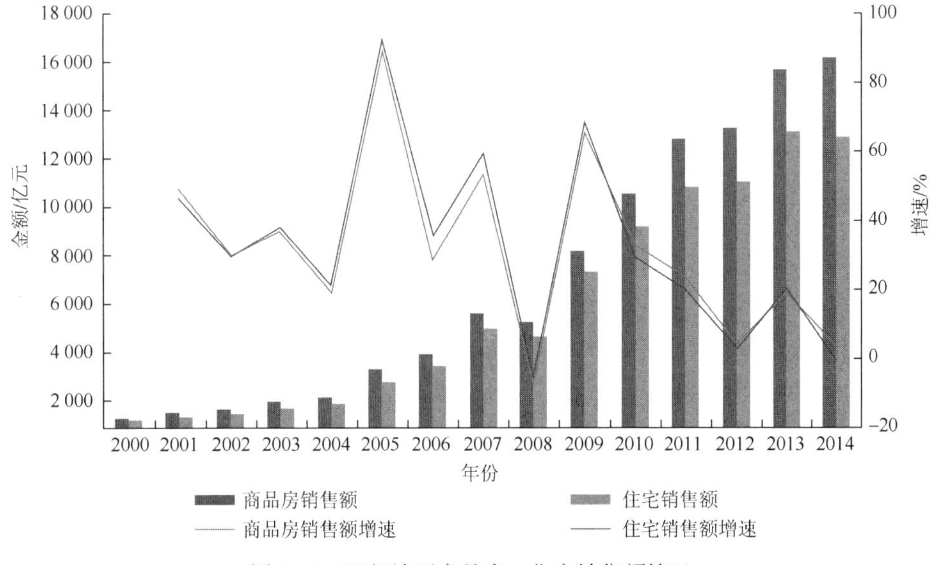

图 1-17　西部地区商品房、住宅销售额情况

通过计算，东部地区商品房销售额年均增速为 21.9%，中部地区商品房销售额年均增速为 30.1%，西部地区商品房销售额年均增速为 29.8%。同样可以看出，近十几年中部和西部地区的房地产市场得到了较快的发展。

我国东部地区各省份商品房销售面积及增速情况如表 1-14、表 1-15 所示。

表 1-14　东部地区各省份商品房销售面积（单位：万平方米）

年份	北京	天津	河北	辽宁	上海	江苏	浙江	福建	山东	广东	海南
2000	956.9	391.8	489.4	948.7	1 557.9	1 740.9	1 502.2	810.7	1 078.4	2 260.0	42.2
2001	1 205.0	537.5	596.6	1 166.1	1 796.6	1 904.2	1 801.5	987.8	1 403.3	2 275.8	59.9
2002	1 708.3	564.0	658.8	1 277.5	1 971.5	2 321.9	2 219.3	1 047.1	1 695.8	2 530.8	76.7
2003	1 895.8	786.5	845.0	1 476.2	2 376.4	2 751.4	2 614.0	1 257.3	2 000.4	2 789.9	108.3
2004	2 472.0	847.0	864.9	1 748.8	3 300.8	3 178.9	2 794.3	1 384.8	2 525.2	3 346.0	125.8
2005	3 123.4	1 402.3	1 292.2	2 518.3	3 158.9	4 740.2	5 299.6	1 894.9	3 608.4	4 686.7	257.9
2006	2 607.6	1 458.6	1 707.6	3 006.1	3 025.4	5 928.9	3 495.1	2 021.7	3 797.2	5 106.4	195.2
2007	2 176.6	1 552.3	1 961.0	3 802.6	3 695.0	7 378.1	4 487.5	2 421.3	4 869.0	6 219.8	302.8
2008	1 335.4	1 252.0	1 919.5	4 016.4	2 296.1	5 412.3	2 880.3	1 621.3	5 011.6	4 824.4	337.0
2009	2 362.3	1 590.0	2 849.1	5 375.1	3 372.4	9 922.7	5 525.4	2 723.2	6 931.7	7 035.9	560.3
2010	1 639.5	1 564.5	4 533.0	6 798.2	2 055.5	9 377.7	4 810.0	2 575.7	9 291.2	7 322.0	854.7
2011	1 440.0	1 643.1	5 901.4	7 561.4	1 771.3	7 982.7	3 827.1	2 696.2	9 579.6	7 761.3	888.2
2012	1 943.7	1 661.7	5 144.9	8 827.9	1 898.5	9 019.2	4 005.3	3 258.9	8 632.8	7 899.0	931.8
2013	1 903.1	1 847.1	5 676.0	9 292.3	2 382.2	11 454.8	4 887.0	4 676.2	10 329.8	9 836.4	1 191.2
2014	1 454.2	1 613.0	5 706.2	5 754.8	2 084.7	9 846.8	4 676.8	4 119.5	9 180.1	9 315.8	1 004.0

表 1-15　东部地区各省份商品房销售面积同比增速（单位：%）

年份	北京	天津	河北	辽宁	上海	江苏	浙江	福建	山东	广东	海南
2000	75.8	51.7	33.3	23.0	17.2	16.0	13.4	35.2	22.5	24.3	20.4
2001	25.9	37.2	21.9	22.9	15.3	9.4	19.9	21.9	30.1	0.7	42.2
2002	41.8	4.9	10.4	9.6	9.7	21.9	23.2	6.0	20.9	11.2	28.0
2003	11.0	39.5	28.3	15.6	20.5	18.5	17.8	20.1	18.0	10.2	41.1
2004	30.4	7.7	2.3	18.5	38.9	15.5	6.9	10.1	26.2	19.9	16.1
2005	26.4	65.6	49.4	44.0	−4.3	49.1	89.7	36.8	42.9	40.1	105.0
2006	−16.5	4.0	32.1	19.4	−4.2	25.1	−34.1	6.7	5.2	9.0	−24.3
2007	−16.5	6.4	14.8	26.5	22.1	24.4	28.4	19.8	28.2	21.8	55.1
2008	−38.6	−19.3	−2.1	5.6	−37.9	−26.6	−35.8	−33.0	2.9	−22.4	11.3
2009	76.9	27.0	48.4	33.8	46.9	83.3	91.8	68.0	38.3	45.8	66.3
2010	−30.6	−1.6	59.1	26.5	−39.0	−5.5	−12.9	−5.4	34.0	4.1	52.5
2011	−12.2	5.0	30.2	11.2	−13.8	−14.9	−20.4	4.7	3.1	6.0	3.9
2012	35.0	1.1	−12.8	16.8	7.2	13.0	4.7	20.9	−9.9	1.8	4.9
2013	−2.0	11.0	10.0	5.0	25.0	27.0	22.0	43.0	20.0	25.0	28.0
2014	−24.0	−13.0	1.0	−38.0	−12.0	−14.0	−4.0	−12.0	−11.0	−5.0	−16.0

通过已有数据可以得到，东部地区商品房销售面积较高的省份有江苏、河北、广东、山东、辽宁，其中 2014 年江苏、山东、广东的商品房销售面积均在 9 000 万平方米以上，反映出这三个省份房地产市场需求最为旺盛。

我国中部地区各省份商品房销售面积及增速情况如表 1-16、表 1-17 所示。

表 1-16　中部地区各省份商品房销售面积情况（单位：万平方米）

年份	山西	吉林	黑龙江	安徽	江西	河南	湖北	湖南
2000	190.6	309.3	499.9	535.9	286.7	612.1	377.8	2 260.0
2001	234.8	385.1	594.6	679.6	436.8	745.1	440.1	2 275.8
2002	299.0	518.3	692.5	794.8	562.1	805.7	602.3	2 530.8
2003	328.7	385.4	803.2	1 093.3	755.1	851.1	1 073.5	846.9
2004	399.1	401.9	857.1	1 429.2	1 168.9	1 043.5	1 342.9	1 188.8
2005	667.0	667.9	1 244.9	1 907.2	1 527.3	1 724.8	1 708.0	1 815.8
2006	767.6	956.8	1 482.7	2 307.8	1 683.1	2 439.9	2 038.5	2 021.6
2007	870.4	1 109.3	1 709.2	3 085.2	2 075.7	3 934.1	2 536.9	2 745.2

续表

年份	山西	吉林	黑龙江	安徽	江西	河南	湖北	湖南
2008	904.4	1 377.9	1 498.4	2 757.0	1 464.6	2 971.0	1 926.6	2 375.3
2009	1 014.4	1 823.2	2 015.5	4 053.9	2 280.9	4 338.6	2 718.3	3 513.7
2010	1 163.4	2 319.6	2 718.1	4 113.9	2 469.7	5 452.2	3 513.6	4 473.0
2011	1 263.2	2 364.2	3 395.4	4 581.6	2 335.4	6 304.4	4 190.1	4 877.7
2012	1 497.9	2 452.4	3 806.8	4 828.8	2 397.1	5 968.5	4 037.8	5 150.5
2013	1 642.8	2 215.0	3 340.0	6 265.4	3 167.1	7 310.2	5 298.5	5 952.4
2014	1 576.3	1 581.7	2 475.7	6 202.2	3 067.2	7 879.7	5 602.0	5 439.5

表 1-17 中部地区各省份商品房销售面积同比增速（单位：%）

年份	山西	吉林	黑龙江	安徽	江西	河南	湖北	湖南
2000	64.3	45.8	42.2	20.4	17.1	39.7	30.8	24.3
2001	23.2	24.5	19.0	26.8	52.4	21.7	16.5	0.7
2002	27.3	34.6	16.5	17.0	28.7	8.1	36.9	11.2
2003	9.9	–25.6	16.0	37.6	34.3	5.6	78.2	–66.5
2004	21.4	4.3	6.7	30.7	54.8	22.6	25.1	40.4
2005	67.1	66.2	45.2	33.4	30.7	65.3	27.2	52.7
2006	15.1	43.3	19.1	21.0	10.2	41.5	19.3	11.3
2007	13.4	15.9	15.3	33.7	23.3	61.2	24.5	35.8
2008	3.9	24.2	–12.3	–10.6	–29.4	–24.5	–24.1	–13.5
2009	12.2	32.3	34.5	47.0	55.7	46.0	41.1	47.9
2010	14.7	27.2	34.9	1.5	8.3	25.7	29.3	27.3
2011	8.6	1.9	24.9	11.4	–5.4	15.6	19.3	9.0
2012	18.6	3.7	12.1	5.4	2.6	–5.3	–3.6	5.6
2013	9.7	–9.7	–12.3	29.7	32.1	22.5	31.2	15.6
2014	–4.1	–28.6	–25.9	–1.0	–3.2	7.8	5.7	–8.6

通过已有数据可以得到，中部地区商品房销售面积较高的地区为安徽、河南、湖北、湖南，其中 2014 年安徽、河南、湖北、湖南四个地区商品房销售面积均超过 5 000 万平方米，超过了东部的浙江、福建，同时这四个地区也是我国中部地区人口较为集中、经济较发达的地区，是中部地区房地产市场需求较为集中的地区。房地产市场需求状况与区域经济发展水平的关联在此得到验证，尤其是河南自 2010 年以来商品房销售面积均高于 5 000 万平方米，在 2014 年房地产市场普遍低迷的大环境下，依旧保持着稳定的增长，这与我国中部崛起的发展战略存在着一定的联系。2008 年，吉林仍保持了 24.2%的增速，而其他地区，尤

其是江西、河南、湖北受危机影响较为显著，降幅均超过 20%，说明在当地经济受到冲击时，房地产市场需求受到了显著影响，同时也说明随着我国房地产市场不断发展，各地区的市场分化也愈发突出，在面对冲击时各个省份的房地产市场呈现不同反应。

我国西部地区各省份商品房销售面积及增速情况如表 1-18、表 1-19 所示。

表 1-18　西部地区各省份商品房销售面积情况（单位：万平方米）

年份	内蒙古	广西	重庆	四川	贵州	云南	陕西	甘肃	青海	宁夏	新疆	西藏
2000	293.8	191.4	580	945.6	251.7	343.2	396.4	123.0	39.9	104.5	262.5	4.8
2001	366.0	292.3	746.1	1 414.7	369.4	314.9	416.3	141.7	33.7	126.5	419.9	8.6
2002	422.1	339.6	1 016.6	1 865.9	424.9	400.2	477.5	165.8	68.0	118.4	506.7	16.2
2003	548.0	505.3	1 316.8	2 457.9	554.3	522.0	580.1	224.8	83.5	232.4	587.0	10.3
2004	654.0	820.4	1 317.1	2 102.0	554.3	538.1	509.4	261.5	93.9	308.2	643.4	9.6
2005	1 078.8	1 438.4	2 017.7	3 402.5	862.6	1 431.9	892.0	493.2	121.0	377.9	687.2	25.9
2006	1 429.0	1 502.6	2 228.5	4 100.2	881.0	1 693.1	1 116.5	515.5	119.7	380.0	892.4	57.1
2007	2 087.7	2 016.2	3 552.9	4 923.8	1 071.6	1 976.3	1 460.2	592.3	154.5	507.8	1 144.3	60.8
2008	2 396.4	1 768.0	2 872.2	3 501.3	908.2	1 643.1	1 513.0	624.7	147.9	514.8	9 54.4	66.5
2009	2 581.7	2 383.8	4 002.9	5 967.7	1 653.1	2 230.0	2 086.9	698.8	216.8	775.3	1 406.6	63.3
2010	3 057.0	2 794.0	4 314.0	6 397.0	1 731.0	2 959.0	2 590.0	757.0	281.0	936.0	1 565.0	19.0
2011	3 509.1	2 964.1	4 533.5	6 543.6	1 882.1	3 222.9	3 051.8	838.8	359.6	846.5	1 728.2	18.3
2012	2 523.5	2 759.3	4 522.4	6 455.9	2 186.9	3 237.7	2 755.6	978.4	263.0	804.4	1 430.3	22.5
2013	2 737.7	2 995.6	4 817.6	7 312.8	2 972.3	3 309.3	3 045.7	1 220.0	381.6	1 048.3	2 017.0	25.4
2014	2 457.2	3 156.6	5 100.4	7 142.4	3 178.1	3 194.2	3 093.6	1 325.5	415.8	1 129.5	1 815.9	59.3

表 1-19　西部地区各省份商品房销售面积同比增速（单位：%）

年份	内蒙古	广西	重庆	四川	贵州	云南	陕西	甘肃	青海	宁夏	新疆	西藏
2000	51.0	18.5	34.9	30.3	82.9	9.0	−7.7	16.3	30.0	36.2	105.9	242.9
2001	24.6	52.8	28.6	49.6	46.7	−8.2	5.0	15.2	−15.7	21.1	59.9	79.0
2002	15.3	16.2	36.3	31.9	15.0	27.1	14.7	17.0	102.1	−6.4	20.7	88.1
2003	29.8	48.8	29.5	31.7	30.5	30.4	21.5	35.5	22.7	96.3	15.9	−36.1
2004	19.3	62.3	0.0	−14.5	0.0	3.1	−12.2	16.3	12.4	32.6	9.6	−7.4
2005	65.0	75.3	53.2	61.9	55.6	166.1	75.1	88.6	28.9	22.6	6.8	170.9
2006	32.5	4.5	10.4	20.5	2.1	18.2	25.2	4.5	−1.1	0.6	29.9	120.5
2007	46.1	34.2	59.4	20.1	21.6	16.7	30.8	14.9	29.1	33.6	28.2	6.4
2008	14.8	−12.3	−19.2	−28.9	−15.2	−16.9	3.6	5.5	−4.3	1.4	−16.6	9.4

续表

年份	内蒙古	广西	重庆	四川	贵州	云南	陕西	甘肃	青海	宁夏	新疆	西藏
2009	7.7	34.8	39.4	70.4	82.0	35.7	37.9	11.9	46.6	50.6	47.4	–4.9
2010	18.4	17.2	7.8	7.2	4.7	32.7	24.1	8.3	29.6	20.7	11.3	–70.0
2011	14.8	6.1	5.1	2.3	8.7	8.9	17.8	10.8	28.0	–9.6	10.4	–3.9
2012	–28.1	–6.9	–0.2	–1.3	16.2	0.5	–9.7	16.6	–26.9	–5.0	–17.2	23.3
2013	8.5	8.6	6.5	13.3	35.9	2.2	10.5	24.7	45.1	30.3	41.0	12.9
2014	–10.2	5.4	5.9	–2.3	6.9	–3.5	1.6	8.6	9.0	7.7	–10.0	133.6

通过分析已有数据发现，西部地区商品房销售面积较高的地区为四川和重庆，其中 2014 年四川商品房销售面积超过 7 000 万平方米，相比于东部、中部各省份，西部地区各省份商品房销售面积较低，基本维持在 2 000 万～3 000 万平方米，青海、甘肃、宁夏、西藏地区低于 1 500 万平方米，这些省份的房地产市场无论是投资水平还是需求水平都相对较低，这与当地的经济发展水平较低有一定的关系，同时这些省份城镇常住居民人口较少，房地产市场有效需求相对较低。从市场需求增速来看，2009 年以来贵州、甘肃、云南等省份商品房销售面积增速基本处于稳定上升区间，其他地区房地产市场需求波动性较大。

我国东部地区各省份商品房销售额及增速情况如表 1-20、表 1-21 所示。

表 1-20　东部地区各省份商品房销售额情况（单位：亿元）

年份	北京	天津	河北	辽宁	上海	江苏	浙江	福建	山东	广东	海南
2000	470.7	91.2	70.9	196.9	555.4	286.0	292.5	169.0	153.9	729.5	8.3
2001	609.9	127.6	87.3	247.9	694.7	342.9	369.4	199.1	204.4	752.1	11.4
2002	813.8	140.3	99.1	273.3	815.0	447.0	529.8	225.3	272.1	820.3	13.7
2003	898.0	198.0	137.5	343.5	1 216.3	597.9	761.3	287.2	382.4	978.1	23.7
2004	1 249.1	263.8	138.8	421.8	1 932.6	842.9	868.5	354.5	516.5	1 164.9	30.2
2005	2 120.2	571.1	262.3	717.4	2 161.3	1 724.9	1 414.9	605.1	910.7	2 238.7	72.9
2006	2 159.0	696.3	383.8	924.1	2 177.1	2 191.7	1 692.5	807.5	1 059.9	2 513.0	77.0
2007	2 514.7	899.9	534.7	1 336.9	3 089.4	3 057.9	2 628.0	1 134.5	1 470.4	3 651.8	130.1
2008	1 658.3	753.2	620.2	1 537.6	1 917.1	2 466.7	1 873.7	712.6	1 635.7	2 888.4	202.7
2009	3 259.7	1 094.8	968.0	2 168.6	4 330.2	5 106.4	4 334.0	1 477.8	2 459.1	4 598.5	351.5
2010	2 915.4	1 246.5	1 650.0	3 063.3	2 981.0	5 540.3	4 459.0	1 611.3	3 665.1	5 480.8	746.6
2011	2 425.3	1 394.4	2 345.2	3 569.1	2 615.2	5 224.2	3 474.2	2 101.6	4 259.2	5 852.5	774.3
2012	3 308.6	1 365.5	2 303.9	4 362.8	2 669.5	6 067.0	4 262.7	2 817.7	4 111.8	6 407.8	735.6
2013	3 530.8	1 615.5	2 779.7	4 759.2	3 911.6	7 913.7	5 396.0	4 232.1	5 215.1	8 941.1	1 032.7
2014	2 738.7	1 486.9	2 928.0	3 092.1	3 499.5	6 898.4	4 923.0	3 763.5	4 879.7	8 461.8	935.2

表 1-21　东部地区各省份商品房销售额同比增速（单位：%）

年份	北京	天津	河北	辽宁	上海	江苏	浙江	福建	山东	广东	海南
2000	53.1	56.9	42.8	33.1	22.2	20.3	15.8	36.5	30.0	27.0	32.7
2001	29.6	39.9	23.1	25.9	25.1	19.9	26.3	17.8	32.9	3.1	37.2
2002	33.4	9.9	13.5	10.3	17.3	30.4	43.4	13.2	33.1	9.1	19.9
2003	10.3	41.2	38.8	25.7	49.2	33.8	43.7	27.5	40.5	19.2	72.7
2004	39.1	33.2	1.0	22.8	58.9	41.0	14.1	23.4	35.1	19.1	27.6
2005	69.7	116.5	88.9	70.1	11.8	104.6	62.9	70.7	76.3	92.2	141.0
2006	1.8	21.9	46.3	28.8	0.7	27.1	19.6	33.4	16.4	12.3	5.7
2007	16.5	29.2	39.3	44.7	41.9	39.5	55.3	40.5	38.7	45.3	68.8
2008	−34.1	−16.3	16.0	15.0	−37.9	−19.3	−28.7	−37.2	11.2	−20.9	55.9
2009	96.6	45.4	56.1	41.0	125.9	107.0	131.3	107.4	50.3	59.2	73.4
2010	−10.6	13.9	70.4	41.3	−31.2	8.5	2.9	9.0	49.0	19.2	112.4
2011	−16.8	11.9	42.1	16.5	−12.3	−5.7	−22.1	30.4	16.2	6.8	3.7
2012	36.4	−2.1	−1.8	22.2	2.1	16.1	22.7	34.1	−3.5	9.5	−5.0
2013	6.7	18.3	20.7	9.1	46.5	30.4	26.6	50.2	26.8	39.5	40.4
2014	−22.4	−8.0	5.3	−35.0	−10.5	−12.8	−8.8	−11.1	−6.4	−5.4	−9.4

通过已有数据分析可知，东部地区商品房销售额较高的地区为辽宁、浙江、山东、广东、江苏，其中广东、江苏的商品房销售额远高于其他省份，自 2010 年以来这两个省份的商品房销售额均超过 5 000 亿元。江苏、广东近几年商品房销售额的升高与其市场需求及房地产价格有重要关联，而且这两个省份一直是我国经济发展水平较高的地区，地区生产总值始终位列前三位，其房地产市场是反映其经济发展状况的重要指标。

我国中部地区各省份商品房销售额及增速情况分别如表 1-22、表 1-23 所示。

表 1-22　中部地区各省份商品房销售额情况（单位：亿元）

年份	山西	吉林	黑龙江	安徽	江西	河南	湖北	湖南
2000	21.3	43.6	86.9	62.9	27.2	64.2	83.7	40.8
2001	31.7	59.8	106.1	79.0	42.5	63.2	101.6	54.9
2002	42.9	86.3	124.9	102.5	59.7	88.3	117.3	79.9
2003	57.9	78.9	146.6	165.4	104.7	119.7	161.6	119.9
2004	72.0	75.6	166.2	254.7	135.2	164.1	224.5	179.6
2005	152.2	156.9	260.9	423.4	252.2	322.0	386.6	299.3
2006	157.4	195.9	325.5	535.9	303.5	484.7	521.0	389.9

续表

年份	山西	吉林	黑龙江	安徽	江西	河南	湖北	湖南
2007	205.5	297.6	422.4	821.5	450.8	885.2	775.2	610.6
2008	234.3	397.1	421.0	821.5	369.0	746.5	582.6	611.3
2009	280.0	567.2	653.7	1 378.4	602.8	1 155.9	960.0	941.6
2010	411.7	868.8	1 011.9	1 746.9	776.4	1 658.8	1 313.2	1 406.4
2011	441.0	1 061.6	1 361.6	2 199.7	1 002.4	2 196.8	1 878.7	1 857.4
2012	579.9	1 016.9	1 548.3	2 329.9	1 137.3	2 286.7	2 036.2	2 085.2
2013	728.3	993.0	1 582.3	3 182.9	1 647.9	3 074.1	2 790.3	2 525.6
2014	746.1	808.6	1 208.5	3 345.2	1 621.8	3 440.6	3 088.3	2 299.1

表 1-23　中部地区各省份商品房销售额同比增速（单位：%）

年份	山西	吉林	黑龙江	安徽	江西	河南	湖北	湖南
2000	78.8	43.0	53.7	14.6	35.5	111.3	47.4	32.9
2001	48.6	37.3	22.0	25.7	56.1	–1.5	21.3	34.7
2002	35.5	44.3	17.7	29.7	40.5	39.6	15.5	45.4
2003	35.0	–8.6	17.4	61.4	75.5	35.6	37.8	50.1
2004	24.3	–4.2	13.4	54.0	29.1	37.1	38.9	49.8
2005	111.5	107.7	57.0	66.2	86.5	96.2	72.2	66.7
2006	3.4	24.9	24.8	26.6	20.4	50.5	34.8	30.3
2007	30.6	51.9	29.8	53.3	48.5	82.6	48.8	56.6
2008	14.0	33.5	–0.3	0.0	–18.1	–15.7	–24.8	0.1
2009	19.5	42.8	55.3	67.8	63.4	54.9	64.8	54.0
2010	47.0	53.2	54.8	26.7	28.8	43.5	36.8	49.4
2011	7.1	22.2	34.6	25.9	29.1	32.4	43.1	32.1
2012	31.5	–4.2	13.7	5.9	13.5	4.1	8.4	12.3
2013	25.6	–2.4	2.2	36.6	44.9	34.4	37.0	21.1
2014	2.5	–18.6	–23.6	5.1	–1.6	11.9	10.7	–9.0

通过已有数据可知，中部地区商品房销售额较高的省份为安徽、河南、湖北、湖南，排序与商品房销售面积情况保持一致，其中安徽、河南两个省份商品房销售额自 2011 年起超过 2 000 亿元，并保持了较高的增速，商品房销售额水平最低的地区为山西和吉林。通过对比分析发现，中部地区商品房销售额明显低于东部地区，区域内部各省份商品房销售额差异也较大。通过分析商品房销售额增速，除黑龙江外，中部地区各省份在 2000～2014 年商品房销售额的增速存在显著差异，尤其是 2014 年河南和湖北商品房销售额增速均超过 10%，而吉林和黑龙江商品房销售额增速则分别下跌为–18.6%和–23.6%。

我国西部地区各省份商品房销售额及增速情况如表 1-24、表 1-25 所示。

表 1-24　西部地区各省份商品房销售额情况（单位：亿元）

年份	内蒙古	广西	重庆	四川	贵州	云南	陕西	甘肃	青海	宁夏	新疆	西藏
2000	33.4	27.7	78.4	126.7	31.9	59.7	49.7	16.0	4.9	14.1	37.4	0.5
2001	45.2	53.7	107.7	193.5	43.0	61.1	65.3	17.8	4.1	20.2	64.4	1.4
2002	53.0	65.4	158.2	257.6	52.6	76.6	74.2	22.0	8.8	22.1	87.9	2.5
2003	69.6	95.2	210.2	349.4	72.8	98.2	89.0	28.7	12.2	43.4	106.7	1.8
2004	91.6	170.9	232.6	330.5	76.8	106.4	88.2	45.9	14.9	58.0	102.0	2.6
2005	178.3	289.6	430.8	661.9	138.6	310.0	183.7	95.5	22.2	84.5	123.5	4.4
2006	258.8	329.9	505.7	931.1	156.8	403.0	274.8	91.7	23.0	78.4	165.8	11.3
2007	469.0	511.9	967.3	1 398.6	229.0	485.2	382.9	129.7	35.7	108.5	238.2	16.4
2008	595.1	499.6	800.0	1 105.5	212.5	440.3	446.7	122.3	36.4	125.4	213.8	21.3
2009	767.2	777.2	1 377.8	2 094.1	475.1	653.5	672.7	173.5	54.6	239.5	366.3	15.5
2010	1 076.6	995.2	1 846.9	2 647.3	581.0	934.6	973.7	230.1	84.4	309.2	483.0	5.6
2011	1 327.5	1 118.2	2 146.1	3 218.0	731.9	1 171.6	1 510.4	278.3	116.8	315.9	613.3	6.3
2012	1 022.8	1 159.8	2 297.4	3 517.7	900.1	1 362.8	1 420.8	349.3	106.5	317.6	560.5	7.4
2013	1 177.4	1 375.8	2 682.8	4 020.3	1 276.7	1 487.2	1 608.1	474.1	158.8	443.7	861.0	10.6
2014	1 064.8	1 532.1	2 815.0	3 997.4	1 370.3	1 596.4	1 598.0	602.3	211.3	465.0	840.5	34.3

表 1-25　西部地区各省份商品房销售额同比增速（单位：%）

年份	内蒙古	广西	重庆	四川	贵州	云南	陕西	甘肃	青海	宁夏	新疆	西藏
2000	49.5	13.2	32.4	29.4	80.9	14.8	11.0	18.8	9.9	31.2	110.4	183.5
2001	35.5	93.5	37.4	52.7	34.6	2.4	31.5	11.4	−17.7	42.9	72.2	178.7
2002	17.2	21.9	46.9	33.1	22.4	25.4	13.5	23.3	116.1	9.3	36.6	76.2
2003	31.3	45.5	32.9	35.6	38.3	28.3	20.0	30.3	39.2	96.7	21.3	−28.6
2004	31.6	79.5	10.7	−5.4	5.5	8.3	−0.9	60.0	21.4	33.5	−4.4	45.3
2005	94.7	69.5	85.2	100.3	80.5	191.3	108.3	108.3	49.4	45.8	21.1	67.4
2006	45.2	13.9	17.4	40.7	13.1	30.0	49.6	−3.9	3.5	−7.2	34.3	156.5
2007	81.2	55.2	91.3	50.2	46.0	20.4	39.3	41.4	55.4	38.4	43.6	45.6
2008	26.9	−2.4	−17.3	−21.0	−7.2	−9.2	16.7	−5.7	1.9	15.6	−10.2	29.5
2009	28.9	55.6	72.2	89.4	123.6	48.4	50.6	41.9	50.0	91.0	71.3	−27.1
2010	40.3	28.1	34.1	26.4	22.3	43.0	44.7	32.6	54.6	29.1	31.9	−63.9
2011	23.3	12.4	16.2	21.6	26.0	25.4	55.1	21.0	38.4	2.2	27.0	13.2
2012	−23.0	3.7	7.0	9.3	23.0	16.3	−5.9	25.5	−8.8	0.5	−8.6	16.0
2013	15.1	18.6	16.8	14.3	41.8	9.1	13.2	35.7	49.2	39.7	53.6	44.2
2014	−9.6	11.4	4.9	−0.6	7.3	7.3	−0.6	27.1	33.0	4.8	−2.4	223.1

通过已有数据可知，西部地区商品房销售额较高的地区为四川、重庆。通过对西部地区各省份商品房销售额增速进行分析发现，在 2000～2014 年，西部地区各省份的商品房销售额增速处于较高水平，受经济危机和市场环境变化的影响相对较少，在 2008 年和 2014 年市场下行阶段依旧保持了稳定增速。但这不代表西部地区房地产市场的抵御风险的能力较强，而是从侧面反映出西部地区房地产市场较东部、中部地区仍处于初级阶段，部分地区尚无完整的房地产市场。

1.3 房地产市场供给分析

图 1-18、图 1-19 为 2000～2014 年全国商品房新开工、竣工面积及其增速情况。由图 1-18 可知，自 2000 年以来我国商品房新开工面积由 29 583 万平方米上升至 179 592 万平方米，年均增速为 13.7%，其中住宅新开工面积由 24 401 万平方米上升至 124 877 万平方米，年均增速为 12.4%。2008 年金融危机之后，商品房新开工面积的年均增速为 9.8%，其中住宅新开工面积的年均增速为 6.9%。由图 1-19 可知，我国商品房竣工面积由 2000 年的 25 105 万平方米上升至 2014 年的 107 459 万平方米，年均增速为 10.9%，其中住宅竣工面积由 2000 年的 18 948 万平方米上升为 2014 年的 80 839 万平方米，年均增速为 10.9%。2008 年金融危机之后，商品房竣工面积的年均增速为 8.3%，其中住宅竣工面积的年均增速为 9.2%。2008 年受金融危机的影响，商品房新开工面积与竣工面积的增长速度出现一定程度的放缓。

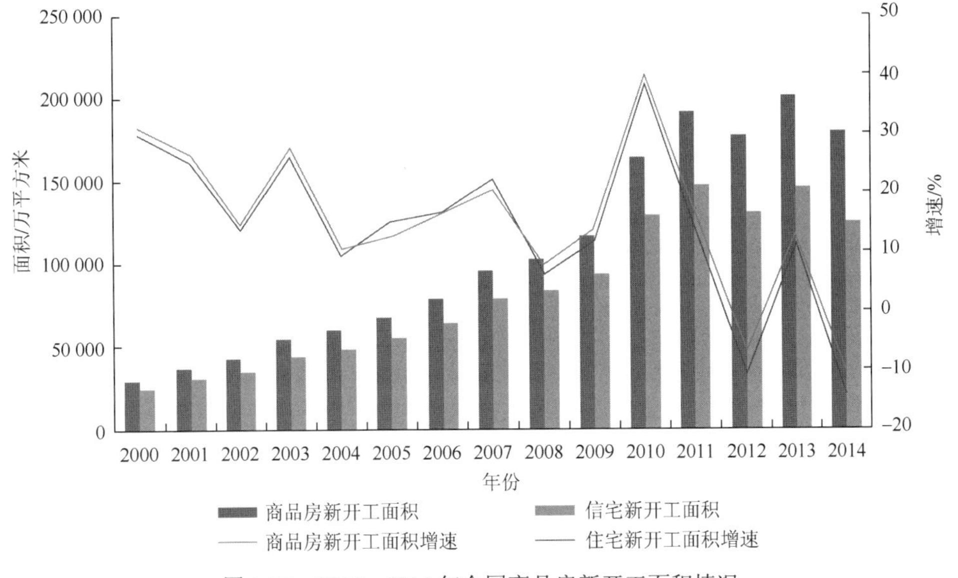

图 1-18 2000～2014 年全国商品房新开工面积情况

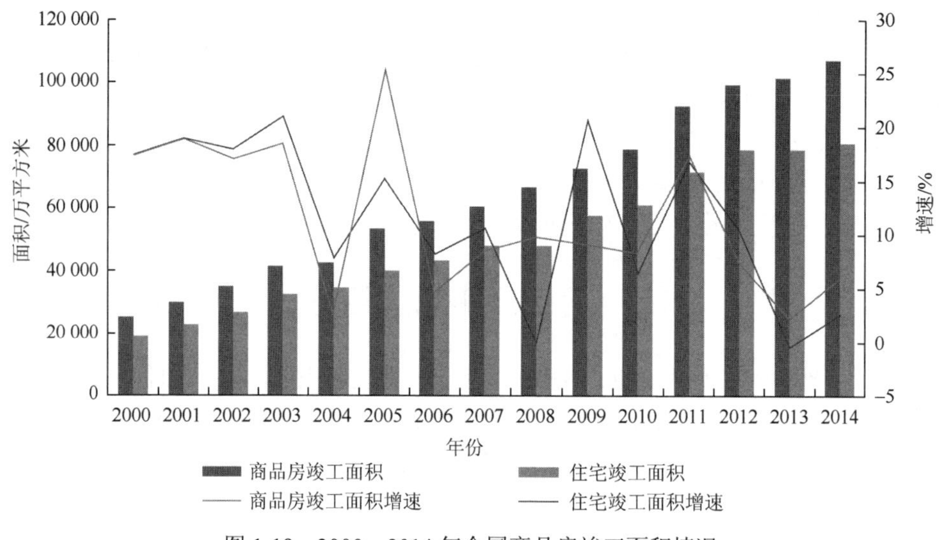

图 1-19　2000～2014 年全国商品房竣工面积情况

图 1-20 为 2000～2014 年东部地区商品房的新开工、竣工面积及其增速情况，由图 1-20 可知，自 2000 年以来东部地区商品房新开工面积由 18 147 万平方米上升至 83 425 万平方米，年均增速为 11.5%。东部地区商品房竣工面积由 2000 年的 15 437 万平方米上升至 2014 年的 54 390 万平方米，年均增速为 9.4%。由图 1-20 可知，东部地区在 2008 年金融危机时新开工面积受到明显影响出现负增长，在之

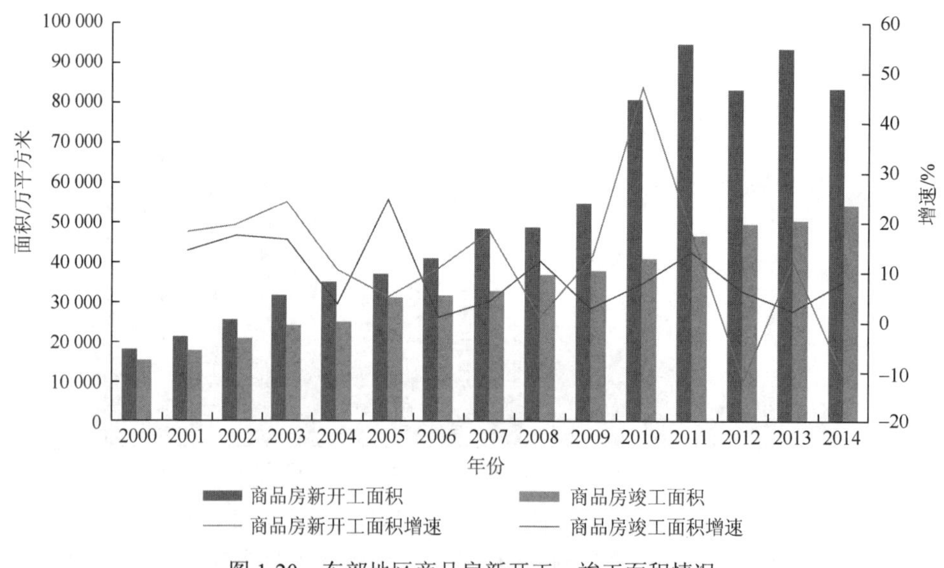

图 1-20　东部地区商品房新开工、竣工面积情况

后的两年，由于政策刺激、市场预期乐观等原因出现了快速增长，2011 年以来进入调整阶段，新开工面积出现负增长。与商品房新开工面积相比，竣工面积近年来一直稳步上升，增速比较平稳。

图 1-21 为 2000～2014 年中部地区商品房的新开工、竣工面积及其增速情况，由图 1-21 可知，自 2000 年以来中部地区商品房新开工面积由 5 513 万平方米上升至 48 764 万平方米，年均增速为 16.8%。中部地区商品房竣工面积由 2000 年的 4 780 万平方米上升至 2014 年的 28 604 万平方米，年均增速为 13.6%。与东部地区相比，2012 年之前中部地区的新开工与竣工面积均保持较高增速，2013 年以来增速明显放缓，新开工面积出现负增长。

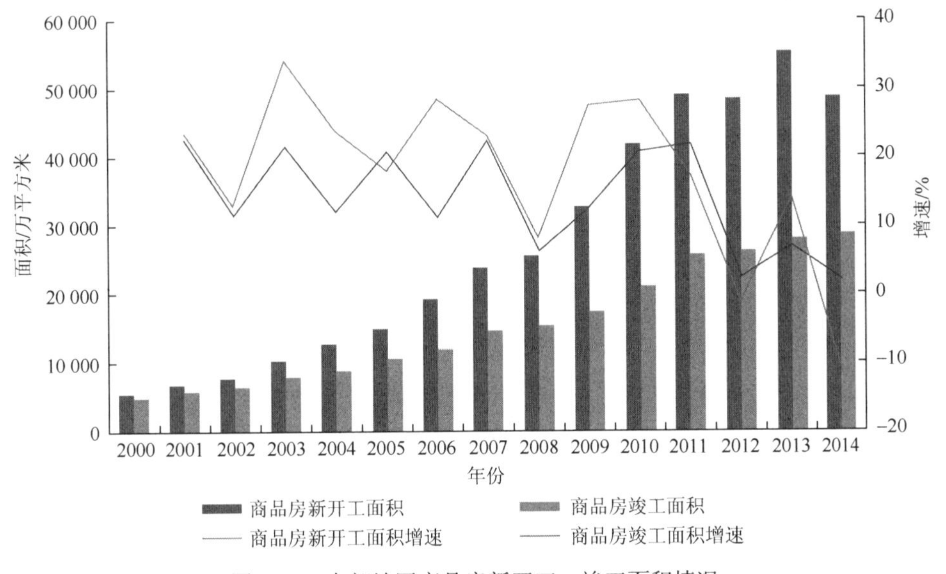

图 1-21　中部地区商品房新开工、竣工面积情况

图 1-22 为我国 2000～2014 年西部地区商品房的新开工、竣工面积及其增速情况，由图 1-22 可知，自 2000 年以来西部地区商品房新开工面积由 5 923 万平方米上升为 47 213 万平方米，年均增速为 16.0%。西部地区商品房竣工面积由 2000 年的 4 889 万平方米上升为 2014 年的 24 413 万平方米，年均增速为 12.2%。西部地区新开工面积和竣工面积的增长速度变化与东部地区更为相似，但是波动明显更为剧烈一些。

为了更好地分析各地区供给方面的差异，选取 2000 年第 1 季度到 2015 年第 2 季度的住宅投资额季度数据，经过季节调整和 HP 滤波过滤后，得到剔除了周期波动的住宅新开工面积和住宅竣工面积趋势。如图 1-23、图 1-24 所示，无论是新开工面积趋势还是竣工面积趋势，三个地区的总体走势是相近的。但是东部的发展水平远高于中部和西部，并且这个差距并没有随着中部与西部的商品房供给的高增长速度而缩小。中部和西部的表现虽然比较相近，但近些年来差距逐步扩大，中部地区的住宅新开工面积和住宅竣工面积明显高于西部。中部与西部之间的差距从 2007 年开始逐渐拉大。房地产供给方面的分化现象在具体到每个地区不同省份的比较时显得更为明显，不同省份之间不仅是绝对量上具有迥然差异，在趋势的走势上也大不相同，区域差异与分化程度日益显著。

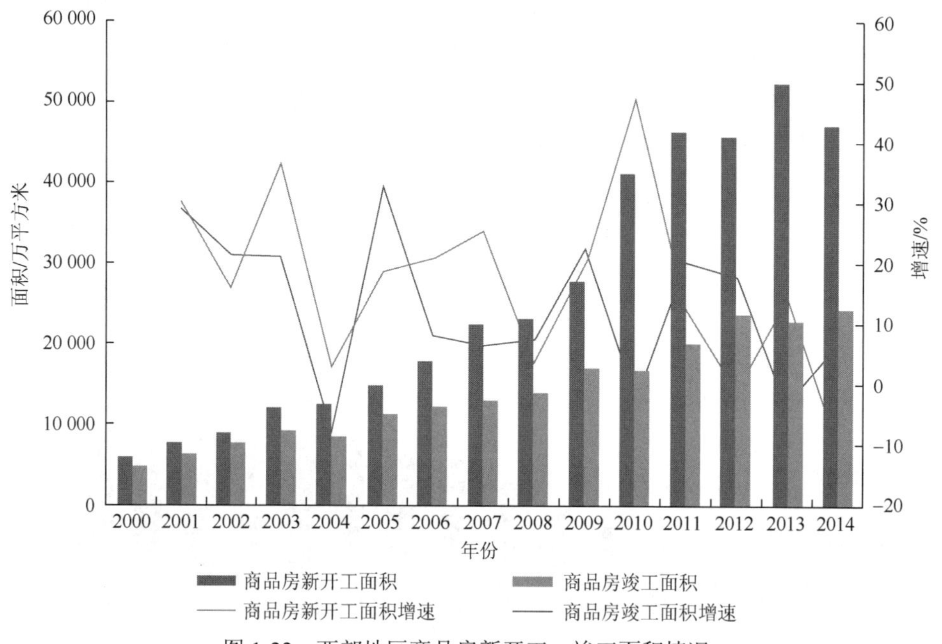

图 1-22　西部地区商品房新开工、竣工面积情况

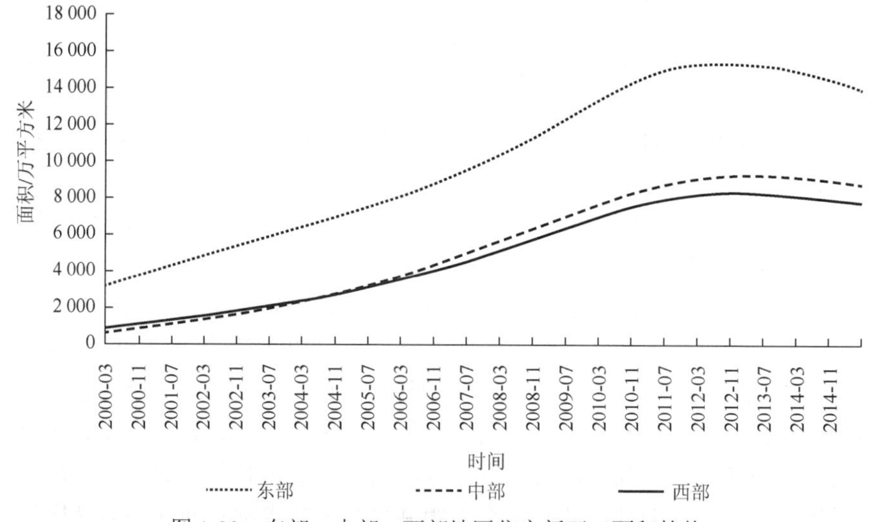

图 1-23　东部、中部、西部地区住宅新开工面积趋势

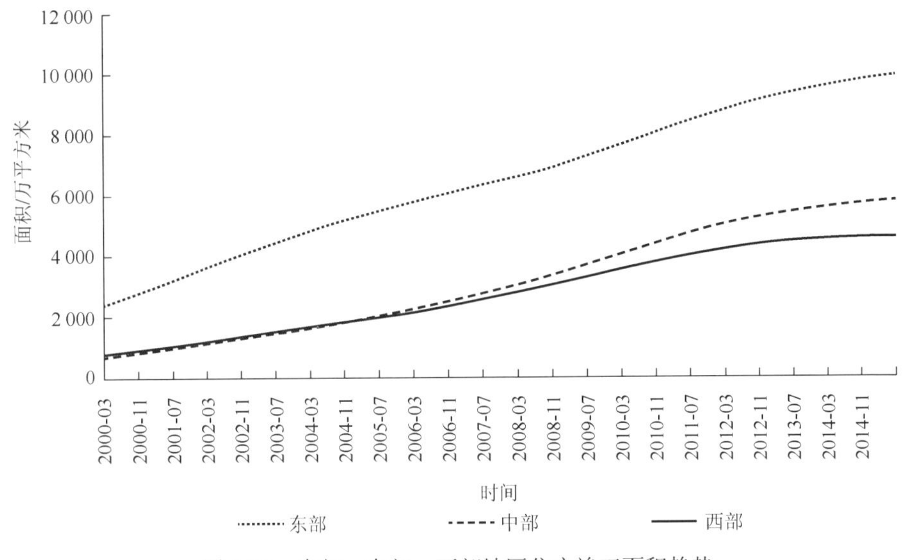

图 1-24　中部、东部、西部地区住宅竣工面积趋势

我国东部地区各省份商品房新开工面积及增速情况如表 1-26、表 1-27 所示。

表 1-26　东部地区各省份商品房新开工面积（单位：万平方米）

年份	北京	天津	河北	辽宁	上海	江苏	浙江	福建	山东	广东	海南
2000	1 676.9	617.9	859.7	1 967.0	1 992.3	2 167.9	2 376.1	1 102.9	2 110.7	3 245.0	30.5
2001	2 789.8	569.3	992.1	2 299.6	2 426.8	2 646.6	3 370.5	1 238.4	2 355.8	3 845.0	94.8
2002	3 206.0	825.3	994.8	2 419.0	2 612.7	3 602.0	3 738.8	1 601.3	2 804.5	4 175.2	73.2
2003	3 433.8	838.2	1 529.5	2 617.6	3 134.5	5 143.3	4 988.7	1 903.0	4 039.9	4 328.2	170.7
2004	3 054.3	1 216.6	1 636.8	2 938.6	3 196.2	6 507.6	5 487.4	1 911.6	4 017.5	4 921.6	254.4
2005	2 965.9	1 579.5	1 970.8	3 638.4	3 055.5	6 653.2	4 859.6	2 196.6	5 650.0	4 989.8	253.4
2006	3 179.4	1 906.4	2 280.5	4 495.7	2 781.3	7 861.0	4 847.8	2 497.0	5 930.3	5 674.4	294.9
2007	2 557.4	2 114.3	2 797.6	6 536.5	2 251.8	9 301.0	5 268.7	3 927.1	6 623.5	7 412.5	340.0
2008	2 337.2	2 440.2	3 768.8	6 761.9	2 772.4	10 725.5	5 256.5	2 797.7	7 662.4	6 557.2	594.7
2009	2 246.6	2 555.5	6 786.0	8 305.4	2 483.1	9 209.5	5 606.5	2 423.4	8 491.8	6 479.9	807.3
2010	2 974.2	2 911.7	9 629.2	12 647.9	3 030.6	13 745.4	7 841.3	4 679.6	12 330.2	9 904.4	1 136.1
2011	4 246.1	3 295.6	11 182.8	12 444.3	3 726.1	14 720.8	10 210.6	7 069.5	14 065.3	12 014.0	1 629.1
2012	3 224.2	2 565.2	7 641.8	13 828.9	2 724.1	13 908.4	7 816.8	5 343.0	13 902.7	10 615.7	1 661.3
2013	3 577.5	2 672.9	6 932.7	13 444.5	2 706.0	16 358.2	9 315.1	7 193.0	15 390.8	14 265.5	1 735.4
2014	2 449.4	2 815.3	8 239.0	8 192.2	2 782.0	14 220.4	9 676.1	6 754.1	13 328.1	13 384.3	1 583.6

表 1-27　东部地区各省份商品房新开工面积同比增速（单位：%）

年份	北京	天津	河北	辽宁	上海	江苏	浙江	福建	山东	广东	海南
2000	57.9	24.2	18.5	48.1	52.2	0.1	30.1	9.2	50.1	16.0	–26.9
2001	66.4	–7.9	15.4	16.9	21.8	22.1	41.8	12.3	11.6	18.5	211.2
2002	14.9	45.0	0.3	5.2	7.7	36.1	10.9	29.3	19.0	8.6	–22.8
2003	7.1	1.6	53.8	8.2	20.0	42.8	33.4	18.8	44.1	3.7	133.2
2004	–11.1	45.1	7.0	12.3	2.0	26.5	10.0	0.5	–0.6	13.7	49.0
2005	–2.9	29.8	20.4	23.8	–4.4	2.2	–11.4	14.9	40.6	1.4	–0.4
2006	7.2	20.7	15.7	23.6	–9.0	18.2	–0.2	13.7	5.0	13.7	16.4
2007	–19.6	10.9	22.7	45.4	–19.0	18.3	8.7	57.3	11.7	30.6	15.3
2008	–8.6	15.4	34.7	3.4	23.1	15.3	–0.2	–28.8	15.7	–11.5	74.9
2009	–3.9	4.7	80.1	22.8	–10.4	–14.1	6.7	–13.4	10.8	–1.2	35.7
2010	32.4	13.9	41.9	52.3	22.1	49.3	39.9	93.1	45.2	52.8	40.7
2011	42.8	13.2	16.1	–1.6	23.0	7.1	30.2	51.1	14.1	21.3	43.4
2012	–24.1	–22.2	–31.7	11.1	–26.9	–5.5	–23.4	–24.4	–1.2	–11.6	2.0
2013	11.0	4.0	–9.0	–3.0	–1.0	18.0	19.0	35.0	11.0	34.0	4.0
2014	–32.0	5.0	19.0	–39.0	3.0	–13.0	4.0	–6.0	–13.0	–6.0	–9.0

通过已有数据可以得到，东部地区商品房新开工面积较高的地区为江苏、河北、广东、山东、辽宁，与东部地区商品房销售面积较高的地区相同。并且规模最大的依旧是江苏、山东、广东三省，其商品房新开工面积在 2014 年均超过了 13 000 万平方米。与需求状况存在不同的是销售面积在 2008 年金融危机爆发后伴随着政策刺激在 2009 年得到迅速拉升，而商品房新开工面积的回暖则存在一定的滞后。除此之外，与销售面积相比，省份之间商品房新开工面积的差距更加巨大，这一点也可以从图 1-25 的东部地区各省份住宅新开工面积趋势上看出。在供给方面，各个省份之间无论从量还是从趋势上都存在着非常明显的区域差异。

我国中部地区各省份商品房新开工面积及增速情况如表 1-28、表 1-29 所示。

通过已有数据可知，中部地区商品房新开工面积较高的地区为安徽、河南、湖北、湖南，这四个地区不仅是我国中部地区人口较为集中、经济较发达的地区，同时也是中部地区商品房销售面积较高的地区。市场供给与需求是相互影响、相互促进的，这种现象也符合市场规律。中部地区各省份商品房新开工面积的特点在于 2008 年金融危机之后，各省份商品房新开工面积均保持稳定增长，并未受到金融危机的显著影响。2011 年以来，由于房地产市场处于下行周期，受市场调控政策、预期等因素的影响，中部地区房地产市场供给呈现出下降调整趋势。

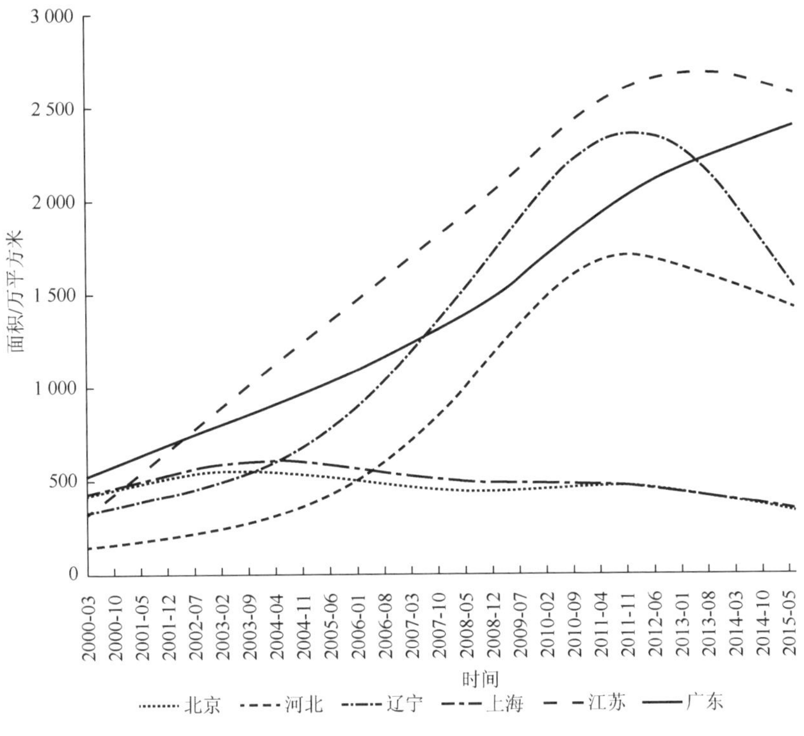

图 1-25　东部地区各部分省份住宅新开工面积趋势

表 1-28　中部地区各省份商品房新开工面积情况（单位：万平方米）

年份	山西	吉林	黑龙江	安徽	江西	河南	湖北	湖南
2000	242.8	616.4	847.3	896.1	490.9	786.9	954.4	678.4
2001	398.1	995.2	1 195.4	1 053.3	607.0	969.6	1 020.5	723.7
2002	478.9	1 008.8	868.5	1 240.7	935.4	1 155.7	1 207.1	993.5
2003	685.3	960.3	1 110.4	1 655.6	1 484.2	1 486.5	1 542.3	1 476.8
2004	753.7	1 056.1	1 242.9	2 191.5	1 698.5	1 879.2	2 026.9	1 897.1
2005	1 156.0	1 286.1	1 485.1	2 623.4	2 490.8	2 150.6	2 292.9	2 106.4
2006	1 471.8	2 117.9	1 747.7	3 171.9	2 360.7	3 330.9	2 355.7	2 845.7
2007	1 228.3	2 932.8	1 834.1	3 714.2	2 613.9	5 078.4	2 900.7	3 562.4
2008	1 414.8	2 923.8	2 241.1	4 585.0	2 529.9	5 551.3	3 113.0	4 231.4
2009	2 444.1	3 262.5	2 995.6	5 315.6	2 301.0	7 115.6	3 975.8	5 319.8
2010	2 782.1	3 525.3	5 021.4	7 354.0	2 345.0	8 610.6	5 725.8	6 443.3
2011	2 849.4	4 991.4	7 274.2	8 658.7	3 486.7	9 890.8	5 577.1	7 318.6
2012	4 166.3	4 826.8	5 074.3	7 874.2	3 261.0	10 515.1	5 976.1	6　631.6
2013	3 673.3	3 746.2	4 030.4	10 077.7	4 139.0	12 465.1	8 226.7	8 869.1
2014	3 887.5	3 257.6	3 281.4	8 736.8	3 348.4	10 586.5	7 598.7	8 067.1

表 1-29　中部地区各省份商品房新开工面积同比增速（单位：%）

年份	山西	吉林	黑龙江	安徽	江西	河南	湖北	湖南
2000	–41.1	52.8	16.5	38.6	31.9	37.0	28.2	71.9
2001	64.0	61.5	41.1	17.5	23.6	23.2	6.9	6.7
2002	20.3	1.4	–27.3	17.8	54.1	19.2	18.3	37.3
2003	43.1	–4.8	27.8	33.4	58.7	28.6	27.8	48.6
2004	10.0	10.0	11.9	32.4	14.4	26.4	31.4	28.5
2005	53.4	21.8	19.5	19.7	46.7	14.4	13.1	11.0
2006	27.3	64.7	17.7	20.9	–5.2	54.9	2.7	35.1
2007	–16.5	38.5	4.9	17.1	10.7	52.5	23.1	25.2
2008	15.2	–0.3	22.2	23.4	–3.2	9.3	7.3	18.8
2009	72.8	11.6	33.7	15.9	–9.0	28.2	27.7	25.7
2010	13.8	8.1	67.6	38.3	1.9	21.0	44.0	21.1
2011	2.4	41.6	44.9	17.7	48.7	14.9	–2.6	13.6
2012	46.2	–3.3	–30.2	–9.1	–6.5	6.3	7.2	–9.4
2013	–11.8	–22.4	–20.6	28.0	26.9	18.5	37.7	33.7
2014	5.8	–13.0	–18.6	–13.3	–19.1	–15.1	–7.6	–9.0

由图 1-26 观察中部地区各省份住宅新开工面积趋势可以看出，河南在中部地

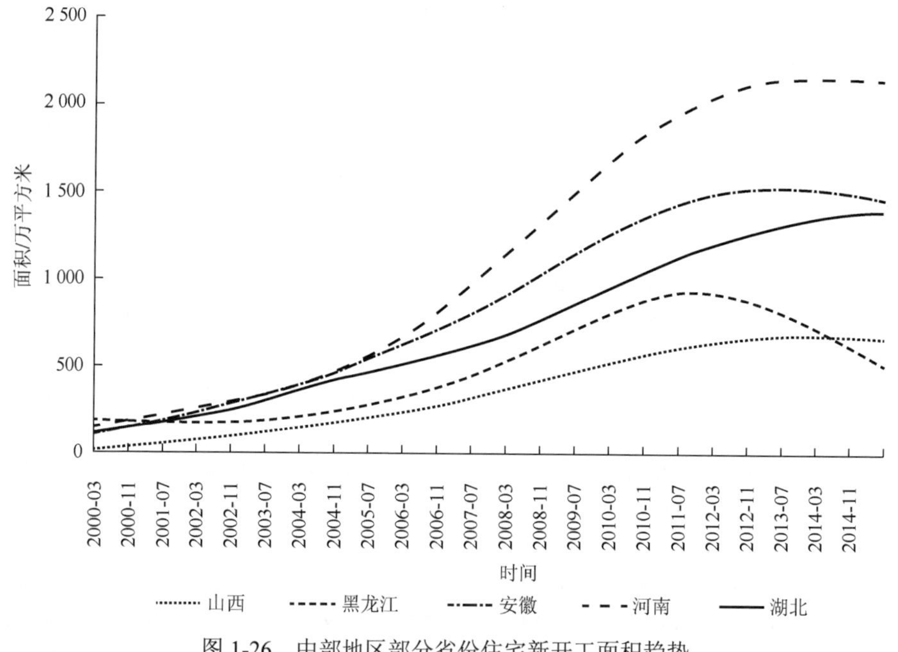

图 1-26　中部地区部分省份住宅新开工面积趋势

区的新开工面积保持着快速的增长，与其他省份拉开了明显的差距，安徽、湖南和湖北三省在近两年的调整过程中比较接近，黑龙江和吉林两地在投资、需求和供给三个方面都表现疲软，住宅新开工面积连续几年出现下降趋势，跌落至垫底。而同样发展水平较低的山西和江西供给水平相似，住宅新开工面积在缓慢上涨。

我国西部地区各省份商品房新开工面积及增速情况如表 1-30、表 1-31 所示。

表 1-30　西部地区各省份商品房新开工面积情况（单位：万平方米）

年份	内蒙古	广西	重庆	四川	贵州	云南	陕西	甘肃	青海	宁夏	新疆	西藏
2000	480.4	300.0	1 290.1	1 627.5	412.7	351.4	517.8	182.1	127.9	172.0	453.6	7.3
2001	691.8	441.2	1 661.2	2 024.3	517.8	479.1	529.5	204.8	127.6	202.6	912.1	11.1
2002	643.6	627.0	1 709.5	2 604.3	537.2	455.5	950.3	263.4	168.1	307.3	577.0	16.2
2003	795.9	1 058.2	2 098.2	3 646.8	902.9	701.2	944.1	462.5	236.3	532.6	782.8	17.4
2004	901.6	1 314.0	2 144.8	3 146.8	877.8	948.2	897.8	693.4	185.9	602.2	782.8	30.1
2005	1 425.0	1 633.3	2 334.8	3 684.4	1 007.7	1 294.4	1 234.8	389.8	243.1	580.9	793.6	38.8
2006	2 556.0	1 776.7	2 709.3	4 847.0	1 289.1	1 255.0	1 105.3	560.3	209.9	697.3	1 035.6	60.4
2007	3 305.3	2 184.9	3 555.9	5 228.9	1 574.6	2 018.5	1 446.8	695.7	274.0	718.6	1 347.1	56.4
2008	3 831.3	2 258.4	3 508.6	4 962.0	1 593.5	2 167.1	2 051.2	986.1	299.1	867.4	1 703.9	60.1
2009	4 387.6	3 020.0	3 813.7	5 235.9	1 755.2	2 820.8	2 796.3	1 046.9	505.1	1 160.3	1 718.2	37.4
2010	6 270.3	4 750.6	6 312.6	7 731.7	2 871.2	3 702.8	3 270.3	1 396.0	700.7	1 808.7	2 177.2	16.9
2011	8 236.3	3 991.7	6 824.4	8 435.8	2 885.1	4 907.1	4 027.4	1 777.6	532.3	1 989.2	2 974.5	4.5
2012	5 423.4	3 741.9	5 813.5	8 367.2	3 787.7	6 037.5	4 738.3	2 404.5	772.9	1 842.8	2 823.7	22.7
2013	5 042.8	3 715.7	7 641.6	10 163.6	5 628.2	6 481.8	4 483.4	2 451.2	859.8	2 163.1	3 729.9	27.8
2014	3 114.0	4 138.4	6 254.0	11 328.0	4 616.5	5 458.4	3 943.2	2 050.4	694.8	2 053.8	3 561.1	191.5

表 1-31　西部地区各省份商品房新开工面积同比增速（单位：%）

年份	内蒙古	广西	重庆	四川	贵州	云南	陕西	甘肃	青海	宁夏	新疆	西藏
2000	52.1	31.1	52.2	29.0	101.8	13.5	24.9	34.7	111.0	27.1	113.3	−9.8
2001	44.0	47.1	28.8	24.4	25.5	36.3	2.3	12.5	−0.2	17.8	101.1	51.2
2002	−7.0	42.1	2.9	28.7	3.7	−4.9	79.5	28.6	31.7	51.7	−36.7	46.2
2003	23.7	68.8	22.7	40.0	68.1	53.9	−0.6	75.5	40.6	73.3	35.7	7.5
2004	13.3	24.2	2.2	−13.7	−2.8	35.2	−4.9	49.9	−21.3	13.1	0.0	73.0
2005	58.1	24.3	8.9	17.1	14.8	36.5	37.5	−43.8	30.7	−3.5	1.4	29.2
2006	79.4	8.8	16.0	31.6	27.9	−3.0	−10.5	43.8	−13.6	20.0	30.5	55.6
2007	29.3	23.0	31.2	7.9	22.2	60.8	30.9	24.2	30.5	3.1	30.1	−6.5

续表

年份	内蒙古	广西	重庆	四川	贵州	云南	陕西	甘肃	青海	宁夏	新疆	西藏
2008	15.9	3.4	−1.3	−5.1	1.2	7.4	41.8	41.7	9.2	20.7	26.5	6.6
2009	14.5	33.7	8.7	5.5	10.1	30.2	36.3	6.2	68.9	33.8	0.8	−37.9
2010	42.9	57.3	65.5	47.7	63.6	31.3	17.0	33.3	38.7	55.9	26.7	−54.7
2011	31.4	−16.0	8.1	9.1	0.5	32.5	23.2	27.3	−24.0	10.0	36.6	−73.2
2012	−34.2	−6.3	−14.8	−0.8	31.3	23.0	17.7	35.3	45.2	−7.4	−5.1	400.6
2013	−7.0	−0.7	31.4	21.5	48.6	7.4	−5.4	1.9	11.2	17.4	32.1	22.4
2014	−38.2	11.4	−18.2	11.5	−18.0	−15.8	−12.0	−16.4	−19.2	−5.1	−4.5	589.8

通过已有数据可以得到，西部地区商品房新开工面积较高的地区为四川，西部地区其他省份商品房新开工面积规模相对较低。2014 年，重庆、云南的商品房新开工面积达到了 5 000 万平方米以上。受经济发展水平与城镇常住人口数量的影响，西部地区商品房新开工面积增速稳定上升。

图 1-27 为西部地区各省份住宅新开工面积发展趋势，四川的房地产市场供给保持稳定增长，并远高于其余省份。其他省份在 2011 年均保持稳定增长，2011 年之后重庆、内蒙古、新疆、广西和宁夏的房地产市场供给呈现下降趋势，其中内蒙古的下降趋势最为明显。

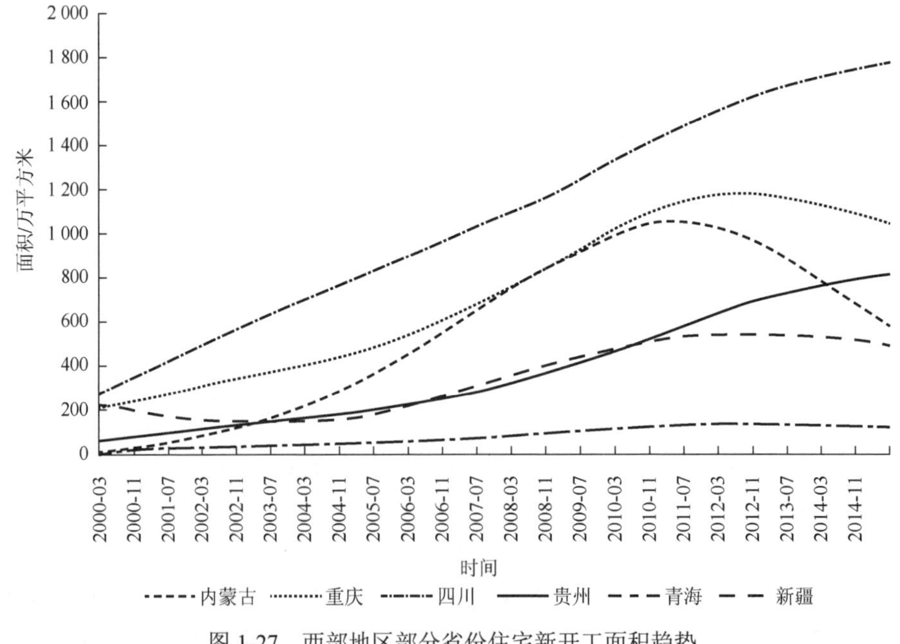

图 1-27　西部地区部分省份住宅新开工面积趋势

住宅和商品房竣工面积的情况与新开工面积情况相近，其数据统计和趋势分析可以在附录中查阅，在此不再赘述。

1.4　房地产价格走势分析

图 1-28 为 2000～2014 年全国商品房、住宅平均销售价格及其增速情况（商品房与住宅销售价格是由销售额与销售面积相除得到，下同）。由图 1-28 可知，自 2000 年以来我国商品房销售价格由 1 933.6 元/米 ^{2} 上升至 6 323.8 元/米 ^{2}，年均增速为 8.8%，其中住宅销售价格由 1 953.1 元/米 ^{2} 上升至 5 932.5 元/米 ^{2}，年均增速为 8.3%。2008～2014 年，全国商品房销售价格的年均增速为 8.9%，其中住宅销售价格的年均增速为 8.8%。从全国整体水平来看，商品房及住宅销售价格增长趋势稳定，虽然金融危机的爆发对房地产市场价格产生巨大的负面影响，但是在政府的大力扶持与调控下，其后面的年均增长速度反而略高于整体的年均增长速度。

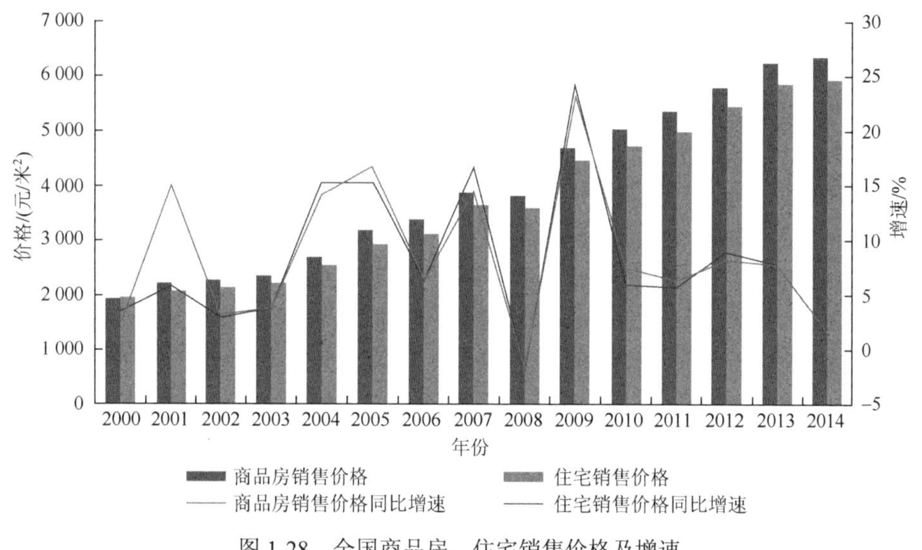

图 1-28　全国商品房、住宅销售价格及增速

图 1-29 为 2000～2014 年东部地区商品房、住宅销售价格及其增速情况，由图 1-29 可知，自 2000 年以来东部地区商品房销售价格由 2 325.6 元/米 ^{2} 上升至 7 963.9 元/米 ^{2}，年均增速为 9.2%；东部地区住宅销售价格由 2000 年的 2 389.2 元/米 ^{2} 上升至 2014 年的 7 636.8 元/米 ^{2}，年均增速为 8.7%。

图 1-30 为 2000～2014 年中部地区商品房、住宅销售价格及其增速情况，由图 1-30 可知，2000 年以来中部地区商品房销售价格由 1 249.1 元/米 ^{2} 上升至

4 895.4 元/米²，年均增速为 10.2%；住宅销售价格由 2000 年的 1 221.7 元/米² 上升至 2014 年的 4 500.9 元/米²，年均增速为 9.8%。

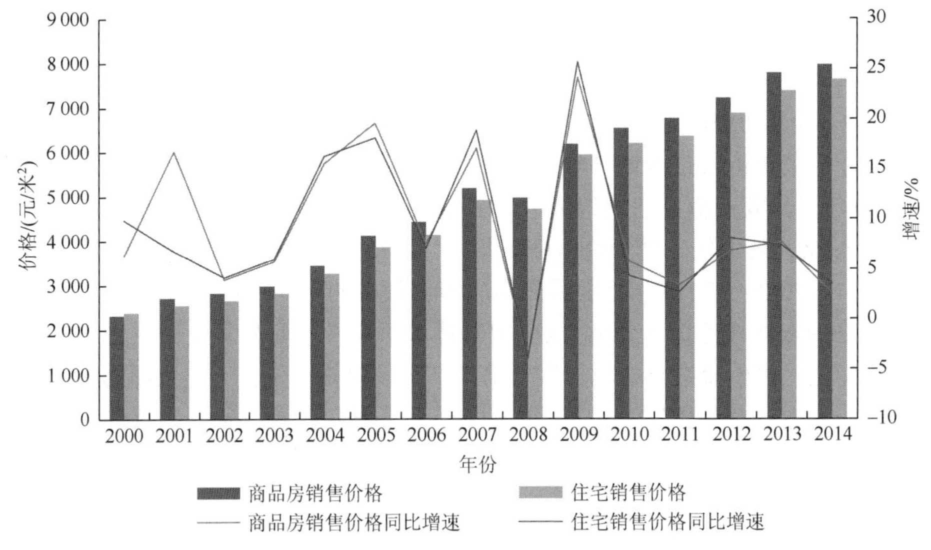

图 1-29　东部地区商品房、住宅销售价格及增速

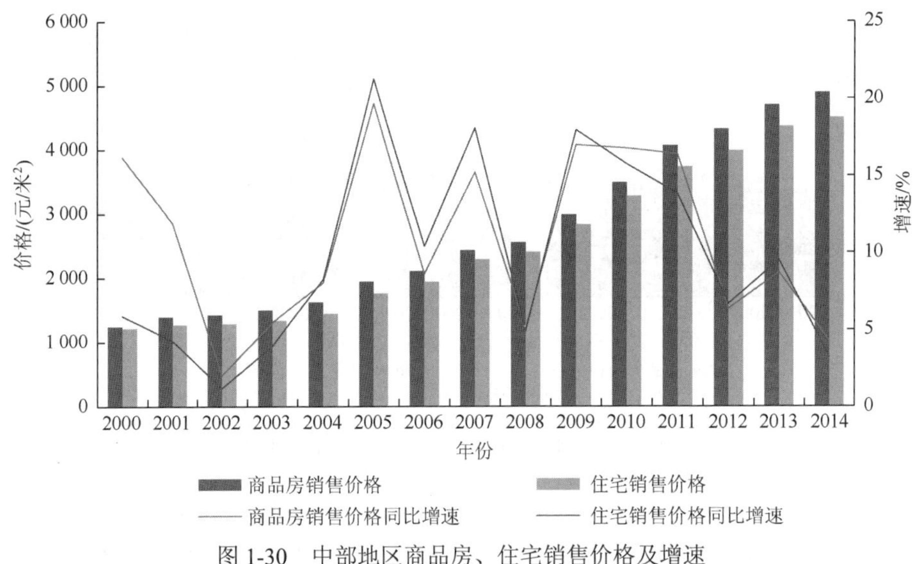

图 1-30　中部地区商品房、住宅销售价格及增速

图 1-31 为 2000～2014 年西部地区商品房、住宅销售价格及其增速情况，由图 1-31 可知，2000 年以来中部地区商品房销售价格由 1 239.1 元/米² 上升至 5 027.6 元/米²，年均增速为 10.5%；住宅销售价格由 2000 年的 1 166.4 元/米² 上升至 2014 年的 4 558.1 元/米²，年均增速为 10.2%。

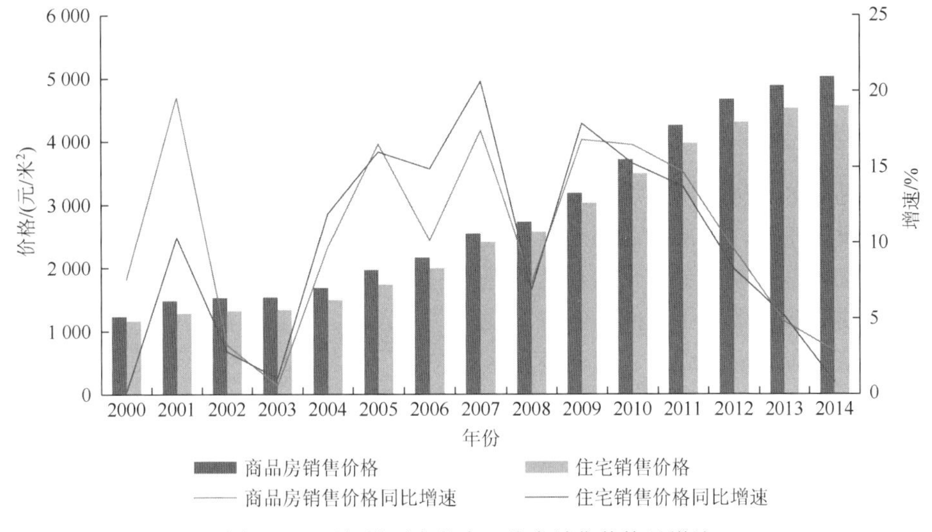

图 1-31　西部地区商品房、住宅销售价格及增速

东部地区的商品房、住宅销售价格明显高于西部地区和中部地区，这得益于其经济整体发展水平较高，房地产市场购买力较高，拥有众多房地产投资吸引力较高的城市，较高的购买能力与稳定的市场需求使得房地产市场处于下行周期时仍能维持较高水平的房价。从东部、中部、西部地区住宅销售价格趋势也可以看出，东部住宅销售价格长期趋势远高于中部、西部地区，中部、西部的长期趋势较为相近。如图 1-32 所示，通过分析东部、中部和西部各省份的房地产市场销售价格趋势可知，其区域差异水平更为突出。

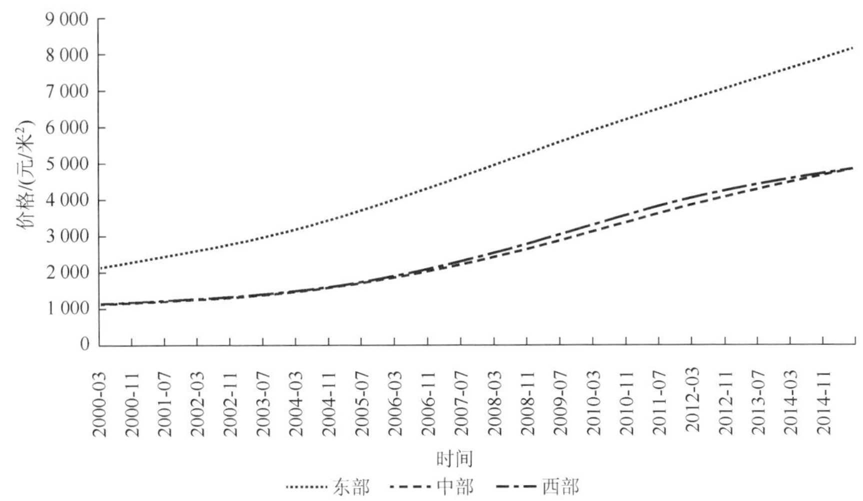

图 1-32　东部、中部、西部地区住宅销售价格趋势

1.5 本章小结

本章从地区层面分析我国近年来东部、中部、西部地区房地产市场的发展状况，通过对区域房地产市场投资、需求、供给及房地产销售价格等因素的描述统计分析发现东部、中部和西部地区在房地产投资、供给、需求及价格等各方面的分化现象都是比较明显的，而且这种现象的产生不是由单一原因造成的，不同地区的主要影响因素各不相同。经济发展水平、人口、土地供应面积、政策等的不同都会造成各省份的差异。然而各地区存在的一个共同的现状是我国房地产市场无论是投资、需求方面，还是供给方面，都形成了绝对差异在逐年拉大，而相对差异在逐年缩小的格局。以投资为例，我国房地产开发投资整体差异程度在逐步缩小，而区域内部差异程度在逐步扩大。东部地区房地产开发投资占比由 2000 年的 73.3%降至 2014 年的 56.5%，但东部地区房地产开发投资额占比仍远高于中部、西部地区。不仅仅是区域之间投资差异仍然明显，区域内部差异也依然显著，东部地区的辽宁、江苏、浙江、广东、山东，中部地区的安徽、河南、湖北、湖南，西部地区的四川、广西、云南、陕西，为各区域内房地产开发投资额较为集中的地区。可以看出组内地区差异是房地产市场地区差异的主要影响因素。

第 2 章　我国房地产市场城市层面差异分析

本章从城市层面分析我国近年来区域房地产市场的发展状况，通过对区域房地产市场的投资、需求、供给及房地产销售价格等因素的描述统计，分析我国区域房地产市场的分化现象。受数据获取的限制，本章研究对象为我国 31 个内地省份中除 4 个直辖市及西藏自治区之外的 26 个省份。

2.1　房地产开发投资分析

城市层面的房地产市场投资分析主要通过各省份地级市房地产投资额及占比情况，分析城市房地产投资差异。根据已知数据得到的信息可以看到，各省份地级市房地产投资额差异较大，除了少数省份，如河北、江苏和安徽的地级市房地产投资额占比相对比较集中之外，其他省份在城市层面的区域差异较为明显，其中区域差异最为突出的省份的地级市房地产开发投资额及投资额增速如表 2-1～表 2-18 所示。在这些区域差异突出的省份中，部分地级市在一些年份中投资额占比超过了省份总量的 50%，如西安、成都的房地产开发投资额占比分别达到 60%以上，而武汉的房地产开发投资额占比达到了 70%。其余省份的地级市房地产开发投资额及投资额增速可以在附表 2-1～附表 2-34 中查阅。

表 2-1　辽宁各地级市房地产开发投资额（单位：亿元）

年份	沈阳	大连	鞍山	抚顺	本溪	丹东	锦州
2000	64.04	106.87	16.05	6.45	9.43	9.85	9.42
2001	78.10	115.50	18.48	10.16	10.70	12.89	14.40
2002	116.08	125.20	21.60	9.84	11.58	12.36	14.74
2003	177.33	151.14	19.26	13.67	12.43	13.28	15.58
2004	342.62	208.79	22.34	11.41	10.82	17.20	4.60
2005	413.57	265.34	27.65	16.73	19.15	24.11	9.43
2006	538.29	337.23	31.45	23.65	32.20	34.45	16.00
2007	730.36	407.83	50.01	28.33	32.58	45.47	28.03
2008	1 010.91	495.82	107.28	40.00	38.45	58.58	38.16
2009	1 188.70	578.94	179.61	64.27	46.51	88.41	49.49
2010	1 450.08	768.02	235.86	84.83	57.28	115.01	92.54

续表

年份	沈阳	大连	鞍山	抚顺	本溪	丹东	锦州
2011	1 684.72	1 107.46	332.62	112.74	83.12	157.29	114.50
2012	1 942.96	1 396.52	384.77	129.70	104.41	198.30	138.09
2013	2 184.01	1 710.36	455.91	149.54	132.70	256.28	188.00
2014	1 975.82	1 429.34	252.95	124.86	112.60	141.13	201.18
年份	营口	阜新	辽阳	盘锦	铁岭	朝阳	葫芦岛
2000	15.42	3.83	4.58	2.80	3.92	3.25	9.07
2001	21.26	5.23	5.50	5.85	7.44	4.84	12.87
2002	14.62	9.93	6.67	13.95	9.37	7.78	14.60
2003	14.69	10.88	4.46	11.73	10.47	11.33	20.15
2004	23.69	8.31	6.70	14.06	8.46	9.88	14.57
2005	32.89	9.82	9.79	10.39	14.13	7.99	13.27
2006	24.96	10.18	15.36	12.98	27.24	22.97	15.21
2007	25.20	14.30	23.60	19.67	38.42	29.21	24.56
2008	55.54	14.35	30.84	40.75	56.04	42.70	30.95
2009	113.47	20.39	43.19	58.06	109.62	59.15	40.74
2010	179.08	32.86	62.04	86.14	174.83	74.23	52.96
2011	266.06	47.07	109.53	109.64	193.73	88.50	80.56
2012	306.97	91.58	126.18	178.78	214.62	107.86	135.05
2013	307.47	132.84	146.91	225.75	243.99	135.09	181.88
2014	154.56	121.70	114.86	283.72	131.20	121.90	135.49

表 2-2　辽宁各地级市房地产开发投资额增速（单位：%）

年份	沈阳	大连	鞍山	抚顺	本溪	丹东	锦州
2001	22.0	8.1	15.2	57.5	13.5	30.9	52.9
2002	48.6	8.4	16.9	−3.2	8.2	−4.1	2.4
2003	52.8	20.7	−10.9	39.0	7.4	7.4	5.7
2004	93.2	38.1	16.0	−16.5	−13.0	29.6	−70.5
2005	20.7	27.1	23.8	46.6	77.0	40.2	105.0
2006	30.2	27.1	13.7	41.4	68.1	42.9	69.7
2007	35.7	20.9	59.0	19.8	1.2	32.0	75.2
2008	38.4	21.6	114.5	41.2	18.0	28.8	36.1
2009	17.6	16.8	67.4	60.7	21.0	50.9	29.7
2010	22.0	32.7	31.3	32.0	23.2	30.1	87.0
2011	16.2	44.2	41.0	32.9	45.1	36.8	23.7
2012	15.3	26.1	15.7	15.1	25.6	26.1	20.6
2013	12.4	22.5	18.5	15.3	27.1	29.2	36.1
2014	−9.5	−16.4	−44.5	−16.5	−15.1	−44.9	7.0

续表

年份	营口	阜新	辽阳	盘锦	铁岭	朝阳	葫芦岛
2001	37.8	36.6	20.1	108.9	89.8	48.9	41.9
2002	−31.2	89.9	21.3	138.3	25.9	60.7	13.4
2003	0.5	9.5	−33.1	−16.0	11.8	45.6	38.0
2004	61.2	−23.6	50.2	20.0	−19.2	−12.8	−27.7
2005	38.9	18.2	46.1	−26.1	67.0	−19.1	−8.9
2006	−24.1	3.7	56.9	24.9	92.8	187.7	14.6
2007	1.0	40.4	53.6	51.5	41.0	27.2	61.5
2008	120.4	0.4	30.7	107.2	45.9	46.2	26.0
2009	104.3	42.1	40.0	42.5	95.6	38.5	31.6
2010	57.8	61.2	43.6	48.4	59.5	25.5	30.0
2011	48.6	43.3	76.5	27.3	10.8	19.2	52.1
2012	15.4	94.6	15.2	63.1	10.8	21.9	67.6
2013	0.2	45.1	16.4	26.3	13.7	25.3	34.7
2014	−49.7	−8.4	−21.8	25.7	−46.2	−9.8	−25.5

表 2-3　黑龙江各地级市房地产开发投资额（单位：亿元）

年份	哈尔滨	齐齐哈尔	鸡西	鹤岗	双鸭山	大庆
2000	64.27	6.86	1.53	1.75	6.50	8.64
2001	83.94	9.64	0.78	2.28	3.39	23.55
2002	89.89	13.13	1.33	3.62	1.01	13.11
2003	106.04	18.03	1.70	5.54	1.30	4.54
2004	119.95	22.64	1.59	5.49	3.66	13.81
2005	140.17	24.44	3.70	5.17	2.61	30.06
2006	157.83	20.26	4.56	5.43	4.02	56.57
2007	187.42	21.63	11.54	7.66	7.53	58.48
2008	215.76	34.06	8.87	8.69	6.11	78.30
2009	278.75	43.60	23.15	7.34	7.98	83.80
2010	360.74	58.75	30.01	8.27	22.80	119.50
2011	562.00	85.20	33.32	11.46	29.92	164.48
2012	772.02	104.13	43.61	12.19	22.43	239.04
2013	849.65	117.22	24.69	12.56	20.47	277.24
2014	673.57	129.98	27.28	6.78	16.41	157.38

年份	伊春	佳木斯	七台河	牡丹江	黑河	绥化
2000	2.54	5.05	1.95	9.68	0.74	0.64
2001	2.97	7.21	4.11	9.65	0.70	0.23
2002	2.72	7.00	3.76	8.15	0.99	1.26
2003	3.16	5.94	4.23	8.68	0.92	1.49

续表

年份	伊春	佳木斯	七台河	牡丹江	黑河	绥化
2004	4.18	5.83	3.29	9.17	1.32	3.48
2005	2.94	6.58	3.88	9.55	1.55	4.68
2006	1.08	11.55	9.59	12.27	1.49	5.83
2007	1.74	14.36	9.39	18.50	1.06	6.36
2008	4.55	17.13	7.57	34.91	3.12	16.64
2009	8.18	26.06	4.51	45.78	32.99	36.60
2010	11.04	58.20	5.44	65.25	27.09	100.49
2011	17.69	69.58	14.97	80.41	49.24	121.66
2012	16.23	77.06	13.55	97.77	48.76	96.46
2013	9.81	69.24	12.38	99.19	19.69	62.14
2014	8.60	54.84	5.12	114.41	29.11	74.59

表 2-4　黑龙江各地级市房地产开发投资额增速（单位：%）

年份	哈尔滨	齐齐哈尔	鸡西	鹤岗	双鸭山	大庆
2001	30.6	40.5	−49.2	30.3	−47.8	172.4
2002	7.1	36.1	70.9	58.9	−70.2	−44.4
2003	18.0	37.3	27.7	53.0	28.3	−65.4
2004	13.1	25.6	−6.6	−1.0	181.9	204.5
2005	16.9	8.0	133.4	−5.8	−28.7	117.6
2006	12.6	−17.1	23.2	5.1	54.2	88.2
2007	18.8	6.8	153.0	40.9	87.3	3.4
2008	15.1	57.5	−23.2	13.5	−18.9	33.9
2009	29.2	28.0	161.1	−15.6	30.6	7.0
2010	29.4	34.7	29.6	12.7	185.9	42.6
2011	55.8	45.0	11.0	38.6	31.2	37.6
2012	37.4	22.2	30.9	6.4	−25.0	45.3
2013	10.1	12.6	−43.4	3.1	−8.7	16.0
2014	−20.7	10.9	10.5	−46.0	−19.8	−43.2
年份	伊春	佳木斯	七台河	牡丹江	黑河	绥化
2001	17.2	42.8	111.2	−0.3	−5.3	−64.0
2002	−8.4	−3.0	−8.5	−15.5	40.5	447.8
2003	16.0	−15.1	12.5	6.5	−6.24	18.1
2004	32.5	−1.9	−22.1	5.5	42.8	133.5
2005	−29.6	12.9	17.9	4.2	17.4	34.5
2006	−63.2	75.4	147.0	28.5	−4.0	24.8
2007	60.9	24.3	−2.0	50.8	−28.8	9.0

续表

年份	伊春	佳木斯	七台河	牡丹江	黑河	绥化
2008	160.8	19.3	−19.4	88.7	194.8	161.7
2009	80.1	52.2	−40.4	31.1	956.5	120.0
2010	34.9	123.3	20.5	42.5	−17.9	174.6
2011	60.2	19.5	175.2	23.3	81.7	21.1
2012	−8.3	10.8	−9.5	21.6	−1.0	−20.7
2013	−39.6	−10.2	−8.6	1.5	−59.6	−35.6
2014	−12.2	−20.8	−58.6	15.3	47.9	20.0

表 2-5 广东各地级市房地产开发投资额（单位：亿元）

年份	广州	韶关	深圳	珠海	汕头	佛山	江门	湛江	茂名	肇庆	惠州
2000	355.58	5.47	260.97	32.70	22.51	60.34	20.02	7.85	3.12	14.09	9.23
2001	387.02	7.61	302.64	34.13	17.26	72.34	23.53	8.30	3.86	13.83	10.65
2002	426.39	5.55	355.44	37.21	20.27	81.60	25.21	10.67	7.87	14.62	15.88
2003	419.48	10.09	412.66	38.81	15.05	88.50	23.87	11.46	5.31	16.48	27.27
2004	477.03	10.81	432.01	40.46	17.22	96.40	32.91	12.87	7.95	18.06	29.55
2005	508.08	11.33	423.69	51.29	22.38	143.16	32.75	20.78	10.91	21.37	43.89
2006	556.79	16.82	462.09	65.59	26.77	182.07	28.96	23.94	7.93	25.47	69.03
2007	703.80	39.57	461.04	132.66	34.76	341.02	54.54	34.00	13.87	47.21	137.76
2008	762.43	55.27	440.49	147.65	32.90	403.68	104.64	36.68	19.00	54.32	186.83
2009	817.34	46.45	437.46	168.44	38.09	358.25	95.65	47.27	25.04	60.66	175.33
2010	983.66	63.96	458.47	179.51	49.31	485.52	111.72	75.04	37.22	91.14	267.86
2011	1 305.36	81.27	590.21	255.61	74.06	596.92	147.08	107.46	54.21	143.11	377.54
2012	1 370.45	91.30	736.84	242.08	83.35	638.46	144.49	114.96	73.96	145.45	482.17
2013	1 572.43	123.64	876.90	272.58	147.03	737.32	241.79	154.78	77.36	171.48	593.47
2014	1 816.15	119.42	1 069.49	388.30	202.05	832.70	313.01	177.35	95.06	188.89	667.30

年份	梅州	汕尾	河源	阳江	清远	东莞	中山	潮州	揭阳	云浮
2000	8.60	1.13	1.09	4.33	5.82	11.25	21.17	4.80	6.09	2.58
2001	13.05	1.12	2.66	6.56	8.17	14.85	32.87	5.70	4.32	1.79
2002	12.46	1.18	4.14	9.51	10.85	26.84	36.55	5.97	4.18	2.86
2003	12.95	2.12	4.64	11.23	13.80	55.12	51.94	3.79	5.85	3.11
2004	12.79	1.42	6.89	12.54	17.13	93.45	62.46	4.74	5.95	4.33
2005	9.78	1.63	9.58	13.66	27.12	144.43	80.54	2.62	7.14	5.61
2006	11.70	2.23	16.00	14.87	39.32	164.24	110.06	5.00	9.05	6.06
2007	12.86	7.75	19.58	17.59	64.95	209.42	176.46	11.96	14.46	8.96
2008	15.74	8.69	18.36	21.25	115.69	270.15	191.61	14.93	20.77	11.27
2009	15.38	14.50	20.18	33.09	89.99	277.66	192.37	17.13	19.31	11.71

续表

年份	梅州	汕尾	河源	阳江	清远	东莞	中山	潮州	揭阳	云浮
2010	26.18	17.72	23.19	51.97	125.22	298.99	241.79	18.22	33.25	19.75
2011	42.29	33.85	58.84	77.67	168.61	373.76	310.36	23.63	43.84	28.96
2012	44.05	16.07	67.13	77.18	180.72	377.32	346.41	28.57	56.44	35.40
2013	77.02	16.66	89.18	88.96	187.83	497.66	399.12	41.91	57.04	65.44
2014	128.29	11.61	100.83	94.66	219.06	588.06	429.66	46.70	67.70	82.17

表 2-6　广东各地级市房地产开发投资额增速（单位：%）

年份	广州	韶关	深圳	珠海	汕头	佛山	江门	湛江	茂名	肇庆	惠州
2001	8.8	39.1	16.0	4.4	−23.3	19.9	17.6	5.7	23.8	−1.9	15.4
2002	10.2	−27.1	17.5	9.0	17.4	12.8	7.1	28.6	103.8	5.7	49.1
2003	−1.6	81.9	16.1	4.3	−25.8	8.5	−5.3	7.4	−32.6	12.8	71.8
2004	13.7	7.2	4.7	4.3	14.4	8.9	37.9	12.3	49.8	9.6	8.4
2005	6.5	4.8	−1.9	26.8	30.0	48.5	−0.5	61.5	37.3	18.3	48.5
2006	9.6	48.5	9.1	27.9	19.6	27.2	−11.6	15.2	−27.3	19.2	57.3
2007	26.4	135.2	−0.2	102.3	29.9	87.3	88.4	42.0	74.8	85.4	99.6
2008	8.3	39.7	−4.5	11.3	−5.3	18.4	91.9	7.9	37.0	15.1	35.6
2009	7.2	−16.0	−0.7	14.1	15.8	−11.3	−8.6	28.9	31.8	11.7	−6.2
2010	20.4	37.7	4.8	6.6	29.5	35.5	16.8	58.7	48.6	50.3	52.8
2011	32.7	27.1	28.7	42.4	50.2	22.9	31.7	43.2	45.6	57.0	41.0
2012	5.0	12.3	24.8	−5.3	12.5	7.0	−1.8	7.0	36.4	1.6	27.7
2013	14.7	35.4	19.0	12.6	76.4	15.5	67.3	34.6	4.6	17.9	23.1
2014	15.5	−3.4	22.0	42.5	37.4	12.9	29.5	14.6	22.9	10.2	12.4
年份	梅州	汕尾	河源	阳江	清远	东莞	中山	潮州	揭阳	云浮	
2001	51.7	−0.3	143.5	51.5	40.5	32.0	55.3	18.6	−29.2	−30.7	
2002	−4.5	5.4	56.0	45.0	32.7	80.7	11.2	4.8	−3.3	60.1	
2003	4.0	79.0	12.0	18.1	27.2	105.4	42.1	−36.6	40.1	8.6	
2004	−1.3	−32.8	48.4	11.7	24.1	69.5	20.3	25.0	1.8	39.3	
2005	−23.5	14.5	39.1	8.9	58.3	54.6	29.0	−44.6	19.9	29.4	
2006	19.6	36.7	67.0	8.9	45.0	13.7	36.6	90.4	26.7	8.0	
2007	9.9	248.0	22.4	18.3	65.2	27.5	60.3	139.4	59.8	47.9	
2008	22.4	12.1	−6.3	20.8	78.1	29.0	8.6	24.9	43.6	25.9	
2009	−2.3	67.0	9.9	55.7	−22.2	2.8	0.4	14.7	−7.0	3.9	
2010	70.3	22.2	14.9	57.1	39.1	7.7	25.7	6.4	72.2	68.7	
2011	61.5	91.1	153.7	49.5	34.7	25.0	28.4	29.7	31.9	46.7	
2012	4.2	−52.5	14.1	−0.6	7.2	1.0	11.6	20.9	28.7	22.2	
2013	74.8	3.7	32.9	15.3	3.9	31.9	15.2	46.7	1.1	84.9	
2014	66.6	−30.3	13.1	6.4	16.6	18.2	7.7	11.4	18.7	25.6	

表 2-7　吉林各地级市房地产开发投资额（单位：亿元）

年份	长春	吉林	四平	辽源	通化	白山	松原	白城
2000	30.33	18.07	4.31	1.62	2.02	2.39	1.70	2.74
2001	42.51	24.75	4.55	2.07	4.61	2.36	1.53	3.30
2002	52.56	29.37	4.54	4.67	4.72	2.02	2.73	3.72
2003	70.00	30.50	3.67	5.35	6.14	3.44	3.31	3.08
2004	90.35	30.50	2.21	4.90	8.27	3.00	3.11	2.47
2005	106.63	33.50	4.26	5.65	13.62	4.22	2.92	3.02
2006	171.84	46.57	9.76	13.91	30.44	5.95	6.89	4.42
2007	259.50	69.52	21.41	24.87	50.91	10.25	13.41	7.56
2008	352.89	87.03	22.57	33.40	57.07	20.92	27.89	7.85
2009	443.93	99.26	28.27	36.72	76.45	15.01	28.15	5.61
2010	543.64	139.61	26.93	20.78	75.74	9.21	58.57	6.58
2011	666.42	206.20	63.93	25.79	82.27	20.04	73.70	9.31
2012	649.65	248.80	58.67	46.52	108.16	37.24	81.38	11.08
2013	613.58	229.87	48.64	44.05	84.62	41.23	103.05	13.35
2014	534.40	142.46	48.05	19.99	85.44	24.08	80.28	24.95

表 2-8　吉林各地级市房地产开发投资额增速（单位：%）

年份	长春	吉林	四平	辽源	通化	白山	松原	白城
2001	40.2	37.0	5.6	27.8	127.9	−1.1	−10.5	20.4
2002	23.6	18.7	−0.4	125.6	2.4	−14.5	79.3	12.8
2003	33.2	3.8	−19.1	14.6	30.1	70.5	20.9	−17.4
2004	29.1	0.0	−39.8	−8.4	34.7	−12.8	−6.1	−19.8
2005	18.0	9.8	92.6	15.4	64.8	40.5	−6.0	22.1
2006	61.2	39.0	129.2	146.2	123.5	41.1	135.9	46.4
2007	51.0	49.3	119.5	78.8	67.3	72.2	94.7	71.1
2008	36.0	25.2	5.4	34.3	12.1	104.1	108.0	3.8
2009	25.8	14.1	25.3	10.0	34.0	−28.3	1.0	−28.6
2010	22.5	40.7	−4.8	−43.4	−0.9	−38.7	108.0	17.3
2011	22.6	47.7	137.4	24.1	8.6	117.6	25.8	41.6
2012	−2.5	20.7	−8.2	80.4	31.5	85.8	10.4	19.0
2013	−5.6	−7.6	−17.1	−5.3	−21.8	10.7	26.6	20.5
2014	−12.9	−38.0	−1.2	−54.6	1.0	−41.6	−22.1	86.9

表 2-9　贵州各地级市房地产开发投资额（单位：亿元）

年份	贵阳	六盘水	遵义	安顺
2000	31.05	0.50	5.56	2.09
2001	43.33	1.59	10.62	2.58
2002	50.03	3.34	14.45	2.48
2003	61.20	5.03	16.05	2.72
2004	72.45	4.32	25.41	3.07
2005	90.74	6.60	23.76	5.73
2006	107.69	12.08	27.41	5.90
2007	135.44	18.57	36.51	9.53
2008	170.11	18.08	40.85	8.15
2009	210.32	19.10	40.58	14.57
2010	310.47	26.25	44.57	24.18
2011	467.36	36.50	81.60	40.97
2012	908.52	55.48	128.87	61.40
2013	—	81.72	239.04	—
2014	—	—	—	—

表 2-10　贵州各地级市房地产开发投资额增速（单位：%）

年份	贵阳	六盘水	遵义	安顺
2001	39.6	220.0	91.0	23.7
2002	15.5	110.3	36.1	–3.9
2003	22.3	50.3	11.0	9.8
2004	18.4	–14.0	58.3	12.9
2005	25.3	52.6	–6.5	86.3
2006	18.7	83.1	15.4	3.0
2007	25.8	53.8	33.2	61.7
2008	25.6	–2.6	11.9	–14.5
2009	23.6	5.6	–0.7	78.7
2010	47.6	37.4	9.8	65.9
2011	50.5	39.1	83.1	69.5
2012	94.4	52.0	57.9	49.9
2013	—	47.3	85.5	—
2014	—	—	—	—

表 2-11　云南各地级市房地产开发投资额（单位：亿元）

年份	昆明	曲靖	玉溪	保山	邵通	丽江	普洱	临沧
2000	63.91	1.73	4.15	1.08	—	—	—	—
2001	66.15	3.05	4.21	0.82	0.19	—	—	—
2002	68.34	3.89	5.70	0.87	0.22	2.72	—	—
2003	70.07	4.78	5.22	2.13	2.39	10.57	1.81	1.24
2004	107.68	—	3.65	6.29	2.44	11.35	1.46	—
2005	149.35	13.00	8.58	7.01	2.75	13.98	4.71	6.88
2006	183.29	31.43	13.00	4.92	6.80	12.24	4.73	8.20
2007	221.99	35.99	21.29	7.25	8.73	12.20	10.66	6.64
2008	259.29	68.04	30.32	13.94	9.59	14.65	13.36	10.49
2009	369.43	84.82	40.20	17.78	14.71	20.96	19.28	14.24
2010	440.68	101.56	57.54	28.00	17.43	25.06	23.83	20.75
2011	625.97	145.77	66.88	29.30	25.09	39.26	46.87	26.64
2012	919.07	153.80	90.57	50.77	36.11	64.17	30.16	62.65
2013	1 291.71	183.69	104.70	—	50.41	79.87	46.73	96.04
2014	—	—	—	—	—	—	—	—

表 2-12　云南各地级市房地产开发投资额增速（单位：%）

年份	昆明	曲靖	玉溪	保山	邵通	丽江	普洱	临沧
2001	3.5	75.7	1.5	–23.8	—	—	—	—
2002	3.3	27.5	35.3	5.4	20.4	—	—	—
2003	2.5	23.0	–8.4	145.5	967.6	288.8	—	—
2004	53.7	—	–30.2	196.0	2.0	7.3	–19.3	—
2005	38.7	—	135.3	11.3	12.8	23.2	222.6	—
2006	22.7	141.8	51.6	–29.8	147.1	–12.5	0.4	19.2
2007	21.1	14.5	63.8	47.4	28.3	–0.3	125.4	–19.0
2008	16.8	89.1	42.4	92.2	10.0	20.1	25.3	57.9
2009	42.5	24.7	32.6	27.5	53.3	43.1	44.3	35.8
2010	19.3	19.7	43.2	57.5	18.5	19.5	23.6	45.7
2011	42.1	43.5	16.2	4.7	43.9	56.7	96.7	28.3
2012	46.8	5.5	35.4	73.3	43.9	63.5	–35.7	135.2
2013	40.5	19.4	15.6	—	39.6	24.5	54.9	53.3
2014	—	—	—	—	—	—	—	—

表 2-13 湖北各地级市房地产开发投资额（单位：亿元）

年份	武汉	黄石	十堰	宜昌	襄阳	鄂州
2000	101.31	2.44	2.84	6.80	5.66	1.22
2001	115.34	2.55	3.68	6.56	7.24	1.65
2002	132.50	3.31	6.27	7.80	9.08	1.82
2003	169.55	4.33	9.47	12.80	11.72	2.34
2004	233.30	7.64	11.75	20.17	17.52	4.15
2005	297.99	11.33	20.95	31.70	22.09	6.06
2006	366.15	16.96	25.18	39.18	29.67	7.84
2007	459.75	19.66	26.05	48.71	36.87	9.39
2008	560.36	21.53	28.99	56.68	46.21	10.79
2009	778.59	25.30	35.73	79.33	55.39	8.10
2010	1 017.40	38.36	41.08	105.78	106.52	11.49
2011	1 274.17	71.95	52.86	136.55	145.31	18.82
2012	1 574.86	56.04	76.64	176.59	186.19	11.65
2013	1 905.60	84.68	101.11	203.18	301.94	16.28
2014	2 353.63	115.77	90.80	194.60	330.94	19.91
年份	荆门	孝感	荆州	黄冈	咸宁	随州
2000	1.20	3.83	3.71	1.20	0.53	0.57
2001	1.68	3.90	3.93	1.79	0.73	0.71
2002	3.50	4.75	4.01	1.93	0.89	0.84
2003	3.94	5.37	6.97	3.51	1.98	2.84
2004	4.44	7.48	11.77	6.23	2.58	4.20
2005	5.31	9.38	16.19	9.08	3.80	4.53
2006	9.07	11.26	18.14	12.17	7.88	6.83
2007	11.38	19.16	21.20	23.33	14.60	9.11
2008	16.84	28.57	26.59	27.38	25.35	15.96
2009	27.19	32.40	32.87	37.33	39.55	17.05
2010	38.83	49.05	35.53	62.20	59.57	21.66
2011	55.65	57.15	58.09	62.25	65.51	24.68
2012	64.31	74.95	54.89	78.57	84.96	19.79
2013	87.79	111.13	76.79	132.73	112.06	29.23
2014	123.98	136.35	134.17	174.27	109.14	33.98

表 2-14 湖北各地级市房地产开发投资额增速（单位：%）

年份	武汉	黄石	十堰	宜昌	襄阳	鄂州
2001	13.8	4.6	29.6	–3.6	27.8	35.0
2002	14.9	30.2	70.6	19.0	25.4	10.0
2003	28.0	30.7	51.0	64.0	29.1	28.9

续表

年份	武汉	黄石	十堰	宜昌	襄阳	鄂州
2004	37.6	76.4	24.1	57.6	49.4	77.4
2005	27.7	48.3	78.4	57.2	26.1	46.0
2006	22.9	49.7	20.2	23.6	34.3	29.3
2007	25.6	15.9	3.4	24.3	24.3	19.8
2008	21.9	9.5	11.3	16.4	25.4	15.0
2009	39.0	17.5	23.3	40.0	19.9	−24.9
2010	30.7	51.6	15.0	33.3	92.3	41.8
2011	25.2	87.6	28.7	29.1	36.4	63.8
2012	23.6	−22.1	45.0	29.3	28.1	−38.1
2013	21.0	51.1	31.9	15.1	62.2	39.7
2014	23.5	36.7	−10.2	−4.2	9.6	22.3

年份	荆门	孝感	荆州	黄冈	咸宁	随州
2001	40.4	1.7	5.8	48.8	37.5	24.9
2002	108.5	21.8	2.0	8.0	22.2	18.8
2003	12.5	13.1	74.0	81.6	121.0	237.6
2004	12.8	39.2	68.9	77.4	30.7	48.0
2005	19.6	25.4	37.5	45.9	46.9	7.9
2006	70.8	20.1	12.1	34.0	107.6	50.8
2007	25.5	70.1	16.8	91.7	85.4	33.4
2008	47.9	49.1	25.4	17.3	73.6	75.3
2009	61.5	13.4	23.6	36.4	56.0	6.9
2010	42.8	51.4	8.1	66.6	50.6	27.0
2011	43.3	16.5	63.5	0.1	10.0	14.0
2012	15.6	31.1	−5.5	26.2	29.7	−19.8
2013	36.5	48.3	39.9	68.9	31.9	47.7
2014	41.2	22.7	74.7	31.3	−2.6	16.3

表 2-15　四川各地级市房地产开发投资额（单位：亿元）

年份	成都	自贡	攀枝花	泸州	德阳	绵阳	广元	遂宁	内江
2000	129.16	6.40	3.23	6.08	7.21	14.60	1.85	2.81	2.11
2001	170.76	10.67	3.22	9.32	9.06	17.30	1.58	4.01	4.76
2002	203.31	10.50	5.65	14.82	11.13	20.32	4.44	6.28	6.69
2003	245.40	12.46	9.28	19.16	15.04	30.12	5.11	8.20	11.70
2004	308.97	12.65	9.32	16.04	18.86	25.05	7.36	9.54	10.42
2005	451.86	11.05	9.49	13.87	21.54	28.99	6.84	11.55	12.90
2006	613.64	14.71	15.90	16.18	20.92	37.84	6.69	16.90	14.49

续表

年份	成都	自贡	攀枝花	泸州	德阳	绵阳	广元	遂宁	内江
2007	905.28	19.20	25.30	23.92	25.74	46.50	9.43	33.00	20.40
2008	912.51	22.67	25.20	40.48	25.52	57.97	8.68	55.32	26.70
2009	945.14	36.31	22.25	42.19	39.36	68.03	12.40	58.82	28.11
2010	1 278.34	54.00	34.20	54.52	46.96	105.84	18.72	67.90	41.01
2011	1 585.28	75.95	35.73	67.78	72.90	132.28	35.13	71.64	54.35
2012	1 890.04	62.77	54.68	71.65	79.88	145.69	32.89	76.79	58.03
2013	2 110.27	77.78	51.16	130.92	82.66	169.94	58.67	85.99	78.64
2014	2 220.80	101.23	75.20	192.56	95.23	210.74	83.32	86.36	115.43

年份	乐山	南充	眉山	宜宾	广安	达州	雅安	巴中	资阳
2000	3.02	6.39	1.18	2.48	2.01	1.95	1.41	1.09	2.92
2001	4.95	9.09	3.26	5.08	3.25	2.24	2.45	1.62	3.61
2002	8.51	10.70	6.19	9.55	6.05	5.79	4.32	2.78	5.49
2003	13.04	16.71	14.93	13.68	9.41	14.01	3.08	4.92	5.72
2004	12.12	16.16	11.55	19.02	11.06	20.50	2.65	7.62	5.90
2005	13.63	20.53	11.11	26.56	14.05	19.64	2.14	9.86	9.75
2006	18.30	19.82	14.44	35.58	15.40	22.65	2.28	8.63	13.11
2007	28.63	27.42	25.56	34.55	17.56	39.54	2.10	13.73	19.96
2008	36.10	34.99	26.07	35.27	23.64	42.22	4.35	19.52	33.13
2009	40.92	46.94	33.46	43.97	24.62	49.76	7.31	22.85	54.71
2010	58.79	102.23	47.77	60.22	29.58	60.68	11.91	27.27	74.65
2011	67.55	145.73	63.62	105.41	38.49	81.89	28.63	38.00	94.57
2012	75.45	187.06	78.18	104.51	51.05	85.10	30.01	49.27	109.60
2013	110.19	207.91	130.31	141.13	65.25	100.53	27.02	63.99	136.98
2014	126.07	229.14	151.12	171.86	122.11	94.98	25.46	88.65	164.77

表 2-16　四川各地级市房地产开发投资额增速（单位：%）

年份	成都	自贡	攀枝花	泸州	德阳	绵阳	广元	遂宁	内江
2001	32.2	66.7	−0.3	53.3	25.6	18.5	−14.8	43.0	125.7
2002	19.1	−1.6	75.2	59.0	22.9	17.5	181.5	56.3	40.5
2003	20.7	18.7	64.4	29.3	35.1	48.2	15.1	30.7	74.8
2004	25.9	1.5	0.4	−16.3	25.4	−16.8	43.9	16.3	−10.9
2005	46.3	−12.7	1.8	−13.5	14.2	15.7	−7.0	21.0	23.8
2006	35.8	33.2	67.6	16.7	−2.9	30.5	−2.2	46.4	12.3
2007	47.5	30.5	59.1	47.8	23.0	22.9	40.9	95.2	40.8
2008	0.8	18.1	−0.4	69.3	−0.9	24.7	−8.0	67.6	30.9
2009	3.6	60.2	−11.7	4.2	54.2	17.4	42.9	6.3	5.3

续表

年份	成都	自贡	攀枝花	泸州	德阳	绵阳	广元	遂宁	内江
2010	35.3	48.7	53.7	29.2	19.3	55.6	51.0	15.4	45.9
2011	24.0	40.7	4.5	24.3	55.2	25.0	87.6	5.5	32.5
2012	19.2	−17.4	53.0	5.7	9.6	10.1	−6.4	7.2	6.8
2013	11.7	23.9	−6.4	82.7	3.5	16.6	78.4	12.0	35.5
2014	5.2	30.1	47.0	47.1	15.2	24.0	42.0	0.4	46.8

年份	乐山	南充	眉山	宜宾	广安	达州	雅安	巴中	资阳
2001	63.8	42.2	177.7	105.1	61.6	14.9	73.8	47.8	23.5
2002	71.9	17.7	89.5	88.0	86.24	159.1	76.3	71.9	52.3
2003	53.3	56.1	141.3	43.3	55.5	141.7	−28.7	77.0	4.1
2004	−7.1	−3.3	−22.6	39.0	17.6	46.4	−13.9	54.9	3.2
2005	12.5	27.1	−3.8	39.7	27.0	−4.2	−19.3	29.3	65.2
2006	34.3	−3.5	30.0	33.9	9.6	15.3	6.7	−12.5	34.4
2007	56.4	38.4	77.0	−2.9	14.0	74.6	−8.0	59.2	52.3
2008	26.1	27.6	2.0	2.1	34.6	6.8	107.1	42.2	66.0
2009	13.4	34.2	28.4	24.7	4.1	17.9	68.1	17.1	65.1
2010	43.7	117.8	42.8	37.0	20.1	21.9	62.9	19.3	36.4
2011	14.9	42.6	33.2	75.0	30.1	35.0	140.4	39.4	26.7
2012	11.7	28.4	22.9	−0.9	32.6	3.9	4.9	29.7	15.9
2013	46.0	11.2	66.7	35.0	27.8	18.1	−10.0	29.9	25.0
2014	14.4	10.2	16.0	21.8	87.1	−5.5	−5.8	38.5	20.3

表 2-17　陕西各地级市房地产开发投资额（单位：亿元）

年份	西安	铜川	宝鸡	咸阳	渭南
2000	51.85	2.92	5.97	3.21	2.32
2001	67.42	2.53	6.94	4.35	1.83
2002	79.37	1.49	8.82	6.55	2.04
2003	124.82	2.68	13.00	11.59	3.82
2004	163.40	3.22	16.18	12.46	4.08
2005	225.23	3.75	22.09	25.07	8.19
2006	285.76	4.58	27.73	27.04	10.93
2007	387.33	5.25	38.94	42.13	16.11
2008	545.71	5.92	59.50	49.41	22.17
2009	696.34	19.09	58.49	73.40	28.20
2010	842.34	14.18	64.66	93.84	42.08
2011	996.81	20.36	73.77	118.48	68.30

续表

年份	西安	铜川	宝鸡	咸阳	渭南
2012	1 281.90	22.52	75.88	151.76	85.11
2013	1 595.64	22.49	81.27	174.83	101.33
2014	1 761.88	31.66	93.14	195.95	81.35
年份	延安	汉中	榆林	安康	商洛
2000	1.28	6.15	0.70	3.39	—
2001	2.66	7.40	0.61	4.51	0.22
2002	5.45	9.45	2.87	5.77	0.68
2003	6.45	12.70	4.83	6.70	0.82
2004	3.45	13.37	5.39	7.28	1.63
2005	2.74	12.49	4.83	6.58	1.77
2006	5.45	13.93	110.06	6.53	1.92
2007	5.22	22.85	13.45	6.32	2.32
2008	14.88	22.97	24.49	9.78	5.45
2009	8.18	24.21	22.98	12.67	5.90
2010	8.13	38.22	33.97	16.65	8.20
2011	8.07	57.21	29.12	22.32	10.98
2012	20.31	73.41	52.49	36.40	14.20
2013	18.40	69.09	89.65	50.53	17.16
2014	26.66	82.10	73.93	53.48	18.35

表 2-18　陕西各地级市房地产开发投资额增速（单位：%）

年份	西安	铜川	宝鸡	咸阳	渭南
2001	30.0	−13.2	16.3	35.5	−21.3
2002	17.7	−41.4	27.1	50.6	11.6
2003	57.3	80.3	47.5	77.0	87.4
2004	30.9	20.1	24.4	7.5	6.8
2005	37.8	16.6	36.5	101.1	100.7
2006	26.9	22.3	25.6	7.8	33.5
2007	35.6	14.5	40.4	55.8	47.4
2008	40.9	12.8	52.8	17.3	37.6
2009	27.6	222.4	−1.7	48.6	27.2
2010	21.0	−25.7	10.5	27.9	49.2
2011	18.3	43.6	14.1	26.3	62.3
2012	28.6	10.6	2.9	28.1	24.6
2013	24.5	−0.1	7.1	15.2	19.1
2014	10.4	40.8	14.6	12.1	−19.7

续表

年份	延安	汉中	榆林	安康	商洛
2001	108.3	20.3	–12.9	33.0	—
2002	104.5	27.8	368.4	28.0	211.2
2003	18.5	34.4	68.4	16.1	20.6
2004	–46.5	5.3	11.7	8.6	98.1
2005	–20.7	–6.6	–10.3	–9.6	8.8
2006	99.0	11.5	2176.7	–0.8	8.6
2007	–4.2	64.0	–87.8	–3.1	20.8
2008	185.0	0.5	82.0	54.6	134.9
2009	–45.0	5.4	–6.2	29.6	8.3
2010	–0.6	57.9	47.8	31.4	39.0
2011	–0.7	49.7	–14.3	34.1	34.0
2012	151.6	28.3	80.22	63.1	29.3
2013	–9.4	–5.9	70.8	38.8	20.9
2014	44.8	18.8	–17.5	5.8	6.9

为了更清楚地了解各省份城市层面在投资方面的房地产市场分化程度，计算各省份房地产开发投资分布系数（investment distribution index，IDI），如表 2-19 所示。

表 2-19　各省份房地产开发 IDI（2014 年房地产开发投资额）

省份	IDI	省份	IDI
河北	0.367	浙江	0.455
山西	0.418	福建	0.399
内蒙古	0.484	江西	0.438
辽宁	0.559	山东	0.417
黑龙江	0.656	河南	0.484
安徽	0.371	湖北	0.643
江苏	0.359	湖南	0.469
广东	0.531	广西	0.474
吉林	0.574	四川	0.562
贵州	0.569	陕西	0.714
云南	0.616	甘肃	0.518
宁夏	0.422		

除去海南、青海和新疆地级市较少不适合进行系数计算之外，观察其他省份的 IDI 可以看出，除了河北、江苏、福建和安徽四个省份的 IDI 值小于 0.4 之外，

其他省份的IDI值均超过了国际警戒线，黑龙江与湖北两地的IDI值超过了0.6，而陕西的IDI值超过了0.7，由此可以看出城市间市场分化程度很高，不同城市之间投资额的差距巨大。

2.2　房地产市场需求分析

房地产市场需求分析分别从商品房销售额和商品房销售面积两项数据观察房地产市场需求角度城市层面差异。

2.2.1　商品房销售额

结合收集到的每个省份各个地级市的数据，可以看到各省份地级市房地产市场需求差异同样很大。其中，区域差异最为突出的省份的地级市商品房销售额及销售额增速如表2-20～表2-39所示，其余省份的地级市商品房销售额及销售额增速可以在附表2-35～附表2-66中查阅。

表2-20　吉林各地级市商品房销售额（单位：亿元）

年份	长春	吉林	四平	辽源	通化	白山	松原	白城
2002	48.50	15.70	2.60	2.90	2.20	1.40	0.60	1.80
2003	40.10	16.00	2.80	2.00	3.50	2.90	1.30	2.00
2004	44.10	15.80	1.30	4.50	4.50	0.80	0.50	0.30
2005	81.38	34.91	4.53	4.75	8.18	4.12	1.77	0.39
2006	104.45	37.70	3.61	3.87	13.45	4.82	5.68	0.34
2007	166.96	46.13	7.99	8.37	15.38	5.32	9.17	2.88
2008	199.00	82.84	12.52	10.74	22.99	11.07	17.02	4.63
2009	296.42	118.62	35.13	13.24	31.31	14.87	16.45	3.37
2010	446.91	164.79	39.62	19.22	46.08	26.71	47.24	4.81
2011	540.16	209.30	54.37	11.66	—	—	—	—
2012	—	—	52.20	—	—	—	—	—
2013	—	—	56.80	—	59.60	—	—	—
2014	—	—	—	—	—	—	—	—

表2-21　吉林各地级市商品房销售额增速（单位：%）

年份	长春	吉林	四平	辽源	通化	白山	松原	白城
2003	−17.3	1.9	7.7	−31.0	59.1	107.1	116.7	11.1
2004	10.0	−1.3	−53.6	125.0	28.6	−72.4	−61.5	−85.0
2005	84.5	120.9	248.5	5.6	81.8	415.0	254.0	30.0
2006	28.3	8.0	−20.3	−18.5	64.4	17.0	220.9	−12.8

续表

年份	长春	吉林	四平	辽源	通化	白山	松原	白城
2007	59.8	22.4	121.3	116.3	14.3	10.4	61.4	747.1
2008	19.2	79.6	56.7	28.3	49.5	108.1	85.6	60.8
2009	49.0	43.2	180.6	23.3	36.2	34.3	−3.3	−27.2
2010	50.8	38.9	12.8	45.2	47.2	79.6	187.2	42.7
2011	20.9	27.0	37.2	−39.3	—	—	—	—
2012	—	—	−4.0	—	—	—	—	—
2013	—	—	8.8	—	—	—	—	—
2014	—	—	—	—	—	—	—	—

表 2-22　黑龙江各地级市商品房销售额（单位：亿元）

年份	哈尔滨	齐齐哈尔	鸡西	鹤岗	双鸭山	大庆
2002	81.90	13.00	1.00	2.60	1.30	6.20
2003	91.90	17.30	1.00	2.90	1.20	10.40
2004	39.70	5.20	0.60	0.90	—	9.30
2005	155.92	24.54	4.40	5.69	3.48	23.18
2006	182.29	24.22	5.38	7.23	2.71	51.54
2007	228.69	30.19	8.09	7.93	7.45	60.61
2008	222.34	32.24	6.85	6.10	6.98	71.65
2009	297.59	50.77	12.33	11.06	5.29	112.57
2010	470.19	70.89	20.05	17.17	9.60	128.84
2011	530.64	92.23	29.29	15.68	24.98	199.10
2012	641.77	95.54	38.21	8.60	34.00	236.92
2013	833.97	113.77	21.24	5.97	10.29	251.47
2014	632.69	93.88	26.21	5.36	10.24	176.72
年份	伊春	佳木斯	七台河	牡丹江	黑河	绥化
2002	2.90	4.80	3.10	6.90	1.00	0.90
2003	2.60	5.70	4.10	5.70	0.60	2.00
2004	0.90	4.40	0.40	2.80	0.50	—
2005	3.52	4.84	5.46	8.83	1.01	7.47
2006	1.50	7.73	9.68	9.60	2.18	8.44
2007	1.89	13.20	9.38	18.96	1.50	12.99
2008	2.57	17.89	7.55	20.50	2.80	20.67
2009	7.30	35.85	9.01	44.11	10.97	53.68

续表

年份	伊春	佳木斯	七台河	牡丹江	黑河	绥化
2010	13.32	66.62	10.47	80.68	18.90	96.92
2011	14.42	96.88	14.24	80.42	35.56	212.36
2012	11.88	51.11	12.71	80.00	45.39	261.22
2013	13.55	60.74	10.59	109.43	34.72	92.95
2014	6.54	34.40	4.68	61.17	19.84	117.87

表 2-23　黑龙江各地级市商品房销售额增速（单位：%）

年份	哈尔滨	齐齐哈尔	鸡西	鹤岗	双鸭山	大庆
2003	12.2	33.1	0.0	11.5	−7.7	67.7
2004	−56.8	−69.9	−40.0	−69.0	—	−10.6
2005	292.7	371.9	633.3	532.2	—	149.2
2006	16.9	−1.3	22.3	27.1	−22.1	122.3
2007	25.5	24.6	50.4	9.7	174.9	17.6
2008	−2.8	6.8	−15.3	−23.1	−6.3	18.2
2009	33.8	57.5	80.0	81.3	−24.2	57.1
2010	58.0	39.6	62.6	55.2	81.5	14.5
2011	12.9	30.1	46.1	−8.7	160.2	54.5
2012	20.9	3.6	30.5	−45.2	36.1	19.0
2013	29.9	19.1	−44.4	−30.6	−69.7	6.1
2014	−24.1	−17.5	23.4	−10.3	−0.5	−29.7
年份	伊春	佳木斯	七台河	牡丹江	黑河	绥化
2003	−10.3	18.8	32.3	−17.4	−40.0	122.2
2004	−65.4	−22.8	−90.2	−50.9	−16.7	—
2005	291.1	10.0	1265.0	215.4	102.0	—
2006	−57.4	59.7	77.3	8.7	115.8	13.0
2007	26.0	70.8	−3.1	97.5	−31.2	53.9
2008	36.0	35.5	−19.5	8.1	86.7	59.1
2009	184.0	100.4	19.3	115.2	291.8	159.7
2010	82.5	85.8	16.2	82.9	72.3	80.6
2011	8.3	45.4	36.0	−0.3	88.1	119.1
2012	−17.6	−47.2	−10.7	−0.5	27.6	23.0
2013	14.1	18.8	−16.7	36.8	−23.5	−64.4
2014	−51.7	−43.4	−55.8	−44.1	−42.9	26.8

表 2-24　湖北各地级市商品房销售额（单位：亿元）

年份	武汉	黄石	十堰	宜昌	襄阳	鄂州
2002	86.80	3.10	3.00	5.80	5.20	1.00
2003	112.50	4.10	5.20	10.50	7.50	2.40
2004	165.60	5.00	4.90	13.50	9.80	3.10
2005	193.75	12.44	15.08	21.68	13.85	5.20
2006	354.53	15.89	23.30	40.89	18.38	5.50
2007	529.56	22.95	25.40	55.46	29.58	10.70
2008	350.01	19.36	24.38	42.22	28.61	7.97
2009	579.22	28.80	35.35	64.58	58.13	12.58
2010	694.73	43.38	50.46	86.96	117.11	18.72
2011	955.86	51.30	55.90	163.87	193.70	20.45
2012	1 157.51	—	60.50	161.01	178.50	—
2013	—	—	—	216.83	263.00	—
2014	—	—	—	—	—	—
年份	荆门	孝感	荆州	黄冈	咸宁	随州
2002	1.20	4.00	2.60	1.50	0.40	0.90
2003	1.70	6.80	3.70	1.90	0.90	1.80
2004	1.90	5.80	4.10	1.20	0.70	2.80
2005	5.70	7.79	7.16	5.63	1.80	3.49
2006	7.74	12.81	11.80	9.41	5.06	6.15
2007	13.76	15.00	23.57	17.17	10.40	5.80
2008	10.38	18.80	23.55	17.91	12.35	7.94
2009	23.50	37.07	29.26	23.89	18.91	17.58
2010	44.74	50.06	39.54	31.83	43.74	30.23
2011	58.57	80.03	63.40	62.30	61.43	31.37
2012	—	—	—	79.35	—	—
2013	68.86	—	—	132.40	92.47	—
2014	—	—	—	—	—	—

表 2-25　湖北各地级市商品房销售额增速（单位：%）

年份	武汉	黄石	十堰	宜昌	襄阳	鄂州
2003	29.6	32.3	73.3	81.0	44.2	140.0
2004	47.2	22.0	−5.8	28.6	30.7	29.2
2005	17.0	148.8	207.8	60.6	41.3	67.7
2006	83.0	27.7	54.5	88.6	32.7	5.8
2007	49.4	44.4	9.0	35.6	60.9	94.5
2008	−33.9	−15.6	−4.0	−23.9	−3.3	−25.5

续表

年份	武汉	黄石	十堰	宜昌	襄阳	鄂州
2009	65.5	48.8	45.0	53.0	103.2	57.8
2010	19.9	50.6	42.7	34.7	101.5	48.8
2011	37.6	18.3	10.8	88.4	65.4	9.2
2012	21.1	—	8.2	−1.7	−7.8	—
2013	—	—	—	34.7	47.3	—
2014	—	—	—	—	—	—

年份	荆门	孝感	荆州	黄冈	咸宁	随州
2003	41.7	70.0	42.3	26.7	125.0	100.0
2004	11.8	−14.7	10.8	−36.8	−22.2	55.6
2005	200.0	34.3	74.6	369.2	157.1	24.6
2006	35.8	64.4	64.8	67.1	181.1	76.2
2007	77.8	17.1	99.7	82.5	105.5	−5.7
2008	−24.6	25.3	−0.1	4.3	18.8	36.9
2009	126.4	97.2	24.2	33.4	53.1	121.4
2010	90.4	35.0	35.1	33.2	131.3	72.0
2011	30.9	59.9	60.3	95.7	40.4	3.8
2012	—	—	—	27.4	—	—
2013	—	—	—	66.9	—	—
2014	—	—	—	—	—	—

表 2-26　广东各地级市商品房销售额（单位：亿元）

年份	广州	韶关	深圳	珠海	汕头	佛山	江门	湛江	茂名	肇庆	惠州
2002	306.00	221.30	34.00	27.00	6.00	2.00	6.70	13.30	0.50	28.30	33.70
2003	343.60	8.30	257.60	44.10	27.50	102.70	23.10	6.90	3.40	16.50	16.70
2004	396.00	11.00	256.50	38.00	28.00	113.90	23.00	7.70	10.40	15.90	22.90
2005	682.71	14.39	851.35	76.97	38.91	181.53	38.03	19.18	14.49	21.11	37.97
2006	862.29	16.48	703.03	89.40	44.75	259.01	43.52	22.23	13.78	26.28	75.80
2007	1 172.02	33.04	779.91	216.02	59.43	404.51	79.86	25.40	22.14	46.30	156.18
2008	955.86	32.49	591.09	121.77	47.17	292.32	71.94	18.44	29.47	43.96	121.94
2009	1 286.15	59.15	1 113.88	214.60	47.94	487.64	130.19	40.18	39.39	96.04	232.01
2010	1 674.99	75.79	892.55	293.01	73.13	668.13	179.17	62.16	55.62	140.31	311.17
2011	1 445.25	83.11	1 060.86	257.53	82.41	702.37	171.75	98.03	101.00	156.10	440.87
2012	1 754.75	116.33	1 030.10	268.48	114.70	646.25	193.65	107.37	123.56	175.82	478.42
2013	2 606.00	153.83	1 436.25	392.61	126.34	852.47	254.32	156.20	142.95	231.59	672.11
2014	2 420.70	154.76	1 316.69	408.29	109.44	940.37	214.55	167.69	116.26	248.22	588.81

续表

年份	梅州	汕尾	河源	阳江	清远	东莞	中山	潮州	揭阳	云浮
2002	22.10	81.90	3.80	4.60	4.50	11.60	6.00	3.40	3.70	1.60
2003	7.10	0.90	3.70	5.20	10.30	53.00	38.40	5.00	5.60	3.30
2004	10.00	0.90	2.30	6.20	8.60	59.50	40.60	3.40	4.80	3.60
2005	7.57	1.64	5.99	9.66	20.79	119.40	84.44	5.20	4.06	3.26
2006	8.92	1.91	10.30	11.65	32.57	161.24	116.85	4.89	3.70	4.41
2007	10.56	6.69	23.54	19.82	65.97	294.99	205.65	8.45	12.96	7.10
2008	13.30	6.67	10.01	18.54	36.75	283.70	140.78	17.17	17.43	9.16
2009	19.78	13.38	21.26	28.42	98.26	353.00	259.41	21.62	22.41	13.83
2010	31.67	16.43	25.58	41.91	138.14	373.77	350.38	19.70	34.62	22.53
2011	44.34	25.91	46.07	59.86	158.01	459.61	373.59	19.98	38.61	27.28
2012	61.92	20.62	50.20	88.81	181.70	542.38	359.81	19.54	36.95	36.44
2013	84.80	10.00	88.11	129.25	259.07	728.07	472.08	38.82	39.34	66.84
2014	108.31	20.65	79.52	123.39	207.04	626.65	464.02	37.39	38.15	70.93

表 2-27　广东各地级市商品房销售额增速（单位：%）

年份	广州	韶关	深圳	珠海	汕头	佛山	江门	湛江	茂名	肇庆	惠州
2003	12.3	−96.2	657.6	63.3	358.3	5035.0	244.8	−48.1	580.0	−41.7	−50.4
2004	15.3	32.5	−0.4	−13.8	1.8	10.9	−0.4	11.6	205.9	−3.6	37.1
2005	72.4	30.8	231.9	102.6	39.0	59.4	65.3	149.1	39.3	32.8	65.8
2006	26.3	14.5	−17.4	16.1	15.0	42.7	14.4	15.9	−4.9	24.5	99.6
2007	35.9	100.5	10.9	141.6	32.8	56.2	83.5	14.3	60.7	76.2	106.0
2008	−18.4	−1.7	−24.2	−43.6	−20.6	−27.7	−9.9	−27.4	33.1	−5.1	−21.9
2009	34.6	82.1	88.4	76.2	1.6	66.8	81.0	117.9	33.7	118.5	90.3
2010	30.2	28.1	−19.9	36.5	52.5	37.0	37.6	54.7	41.2	46.1	34.1
2011	−13.7	9.7	18.9	−12.1	12.7	5.1	−4.1	57.7	81.6	11.3	41.7
2012	21.4	40.0	−2.9	4.3	39.2	−8.0	12.8	9.5	22.3	12.6	8.5
2013	48.5	32.2	39.4	46.2	10.1	31.9	31.3	45.5	15.7	31.7	40.5
2014	−7.1	0.6	−8.3	4.0	−13.4	10.3	−15.6	7.4	−18.7	7.2	−12.4

年份	梅州	汕尾	河源	阳江	清远	东莞	中山	潮州	揭阳	云浮
2003	−67.9	−98.9	−2.6	13.0	128.9	356.9	540.0	47.1	51.4	106.3
2004	40.8	0.0	−37.8	19.2	−16.5	12.3	5.7	−32.0	−14.3	9.1
2005	−24.3	82.2	160.4	55.8	141.7	100.7	108.0	52.9	−15.4	−9.4
2006	17.8	16.5	72.0	20.6	56.7	35.0	38.4	−6.0	−8.9	35.3
2007	18.4	250.3	128.5	70.1	102.5	83.0	76.0	72.8	250.3	61.0
2008	25.9	−0.3	−57.5	−6.5	−44.3	−3.8	−31.5	103.2	34.5	29.0
2009	48.7	100.6	112.4	53.3	167.4	24.4	84.3	25.9	28.6	51.0

续表

年份	梅州	汕尾	河源	阳江	清远	东莞	中山	潮州	揭阳	云浮
2010	60.1	22.8	20.3	47.5	40.6	5.9	35.1	−8.9	54.5	62.9
2011	40.0	57.7	80.1	42.8	14.4	23.0	6.6	1.4	11.5	21.1
2012	39.6	−20.4	9.0	48.4	15.0	18.0	−3.7	−2.2	−4.3	33.6
2013	37.0	−51.5	75.5	45.5	42.6	34.2	31.2	98.7	6.5	83.4
2014	27.7	106.5	−9.7	−4.5	−20.1	−13.9	−1.7	−3.7	−3.0	6.1

表 2-28　四川各地级市商品房销售额（单位：亿元）

年份	成都	自贡	攀枝花	泸州	德阳	绵阳	广元	遂宁	内江
2002	159.90	9.90	3.00	8.70	8.10	13.80	2.70	3.90	3.80
2003	202.90	10.00	5.30	13.90	11.10	19.40	3.30	9.60	6.00
2004	185.80	7.40	5.80	16.60	13.90	21.00	2.40	5.70	8.00
2005	395.89	15.41	14.84	19.40	24.32	32.34	6.81	10.90	10.33
2006	581.71	17.08	19.23	23.82	38.19	43.66	8.16	12.41	14.27
2007	951.64	23.84	19.91	27.73	37.47	43.88	12.15	27.77	16.29
2008	708.82	21.21	16.57	40.24	22.73	34.38	8.93	24.88	22.67
2009	1 334.54	41.76	20.77	66.89	61.81	74.56	20.70	42.29	54.19
2010	1 519.33	60.80	28.91	98.09	75.02	127.40	28.35	46.02	70.75
2011	1 805.70	78.59	30.76	103.02	83.70	167.64	42.50	62.73	95.46
2012	2 069.90	71.97	36.94	108.19	82.35	146.68	35.96	81.89	73.51
2013	2 121.61	103.11	67.93	161.60	107.47	151.70	38.25	102.12	81.75
2014	2 072.14	80.63	56.43	131.19	79.26	156.21	57.96	138.20	70.97
年份	乐山	南充	眉山	宜宾	广安	达州	雅安	巴中	资阳
2002	5.30	10.90	5.10	4.90	5.60	2.40	2.30	1.70	5.70
2003	10.50	12.80	9.40	8.60	7.30	8.00	3.00	2.40	6.00
2004	8.20	13.90	8.80	8.40	7.90	8.20	1.10	2.50	5.50
2005	14.63	22.76	11.37	26.05	17.36	23.00	2.43	5.62	9.00
2006	19.43	28.52	14.89	31.41	14.68	24.65	7.15	7.55	14.27
2007	30.23	40.97	23.58	36.50	23.81	32.56	4.57	12.51	18.77
2008	24.97	34.33	19.71	34.07	18.59	31.21	3.18	10.45	22.01
2009	44.91	67.60	45.93	50.21	28.64	65.19	9.05	13.44	40.83
2010	85.65	106.04	61.17	82.77	52.04	82.40	10.25	26.27	70.73
2011	114.91	163.75	69.74	100.62	64.42	86.22	17.24	30.01	80.62
2012	76.23	171.14	77.54	129.07	65.25	73.17	22.03	51.92	123.64
2013	98.32	223.85	121.61	162.25	99.51	115.18	23.82	61.27	161.96
2014	103.23	246.23	142.17	117.24	133.98	101.93	26.80	80.56	181.57

表 2-29　四川各地级市商品房销售额增速（单位：%）

年份	成都	自贡	攀枝花	泸州	德阳	绵阳	广元	遂宁	内江
2003	26.9	1.0	76.7	59.8	37.0	40.6	22.2	146.2	57.9
2004	−8.4	−26.0	9.4	19.4	25.2	8.2	−27.3	−40.6	33.3
2005	113.1	108.2	155.9	16.9	75.0	54.0	183.8	91.2	29.1
2006	46.9	10.8	29.6	22.8	57.0	35.0	19.8	13.9	38.1
2007	63.6	39.6	3.5	16.4	−1.9	0.5	48.9	123.8	14.2
2008	−25.5	−11.0	−16.8	45.1	−39.3	−21.6	−26.5	−10.4	39.2
2009	88.3	96.9	25.3	66.2	171.9	116.9	131.8	70.0	139.0
2010	13.8	45.6	39.2	46.6	21.4	70.9	37.0	8.8	30.6
2011	18.8	29.3	6.4	5.0	11.6	31.6	49.9	36.3	34.9
2012	14.6	−8.4	20.1	5.0	−1.6	−12.5	−15.4	30.5	−23.0
2013	2.5	43.3	83.9	49.4	30.5	3.4	6.4	24.7	11.2
2014	−2.3	−21.8	−16.9	−18.8	−26.2	3.0	51.5	35.3	−13.2
年份	乐山	南充	眉山	宜宾	广安	达州	雅安	巴中	资阳
2003	98.1	17.4	84.3	75.5	30.4	233.3	30.4	41.2	5.3
2004	−21.9	8.6	−6.4	−2.3	8.2	2.5	−63.3	4.2	−8.3
2005	78.4	63.7	29.2	210.1	119.7	180.5	120.9	124.8	63.6
2006	32.8	25.3	31.0	20.6	−15.4	7.2	194.2	34.3	58.6
2007	55.6	43.7	58.4	16.2	62.2	32.1	−36.1	65.7	31.5
2008	−17.4	−16.2	−16.4	−6.7	−21.9	−4.1	−30.4	−16.5	17.3
2009	79.9	96.9	133.0	47.4	54.1	108.9	184.6	28.6	85.5
2010	90.7	56.9	33.2	64.8	81.7	26.4	13.3	95.5	73.2
2011	34.2	54.4	14.0	21.6	23.8	4.6	68.2	14.2	14.0
2012	−33.7	4.5	11.2	28.3	1.3	−15.1	27.8	73.0	53.4
2013	29.0	30.8	56.8	25.7	52.5	57.4	8.1	18.0	31.0
2014	5.0	10.0	16.9	−27.7	34.6	−11.5	12.5	31.5	12.1

表 2-30　贵州各地级市商品房销售额（单位：亿元）

年份	贵阳	六盘水	遵义	安顺
2002	33.80	1.20	6.90	3.00
2003	46.00	3.80	10.60	2.10
2004	40.50	4.20	16.60	2.40
2005	79.97	4.03	20.90	4.53
2006	91.99	10.09	19.57	6.40
2007	127.46	19.39	32.90	7.40
2008	129.73	13.44	14.99	4.56
2009	307.81	23.66	33.30	16.44

续表

年份	贵阳	六盘水	遵义	安顺
2010	353.46	27.63	54.05	17.33
2011	417.18	30.45	76.04	26.35
2012	—	—	—	—
2013	—	—	—	—
2014	—	—	—	—

表 2-31　贵州各地级市商品房销售额增速（单位：%）

年份	贵阳	六盘水	遵义	安顺
2003	36.1	216.7	53.6	−30.0
2004	−12.0	10.5	56.6	14.3
2005	97.5	−4.0	25.9	88.8
2006	15.0	150.4	−6.4	41.3
2007	38.6	92.2	68.1	15.6
2008	1.8	−30.7	−54.4	−38.4
2009	137.3	76.0	122.1	260.5
2010	14.8	16.8	62.3	5.4
2011	18.0	10.2	40.7	52.0
2012	—	—	—	—
2013	—	—	—	—
2014	—	—	—	—

表 2-32　云南各地级市商品房销售额（单位：亿元）

年份	昆明	曲靖	玉溪	保山	邵通	丽江	普洱	临沧
2002	60.80	3.00	4.20	0.80	—	2.70	0.30	0.20
2003	78.00	4.30	4.40	1.10	1.10	4.60	0.40	0.40
2004	62.39	—	—	—	—	—	—	—
2005	206.72	20.76	8.47	5.14	3.14	15.33	2.48	5.35
2006	265.16	31.39	9.54	6.05	5.00	12.78	4.32	5.06
2007	43.75	4.99	9.04	3.60	2.89	4.44	1.31	4.11
2008	219.73	56.79	21.25	10.62	7.38	6.86	0.88	5.00
2009	324.85	70.24	37.16	15.75	21.36	15.00	16.01	7.67
2010	455.06	93.97	66.18	21.95	14.28	23.80	26.24	14.17
2011	525.84	135.50	47.08	27.43	26.20	44.30	36.02	20.57
2012	—	—	—	—	—	60.57	—	—
2013	—	—	—	—	—	54.47	—	—
2014	—	—	—	—	—	—	—	—

表 2-33　云南各地级市商品房销售额增速（单位：%）

年份	昆明	曲靖	玉溪	保山	邵通	丽江	普洱	临沧
2003	28.3	43.3	4.8	37.5	—	70.4	33.3	100.0
2004	–20.0	—	—	—	—	—	—	—
2005	231.3	—	—	—	—	—	—	—
2006	28.3	51.2	12.6	17.7	59.2	–16.6	74.2	–5.4
2007	–83.5	–84.1	–5.2	–40.5	–42.2	–65.3	–69.7	–18.8
2008	402.2	1 038.1	135.1	195.0	155.4	54.5	–32.8	21.7
2009	47.8	23.7	74.9	48.3	189.4	118.7	1 719.3	53.4
2010	40.1	33.8	78.1	39.4	–33.1	58.7	63.9	84.7
2011	15.6	44.2	–28.9	25.0	83.5	86.1	37.3	45.2
2012	—	—	—	—	—	36.7	—	—
2013	—	—	—	—	—	–10.1	—	—
2014	—	—	—	—	—	—	—	—

表 2-34　陕西各地级市商品房销售额（单位：亿元）

年份	西安	铜川	宝鸡	咸阳	渭南
2002	52.60	1.20	5.70	3.50	1.90
2003	54.60	2.20	7.20	7.60	2.10
2004	58.00	2.10	8.60	4.30	3.00
2005	130.10	3.58	10.35	10.66	4.68
2006	206.15	5.32	16.30	13.81	9.36
2007	281.79	5.63	18.12	17.32	11.75
2008	299.71	3.50	23.79	27.02	16.17
2009	488.55	6.49	39.00	35.39	15.89
2010	707.00	10.07	53.98	50.55	24.70
2011	1 091.31	14.61	67.73	82.04	69.19
2012	1 017.74	8.22	67.80	53.40	87.88
2013	1 112.87	9.00	85.82	84.03	112.91
2014	1 100.71	10.01	88.69	92.44	120.36
年份	延安	汉中	榆林	安康	商洛
2002	1.10	4.30	0.70	2.90	0.50
2003	3.00	5.80	1.60	3.80	0.60
2004	2.00	6.20	1.80	4.10	0.30
2005	2.74	8.74	4.15	5.67	1.35
2006	1.56	12.29	0.87	7.54	1.50
2007	8.16	18.46	8.29	10.25	1.75
2008	15.43	26.02	14.64	14.49	2.99

续表

年份	延安	汉中	榆林	安康	商洛
2009	6.96	27.85	26.67	18.56	4.83
2010	5.78	42.89	34.29	31.39	8.79
2011	10.22	65.15	43.84	43.96	12.02
2012	13.82	54.15	48.90	38.15	16.67
2013	16.51	52.86	59.66	44.67	18.26
2014	18.54	40.30	49.69	45.48	20.56

表 2-35　陕西各地级市商品房销售额增速（单位：%）

年份	西安	铜川	宝鸡	咸阳	渭南
2003	3.8	83.3	26.3	117.1	10.5
2004	6.2	−4.5	19.4	−43.4	42.9
2005	124.3	70.5	20.3	147.9	56.0
2006	58.5	48.6	57.5	29.5	100.0
2007	36.7	5.8	11.2	25.4	25.5
2008	6.4	−37.8	31.3	56.0	37.6
2009	63.0	85.4	63.9	31.0	−1.7
2010	44.7	55.2	38.4	42.8	55.4
2011	54.4	45.1	25.5	62.3	180.1
2012	−6.7	−43.7	0.1	−34.9	27.0
2013	9.3	9.5	26.6	57.4	28.5
2014	−1.1	11.2	3.3	10.0	6.6

年份	延安	汉中	榆林	安康	商洛
2003	172.7	34.9	128.6	31.0	20.0
2004	−33.3	6.9	12.5	7.9	−50.0
2005	37.0	41.0	130.6	38.3	350.0
2006	−43.1	40.6	−79.0	33.0	11.1
2007	423.1	50.2	852.9	35.9	16.7
2008	89.1	41.0	76.6	41.4	70.9
2009	−54.9	7.0	82.2	28.1	61.5
2010	−17.0	54.0	28.6	69.1	82.0
2011	76.8	51.9	27.9	40.0	36.7
2012	35.2	−16.9	11.5	−13.2	38.7
2013	19.5	−2.4	22.0	17.1	9.5
2014	12.3	−23.8	−16.7	1.8	12.6

表 2-36　甘肃各地级市商品房销售额（单位：亿元）

年份	兰州	嘉峪关	金昌	白银	天水	武威
2002	13.20	—	—	0.40	2.50	1.00
2003	19.00	1.90	0.60	1.20	2.20	1.00
2004	32.60	0.20	0.40	1.30	3.10	1.20
2005	45.60	0.50	0.51	1.49	4.50	2.06
2006	54.95	2.49	2.52	3.69	7.49	3.20
2007	79.79	5.88	5.64	3.96	9.50	3.30
2008	44.08	8.25	2.36	6.93	8.39	0.67
2009	87.36	14.75	7.94	10.59	13.79	2.17
2010	96.51	17.99	12.11	17.13	19.47	0.13
2011	82.37	18.94	8.07	22.46	34.06	4.67
2012	115.76	25.98	9.78	23.10	32.51	8.43
2013	161.01	28.43	11.42	28.98	42.40	9.81
2014	318.53	19.28	6.66	20.77	44.28	7.05
年份	张掖	平凉	酒泉	庆阳	定西	陇南
2002	1.70	0.40	1.30	0.60	1.30	0.20
2003	2.00	0.80	1.40	1.10	0.50	0.40
2004	2.10	2.10	1.70	0.90	0.30	0.20
2005	2.27	0.97	2.64	1.97	1.25	0.35
2006	3.59	2.83	3.66	4.57	2.17	0.48
2007	5.26	2.00	4.73	3.77	4.51	1.10
2008	6.13	2.09	5.76	4.03	1.74	0.31
2009	6.84	9.18	7.27	7.50	5.49	1.04
2010	11.97	2.77	11.27	12.03	5.67	1.23
2011	19.10	11.43	22.98	16.64	16.20	1.69
2012	20.89	23.07	24.46	16.93	17.23	2.92
2013	27.91	30.18	43.76	34.47	16.68	5.70
2014	34.13	23.06	48.79	20.16	22.81	8.28

表 2-37　甘肃各地级市商品房销售额增速（单位：%）

年份	兰州	嘉峪关	金昌	白银	天水	武威
2003	43.9	—	—	200.0	−12.0	0.0
2004	71.6	−89.5	−33.3	8.3	40.9	20.0
2005	39.9	150.0	27.5	14.6	45.2	71.7
2006	20.5	398.0	394.1	147.7	66.4	55.3
2007	45.2	136.1	123.8	7.3	26.8	3.1
2008	−44.8	40.3	−58.2	75.0	−11.7	−79.7

续表

年份	兰州	嘉峪关	金昌	白银	天水	武威
2009	98.2	78.8	236.4	52.8	64.4	223.9
2010	10.5	22.0	52.5	61.8	41.2	–94.0
2011	–14.7	5.3	–33.4	31.1	74.9	3492.3
2012	40.5	37.2	21.2	2.8	–4.6	80.5
2013	39.1	9.4	16.8	25.5	30.4	16.4
2014	97.8	–32.2	–41.7	–28.3	4.4	–28.1
年份	张掖	平凉	酒泉	庆阳	定西	陇南
2003	17.6	100.0	7.7	83.3	–61.5	100.0
2004	5.0	162.5	21.4	–18.2	–40.0	–50.0
2005	8.1	–53.8	55.3	118.9	316.7	75.0
2006	58.1	191.8	38.6	132.0	73.6	37.1
2007	46.5	–29.3	29.2	–17.5	107.8	129.2
2008	16.5	4.5	21.8	6.9	–61.4	–71.8
2009	11.6	339.2	26.2	86.1	215.5	235.5
2010	75.0	–69.8	55.0	60.4	3.3	18.3
2011	59.6	312.6	103.9	38.3	185.7	37.4
2012	9.4	101.8	6.4	1.7	6.4	72.8
2013	33.6	30.8	78.9	103.6	–3.2	95.2
2014	22.3	–23.6	11.5	–41.5	36.8	45.3

表 2-38　宁夏各地级市商品房销售额（单位：亿元）

年份	银川	石嘴山	吴忠	固原	中卫
2002	19.10	1.20	2.00	0.40	—
2003	36.70	3.50	2.90	0.90	—
2004	48.50	5.40	3.60	1.00	1.60
2005	68.56	5.24	5.07	1.33	4.27
2006	57.56	8.14	6.70	1.82	4.16
2007	80.90	11.62	8.17	2.61	5.16
2008	87.02	15.29	11.33	4.57	7.17
2009	180.15	18.96	24.59	6.95	8.87
2010	210.63	29.31	30.51	15.67	23.10
2011	213.99	32.28	28.47	15.42	25.76
2012	205.97	31.37	34.85	20.88	24.51
2013	297.24	39.03	45.40	26.96	35.06
2014	322.52	31.23	43.75	41.29	26.17

表 2-39　宁夏各地级市商品房销售额增速（单位：%）

年份	银川	石嘴山	吴忠	固原	中卫
2003	92.1	191.7	45.0	125.0	—
2004	32.2	54.3	24.1	11.1	—
2005	41.4	−3.0	40.8	33.0	166.9
2006	−16.0	55.3	32.1	36.8	−2.6
2007	40.5	42.8	21.9	43.4	24.0
2008	7.6	31.6	38.7	75.1	39.0
2009	107.0	24.0	117.0	52.1	23.7
2010	16.9	54.6	24.1	125.5	160.4
2011	1.6	10.1	−6.7	−1.6	11.5
2012	−3.7	−2.8	22.4	35.4	−4.9
2013	44.3	24.4	30.3	29.1	43.0
2014	8.5	−20.0	−3.6	53.2	−25.4

同样地，为了更清楚地了解各省份城市层面在需求方面的房地产市场分化程度，计算各省份商品房销售分布系数（sale distribution index，SDI），如表 2-40 所示。

表 2-40　各省份商品房 SDI（2014 年房地产开发投资额）

省份	SDI	省份	SDI
河北	0.353	浙江	0.439
山西	0.467	福建	0.420
内蒙古	0.343	江西	0.483
辽宁	0.454	山东	0.426
黑龙江	0.685	河南	0.484
安徽	0.446	湖北	0.587
江苏	0.312	湖南	0.471
广东	0.600	广西	0.490
吉林	0.611	四川	0.580
贵州	0.554	陕西	0.696
云南	0.601	甘肃	0.602
宁夏	0.521		

与 IDI 的计算过程相似，同样除去海南、青海和新疆三个地级市较少不适合进行系数计算的省份，观察其他 23 个省份的商品房 SDI 可以看出，除了河北、内蒙古和江苏三个省份的 SDI 值小于 0.4 之外，其他省份的 SDI 值均超过

了国际警戒线，并且同样有一些地方的 SDI 值超过了 0.6。由此可以看出，在需求维度上城市间市场分化程度同样很高，不同城市之间市场需求的差距也是巨大的。

2.2.2 商品房销售面积

除了商品房销售额，从商品房销售面积同样可以看出各省份的地级市的房地产市场需求存在较大差异。其中，区域差异最为突出的省份的地级市商品房销售面积及销售面积增速如表 2-41～表 2-60 所示，其余省份的地级市商品房销售面积及销售面积增速可以在附表 2-67～附表 2-98 中查阅。

表 2-41 吉林各地级市商品房销售面积（单位：万平方米）

年份	长春	吉林	四平	辽源	通化	白山	松原	白城
2002	199.20	128.40	20.70	26.40	16.50	12.70	6.30	15.80
2003	185.20	125.20	18.80	14.30	27.70	22.90	14.70	13.20
2004	193.80	96.60	6.10	29.60	33.00	7.10	3.50	0.40
2005	340.04	214.87	34.19	37.06	57.28	27.73	8.32	2.99
2006	408.30	227.90	28.80	26.70	79.80	26.30	33.40	2.80
2007	513.77	228.71	53.89	45.97	89.42	31.54	74.63	18.89
2008	570.64	370.18	74.81	57.34	116.35	63.39	98.86	25.22
2009	715.72	431.70	183.63	71.71	143.13	73.98	120.97	22.30
2010	863.08	496.31	175.05	87.87	193.40	112.97	165.06	27.03
2011	880.95	524.30	210.60	39.70	189.20	133.90	136.40	23.40
2012	—	—	182.30	44.80	—	47.40	72.00	—
2013	—	—	173.50	52.11	185.87	89.50	105.10	—
2014	—	—	—	—	—	—	—	—

表 2-42 吉林各地级市商品房销售面积增速（单位：%）

年份	长春	吉林	四平	辽源	通化	白山	松原	白城
2003	−7.0	−2.5	−9.2	−45.8	67.9	80.3	133.3	−16.5
2004	4.6	−22.8	−67.6	107.0	19.1	−69.0	−76.2	−97.0
2005	75.5	122.4	460.5	25.2	73.6	290.6	137.7	647.5
2006	20.1	6.1	−15.8	−28.0	39.3	−5.2	301.4	−6.4
2007	25.8	0.4	87.1	72.2	12.1	19.9	123.4	574.6
2008	11.1	61.9	38.8	24.7	30.1	101.0	32.5	33.5
2009	25.4	16.6	145.5	25.1	23.0	16.7	22.4	−11.6

续表

年份	长春	吉林	四平	辽源	通化	白山	松原	白城
2010	20.6	15.0	−4.7	22.5	35.1	52.7	36.4	21.2
2011	2.1	5.6	20.3	−54.8	−2.2	18.5	−17.4	−13.4
2012	—	—	−13.4	12.8	—	−64.6	−47.2	—
2013	—	—	−4.8	16.3	—	88.8	46.0	—
2014	—	—	—	—	—	—	—	—

表 2-43　黑龙江各地级市商品房销售面积（单位：万平方米）

年份	哈尔滨	齐齐哈尔	鸡西	鹤岗	双鸭山	大庆
2002	349.10	92.90	5.80	26.10	11.60	39.50
2003	390.80	128.00	9.90	28.00	12.90	62.40
2004	465.30	158.40	18.60	27.60	29.90	63.30
2005	577.42	157.60	26.79	42.89	29.33	105.22
2006	674.40	151.10	31.18	48.05	21.74	200.50
2007	748.95	161.40	40.84	48.12	46.79	230.82
2008	586.13	154.21	30.76	34.09	39.00	241.23
2009	704.06	183.62	43.53	53.01	25.62	315.38
2010	881.75	241.36	60.99	79.57	37.79	305.27
2011	956.42	281.28	85.38	49.16	73.84	438.71
2012	1 168.32	282.35	114.19	28.11	107.12	526.31
2013	1 347.97	290.54	63.98	17.74	39.27	594.11
2014	1 021.35	225.10	67.34	15.37	36.97	366.04

年份	伊春	佳木斯	七台河	牡丹江	黑河	绥化
2002	31.70	39.50	23.20	46.70	4.80	9.60
2003	24.00	48.20	31.00	41.90	4.60	16.30
2004	26.70	41.60	23.80	81.80	6.50	16.40
2005	34.68	37.09	38.19	53.48	5.62	62.81
2006	16.03	52.25	59.00	60.90	17.06	65.01
2007	18.13	79.56	51.35	105.34	13.48	87.40
2008	19.12	91.85	38.80	97.60	16.49	120.50
2009	47.07	142.96	44.36	163.37	41.22	234.94
2010	77.23	240.35	39.29	246.19	71.30	404.46
2011	73.62	310.35	42.42	233.25	116.97	699.35
2012	49.85	162.31	34.85	235.03	154.15	878.90
2013	49.24	186.93	29.83	289.17	122.13	259.56
2014	24.07	106.86	14.21	159.81	58.98	335.87

表 2-44　黑龙江各地级市商品房销售面积增速（单位：%）

年份	哈尔滨	齐齐哈尔	鸡西	鹤岗	双鸭山	大庆
2003	11.9	37.8	70.7	7.3	11.2	58.0
2004	19.1	23.8	87.9	−1.4	131.8	1.4
2005	24.1	−0.5	44.0	55.4	−1.9	66.2
2006	16.8	−4.1	16.4	12.0	−25.9	90.6
2007	11.1	6.8	31.0	0.1	115.2	15.1
2008	−21.7	−4.5	−24.7	−29.2	−16.6	4.5
2009	20.1	19.1	41.5	55.5	−34.3	30.7
2010	25.2	31.4	40.1	50.1	47.5	−3.2
2011	8.5	16.5	40.0	−38.2	95.4	43.7
2012	22.2	0.4	33.7	−42.8	45.1	20.0
2013	15.4	2.9	−44.0	−36.9	−63.3	12.9
2014	−24.2	−22.5	5.3	−13.4	−5.9	−38.4
年份	伊春	佳木斯	七台河	牡丹江	黑河	绥化
2003	−24.3	22.0	33.6	−10.3	−4.2	69.8
2004	11.3	−13.7	−23.2	95.2	41.3	0.6
2005	29.9	−10.8	60.5	−34.6	−13.5	283.0
2006	−53.8	40.9	54.5	13.9	203.6	3.5
2007	13.1	52.3	−13.0	73.0	−21.0	34.4
2008	5.5	15.4	−24.4	−7.3	22.3	37.9
2009	146.2	55.6	14.3	67.4	150.0	95.0
2010	64.1	68.1	−11.4	50.7	73.0	72.2
2011	−4.7	29.1	8.0	−5.3	64.1	72.9
2012	−32.3	−47.7	−17.8	0.8	31.8	25.7
2013	−1.2	15.2	−14.4	23.0	−20.8	−70.5
2014	−51.1	−42.8	−52.4	−44.7	−51.7	29.4

表 2-45　湖北各地级市商品房销售面积（单位：万平方米）

年份	武汉	黄石	十堰	宜昌	襄阳	鄂州
2002	450.40	31.50	28.40	47.40	61.00	18.10
2003	543.00	43.80	45.40	80.60	93.20	34.30
2004	658.30	38.00	37.60	92.40	100.80	33.20
2005	681.85	80.18	105.65	106.11	107.43	41.35
2006	960.88	99.73	126.10	180.27	119.30	47.28
2007	1 135.41	118.90	144.60	214.58	151.40	58.00
2008	732.07	56.66	81.78	101.75	85.46	42.35
2009	1 086.99	61.36	112.59	150.73	144.70	48.75

续表

年份	武汉	黄石	十堰	宜昌	襄阳	鄂州
2010	1 207.97	138.92	190.30	231.36	382.73	64.55
2011	1 323.51	155.20	172.40	371.21	577.85	67.20
2012	1 576.11	158.17	152.40	328.57	497.94	46.70
2013	1 995.36	187.14	177.85	460.13	603.08	56.78
2014	2 273.16	205.16	145.13	477.88	578.16	57.35
年份	荆门	孝感	荆州	黄冈	咸宁	随州
2002	12.60	51.40	31.60	22.20	8.20	13.70
2003	18.60	111.90	43.00	37.00	16.10	24.10
2004	21.30	63.00	43.30	17.60	13.60	33.60
2005	40.87	79.91	52.82	60.20	22.00	40.78
2006	54.12	101.84	78.50	86.87	51.72	64.24
2007	92.80	108.00	137.98	154.87	79.78	42.63
2008	37.83	8.17	72.30	35.00	40.04	41.31
2009	67.13	69.59	66.53	36.78	50.14	90.56
2010	173.30	241.56	145.63	169.96	191.65	129.66
2011	192.30	331.10	201.03	257.95	219.40	112.47
2012	117.35	331.10	136.04	256.67	234.10	91.84
2013	195.47	242.78	174.39	421.31	271.31	91.61
2014	217.29	245.06	162.50	432.70	299.16	98.96

表 2-46　湖北各地级市商品房销售面积增速（单位：%）

年份	武汉	黄石	十堰	宜昌	襄阳	鄂州
2003	20.6	39.0	59.9	70.0	52.8	89.5
2004	21.2	−13.2	−17.2	14.6	8.2	−3.2
2005	3.6	111.0	181.0	14.8	6.6	24.5
2006	40.9	24.4	19.4	69.9	11.0	14.3
2007	18.2	19.2	14.7	19.0	26.9	22.7
2008	−35.5	−52.3	−43.4	−52.6	−43.6	−27.0
2009	48.5	8.3	37.7	48.1	69.3	15.1
2010	11.1	126.4	69.0	53.5	164.5	32.4
2011	9.6	11.7	−9.4	60.4	51.0	4.1
2012	19.1	1.9	−11.6	−11.5	−13.8	−30.5
2013	26.6	18.3	16.7	40.0	21.1	21.6
2014	13.9	9.6	−18.4	3.9	−4.1	1.0

续表

年份	荆门	孝感	荆州	黄冈	咸宁	随州
2003	47.6	117.7	36.1	66.7	96.3	75.9
2004	14.5	–43.7	0.7	–52.4	–15.5	39.4
2005	91.9	26.8	22.0	242.0	61.8	21.4
2006	32.4	27.4	48.6	44.3	135.1	57.5
2007	71.5	6.0	75.8	78.3	54.3	–33.6
2008	–59.2	–92.4	–47.6	–77.4	–49.8	–3.1
2009	77.5	751.8	–8.0	5.1	25.2	119.2
2010	158.2	247.1	118.9	362.1	282.2	43.2
2011	11.0	37.1	38.0	51.8	14.5	–13.3
2012	–39.0	0.0	–32.3	–0.5	6.7	–18.3
2013	66.6	–26.7	28.2	64.1	15.9	–0.3
2014	11.2	0.9	–6.8	2.7	10.3	8.0

表 2-47　广东各地级市商品房销售面积（单位：万平方米）

年份	广州	韶关	深圳	珠海	汕头	佛山	江门	湛江	茂名	肇庆	惠州
2002	728.10	381.20	114.20	143.20	51.50	19.50	58.90	56.40	5.60	95.10	125.10
2003	815.50	68.80	411.70	142.20	137.90	395.50	149.80	44.10	29.10	92.10	86.10
2004	872.70	82.20	379.50	115.70	126.40	392.40	137.70	44.30	74.70	88.00	101.10
2005	1 272.26	103.99	1 122.82	190.73	155.01	536.18	198.87	92.03	86.20	106.97	149.40
2006	1 316.88	103.87	749.08	188.10	165.84	670.47	212.04	106.89	86.86	114.87	254.71
2007	1 351.33	162.72	555.11	335.04	182.86	766.16	265.18	99.00	113.89	157.51	390.99
2008	1 079.68	138.30	466.71	174.27	135.05	542.88	226.13	67.91	147.49	149.87	295.90
2009	1 375.42	224.87	762.15	289.73	131.41	779.51	348.67	107.43	165.75	278.52	543.81
2010	1 405.13	234.03	465.59	282.78	171.00	885.47	382.52	148.26	198.89	342.24	627.30
2011	1 194.08	223.82	496.89	224.03	159.10	873.68	321.63	194.26	261.09	329.16	796.30
2012	1 333.13	259.64	525.83	251.22	189.94	802.17	351.12	206.62	327.69	373.60	826.72
2013	1 699.98	347.21	588.58	342.25	172.97	940.74	426.81	286.24	329.87	465.39	1 149.46
2014	1 540.02	365.35	532.57	349.04	161.42	1 061.14	360.59	294.17	258.39	494.17	983.94

年份	梅州	汕尾	河源	阳江	清远	东莞	中山	潮州	揭阳	云浮
2002	155.50	309.20	28.50	29.40	31.90	70.90	50.60	30.50	34.50	14.00
2003	83.30	9.60	31.50	53.80	82.00	165.00	149.30	41.90	54.00	22.40
2004	76.90	9.40	18.80	48.40	65.30	160.60	159.30	27.50	45.00	22.80
2005	65.20	13.72	42.27	66.68	116.42	321.85	295.56	37.48	41.81	23.46
2006	69.58	14.03	69.17	61.81	140.33	382.04	382.26	31.60	30.18	27.95
2007	71.38	45.69	106.60	86.10	239.68	573.00	514.03	46.85	73.14	39.06
2008	70.76	44.91	46.71	75.33	125.44	509.63	320.43	81.55	85.62	39.84

续表

年份	梅州	汕尾	河源	阳江	清远	东莞	中山	潮州	揭阳	云浮
2009	101.75	54.47	84.75	105.69	288.61	600.27	563.53	96.39	106.33	50.96
2010	119.03	57.51	90.13	137.40	326.25	511.25	670.55	64.26	138.05	64.12
2011	138.04	66.81	130.76	168.42	355.13	595.61	628.44	54.22	145.22	71.19
2012	149.07	54.70	128.25	189.28	392.57	639.12	654.16	48.24	110.68	85.26
2013	188.23	21.24	192.42	265.36	506.52	803.09	780.34	72.90	110.37	146.41
2014	230.54	43.06	186.45	279.87	416.57	643.65	764.07	74.57	107.88	168.34

表 2-48　广东各地级市商品房销售面积增速（单位：%）

年份	广州	韶关	深圳	珠海	汕头	佛山	江门	湛江	茂名	肇庆	惠州
2003	12.0	–82.0	260.5	–0.7	167.8	1928.2	154.3	–21.8	419.6	–3.2	–31.2
2004	7.0	19.5	–7.8	–18.6	–8.3	–0.8	–8.1	0.5	156.7	–4.5	17.4
2005	45.8	26.5	195.9	64.8	22.6	36.6	44.4	107.7	15.4	21.6	47.8
2006	3.5	–0.1	–33.3	–1.4	7.0	25.0	6.6	16.1	0.8	7.4	70.5
2007	2.6	56.7	–25.9	78.1	10.3	14.3	25.1	–7.4	31.1	37.1	53.5
2008	–20.1	–15.0	–15.9	–48.0	–26.1	–29.1	–14.7	–31.4	29.5	–4.9	–24.3
2009	27.4	62.6	63.3	66.3	–2.7	43.6	54.2	58.2	12.4	85.8	83.8
2010	2.2	4.1	–38.9	–2.4	30.1	13.6	9.7	38.0	20.0	22.9	15.4
2011	–15.0	–4.4	6.7	–20.8	–7.0	–1.3	–15.9	31.0	31.3	–3.8	26.9
2012	11.6	16.0	5.8	12.1	19.4	–8.2	9.2	6.4	25.5	13.5	3.8
2013	27.5	33.7	11.9	36.2	–8.9	17.3	21.6	38.5	0.7	24.6	39.0
2014	–9.4	5.2	–9.5	2.0	–6.7	12.8	–15.5	2.8	–21.7	6.2	–14.4

年份	梅州	汕尾	河源	阳江	清远	东莞	中山	潮州	揭阳	云浮
2003	–46.4	–96.9	10.5	83.0	157.1	132.7	195.1	37.4	56.5	60.0
2004	–7.7	–2.1	–40.3	–10.0	–20.4	–2.7	6.7	–34.4	–16.7	1.8
2005	–15.2	46.0	124.8	37.8	78.3	100.4	85.5	36.3	–7.1	2.9
2006	6.7	2.3	63.6	–7.3	20.5	18.7	29.3	–15.7	–27.8	19.1
2007	2.6	225.7	54.1	39.3	70.8	50.0	34.5	48.3	142.3	39.7
2008	–0.9	–1.7	–56.2	–12.5	–47.7	–11.1	–37.7	74.1	17.1	2.0
2009	43.8	21.3	81.4	40.3	130.1	17.8	75.9	18.2	24.2	27.9
2010	17.0	5.6	6.3	30.0	13.0	–14.8	19.0	–33.3	29.8	25.8
2011	16.0	16.2	45.1	22.6	8.9	16.5	–6.3	–15.6	5.2	11.0
2012	8.0	–18.1	–1.9	12.4	10.5	7.3	4.1	–11.0	–23.8	19.8
2013	26.3	–61.2	50.0	40.2	29.0	25.7	19.3	51.1	–0.3	71.7
2014	22.5	102.7	–3.1	5.5	–17.8	–19.9	–2.1	2.3	–2.3	15.0

表 2-49 四川各地级市商品房销售面积（单位：万平方米）

年份	成都	自贡	攀枝花	泸州	德阳	绵阳	广元	遂宁	内江
2002	809.00	76.50	13.40	100.40	86.20	115.70	30.00	42.00	49.50
2003	966.40	99.10	36.40	133.50	108.80	154.00	34.10	84.20	63.20
2004	757.30	70.00	39.50	142.00	116.50	143.70	22.30	61.00	72.60
2005	1 229.82	124.26	73.53	170.98	176.65	198.89	57.61	98.80	98.13
2006	1 599.08	132.55	95.67	186.42	225.21	239.73	59.68	100.02	118.47
2007	2 225.50	140.73	96.47	161.28	173.23	221.78	69.25	197.25	122.11
2008	1 459.50	102.55	76.48	202.18	97.30	148.17	39.28	165.68	124.08
2009	2 710.90	166.30	74.74	306.42	222.07	263.06	84.28	238.71	251.67
2010	2 559.28	201.81	115.00	344.26	226.55	358.06	82.46	196.96	261.67
2011	2 704.36	224.72	85.18	297.57	213.72	415.78	93.42	197.23	274.54
2012	2 845.23	189.41	80.81	306.34	199.76	309.38	83.65	200.00	200.84
2013	2 948.03	238.87	133.86	371.28	230.20	329.00	86.95	248.80	193.00
2014	2 950.17	168.56	121.38	305.55	186.80	302.84	105.67	293.59	163.49
年份	乐山	南充	眉山	宜宾	广安	达州	雅安	巴中	资阳
2002	63.50	113.60	64.30	52.60	70.40	30.90	22.80	25.10	92.60
2003	111.70	121.70	107.40	93.90	96.80	97.20	27.00	32.60	80.50
2004	84.20	126.40	91.40	82.40	96.10	87.40	5.80	34.50	63.10
2005	124.91	198.30	111.55	196.78	192.01	154.34	12.94	61.95	90.34
2006	140.84	229.11	132.56	194.52	147.03	199.41	36.68	74.23	126.94
2007	160.07	256.80	160.94	210.87	196.52	206.61	26.01	107.30	137.69
2008	110.59	159.96	110.29	165.13	132.33	157.84	15.06	73.57	140.19
2009	188.97	260.16	192.00	199.14	172.15	277.99	36.96	74.05	222.68
2010	256.77	353.68	192.51	269.18	215.32	286.32	39.75	112.39	283.52
2011	267.73	417.98	193.63	279.38	201.08	255.20	42.67	98.10	246.56
2012	169.03	426.28	199.50	320.01	178.43	181.87	50.40	153.41	329.51
2013	222.91	517.26	286.18	355.61	237.85	256.58	51.99	143.77	428.31
2014	253.58	493.90	331.99	237.17	305.95	227.47	54.93	180.68	426.34

表 2-50 四川各地级市商品房销售面积增速（单位：%）

年份	成都	自贡	攀枝花	泸州	德阳	绵阳	广元	遂宁	内江
2003	19.5	29.5	171.6	33.0	26.2	33.1	13.7	100.5	27.7
2004	−21.6	−29.4	8.5	6.4	7.1	−6.7	−34.6	−27.6	14.9
2005	62.4	77.5	86.2	20.4	51.6	38.4	158.3	62.0	35.2
2006	30.0	6.7	30.1	9.0	27.5	20.5	3.6	1.2	20.7
2007	39.2	6.2	0.8	−13.5	−23.1	−7.5	16.0	97.2	3.1
2008	−34.4	−27.1	−20.7	25.4	−43.8	−33.2	−43.3	−16.0	1.6

续表

年份	成都	自贡	攀枝花	泸州	德阳	绵阳	广元	遂宁	内江
2009	85.7	62.2	–2.3	51.6	128.2	77.5	114.6	44.1	102.8
2010	–5.6	21.4	53.9	12.3	2.0	36.1	–2.2	–17.5	4.0
2011	5.7	11.4	–25.9	–13.6	–5.7	16.1	13.3	0.1	4.9
2012	5.2	–15.7	–5.1	2.9	–6.5	–25.6	–10.5	1.4	–26.8
2013	3.6	26.1	65.6	21.2	15.2	6.3	3.9	24.4	–3.9
2014	0.1	–29.4	–9.3	–17.7	–18.9	–8.0	21.5	18.0	–15.3
年份	乐山	南充	眉山	宜宾	广安	达州	雅安	巴中	资阳
2003	75.9	7.1	67.0	78.5	37.5	214.6	18.4	29.9	–13.1
2004	–24.6	3.9	–14.9	–12.2	–0.7	–10.1	–78.5	5.8	–21.6
2005	48.3	56.9	22.0	138.8	99.8	76.6	123.1	79.6	43.2
2006	12.8	15.5	18.8	–1.1	–23.4	29.2	183.5	19.8	40.5
2007	13.7	12.1	21.4	8.4	33.7	3.6	–29.1	44.6	8.5
2008	–30.9	–37.7	–31.5	–21.7	–32.7	–23.6	–42.1	–31.4	1.8
2009	70.9	62.6	74.1	20.6	30.1	76.1	145.4	0.7	58.8
2010	35.9	35.9	0.3	35.2	25.1	3.0	7.5	51.8	27.3
2011	4.3	18.2	0.6	3.8	–6.6	–10.9	7.3	–12.7	–13.0
2012	–36.9	2.0	3.0	14.5	–11.3	–28.7	18.1	56.4	33.6
2013	31.9	21.3	43.4	11.1	33.3	41.1	3.2	–6.3	30.0
2014	13.8	–4.5	16.0	–33.3	28.6	–11.3	5.7	25.7	–0.5

表 2-51　贵州各地级市商品房销售面积（单位：万平方米）

年份	贵阳	六盘水	遵义	安顺
2002	204.80	14.50	77.00	27.90
2003	234.50	42.00	118.60	23.80
2004	224.80	35.10	164.10	23.90
2005	368.71	31.51	167.00	41.20
2006	387.72	—	—	—
2007	439.28	91.17	215.75	42.16
2008	411.93	59.88	92.22	22.53
2009	818.22	127.10	164.10	80.90
2010	860.10	108.00	207.20	75.60
2011	828.29	102.80	245.30	91.90
2012	1 040.63	119.12	214.69	—
2013	—	131.33	358.20	—
2014	—	—	—	—

表 2-52 贵州各地级市商品房销售面积增速（单位：%）

年份	贵阳	六盘水	遵义	安顺
2003	14.5	189.7	54.0	–14.7
2004	–4.1	–16.4	38.4	0.4
2005	64.0	–10.2	1.8	72.4
2006	5.2	—	—	—
2007	13.3	—	—	—
2008	–6.2	–34.3	–57.3	–46.6
2009	98.6	112.3	77.9	259.1
2010	5.1	–15.0	26.3	–6.6
2011	–3.7	–4.8	18.4	21.6
2012	25.6	15.9	–12.5	—
2013	—	10.3	66.8	—
2014	—	—	—	—

表 2-53 云南各地级市商品房销售面积（单位：万平方米）

年份	昆明	曲靖	玉溪	保山	邵通	丽江	普洱	临沧
2002	267.00	31.60	29.60	6.20	—	18.10	2.60	1.90
2003	342.80	43.00	29.30	8.10	13.70	28.30	5.60	1.50
2004	—	—	—	—	—	—	—	—
2005	783.12	143.48	48.01	35.28	23.23	71.25	16.87	49.68
2006	913.30	180.30	55.20	29.07	29.32	64.80	23.78	28.42
2007	928.82	25.52	62.79	5.95	17.82	19.47	10.35	33.98
2008	585.92	244.14	97.73	48.36	47.22	28.82	4.93	23.90
2009	853.27	259.10	161.05	59.56	102.53	58.30	73.17	47.10
2010	1 242.50	354.60	211.00	76.60	49.30	94.20	121.10	55.50
2011	1 114.92	506.60	137.40	83.40	89.40	158.60	124.80	75.30
2012	—	—	—	—	—	—	—	—
2013	—	425.81	—	—	106.94	126.09	106.79	73.30
2014	—	—	—	—	—	—	—	—

表 2-54 云南各地级市商品房销售面积增速（单位：%）

年份	昆明	曲靖	玉溪	保山	邵通	丽江	普洱	临沧
2003	28.4	36.1	–1.0	30.6	—	56.4	115.4	–21.1
2004	—	—	—	—	—	—	—	—
2005	—	—	—	—	—	—	—	—
2006	16.6	25.7	15.0	–17.6	26.2	–9.1	41.0	–42.8
2007	1.7	–85.8	13.8	–79.5	–39.2	–70.0	–56.5	19.6

续表

年份	昆明	曲靖	玉溪	保山	邵通	丽江	普洱	临沧
2008	–36.9	856.7	55.6	712.8	165.0	48.0	–52.4	–29.7
2009	45.6	6.1	64.8	23.2	117.1	102.3	1384.2	97.1
2010	45.6	36.9	31.0	28.6	–51.9	61.6	65.5	17.8
2011	–10.3	42.9	–34.9	8.9	81.3	68.4	3.1	35.7
2012	—	—	—	—	—	—	—	—
2013	—	—	—	—	—	—	—	—
2014	—	—	—	—	—	—	—	—

表 2-55　陕西各地级市商品房销售面积（单位：万平方米）

年份	西安	铜川	宝鸡	咸阳	渭南
2002	256.70	14.10	54.90	30.50	18.80
2003	252.70	24.60	61.40	57.90	24.30
2004	209.40	24.60	65.20	32.40	28.60
2005	456.28	45.92	84.78	67.41	40.23
2006	621.50	46.43	109.20	66.30	73.95
2007	833.92	44.65	122.35	83.32	85.53
2008	767.23	30.16	146.55	113.82	100.29
2009	1 256.02	36.36	149.05	129.40	100.38
2010	1 587.81	44.02	198.37	164.51	139.72
2011	1 778.02	51.76	211.78	215.73	243.49
2012	1 538.91	26.68	220.53	139.83	257.17
2013	1 662.75	28.28	242.72	203.89	320.96
2014	1 707.71	32.06	263.19	218.58	325.26
年份	延安	汉中	榆林	安康	商洛
2002	9.10	45.80	6.30	30.00	4.90
2003	29.20	63.00	11.20	42.30	6.90
2004	22.60	62.90	11.90	40.00	3.10
2005	15.85	79.53	24.43	50.72	11.82
2006	11.05	101.69	5.38	57.72	13.08
2007	45.13	112.59	38.82	69.33	13.66
2008	64.52	106.86	61.15	82.24	21.49
2009	38.71	145.17	83.54	103.13	27.41
2010	20.28	165.34	92.32	119.05	34.56
2011	23.98	216.45	96.82	133.14	43.60
2012	41.51	185.02	121.95	121.69	52.95
2013	52.16	164.35	139.10	120.62	66.07
2014	58.43	127.16	106.76	138.39	75.61

表 2-56 陕西各地级市商品房销售面积增速（单位：%）

年份	西安	铜川	宝鸡	咸阳	渭南
2003	–1.6	74.5	11.8	89.8	29.3
2004	–17.1	0.0	6.2	–44.0	17.7
2005	117.9	86.7	30.0	108.1	40.7
2006	36.2	1.1	28.8	–1.6	83.8
2007	34.2	–3.8	12.0	25.7	15.7
2008	–8.0	–32.5	19.8	36.6	17.3
2009	63.7	20.6	1.7	13.7	0.1
2010	26.4	21.1	33.1	27.1	39.2
2011	12.0	17.6	6.8	31.1	74.3
2012	–13.4	–48.5	4.1	–35.2	5.6
2013	8.0	6.0	10.1	45.8	24.8
2014	2.7	13.4	8.4	7.2	1.3
年份	延安	汉中	榆林	安康	商洛
2003	220.9	37.6	77.8	41.0	40.8
2004	–22.6	–0.2	6.3	–5.4	–55.1
2005	–29.9	26.4	105.3	26.8	281.3
2006	–30.3	27.9	–78.0	13.8	10.7
2007	308.4	10.7	621.6	20.1	4.4
2008	43.0	–5.1	57.5	18.6	57.3
2009	–40.0	35.9	36.6	25.4	27.5
2010	–47.6	13.9	10.5	15.4	26.1
2011	18.2	30.9	4.9	11.8	26.2
2012	73.1	–14.5	26.0	–8.6	21.4
2013	25.7	–11.2	14.1	–0.9	24.8
2014	12.0	–22.6	–23.2	14.7	14.4

表 2-57 甘肃各地级市商品房销售面积（单位：万平方米）

年份	兰州	嘉峪关	金昌	白银	天水	武威
2002	78.20	—	—	3.50	16.00	10.50
2003	86.10	28.40	2.30	11.80	14.60	11.30
2004	142.40	1.70	0.60	12.40	18.60	10.60
2005	191.38	3.64	5.72	13.62	26.47	17.67
2006	226.17	20.73	25.81	38.52	45.79	20.80
2007	268.98	45.22	37.37	28.66	42.97	24.19
2008	140.17	55.15	26.19	46.17	39.16	6.27
2009	241.88	96.17	37.21	49.22	58.61	11.10

续表

年份	兰州	嘉峪关	金昌	白银	天水	武威
2010	228.21	67.49	73.13	65.27	84.34	0.87
2011	184.61	74.52	37.30	68.87	80.36	14.35
2012	214.26	83.14	41.74	68.99	98.79	27.17
2013	292.22	84.16	46.80	80.76	107.95	31.02
2014	510.28	56.12	21.47	58.58	107.91	20.99
年份	张掖	平凉	酒泉	庆阳	定西	陇南
2002	16.50	4.90	18.00	4.60	15.90	2.60
2003	21.10	9.70	15.10	8.00	9.00	5.50
2004	18.80	18.40	18.60	8.20	3.90	3.00
2005	14.99	9.13	26.15	17.44	10.55	3.61
2006	28.25	18.92	35.20	30.64	20.39	3.28
2007	37.81	17.28	28.59	22.18	31.84	5.72
2008	37.42	14.04	32.73	21.04	12.39	2.00
2009	36.15	55.03	38.05	32.78	27.77	7.49
2010	44.74	19.97	46.96	36.58	24.94	5.24
2011	64.99	32.84	75.33	45.48	60.07	7.27
2012	76.43	71.03	90.73	39.39	56.71	10.25
2013	94.22	88.55	129.45	83.41	52.93	15.65
2014	116.95	61.23	140.07	57.33	66.34	24.72

表 2-58　甘肃各地级市商品房销售面积增速（单位：%）

年份	兰州	嘉峪关	金昌	白银	天水	武威
2003	−1.6	74.5	11.8	89.8	29.3	−1.6
2004	−17.1	0.0	6.2	−44.0	17.7	−17.1
2005	117.9	86.7	30.0	108.1	40.7	117.9
2006	36.2	1.1	28.8	−1.6	83.8	36.2
2007	34.2	−3.8	12.0	25.7	15.7	34.2
2008	−8.0	−32.5	19.8	36.6	17.3	−8.0
2009	63.7	20.6	1.7	13.7	0.1	63.7
2010	26.4	21.1	33.1	27.1	39.2	26.4
2011	12.0	17.6	6.8	31.1	74.3	12.0
2012	−13.4	−48.5	4.1	−35.2	5.6	−13.4
2013	8.0	6.0	10.1	45.8	24.8	8.0
2014	2.7	13.4	8.4	7.2	1.3	2.7

续表

年份	张掖	平凉	酒泉	庆阳	定西	陇南
2003	220.9	37.6	77.8	41.0	40.8	220.9
2004	–22.6	–0.2	6.3	–5.4	–55.1	–22.6
2005	–29.9	26.4	105.3	26.8	281.3	–29.9
2006	–30.3	27.9	–78.0	13.8	10.7	–30.3
2007	308.4	10.7	621.6	20.1	4.4	308.4
2008	43.0	–5.1	57.5	18.6	57.3	43.0
2009	–40.0	35.9	36.6	25.4	27.5	–40.0
2010	–47.6	13.9	10.5	15.4	26.1	–47.6
2011	18.2	30.9	4.9	11.8	26.2	18.2
2012	73.1	–14.5	26.0	–8.6	21.4	73.1
2013	25.7	–11.2	14.1	–0.9	24.8	25.7
2014	12.0	–22.6	–23.2	14.7	14.4	12.0

表 2-59 宁夏各地级市商品房销售面积（单位：万平方米）

年份	银川	石嘴山	吴忠	固原	中卫
2002	86.00	11.80	19.50	1.50	—
2003	170.30	31.30	25.50	5.50	—
2004	233.00	42.40	27.10	6.00	—
2005	264.37	34.58	38.26	9.61	31.07
2006	239.97	49.34	46.70	15.81	28.10
2007	335.97	62.42	52.29	21.95	35.13
2008	307.73	81.66	59.83	30.20	35.39
2009	511.43	83.93	104.79	35.32	39.81
2010	536.11	123.42	109.76	64.00	102.70
2011	489.03	111.64	92.86	55.92	97.00
2012	450.26	101.98	104.14	66.32	81.73
2013	612.11	133.66	128.24	80.52	93.79
2014	724.59	100.48	115.20	112.13	77.07

表 2-60 宁夏各地级市商品房销售面积增速（单位：%）

年份	银川	石嘴山	吴忠	固原	中卫
2003	98.0	165.3	30.8	266.7	—
2004	36.8	35.5	6.3	9.1	—
2005	13.5	–18.4	41.2	60.2	—
2006	–9.2	42.7	22.1	64.5	–9.6
2007	40.0	26.5	12.0	38.8	25.0

续表

年份	银川	石嘴山	吴忠	固原	中卫
2008	−8.4	30.8	14.4	37.6	0.7
2009	66.2	2.8	75.1	17.0	12.5
2010	4.8	47.1	4.7	81.2	158.0
2011	−8.8	−9.5	−15.4	−12.6	−5.6
2012	−7.9	−8.7	12.1	18.6	−15.7
2013	35.9	31.1	23.1	21.4	14.8
2014	18.4	−24.8	−10.2	39.3	−17.8

2.3　房地产价格走势分析

下面表 2-61～表 2-86 为我国 2002～2014 年各个省份的地级市商品房销售价格情况，从中不难看出每个省份都存在部分地级市商品房销售价格明显超过其他地级市，并且差距越来越大，甚至绝大多部分省份，如山西、辽宁、黑龙江、吉林等出现了一两个地级市的商品房销售价格大幅度领先其他同省份的城市，地域差距巨大。各省份的地级市的商品房销售价格增速可以在附表 2-99～附表 2-124 中查阅。

表 2-61　河北各地级市商品房销售价格（单位：元/米 ^{2}）

年份	秦皇岛	石家庄	唐山	邢台	张家口
2002	2 074.47	1 740.38	1 512.82	944.63	1 363.64
2003	1 781.33	1 580.73	1 553.67	1 093.75	1 224.86
2004	2 024.79	1 706.30	1 873.04	1 001.47	1 390.82
2005	2 458.73	1 869.62	2 169.49	1 809.19	1 417.10
2006	2 869.46	2 068.33	2 325.27	1 646.87	1 609.36
2007	3 696.68	2 451.60	3 114.53	1 839.24	1 760.78
2008	3 952.19	2 609.93	3 074.25	1 997.53	1 820.71
2009	4 313.05	3 851.09	3 532.85	2 051.18	2 269.99
2010	4 507.44	3 881.44	4 089.47	2 491.90	2 820.77
2011	4 931.10	4 740.52	5 183.32	2 842.26	2 975.55
2012	5 166.58	4 930.99	5 865.22	3 038.87	3 606.00
2013	6 692.89	5 503.31	5 302.73	3 310.38	3 825.65
2014	5 615.25	5 736.95	5 291.22	3 557.30	4 151.85

表 2-62　山西各地级市商品房销售价格（单位：元/米²）

年份	太原	大同	阳泉	长治	晋城	朔州
2002	2 203.39	1 377.87	1 238.94	1 171.88	1 259.26	1 061.95
2003	3 178.57	1 392.93	1 072.39	1 443.66	1 196.32	1 037.04
2004	2 678.20	1 479.71	1 220.00	2 062.15	1 305.84	1 457.73
2005	3 575.34	1 889.78	1 484.48	1 918.70	1 596.97	1 114.08
2006	3 577.93	2 091.71	1 611.11	1 803.48	2 015.02	1 513.05
2007	3 862.35	2 114.94	2 112.55	2 435.86	2 841.35	1 546.85
2008	4 022.89	2 252.79	2 414.14	2 030.52	2 826.65	1 852.71
2009	4 830.25	2 823.04	2 753.17	2 525.19	2 746.91	2 188.29
2010	7 244.03	2 971.27	2 602.36	2 627.19	3 001.79	2 060.41
2011	6 888.69	3 255.32	2 635.54	2 931.27	3 492.93	2 067.05
2012	6 792.61	4 286.10	2 796.70	3 325.57	3 717.84	2 230.51
2013	7 424.80	4 626.48	3 284.84	3 564.31	4 429.69	2 936.75
2014	7 615.12	4 502.94	3 157.32	3 750.07	4 519.89	3 447.34
年份	晋中	运城	忻州	临汾	吕梁	
2002	823.05	1 004.57	980.39	956.94	944.44	
2003	1 068.70	1 144.86	1 052.63	944.63	941.18	
2004	1 285.21	1 235.29	1 224.49	1 518.52	1 125.00	
2005	1 535.67	1 415.62	1 253.52	1 763.90	1 491.56	
2006	1 515.03	1 443.85	1 352.53	1 954.40	1 153.39	
2007	1 802.84	1 502.53	1 498.92	2 437.87	1 589.95	
2008	3 952.19	2 609.93	3 074.25	1 997.53	1 820.71	
2009	4 313.05	3 851.09	3 532.85	2 051.18	2 269.99	
2010	4 507.44	3 881.44	4 089.47	2 491.90	2 820.77	
2011	4 931.10	4 740.52	5 183.32	2 842.26	2 975.55	
2012	5 166.58	4 930.99	5 865.22	3 038.87	3 606.00	
2013	6 692.89	5 503.31	5 302.73	3 310.38	3 825.65	
2014	5 615.25	5 736.95	5 291.22	3 557.30	4 151.85	

表 2-63　内蒙古各地级市商品房销售价格（单位：元/米²）

年份	呼和浩特	包头	乌海	赤峰	通辽
2002	1 495.87	1 010.64	1 014.49	1 331.59	1 428.57
2003	1 547.97	1 114.04	1 136.36	1 261.06	1 265.43
2004	1 621.31	1 308.28	1 433.69	1 278.63	1 279.07
2005	2 057.03	1 732.03	1 499.94	1 394.38	1 433.81
2006	2 367.64	1 940.46	1 603.93	1 652.87	1 450.32
2007	2 595.95	3 063.94	2 013.59	1 860.10	1 677.70

续表

年份	呼和浩特	包头	乌海	赤峰	通辽
2008	2 730.72	3 232.15	1 956.98	2 132.18	1 796.84
2009	3 894.24	3 380.76	2 044.94	2 508.26	1 923.87
2010	4 105.07	4 459.78	3 263.03	2 932.41	2 252.26
2011	4 170.91	4 421.82	3 976.00	3 400.14	2 256.44
2012	5 445.23	4 566.75	4 352.27	3 661.11	3 268.21
2013	5 232.73	5 245.17	4 230.07	4 137.50	3 522.89
2014	5 473.61	5 144.53	5 443.95	3 964.53	3 826.30
年份	鄂尔多斯	呼伦贝尔	巴彦淖尔	乌兰察布	
2002	1 176.47	1 467.18	1 237.11	1 136.36	
2003	1 506.02	1 431.01	866.14	976.43	
2004	1 278.32	1 549.67	1 261.00	937.50	
2005	1 675.03	1 709.70	1 334.93	1 243.09	
2006	1 988.55	1 869.39	1 402.08	1 222.99	
2007	2 837.14	1 929.60	1 835.22	1 435.52	
2008	3 040.25	2 562.08	1 740.06	1 414.48	
2009	3 984.83	2 446.80	2 143.13	1 699.80	
2010	4 698.62	2 784.50	2 366.61	1 799.47	
2011	4 876.92	3 843.11	2 706.99	2 313.88	
2012	4 637.07	3 332.94	3 255.29	2 518.35	
2013	4 453.83	3 444.99	5 599.52	2 647.23	
2014	4 349.78	3 691.37	3 775.71	3 018.95	

表 2-64　辽宁各地级市商品房销售价格（单位：元/米 ^{2}）

年份	沈阳	大连	鞍山	抚顺	本溪	丹东	锦州
2002	2 746.24	2 845.92	1 835.52	1 519.23	1 855.20	1 451.10	1 824.32
2003	2 918.72	2 927.12	2 047.78	1 725.57	1 741.07	1 391.94	1 926.47
2004	2 912.45	3 121.53	1 995.75	2 269.29	1 706.48	1 958.04	1 775.15
2005	3 186.93	3 747.69	2 436.65	1 801.52	2 123.02	2 100.80	1 815.14
2006	3 375.94	4 525.13	2 644.52	2 195.47	2 267.33	2 173.66	1 720.74
2007	3 699.01	5 567.71	2 900.61	2 390.85	2 508.41	2 412.25	1 961.64
2008	4 127.44	5 774.21	2 913.94	2 841.78	2 715.52	2 609.21	2 581.55
2009	4 464.48	6 248.98	3 366.58	3 154.38	3 124.78	3 168.28	2 682.44
2010	5 411.05	7 043.68	3 659.47	3 652.21	3 346.22	3 280.86	3 461.56
2011	5 884.16	8 052.09	4 166.14	4 097.47	3 627.81	3 377.76	3 222.53
2012	6 321.26	8 003.55	4 072.21	4 556.11	3 587.70	3 719.24	3 159.76
2013	6 347.66	8 263.20	4 120.01	5 007.30	3 736.39	4 313.71	3 573.74
2014	6 217.16	9 215.84	4 664.14	5 033.07	3 942.66	4 680.98	4 148.45

续表

年份	营口	阜新	辽阳	盘锦	铁岭	朝阳	葫芦岛
2002	1 242.30	1 226.85	1 573.85	1 598.75	1 204.38	1 209.30	1 490.13
2003	1 383.10	1 219.51	1 545.25	1 500.00	1 295.94	1 182.99	1 416.15
2004	1 429.92	1 250.00	1 740.14	1 591.84	1 300.81	1 273.89	1 401.87
2005	1 555.83	1 672.61	1 935.97	1 763.09	1 550.82	1 409.84	1 445.39
2006	1 619.36	1 627.52	2 054.35	1 814.09	1 861.12	1 599.29	1 737.32
2007	1 846.76	2 032.50	2 239.81	1 818.70	2 008.60	1 689.18	2 224.42
2008	2 213.60	2 466.67	2 638.54	3 000.00	2 056.49	2 061.64	2 490.15
2009	2 839.81	2 306.83	2 967.89	3 280.52	2 324.58	1 869.11	2 766.71
2010	3 460.14	2 761.37	3 395.09	3 514.73	2 802.51	2 320.93	3 518.26
2011	3 802.40	3 090.38	3 664.06	3 689.11	2 879.38	2 463.73	3 324.85
2012	4 178.90	3 156.68	3 739.99	3 938.98	3 307.84	2 650.09	4 233.93
2013	4 354.89	3 807.06	4 247.65	4 182.71	3 696.33	3 089.61	4 582.83
2014	4 292.75	3 913.18	4 418.06	4 252.55	4 188.38	3 374.02	4 056.51

表 2-65　吉林各地级市商品房销售价格（单位：元/米²）

年份	长春	吉林	四平	辽源	通化	白山	松原	白城
2002	2 434.74	1 222.74	1 256.04	1 098.48	1 333.33	1 102.36	952.38	1 139.24
2003	2 165.23	1 277.96	1 489.36	1 398.60	1 263.54	1 266.38	884.35	1 515.15
2004	2 275.54	1 635.61	2 131.15	1 520.27	1 363.64	1 126.76	1 428.57	7 500.00
2005	2 393.25	1 624.70	1 324.95	1 281.71	1 428.07	1 485.76	2 127.40	1 304.35
2006	2 558.17	1 654.23	1 253.47	1 449.44	1 685.46	1 832.70	1 700.60	1 214.29
2007	3 249.70	2 016.96	1 482.65	1 820.75	1 719.97	1 686.75	1 228.73	1 524.62
2008	3 487.31	2 237.83	1 673.57	1 873.04	1 975.93	1 746.33	1 721.63	1 835.84
2009	4 141.56	2 747.74	1 913.09	1 846.33	2 187.52	2 010.00	1 359.84	1 511.21
2010	5 178.08	3 320.30	2 263.35	2 187.32	2 382.63	2 364.34	2 861.99	1 779.50
2011	6 131.56	3 991.99	2 581.67	2 937.03	—	—	—	—
2012	—	—	2 863.41	—	—	—	—	—
2013	—	—	3 273.78	—	3 206.54	—	—	—
2014	—	—	—	—	—	—	—	—

表 2-66　黑龙江各地级市商品房销售价格（单位：元/米²）

年份	哈尔滨	齐齐哈尔	鸡西	鹤岗	双鸭山	大庆
2002	2 346.03	1 399.35	1 724.14	996.17	1 120.69	1 569.62
2003	2 351.59	1 351.56	1 010.10	1 035.71	930.23	1 666.67
2004	853.21	328.28	322.58	326.09	—	1 469.19
2005	2 700.29	1 557.11	1 642.40	1 326.65	1 186.50	2 203.00

续表

年份	哈尔滨	齐齐哈尔	鸡西	鹤岗	双鸭山	大庆
2006	2 703.00	1 602.91	1 725.47	1 504.68	1 246.55	2 570.57
2007	3 053.47	1 870.51	1 980.90	1 647.96	1 592.22	2 625.86
2008	3 793.36	2 090.66	2 226.92	1 789.38	1 789.74	2 970.19
2009	4 226.77	2 764.95	2 832.53	2 086.40	2 064.79	3 569.34
2010	5 332.46	2 937.11	3 287.42	2 157.85	2 540.35	4 220.53
2011	5 548.19	3 278.94	3 430.55	3 189.59	3 382.99	4 538.31
2012	5 493.10	3 383.74	3 346.18	3 059.41	3 174.01	4 501.53
2013	6 186.86	3 915.81	3 319.79	3 365.28	2 620.32	4 232.72
2014	6 194.64	4 170.59	3 892.19	3 487.31	2 769.81	4 827.89
年份	伊春	佳木斯	七台河	牡丹江	黑河	绥化
2002	914.83	1 215.19	1 336.21	1 477.52	2 083.33	937.50
2003	1 083.33	1 182.57	1 322.58	1 360.38	1 304.35	1 226.99
2004	337.08	1 057.69	168.07	342.30	769.23	—
2005	1 014.99	1 304.93	1 429.69	1 651.08	1 797.15	1 189.30
2006	935.75	1 479.43	1 640.68	1 576.35	1 277.84	1 298.26
2007	1 042.47	1 659.13	1 826.68	1 799.89	1 112.76	1 486.27
2008	1 344.14	1 947.74	1 945.88	2 100.41	1 698.00	1 715.35
2009	1 550.88	2 507.69	2 031.11	2 700.01	2 661.33	2 284.84
2010	1 724.72	2 771.79	2 664.80	3 277.14	2 650.77	2 396.28
2011	1 958.71	3 121.64	3 356.91	3 447.80	3 040.10	3 036.53
2012	2 383.15	3 148.91	3 647.06	3 403.82	2 944.53	2 972.12
2013	2 751.83	3 249.34	3 550.12	3 784.28	2 842.87	3 581.06
2014	2 717.08	3 219.17	3 293.46	3 827.67	3 363.85	3 509.39

表 2-67　安徽各地级市商品房销售价格（单位：元/米 ^{2}）

年份	合肥	芜湖	蚌埠	淮南	马鞍山	淮北	铜陵	安庆
2002	1 748.07	1 185.77	965.52	1 141.98	1 303.37	1 092.44	1 047.62	1 111.11
2003	2 095.87	1 578.46	1 595.09	1 339.95	1 562.02	1 267.61	1 333.33	1 258.84
2004	2 491.84	1 957.73	1 872.20	1 569.89	1 737.25	1 504.13	1 623.62	1 180.65
2005	3 014.72	2 550.16	1 978.09	1 573.43	2 614.41	1 818.69	1 977.88	1 343.53
2006	3 131.28	2 901.53	2 155.69	2 156.30	2 228.22	1 900.10	2 339.84	1 587.21
2007	3 280.46	3 208.45	2 540.98	2 513.22	2 832.54	2 079.02	3 587.26	1 793.18
2008	3 591.57	3 984.53	2 765.67	2 825.32	3 203.87	2 567.18	3 297.87	1 869.53
2009	4 227.97	3 851.59	3 340.17	3 261.68	3 972.60	2 730.84	3 724.93	2 432.07
2010	5 904.41	5 196.43	4 227.33	3 849.64	4 384.66	2 896.92	4 592.72	2 985.44
2011	6 325.70	5 417.26	4 630.55	4 105.89	3 847.38	3 932.49	4 893.83	3 382.36

续表

年份	合肥	芜湖	蚌埠	淮南	马鞍山	淮北	铜陵	安庆
2012	6 155.91	5 533.15	4 224.29	4 561.21	4 347.86	4 186.11	4 778.52	3 855.97
2013	6 283.50	5 501.98	4 667.71	4 767.49	4 740.18	4 678.34	5 553.88	4 573.70
2014	7 156.80	5 285.87	4 925.38	4 840.02	4 545.53	4 715.73	7 666.91	4 763.95
年份	黄山	滁州	阜阳	宿州	六安	亳州	池州	宣城
2002	946.24	1 417.45	1 026.69	1 356.42	1 335.62	929.20	1 000.00	1 286.76
2003	1 507.54	1 283.42	1 090.91	1 404.01	1 067.57	960.85	1 041.10	1 136.71
2004	1 680.00	1 268.50	1 291.95	1 136.36	1 285.71	1 276.60	1 291.67	1 446.54
2005	1 623.68	1 565.75	1 573.21	1 541.03	1 605.81	1 497.37	1 602.76	1 646.63
2006	1 761.43	1 829.04	1 733.44	1 713.12	1 662.56	1 889.84	1 862.83	1 862.83
2007	1 982.62	2 110.58	2 101.04	2 164.90	2 095.79	1 710.59	2 148.89	1 968.02
2008	2 299.62	2 415.61	2 428.16	2 063.40	2 499.82	2 170.66	2 585.46	2 546.20
2009	2 819.93	2 967.60	2 983.99	2 341.32	2 906.15	2 302.71	2 933.97	2 833.52
2010	3 441.69	3 448.11	3 684.75	2 779.82	3 508.55	2 862.97	3 538.11	3 235.58
2011	4 147.86	3 982.82	4 393.25	3 782.96	4 172.08	3 833.55	4 374.67	4 064.13
2012	4 195.37	4 201.59	4 366.23	3 855.01	4 473.38	3 887.26	4 126.67	4 274.53
2013	4 434.90	4 318.16	4 937.29	3 548.16	4 491.81	4 367.97	5 007.22	4 644.31
2014	4 418.36	4 400.61	5 231.10	3 740.34	4 621.96	4 805.96	4 573.25	4 791.35

表 2-68　江苏各地级市商品房销售价格（单位：元/米²）

年份	南京	无锡	徐州	常州	苏州	南通	连云港
2002	2 939.02	1 813.93	1 361.87	1 880.27	2 155.56	1 627.45	1 254.85
2003	3 147.36	2 216.02	1 447.11	2 426.01	2 573.98	1 824.53	1 678.05
2004	3 514.80	2 533.53	1 721.11	2 473.62	3 201.87	2 118.16	2 154.70
2005	4 072.54	3 678.91	1 853.57	3 683.29	4 430.49	2 578.77	2 309.13
2006	4 477.09	3 999.66	2 148.65	3 990.65	4 590.98	3 212.29	2 334.74
2007	5 303.81	4 572.77	2 381.88	3 943.47	5 146.36	3 570.78	2 560.51
2008	5 139.99	5 375.45	2 674.07	4 363.02	5 692.30	3 247.17	2 693.62
2009	7 184.95	5 997.05	3 222.38	4 831.41	6 422.69	4 377.93	3 111.61
2010	9 565.22	7 764.55	3 740.25	6 040.84	8 243.35	4 833.41	3 536.63
2011	9 309.89	8 637.35	4 473.24	7 339.51	9 012.56	5 625.43	4 331.16
2012	—	—	—	—	—	—	—
2013	—	—	—	—	—	—	—
2014	11 197.60	7 760.23	—	6 396.19	9 673.89	—	4 757.43
年份	淮安	盐城	扬州	镇江	泰州	宿迁	
2002	1 245.75	1 208.68	1 570.68	1 473.95	1 459.18	1 063.83	
2003	1 610.24	1 115.73	2 007.26	1 788.99	1 511.44	1 200.61	
2004	1 878.09	1 631.15	2 316.16	2 056.07	1 842.51	1 267.36	

续表

年份	淮安	盐城	扬州	镇江	泰州	宿迁
2005	1 888.73	1 899.84	2 857.59	2 327.96	2 497.03	1 589.29
2006	2 069.12	2 065.71	2 882.15	2 587.32	2 891.10	1 671.32
2007	2 483.32	2 304.80	3 293.09	3 072.84	3 196.60	1 683.65
2008	2 669.17	2 685.51	3 614.89	3 386.90	3 693.66	1 873.08
2009	2 913.58	3 083.50	4 381.24	4 090.79	3 915.88	2 278.24
2010	3 628.07	3 866.76	4 846.60	5 439.60	4 746.37	2 727.21
2011	4 601.98	4 432.50	6 026.43	6 196.35	6 302.01	3 802.60
2012	—	4 585.55	—	—	—	—
2013	—	4 573.36	—	—	—	—
2014	4 921.16	5 027.38	—	—	—	—

表 2-69　浙江各地级市商品房销售价格（单位：元/米^2）

年份	杭州	宁波	温州	嘉兴	湖州	绍兴
2002	3 526.62	2 612.41	2 845.57	1 914.54	1 854.35	1 891.18
2003	3 874.62	2 865.48	3 151.35	2 004.06	1 814.93	2 537.58
2004	4 183.56	3 510.50	3 829.72	2 398.69	2 033.61	2 404.78
2005	5 618.57	5 027.41	4 904.54	3 372.06	2 793.16	3 735.02
2006	6 218.36	5 437.46	5 828.86	3 439.72	3 332.92	4 383.14
2007	7 615.71	6 251.51	7 510.94	4 031.52	3 856.65	5 054.23
2008	8 409.46	7 224.01	8 839.70	4 417.77	4 191.54	5 353.62
2009	10 554.93	8 991.41	13 584.08	4 999.12	5 083.74	6 358.66
2010	14 132.48	11 224.26	13 451.96	6 355.51	6 275.00	7 592.53
2011	13 282.02	11 032.29	16 878.05	6 919.74	6 761.40	8 443.62
2012	13 447.44	11 239.71	17 372.34	7 161.29	6 800.70	8 659.82
2013	15 021.99	11 100.00	16 467.85	7 315.89	6 992.67	9 356.80
2014	13 900.54	10 745.32	14 038.79	7 117.64	6 558.54	8 280.23

年份	金华	衢州	舟山	台州	丽水
2002	1 607.59	1 403.04	2 230.77	1 947.94	1 682.24
2003	1 857.30	1 795.04	2 831.05	2 652.82	2 057.42
2004	2 463.07	1 732.34	2 920.49	2 595.33	2 476.34
2005	3 847.13	2 354.00	3 854.21	4 176.89	3 718.69
2006	3 800.23	2 408.71	4 269.06	4 725.86	4 404.92
2007	4 760.56	2 795.23	4 902.56	5 102.03	4 976.93
2008	4 366.69	3 058.87	6 165.99	5 380.87	5 490.20
2009	5 455.37	3 724.60	6 680.72	6 428.50	6 218.21
2010	6 488.56	5 299.59	9 066.96	7 139.28	5 898.42

续表

年份	金华	衢州	舟山	台州	丽水
2011	8 128.21	6 935.77	10 366.64	8 722.63	7 441.29
2012	9 795.98	6 746.06	10 667.09	9 549.29	8 627.56
2013	9 529.39	6 807.69	11 937.20	9 661.12	8 145.97
2014	10 517.83	6 543.76	11 143.95	8 909.17	9 423.93

表 2-70　福建各地级市商品房销售价格（单位：元/米^2）

年份	福州	厦门	莆田	三明	泉州
2002	2 451.94	3 087.13	987.90	1 380.37	1 518.13
2003	2 172.09	3 077.45	1 415.93	1 400.86	1 662.86
2004	2 614.54	4 151.68	1 708.74	1 333.33	2 105.73
2005	3 212.21	5 502.83	2 080.70	1 879.40	2 824.43
2006	4 396.46	6 340.16	3 023.68	2 271.81	3 210.73
2007	5 178.66	8 249.75	2 964.72	2 652.13	3 522.99
2008	5 515.84	5 255.86	3 406.73	3 609.26	3 993.72
2009	6 625.13	7 950.65	4 209.04	3 737.92	4 631.98
2010	8 411.42	8 883.47	4 847.06	4 607.27	5 073.18
2011	10 090.49	10 224.52	5 949.84	5 175.91	7 071.68
2012	11 188.24	12 280.53	6 794.16	5 788.22	6 594.55
2013	—	13 624.46	7 796.35	6 446.14	6 875.75
2014	10 718.83	15 378.06	—	6 260.26	6 611.95

年份	漳州	南平	龙岩	宁德
2002	1 807.23	1 228.07	1 555.56	1 547.62
2003	1 640.63	1 191.78	1 554.19	1 590.91
2004	1 769.44	1 606.79	1 534.09	1 770.83
2005	2 074.31	1 662.17	2 003.32	1 878.96
2006	2 668.70	2 076.11	2 431.36	2 294.50
2007	3 005.11	2 726.29	3 119.65	2 967.20
2008	3 182.33	2 940.05	3 359.49	3 600.23
2009	3 539.54	3 476.17	4 024.21	3 869.81
2010	4 268.60	4 151.19	4 656.12	5 036.90
2011	5 454.52	4 853.25	5 231.84	7 828.01
2012	5 605.64	—	6 029.94	7 492.50
2013	—	5 372.63	6 548.14	7 188.21
2014	5 805.23	6 041.56	5 656.06	6 692.82

表 2-71　江西各地级市商品房销售价格（单位：元/米 ²）

年份	南昌	景德镇	萍乡	九江	新余	鹰潭
2002	1 693.76	1 246.54	1 150.00	1 071.43	679.61	1 452.99
2003	2 363.37	1 251.91	1 120.22	926.64	769.23	1 081.08
2004	2 300.12	1 562.50	1 265.63	1 117.27	1 041.67	1 145.83
2005	2 587.44	1 439.75	1 915.82	1 208.52	1 082.66	1 312.80
2006	3 125.86	1 348.46	1 729.63	1 327.36	1 343.78	1 263.51
2007	3 558.11	1 803.90	1 651.75	1 883.23	1 609.52	1 881.22
2008	3 461.01	2 115.38	1 793.63	1 992.82	1 709.09	1 875.00
2009	3 774.49	2 140.05	2 141.74	3 003.83	2 113.37	2 910.89
2010	4 565.70	2 394.69	2 553.74	2 908.26	2 415.71	3 314.54
2011	5 939.33	4 168.49	3 354.40	3 671.68	3 171.95	3 533.90
2012	6 418.98	3 773.88	3 809.40	3 737.34	3 438.26	3 886.65
2013	7 100.50	4 084.05	4 321.24	4 836.64	3 798.76	4 584.02
2014	6 588.65	4 255.34	4 682.09	4 236.44	4 340.64	4 117.88
年份	赣州	吉安	宜春	抚州	上饶	
2002	854.89	1 045.75	766.55	749.06	899.58	
2003	850.90	675.68	798.32	1 195.12	1 003.79	
2004	957.72	934.26	887.64	1 154.73	910.59	
2005	1 122.20	1 039.12	1 252.08	1 216.95	1 105.47	
2006	1 409.13	1 200.70	1 269.75	1 271.28	1 243.31	
2007	1 835.92	1 459.06	1 471.04	1 681.81	1 378.63	
2008	2 068.55	1 522.90	1 697.62	1 849.50	1 653.31	
2009	2 648.08	1 895.66	1 935.25	2 155.07	2 061.76	
2010	3 439.21	2 539.00	2 368.55	2 527.41	2 712.93	
2011	4 360.38	3 517.34	3 343.69	3 613.46	3 454.81	
2012	5 213.82	3 832.39	3 668.63	3 638.70	3 861.26	
2013	5 312.23	4 361.03	4 022.09	4 045.74	4 213.08	
2014	5 921.29	4 346.01	4 231.32	4 452.95	4 995.74	

表 2-72　山东各地级市商品房销售价格（单位：元/米 ²）

年份	济南	青岛	淄博	枣庄	东营	烟台
2002	2 106.89	2 185.52	1 294.91	1 111.11	1 306.90	1 496.80
2003	2 330.21	2 405.45	1 446.93	1 045.75	1 408.63	1 694.92
2004	—	—	—	—	—	—
2005	3 132.63	3 744.05	1 939.85	1 513.87	1 995.43	2 629.53
2006	3 524.91	4 249.11	2 228.25	1 793.05	2 100.86	2 845.69
2007	3 776.23	5 200.59	2 259.52	2 254.45	2 343.37	3 182.87

续表

年份	济南	青岛	淄博	枣庄	东营	烟台
2008	4 179.06	5 094.38	2 516.67	2 484.44	2 500.66	3 335.84
2009	4 896.84	5 576.45	2 916.74	2 756.54	2 934.37	3 882.90
2010	6 258.63	6 579.68	3 670.89	3 266.16	3 691.11	4 088.96
2011	6 709.59	7 500.75	4 360.06	3 845.90	4 298.07	4 979.19
2012	6 840.43	8 056.26	—	—	—	—
2013	—	8 434.93	—	—	4 892.62	—
2014	7 370.42	8 344.43	5 503.84	4 215.90	4 963.42	6 770.78

年份	潍坊	济宁	泰安	威海	日照	莱芜
2002	1 090.05	1 412.27	916.67	1 700.57	1 262.38	1 363.64
2003	1 355.33	1 326.96	1 280.00	1 601.71	1 689.71	982.66
2004	—	—	—	—	—	—
2005	1 689.13	1 579.20	1 850.84	2 028.15	2 075.26	1 223.30
2006	2 281.66	1 837.12	1 869.85	1 653.63	2 350.39	1 619.17
2007	2 091.30	2 304.93	2 124.69	2 915.20	2 808.68	2 052.42
2008	2 399.31	2 263.78	2 352.51	2 993.24	2 814.14	1 896.88
2009	2 757.76	2 759.47	3 224.30	3 472.15	3 115.90	2 426.85
2010	2 993.38	2 957.35	3 512.57	3 796.98	3 711.49	2 675.68
2011	3 594.45	3 802.62	4 325.81	4 056.37	4 251.19	2 917.61
2012	—	—	—	—	—	5 028.91
2013	3 973.24	4 047.36	4 414.59	—	5 097.04	4 179.48
2014	4 204.49	4 065.01	5 085.14	4 731.43	4 942.95	4 658.68

年份	临沂	德州	聊城	滨州	菏泽
2002	1 153.85	1 235.77	914.93	990.99	879.12
2003	1 278.72	1 320.41	1 000.00	909.09	909.09
2004	—	—	—	—	—
2005	1 725.74	1 563.56	1 361.78	1 498.20	1 704.41
2006	1 756.92	1 657.80	1 520.97	1 713.75	1 495.63
2007	1 931.71	1 705.16	1 955.13	1 486.66	1 695.60
2008	2 133.80	2 007.81	1 998.60	1 779.32	2 243.64
2009	2 398.40	2 086.98	2 531.50	2 005.10	2 423.20
2010	2 807.57	2 634.78	3 024.34	2 433.30	2 642.48
2011	3 269.39	3 273.05	3 448.90	2 865.88	3 018.77
2012	—	7 752.31	—	—	—
2013	3 916.32	3 903.41	—	2 927.79	—
2014	4 062.49	3 986.02	3 907.96	3 310.37	3 435.07

表 2-73　河南各地级市商品房销售价格（单位：元/米 ^{2}）

年份	郑州	开封	洛阳	平顶山	安阳	鹤壁
2002	2 029.43	1 043.48	1 285.38	1 213.02	1 233.14	1 818.18
2003	2 083.18	1 176.47	1 195.80	1 583.33	1 212.72	1 052.63
2004	2 098.57	1 184.21	1 353.61	1 400.00	1 482.94	1 029.41
2005	2 637.69	1 982.68	1 724.05	1 425.37	1 654.67	1 132.60
2006	2 888.49	1 886.32	1 959.57	1 549.68	1 675.11	1 306.58
2007	3 573.55	2 377.46	2 363.38	1 642.63	1 636.28	1 620.20
2008	3 928.34	2 067.30	2 590.33	1 862.36	1 969.08	1 751.67
2009	4 294.03	2 375.41	2 740.46	2 027.21	1 936.41	1 941.23
2010	4 957.27	2 812.73	3 169.83	2 409.66	2 196.95	2 435.83
2011	5 696.19	3 085.32	3 594.53	2 880.99	2 764.93	2 793.79
2012	6 253.13	3 499.09	4 033.63	3 229.91	2 907.05	3 056.38
2013	7 162.32	3 961.19	4 182.31	3 295.91	3 185.18	2 917.25
2014	7 570.59	3 760.81	4 150.67	3 539.73	3 334.49	3 069.44

年份	新乡	焦作	濮阳	许昌	漯河	三门峡
2002	1 309.82	1 200.00	1 025.64	1 338.91	751.88	869.57
2003	1 253.56	936.17	950.00	1 065.09	845.36	1 132.08
2004	1 611.72	1 177.61	1 152.88	1 336.03	1 106.72	1 296.30
2005	1 409.04	1 165.52	1 377.42	1 446.49	1 284.45	1 002.49
2006	1 463.01	1 218.22	1 523.82	1 481.64	1 466.35	1 558.96
2007	1 550.55	1 801.20	1 645.74	1 678.59	1 752.70	1 314.44
2008	1 777.82	2 365.55	2 062.62	1 932.60	1 618.54	1 405.72
2009	1 898.23	2 052.19	2 094.81	2 334.60	1 976.56	2 328.91
2010	2 267.28	2 380.43	2 258.52	2 540.12	2 134.83	2 196.65
2011	2 662.75	2 814.38	2 720.10	2 974.29	2 277.57	2 520.41
2012	2 847.85	3 183.87	3 140.54	3 227.53	2 951.68	2 962.70
2013	3 341.38	3 389.04	3 539.99	3 736.81	3 477.45	3 453.94
2014	3 747.37	3 279.35	3 313.72	4 120.65	3 879.75	3 603.52

年份	南阳	商丘	信阳	周口	驻马店
2002	954.65	689.66	1 250.00	1 823.20	816.33
2003	1 212.12	642.20	1 108.43	878.66	833.33
2004	1 234.18	1 470.59	2 139.04	1 005.59	1 050.23
2005	1 355.85	1 101.23	1 260.25	1 248.53	1 284.06
2006	1 424.59	1 458.63	1 657.83	1 197.08	1 363.64
2007	1 546.68	1 896.67	1 699.92	1 283.37	1 357.07
2008	2 038.09	1 504.35	1 681.44	1 435.52	1 419.49
2009	1 942.61	1 850.15	1 892.99	1 913.67	1 579.59

续表

年份	南阳	商丘	信阳	周口	驻马店
2010	2 081.35	2 058.53	2 047.30	1 842.03	1 745.20
2011	2 629.66	2 896.90	2 698.28	2 349.71	2 306.05
2012	2 735.85	2 834.14	3 168.36	2 690.37	2 566.27
2013	3 103.89	2 680.53	3 613.37	3 048.84	2 883.32
2014	3 299.00	3 649.47	3 649.39	3 237.51	3 100.37

表 2-74　湖北各地级市商品房销售价格（单位：元/米^2）

年份	武汉	黄石	十堰	宜昌	襄阳	鄂州
2002	1 927.18	984.13	1 056.34	1 223.63	852.46	552.49
2003	2 071.82	936.07	1 145.37	1 302.73	804.72	699.71
2004	2 515.57	1 315.79	1 303.19	1 461.04	972.22	933.73
2005	2 841.53	1 551.51	1 427.35	2 043.16	1 289.21	1 257.56
2006	3 689.64	1 593.30	1 847.74	2 268.26	1 540.65	1 163.28
2007	4 664.04	1 930.19	1 756.57	2 584.58	1 953.76	1 844.83
2008	4 781.10	3 416.87	2 981.17	4 149.39	3 347.77	1 881.94
2009	5 328.66	4 693.61	3 139.71	4 284.48	4 017.28	2 580.51
2010	5 751.22	3 122.66	2 651.60	3 758.64	3 059.86	2 900.08
2011	7 222.16	3 305.41	3 242.46	4 414.48	3 352.08	3 043.15
2012	7 344.09	—	3 969.82	4 900.33	3 584.77	—
2013	—	—	—	4 712.36	4 360.95	—
2014	—	—	—	—	—	—
年份	荆门	孝感	荆州	黄冈	咸宁	随州
2002	952.38	778.21	822.78	675.68	487.80	656.93
2003	913.98	607.69	860.47	513.51	559.01	746.89
2004	892.02	920.63	946.88	681.82	514.71	833.33
2005	1 394.67	974.85	1 355.55	935.22	818.18	855.81
2006	1 430.16	1 257.86	1 503.18	1 083.23	978.34	957.35
2007	1 482.76	1 388.89	1 708.22	1 108.67	1 303.58	1 360.54
2008	2 743.85	23 011.02	3 257.26	5 117.14	3 084.42	1 922.05
2009	3 500.67	5 326.91	4 398.02	6 495.38	3 771.44	1 941.25
2010	2 581.65	2 072.36	2 715.10	1 872.79	2 282.29	2 331.48
2011	3 045.76	2 417.09	3 153.76	2 415.20	2 799.91	2 789.19
2012	—	—	—	3 091.52	—	—
2013	3 522.79	—	—	3 142.58	3 408.28	—
2014	—	—	—	—	—	—

表 2-75　湖南各地级市商品房销售价格（单位：元/米 2）

年份	长沙	株洲	湘潭	衡阳	邵阳	岳阳	常德
2002	1 813.87	1 170.73	874.20	1 111.11	752.69	868.64	1 309.86
2003	2 048.85	1 064.26	1 019.79	963.30	976.56	915.03	1 177.91
2004	2 040.38	1 694.62	1 002.13	1 093.12	984.85	974.93	958.90
2005	2 313.67	1 458.57	1 192.56	1 137.63	1 254.98	1 156.99	1 357.21
2006	2 644.10	1 904.63	1 490.99	1 251.74	1 221.88	1 161.94	1 859.94
2007	3 304.75	2 047.06	1 795.43	1 439.90	1 275.50	1 565.17	1 680.86
2008	3 323.16	2 174.62	2 005.01	1 750.53	1 452.33	2 092.99	1 915.38
2009	3 647.86	2 551.24	2 332.11	2 153.04	1 710.22	1 849.38	2 022.03
2010	4 418.08	2 986.82	2 862.03	2 399.34	1 875.39	2 604.39	2 248.58
2011	5 879.80	3 748.94	3 348.85	2 923.64	2 365.97	2 915.58	3 044.81
2012	6 100.87	4 076.19	3 377.13	3 307.11	2 810.77	3 323.19	3 503.73
2013	6 304.39	4 220.65	3 780.06	3 265.51	2 990.26	3 267.78	4 053.38
2014	6 114.53	4 236.50	3 989.99	3 650.07	2 967.21	3 616.20	4 350.37
年份	张家界	益阳	郴州	永州	怀化	娄底	
2002	923.91	758.29	1 163.52	857.14	929.20	1 666.67	
2003	1 497.01	481.28	1 261.43	461.54	860.22	666.67	
2004	1 512.82	1 266.38	1 159.59	867.58	1 065.99	1 058.20	
2005	1 335.49	978.09	1 118.77	1 102.35	1 080.37	1 050.42	
2006	1 515.25	947.77	1 296.02	1 268.25	1 286.23	2 009.94	
2007	1 826.18	1 262.28	1 764.36	1 360.43	1 480.87	1 436.48	
2008	1 912.75	1 672.08	1 742.40	1 208.35	1 373.77	1 755.31	
2009	2 002.39	1 919.08	1 739.95	1 415.89	1 640.21	1 897.61	
2010	2 590.08	2 286.55	2 155.46	1 761.88	1 890.27	2 011.56	
2011	2 864.36	2 689.31	2 703.70	2 094.52	2 285.41	2 222.52	
2012	3 189.53	3 018.10	2 971.12	2 414.30	2 562.55	3 224.84	
2013	3 429.22	3 134.12	3 490.22	2 511.25	2 937.66	3 073.55	
2014	4 586.27	3 012.72	3 428.90	2 948.77	3 162.45	2 940.90	

表 2-76　广东各地级市商品房销售价格（单位：元/米 2）

年份	广州	韶关	深圳	珠海	汕头	佛山	江门
2002	4 202.72	5 805.35	2 977.23	1 885.47	1 165.05	1 025.64	1 137.52
2003	4 213.37	1 206.40	6 256.98	3 101.27	1 994.20	2 596.71	1 542.06
2004	4 537.64	1 338.20	6 758.89	3 284.36	2 215.19	2 902.65	1 670.30
2005	5 366.12	1 383.79	7 582.25	4 035.55	2 510.16	3 385.62	1 912.30
2006	6 547.98	1 586.60	9 385.25	4 752.79	2 698.38	3 863.11	2 052.44
2007	8 673.09	2 030.48	14 049.65	6 447.59	3 250.03	5 279.71	3 011.54

续表

年份	广州	韶关	深圳	珠海	汕头	佛山	江门
2008	8 853.18	2 349.24	12 665.04	6 987.43	3 492.78	5 384.62	3 181.36
2009	9 350.96	2 630.41	14 614.97	7 406.90	3 648.12	6 255.72	3 733.90
2010	11 920.53	3 238.47	19 170.30	10 361.77	4 276.61	7 545.48	4 683.94
2011	12 103.46	3 713.25	21 350.00	11 495.34	5 179.76	8 039.21	5 339.99
2012	13 162.63	4 480.43	19 589.98	10 687.05	6 038.75	8 056.27	5 515.21
2013	15 329.59	4 430.46	24 401.95	11 471.44	7 304.16	9 061.70	5 958.62
2014	15 718.63	4 235.94	24 723.32	11 697.51	6 779.83	8 861.88	5 949.97
年份	湛江	茂名	肇庆	惠州	梅州	汕尾	河源
2002	2 358.16	892.86	2 975.81	2 693.84	1 421.22	2 648.77	1 333.33
2003	1 564.63	1 168.38	1 791.53	1 939.61	852.34	937.50	1 174.60
2004	1 738.15	1 392.24	1 806.82	2 265.08	1 300.39	957.45	1 223.40
2005	2 084.10	1 680.97	1 973.45	2 541.50	1 161.04	1 195.34	1 417.08
2006	2 079.71	1 586.46	2 287.80	2 975.93	1 281.98	1 361.37	1 489.08
2007	2 565.66	1 943.98	2 939.50	3 994.48	1 479.41	1 464.22	2 208.26
2008	2 715.36	1 998.10	2 933.21	4 120.99	1 879.59	1 485.19	2 143.01
2009	3 740.11	2 376.47	3 448.23	4 266.38	1 943.98	2 456.40	2 508.55
2010	4 192.63	2 796.52	4 099.75	4 960.47	2 660.67	2 856.89	2 838.12
2011	5 046.33	3 868.40	4 742.37	5 536.48	3 212.11	3 878.16	3 523.25
2012	5 196.50	3 770.64	4 706.10	5 786.97	4 153.75	3 769.65	3 914.23
2013	5 456.96	4 333.53	4 976.26	5 847.18	4 505.13	4 708.10	4 579.05
2014	5 700.45	4 499.40	5 022.97	5 984.21	4 698.10	4 795.63	4 264.95
年份	阳江	清远	东莞	中山	潮州	揭阳	云浮
2002	1 564.63	1 410.66	1 636.11	1 185.77	1 114.75	1 072.46	1 142.86
2003	966.54	1 256.10	3 212.12	2 572.00	1 193.32	1 037.04	1 473.21
2004	1 280.99	1 317.00	3 704.86	2 548.65	1 236.36	1 066.67	1 578.95
2005	1 448.71	1 785.78	3 709.80	2 856.95	1 387.41	971.06	1 389.60
2006	1 884.81	2 320.96	4 220.50	3 056.82	1 547.47	1 225.98	1 577.82
2007	2 301.97	2 752.42	5 148.17	4 000.74	1 803.63	1 771.94	1 817.72
2008	2 461.17	2 929.69	5 566.78	4 393.47	2 105.46	2 035.74	2 299.20
2009	2 689.00	3 404.59	5 880.69	4 603.30	2 242.97	2 107.59	2 713.89
2010	3 050.22	4 234.18	7 310.90	5 225.26	3 065.67	2 507.79	3 513.72
2011	3 554.21	4 449.36	7 716.63	5 944.72	3 684.99	2 658.72	3 832.00
2012	4 691.99	4 628.47	8 486.36	5 500.34	4 050.58	3 338.45	4 273.99
2013	4 870.74	5 114.70	9 065.86	6 049.67	5 325.10	3 564.37	4 565.26
2014	4 408.83	4 970.11	9 735.88	6 073.00	5 014.08	3 536.34	4 213.50

表 2-77　广西各地级市商品房销售价格（单位：元/米²）

年份	南宁	柳州	桂林	梧州	北海	防城港	钦州
2002	2 371.68	1 593.71	2 314.05	1 848.48	1 200.00	634.92	869.57
2003	2 252.86	1 620.51	2 125.24	1 454.55	1 205.67	1 707.32	1 098.90
2004	2 766.39	1 805.97	1 793.20	1 643.84	1 420.45	872.09	1 159.42
2005	2 607.16	2 153.89	1 966.46	1 392.44	1 464.39	1 209.09	1 513.30
2006	2 872.68	2 326.00	2 200.05	1 808.08	1 761.46	1 472.11	1 601.74
2007	3 404.05	2 716.98	2 415.26	1 897.44	2 614.71	1 749.31	2 109.05
2008	3 946.09	2 975.21	2 796.08	1 984.54	2 801.68	2 454.81	2 550.39
2009	4 557.20	3 312.92	2 980.64	2 470.53	3 262.49	2 519.84	2 803.95
2010	5 144.04	3 881.73	3 574.39	2 565.72	4 232.10	3 148.46	3 114.53
2011	5 152.49	4 200.06	3 891.80	2 788.78	4 513.99	2 852.21	3 549.59
2012	6 002.93	4 743.17	4 232.86	3 278.55	4 398.92	3 334.02	3 625.13
2013	6 959.44	5 320.95	4 413.03	3 528.08	4 521.97	3 502.61	3 731.73
2014	6 627.09	6 791.86	4 862.94	4 033.83	5 552.41	4 116.37	3 586.97

年份	贵港	玉林	百色	贺州	河池	来宾	崇左
2002	1 000.00	1 250.00	967.74	5 714.29	—	—	—
2003	1 189.59	1 200.00	1 025.64	2 857.14	1 147.54	1 428.57	—
2004	—	1 250.00	1 343.28	—	1 181.82	909.09	—
2005	1 477.82	1 342.31	1 317.09	1 213.39	1 309.79	586.72	1 044.15
2006	1 751.29	1 909.92	1 418.86	1 416.10	1 269.35	1 528.66	1 290.52
2007	1 868.97	1 960.15	1 650.58	1 512.99	1 455.80	1 416.67	1 554.64
2008	2 101.96	1 931.45	1 711.04	1 711.90	1 582.84	1 568.14	1 808.92
2009	2 484.93	2 264.56	2 020.51	1 719.77	1 933.59	1 968.05	1 953.05
2010	2 983.08	2 361.12	2 234.71	2 011.24	2 353.58	2 154.03	2 329.31
2011	3 470.80	3 111.64	2 375.53	1 951.08	2 600.53	2 268.97	2 656.61
2012	3 654.76	3 247.97	2 923.81	2 472.38	2 950.34	3 136.81	2 371.84
2013	3 914.19	3 398.79	3 328.68	2 960.61	2 944.91	2 711.72	2 805.10
2014	4 077.75	3 484.43	3 537.37	2 528.34	3 832.62	2 945.17	3 060.85

表 2-78　海南各地级市商品房销售价格（单位：元/米²）

年份	海口	三亚
2002	2 105.26	903.23
2003	2 851.06	2 428.57
2004	2 233.55	3 465.91
2005	2 552.69	3 852.56
2006	2 785.94	6 685.79
2007	3 515.78	7 022.78

续表

年份	海口	三亚
2008	4 532.87	9 995.61
2009	5 367.63	11 111.69
2010	8 014.87	17 317.33
2011	6 653.96	12 783.31
2012	6 826.40	11 622.51
2013	7 425.65	14 419.83
2014	7 907.57	19 513.81

表 2-79　四川各地级市商品房销售价格（单位：元/米²）

年份	成都	自贡	攀枝花	泸州	德阳	绵阳
2002	1 976.51	1 294.12	2 238.81	866.53	939.68	1 192.74
2003	2 099.54	1 009.08	1 456.04	1 041.20	1 020.22	1 259.74
2004	2 453.45	1 057.14	1 468.35	1 169.01	1 193.13	1 461.38
2005	3 219.09	1 240.14	2 018.22	1 134.64	1 376.73	1 626.02
2006	3 637.78	1 288.57	2 010.03	1 277.76	1 695.75	1 821.22
2007	4 276.07	1 694.02	2 063.85	1 719.37	2 163.02	1 978.54
2008	4 856.59	2 068.26	2 166.58	1 990.31	2 336.07	2 320.31
2009	4 922.87	2 511.12	2 778.97	2 182.95	2 783.36	2 834.33
2010	5 936.55	3 012.73	2 513.91	2 849.30	3 311.41	3 558.06
2011	6 677.00	3 497.24	3 611.18	3 462.04	3 916.34	4 031.94
2012	7 274.98	3 799.69	4 571.22	3 531.70	4 122.45	4 741.10
2013	7 196.70	4 316.57	5 074.70	4 352.51	4 668.55	4 610.94
2014	7 023.80	4 783.46	4 649.04	4 293.57	4 243.04	5 158.17
年份	广元	遂宁	内江	乐山	南充	眉山
2002	900.00	928.57	767.68	834.65	959.51	793.16
2003	967.74	1 140.14	949.37	940.02	1 051.77	875.23
2004	1 076.23	934.43	1 101.93	973.87	1 099.68	962.80
2005	1 182.09	1 103.24	1 052.69	1 171.24	1 147.76	1 019.27
2006	1 367.29	1 240.75	1 204.52	1 379.58	1 244.82	1 123.26
2007	1 754.51	1 407.86	1 334.04	1 888.55	1 595.40	1 465.14
2008	2 273.42	1 501.69	1 827.05	2 257.89	2 146.16	1 787.11
2009	2 456.10	1 771.61	2 153.22	2 376.57	2 598.40	2 392.19
2010	3 438.03	2 336.52	2 703.79	3 335.67	2 998.19	3 177.50
2011	4 549.35	3 180.55	3 477.09	4 292.01	3 917.65	3 601.71
2012	4 298.86	4 094.50	3 660.13	4 509.85	4 014.73	3 886.72
2013	4 399.08	4 104.50	4 235.75	4 410.75	4 327.61	4 249.42
2014	5 485.00	4 707.24	4 340.94	4 070.90	4 985.42	4 282.36

续表

年份	宜宾	广安	达州	雅安	巴中	资阳
2002	931.56	795.45	776.70	1 008.77	677.29	615.55
2003	915.87	754.13	823.05	1 111.11	736.20	745.34
2004	1 019.42	822.06	938.22	1 896.55	724.64	871.63
2005	1 323.81	904.12	1 490.22	1 877.90	907.18	996.24
2006	1 614.74	998.44	1 236.15	1 949.29	1 017.11	1 124.15
2007	1 730.92	1 211.58	1 575.92	1 757.02	1 165.89	1 363.21
2008	2 063.22	1 404.82	1 977.32	2 111.55	1 420.42	1 570.01
2009	2 521.34	1 663.67	2 345.05	2 448.59	1 814.99	1 833.57
2010	3 074.89	2 416.87	2 877.90	2 578.62	2 337.40	2 494.71
2011	3 601.55	3 203.70	3 378.53	4 040.31	3 059.12	3 269.79
2012	4 033.31	3 656.90	4 023.20	4 371.03	3 384.39	3 752.24
2013	4 562.58	4 183.73	4 489.05	4 581.65	4 261.67	3 781.37
2014	4 943.29	4 379.15	4 481.03	4 878.94	4 458.71	4 258.81

表 2-80　贵州各地级市商品房销售价格（单位：元/米^2）

年份	贵阳	六盘水	遵义	安顺
2002	1 650.39	827.59	896.10	1075.27
2003	1 961.62	904.76	893.76	882.35
2004	1 801.60	1 196.58	1 011.58	1 004.18
2005	2 168.91	1 278.96	1 251.50	1 099.51
2006	2 372.59	—	—	—
2007	2 901.57	2 126.80	1 524.91	1 755.22
2008	3 149.32	2 244.49	1 625.46	2 023.97
2009	3 761.95	1 861.53	2 029.25	2 032.14
2010	4 109.52	2 558.33	2 608.59	2 292.33
2011	5 036.64	2 962.06	3 099.88	2 867.25
2012	—	—	—	—
2013	—	—	—	—
2014	—	—	—	—

表 2-81　云南各地级市商品房销售价格（单位：元/米^2）

年份	昆明	曲靖	玉溪	保山	邵通	丽江	普洱	临沧
2002	2 277.15	949.37	1 418.92	1 290.32	—	1 491.71	1 153.85	1 052.63
2003	2 275.38	1 000.00	1 501.71	1 358.02	802.92	1 625.44	714.29	2 666.67
2004	—	—	—	—	—	—	—	—
2005	2 639.70	1 446.89	1 764.22	1 456.92	1 351.70	2 151.58	1 470.07	1 076.89

续表

年份	昆明	曲靖	玉溪	保山	邵通	丽江	普洱	临沧
2006	2 903.32	1 740.99	1 728.26	2 081.18	1 705.32	1 972.22	1 816.65	1 780.44
2007	471.03	1 955.33	1 439.72	6 050.42	1 621.77	2 280.43	1 265.70	1 209.54
2008	3 750.17	2 326.12	2 174.36	2 196.03	1 562.90	2 380.29	1 784.99	2 092.05
2009	3 807.12	2 710.92	2 307.36	2 644.39	2 083.29	2 572.90	2 188.06	1 628.45
2010	3 662.45	2 650.03	3 136.49	2 865.54	2 896.55	2 526.54	2 166.80	2 553.15
2011	4 716.39	2 674.69	3 426.49	3 288.97	2 930.65	2 793.19	2 886.22	2 731.74
2012	—	—	—	—	—	—	—	—
2013	—	—	—	—	—	4 319.93	—	—
2014	—	—	—	—	—	—	—	—

表 2-82　陕西各地级市商品房销售价格（单位：元/米^2）

年份	西安	铜川	宝鸡	咸阳	渭南
2002	2 049.08	851.06	1 038.25	1 147.54	1 010.64
2003	2 160.66	894.31	1 172.64	1 312.61	864.20
2004	2 769.82	853.66	1 319.02	1 327.16	1 048.95
2005	2 851.32	779.62	1 220.81	1 581.37	1 163.31
2006	3 316.98	1 145.81	1 492.67	2 082.96	1 265.72
2007	3 379.10	1 260.92	1 481.00	2 078.73	1 373.79
2008	3 906.39	1 160.48	1 623.34	2 373.92	1 612.32
2009	3 889.67	1 784.93	2 616.57	2 734.93	1 582.98
2010	4 452.67	2 287.60	2 721.18	3 072.76	1 767.82
2011	6 137.78	2 822.64	3 198.13	3 802.90	2 841.60
2012	6 613.38	3 080.96	3 074.41	3 818.92	3 417.19
2013	6 692.95	3 182.46	3 535.76	4 121.34	3 517.88
2014	6 445.53	3 122.27	3 369.81	4 229.12	3 700.42

年份	延安	汉中	榆林	安康	商洛
2002	1 208.79	938.86	1 111.11	966.67	1 020.41
2003	1 027.40	920.63	1 428.57	898.35	869.57
2004	884.96	985.69	1 512.61	1 025.00	967.74
2005	1 728.71	1 098.96	1 698.73	1 117.90	1 142.13
2006	1 411.76	1 208.58	1 617.10	1 306.31	1 146.79
2007	1 808.11	1 639.58	2 135.50	1 478.44	1 281.11
2008	2 391.51	2 434.96	2 394.11	1 761.92	1 391.34
2009	1 797.99	1 918.44	3 192.48	1 799.67	1 762.13

续表

年份	延安	汉中	榆林	安康	商洛
2010	2 850.10	2 594.05	3 714.25	2 636.71	2 543.40
2011	4 261.88	3 009.93	4 527.99	3 301.79	2 756.88
2012	3 329.32	2 926.71	4 009.84	3 135.02	3 148.25
2013	3 165.26	3 216.31	4 289.00	3 703.37	2 763.74
2014	3 173.03	3 169.24	4 654.36	3 286.36	2 719.22

表 2-83　甘肃各地级市商品房销售价格（单位：元/米 ^{2}）

年份	兰州	嘉峪关	金昌	白银	天水	武威
2002	1 687.98	—	—	1 142.86	1 562.50	952.38
2003	2 206.74	6 69.01	2 608.70	1 016.95	1 506.85	884.96
2004	2 289.33	1 176.47	6 666.67	1 048.39	1 666.67	1 132.08
2005	2 382.69	1 373.63	891.61	1 093.98	1 700.04	1 165.82
2006	2 429.59	1 201.16	976.37	957.94	1 635.73	1 538.46
2007	2 966.39	1 300.31	1 509.23	1 381.72	2 210.84	1 364.20
2008	3 144.75	1 495.92	901.11	1 500.97	2 142.49	1 068.58
2009	3 611.71	1 533.74	2 133.83	2 151.56	2 352.84	1 954.95
2010	4 229.00	2 665.58	1 655.96	2 624.48	2 308.51	1 494.25
2011	4 461.84	2 541.60	2 163.54	3 261.22	4 238.43	3 254.36
2012	5 402.78	3 124.85	2 343.08	3 348.31	3 290.82	3 102.69
2013	5 509.89	3 378.09	2 440.17	3 588.41	3 927.74	3 162.48
2014	6 242.26	3 435.50	3 102.00	3 545.58	4 103.42	3 358.74
年份	张掖	平凉	酒泉	庆阳	定西	陇南
2002	1 030.30	816.33	722.22	1 304.35	817.61	769.23
2003	947.87	824.74	927.15	1 375.00	555.56	727.27
2004	1 117.02	1 141.30	913.98	1 097.56	769.23	666.67
2005	1 514.34	1 062.43	1 009.56	1 129.59	1 184.83	969.53
2006	1 270.80	1 495.77	1 039.77	1 491.51	1 064.25	1 463.41
2007	1 391.17	1 157.41	1 654.42	1 699.73	1 416.46	1 923.08
2008	1 638.16	1 488.60	1 759.85	1 915.40	1 404.36	1 550.00
2009	1 892.12	1 668.18	1 910.64	2 287.98	1 976.95	1 388.52
2010	2 675.46	1 387.08	2 399.91	3 288.68	2 273.46	2 347.33
2011	2 938.91	3 480.51	3 050.58	3 658.75	2 696.85	2 324.62
2012	2 733.22	3 247.92	2 695.91	4 298.05	3 038.26	2 848.78
2013	2 962.22	3 408.24	3 380.46	4 132.60	3 151.33	3 642.17
2014	2 918.34	3 766.13	3 483.26	3 516.48	3 438.35	3 349.51

表 2-84 宁夏各地级市商品房销售价格（单位：元/米²）

年份	银川	石嘴山	吴忠	固原	中卫
2002	2 220.93	1 016.95	1 025.64	2 666.67	—
2003	2 155.02	1 118.21	1 137.25	1 636.36	—
2004	2 081.55	1 273.58	1 328.41	1 666.67	—
2005	2 593.34	1 515.33	1 325.14	1 383.98	1 374.32
2006	2 398.63	1 649.78	1 434.69	1 151.17	1 480.43
2007	2 407.95	1 861.58	1 562.44	1 189.07	1 468.83
2008	2 827.80	1 872.40	1 893.70	1 513.25	2 026.00
2009	3 522.48	2 259.03	2 346.60	1 967.72	2 228.08
2010	3 928.86	2 374.82	2 779.70	2 448.44	2 249.27
2011	4 375.81	2 891.44	3 065.91	2 757.51	2 655.67
2012	4 574.47	3 076.09	3 346.46	3 148.37	2 998.90
2013	4 855.99	2 920.10	3 540.24	3 348.24	3 738.14
2014	4 451.07	3 108.08	3 797.74	3 682.33	3 395.61

表 2-85 青海各地级市商品房销售价格（单位：元/米²）

年份	西宁
2002	1 455.70
2003	1 640.76
2004	1 720.87
2005	1 876.80
2006	2 021.80
2007	2 420.64
2008	2 900.01
2009	2 899.53
2010	3 334.11
2011	3 649.12
2012	4 694.92
2013	4 628.15
2014	5 753.49

表 2-86 新疆各地级市商品房销售价格（单位：元/米²）

年份	乌鲁木齐	克拉玛依
2002	2 323.72	1 418.44
2003	2 366.69	1 271.68
2004	2 190.58	1 434.11
2005	2 372.55	1 419.14

续表

年份	乌鲁木齐	克拉玛依
2006	2 166.40	1 731.16
2007	2 667.19	1 604.34
2008	3 243.84	1 562.50
2009	3 446.31	1 902.46
2010	4 466.47	2 640.53
2011	5 177.65	2 664.28
2012	5 482.84	2 838.11
2013	6 000.35	3 166.02
2014	6 339.66	3 473.79

2.4　本章小结

本章从城市层面，对我国主要省份的城市房地产投资、需求状况及价格走势进行了分析，结果发现，城市房地产市场的运行特征表现出不同的发展走势，一、二线城市与三、四城市的差异较为显著，二线城市中省会城市与其他地级市之间的差异也较为显著，城市间房地产市场差异化程度的加深是房地产市场分化的直接原因。依旧以投资为例，各省份房地产开发投资额也主要集中于经济较为发达的城市，如河北的石家庄、唐山，山西的太原、大同，辽宁的沈阳、大连，吉林的长春，黑龙江的哈尔滨，山东的青岛、济南，江苏的南京、无锡、苏州，安徽的合肥、芜湖，浙江的杭州、宁波、温州，福建的福州、厦门，河南的开封、洛阳，湖北的武汉，湖南的长沙，广东的广州、深圳，广西的南宁、桂林、柳州，陕西的西安，甘肃的兰州，宁夏的银川等，而房地产开发投资额占比较低的城市则是各省份中经济欠发达地区。不仅是房地产开发投资额呈现上述分布特征，房地产销售额和销售面积、新开工面积、房屋销售价格等也呈现出分布过于集中的特征。区域经济发展特征及与房地产市场的作用形成了我国房地产市场的区域差异。房地产市场调控政策的实施不仅要考虑房地产市场整体发展现状，更要考虑区域房地产市场发展水平的差异特征，掌握区域房地产市场的演变轨迹和发展趋势，尤其是城市间房地产市场相互影响的机制，更有针对性地制定差别化调控政策。

第二篇　我国房地产市场区域划分研究

第3章　我国城市房地产市场的静态划分：基于供需分布的视角

房地产市场的合理划分对于科学调控房地产市场是至关重要的。目前我国房地产市场还没有一种普遍使用的划分方式，近些年实施的“差异化”房地产调控大多是基于现有的行政区域划分（如省、直辖市、自治区）或是经济区域划分（如东部、中部和西部）展开的，这种划分方式的合理性受到了质疑。

本章提出一种分析房地产市场区域性特征的全新视角，并从供需资源分布优化的角度探索我国城市房地产市场的合理划分方式。通过构建城市房地产市场分布情况的测度指标——IDI 和 SDI，论证我国房地产市场进行区域划分的必要性，进而围绕房地产市场供需分布优化的思想，设计两次聚类的分析流程，综合运用多种算法对我国地级及以上城市房地产市场进行聚类分析，最终将 283 个地级及以上城市归为三大类、13 个子类。

3.1　文献综述

有关房地产市场划分的研究大致可以分为两种理论视角：基于消费者住房偏好影响要素层面的划分和基于房地产市场表现层面的划分（Kauko et al.，2002；Islam and Asami，2009）。前者注重从影响房地产市场的关键因素出发对房地产市场进行分类，是长期性的一种划分视角。后者根据房地产市场实际表现的指标对房地产市场进行划分，是一种偏短期性的划分视角。现有文献以第一种视角居多，并且大部分是针对单一城市内的房地产市场进行细分。其中，Watkins（2001）基于空间因素和结构性因素对格拉斯哥房地产市场进行了分类。Kauko 等（2002）运用神经网络模型对芬兰赫尔辛基房地产市场进行了划分。Goodman 和 Thibodeau（1998，2003，2007）运用层次模型对美国达拉斯城市内部房价进行了聚类，并指出这种聚类方法可以提高特征价格模型的预测精度。Helbich 等（2013）提出一个住宅市场的分类框架和地理加权回归的分类方法，基于地方的边际住宅价格水平对奥地利住宅市场进行区分，并通过运用特征价格模型的样本外预测误差来论证该方法的有效性。相对而言，针对全国层面和区域层面划分的研究较少。其中，Abraham 和 Goetzmann（1994）运用统计方法对美国 30 个大中城市房地产市场进行了划分。Goetzmann 和 Wachter（1995）对美国 21 个大中城市的办公楼市场进行了聚类分析。Hepsen 和 Vatansever（2012）运用多种层次聚类算法对土耳其的

71 个大中城市进行了聚类分析，根据租金这一指标将 71 个城市分为三类。

国内专门针对房地产市场划分的研究很少。其中，中国指数研究院在自 2010 年以来发布的“中国地级以上城市房地产开发投资吸引力 TOP10”中基于商品房销售额、国内生产总值（gross domestic product，GDP）和常住人口三个指标对我国地级及以上城市进行了简单分类，将其划分为一线城市、1.5 线城市、二线城市、2.5 线城市、三线城市、3.5 线城市及四线城市。该研究是国内首次开展覆盖全国所有地级及以上城市层面的分类，其划分依据过于简单，但结果可以为本书提供一定的参考。Guo 等（2012）提出了一种综合小波分析和 DBSCAN 算法的时序聚类方法，并运用该方法将我国 70 个大中城市分为六类。该研究是偏向第二种划分视角的聚类分析，但对于房地产市场表现的深层次原因未作探讨。

在划分方法方面，现有的聚类算法主要有基于划分的算法、基于层次的算法、基于密度的算法、基于图论的算法、基于模型的算法和基于格网的算法。各类算法在发现任意形状数据集、发现密度不均匀的数据集、不受噪声影响、识别邻近数据集、较少依赖先验知识、时间复杂度等性能方面都各有优劣。例如，基于划分的算法对数据集的密度分布不敏感，可以发现密度不均匀的数据集，但聚类结果容易受噪声数据影响。再如基于图论的算法，能够发现任意形状的数据集，且不容易受噪声数据影响，但是对数据集的密度分布比较敏感，不能发现密度不均匀的数据组（Halkidi et al.，2001）。

聚类有效性评价方法大致可以分为三大类：其一是外部评价法，它将聚类算法获得的结果与数据集预先划分的结构进行比较，结果相似性程度越高，聚类效果越好。其二是内部评价法，它针对数据集结构未知的情况，采用数据集固有的特征和量值对聚类结果进行评价，遵循紧密型和分离度的原则。通常用簇内方差及相关系数进行度量。其三是相对评价法，它通过比较不同算法或者同一算法不同参数设置的聚类结果来确定最佳的聚类划分。经典的相对评价指标有 DUNN 指数（Dunn，1974）、SD 指数（Halkidi et al.，2000）等。外部评价法和内部评价法都属于统计的方法，其应用存在一定的局限性。例如，外部评价法需要预先知道数据的正确分类，这在很多应用中都是很难获取的。Goodman 和 Thibodeau（1998，2003，2007）、Helbich 等（2013）都是用特征价格模型的样本外预测精度来论证聚类的有效性，其本质上也是一种外部评价的思想。而相对评价法不需要统计检验，是当前应用最为广泛的聚类有效性评价方法。

3.2 模型构建

3.2.1 研究方法

城市房地产市场的表现是由其市场供需基本要素所决定的。如若两个城市占有的要素资源差不多，则从长远上看它们的房地产市场发展水平应该会比较接近。因此，基于影响要素层面的划分可以将长期性房地产市场发展水平趋近的城市归为一类。但是，当期的市场表现仍然受到投机（况伟大，2010）、政策调整（袁志刚和樊潇彦，2003）等其他特殊性因素的影响，处于同一要素水平的城市房地产市场可能会因为这些特殊性要素的影响而表现不一，基于市场表现层面的划分可以将短期市场表现类似的城市归为一类，以便于分析除基础要素之外的其他因素造成的城市房地产市场波动差异。这两大视角分别把握城市房地产市场的长、短期变化。

本书兼顾两者，对我国城市房地产市场进行两大层面的聚类，如图 3-1 所示。

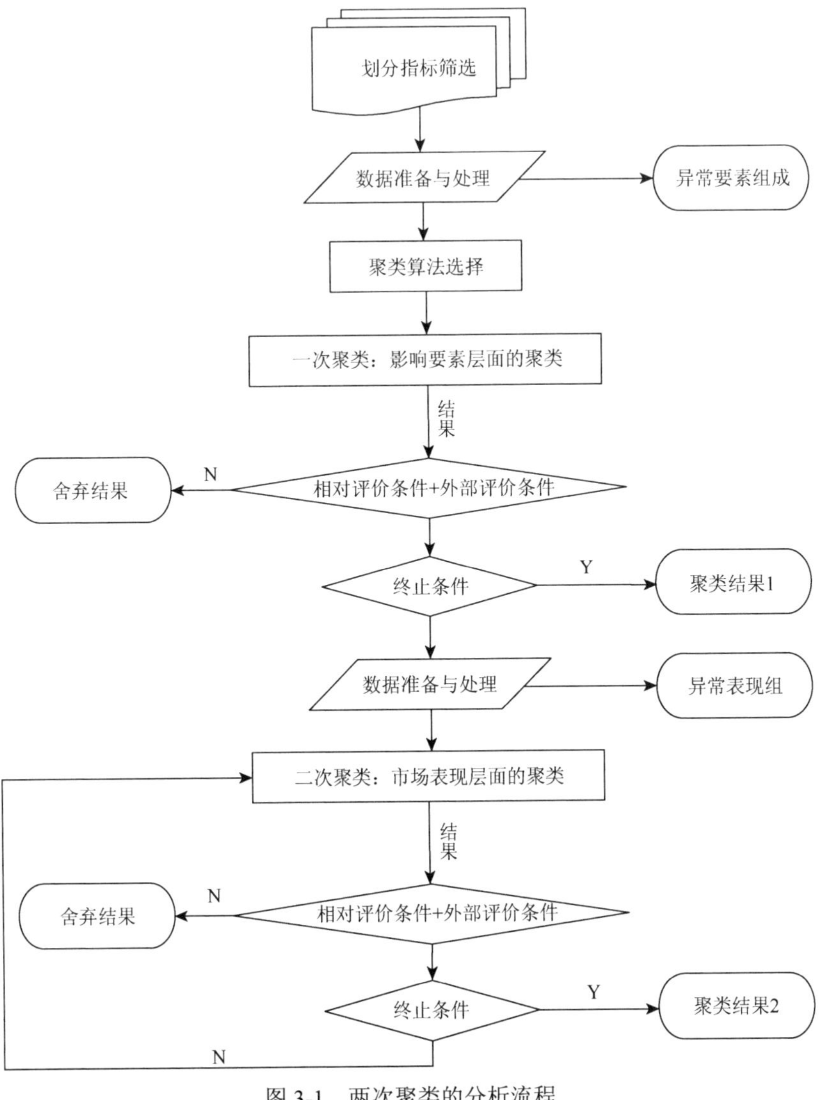

图 3-1　两次聚类的分析流程

首先，基于影响要素层面进行初步聚类，将样本城市按照潜在的供需要素和基本面水平进行划分。其次，根据城市房地产市场表现进行二次聚类，将短期市场表现接近的城市归为同一子类。两次聚类流程中，都将涉及异常值处理、聚类指标筛选、聚类算法选择、聚类效果评价与筛选等关键步骤。

3.2.2　聚类指标筛选

对于第一种划分视角，聚类分析首先需要筛选用于聚类的指标。本书借鉴美国经济周期研究所（Economic Cycle Research Institute，ECRI）提出的“经济立方体”（economic cycle cube，ECC）的思想，构建房地产市场分类立方体（图 3-2）。在此框架下，将影响房地产市场的因素分为供给要素、需求要素和基本面要素，围绕这三个方面，从房地产经济学领域的经典文献中，总结影响房地产市场发展的关键指标。

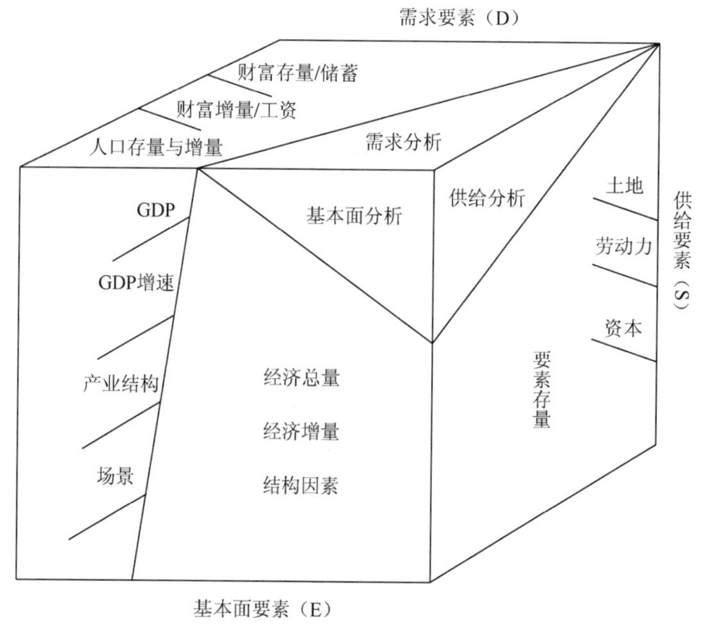

图 3-2　房地产市场分类立方体

基于文献总结，兼顾数据的可获性，共筛选出 12 个一次聚类指标。其中，GDP、GDP 增速、产业结构、场景为影响房地产市场的基本面要素，用于表征经济总量、经济增量和结构因素的特征（Quigley，1999；况伟大，2010；沈悦和刘洪玉，2004）。人口存量与增量、财富增量/工资、财富存量/储蓄为影响房地产市场需求的关键因素，用以表征人口存量和增量、居民购买能力（Mankiw and Weil,

1989；Hort，1998；李健元等，2011；陈斌开等，2012）。土地、劳动力和资本为影响房地产市场供给的关键因素，用于表征房地产相关供给要素的存量水平（Peng and Wheaton，1994；张金清和吴有红，2009；王松涛，2009）。对于二次聚类，房地产开发投资额、商品房销售额和商品房销售价格为聚类指标，在一次聚类的基础上，从房地产市场的实际表现进行二次聚类。

3.2.3　聚类算法选择与相对评价条件

鉴于六大类算法各有优缺点，本书将综合运用六大类算法中的经典算法——K-means（MacQueen，1967）、Hierarchical（Theodoridis and Koutroubas，1999）、DBSCAN（Ester et al.，1996）、MST（Zahn，1971）、SOM（Kohonen，1995）和WaveCluster（Sheikholeslami et al.，1998），对城市房地产市场进行聚类。这些算法在性能上能够相互补充（表 3-1），从而充分保证聚类结果的合理性。

表 3-1　选用聚类算法的性能分析

算法	发现任意形状数据集	发现密度不均匀的数据集	不受噪声影响	识别邻近数据集	较少依赖先验知识	时间复杂度（k 为类数，m 为神经元数）
K-means	×	√	×	√	×	$O(n)$
Hierarchical	×	×	×	×	√	$O(n^2)$
DBSCAN	√	×	√	×	×	$O(n\log(n))$
MST	√	×	√	√	×	$O(n^2)$
SOM	×	×	×	√	×	$O(kmn)$
WaveCluster	√	×	√	×	×	$O(n)$

注：√表示满足该项性能，×表示不满足该项性能。n 为样本数量

在运用六种算法进行初步聚类之后，选用相对评价指标——SD 指数对初步聚类结果进行筛选。SD 指数是基于类内的平均离散度和类间的总体分离性进行定义的，其公式如下：

$$\mathrm{SD}(c)=\alpha\,\mathrm{Scat}(c)+\mathrm{Dis}(c) \tag{3-1}$$

$$\mathrm{Scat}(c)=\frac{1}{c}\sum_{i=1}^{c}\left\|\sigma(v_i)\right\|/\left\|\sigma(X)\right\| \tag{3-2}$$

为类内平均离散度。

$$\mathrm{Dis}(c)=\frac{D_{\max}}{D_{\min}}\sum_{i=1}^{c}\left(\sum_{j=1}^{c}\left\|v_i-v_j\right\|\right)^{-1} \tag{3-3}$$

为类别间的总体分离度。

$$\left|\mathrm{SD}(c_b)-\mathrm{SD}(c_b-1)\right|<1/3,\quad c_b\in[2,c_{\max}] \tag{3-4}$$

$$\min_{1\leqslant i\leqslant a}(\text{mean}^i(\text{IDI}_j)),\quad \forall j\in\{1,2,\cdots,c_i\} \tag{3-5}$$

$$\min_{1\leqslant i\leqslant a}(\text{mean}^i(\text{SDI}_j)),\quad \forall j\in\{1,2,\cdots,c_i\} \tag{3-6}$$

$$\text{IDI}_j\leqslant 0.3,\quad \text{SDI}_j\leqslant 0.3 \tag{3-7}$$

$$\text{Scene}_i=\sum_j^m\frac{F_{ij}\times\sigma_j}{\sum_j^m\sigma_j} \tag{3-8}$$

其中，c 为聚类个数；$\alpha=\text{Dis}(c_{\max})$ 为加权因子，$c_{\max}$ 为输入的最大类别数。$\sigma(X)=\frac{\sum_{k=1}^{N}(x_k-\overline{x})^2}{N}$ 为数据集 X 的方差；$\overline{x}$ 为数据集的中心。$\sigma(v_i)=\frac{\sum_{k=1}^{N_i}(x_k-v_i)^2}{N_i}$ 为聚类后第 i 类的方差；v_i 和 v_j，$\forall i,j\in\{1,2,\cdots,c\}$ 分别是第 i 类和第 j 类的中心，$D_{\max}=\max(\|v_i-v_j\|)$ 和 $D_{\min}=\min(\|v_i-v_j\|)$ 分别为各类别中心间的最大和最小距离。

Halkidi 等（2000）指出，SD 指数可以用来确定最佳类别数，当 SD 指数达到局部最优，并且满足式（3-4）时，c_b 则为最佳的类别数。

3.2.4　供需分布优化与外部评价条件

被划归为一类的城市的供需资源获得能力应该接近，即同类城市供给房地产和购买房地产的能力接近。因此，合理的房地产市场划分，应该是寻找到一种分类方式使得到的各类区域内城市的房地产开发投资额和商品房销售额分布比较平均。在这种供需资源分布优化的思想下，运用 IDI 和 SDI 作为外部评价指标，从满足相对评价条件最优的六种结果中选取 IDI 和 SDI 相对最小的分类结果[式（3-5）、式（3-6）]。类内的 IDI 和 SDI 越小，则表示该类内城市的供需资源分布越平均，所得聚类效果越好。

式（3-5）、式（3-6）中，a=6 为六种算法，c_i 为第 i 种算法满足相对评价条件的最优类别数，IDI_j 和 SDI_j 分别为第 j 类城市的 IDI 和 SDI，$\text{mean}^i(\text{IDI}_j)$ 和 $\text{mean}^i(\text{SDI}_j)$ 分别为第 i 种算法所得各类城市的平均 IDI 和 SDI。

在此基础上，进一步设定外部评价指标的阈值，即聚类过程的终止条件。根据收入分配基尼系数的评价标准判断，一般认为低于 0.2 的基尼系数表明绝对平均，0.2～0.3 表示比较平均，0.3～0.4 表示相对合理，0.4～0.5 表示差距加大，0.5 以上则代表严重分化（刘洪玉等，2013）。据此，本书选取 0.3 作为外部评价指标的阈值，当各类区域内的 IDI 和 SDI 值都小于 0.3[式（3-7）]，则停止聚类过程，所得聚类结果为最终结果。这种基于 IDI 和 SDI 的外部评价条件具有统计上的意义，也有相应的经济意义，是对相对评价条件的补充。并且，相对于 Goodman 和 Thibodeau（1998，2003，2007）、Helbich 等（2013）提出的基于特征价格模型样本外预测精度的外部评价方法，IDI 和 SDI 指标计算相对简单，对数据的要求远低于特征价格模型，是一种更为经济的评价方法。

3.3 实 证 分 析

3.3.1 数据说明与预处理

样本城市包括我国内地除西藏以外的 30 个省份的 283 个地级及以上城市，通过中国经济信息网、CEIC（China Entrepreneur Investment Club）数据库、各省份统计年鉴、中国城市统计年鉴、中国指数研究院等数据库收集各城市 2009～2011 年的指标数据，对其求平均值，并对各指标数据进行标准化处理，以消除量纲影响。

场景指数这一指标需要利用场景数据进行编制。场景理论指出场景（scene）用于衡量城市的宜居性（amenity），主要考虑教育文化设施、娱乐设施、医疗设施等方面。本书选择城市普通高等学校数量、普通中学数量、小学数量、高等学校教师数、普通中学教师数、小学教师数、剧场和影剧院数、每百人公共图书馆藏书、医院和卫生院数、医院和卫生院床位数、医生数、每万人拥有公共汽车数、人均城市道路面积、建成区绿化覆盖率等场景指标，运用因子赋权的方法进行编制。

式（3-8）中，Scene_i 为第 i 个城市的场景指数；m 为提取的公共因子个数；F_{ij} 为 i 个城市在第 j 个因子的得分；σ_j 为第 j 个因子的方差解释度。

由于聚类结果易受到异常值干扰，在两次聚类之前，都将根据拉依达准则（3σ 准则）进行奇异值处理，筛出有指标异常表现的城市进行单独分析，再对剩下的样本城市的房地产市场进行聚类分析。

3.3.2 异常要素城市分析

基于 2009～2011 年各指标的平均值，对样本城市进行异常值处理，借此从 283 个城市中剔出 25 个异常表现的城市，这些城市都是指标水平远在所有城市平均水平之上或之下的城市群。它们的 IDI 和 SDI 分别为 0.611 0 和 0.622 5，远大于 0.3 的阈值水平，需要进一步划分。

首先，分别运用 K-means、SOM、Hierarchical、MST、DBSCAN 和 WaveCluster

六种算法对 25 个异常要素城市进行一次聚类分析。针对每一类算法得到的结果，运用相对评价指标 SD 指数进行择优筛选，得出前五种算法的最佳类别数都为 2 类，而基于 WaveCluster 算法没有得到聚类结果，Hierarchical 和 MST 算法得到的结果一致。进而，针对每种算法各自的择优结果，计算其平均 IDI 和 SDI 值，从中可知，运用 Hierarchical 和 MST 算法得出的聚类结果平均 IDI 和 SDI 值最小，为相对最优的聚类结果（表 3-2）。它们将 25 个城市初步划分为 2 组，第 1 组包括北京和上海，其 IDI 和 SDI 值都达到了终止条件的要求，归为最终结果的一个子类。第 2 组包括剩余的 23 个城市，其 IDI 和 SDI 分别为 0.597 4 和 0.598 1，未满足终止条件，进入二次聚类过程。

表 3-2 异常要素城市两次聚类结果筛选

两次聚类		K-means	SOM	Hierarchical	MST	DBSCAN	WaveCluster
一次聚类	类别数	2	2	2	2	2	1
	IDI	0.496 8	0.496 8	0.394 5	0.394 5	0.517 9	0.611 0
	SDI	0.521 5	0.521 5	0.333 7	0.333 7	0.523 7	0.622 5
二次聚类	类别数	3	2	3	3	3	1
	IDI	0.349 4	0.416 3	0.349 4	0.446 4	0.349 4	0.597 4
	SDI	0.430 6	0.426 7	0.430 6	0.409 2	0.430 6	0.598 1

进而，对 23 个城市进行市场表现层面的二次聚类，根据相对评价条件和外部评价条件可得（表 3-2），基于 K-means、Hierarchical 和 DBSCAN 算法的结果一致，为最优结果。它们将第 2 组城市进一步划分为 3 个子类，其中有 1 个子类 IDI 和 SDI 满足终止条件，为最终结果中的一个子类。对其他 2 个子类，进行异常值处理和再聚类，最终得到另外 3 个子类。

最终，异常要素水平的 25 个城市被划归为 4 个子类，各子类的 IDI 值和 SDI 值都在 0.3 以下，达到了终止聚类的要求。其中，第 1 个子类为北京和上海，其房地产市场规模和价格都远高于其他城市。第 2 个子类为广州、深圳、天津等 10 个城市，这类城市是房地产供需规模和价格仅次于第 1 个子类的城市群。第 3 个子类为贺州、黑河等 7 个城市，它们是房地产市场发展水平低下、房价偏低的城市群。第 4 个子类为防城港和玉林，其房地产市场供需基础较好，房价偏低，有较大的上涨空间。

3.3.3 常规要素城市分析

在剔出异常要素城市后，运用六种算法对 258 个常规要素城市进行一次聚类分析。根据相对评价条件和外部评价条件可得（表 3-3），基于 K-means 算法的聚类结果为最优结果，它将 258 个城市初步划分为 2 组。

表 3-3　常规要素城市一次聚类结果筛选

一次聚类	K-means	SOM	Hierarchical	MST	DBSCAN	WaveCluster
类别数	2	2	3	2	2	1
IDI	0.338 8	0.386 3	0.542 6	0.373 9	0.542 5	0.544 1
SDI	0.358 0	0.379 5	0.554 7	0.387 7	0.555 2	0.558 4

第 1 组 23 个城市的 IDI 和 SDI 分别为 0.244 0 和 0.243 0，都小于阈值 0.3，说明不需要对该组城市进行二次聚类，这 23 个城市可以列为最终结果中的一个子类。第 2 组 235 个城市的 IDI 和 SDI 分别为 0.433 7 和 0.473 0，均大于阈值 0.3，说明这组城市的供需分布情况未达到要求，需要进一步根据房地产市场表现进行二次聚类。

对第 2 组城市的房地产市场表现作异常值分析，剔出 11 个异常表现城市，它们都是房地产供需规模和价格远在第 2 组其他 224 个城市之上的城市群。这 11 个城市的 IDI 和 SDI 值分别为 0.204 9 和 0.175 6，都低于 0.3 的阈值水平，可以被归为最终结果中的一个子类。而剩余的 224 个城市的 IDI 和 SDI 都未满足终止条件，需要进一步划分。

在剔出异常表现城市后，运用六种算法对 224 个常规表现城市进行二次聚类分析。根据相对评价条件和外部评价条件可得（表 3-4），基于 K-means 算法的结果为最优结果，其将 224 个城市归为 3 组，第 2-1 组包括鞍山、包头、海口等 19 个城市，它们的 IDI 和 SDI 值满足终止条件，可以归为最终结果的一个子类。第 2-2 组为桂林、临沂、北海等 69 个城市，它们的 IDI 和 SDI 值满足终止条件，可以归为一类。第 2-3 组为剩余的 136 个城市，它们的 IDI 和 SDI 值分别为 0.320 7 和 0.315 8，未达到终止条件要求，需要进一步划分。

表 3-4　二次聚类结果筛选

二次聚类		K-means	SOM	Hierarchical	MST	DBSCAN	WaveCluster
二次聚类-1	类别数	3	2	2	5	2	1
	IDI	0.227 9	0.290 0	0.217 3	0.316 0	0.296 3	0.405 0
	SDI	0.210 2	0.293 6	0.212 1	0.340 8	0.295 2	0.436 7
二次聚类-2	类别数	3	4	3	3	3	1
	IDI	0.224 4	0.157 1	0.308 4	0.197 1	0.209 6	0.320 7
	SDI	0.211 2	0.157 0	0.315 4	0.297 7	0.289 3	0.315 8

将第 2-3 组 136 个城市返回二次聚类流程，根据相对评价条件和外部评价条件可得，基于 SOM 算法的结果为最优结果，其将第 2-3 组的 132 个城市划分为 4 类，其一为宝鸡、亳州等 58 个城市，其二为安阳、滨州等 22 个城市，其三为汉中、广安等 21 个城市，其四为安康、白银等 65 个城市。它们的 IDI 和 SDI 值都满足终止条件的要求，不需要进一步划分。

3.3.4 结果分析与讨论

经过两次聚类过程，从供需要素水平和房地产市场表现两个层面对我国城市房地产市场进行划分。283 个城市房地产市场最终被划归为三大类区域、13 个子类城市群（表 3-5）。

表 3-5　我国城市房地产市场划分结果

类别		城市	投资额/万元	销售额/万元	价格/(元/米^2)
重点调控区域	子类 1	北京，上海（2 个）	231 505	308 016	14 764
	子类 2	广州，深圳，天津，杭州，苏州，重庆，成都，大连，沈阳，青岛（10 个）	101 091	122 212	8 568
	子类 3	长春，长沙，常州，东莞，佛山，福州，哈尔滨，合肥，济南，昆明，南昌，南京，南宁，宁波，石家庄，太原，唐山，乌鲁木齐，无锡，武汉，西安，厦门，郑州（23 个）	52 325	48 899	6 059
	子类 4	鄂尔多斯，贵阳，金华，廊坊，南通，绍兴，台州，潍坊，烟台，舟山，珠海（11 个）	26 454	31 014	6 161
	子类 5	三亚，温州，绥化，营口（4 个）	20 254	20 204	8 553
	子类 6	防城港，玉林（2 个）	8 620	5 443	2 770
稳定发展区域	子类 7	鞍山，包头，海口，呼和浩特，湖州，淮安，惠州，嘉兴，泉州，泰州，威海，芜湖，徐州，盐城，扬州，银川，镇江，中山，淄博（19 个）	20 494	23 601	4 714
	子类 8	安庆，蚌埠，保定，北海，本溪，沧州，承德，池州，赤峰，滁州，大庆，丹东，德州，东营，抚顺，阜阳，赣州，桂林，邯郸，菏泽，呼伦贝尔，淮南，黄山，吉林，济宁，江门，锦州，九江，兰州，乐山，丽水，连云港，辽阳，临沂，柳州，六安，龙岩，洛阳，马鞍山，绵阳，南充，南平，宁德，盘锦，莆田，秦皇岛，清远，曲靖，衢州，日照，三明，汕头，宿迁，泰安，铁岭，铜陵，西宁，咸阳，新乡，信阳，宣城，宜宾，宜昌，枣庄，湛江，张家口，漳州，肇庆，株洲（69 个）	10 455	10 013	3 640
	子类 9	宝鸡，亳州，达州，大同，德阳，抚州，贵港，葫芦岛，淮北，佳木斯，荆州，开封，聊城，泸州，茂名，眉山，牡丹江，内江，齐齐哈尔，钦州，上饶，韶关，松原，宿州，湘潭，阳江，玉溪，自贡（28 个）	5 857	5 816	3 017

续表

类别		城市	投资额/万元	销售额/万元	价格/(元/米²)
适度扶持区域	子类 10	安阳，滨州，常德，朝阳，郴州，衡水，衡阳，焦作，南阳，商丘，十堰，遂宁，通化，邢台，许昌，宜春，益阳，岳阳，资阳，遵义，驻马店，周口（22 个）	7 527	5 962	2 425
	子类 11	巴彦淖尔，百色，广安，汉中，怀化，黄冈，吉安，荆门，娄底，平顶山，濮阳，邵阳，四平，通辽，渭南，乌兰察布，咸宁，孝感，永州，运城，梧州（21 个）	4 706	3 876	2 263
	子类 12	安康，白银，保山，潮州，鄂州，阜新，广元，河源，黄石，鸡西，晋城，景德镇，莱芜，丽江，临汾，攀枝花，萍乡，七台河，庆阳，汕尾，双鸭山，天水，乌海，吴忠，武威，雅安，延安，鹰潭，榆林，云浮，张掖，安顺，巴中，白城，白山，长治，崇左，定西，固原，河池，鹤壁，鹤岗，嘉峪关，揭阳，金昌，来宾，辽源，六盘水，陇南，吕梁，漯河，梅州，平凉，三门峡，商洛，石嘴山，朔州，随州，铜川，忻州，新余，阳泉，张家界，中卫，昭通（65 个）	2 221	2 031	2 645
	子类 13	贺州，黑河，晋中，酒泉，克拉玛依，临沧，伊春（7 个）	1 815	1 514	2 333

其中，重点调控区域包括子类 1～6 的 52 个城市。子类 1 和子类 2 是 GDP、资金、场景及居民购买力等要素水平远在其他城市之上的城市群。

子类 1 中的北京和上海分别是我国的政治文化中心和经济金融中心，其房地产市场发展水平高，供需规模庞大，但供不应求的失衡情况严重，城市房价处于相当高的位置。

子类 2 以广州、深圳、杭州、天津等经济发展好的大城市为主，其中，广州和深圳的房地产市场规模仅次于北京和上海，房价处于高位。杭州在经济总量上及其他供需要素上虽次于广州和深圳，但因其是南部城市中的佼佼者及长三角地区的核心城市，房地产市场规模大，房价甚至高于广州。天津和重庆都是直辖市，经济总量上不亚于广州和深圳，但房地产市场规模不及两者，重庆的房价则处于子类 2 城市的末位。其他如成都、大连、青岛、沈阳等城市供需基础面良好，房地产市场供需规模大，且仍有较大的提升空间。

子类 3 是以武汉、唐山、佛山、济南、长春等省会城市或大中城市为代表，这些城市经济发展水平良好，房地产市场规模大，房价较高。

子类 4 是房地产市场发展水平要高于当地经济基本面和供需要素水平的城市，以鄂尔多斯、绍兴、台州等为代表。其中，鄂尔多斯是典型的投资过热的城市，且最终在 2012 年经历了房价的暴跌。其他城市则大多是房地产需求相对较为旺盛。

在子类 5 的城市中，三亚是国际旅游都市，城市开放度高，房地产市场发展快于当地经济，房价甚至高过上海。温州是影子银行最为发达的城市之一，当地投资投机资金充裕，房地产市场发展迅猛，房价也高过上海。绥化和营口也是房地产市场与经济不协调的典型城市，其房地产市场规模相对要素基本面偏大，房价水平在低要素城市中处于高位。

子类6的防城港和玉林的房地产市场发展与当地经济发展出现不协调，它们的基础要素水平与大多数适度扶持区域内的城市接近，但房地产开发投资额和商品房销售额要远高于适度扶持区域内的城市，房价水平在低要素城市中处于较高位。

稳定发展区域包括子类7～9的116个城市，它们都是房地产市场规模适中、供需基本平衡、房价处于中位的城市。值得关注的是，子类 7 中的鞍山、呼和浩特、芜湖的房地产市场都存在一定程度的供过于求的现象。而包头、湖州、台州、扬州、中山、海口的房地产需求相对较为旺盛，房价在同要素水平城市中相对较高。子类 8 中的保定和子类 9 中的大同的房地产开发投资额都要远高于其房地产需求。

适度扶持区域包括子类10～13的115个城市，它们都是房地产市场欠发达的城市。其中，大部分城市房地产需求相对要低于当地的房地产供给，部分城市情况较为突出，如子类 10 中的周口、通化和许昌，以及子类 11 中的永州、百色和梧州。子类 12 中的城市房地产市场供需存量都较低，且基本平衡。子类 13 中的城市供需要素水平最低，房地产市场发展较为落后，房价较低。

3.4　本章小结

本章借鉴基尼系数的思想，提出一种分析房地产市场区域性特征的全新视角，并从供需资源分布优化的角度探索我国城市房地产市场的合理划分方式。首先，通过构建城市房地产市场分布情况的测度指标——IDI和SDI，论证我国房地产市场进行划分的必要性。进而，围绕房地产市场供需分布优化的思想，设计两次聚类的分析流程，综合运用多种算法对我国地级及以上城市房地产市场进行聚类分析，最终将 283 个地级及以上城市归为重点调控、稳定发展和适度扶持三大类和 13 个子类市场。

第 4 章　我国城市房地产市场的动态划分：基于时序聚类的研究

城市房地产市场在不断发展中，本书第 3 章是对城市房地产市场的静态聚类分析，未能涵盖房地产市场的短期动态变化。在本章中，将考虑房地产市场在时间维度上的聚类，以全国 70 个大中城市为样本，采用动态时间归整（dynamic time warping，DTW）算法分别计算不同城市的房屋销售价格指数在一段时间内波动趋势的差异，通过比较这些差异对 70 个大中城市进行聚类，以实现对房地产市场的动态划分及监控。

4.1　研究设计与方法

由于对于地级市层面的区域划分，主要是考虑长期性的指标，采集数据通常是年度数据，分类所得结果反映的更多的是各区域房地产市场的长期性和基础性特征，便于分析得出各区域的长期性调控目标和相应的调控策略。但如此对区域市场的短期波动特征关注较少，这在较大程度上也是因为地级市层面的季度数据和月度数据很难获得，相应的短期性分析难以开展。因此，本书在地级市层面区域划分的基础上，收集国家统计局关于 70 个大中城市的房屋销售价格指数，基于该指标运用 DTW 方法对 70 个大中城市进行进一步的划分，以深入分析各类城市的房地产价格的短期波动特点，从而为区域短期性调控目标的制定和相应的调控策略的提出提供参考。

DTW 算法最初主要应用于语音识别领域。在语音识别中，由于说话人不同，或者说话人在不同时间由于发声方法不同，其发声速度及其他语音特征参数发生变化会引起模式匹配时，出现待测模式与参考模式的时间长度不一样、两个模式难以有效匹配的问题。DTW 算法可以实现非线性匹配，通过弯曲时间轴对时间长度不一样的模式 A 与模式 B 的元素之间进行匹配，并使得匹配后的两个模式之间的累积距离最小，从而保证模式 A、模式 B 之间的最大声学相似性。除了声音识别领域，对于许多学科来说，在比较时间序列时都面临着被比较的两段时间序列长度不相等的问题。由于该算法可以用于时间序列问题的处理，目前，已经被广泛应用于医疗信号、生物数据分析和模式识别等多个领域。

从 DTW 算法的实现原理来看，假设有两个时间序列 Q 和 C（其中一个序列是参考模板，另一个序列是测试模板，序列中的每个点的值为语音序列中每一帧的特征值），它们的长度分别是 n 和 m：

$$Q=q_1, q_2, \cdots, q_i, \cdots, q_n$$
$$C=c_1, c_2, \cdots, c_j, \cdots, c_m$$

当 $m \neq n$ 的时候，为了将两个时间序列对齐，首先构造一个 $n \times m$ 的矩阵网格，矩阵中元素 (i, j) 代表 q_i 和 c_j 两个点的距离 $d(q_i, c_j)$（即 Q 中每一点和 C 中每一点的相似度，距离越小则相似度越高），通常采用欧式距离，$d(q_i, c_j)=(q_i-c_j)^2$。基于动态规划的思想，我们需要寻找一条通过此网格中若干格点的路径，路径通过的格点即为两个序列进行计算的对齐的点。这条路径为规整路径，用 W 来表示，W 中第 k 个元素定义为 $w_k=(i, j)_k$，定义了序列 Q 和 C 的映射。于是我们有

$$W=w_1, w_2, \cdots, w_k, \cdots, w_K, \quad \max(m, n) \leqslant K < m+n-1$$

寻找规整路径的原理如图 4-1 所示。在选择路径的时候需要满足以下约束条件。

（1）边界条件：$w_1=(1, 1)$ 和 $w_K=(m, n)$，即所选的路径必定是从左下角出发，在右上角结束。

（2）连续性：如果 $w_{k-1}=(a', b')$，那么路径中下一个点 $w_k=(a, b)$ 需要满足 $(a-a') \leqslant 1$ 和 $(b-b') \leqslant 1$。

（3）单调性：如果 $w_{k-1}=(a', b')$，那么路径中下一个点 $w_k=(a, b)$ 需要满足 $0 \leqslant (a-a')$ 和 $0 \leqslant (b-b')$。

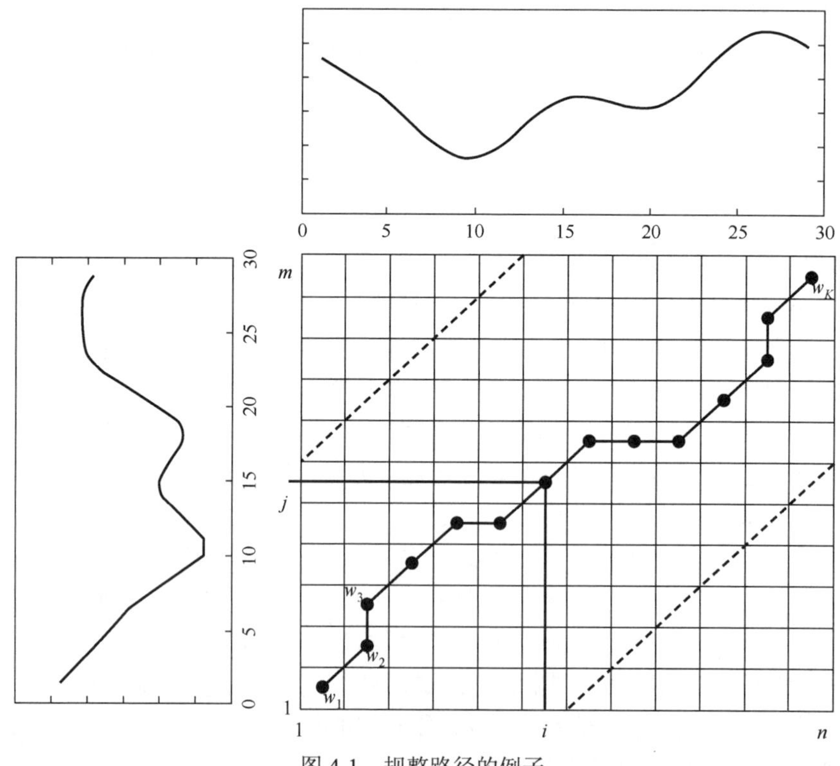

图 4-1　规整路径的例子

满足上述约束条件的路径可以有许多个，我们需要通过以下公式寻找一条最短的路径（其中分母的 K 可以用来补偿长度不同的规整路径）：

$$\mathrm{DTW}(Q,C)=\min\sum_{k=1}^{K} w_k / K$$

为了寻找出这条最短路径我们定义一个累加距离。从（0，0）点开始匹配这两个序列 Q 和 C，每到一个点，之前所有的点计算的距离都会累加。到达终点(n, m)后，这个累积距离就是我们上面说的最后的总的距离，也就是序列 Q 和 C 的相似度。累积距离 $\gamma(i, j)$ 可以表示为当前格点距离 $d(i, j)$，也就是点 q_i 和 c_j 的欧式距离与可以到达该点的最小的邻近元素的累积距离之和：

$$\gamma(i,j)=d(q,c)+\min\{\gamma(i-1,j-1),\gamma(i-1,j),\gamma(i,j-1)\}$$

传统的 DTW 方法在进行动态规整的时候只考虑数据点的 Y 轴值，这种做法存在一定缺陷，因此我们将使用 derivative dynamic time warping（DDTW），加入对不同时间序列形状的比较。具体做法是距离的度量不再使用欧氏距离，而是两个对应数据点的斜率的差的平方。

$$D_x[q]=\frac{(q_i-q_{i-1})+[(q_{i+1}-q_{i-1})/2]}{2}, \quad 1<i<m$$

在本章中，我们研究的是全国 70 个大中城市房屋销售价格指数在一段时间内的变化。使用 DTW 方法我们可以计算不同城市房屋销售价格变化之间的 DTW 距离远近，并据此对不同城市进行匹配，最后运用聚类的思想，将 70 个大中城市分成几类。

4.2　基于新房销售价格指数的时间聚类

4.2.1　2006 年 4 月～2015 年 8 月聚类情况

选取 2006 年 3 月作为基期，对 2006 年 4 月～2015 年 8 月的新房销售价格指数进行时间聚类，得到的分类结果如下。

第一类的 5 个城市均属于经济发展较好的大城市，这类城市的特点是房地产市场规模庞大，供需失衡的情况比较严重，因此房价处于高位（图 4-2）。自 2006 年 4 月以来，北京、上海、福州、厦门和广州的新房销售价格指数均高于基期的水平，从基期的 100 分别增加到 2015 年 8 月的 186.52、149.49、152.48、162.89 和 158.86，房价水平不断上涨。由图 4-2 可得，随着时间的发展，福州、厦门和广州的新房销售价格指数在变化趋势和数值上都逐渐趋同，而北京、上海的变动趋势与福州、厦门、广州的差异则逐渐拉大。具体来看，在房地产市场快速发展的影响下，从 2006 年 4 月到 2008 年之前该类城市的新房销售价格指数都在持续上涨；2008 年开始，受美国次贷危机引发的全球性经济危机的波及，我国房地产市场的发展受到较为严重的影响，这 5 个城市的新房销售价格指数有了明显下滑，在 2009 年 3 月的时候下滑最为明显；在此之后，为了提振房地产市场信心，保护房地产市场健康发展，我国实施了包括“四万亿元刺激政策”在内的一系列宏观调控政策，在此影响下居民的房地产市场需求得到释放，新房销售价格指数大幅增长，增长速度较前期有所加快；2010 年 4 月～2012 年 11 月，这 5 个城市的新房销售价格指数比较稳定，但受到我国城镇化进程不断加快、房地产市场刚需持续释放、土地价格不断上涨及人们预期房价上涨等因素的影响，2012 年 12 月开始北京、上海、福州、厦门和广州的新房销售价格指数大幅上涨；2014 年第 2 季度开始，在国家宏观经济发展速度放缓的背景下，购房者的购房需求在一定程度上得到了抑制，部分房企受到商品房库存压力过大和成交量低迷的影响开始降价促销。同时，房企 2014 年年末面临资金周转的压力，随着楼市进入传统的“金九银十”，更多的房企加入了降价的行列，因此在这一阶段第一类城市新房销售价格指数有所下降。

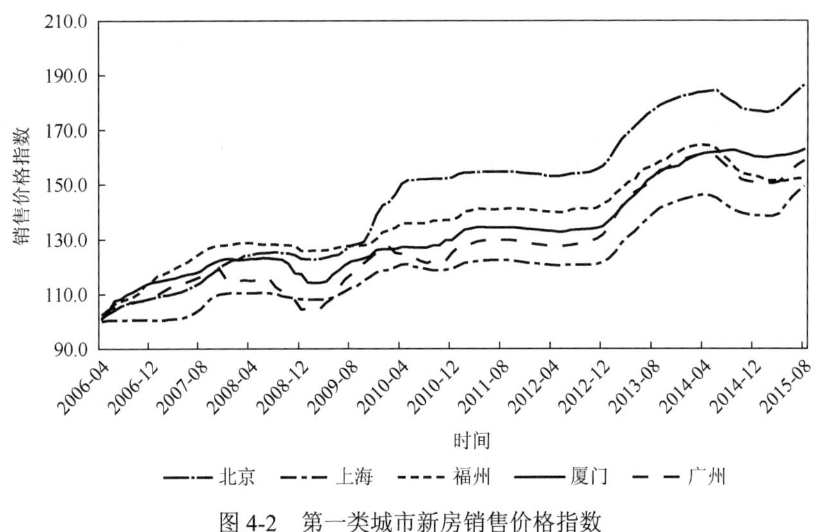

图 4-2　第一类城市新房销售价格指数

第二类城市以杭州、宁波和金华为代表，这 3 个城市同属浙江，是经济发展比较好的大中城市，房地产市场规模大，房价较高。其中，杭州是南部城市中的佼佼者及长三角地区的核心城市，房地产市场规模大，房价甚至高于第一类城市中的广州。从图 4-3 可以看出，自 2006 年 4 月以来，杭州、宁波和金华的新房销售价格指数均高于基期的水平，从基期的 100 分别增加到 2015 年 8 月的 134.35、143.41 和 133.06。由图 4-3 可以看出，随着时间的发展，这 3 个城市新房销售价格指数的变化趋势和绝对值都逐渐趋同，尤其是在 2012 年以后，宁波和金华的新房销售价格指数变化情况十分相似。具体来看，2006 年 4 月～2008 年 6 月该类城市的新房销售价格指数不断上涨；受次贷危机的影响，从 2008 年第 2 季度开始，杭州、宁波和金华的新房销售价格指数增速逐渐放缓，甚至出现轻微的下滑，但与第一类城市不同的是，这 3 个城市的新房销售价格指数并未出现明显下降；2009 年 4 月之后，受宏观调控政策的提振，该类城市的房价继续上涨；自 2011 年我国实施"新国八条"、限购等抑制房地产投机的宏观调控政策开始，浙江地区多家房企传出资金链危机，由于楼市无法得到有效的资金补充，加上房地产市场原本库存量较大，2012 年第 1 季度开始，杭州、宁波和金华的房价开始下跌，跌幅较大；此后虽然房价有一定程度的上涨，但与第一类城市相比，杭州、宁波和金华的房价并未出现大幅上扬。

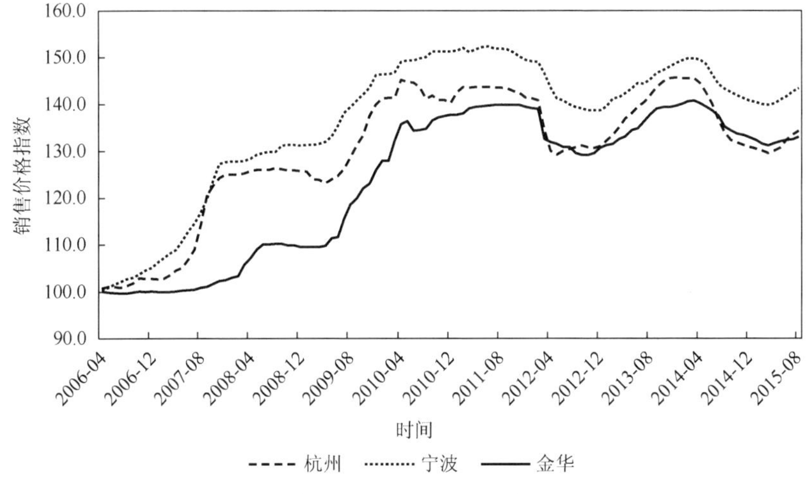

图 4-3　第二类城市新房销售价格指数

第三类城市包括以南京、合肥、青岛、武汉和成都为代表的 45 个大中城市。这 45 个城市从地理位置、经济发展水平、房地产市场规模和房地产供需情况来看都有较大的差异。

由图 4-4 可以看出，从新房销售价格指数来看，2011 年 4 月之前这类城市的价格指数变化趋势相似性较小，但在 2011 年 4 月之后，45 个城市价格指数的变化趋势十分相似。但从绝对值上来看，这 45 个城市的新房销售价格指数差距比较大。在这类城市中，乌鲁木齐的新房销售价格指数一直很高，随着时间的发展绝对值的差异逐渐扩大；相比之下，唐山的新房销售价格指数则比较低，2015 年 8 月这两个城市的新房销售价格指数分别是 183.35 和 115.92。总的来看，第三类城市的新房销售价格指数变化趋势和第一类城市比较类似，主要的区别在于 2015 年以来第一类城市的房价出现上涨趋势，价格指数有所增加，并超越前期价格指数的水平；而第三类城市的价格指数在 2015 年以来虽然有小幅上升，但从绝对值上来看仍然低于 2014 年 4 月的水平。

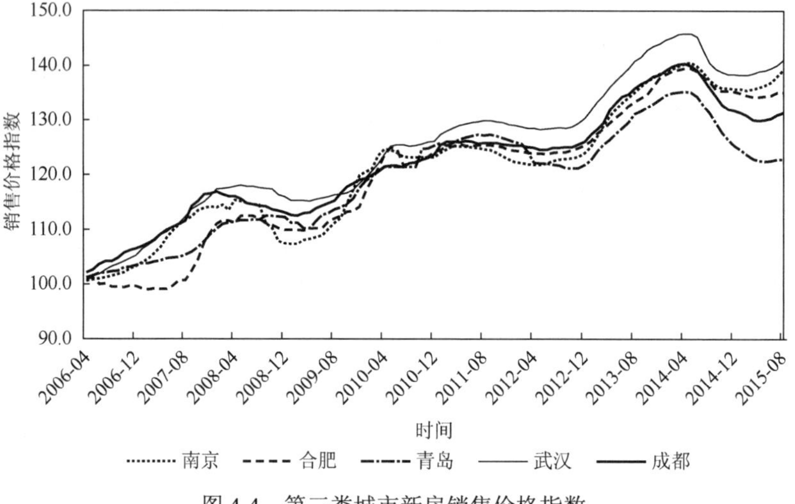

图 4-4　第三类城市新房销售价格指数

第四类城市包括石家庄、长春、长沙、昆明、兰州、丹东、吉林、蚌埠、济宁、岳阳和湛江。这类城市大多是房地产市场规模适中、供需基本平衡、房价处于中位的城市。由图 4-5 可以看出，从新房销售价格指数的波动趋势来看，在 2011 年 2 月之前，11 个城市的格指数波动较大，城市之间相似性较小；在 2011 年 2 月之后，价格指数的波动趋势渐趋平缓，变得十分相似。从绝对值上来看，不同城市之间价格指数的差距逐渐扩大，以价格指数较高的

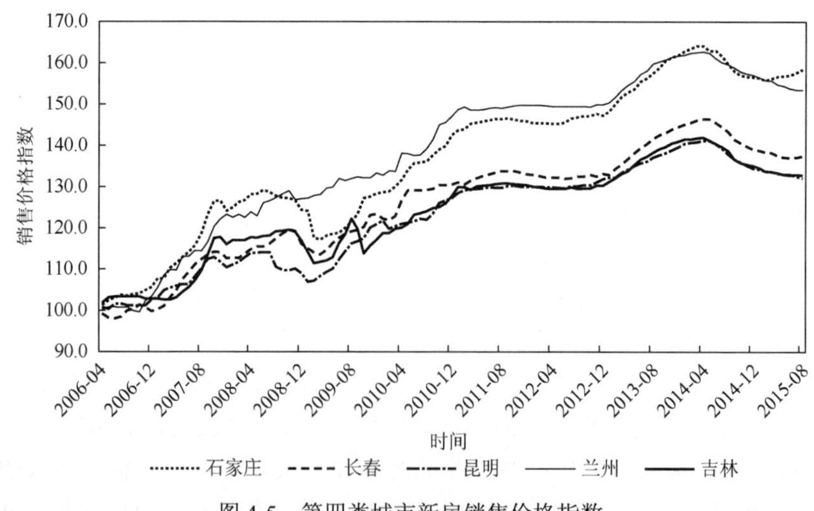

图 4-5　第四类城市新房销售价格指数

岳阳和价格指数比较低的丹东为例，两个城市的新房销售价格指数分别由 2006 年 4 月的 100.40、99.50 变为 2015 年 8 月的 173.13 和 124.32。从总体上来看，第四类城市的新房销售价格指数的变化趋势与第三类城市十分相似，主要的区别在于 2015 年以来第三类城市的价格指数有所增加，而第四类城市的价格指数则保持下降趋势。

第五类城市以惠州和北海为代表。这两个城市的特点是房地产市场规模适中、供需基本平衡、房价处于中位。从图 4-6 可以看出，自 2006 年 4 月以来，惠州和北海的新房销售价格指数分别从 2006 年 4 月的 100.20、95.40 增加到 2015 年 8 月的 154.69 和 175.81，两个城市的价格指数的差距有所增加。这两个城市的价格指数变化的主要特点是 2007 年 10 月以前上涨速度快，2007 年 10 月之后价格指数保持上涨趋势，但总体速度放缓。总的来看，惠州和北海的价格指数变化趋势与第三类城市类似，最明显的区别在于 2006 年 4 月～2007 年 10 月两个城市的价格指数上涨速度十分迅猛，由 100 附近增长至 150 左右的高位；相比之下，第三类主要的城市同期仅由 100 上涨至 110～120。

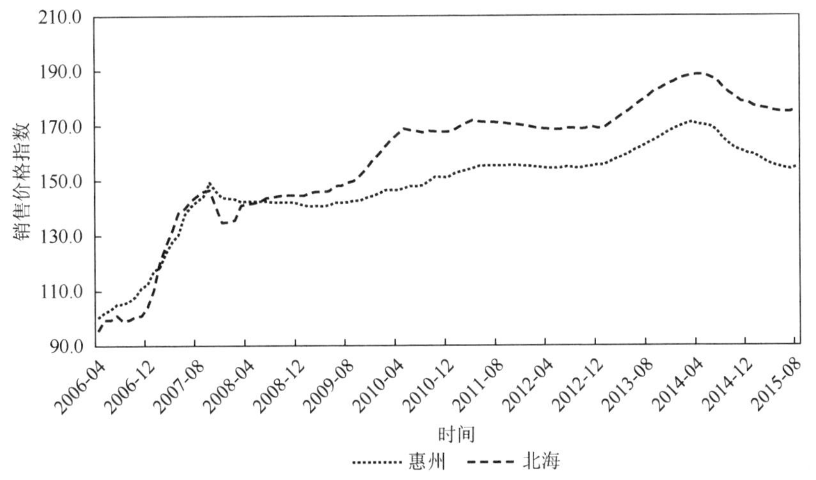

图 4-6　第五类城市新房销售价格指数

第六类城市包括海口和三亚。这两个城市都位于海南，是国际旅游都市，城市开放度高，在旅游业的带动下，房地产市场发展快于当地经济，房价水平较高。从图 4-7 中可以很明显地看出，海口和三亚的房地产市场发展分为两个阶段，2010 年以前，房价上涨比较平缓，分别从 2006 年 4 月的 100.9、100 上涨到 2009 年 12 月的 143.36、131.58；2010 年以后，两个城市的房价指数突然直线上涨，2010 年 2 月分别增长至 199.77、193，此后房价一直处于高位，变化幅度较小。

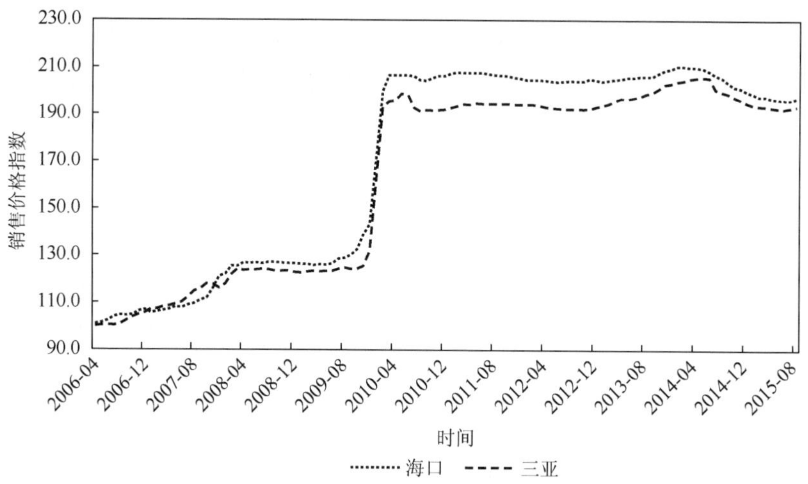

图 4-7 第六类城市新房销售价格指数

未分类城市有深圳和温州，深圳属于经济发展比较好的大城市，房地产市场规模仅次于北京和上海，房价一直处于高位。由图 4-8 可知，自 2006 年 4 月以来，深圳的房价水平呈上涨趋势，仅在某些时间点有所回落，新房销售价格指数由 2006 年 4 月的 100.2 上涨到 2015 年 8 月的 186.19。从总体趋势上来看，深圳的新房销售价格变化趋势与第一类城市中的广州十分相似，主要区别在于 2015 年以来，深圳的价格指数上涨速度很快，其上涨速度远远高于第一类城市中北京、上海、福州、厦门和广州 2015 年以后新房销售价格指数的上涨速度。温州是影子银行最为发达的城市之一，当地投资投机资金充裕，房地产市场发展迅猛。但是自 2011 年 8 月温州新房销售价格指数达到

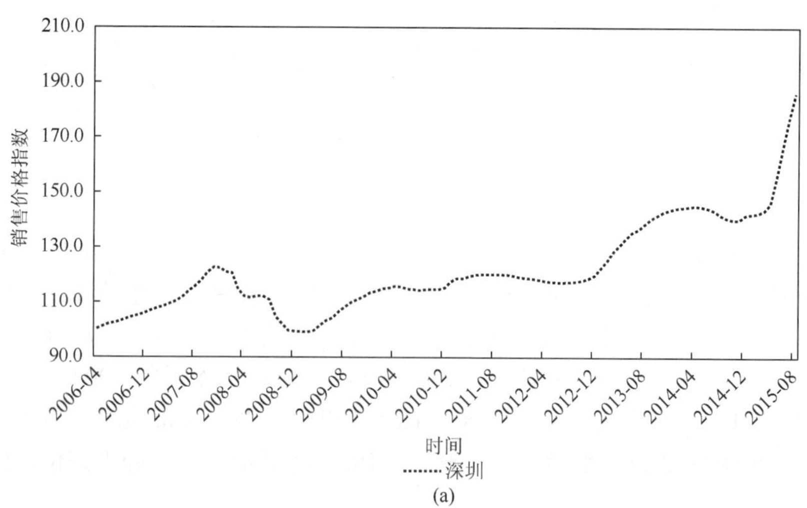

(a)

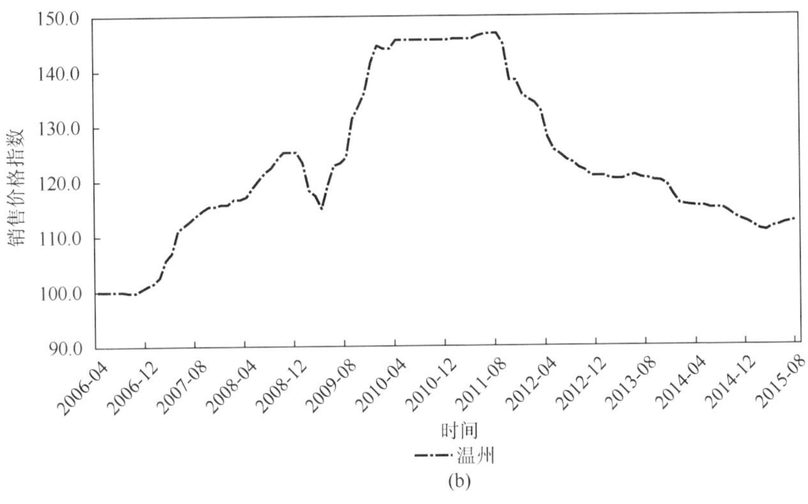

(b)

图 4-8　未知分类城市新房销售价格指数

最高点 146.78 以后，温州房价持续下跌，到 2015 年 8 月价格指数回落到 112.52，房价水平接近 2007 年第 4 季度的水平。

整体来看，70 个大中城市之间在 2006 年 4 月的时候新房销售价格指数差异并不明显，随着时间的发展，这种差异逐渐扩大，除第六类城市和个别未分类城市以外，其余大中城市在新房销售价格指数变化趋势上有一定的相似性，但在某些时间段受经济基本面和宏观调控政策的政策影响，会有所不同；从绝对值上来看，70 个大中城市的价格指数还存在着很大的区别。

4.2.2　2011 年 1 月前后的聚类情况

由 2006 年 4 月～2015 年 8 月的分类情况可以看出，基于新建住宅销售价格指数对全国 70 个大中城市进行时间聚类时，多数城市的房价水平波动趋势在 2011 年前后呈现出不同的波动特点。因此，我们将 2011 年 1 月作为时间节点，以 2006 年 3 月作为基期研究在该时间节点前后房地产市场的时间聚类会呈现出怎样不同的特征。

1. 2006 年 4 月 ~ 2011 年 1 月的聚类情况

第一类城市包括北京、杭州、广州、温州、金华和湛江。其中，北京、杭州和广州的房地产市场规模庞大，供需失衡的情况比较严重，因此房价处于高位；温州由于影子银行发达，当地存在一定程度的投机投资，从而推动了房价不断发展；金华和湛江的经济发展水平、房地产市场需求不及其他同类城市，但在 2011 年 1 月之前这两个城市的房价水平也与北京、杭州、广州和温州一起上涨，表现出了房地产市场发展与当地经济发展的不协调。由图 4-9 可知，2006 年 4 月～2011 年 1 月，北京、杭州、广州、温州、金华和湛江的新房销售价格指数持续上涨，分别从 101.30、100.80、102.40、100.00、100.10、102.50 增加至 153.89、142.55、127.19、145.76、137.78、150.55，其中，北京、杭州、温州和湛江 4 个城市的房价指数变化趋势和绝对值都更为相似。具体来看，2008 年之前，6 个城市的房价指数都不断攀升，除广州外，其余城市房价上升速度较快；2008 年开始，受到全球金融危机的影响，房价上升的速度开始放缓，甚至在 2008 年下半年房价指数开始下降，并在 2009 年 3 月前后跌至最低；2009 年 4 月开始，受房地产宏观调控政策的影响，房地产市场投资和需求都有了明显的增加，新房销售价格指数也转为上涨；2010 年 3 月，房价指数上涨幅度逐渐减小。

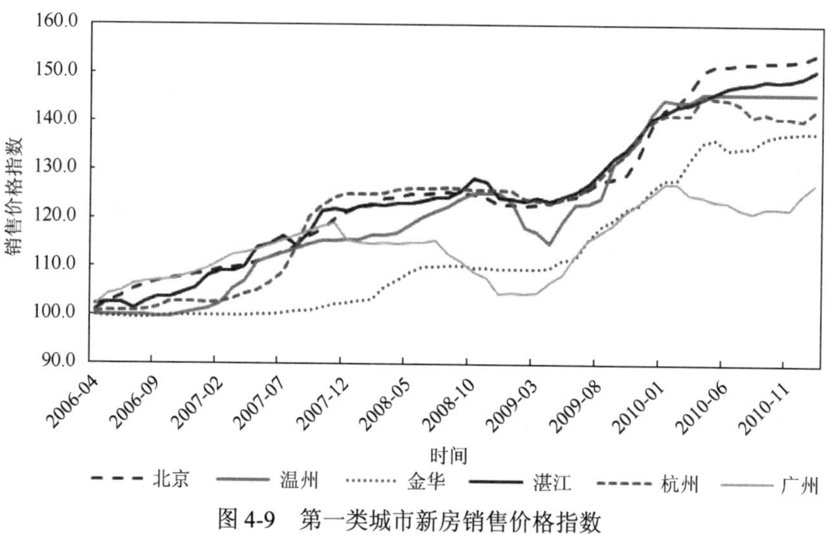

图 4-9　第一类城市新房销售价格指数

第二类城市包括以哈尔滨、南京和青岛为代表的 28 个大中城市。从图 4-10 可以看出，这 28 个城市的城市经济发展基本面和房地产市场发展水平存在较大差异，因而随着时间的发展，不同城市的新房销售价格水平差距逐渐拉大，以房价指数水平较高的西宁和较低的呼和浩特为例，2006 年 4 月～2011 年 1 月两个城市的指数分别由 101.20、101.20 增加至 148.38、113.11；但从房价波动趋势来看，28 个城市呈现的差异较小。总体来看，这类城市在 2006 年 4 月～2011 年 1 月房价指数呈上升趋势，仅在 2008 年 8 月～2009 年 8 月出现房价指数增长放缓或轻微下降的趋势，还有少数城市出现房价指数的大幅下降。

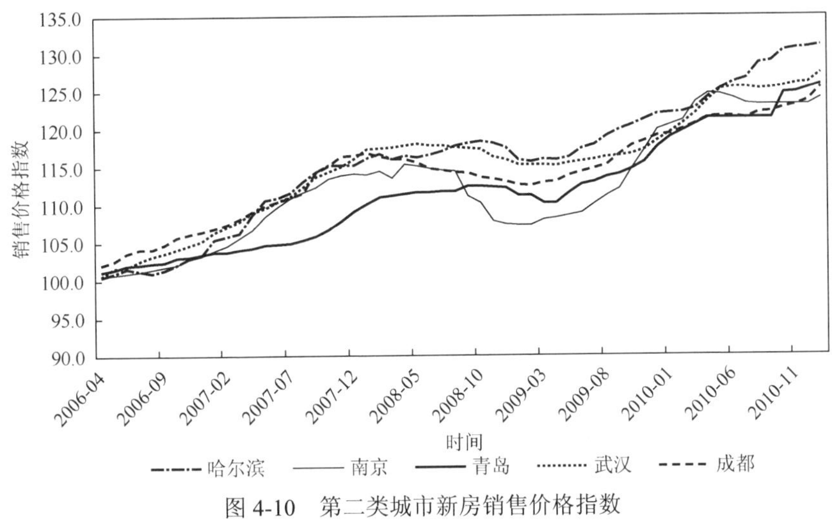

图 4-10　第二类城市新房销售价格指数

第三类城市包括大连、福州、厦门、南昌、烟台和济宁。根据第 3 章的分类情况看，这 6 个城市均属于重点调控区域，2006 年 4 月～2011 年 1 月，大连、福州、厦门、南昌、烟台和济宁的新房销售价格指数分别从 101.80、101.30、101.00、100.60、101.30、103.20 增加至 138.49、138.06、131.71、142.65、148.80、149.05。由图 4-11 可以看出，该类城市的新房销售价格指数变化趋势与第二类城市比较接近，主要差别在于 2008 年以前这些城市房价指数上涨更快。

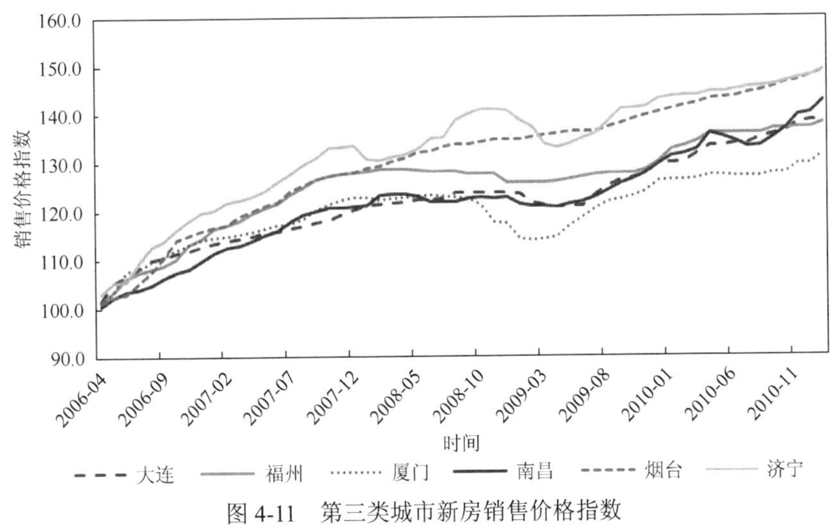

图 4-11　第三类城市新房销售价格指数

第四类城市有石家庄、长沙、深圳、乌鲁木齐、吉林和岳阳。由图 4-12 可知，石家庄、长沙、深圳和乌鲁木齐都是省会城市或经济发展水平良好的城市，房地产市场供给和需求都比较旺盛，房价水平高。相比之下，吉林和岳阳的城市经济发展水平略显不足，然而房价销售指数却保持着强劲的上涨势头，表明可能会出现房地产市场供给和需求的不平衡。其中，深圳虽然经济发展水平较好，但在 2011 年之前房价水平并没有其他同类城市上涨速度快，新房销售价格指数整体水平徘徊在 100～120。

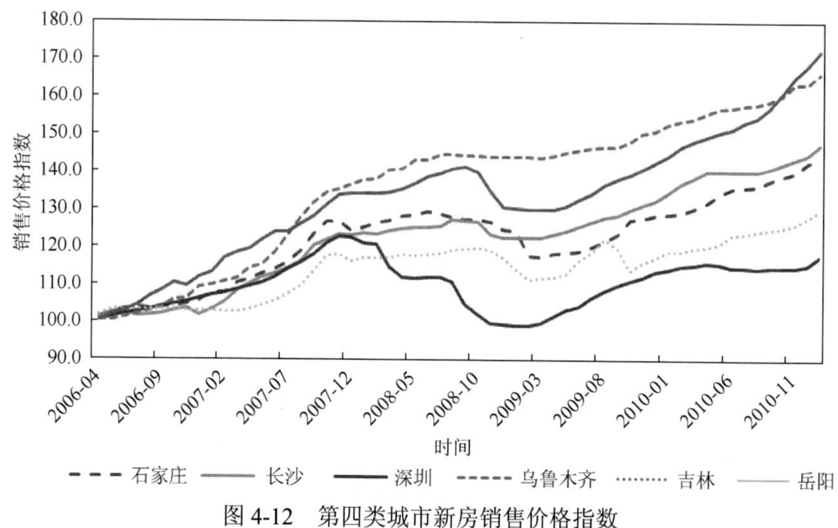

图 4-12　第四类城市新房销售价格指数

第五类城市包括以长春、上海和合肥为代表的 13 个大中城市。如图 4-13 所示，这类城市的房价指数变化情况与第二类至第四类的变化情况比较相似，主要的区别在于 2007 年 4 月以前该类城市的房价指数变化幅度比较小，2007 年 4 月以后房价指数增长明显加速。

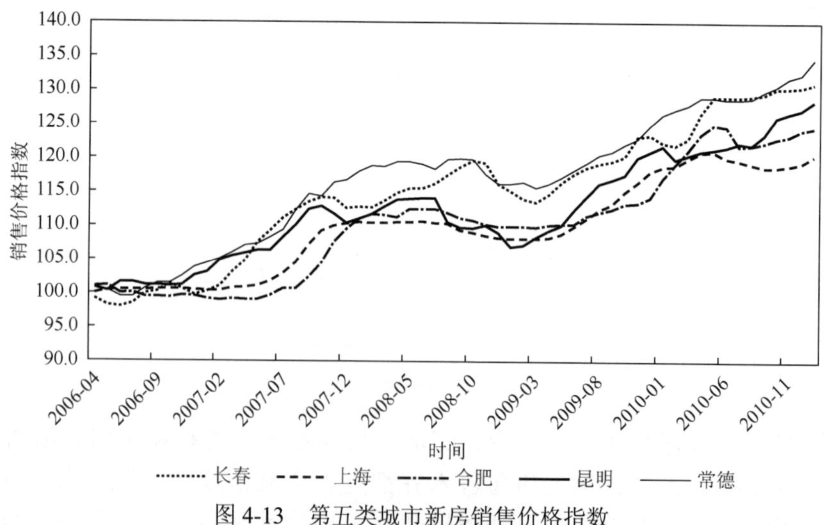

图 4-13　第五类城市新房销售价格指数

第六类城市包括海口和三亚，这两个城市同属旅游城市，旅游业的发展直接推动了城市房地产市场的发展。由图 4-14 可以看出，2010 年以前，海口和三亚的新房销售价格指数上涨比较平缓，分别由 2006 年 4 月的 100.90、100.00 增加至 2009 年 12 月的 143.36、131.85；但在 2010 年之后，两个城市的新房销售价格指数急速上升，2010 年 3 月两个城市的价格指数分别达到 206.56 和 195.32；此后，两个城市的新房价格指数一直保持高位并伴有缓慢的上涨。

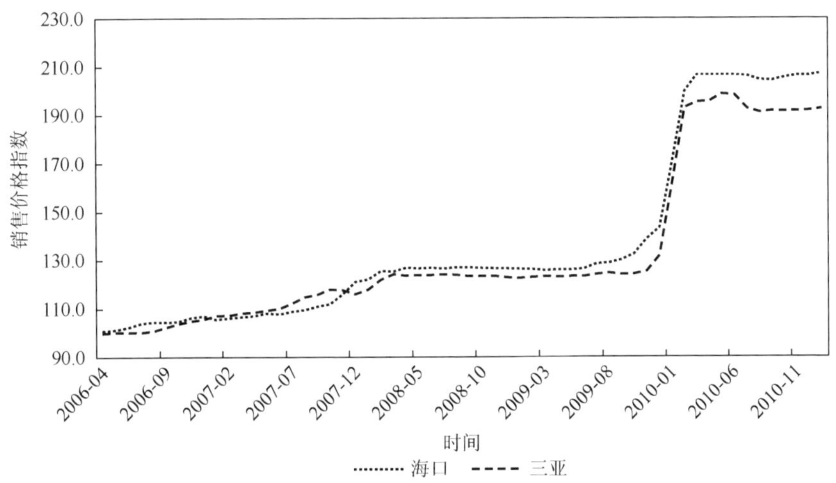

图 4-14　第六类城市新房销售价格指数

第七类城市有惠州和北海。两个城市的房地产市场发展的特点是规模适中、供需基本平衡、房价处于中位。与其他几类城市不同的是，如图 4-15 所示，

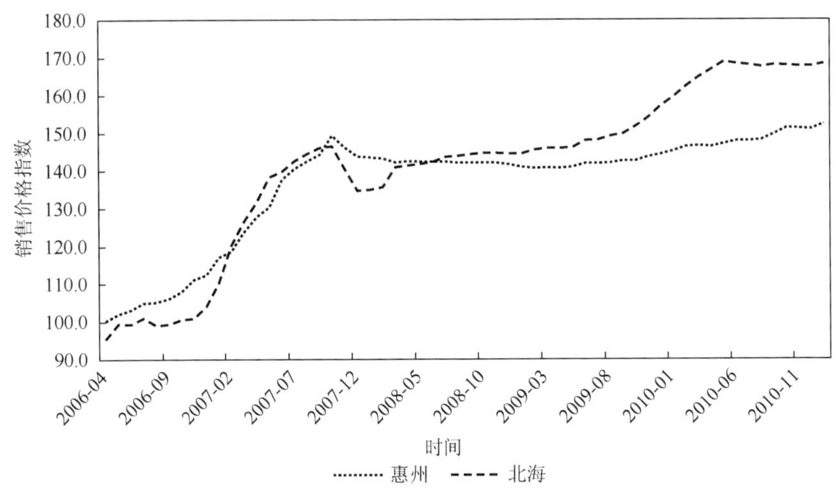

图 4-15　第七类城市新房销售价格指数

在 2006 年 4 月～2007 年 10 月，其余大中城市房价都保持着缓慢增长的速度，房价指数波动区间主要集中在 100～130；而惠州和北海在此期间房价指数迅速上涨，短短一年多的时间分别由 100.20、95.40 增加至 149.31、146.49。2007 年 10 月以后，这两个城市的房价指数继续上涨但趋势逐渐放缓，到 2015 年 8 月，两个城市的房价指数分别为 152.38 和 168.40。

2. 2011 年 2 月～2015 年 8 月的聚类情况

第一类城市主要包括北京、上海、南京、厦门、郑州和广州。从图 4-16 可以看出，6 个城市新房销售价格指数的变化趋势十分接近；但从绝对值上看，北京市的价格指数一致高于其他城市。2011 年 2 月～2015 年 8 月，北京、上海、南京、厦门、郑州、广州的价格指数分别从 154.51、121.46、124.64、133.55、131.38、127.95 增加至 186.52、149.49、139.28、162.89、150.22、158.86。

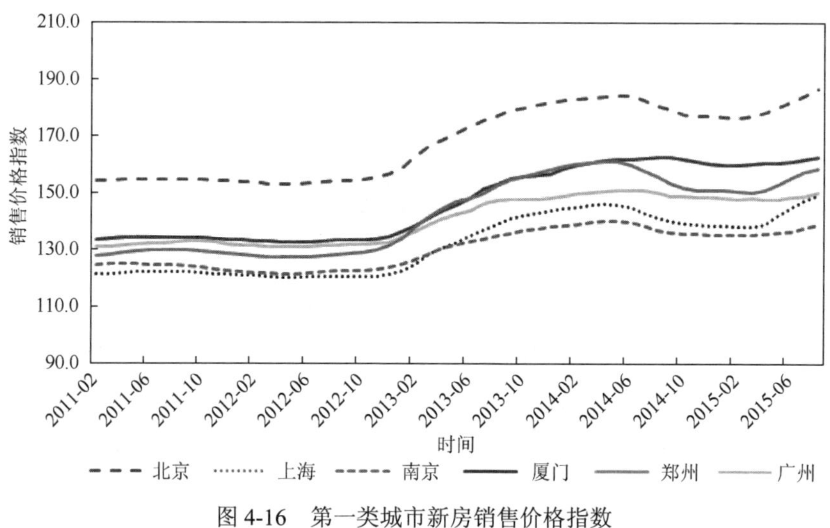

图 4-16　第一类城市新房销售价格指数

第二类城市包括杭州、宁波、温州和金华，这四个城市同属于浙江，经济发展条件上具有一定的相似性，2011 年 2 月以来新房销售价格指数波动趋势比较一致；但由于每个城市的发展情况不同，其价格指数的绝对值有一定的差异，从图 4-17 中可以看出，2012 年 4 月～2015 年 8 月，温州与同类其他城市的价格指数相比并没有明显的涨落波动，而是迅速下降，由 127.85 下降至 112.52；对于杭州、宁波和金华来说，2011 年 2 月～2015 年 8 月新房销售价格指数整体变化平稳，分别从 143.69、152.01、138.06 下降为 134.35、143.41、133.06，仅在 2012 年全年和 2014 年 3 月～2015 年 3 月有一定回落。

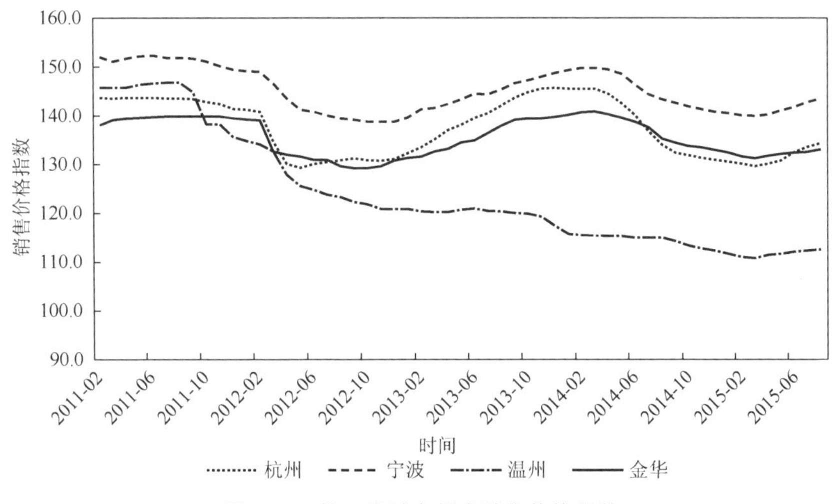

图 4-17　第二类城市新房销售价格指数

第三类城市包括以青岛、合肥和海口为代表的 45 个大中城市。如图 4-18 所示，总体来看，这类城市的新房价格指数变化经历了 2013 年以前的平稳发展、2013 年 1 月～2014 年 3 月的上涨阶段、2014 年 4 月之后的房价指数回落，以及 2015 年下半年开始缓慢回升的阶段。值得注意的是，此类城市中的三亚、海口、北海和惠州在前期的分类中都是作为特殊的城市出现，而在 2011 年 2 月～2015 年 8 月，这 4 个城市虽然在新房销售价格指数的绝对值上高于其他同类城市，但从波动趋势上来看这 4 个城市与其他城市并无明显区别。

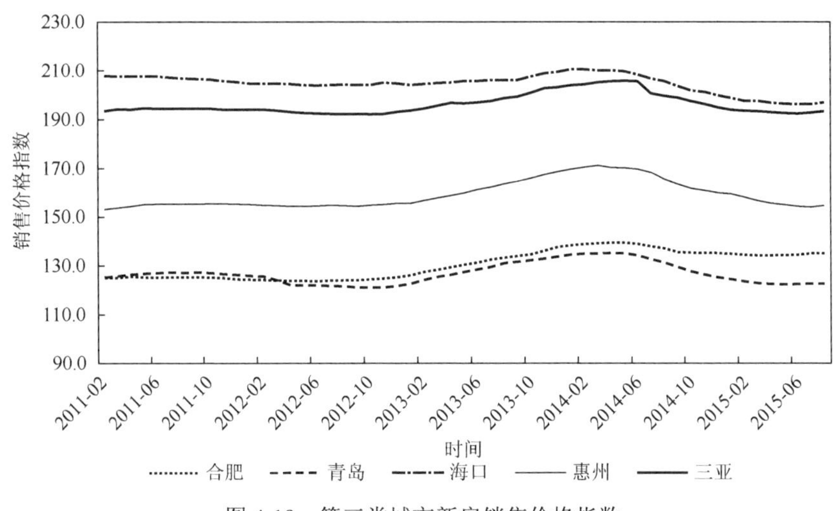

图 4-18　第三类城市新房销售价格指数

第四类城市有兰州、秦皇岛和包头为代表的13个大中城市。由图4-19可知，这类城市从价格指数波动趋势上看十分接近，波动幅度比较小；但从绝对值上看有较大的差距，以房价指数水平较高的岳阳和水平较低的韶关为例，2011年2月～2015年8月两个城市的价格指数分别从170.98、122.95变为173.13、120.29。这13个城市与第三类城市的波动趋势具有一定的相似性，但主要的区别在于2015年开始此类城市大多没有明显的房价指数上涨趋势。

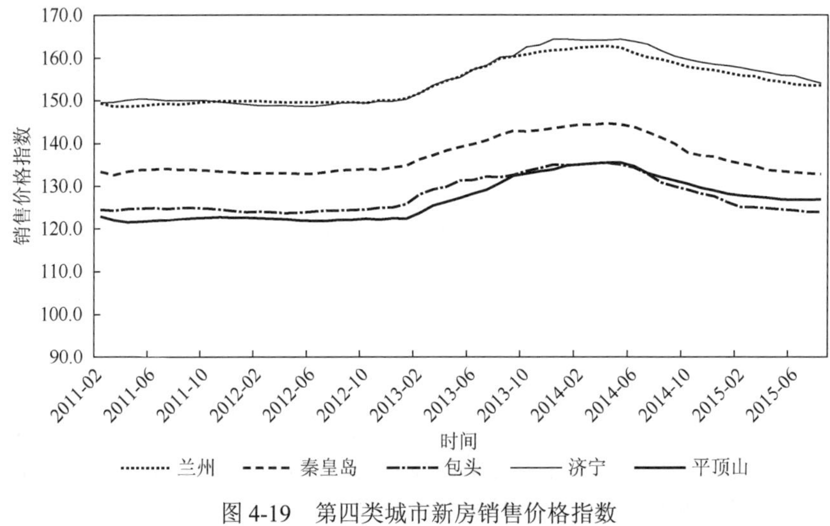

图4-19　第四类城市新房销售价格指数

未分类城市有深圳和唐山。从图4-20可以看出，2011年2月～2015年8月，两个城市的新建住宅销售价格指数分别从118.69、120.20变为186.19、115.92。

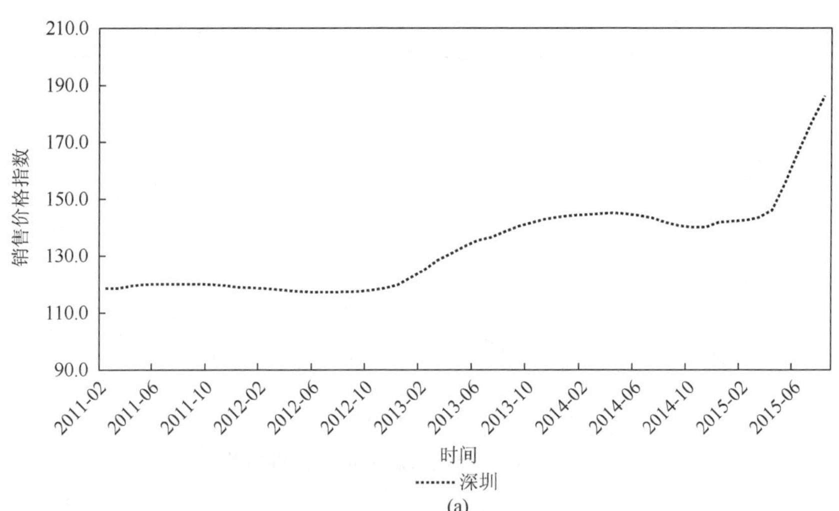

(a)

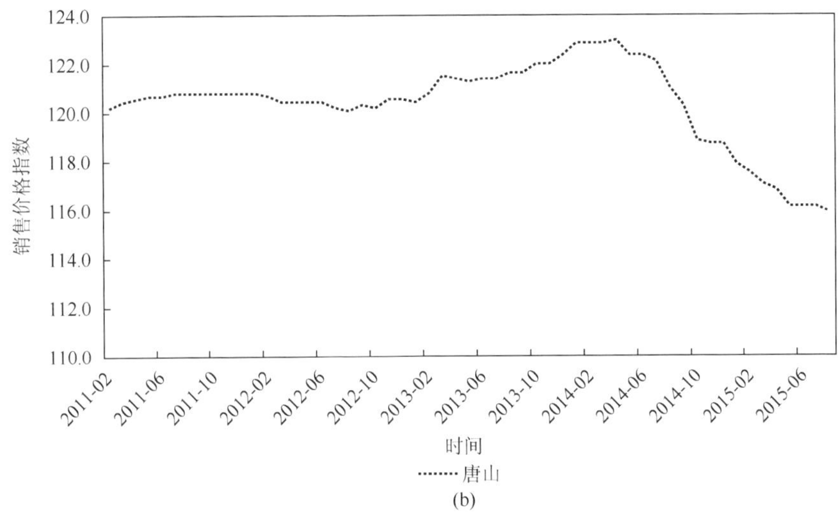

(b)

图 4-20　未分类城市新房销售价格指数

与其他大中城市相比，深圳的主要特点在于 2015 年开始其房价指数上涨势头十分迅猛，远远超过与其经济发展水平相近的城市；唐山的主要特点在于 2011 年 2 月～2014 年 2 月房价指数变化幅度很小，两年中房价水平变化不大。

比较 2011 年前后 70 个大中城市的时间聚类情况可以看出，2011 年以前所有城市新房销售价格指数波动比较剧烈，不同类别城市的差异也比较明显；而在 2011 年 2 月～2015 年 8 月，受宏观经济发展情况和差异化房地产市场调控政策的影响，全国 70 个大中城市的新房销售价格指数波动幅度减小，多数城市价格指数变化趋势都十分相似，仅在绝对数值上有所差异。

4.3　基于二手房销售价格指数的时间聚类

4.3.1　2007 年 3 月～2015 年 8 月的聚类情况

选取 2007 年 2 月作为基期，对 2007 年 3 月～2015 年 8 月的二手房销售价格指数进行时间聚类，得到的分类结果如下。

第一类城市包括北京、上海和广州，这 3 个城市均属于经济发展较好的大城市，二手房市场规模庞大，房价处于高位。通过图 4-21 可知，自 2007 年 3 月以来，北京、上海和广州的二手房销售价格指数均高于基期的水平，从基期的 100 分别增加到 2015 年 8 月的 142.30、147.55 和 128.97，二手房房价水平不断上涨。随着时间的发展，北京和广州的二手房销售价格指数变化趋势更加接近，上海的二手房销售价格指数从绝对值上来看明显高于其他两个城市。2007 年 3 月～2013 年 1 月，北京、上海和广州的二手房房价一致保持着缓慢上涨的趋势，仅在 2010

年 4 月北京和上海的二手房价格上涨较快；从 2013 年开始，北京、上海和广州的二手房价格上涨速度突然加快，从 2013 年 1 月的 109.48、124.30、109.53 增加到 2014 年 4 月的 129.56、141.58、125.02；2014 年下半年，这 3 个城市的二手房价格均有一定程度的回落，但从 2015 年开始，价格指数又继续上涨，并超越以往的价格水平。

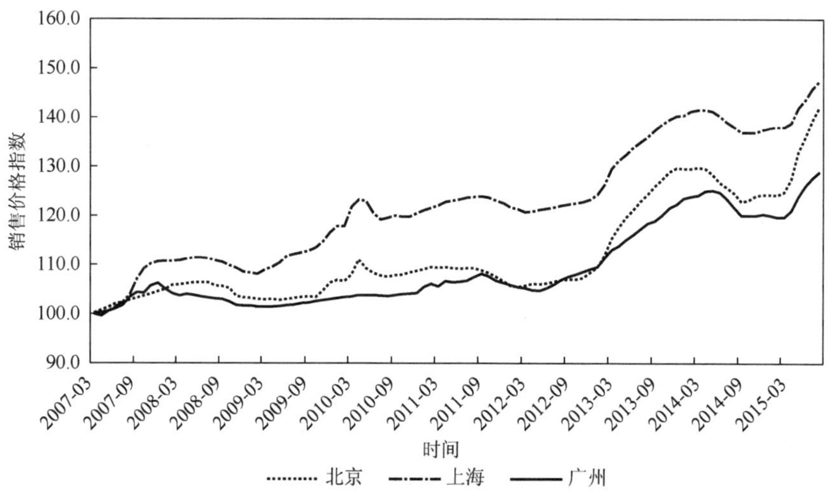

图 4-21　第一类城市二手房销售价格指数

第二类城市主要包括以天津、南京和合肥为代表的 25 个大中型城市。由图 4-22 可知，在 2012 年以前，这类城市的二手房销售价格指数变化的波动比较

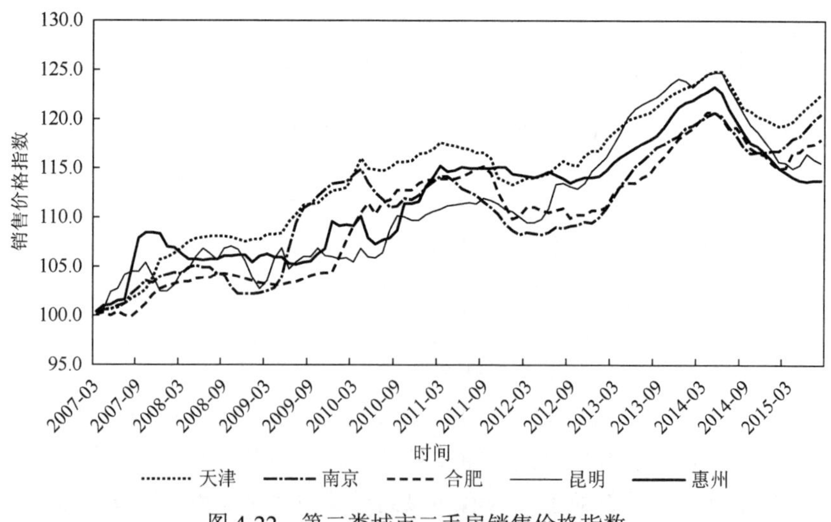

图 4-22　第二类城市二手房销售价格指数

剧烈，每个城市也表现出不完全相同的特征，但在 2012 年之后 25 个城市的价格指数的波动趋势比较相似；但从绝对值上看，随着时间的发展，不同城市间价格指数的差距逐渐扩大，以二手房指数处在较高水平的西宁和水平较低的泉州为例，西宁的二手房销售价格指数从 2007 年 3 月的 100 增长到 2015 年 8 月的 139.54，而泉州的二手房销售价格指数则从 2007 年 3 月的 101.30 下降到 2015 年 8 月的 96.92。总体上看，第二类城市的二手房销售价格指数整体呈上涨趋势，仅在 2008 年 7 月～2009 年 5 月、2011 年 3 月～2012 年 2 月和 2014 年下半年有所下降。2015 年以来，各城市的二手房销售价格指数虽有所上扬，但二手房价格水平仍然没有超越 2014 年 6 月的水平。

第三类城市主要包括以沈阳、西安和郑州为代表的 17 个大中城市。由图 4-23 可知，在 2011 年 5 月之前，这类城市的二手房销售价格指数变化的波动比较剧烈，每个城市也表现出不完全相同的特征，但在 2011 年 5 月之后 17 个城市的价格指数的波动趋势比较相似；但从绝对值上看，不同城市之间二手房销售价格指数存在比较大的差别，以二手房指数处在较高水平的遵义和水平较低的包头为例，遵义的二手房销售价格指数从 2007 年 3 月的 100.20 增长到 2015 年 8 月的 148.37，而泉州的二手房销售价格指数则从 2007 年 3 月的 101.30 下降到 2015 年 8 月的 96.92。总体上看，第三类城市的二手房销售价格指数变化趋势和特点与第二类城市十分接近，主要区别在于 2014 年下半年以来，这类城市的二手房销售价格指数并没有像第二类城市一样出现明显的上涨趋势。

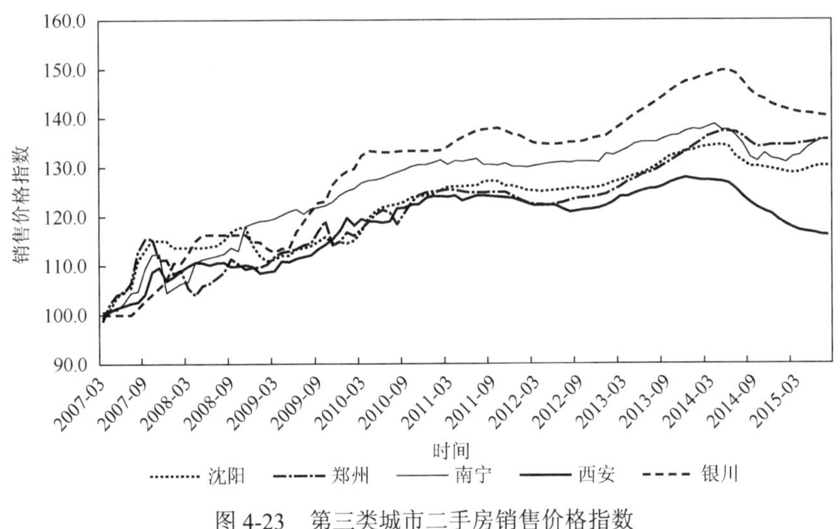

图 4-23　第三类城市二手房销售价格指数

第四类城市主要包括以大连、长沙和杭州为代表的 16 个大中城市。从图 4-24 可以看出，在 2011 年以前，这类城市的二手房销售价格指数变化的波动比较剧烈，但在 2011 年之后 16 个城市的价格指数的波动趋势比较相似；从绝对值上看，随着时间的发展，不同城市间价格指数的差距逐渐扩大，以二手房指数处在较高水平的乌鲁木齐和水平较低的宁波为例，乌鲁木齐的二手房销售价格指数从 2007 年 3 月的 101.40 增长到 2015 年 8 月的 151.87，而宁波的二手房销售价格指数则从 2007 年 3 月的 100.70 上升到 2015 年 8 月的 107.31。总体上看，第四类城市的二手房销售价格指数整体呈上涨趋势，仅在 2008 年 7 月～2009 年 5 月、2011 年 3 月～2012 年 2 月和 2014 年下半年有所下降。2015 年以来，各城市的二手房销售价格指数出现明显的上扬趋势。

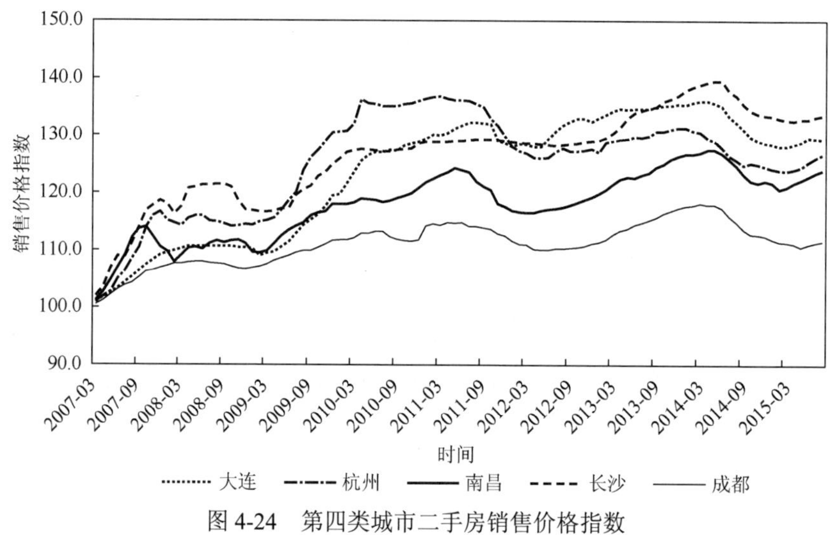

图 4-24　第四类城市二手房销售价格指数

第五类城市有海口和三亚，这两个城市都位于海南，旅游业比较发达，在旅游业的带动下，二手房市场发展快于当地经济，房价水平较高。从总体上看，2010 年以前，海口和三亚的二手房销售价格指数增长速度相对缓慢，2010 年开始，二手房销售价格指数突然飙升，房价指数分别从 2009 年 12 月的 111.29、129.79 飙升至 2010 年 2 月的 149.7 和 170.91，在此之后二手房价格逐渐下降，回归理性水平。从图 4-25 中可以看出，随着时间的发展，海口和三亚的二手房价格水平差距不断扩大，分别从 2007 年 3 月的 100.80、100.40 增加至 2015 年 8 月的 118.10、165.20。

第六类城市主要包括兰州和金华，它们都是房地产市场规模适中、供需基本平衡、房价处于中位的城市。由图 4-26 可以看出，这两个城市的二手房销售价格指数经历了先增长后下降的阶段，它们分别在 2010 年 4 月和 2011 年 2 月达到最高点 131.41 和 149.79，在此之后房价水平有所下降并伴随着小幅波动。

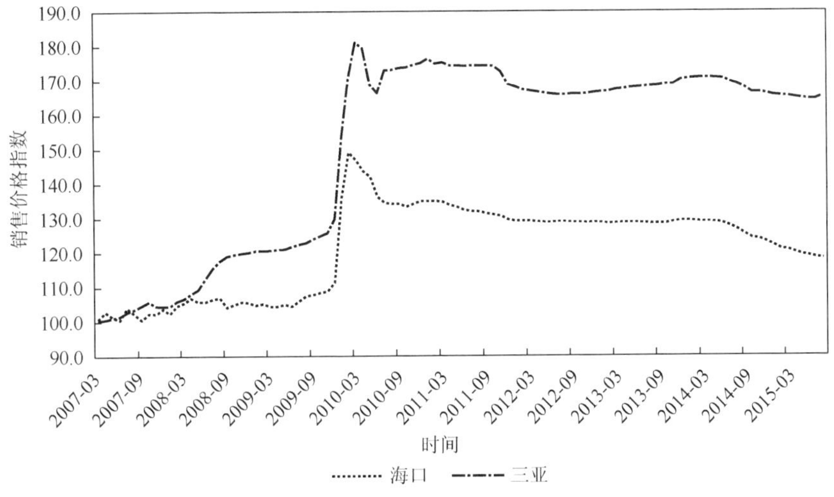

图 4-25　第五类二手房销售价格指数

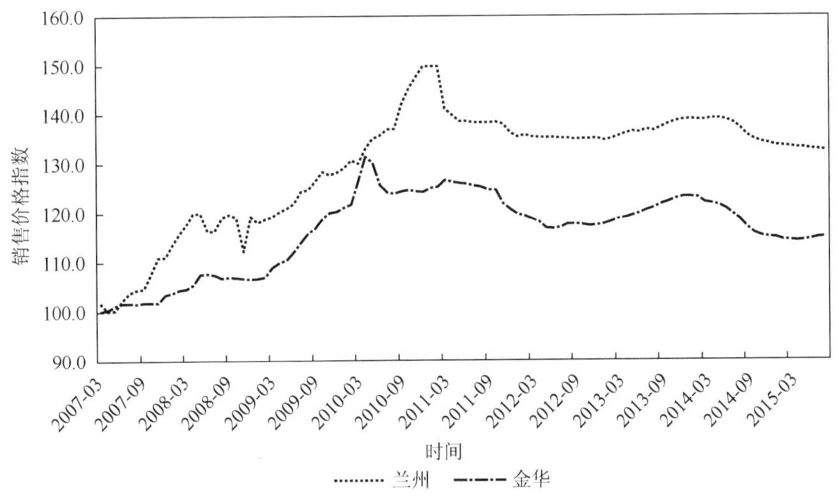

图 4-26　第六类城市二手房销售价格指数

未分类城市有深圳、宜昌、锦州、温州和牡丹江。由图 4-27 可知，深圳的二手房市场的主要特点是除了 2008 年房价指数有所下降，其余大部分时间二手房市场发展都比较活跃，尤其是 2013 年以来二手房销售价格指数增长速度较快，增幅较大。对于二手房市场规模适中、供需基本平衡、房价处于中位的宜昌来说，与其他大中城市的二手房市场相比，其主要特点是二手房销售价格指数波动平缓，变化幅度较小。锦州的二手房市场发展较为稳定，2013 年以前房价指数波动比较平缓，2014 年以来，二手房销售价格指数持续下降，2015 年 8 月下降到 97.13，低于基期二手房市场的发展水平。温州的二手房市场发展呈现出与新房市场发展

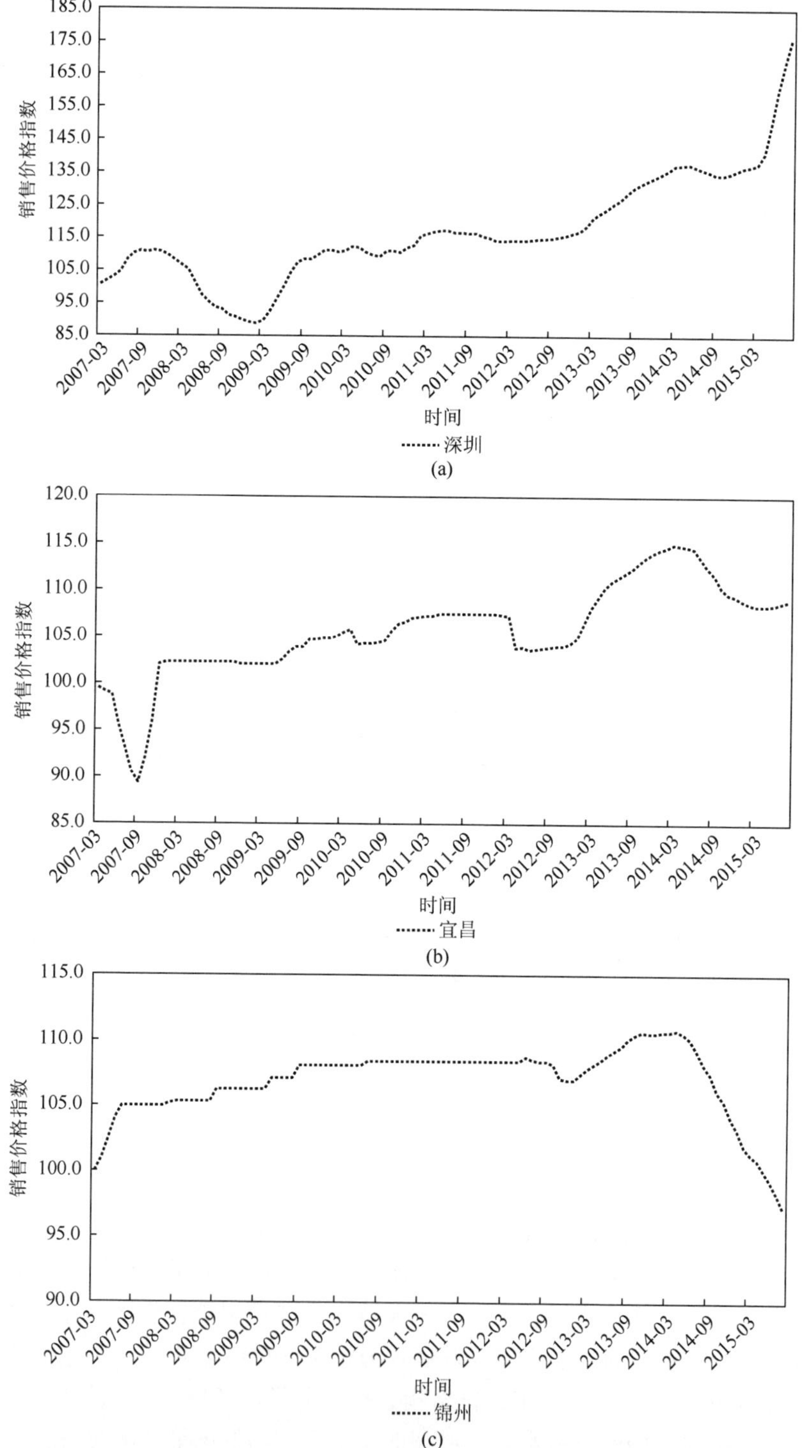
185.0
175.0
165.0
155.0
145.0
135.0
125.0
115.0
105.0
95.0
85.0
销售价格指数
2007-03
2007-09
2008-03
2008-09
2009-03
2009-09
2010-03
2010-09
2011-03
2011-09
2012-03
2012-09
2013-03
2013-09
2014-03
2014-09
2015-03
时间
深圳
120.0
115.0
110.0
105.0
100.0
95.0
90.0
85.0
销售价格指数
时间
宜昌
115.0
110.0
105.0
100.0
95.0
90.0
销售价格指数
时间
锦州

(a)

(b)

(c)

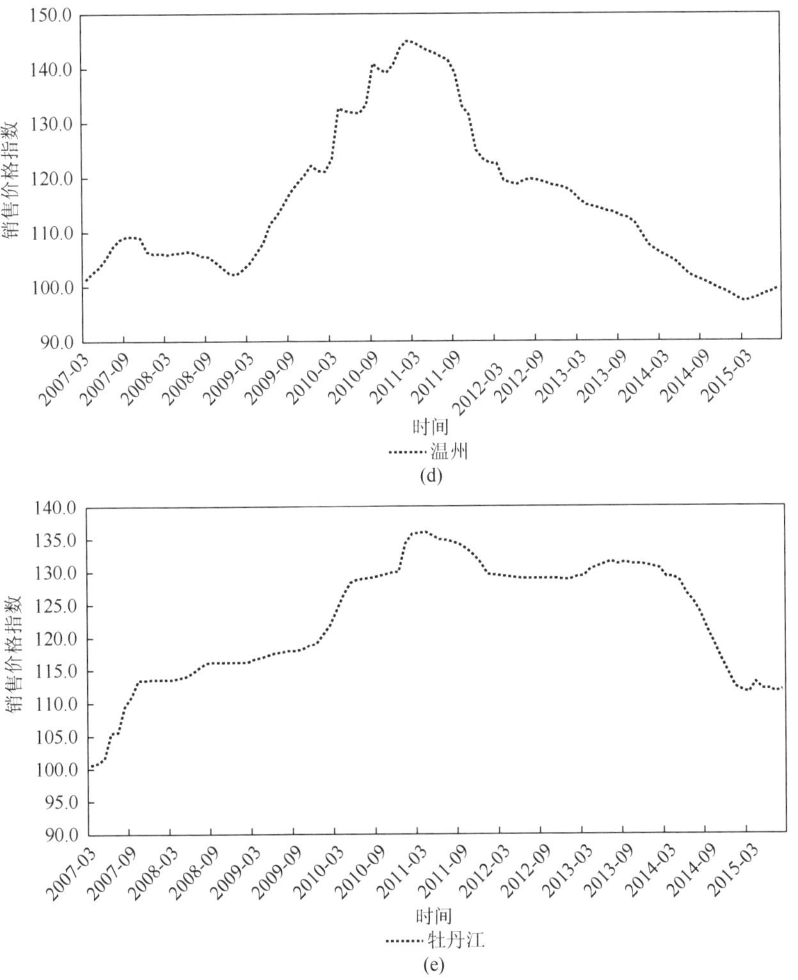

图 4-27　未分类城市二手房销售价格指数

类似的特点，2011 年以前二手房市场发展呈现快速增长的态势，但是自 2011 年 2 月温州二手房销售价格指数达到最高点 144.97 以后，温州二手房销售价格指数持续下跌，到 2015 年 8 月价格指数回落到 99.54，二手房销售价格指数低于基期的水平。牡丹江的二手房销售价格指数整体上呈现先上升后下降的趋势，二手房销售价格指数在 2011 年 4 月达到最高点 136.06，到 2015 年 8 月跌落至 112.00。

整体来看，70 个大中城市之间在 2007 年 3 月的时候新房销售价格指数差异并不明显，但随着时间的发展二手房销售价格指数的差距逐渐拉大。总体来看，70 个大中城市的二手房销售价格指数变化幅度小于新房销售价格指数，且有些城市二手房销售价格指数已回落至基期的水平，二手房市场发展相对而言比较稳定。此外，除个别城市以外，多数大中城市在二手房销售价格指数变化趋势上有一定的相似性，但在某些时间段受经济基本面和宏观调控政策的政策影响，会有不同；从绝对值上来看，70 个大中城市的二手房销售价格指数还存在着很大的区别。

4.3.2　2011 年 1 月前后的聚类情况

1. 2007 年 3 月～2011 年 1 月的聚类情况

第一类城市主要包括以北京、天津和南京为代表的 38 个大中城市，这 38 个大中城市在经济发展水平和房地产发展水平上都存在较大的差距。由图 4-28 可以看出，这 38 个城市在基期的时候二手房销售价格指数在数值上十分接近，但是随着时间的发展，到了 2011 年 1 月，不同城市的二手房销售价格指数拉开了很大的差距，以指数水平较高的遵义和指数水平较低的泉州为例，2011 年 1 月两个城市的价格指数分别是 145.05 和 103.08。在这个阶段中，所有城市二手房销售价格指数均呈现频繁波动的状态。在以往的分类中，凭借着高涨的住房需求，北京和上海的房价指数一直上涨得比较明显。然而，从 2007 年 3 月～2011 年 1 月的二手房销售价格指数来看，北京和上海的波动比较平稳，呈缓慢上涨态势。

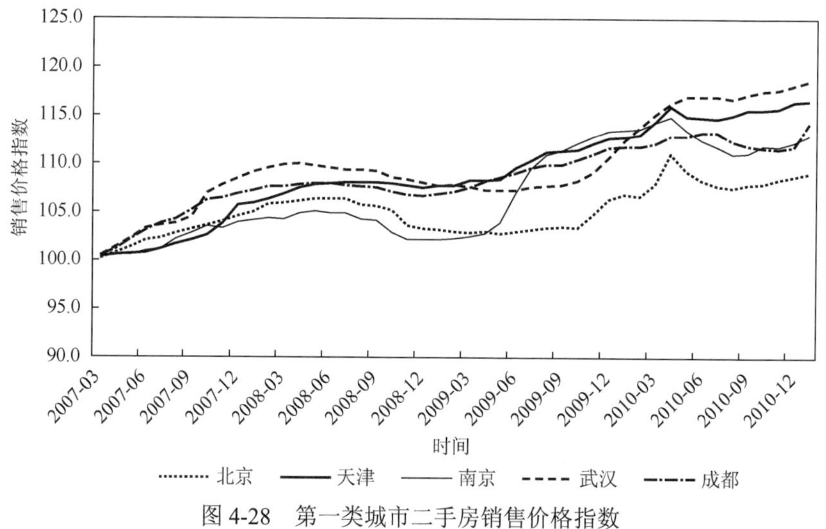

图 4-28　第一类城市二手房销售价格指数

第二类城市有以呼和浩特、广州和昆明为代表的 14 个大中城市。从图 4-29 可以看出，这类城市的二手房销售价格指数在 2007 年 3 月～2011 年 1 月一直呈上升趋势。在这类城市中，广州属于房地产市场较为发达的城市，然而在此阶段，广州的二手房市场并没有表现出比较强劲的上升态势，波动比较平稳，波动范围保持在 100～110。

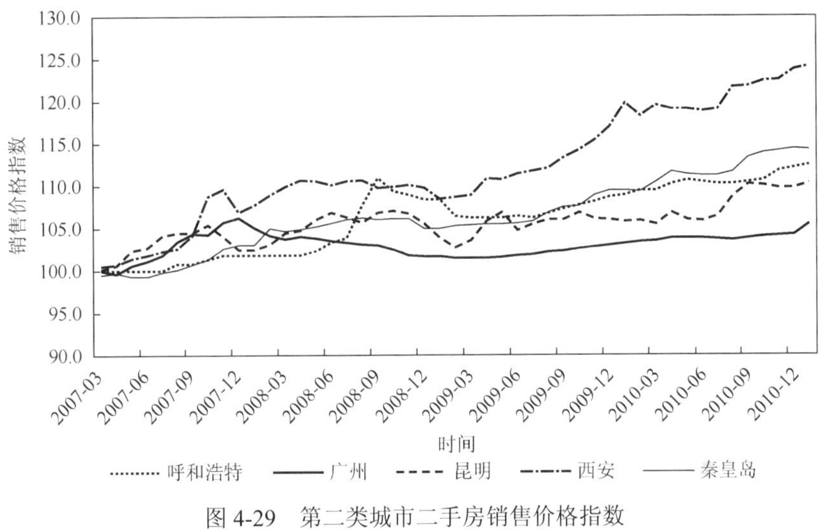

图 4-29　第二类城市二手房销售价格指数

第三类城市包括石家庄、沈阳、杭州、厦门、郑州、深圳和乌鲁木齐。由图 4-30 可知，这类城市的二手房销售价格指数整体呈上涨趋势，仅在 2008 年出现回落。值得注意的是，在以往的分类中深圳的房价指数波动一直比较特殊，但在这段时间内，深圳的二手房销售价格指数变化趋势与同类其他城市十分接近，只是在房价回落期间下降程度较大。

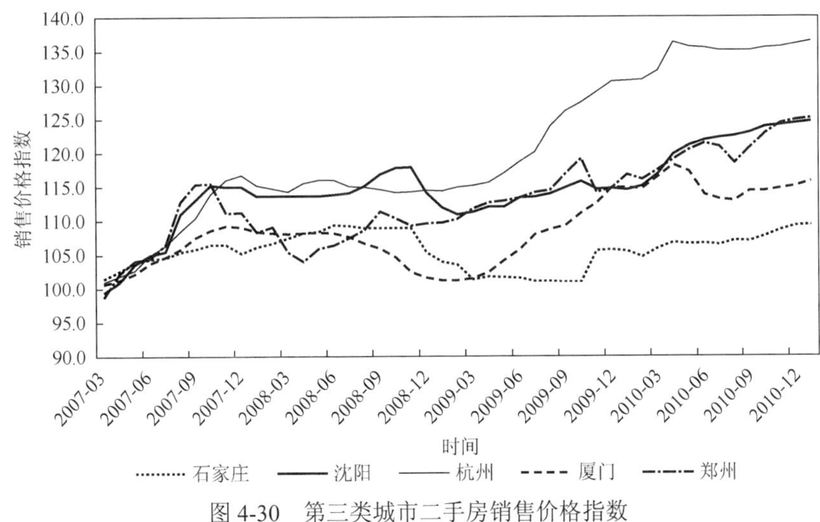

图 4-30　第三类城市二手房销售价格指数

第四类城市有长沙、蚌埠、烟台和北海。从图 4-31 可以看出，除了 2008 年 6 月～2009 年 6 月受金融危机影响该类城市的二手房销售价格指数略有下滑，其余时间这 4 个城市的二手房销售价格指数持续上涨。2007 年 3 月～2011 年 1 月，这 4 个城市的价格指数分别由 102.00、102.20、100.00、107.60 增加至 128.88、133.39、123.91、143.30。

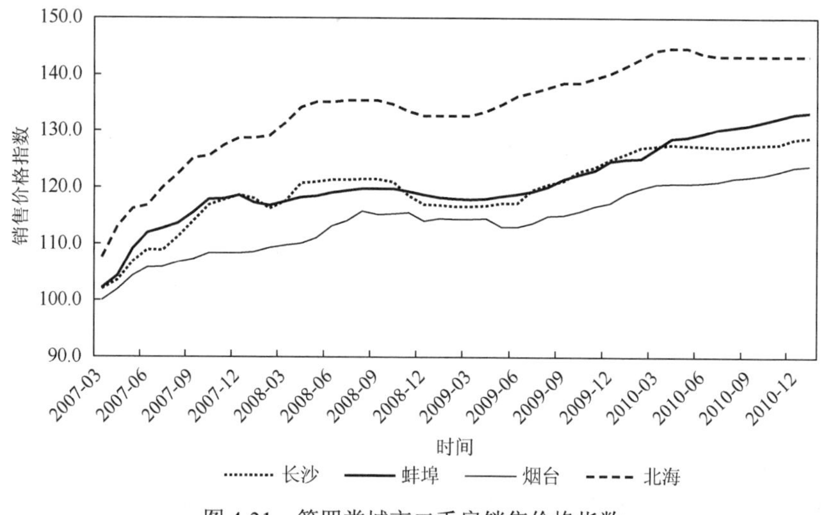

图 4-31　第四类城市二手房销售价格指数

第五类城市有兰州、温州、金华和岳阳。由图 4-32 可知，从二手房销售价格指数变化的趋势来看，4 个城市之间的差异逐渐增大，兰州、温州、金华、岳阳

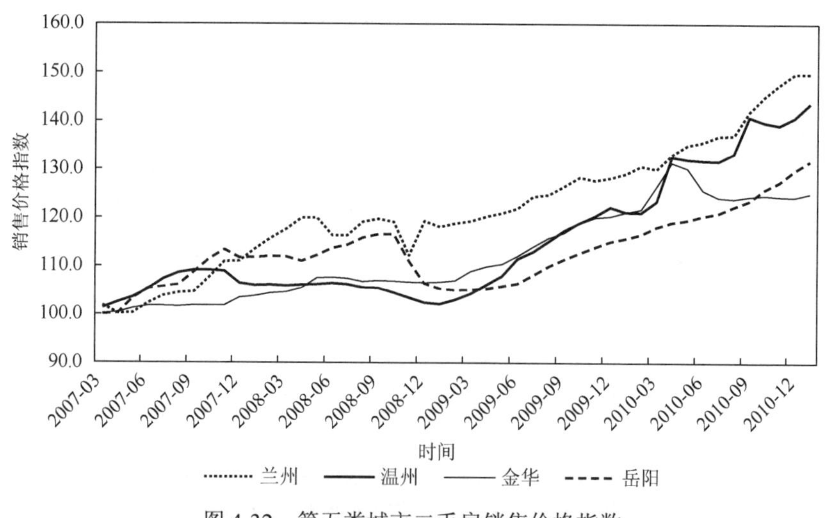

图 4-32　第五类城市二手房销售价格指数

的二手房销售价格指数从 2007 年 3 月的 101.80、101.30、100.10、100.00 分别上涨至 2011 年 1 月的 149.79、143.68、125.03、131.74。

第六类城市是海口和三亚。与新房销售价格指数类似，从图 4-33 可以看出，这两个城市的二手房销售价格指数在 2010 年以前波动比较平稳，2007 年 3 月～2009 年 12 月，二手房销售价格指数分别从 100.80、100.40 增加至 111.29、129.79；但到 2010 年 3 月，两个城市的二手房销售价格指数分别飙升至 146.98 和 180.99，远远超过同期其他城市的二手房销售价格指数。

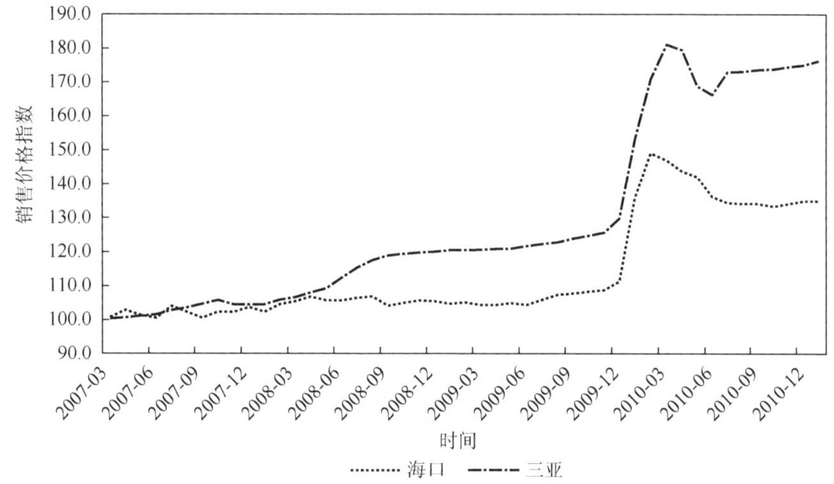

图 4-33　第六类城市二手房销售价格指数

未分类城市有宜昌。由图 4-34 可知，与其他 79 个大中城市的二手房市场相

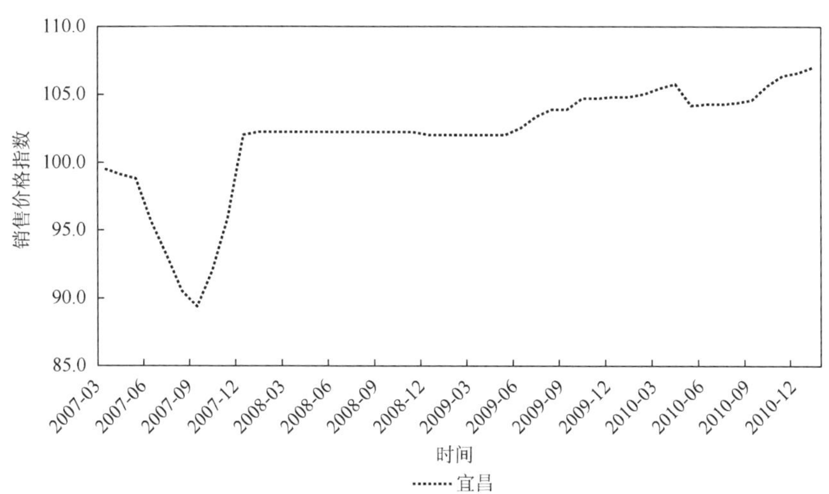

图 4-34　未分类城市二手房销售价格指数

比，宜昌的主要特点是在 2007 年 5～9 月经历了二手房销售价格指数的骤降，指数由 98.80 跌落至 89.37；2007 年 9 月之后，宜昌的二手房销售价格指数尽管迅速回升，但随后的波动比较平稳，价格指数上升幅度较小。

2. 2011 年 2 月 ~ 2015 年 8 月的聚类情况

第一类城市有北京、上海和深圳。这 3 个城市均属于房地产经济发达、住房需求旺盛、二手房市场活跃的城市。从图 4-35 可以看出，2011 年 2 月～2015 年 8 月，除了 2011 年 9 月～2012 年 4 月和 2014 年 3 月～2014 年 9 月有短期小幅回落以外，北京、上海、深圳的二手房销售价格指数一直持续上涨，分别从 2011 年 2 月的 109.50、121.61、115.61 增加至 142.30、147.55、176.28。其中，2015 年 3 月以后深圳的二手房销售价格指数突然快速上涨，上涨速度远远超过北京和上海。

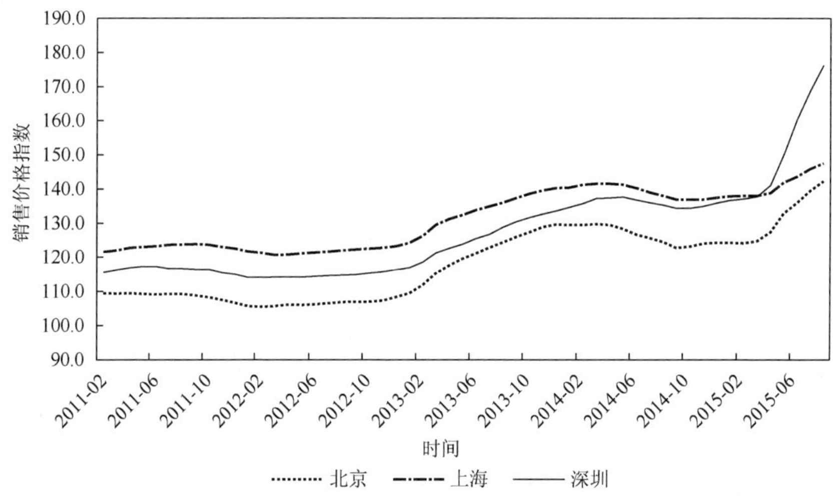

图 4-35　第一类城市二手房销售价格指数

第二类城市主要包括天津、合肥和南京等 11 个大中城市。从图 4-36 可以看出，这类城市的价格指数变化比较平稳，除了 2011 年 6 月～2012 年 6 月和 2014 年 3 月～2015 年 1 月有轻微的下调之外，其余时间均保持缓慢上升。从 2015 年 2 月开始，这 11 个城市的二手房销售价格指数开始上涨，截止到 2015 年 8 月，其价格指数水平接近 2014 年 5 月前后的水平。

第三类城市包括石家庄、济南和青岛等 38 个大中城市。从图 4-37 中可以看出，2011 年 2 月开始这类城市的二手房销售价格指数变化幅度较小，除了在 2011 年 2 月～2012 年 2 月和 2014 年 5 月～2015 年 5 月出现一定程度的指数跌落，其余时间波动都比较平稳。值得注意的是，在前一个阶段中，三亚和海口的二手房销售价格指数波动比较特殊，但在此阶段中，它们的波动趋势与其余同类城市呈现相同的特点，仅在二手房销售价格指数绝对值上，三亚远远高于同类其他城市的水平。

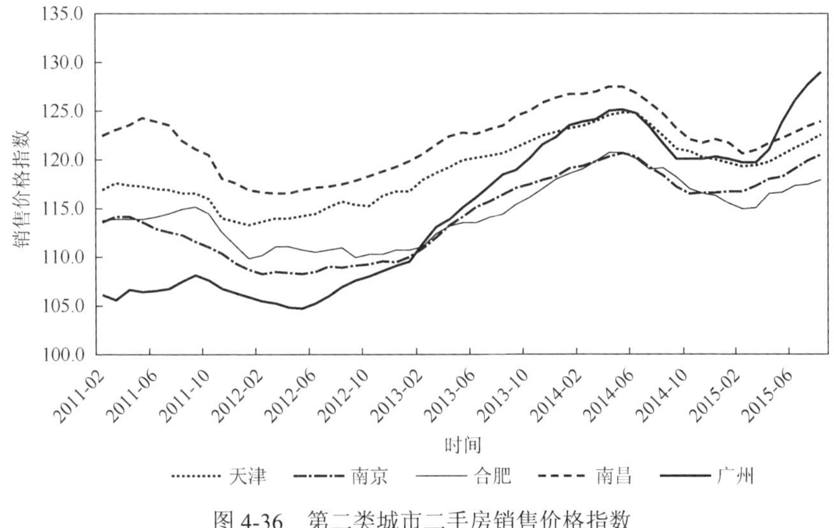

图 4-36　第二类城市二手房销售价格指数

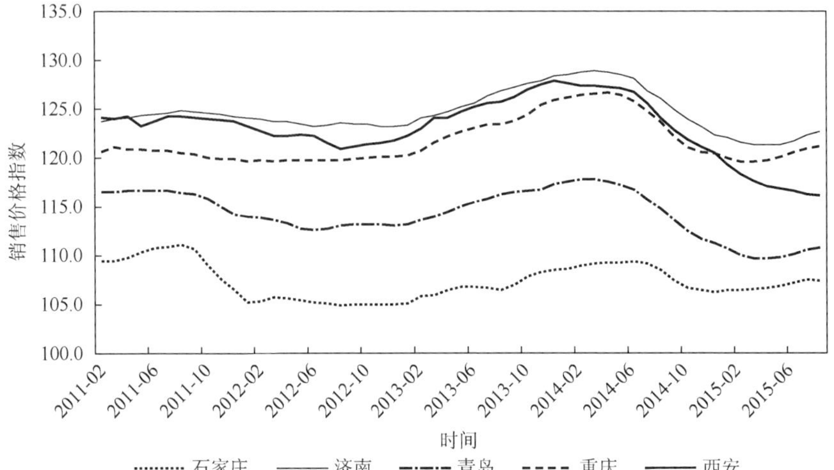

图 4-37　第三类城市二手房销售价格指数

第四类城市有太原、大连和长春等 16 个城市。由图 4-38 可知，总体上来看，这类城市在 2013 年以前二手房销售价格指数变化比较平稳；2013 年 1 月前后价格指数加速上涨；2014 年 5 月出现回落；2015 年 4 月前后开始出现价格指数上涨的趋势。

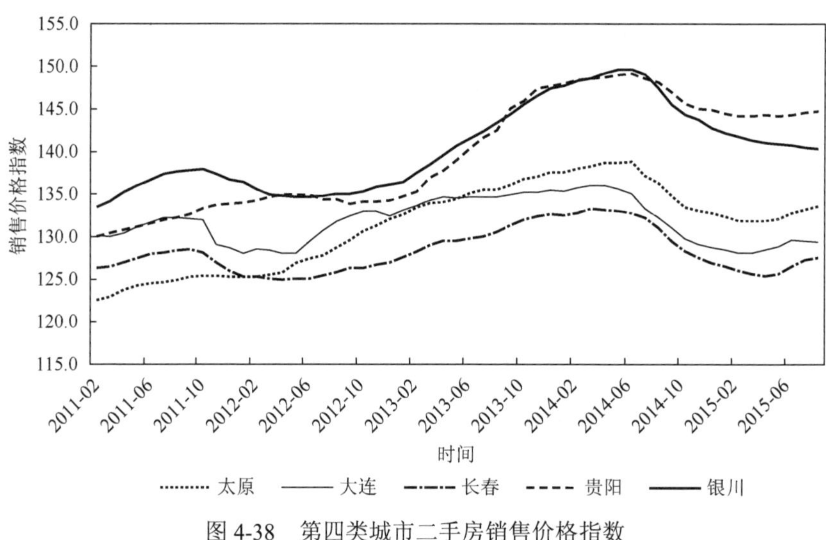

图 4-38　第四类城市二手房销售价格指数

未分类城市主要有温州和兰州。由图 4-39 可知，与其他大中城市相比，温州的主要特点是自 2011 年 2 月以来，二手房销售价格指数持续下降，仅从 2015 年 3 月开始出现上涨的迹象。兰州的主要特点是 2011 年 2～5 月二手房销售价格指数迅速下降，由 150 的高位跌落至 140 以下的水平；2011 年 5 月～2014 年 4 月的价格指数水平一直比较稳定，在 135～140 徘徊；2014 年 5 月开始，价格指数出现持续下降。

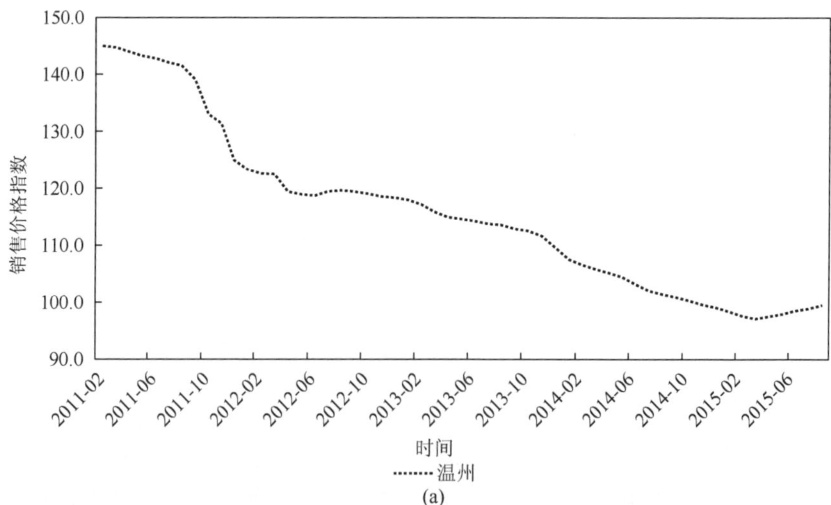

(a)

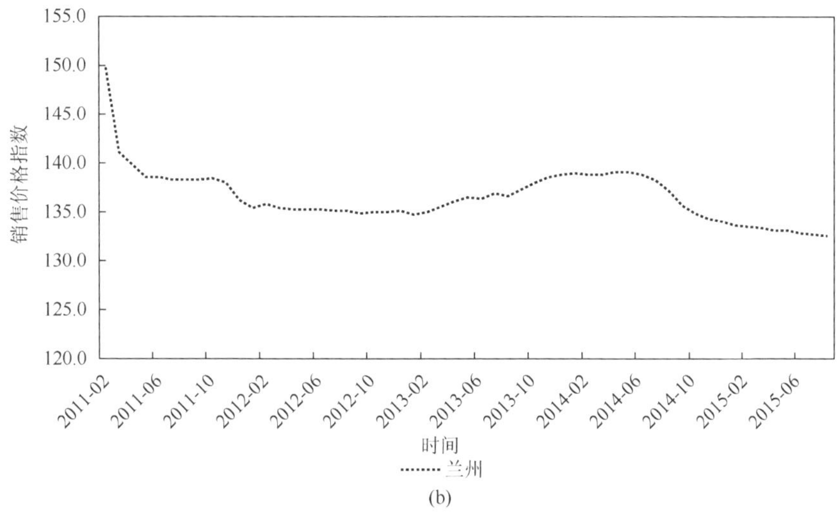

(b)

图 4-39　未分类城市二手房销售价格指数

比较 2011 年前后 70 个大中城市的时间聚类情况可以看出，2011 年以前所有城市二手房销售价格指数波动比较剧烈，同类城市之间价格指数变化趋势也有很明显的差异；而在 2011 年 2 月～2015 年 8 月，全国 70 个大中城市二手房销售价格指数波动幅度减小，多数城市价格指数变化趋势都十分相似，仅在绝对数值上有所差异。

4.4　本 章 小 结

本章以全国 70 个大中城市为样本，采用 DTW 算法分别计算不同城市的新房销售价格指数及二手房销售价格指数在一段时间内波动趋势的差异，通过比较这些差异对 70 个大中城市进行聚类。分别对 2006 年 4 月～2015 年 8 月整个时间段、2011 年 1 月前后时间段的价格指数进行聚类分析，将价格波动趋势接近的城市归为同一个城市群，同时比较调控前后城市分类的变化。聚类结果如表 4-1 所示，结果发现，不同城市之间的房价波动情况存在着比较明显的区别，这种区别除了与当地经济发展水平、房地产市场规模和供需匹配情况有关，还和宏观调控政策有很大关系。因此，在制定房地产市场宏观调控政策的时候，应当充分考虑到城市之间的差异，不应该简单地将城市划分为一、二、三线城市或者东部、中部、西部城市。此外，以 2011 年为界限，分别对 2011 年前后 70 个大中城市的房价指数进行时间聚类，发现在 2011 年 1 月以前所有城市的房价指数波动都比较剧烈，聚类效果并不理想；然而，2011 年 2 月以后，所有城市的房价指数波动趋于平缓，通过聚类分析可以看出不同类别的城市之间的明显区别，且同类城市之间价格指数波动趋势十分相似。产生这种情况的原因可能是宏观调控政策的制定者有意对不同区域的城市进行差异化调控，同时 2011 年 1 月颁布的"新国八条"可能对此也有一定的影响。

表 4-1 我国房地产市场区域动态划分结果

城市	新建住房			二手住房		
	整体	2011 年 1 月前	2011 年 1 月后	整体	2011 年 1 月前	2011 年 1 月后
北京	1	1	1	1	1	1
天津	3	2	3	2	1	2
石家庄	4	4	3	2	3	3
太原	3	2	3	2	1	4
呼和浩特	3	2	3	2	2	3
沈阳	3	2	3	3	3	3
大连	3	3	3	4	1	4
长春	4	5	3	3	1	4
哈尔滨	3	2	3	4	1	2
上海	1	5	1	1	1	1
南京	3	2	1	2	2	2
杭州	2	1	2	4	3	2
宁波	2	5	2	4	1	3
合肥	3	5	3	2	1	2
福州	1	3	3	2	1	3
厦门	1	3	1	4	3	2
南昌	3	3	3	4	1	2
济南	3	2	3	2	1	3
青岛	3	2	3	2	1	3
郑州	3	2	1	3	3	3
武汉	3	2	3	2	1	2
长沙	4	4	3	4	4	3
广州	1	1	1	1	1	2
深圳	*	4	*	*	3	1
南宁	3	5	3	3	2	2
海口	6	6	3	5	6	3
重庆	3	5	3	2	1	3
成都	3	2	3	4	1	3

续表

城市	新建住房			二手住房		
	整体	2011 年 1 月前	2011 年 1 月后	整体	2011 年 1 月前	2011 年 1 月后
贵阳	3	5	3	3	2	4
昆明	4	5	3	2	2	4
西安	3	5	3	3	2	3
兰州	4	5	4	6	5	*
西宁	3	2	3	2	1	3
银川	3	2	3	3	2	4
乌鲁木齐	3	4	3	4	3	2
唐山	3	2	*	4	1	3
秦皇岛	3	2	4	2	2	3
包头	3	2	4	3	1	3
丹东	4	2	3	3	1	3
锦州	3	2	3	*	1	3
吉林	4	4	4	3	2	3
牡丹江	3	2	4	*	1	3
无锡	3	2	3	4	1	4
扬州	3	2	3	2	1	3
徐州	3	2	3	2	1	3
温州	*	1	2	*	5	*
金华	2	1	2	6	5	3
蚌埠	4	2	3	4	4	3
安庆	3	2	4	2	1	3
泉州	3	2	3	2	1	3
九江	3	2	3	4	1	3
赣州	3	2	4	2	1	3
烟台	3	3	3	4	4	4
济宁	4	3	4	3	2	3
洛阳	3	2	3	2	1	4
平顶山	3	2	4	4	1	4
宜昌	3	2	3	*	*	4
襄阳	3	2	3	3	1	4
岳阳	4	4	4	3	5	3
常德	3	5	3	2	2	4

续表

城市	新建住房			二手住房		
	整体	2011 年 1 月前	2011 年 1 月后	整体	2011 年 1 月前	2011 年 1 月后
惠州	5	7	3	2	2	3
湛江	4	1	3	3	1	3
韶关	3	2	4	2	1	4
桂林	3	2	3	3	2	3
北海	5	7	3	4	4	4
三亚	6	6	3	5	6	3
泸州	3	2	3	2	1	3
南充	3	2	4	2	1	3
遵义	3	5	3	3	1	4
大理	3	5	4	3	2	3

注：*代表未分类城市

第 5 章　基于房地产价格异质收敛的我国房地产市场区域划分

随着“一刀切”的房地产宏观调控政策的“失效”，差异化房地产调控策略越来越受到政策制定者的重视。区域房价差异是最重要的市场差异性表现之一，正确理解和把握这种差异性的本质与动态规律，将有利于政策制定者更为科学合理地制定差异化调控策略。本章研究区域房价的收敛，所采用的方法是 Phillips 和 Sul（2007）提出的非线性时变因子模型（nonlinear time varying factor model）。该模型可以考虑各个区域房地产市场的个体异质性，并允许各个区域的房价有各自不同的时间变化路径，放宽了对数据平稳性的要求。这样的模型设定是适合研究我国的区域房地产市场的。相较于其他国家，我国的区域房地产市场面临更加复杂的外部环境，除了受区域经济因素和社会因素的影响外，在很大程度还受宏观调控政策的影响，本章 5.4 节也对此进行了论证。

5.1　区域房价变动的异质性

对于区域房地产价格差异性表现的研究，国内学者多是在现有的经济或行政区域划分基础上进行实证分析，如陈浮和王良健（2000）、梁云芳和高铁梅（2007）等在东部、中部、西部的区域划分基础上，分析了区域房地产市场的差异性；也有学者研究以大都市为中心的经济区域的房地产价格特征，如环渤海区域（张淑莲等，2011）、长三角经济区（位志宇和杨忠直，2007）、珠三角经济区（陈章喜和黄准，2010）等。通过这些实证研究，不同区域房地产价格的差异性得到了论证，但是这种基于现有经济或行政区域划分进行的房地产价格差异研究，不利于从本质上把握区域房价的动态规律，故而也不足以对实施差异化房地产调控提供足够的指导依据。

因此，本章做出如下假设：每个区域（省份）的房地产市场均具有异质性，但这些具有异质性的区域市场所表现出来的房价差异，或者受共同因素的影响，或者受不同因素的影响。对于前者，只要找出该共同因素，即使是统一的调控政策也会取得预想的效果；对于后者，就要分别探索每一类区域市场的决定性影响因素，进而分别分析这些因素对该区域市场的不同作用规律，从而实施差别化调控。已有实证研究结果表明，我国区域房地产市场的发展具有显著的差异性，属于后者的可能性更大。

为了把握区域房价的动态规律，最主要的思路之一就是研究区域房价的收敛性。如果区域房价受共同因素影响，那么长期就会呈现同质收敛；如果受不同因素影响，则会呈现异质收敛，即不同的区域房价会收敛为不同类别。区域房价收敛性的研究始于英国，随着计量技术的迅速发展，近年来在这个领域的研究更加活跃。而在所有相关研究中，对英国和美国区域房地产市场的研究最为丰富，已有研究表明，英国（MacDonald and Taylor，1993；Cook，2003；Holmes，2007）和美国（Meen，2002；Montañés and Olmos，2013）的区域房地产市场均不是同质收敛，并且存在房地产市场的分割，即收敛到几类中去。部分学者研究南非（Burger and Van Rensburg，2008）、马来西亚（Lean and Smyth，2013）、中国台湾（Chien，2010）等区域房地产市场，也取得了相似的结论。此外，在探索区域房地产价格收敛的影响因素方面，Canarella 等（2012）发现美国区域房地产市场的动态演变会受到气候因素影响，Montañés 和 Olmos（2013）发现美国区域房地产市场在动态演变过程中受房地产泡沫影响显著。总而言之，国外研究区域房地产市场演化的成果相对丰富，值得我们借鉴。

对于研究区域房价收敛的常见方法，笔者将其主要归纳为三类：第一类为单位根检验及其各种扩展形式，如面板数据的单位根检验（Holmes，2007）、带结构断裂（structure breaks）的单位根检验（Holmes，2007）等。单位根检验的缺点在于，当不能拒绝单位根检验时，并不一定意味着存在收敛（Montañés and Olmos，2013）。第二类是 Granger 因果检验结合 VAR 模型、协整检验和脉冲响应等（Holmes，2007），这类方法的缺点主要来源于 VAR 模型的自由度约束，模型中不能同时包含太多（如一般少于 8 个）区域单元。第三类是空间模型或者时空模型（Cooper et al.，2013），这类模型需要设置基于“地理相邻”或者“经济相邻”的空间权重矩阵，对于空间权重矩阵的选择具有一定的主观性和不确定性。

根据数据的可获得性，本书以全国 30 个省份[①]2001 年 1 月～2013 年 12 月的房地产价格（房地产价格=房地产销售额/房地产销售面积）月度数据为研究对象，观察区域房价的异质性。部分缺失数据采用 Catmull-Rom 样条插值[②]（Catmull and Rom，1974）进行补充，所有数据均剔除了通货膨胀因素[③]的影响。

图 5-1 为全国 30 个省份的房价的标准差和离散系数走势情况。可以看出，样

① 因为数据的可获得性，样本不包括西藏、香港、澳门和台湾。

② Catmull-Rom 样条插值一般是通过待插数值的前两期数据和后两期数据来对缺失数据进行插值。本书中对于没有前期数据的缺失数据，通过假定前期数据的数值等于未知的缺失数据数值，再通过 Catmull-Rom 样条插值的计算公式计算缺失数据。

③ 剔除通货膨胀因素影响的步骤：第一，计算出以 2001 年 1 月为基期（2001M1=100）的定基居民消费价格指数（consumer price index，CPI）；第二，所有区域的房价除以相应时期的定基 CPI 值，从而得到各区域剔除了通货膨胀因素影响的房价数据。

本前 10 年的标准差和离散系数均不断增大，意味着区域间房价的离散程度在不断增大。对于这种现象，我们可以理解为区域房价处于发散状态，因此区域间房价差异水平越来越大；也可以理解为另一种情况，即区域房价处于异质收敛状态，不同区域房价收敛到不同类别中去，此种情况下区域房价的标准差和离散系数也有可能不断增大。不管是哪种情况，前 10 年的标准差和离散系数的变化趋势都为区域房价的差异性提供了证据。2010 年之后，区域房价的标准差和离散系数都有变小的趋势，联想到 2010 年开始我国房地产宏观调控力度不断加强，或可推测，房地产调控政策对区域房地产价格影响较为显著（刘璐，2013）。本章也在后文进行了验证。

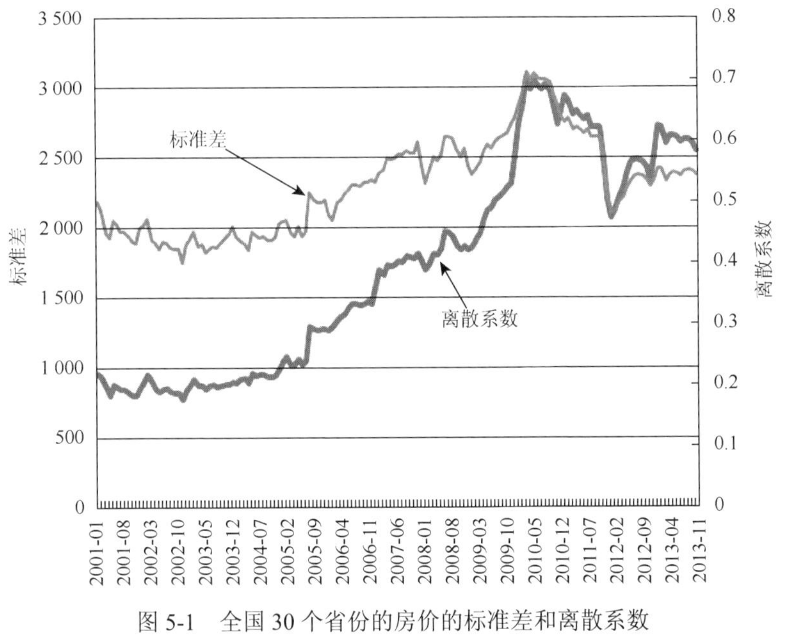

图 5-1　全国 30 个省份的房价的标准差和离散系数

图 5-2 反映了全国 30 个省份的初始房价水平和房价平均增长率的情况，并按照东部、中部、西部和东北部进行了分类标注。横坐标表示初始时期（2001 年 1 月）区域房地产价格水平，纵坐标表示 2001 年 1 月～2013 年 12 月区域房价的平均增长率。由图 5-2 可以看出，初始房价水平相同的区域，平均增长率可以相差很大，意味着这些区域间可能存在截然不同的增长（收敛）方式；同理，房价平均增长率相似的区域，初始房价水平也可以相差很大，表明房价在未来的增长方式并不能仅通过初始房价水平进行预测，因此，当前按照不同房价水平进行区域划分的方式，如一线城市、二线城市和三四线城市，对于差异化调控也未必合理。此外，图 5-2 中依照东部、中部、西部和东北部分类的不同标记相互渗透和重叠，

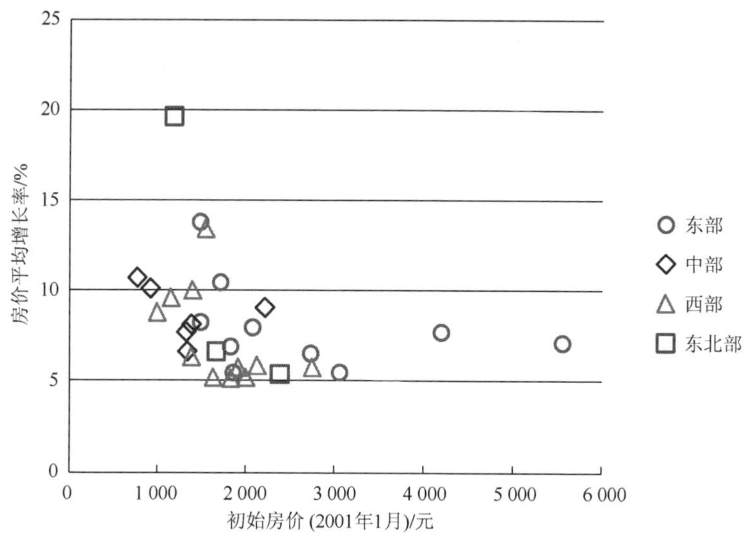

图 5-2 全国 30 个省份的平均房价增长率

意味着这种传统的分类方式也并不能够作为实施差异化房地产调控的指导依据。笔者也将在后文中进一步证明这一点。

5.2 非线性时变因子模型及聚类过程

非线性时变因子模型由 Phillips 和 Sul（2007，2009）提出并用以研究转型经济体的相关问题，该方法适用于研究转型经济体的经济增长、劳动收入变化、股票价格变化、消费价格指数变化及房价收敛等诸多问题。结合本章的研究目的，笔者在此仅对该方法的主要内容进行介绍，更为详细的算法及推导，请读者参阅 Phillips 和 Sul（2007，2009）。

5.2.1 非线性时变因子模型

面板数据 X_{it} 通常可以按如下方式进行分解：

$$X_{it} = g_{it} + a_{it} \tag{5-1}$$

其中，g_{it} 为系统性部分，包括引起交叉依赖的固定共同部分（permanent common components）；而 a_{it} 为短暂性部分（transitory components）。在实际应用中，g_{it} 和 a_{it} 均可以是线性或非线性，稳定或非稳定的参数形式。式（5-1）可以按照以下方式进一步变形，得到时变的因子表达式：

$$X_{it} = \left(\frac{g_{it} + a_{it}}{\mu_t} \right) \mu_t = \delta_{it} \mu_t, \forall i, t \tag{5-2}$$

其中，μ_t 为一个单一的共同部分；而 δ_{it} 为一个会随着时间变化的异质性元素。结合本书研究区域房价的事实，μ_t 可以理解为区域房价面板数据的共同趋势部分，而 δ_{it} 则代表每一个区域 i 在时刻 t 所占共同趋势部分的相对份额。Phillips 和 Sul（2009）进一步将 δ_{it} 分解为时不变的均值和时变的异质性误差项，且允许误差项的方差是时变的。δ_{it} 被赋予以下半参数形式：

$$\delta_{it}=\delta_i+\sigma_{it}\xi_{it}，\quad \sigma_{it}=\frac{\delta_i}{L(t)t^{\alpha}}$$

$$t\geqslant 1，\quad \sigma_i>0,\quad \forall i \tag{5-3}$$

其中，ξ_{it} 在横截面上服从 i.i.d（0，1），在时序上可能对 t 有弱依耐性；$L(t)$ 为一个慢变函数（a slowly varying function），可以为 $\log(t+1)$、$\log^2(t+1)$或者 $\log\log(t+1)$ 等形式；参数 α 控制着转移动态中截面变化衰减至零的速率。在实际应用中，$L(t)$ 和 α 都可能随着个体 i 不同而不同。

由式（5-3）可以得出，当 $t\to\infty$ 时，$L(t)\to\infty$。这样，只要 $\alpha\geqslant 0$，$\delta_{it}\to\delta_i$。因此，当对于所有的 i 都有 $\delta_i=\delta$ 时，收敛的零假设就是 $\alpha\geqslant 0$。为此，我们可以把收敛的检验转化为对以下假设的检验：

$$\mathrm{H_0}：\ \delta_i=\delta，\quad \alpha_i\geqslant 0 \tag{5-4}$$

相应的备择假设为 $\mathrm{H_A}$：对于所有的 i 都有 $\delta_i\neq\delta$，或者 $\alpha<0$。检验假设 $\mathrm{H_0}$ 的具体步骤如下。

（1）构造横截面方差比率 H_1/H_t，其中：

$$H_t=N^{-1}\sum_{i=1}^{N}(h_{it}-1)^2,\quad h_{it}=\frac{X_{it}}{N^{-1}\sum\limits_{i=1}^{N}X_{it}} \tag{5-5}$$

（2）对式（5-6）进行回归：

$$\log\left(\frac{H_1}{H_t}\right)-2\log L(t)=\hat{a}+\hat{b}\log t+\hat{u}_t \tag{5-6}$$

其中，$t=[rT],[rT]+1,\cdots,T$，且 $r>0$。

在此回归中，设置 $L(t)=\log(t+1)$；$\log t$ 的拟合系数是 $\hat{b}=2\hat{\alpha}$，其中 $\hat{\alpha}$ 是零假设 $\mathrm{H_0}$ 中的估计值。另外，回归的数据是从 rT 的整数部分 $[rT]$ 开始的，本书根据 Phillips 和 Sul（2009）的建议，采用 $r=0.3$。

（3）运用自相关和异方差稳健的单边 t 检验来检验零假设 $\alpha\geqslant 0$。计算 $\hat{b}$ 的异方差和自相关一致（heteroskedasticity and autocorrelation consistent，HAC）标准误差值，在 5%的显著性水平下，如果 $\hat{b}$ 的 t 统计量 $t_{\hat{b}}<-1.65$，则拒绝零假设。

5.2.2 子群收敛及聚类算法

Phillips 和 Sul（2007，2009）指出，当拒绝收敛的零假设时，并非表明不存在子群收敛（异质收敛）。笔者认为，在运用非线性时变因子模型对我国所有区域的房价进行整体收敛检验时，如果发现不存在同质收敛，应该进一步探索是否存在子群收敛。如果区域房价能收敛到几个子群（类）中，则可以证明我国区域房价存在异质收敛。为此，下文也将进一步应用 Phillips 和 Sul（2007，2009）提供的基于非线性可变因子模型的聚类方法，进行区域房价的异质收敛检验。该聚类算法的具体步骤如下。

（1）不同个体按最后一个观测值的大小进行排序。在时间序列数据波动较大的情形下，也可以根据公式 $(T-[Ta])^{-1}\sum_{t=[Ta]+1}^{T} X_{it}$，先计算样本最后一部分（$f=1-a$）的均值，然后按照均值大小进行排序。通常，设置 f 等于 1/3 或 1/2。

（2）形成核心组 G_{k^*}。选择排序后数值最大的前 k 个个体形成子群 $G_k(2\leqslant k<N)$，进行 $\log t$ 回归，并计算收敛检验的 t 统计量 $t_k=t(G_k)$。按照以下准则，挑选使 t_k 最大的 k 作为核心组的大小 k^*，相应个体形成的核心组为 G_{k^*}：

$$k^*=\arg\max_{k}\{t_k\}$$
$$\text{s.t.}\min\{t_k\}>-1.65 \tag{5-7}$$

倘若对于 k=2，$\min\{t_k\}>-1.65$ 不能得到满足，则去掉数值最大的个体，从第二个个体开始重复上述步骤。若第二个也对于 k=2 不能满足 $\min\{t_k\}>-1.65$，则继续去掉这个个体，从第三个开始。以此类推，倘若对所有的个体都不能满足，则说明不存在收敛子群。

（3）筛选子群成员。假设 $G_{k^*}^c$ 为核心组 G_{k^*} 中成员以外的其他所有个体形成的组，每次从 $G_{k^*}^c$ 中添加一个个体到 G_{k^*} 中，运行 $\log t$ 检验，如果回归的 t 统计量值 $\hat{t}>c$（c 为设定的临界值 c=0），则将这个个体保留在核心组 G_{k^*} 中，否则不包含在其中。按照此方法对 $G_{k^*}^c$ 中剩下的所有个体进行此操作，原核心组 G_{k^*} 成员和新加入的所有个体就形成了第一个收敛子群。再对第一个收敛子群中的所有成员进行 $\log\ t$ 检验以确保 $t_{\hat{b}}>-1.65$。如果 $t_{\hat{b}}\leqslant-1.65$，则提高临界值 c，直至 $t_{\hat{b}}>-1.65$。按照此方法筛选子群成员，可以实现第一类错误和第二类错误的平衡。

（4）算法停止规则。按照步骤（3）形成第一个收敛子群后，对 $G_{k^*}^c$ 中未进入第一个收敛子群的所有个体进行 $\log t$ 检验，如果 $t_{\hat{b}}>-1.65$，则 $G_{k^*}^c$ 中剩下的所有个体形成第二个收敛子群。否则，对 $G_{k^*}^c$ 中剩下的所有个体重复步骤（1）～（3）

的所有操作以寻找更小的收敛子群。此外，如果在步骤（2）不能找到使 $t_k > -1.65$ 的 k，则说明剩下的个体是发散的。

5.3 实 证 研 究

5.3.1 数据

本书的区域房价数据来源于中国统计年鉴，在 5.1 节已经对数据进行了初步处理。为了适用 5.2 节介绍的模型，在上述基础上，将所有数据进一步转化为以第一期为基期（2001M1=100）的定基数据，对数化处理，并进行 HP 滤波处理，消除可能的周期因素。最终得到所有区域的房价走势曲线，如图 5-3 所示。

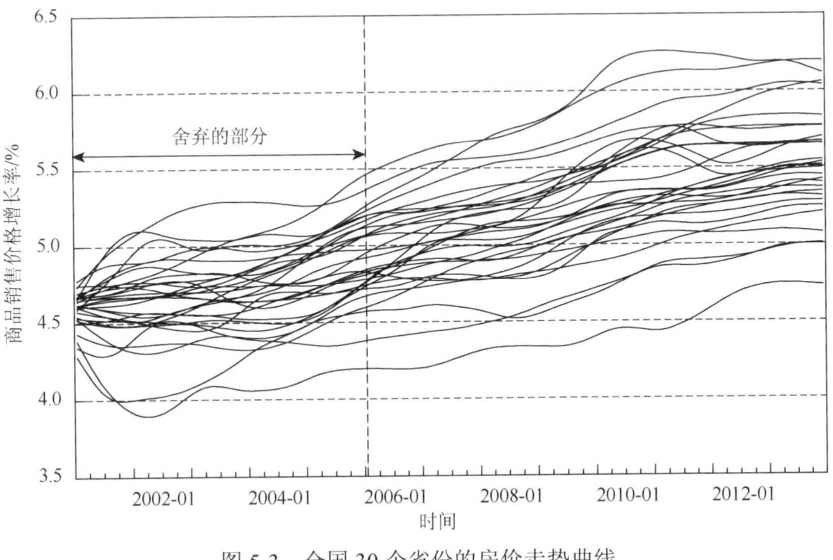

图 5-3　全国 30 个省份的房价走势曲线

为了避免由转化为定基数据而造成的收敛假象，通过观察，我们舍弃了样本数据 2006 年 1 月之前的数据（如图 5-3 所示，约占全部样本数据的 38%），最终有效样本为 2006 年 1 月～2013 年 12 月。

5.3.2 收敛检验与结果

按照 5.2 节介绍的模型先对全国 30 个省份的房价进行整体收敛的 log t 检验，检验所有区域是否存在同质收敛。检验结果显示，$\hat{b}$ 值为−0.392，$t_{\hat{b}}$ 值为−30.208（小于−1.65），即整体收敛的假设在 1%的显著性水平下被拒绝，因此所有区域房价不存在整体上的收敛，也就意味着不能找到单一的导致所有区域房价同质收敛的共同因素。

不存在区域房价的同质收敛，意味着可能存在异质收敛。如果区域房价存在异质收敛，那么所有区域将会收敛到几类中去。笔者在 5.1 节已指出，传统的行政或经济区域划分可能不适用于指导房地产市场进行区域差别化调控，因此在运用聚类算法进行区域房价异质收敛的检验之前，先运用 log *t* 检验对传统的经济或行政区域划分的每一部分进行收敛检验，根据检验结果来验证上述观点。表 5-1 为依照按东部、中部、西部和东北部的区域划分的 log *t* 检验结果。

由表 5-1 的结果可知，对东部、中部、西部和东北部四个区域进行收敛检验的 *t* 统计量均小于–1.65，因此这四个区域房价收敛的假设在 5%的显著性水平下均被拒绝，这意味着各区域中成员的房价并不是都具有相似的增长方式或受共同的房价决定因素的影响。由此可以得出结论，这种传统的区域划分方式对区域房地产市场并不适用①。

表 5-1　传统的经济或行政区域划分的 log *t* 检验结果

区域划分	*t* 统计量 $t_{\hat{b}}$	区域成员
东部	–24.612	北京、天津、上海、河北、江苏、浙江、福建、山东、广东、海南
中部	–113.760	山西、安徽、江西、河南、湖北、湖南
西部	–24.910	重庆、内蒙古、广西、四川、贵州、云南、陕西、甘肃、青海、宁夏、新疆
东北部	–35.794	辽宁、吉林、黑龙江

接下来运用聚类算法对全国 30 个省份的房价进行计算，表 5-2 的聚类结果显示，我国区域房价存在异质收敛，30 个省份的房价最终形成了三个收敛子群②，每个子群中的区域成员有相似的房价变动方式或者受共同的房价决定因素影响。每个子群内的成员没有表现出显著的区域地理相邻性或经济发展程度相似性，这在一定程度上表明地理因素或经济因素并不是区域房价变动的主导因素，从侧面反映了我国区域房价变动外部因素的复杂性和不确定性。因此，在探索区域房价变动的动力因素时，应该更为全面和深入地考虑，如异质的预期因素（刘金娥等，2013；马健等，2013）、人口结构、贫富差距、政策因素等。

① 笔者运用 70 个大中城市的新房和二手房销售价格指数数据，对一线、二线和三四线城市的划分方式也进行了验证，发现这种划分方式也并不适用于区域房地产市场。感兴趣的读者可以向笔者索取检验结果。

② 考虑到 Phillips 和 Sul（2007）的聚类算法倾向于找到较多的收敛子群，本书将表 5-2 的子群两两合并，重新进行 log *t* 检验，发现任何两个子群都不能合并，表 5-2 即为最终的收敛子群结果。

表 5-2　全国 30 个省份的房价的收敛子群

	拟合系数 $\hat{b}$	t 统计量 $t_{\hat{b}}$	区域成员
子群 1	0.212	3.023	贵州、海南、湖南、江西、陕西、浙江
子群 2	0.067	1.336	安徽、北京、福建、甘肃、广西、河北、河南、黑龙江、湖北、吉林、江苏、内蒙古、宁夏、山东、山西、上海、四川、天津、新疆、云南、重庆
子群 3	0.165	2.383	广东、辽宁、青海

图 5-4 分子群展示了三个子群内区域房价的走势曲线，可以看出，子群 1 的区域房价平均增长较大，其次是子群 2，最后是子群 3。图 5-5 分子群展示了全国 30 个省份的房价增长率，横坐标表示区域房价在初始时期（2006 年 1 月）的数值（对数值），纵坐标表示区域房价在 2006 年 1 月～2013 年 12 月的平均增长率。对比图 5-2，可以发现图 5-5 中三个子群的数据标记互相并不重叠，显示出聚类结果的合理性。虽然图 5-4 显示出三个子群具有高、中、低的平均增长水平特征，但是结合图 5-5 也可知，平均增长率并非是划分为不同子群的决定因素，

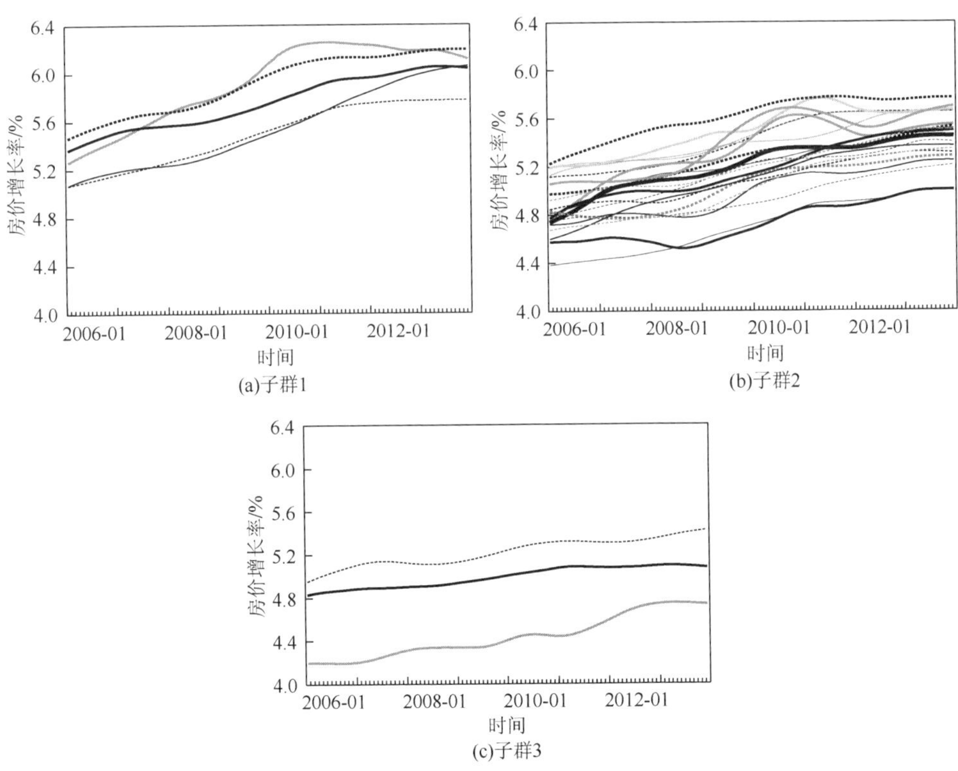

图 5-4　分子群的房价走势曲线

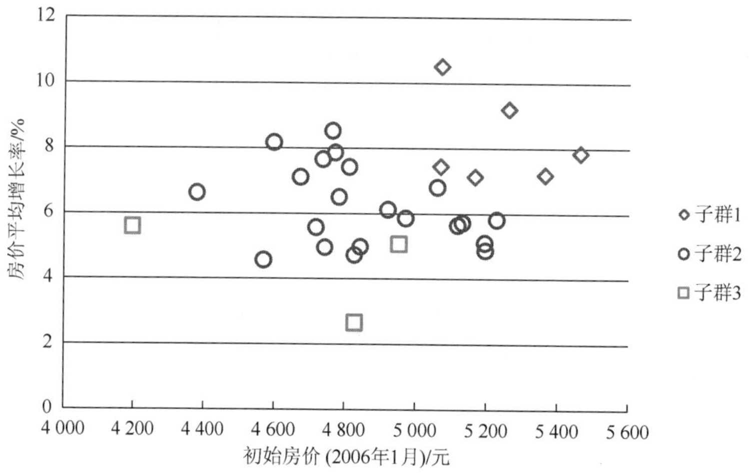

图 5-5　2006 年 1 月～2013 年 12 月全国 30 个省份的房价增长率（分子群）

即使在不同子群中也存在具有相同增长率的成员，这些成员之所以收敛到不同的子群中，除初始房价水平不同以外，更多的是因为具有不同的增长方式和收敛水平。

5.4　调控政策与区域房价收敛的动态性分析

通过聚类算法得到区域房价的收敛子群后，可以对不同的收敛子群进一步深入研究，找到每个子群中区域房价的共同影响因素，从而对每个子群制定有针对性的差异化房地产调控策略。对于区域房价收敛的动态性，本书通过逐步延长数据样本的长度来进行研究。数据样本的起始点是 2006 年 1 月，结束点分别为 2008 年 1 月，2008 年 2 月，…，2013 年 12 月。即第一次聚类的样本数据长度为 2006 年 1 月～2008 年 1 月，此后每次聚类时增加一个样本点，以此类推，共计 72 次。每次聚类的子群结果都进一步合并计算，避免收敛子群数量过多。最后运用非参数检验中的 Kruskal-Wallis 检验，检测每次聚类得到的收敛子群结果是否发生本质性改变。

图 5-6 的 KW 曲线为不同样本时期 Kruskal-Wallis 检验的 p 值，需要说明的是，Kruskal-Wallis 检验用于检验多个总体的分布是否存在显著差异，其原假设是：多个独立样本来自的多个总体的分布无显著差异。在本章中，随着时间的推移，对于 Kruskal-Wallis 检验的原假设，如果从接受变为拒绝，或者从拒绝变为接受，都可以认为区域房价的收敛发生了本质性变化；而在一段时间内，对原假设始终保持接受或者拒绝状态，则不能充分表明区域房价的收敛是否发生本质性变化。由图 5-6 的结果可知，以 Kruskal-Wallis 检验的 5%显著性水平为标准，区域房价的收敛在 2009 年 4 月、2010 年 9 月、2011 年 6 月、2011 年 12 月和 2013 年 7 月的

5 个时间点发生了本质性改变。

图 5-6 中同时以圆圈形式标出了 2008 年以来重要房地产调控政策颁布的时间点，虚线圈表示刺激政策，实线圈表示抑制政策。容易发现，区域房价收敛的本质性改变基本是发生在重要调控政策颁布的 4～5 个月后，这在很大程度上说明历年的房地产调控政策本质性地改变了区域房价收敛情况，且通常存在 4～5 个月的滞后期，可以作为今后调控政策制定和效果预期的参考。此外，图 5-6 显示，"国四条"似乎没有本质性地改变区域房价收敛情况，这可能与政策力度不足有关；区域房价收敛在 2011 年 12 月发生本质性改变，但是前 4～5 个月并没有重要调控政策的颁布，说明除了调控政策因素外，还存在着其他重要因素影响区域房价收敛。

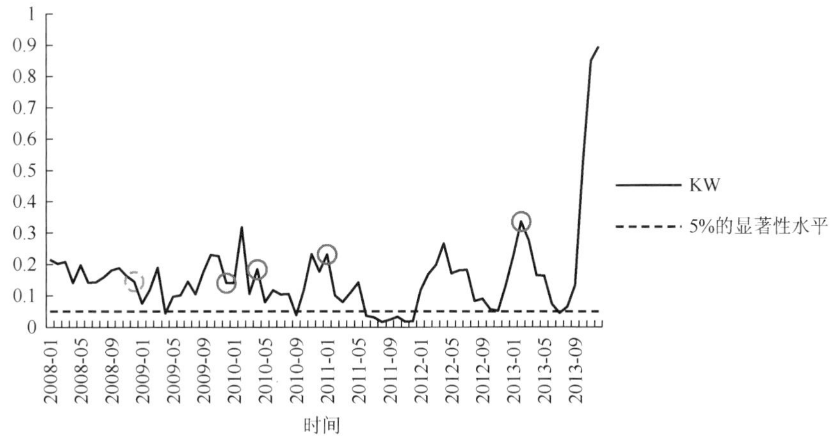

图 5-6　Kruskal-Wallis 检验的 p 值与调控政策：2006M1～X（X=2008M1, …, 2013M12）

表 5-3 列出了重要调控政策出台 4～5 月后区域房价的收敛情况。整体来看，收敛子群在减少，部分成员在四次政策调控中始终收敛于同一子群内，如吉林和天津，内蒙古、宁夏和山东，分别用下划线相连。

表 5-3　重要调控政策对全国 30 个省份的房价收敛的影响情况

子群划分	2009 年 4 月	2010 年 9 月	2011 年 6 月	2013 年 7 月
子群 1	海南、浙江	海南、上海、浙江	安徽、北京、贵州、湖南、吉林、天津、江苏、江西、陕西、上海	海南、湖南、江西、陕西、浙江
子群 2	贵州、湖南、吉林、天津	安徽、北京、贵州、湖南、吉林、天津、江苏、江西、陕西	福建、河南、甘肃、广东、广西、黑龙江、河北、湖北、辽宁、内蒙古、宁夏、山东、山西、四川、新疆、云南、重庆	安徽、北京、福建、河南、甘肃、贵州、河北、湖北、吉林、天津、江苏、上海、四川、重庆

续表

子群划分	2009年4月	2010年9月	2011年6月	2013年7月
子群3	安徽、北京、广西、黑龙江、河北、湖北、江苏、江西、陕西、上海	福建、河南、甘肃、广东、广西、黑龙江、河北、湖北、内蒙古、宁夏、山东、四川、重庆		广东、广西、黑龙江、辽宁、内蒙古、宁夏、山东、青海、山西、新疆、云南
子群4	福建、河南、广东、辽宁、内蒙古、宁夏、山东、四川	辽宁、山西、新疆、云南		
子群5	甘肃、新疆、云南、重庆			
子群6	青海、山西			
发散		青海	海南、浙江、青海	

5.5 本章小结

本章通过研究区域房地产价格的异质收敛挖掘区域房地产市场差异的本质，为实施区域差异化房地产市场调控提供依据。本章采用非线性时变因子模型得出结论，我国房地产价格不存在整体上的同质收敛，传统的经济或行政区域划分对房地产市场的差异化调控并不适用。本章采用聚类算法，全国30个省份被划分为三个区域房价收敛子群，三个子群呈现出高、中、低的平均房价增长水平，各子群成员不存在显著的区域地理相邻性或经济发展程度相似性，这在一定程度上可以说明地理因素或经济因素并不是区域房价变动的主导因素，侧面反映了我国区域房价变动外部因素的复杂性和不确定性。

在影响区域房价收敛的众多因素中，本章进一步研究了以往的宏观调控政策对区域房价收敛的影响，发现重要的房地产调控政策会本质性地改变区域房价的收敛情况，且通常存在4～5个月滞后期，然而宏观调控政策并非是影响区域房价收敛的唯一主导因素。

在得到区域房价的收敛子群后，可以进一步挖掘各子群区域房价的共同影响因素，以便更具针对性地制定区域差异化房地产调控策略。

第三篇　我国房地产市场区域差异特征研究

第 6 章　我国房地产投资的区域差异特征与实证分析

我国区域经济发展存在显著的地域差异，不同城市发展特征迥异，同时我国房地产业发展也具有明显的区域性特征，并且与区域经济的发展紧密相关（凌鑫和刘科伟，2006；范艳玮等，2007）。我国房地产区域差异特征主要表现为房地产市场供需分布集中，2011 年至今 35 个大中城市房地产开发投资额占整体的比例超过 50%，其中商品房销售额和销售面积占比均保持较高水平，同时不同城市间房地产价格分化也日益明显。以房地产开发投资额为例，虽然近年来我国东部、中部、西部三个地区房地产开发投资额的差异在逐步缩小，中部、西部地区房地产开发投资额占比分别由 2000 年的 13.5%、13.2%上升至 2012 年的 22%、21.6%，东部地区房地产开发投资占比由 2000 年的 73.3%降至 2012 年的 56.5%，但东部地区房地产开发投资额占比仍远高于中部、西部地区。不仅区域之间投资差异仍然明显，区域内部差异也依然显著，东部地区的辽宁、江苏、浙江、广东、山东等，中部地区的安徽、河南、湖北、湖南，西部地区的四川、广西、云南、陕西，以上省份均为各区域内房地产开发投资额较为集中的地区，同时我们通过对各省份中地级市统计数据的分析发现，各省份房地产开发投资额也主要集中于经济较为发达的城市，如河北的石家庄、唐山，山西的太原、大同，辽宁的沈阳、大连，吉林的长春，黑龙江的哈尔滨，山东的青岛、济南，江苏的南京、无锡、苏州，安徽的合肥、芜湖，浙江的杭州、宁波、温州，福建的福州、厦门，河南的开封、洛阳，湖北的武汉，湖南的长沙，广东的广州、深圳，广西的南宁、桂林、柳州，陕西的西安，甘肃的兰州，宁夏的银川等地，而房地产开发投资额占比较低的城市则是各省份中经济欠发达城市。不仅房地产开发投资额呈现上述分布特征，商品房销售额和销售面积、新开工面积、房屋销售价格等也呈现出分布过于集中的特征。区域经济发展特征及与房地产市场的相互作用形成了我国房地产市场的区域差异。房地产市场调控政策的实施不仅要考虑房地产市场整体发展现状，更要考虑区域房地产市场发展差异特征，掌握区域房地产市场的演变轨迹和发展趋势，尤其是城市间房地产市场相互影响的机制，以制定更有针对性的差别化调控政策。

本章结合已有的数据分析结果，以房地产投资分析为例，通过计算我国区域房地产市场投资的变异系数、泰尔系数和集中系数，分析我国区域房地产市场投资差异的演变规律，为提出差别化调控的思路提供事实依据，同时通过分析区域房地产投资与 GDP 之间的关系，检验房地产投资与经济发展关系的区域差异性。

6.1 文献综述

国内学者在现有经济区域划分的基础上，从房地产市场投资区域、房地产价格区域及房地产投资与区域经济的关系等角度对我国房地产市场的区域差异进行了较多的分析与实证研究。魏巍贤和李阳（2005）对我国 30 个省份 1999～2003 年的面板数据进行分析，发现全国各省份的房地产需求函数存在较大差异。谭术魁和陈晓川（2006）提出房地产投资差异曲线图法和房地产投资差异系数法，对我国 2001～2003 年的房地产投资差异情况进行了简要的实际测度和分析等。凌鑫和刘科伟（2006）认为，东部、中部、西部地区房地产业区域差异性强，应该采取不同的宏观调控政策才能取得最佳的效果。梁云芳和高铁梅（2007）在考虑区域差异化的基础上，按照东部、中部、西部传统区域划分方式对我国房地产市场波动进行了研究。易成栋（2008）认为影响房地产业地区差异的因素有地区经济、政策和市场环境等，因此应分区制定房地产发展战略，对房地产业调控要因地指导。范艳玮等（2007）在明确存在区域差异的基础上，对区域房地产发展与经济增长进行 Granger 因果关系检验，针对区域房地产发展与经济增长建立了固定效应变系数模型，对区域投资弹性进行了对比，表明房地产业发展具有特殊的区域性，与区域经济的发展紧密联系，二者相互影响，相互制约。高波和王斌（2008）通过对我国 35 个大中城市房地产需求弹性的实证研究，发现房地产需求弹性具有显著的地区差异性。孔行等（2009）认为随着时间的推移，以及经济发展水平、居民消费水平等宏观经济基本面的改变，房地产行业呈现显著的地域性，其与地区经济之间的均衡协调关系也处在不断的调整状态中。胡晓添等（2010）研究宏观调控对城市房地产市场的作用效应，认为宏观政策对城市房地产市场的调控效用在总体上相对有效，然而城市的差异性使得调控效用存在着较大的差异性。陈浪南和王鹤（2012）分析得出，相邻地区之间房价的影响程度比其他不相邻地区之间房价的影响程度大，经济特征相似地区间房价的相互影响程度比经济特征不相似地区间房价的相互影响程度小。田成诗和王雁（2012）认为我国省域房地产价格存在显著空间相关性，高值集中分布在经济发达的东部沿海地区，低值聚集在经济相对比较落后的西部地区。

现有的对房地产市场区域差异的探讨大多是基于已有的经济区域划分进行分析，以东部、中部、西部，30 个省份，或者 30 个大中城市为研究样本，忽略了其他二线城市及三四线城市，缺少从地级城市层面分析我国房地产市场的区域差异特征。对房地产投资城市层面的差异及各组成部分之间的内在联系缺乏深入的探讨。本章运用变异系数、泰尔系数、集中系数等分别以省份为单位和以地级市为单位探讨我国房地产投资的区域差异特征，并从地级市层面分析房地产投资与区域经济发展之间的关系。

6.2 研究方法

本章运用标准差、变异系数、泰尔系数分析我国房地产投资区域差异特征，其中泰尔系数的定义参考贺灿飞和梁金柱（2004）的我国区域经济差异的测算方式。

6.2.1 标准差与变异系数

$$S = \sqrt{\sum_j (Y_j - \overline{Y})^2 / n}, \quad \mathrm{CV} = \frac{S_t}{\overline{Y}} \tag{6-1}$$

其中，Y 为地区 j 房地产开发投资额；$\overline{Y}$ 为房地产开发投资额均值。

6.2.2 泰尔系数

泰尔系数有以下优点：①可以将区域差异按产业结构或地域结构进行多层次分解；②采用经济规模加权；③如果所有区域的平均收入和人口规模变动相同的比例，泰尔系数不变；④泰尔系数不受考察的空间单元个数的影响，可以比较不同区域系统内的经济差异（贺灿飞和梁金柱，2004）。

1. 以省区为单位的房地产投资区域差异程度的泰尔系数

以省区为单位的我国房地产投资区域差异程度泰尔系数（T_{p}）可以定义为

$$T_{\mathrm{p}} = \sum_i \sum_j \left(\frac{Y_{ij}}{Y}\right) \ln\left(\frac{Y_{ij}/Y}{N_{ij}/N}\right) \tag{6-2}$$

其中，Y_{ij} 为经济带 i 中 j 省份的房地产投资完成额；Y 为全国房地产投资完成额；N_{ij} 为 i 地带中 j 省区人口数；N 为全国人口数。

如果定义 $T_{\mathrm{p}i}$ 为 i 地带内省区间的差异，则 $T_{\mathrm{p}i}$ 可以定义为

$$T_{\mathrm{p}i} = \sum_j \left(\frac{Y_{ij}}{Y_i}\right) \ln\left(\frac{Y_{ij}/Y_i}{N_{ij}/N_i}\right) \tag{6-3}$$

其中，Y_i 和 N_i 分别为经济带 i 的房地产开发投资额和人口数。

若将 T_{br} 定义为地带间的差异，

$$T_{\mathrm{br}} = \sum_i \left(\frac{Y_i}{Y}\right) \ln\left(\frac{Y_i/Y}{N_i/N}\right) \tag{6-4}$$

通过分析，可以将我国房地产投资的省区差异分解为经济带内差异（T_{wr}）和经济带间（T_{br}）差异之和，即

$$T_{\mathrm{p}} = \sum_i \sum_j \left(\frac{Y_{ij}}{Y}\right) \ln\left(\frac{Y_{ij}/Y}{N_{ij}/N}\right) = \sum_i \left(\frac{Y_i}{Y}\right) T_{\mathrm{p}i} + T_{\mathrm{br}} = T_{\mathrm{wr}} + T_{\mathrm{br}} \tag{6-5}$$

2. 以地区为单位的房地产投资区域差异程度的泰尔系数

在以地区为单位分析我国房地产投资区域差异程度时，地区单位为我国行政划分中的地级市，不包括地区级行政区。

以地区为单位的我国房地产投资区域差异程度的泰尔系数（T_c）可以定义为

$$T_c = \sum_i \sum_j \sum_k \left(\frac{y_{ijk}}{Y}\right) \ln\left(\frac{y_{ijk}/Y}{n_{ijk}/N}\right) \tag{6-6}$$

其中，y_{ijk} 和 n_{ijk} 分别为经济带 i 中 j 省区内 k 城市的房地产开发投资完成额和人口数，其他同式（6-2）中所描述。

定义经济带 i 内城市间的房地产开发投资差异（T_{ci}）为

$$T_{ci} = \sum_j \sum_k \left(\frac{y_{ijk}}{Y_i}\right) \ln\left(\frac{y_{ijk}/Y_i}{n_{ijk}/N_i}\right) \tag{6-7}$$

此时可以将 T_c 分解为

$$T_c = \sum_i \left(\frac{Y_i}{Y}\right) T_{di} + \sum_i \left(\frac{Y_i}{Y}\right) \ln\left(\frac{Y_i/Y}{N_i/N}\right) = \sum_i \left(\frac{Y_i}{Y}\right) T_{ci} + T_{br} \tag{6-8}$$

定义 T_{ij} 为经济带 i 中省份 j 的房地产投资差异，则

$$T_{ij} = \sum_k \left(\frac{y_{ijk}}{Y_{ij}}\right) \ln\left(\frac{y_{ijk}/Y_{ij}}{n_{ijk}/N_{ij}}\right) \tag{6-9}$$

则经济带城市间的房地产开发投资差异（T_{ci}）可以进一步分解为

$$T_{ci} = \sum_j \left(\frac{Y_{ij}}{Y}\right) T_{ij} + \sum_j \left(\frac{Y_{ij}}{Y_i}\right) \ln\left(\frac{Y_{ij}/Y_j}{N_{ij}/N_i}\right) = \sum_j \left(\frac{Y_{ij}}{Y_i}\right) T_{ij} + T_{pi} \tag{6-10}$$

综合以上公式，以地区为单位的我国房地产投资区域差异可以分解为三个组成部分，即省内差异（T_{wp}）、省际差异（T_{bp}）和经济带间差异（T_{br}）：

$$\begin{aligned} T_c &= \sum_i \left(\frac{Y_i}{Y}\right) T_{ci} + \sum_i \left(\frac{Y_i}{Y}\right) \ln\left(\frac{Y_i/Y}{N_i/N}\right) = \sum_i \left(\frac{Y_i}{Y}\right) \left[\sum_j \left(\frac{Y_{ij}}{Y_j}\right) T_{ij} + T_{pi}\right] + T_{br} \\ &= \sum_i \sum_j \left(\frac{Y_{ij}}{Y}\right) T_{ij} + \sum_i \left(\frac{Y_i}{Y}\right) T_{pi} + T_{br} = T_{wp} + T_{bp} + T_{br} \end{aligned} \tag{6-11}$$

6.3　数据整理与变量说明

本章采用 1999～2012 年我国内地各省份及地级市的房地产开发投资额和人口数据考察我国区域房地产投资差异特征。各省份及地级市的 GDP 和年末人口数从《中国统计年鉴》《中国区域经济统计年鉴》《中国房地产统计年鉴》，以及各省

份、地级市相关年份的统计年鉴中获得。因数据问题，暂未考虑西藏地区房地产开发投资状况，东部地区包括北京、天津、河北、辽宁、上海、江苏、浙江、福建、广东、山东、海南；中部地区包括山西、吉林、黑龙江、安徽、江西、河南、湖北、湖南；西部地区包括内蒙古、广西、重庆、四川、贵州、云南、西藏、陕西、甘肃、青海、宁夏、新疆。在以地级市为单位计算房地产投资区域差异时，将北京、天津与河北合并，作为地级市处理，上海、海南、重庆分别与江苏、广东、四川合并，作为地级市处理。

6.4　实 证 结 果

6.4.1　标准差与变异系数分析

本章运用反映绝对差异的标准差和反映相对差异的变异系数描述我国房地产投资区域差异的变化趋势。如图 6-1 所示，1999～2012 年，我国房地产投资总体变化趋势的绝对差异在不断扩大，整体标准差由 1999 年的 160.15 增加至 2012 年的 1 633.90，年均增长率为 19.6%。分地区来看，东部地区由 1999 年的 190.24 增加至 2012 年的 1 718.58，年均增长率为 18.4%；中部地区由 1999 年的 27.33 增加至 2012 年的 826.04，年均增长率为 30.0%；西部地区由 1999 年的 43.09 增加至 2012 年的 941.18，年均增长率为 26.8%。如图 6-2 所示，1999～2012 年，除中部地区外，我国房地产整体投资及东部地区、西部地区房地产投资的相对差异在逐年下降，而中部地区在 2002 年以后，相对差异呈现逐年上升的趋势，但是上升幅度较少。

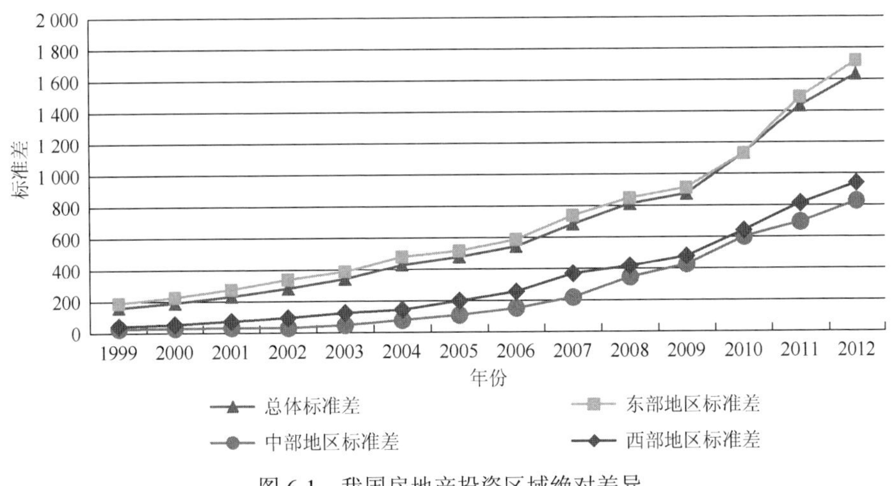

图 6-1　我国房地产投资区域绝对差异

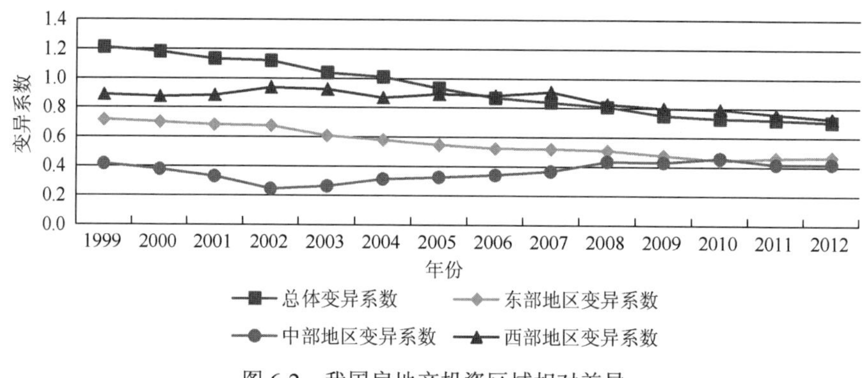

图 6-2　我国房地产投资区域相对差异

上述变化说明：自 1999 年以来，随着房地产市场的迅速发展，我国各地区房地产开发投资水平都得到了显著提升，但各省份房地产开发投资水平的差距仍然显著，1999 年全国房地产开发投资额最高的省份为广东，达到 575 亿元，房地产开发投资额最低的省份为青海，数值为 11 亿元。2012 年房地产开发投资额最高值为江苏的 4 355 亿元，最低为青海的 190 亿元。由于我国东部地区的经济发展速度要明显高于中部、西部地区，各地区房地产与住房市场发展起步也存在差距，东部地区对房地产投资需求更加旺盛，投资资金充裕，市场交易频繁促进了市场成熟与繁荣。而中部、西部地区经济发展相对落后，房地产投资需求较弱，房地产市场起步较晚且发展相对缓慢。由于经济基础、市场发展及区位因素等存在差异，我国房地产市场投资的发展水平与速度不一致，投资总量差距在逐年加大，出现了绝对差异在逐年拉大，而相对差异在逐年缩小的格局。而中部地区房地产市场在 2003～2008 年发展相对缓慢，所以其均值变动幅度较少，变异系数出现了上升的趋势。“中部崛起”战略的提出对中部地区房地产市场有了较大的促进作用，2009 年之后其各地区房地产投资额均出现了显著上升，其均值较以往出现了显著提高。而西部地区的变异系数明显高于东部、中部地区，说明西部地区近几年房地产市场投资发展更为迅速，而东部地区由于市场发展较为成熟，其房地产开发投资发展较为稳定。

本章对各省份房地产开发投资的绝对差异与相对差异也进行了分析。由于篇幅限制，未能将结果完全展示。通过标准差的计算，各省份房地产开发投资的绝对差异均在逐年扩大，其中年均增速较高的省份是河北、山西、内蒙古、安徽、湖南、贵州，年增长速度均在 30%以上，最高为湖南，其年均增长速度为 34.4%。

图 6-3～图 6-5 为我国分区域各省份房地产投资相对差异变化趋势。由图可知，除个别省份之外，我国各省份房地产开发投资相对差异整体呈现逐年下降的趋势，下降趋势较为明显的省份有广东、山东、海南、江苏、福建、河南、广西、甘肃等，辽宁、浙江、山西、安徽、四川、贵州等省份下降幅度较少，而河北、江西、湖南、内蒙古、山西、宁夏等省份的相对差异呈现扩大趋势。由各地级市的房地

产投资占比变化趋势可知，在下降趋势较大的地区，如广东、山东、福建等省份各地级市房地产投资占比在逐年发生变化，其主要城市占比出现下降趋势，如广东，除了广州、深圳之外，近几年佛山、惠州、东莞等地的房地产市场投资占比在逐年上升，山东的济南、青岛两地的房地产开发投资占比由 1999 年的 60%下降至 2012 年的 35%，而烟台、潍坊、威海等地的房地产开发投资额占比在逐年升高，打破了区域集中的格局。其他省份，如福建的泉州、漳州，河南的安阳、新乡、信阳，江苏的苏州、常州等城市，其房地产市场投资占比均呈现上升趋势，上述省份中房地产市场投资的区域格局随着区域经济的发展正处于调整变化中。辽宁、浙江、山西、安徽等省份中各地级市房地产开头投资占比的分布处于相对稳定的状态。而相对差异逐年扩大的省份，如河北、江西、湖南、山西、宁夏等，其房地产开发投资额分布更为集中，如河北的石家庄、唐山、保定，山西的太原、大同、阳泉，湖南的长沙、株洲，江西的南昌、赣州等，房地产开发投资始终集中于上述城市中，且集中程度有上升趋势。

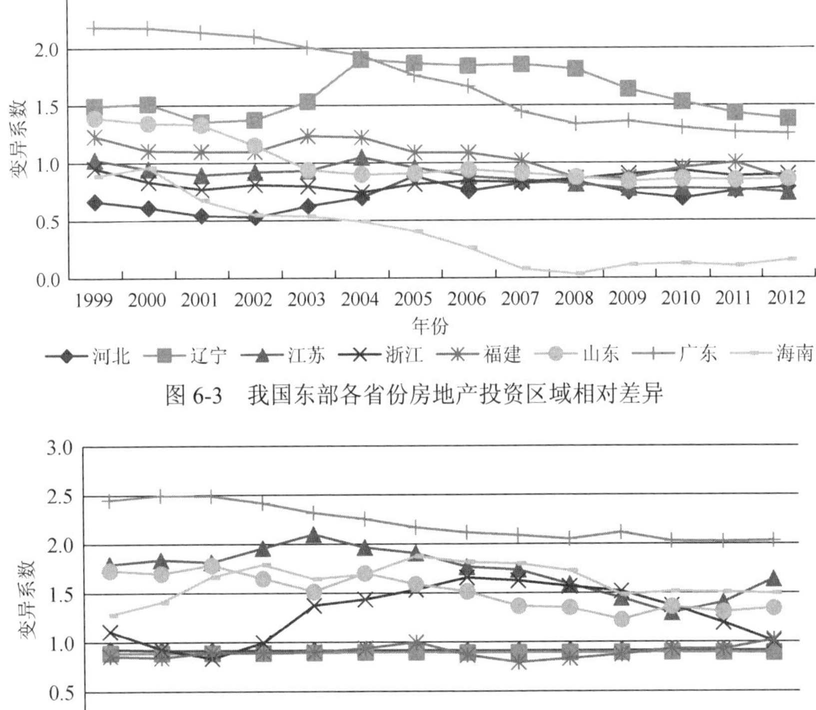

图 6-3　我国东部各省份房地产投资区域相对差异

图 6-4　我国中部各省份房地产投资区域相对差异

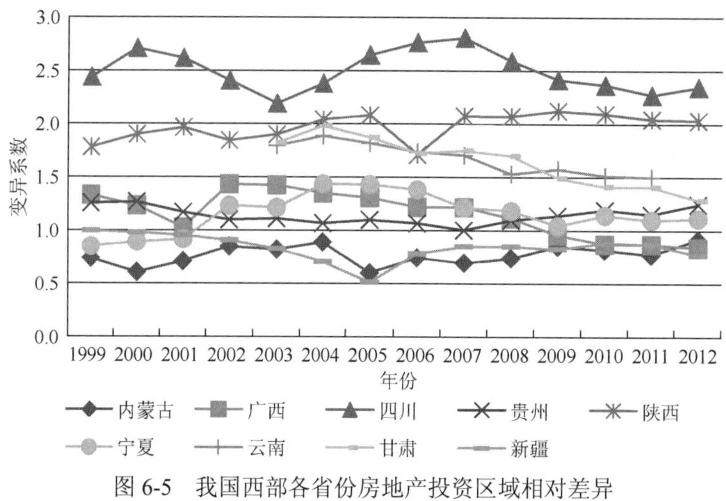

图 6-5　我国西部各省份房地产投资区域相对差异

6.4.2　泰尔系数分析

本节采用多层分解泰尔系数分析不同区域房地产投资差异，并运用泰尔系数分析组内差异与组间差异对区域房地产投资差异的贡献度，主要分为以省区为单位的房地产投资区域差异程度泰尔系数、以地区（地级市）为单位的房地产投资区域差异程度泰尔系数。

图 6-6、图 6-7 为 1999～2012 年以省区为单位我国房地产投资泰尔系数及其分解，由图可知，我国房地产投资泰尔系数自 1999 年以来呈现缩小趋势，总体泰尔系数由 1999 年的 0.36 降至 2012 年的 0.085，对其进行分解可以分析出组间差异下降幅度明显，由 1999 年的 0.264 降至 2012 年的 0.047，组内差异由 1999 年的 0.1 降至 2012 年的 0.038。同时组内差异的贡献度由 1999 年的 27.4%上升至 2012 年的 45.2%。由上述分析可以看出，自 1999 年以来我国房

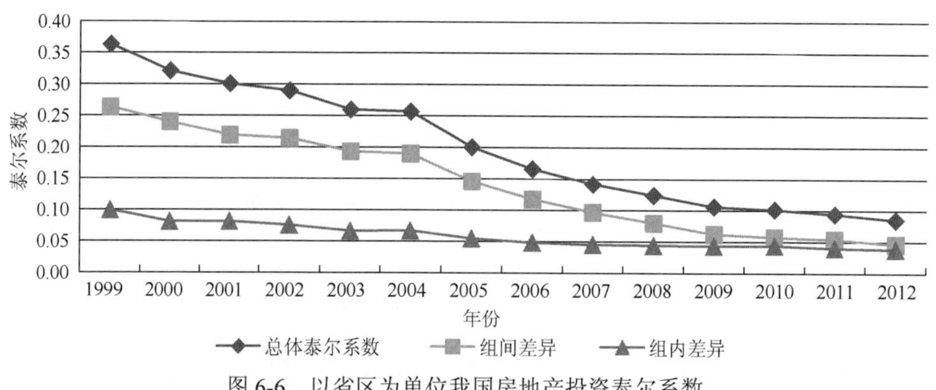

图 6-6　以省区为单位我国房地产投资泰尔系数

地产投资差异呈现逐步缩小的趋势，并逐步由组间差异转变为组内差异，二者此消彼长，反映出我国房地产开发投资整体差异程度在逐步缩小，而区域内部差异程度在逐步扩大。

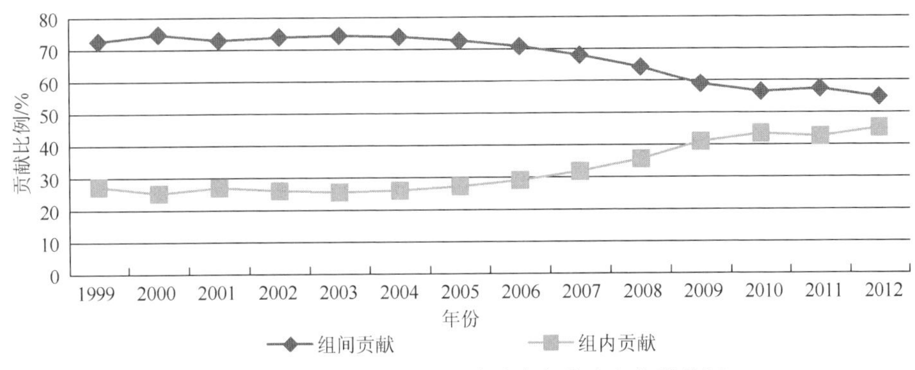

图 6-7　以省区为单位我国房地产投资泰尔指数分解

图 6-8 为我国东部、中部、西部房地产投资泰尔系数，由图可知自 1999 年以来东部、中部、西部地区差异均在逐年缩小，但东部地区各省份之间的差异仍高于中部、西部地区，2002 年以后西部地区各省份的房地产投资差异已明显高于中部地区，但 2008 年以后又比较接近。从差异变动的趋势分析可知，东部地区与中部地区的变动趋势较为相似，而西部地区在 2002～2008 年的差异变动趋势呈现出与东部、中部地区相反的特征。

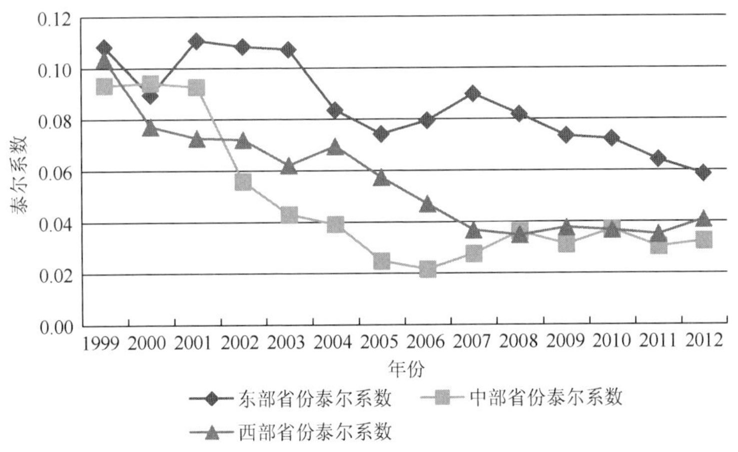

图 6-8　我国东部、中部、西部房地产投资泰尔系数

图 6-9、图 6-10 为 1999～2012 年以地区（地级市）为单位的我国房地产投资泰尔系数及其分解。由图可知，以地区为单位衡量房地产投资区域差异，其泰尔系数也呈现逐年下降的趋势，总体泰尔系数由 1999 年的 1.11 下降至 2012 年的

0.36，尤其是组内地区的泰尔系数由 1999 年的 0.75 下降至 2012 年的 0.28，组内省份差异与组内地区差异的缩小幅度相对较少。通过对泰尔系数进行分解可以发现，1999～2012 年组间差异的贡献呈现逐年下降的趋势，由 1999 年的 23.7%降至 2012 年的 12.9，而组内省份差异与组间地区差异均呈现上升趋势，其中组内地区差异贡献度由 1999 年的 67.4%上升至 2012 年的 76.5%，组内地区差异是房地产投资地区差异的主要影响因素。

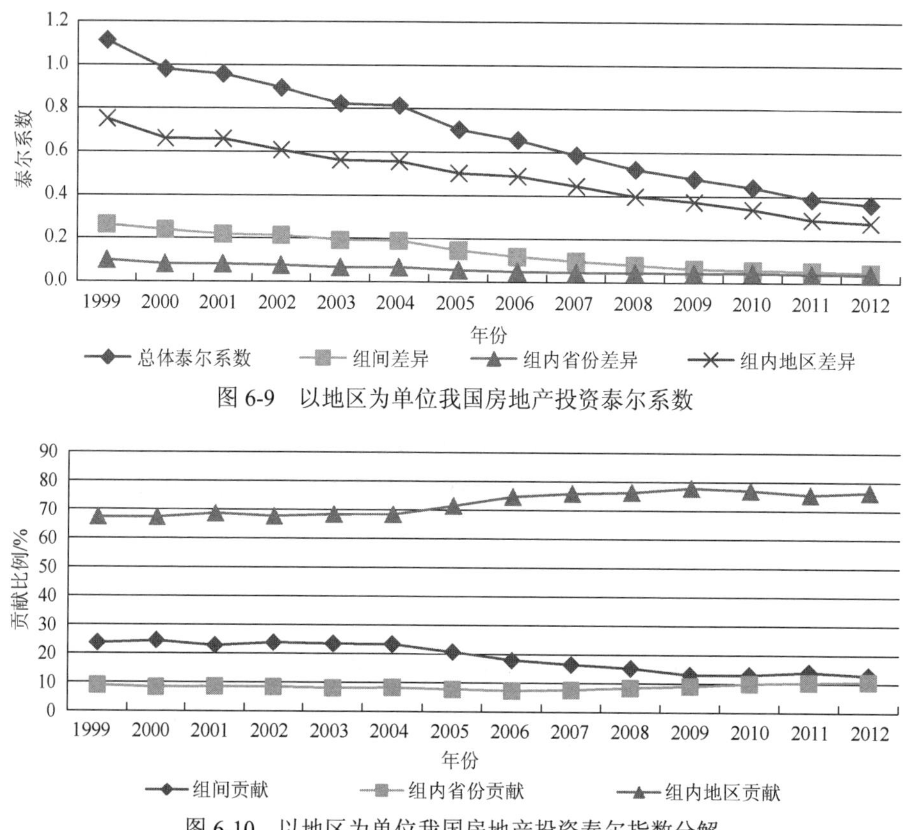

图 6-9　以地区为单位我国房地产投资泰尔系数

图 6-10　以地区为单位我国房地产投资泰尔指数分解

图 6-11 为我国东部、中部、西部三个地区以城市为单位房地产投资泰尔系数的变化趋势。由图可知，我国东部、中部、西部三地区的城市房地产投资泰尔系数呈现逐年下降的趋势，自 2004 年以来中部、西部地区城市间的房地产投资差异程度要高于东部地区，其原因在于东部地区经济发展水平整体较高，房地产市场发展起步较早，而且各省份内部区域房地产市场间的差异程度要小于中部、西部地区，与东部地区各省份相比，中部、西部地区各省份中房地产开发投资更加集中，而东部地区各省份内的集中程度正在逐年下降，经济发展水平相对较低的城市的房地产市场也得到了快速发展，而且中部、西部城市泰尔系数与东部城市泰尔系数的差距有扩

大趋势，从一定程度上反映了东部城市房地产市场投资正呈现由核心城市向周边城市扩散的趋势。

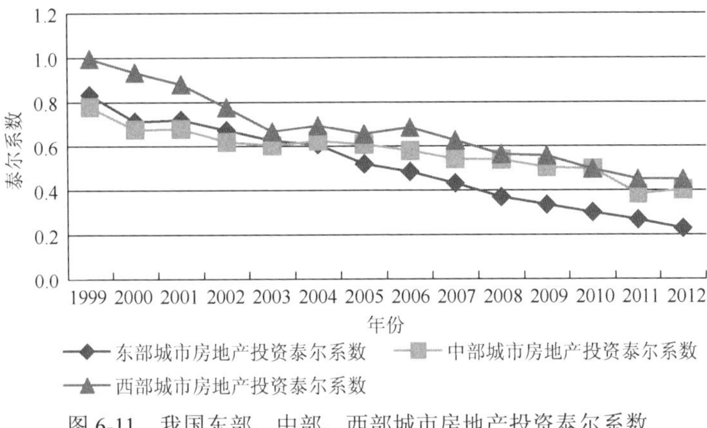

图 6-11　我国东部、中部、西部城市房地产投资泰尔系数

6.4.3　区域房地产投资与经济发展的关系

为了更好地说明区域房地产投资差异特征及其与区域经济发展的关系，本章运用面板协整检验和基于误差修正模型的面板 Granger 因果关系检验，选取 2000～2012 年 231 个地级市房地产投资与 GDP 的面板数据，分析不同地区房地产投资与经济发展之间的关系。由于篇幅原因，未能将建模过程呈现而是给出模型及实证分析的结果。本章选用变系数面板数据模型对房地产投资与 GDP 的关系进行建模分析。

本章所建立的模型为 $\ln(\mathrm{GDP}_{it}) = \alpha_i + \beta_i \ln(\mathrm{RINV}_{it}) + u_{it}$，其中 RINV 代表各地级市房地产开发投资额。表 6-1 是根据系数 β 的大小对所得结果进行的简单分类，以此反映不同地区房地产开发投资与区域经济发展的贡献作用。由于所含城市样本较多，只列举了部分代表城市。从表 6-1 中可以看出，根据房地产投资对 GDP 的单位贡献作用即可将地区房地产市场划分为类，其分布也存在差异。其中，各个城市的回归系数主要集中在 0.45～0.65 的区间中，截距项的不同反映出个体因素的影响在不同区域也有一定的差别。

表 6-1　房地产开发投资额对 GDP 的贡献作用

β 的取值范围	城市个数	举例城市
0.25～0.35	6	鹤岗、黄冈、永州、周口、保定
0.35～0.45	31	大庆、盘锦、山药、松原、十堰、鞍山、石家庄、岳阳、温州、滨州、锦州、廊坊、许昌、德州
0.45～0.55	62	德州、莆田、潍坊、济南、黄石、大同、长春、开封、常州、蚌埠、福州、秦皇岛、桂林

续表

β的取值范围	城市个数	举例城市
0.55～0.65	59	烟台、镇江、昆明、青岛、资本、唐山、营口、洛阳、东莞、合肥、珠海、南京、成都、南宁
0.65～0.75	37	太原、南通、徐州、兰州、威海、北京、东营、宁波、长沙、大连、中山、武汉、重庆、哈尔滨
高于 0.75	36	包头、佛山、杭州、惠州、西宁、延安、宜春、盐城、银川、天津、上海、深圳、苏州、广州

6.5 本章小结

本章以地级市房地产市场投资额为研究对象，运用标准差、变异系数、泰尔系数分析我国房地产投资区域差异特征，并选取 2000～2012 年 231 个地级市房地产投资与 GDP 的面板数据，分析不同地区房地产投资与经济发展之间的关系。通过各指标的测算结果及实证分析结果可以看出，1999～2012 年，除中部地区外，我国房地产投资整体及东部地区、西部地区的相对差异在逐年下降，而中部地区在 2002 年以后相对差异呈现逐年上升的趋势，但是上升幅度较少。各省份房地产开发投资的绝对差异均在逐年扩大，相对差异整体呈现逐年下降的趋势。受区域经济发展不均衡的影响，部分省份房地产开发投资呈现由核心城市向周边城市扩散的趋势，同时也存在部分省份的地级市的房地产开发投资额仍然较为集中且集中度有扩大的趋势。

通过计算房地产投资差异的泰尔系数得出，我国房地产投资差异自 1999 年以来呈现逐步缩小的趋势，且逐步由组间差异转变为组内差异，二者此消彼长，反映出我国房地产开发投资整体差异程度在逐步缩小，而区域内部差异程度在逐步扩大。根据以地区为单位测算的房地产投资差异泰尔系数可知，自 1999 年以来组间差异的贡献呈现逐年下降的趋势，而组内省份差异与组间地区差异均呈现上升趋势，其中组内地区差异贡献度由 1999 年的 67.4%上升至 2012 年的 76.5%，组内地区差异是房地产投资地区差异的主要影响因素。通过运用面板数据模型对地级市房地产开发投资与 GDP 的关系的研究可以发现，由于区域经济发展水平与产业结构存在差异，不同地区房地产投资对经济发展的作用也存在差异，房地产投资在区域经济发展中的作用与地位也应是宏观调控关注的重要方面。

本章以房地产投资为例，借助刻画区域经济发展水平差异的各种指标，并结合计量方法，旨在描述我国区域房地产市场的差异化特征及发展趋势，为我国房地产市场区域差别化调控提供现实依据，同时通过其他指标，如商品房销售价格、销售额、销售面积、房屋新开工面积等，也可以探讨我国房地产市场区域差异特征，现实的数据及各地区房地产市场的表现说明，现有的调控政策并没有达到调控目标，在部分地区调控政策无法起到调控的作用，提出区别化的房地产市场调控思路显得日益紧迫，究竟该如何对我国房地产市场进行合理划分，并在此基础上制定有效的区域房地产市场调控政策是十分值得探讨的问题。

第 7 章　我国房地产价格的区域差异特征与实证分析

近年来我国房地产市场风险不断集聚，出现了房价快速上涨、投资增幅过高、商品房空置面积增加过快等现象。房价在城市之间的差异也在不断扩大，住宅价格在城市之间的差异远远大于居民收入、消费品和其他资产价格的差异，对房地产宏观调控效果提出了挑战。虽然房地产市场之间有明显的空间异质性，但是作为具有空间属性的商品，商品房价格变动由于受地理区位因素的影响而在区域上表现出明显的空间集聚性和空间依赖性。空间依赖的存在打破了大多数经典统计分析中相互独立的基本假说。借助房价空间依赖性研究，政府可以通过城市的内部机制完成剩余的调控过程，最终实现多个城市的房价调控，达到更好的效果。因此，研究区域商品房价格的集聚与差异，客观评价房地产价格的空间差异特征，正确认识房地产价格变动的空间规律对房地产市场宏观调控具有重要意义。

7.1　文 献 综 述

国内外学者对于房价的影响机理进行了大量的理论和实证分析，随着空间计量经济学的发展，国外已逐渐采纳空间计量的方法对房地产价格差异及影响机理进行实证。Bramley（1993）认为房地产价格是房地产供给、人口、经济及地理位置等变量的函数。Baumont（2007）运用空间自相关分析了法国的房地产价格。Ismail（2006）利用空间计量经济学分析了 2002～2006 年马来西亚的房地产价格。Cohen 和 Coughlin（2008）通过比较空间误差模型（spatial error model，SEM）、空间滞后模型（spatial lag model，SLM）和一般空间模型得出，机场噪声对房价产生了重要影响，而普通最小二乘法（ordinary least squares，OLS）模型结果则忽略了这一影响因素。Yoo 和 Kyriakidis（2009）将克里格法加入空间特征价格模型，发现该方法有较好的预测效果。Jeanty 等（2010）基于密歇根普查数据构建空间联立方程模型验证了当地的房价和人口迁移之间有空间上的依赖关系。Sander 等（2010）运用空间误差模型对明尼苏达州两个县的住宅价格进行了实证分析，并得出 100 米范围内绿化覆盖率增加 10%，房价则提高 1 371 美元的结论。Kuethe（2012）分别采用 OLS 模型和空间误差模型研究威斯康星州土地利用的多样化和破碎化程度对房价的影响，OLS 模型显示多样性对房价有显著的正面影响，破碎化程度对房价没有显著的影响，空间误差模型则得到了相反的结论。

国内基于空间计量模型对房价问题的研究不多。梁云芳和高铁梅（2007）对东部、中部、西部地区房价的影响因素分别进行了分析，认为不同的影响因素对于这三个地区的影响存在差异。王春艳和吴老二（2007）利用空间计量的方法构建联立方程模型，研究珠三角城市圈内人口迁移和房价之间的关系，结果发现空间地理因素对城市房价有显著的影响。龙莹（2010）采用地理加权回归模型（geographically weighted regression，GWR），骆永民（2011）采用空间自回归模型和空间误差模型，王鹤（2012）采用广义空间模型，实证结果都表明空间因素对房价有显著的影响，房价有很强的空间依赖性。田成诗和王雁（2012）运用空间计量模型对我国 31 个省份的商品房价格进行了实证研究，结果存在显著的空间自相关，高值集中在经济发达的东部沿海地区，低值聚集在经济落后的西部地区。

一直以来，主流的经济学理论中以空间事物无相关关系及均质性为假设，忽视空间效应采用 OLS 模型进行估计，使得模型在实际应用中通常存在偏差，进而导致经济学研究得出的各种结果和推论不够完整、科学，缺乏解释。自 Paelinck 提出“空间计量经济学”这个术语以来，学者 Durlauf、Fujita 等运用空间计量经济模型进行了理论创新与研究，解决了 OLS 所存在的不足，并对空间相互作用的进一步研究创造可能。近年来，一些学者开始运用空间计量方法，将地理空间因素考虑到房地产价格的实证研究中去。

空间计量的引入为房地产市场价格问题研究提供了新的视角，但是由于起步晚，鲜有文献能够建立完整的指标体系进行实证分析。已有文献大多停留在对单个城市房价的影响因素进行研究，或者以东部、中部、西部或经济圈进行区域划分，鲜有基于地级市层面的实证分析。事实上，空间依赖的存在会使得回归结果是有偏的，本章加入空间因素构建空间计量模型，对我国 287 个地级市房地产市场的价格集聚与差异现象进行分析。

7.2　理论模型构建

假设经济体包括两个地区、居民、制造业部门和房地产部门，地区 1 和地区 2 的劳动力数量分别为 N_1 和 N_2，制造品数量分别为 n_1 和 n_2，房地产企业数量分别为 m_1 和 m_2。

1. 居民

每个地区的家庭消费者消费一般可贸易商品（包括本地区生产的商品和其他地区运输过来的商品）、非贸易品——本地区的住房，通过提供劳动获得收入（工资）。

区域 i 代表性家庭消费者的双层效用函数为

$$U_i = \frac{s_i(N_i)}{\mu^{\mu}(1-\mu)^{1-\mu}} C_{Mi}^{\mu} C_{Hi}^{1-\mu}, \quad 0<\mu<1, \quad i=1,2$$

$$C_{Mi} = \left\{ \int_{i=0}^{n_i} c_{ii}^{\rho} \mathrm{d}i + \int_{i=0}^{n_i} c_{ji}^{\rho} \mathrm{d}i \right\}^{\frac{1}{\rho}}, \quad 0<\rho<1 \tag{7-1}$$

其中，C_{Mi} 为代表性家庭对复合商品的消费量，由不变替代弹性子效用函数表示，显示消费者是多样性偏好的（Dixit and Stiglitz，1977）[①]。$\sigma = 1/(1-\rho) > 1$ 是任何两种商品间的价格替代弹性，σ 越大，代表商品间的可替代性越强（说明商品种类还不够丰富）。C_H 为代表性家庭对住房的消费量。$s(N)$ 为代表性家庭所在地区的场景。每个地区的场景水平既定，不考虑当地政府或社区对于场景的改善。随着地区人口数的增加，相同水平的场景带给居民的效用下降，即 $\frac{\partial s}{\partial N} \leqslant 0$ 。

区域 i 代表性家庭的预算约束为

$$\int_{i=0}^{n_i} p_{ii} c_{ii} \mathrm{d}i + \int_{i=0}^{n_i} p_{ji} c_{ji} \mathrm{d}i + P_{Hi} C_{Hi} \leqslant I_i \tag{7-2}$$

其中，I_i 为代表性家庭的收入，包括工资性收入和非工资性收入（资本报酬）；p_{ii} 为在 i 地区生产且在 i 地区消费的制成品价格；$p_{ji} = \tau p_{ii}$ 为在 j 地区生产且在 i 地区消费的制成品价格，$\tau \geqslant 1$，说明消费者为消费 1 单位另一地区进口的商品，需要支付 τ 单位商品的成本，P_{Hi} 为区域 i 的住房价值。

结合式（7-1）和式（7-2）进行最大化求解，可得代表性家庭的消费决策：

$$C_{Hi} = \frac{I_i(1-\mu)}{P_{Hi}}, \quad C_{Mi} = \frac{I_i \mu}{P_{Mi}}, \quad P_{Mi} \left\{ \int_{i=0}^{n} p_{ii}^{1-\sigma} \mathrm{d}i + \int_{i=0}^{n} p_{ji}^{1-\sigma} \mathrm{d}i \right\}^{\frac{1}{1-\sigma}}$$

$$c_{ii} = I_i \mu \frac{p_{ii}^{-\sigma}}{P_{Mi}^{1-\sigma}}, \quad c_{ji} = I_i \mu \frac{p_{ji}^{-\sigma}}{P_{Mi}^{1-\sigma}} \tag{7-3}$$

区域 i 代表性家庭的间接效用：

$$V_i = \frac{s(N_i) I_i}{P_{Hi}^{1-\mu} P_{Mi}^{\mu}} \tag{7-4}$$

其中，P_M 为制造品的复合价格指数，P_H 为住房价格，$P = P_H^{1-\mu} P_M^{\mu}$ 可视为地区生活成本指数。

进而，可推出区域 i 生产的商品总需求：

① 假设消费者的消费组合由商品 A 和商品 B 构成，若（1，0）和（0，1）的商品组合对消费者而言没有差别，那么消费者会更偏好（1/2，1/2）。这种类型的消费者则被称为具有多样性偏好的消费者。

$$D_{Mi}=I_i\mu\frac{p_{ii}^{-\sigma}}{P_{Mi}^{1-\sigma}}+\tau I_j\mu\frac{p_{ij}^{-\sigma}}{P_{Mj}^{1-\sigma}}=I_i\mu\frac{p_{ii}^{-\sigma}}{P_{Mi}^{1-\sigma}}+I_j\mu\tau\frac{(\tau p_{ii})^{-\sigma}}{P_{Mj}^{1-\sigma}}$$

$$=I_i\mu\frac{p_{ii}^{-\sigma}}{n_i p_{ii}^{1-\sigma}+n_j(\tau p_{ji})^{1-\sigma}}+I_j\mu\tau\frac{(\tau p_{ii})^{-\sigma}}{n_i(\tau p_{ii})^{1-\sigma}+n_j p_{ji}^{1-\sigma}} \tag{7-5}$$

2. 制造业企业（贸易品）

假设区域 i 市场上有 n_i 个同质张伯伦垄断竞争厂商（Chamberlin，1933），他们以劳动为唯一生产要素，每个厂商在规模收益递增的情况下生产差异化产品，在垄断竞争框架下展开竞争。均衡结果是每个厂商生产一种商品，即市场上共有 n_i 种商品。

区域 i 代表性厂商生产第 k 产品的成本函数如下：

$$l_{ki}=\partial+\beta q_{ki},\quad \partial>0,\quad \beta>0,\quad k=1,\cdots,n_i \tag{7-6}$$

其中，∂ 为固定投入的劳动力；β 为单位制成品需要投入的劳动力，即厂商的边际投入系数；q_{ki} 为区域 i 第 k 种产品的产量。进而可得，代表性厂商的利润函数：

$$\pi_{ki}=p_{ki}q_{ki}-w_i(\partial+\beta q_{ki}) \tag{7-7}$$

其中，p_{ki} 为区域 i 第 k 种产品的价格；w_i 为区域 i 的工资水平。根据厂商的边际条件可解出：

$$p_{ki}=\frac{w_i}{\rho} \tag{7-8}$$

同样，在自由进入的条件下，厂商获得零利润，可得

$$p_{ki}=w_i\left(\beta+\frac{\partial}{q_{ki}}\right) \tag{7-9}$$

从而，可解出代表性厂商的均衡产出为

$$q_{ki}=\frac{\partial\rho}{1-\rho\beta} \tag{7-10}$$

同时，可得出地区 i 的劳动力需求为

$$l_i=n_i(\partial+\beta q_{ki})=\frac{n_i\partial}{1-\rho\beta} \tag{7-11}$$

3. 房地产开发企业（不可贸易品）

Helpman（1998）和 Hanson（2001）的模型都是假设房地产市场是完全竞争市场。本章假设区域 i 住房市场上有 m_i 个同质的企业，它们以土地和资本为生产要素，并且按照古诺竞争的方式决定产量。由于房地产开发企业是同质的，在均衡的情况下企业均分土地进行生产。不同于 Helpman（1998）、Pflüger 和 Tabuchi

（2010）的居民平均持有土地的设定，本章假设土地为房地产开发企业所在地区政府提供，为外生决定的 $L_{ai}=\dfrac{L_{ai}}{N_i}$。设区域 i 的资本存量为 $k_i=\dfrac{K_i}{N_i}$，当地居民平均持有资本量 $k_i=\dfrac{K_i}{N_i}$，并获取资本报酬。

区域 i 房地产开发企业的生产函数为

$$h_i = Ak_i^{\delta} l_{ai}^{1-\delta} \tag{7-12}$$

每个企业试图最大化利润：

$$\begin{aligned}\max \pi_i &= P_H \times h_i - r_i k_i - P_L l_{ai} \\ &= P_{Hi} \times h_i - r_i \left(\frac{h_i \times l_{ai}^{\delta-1}}{A}\right)^{\frac{1}{\delta}} - P_{Hi} \times (1-\delta) A k_i^{\delta} l_{ai}^{1-\delta} \\ &= P_{Hi} \times h_i - \delta \left(\frac{h_i \times l_{ai}^{\delta-1}}{A}\right)^{\frac{1}{\delta}} - P_{Hi} \times (1-\delta) \times h_i \\ &= \delta P_{Hi} \times h_i - r_i A^{-\frac{1}{\delta}} h_i^{\frac{1}{\delta}} l_{ai}^{\frac{\delta-1}{\delta}}\end{aligned} \tag{7-13}$$

其中，r 为资本报酬率；P_L 为土地价格。在均衡情况下，土地价格等于土地的边际产出，即 $P_L = P_H \times (1-\delta) A k_i^{\delta} l_{ai}^{-\delta}$。由此，可推出区域 i 房地产开发企业的古诺均衡产出：

$$h_i = A^{\frac{1}{1-\delta}} \delta^{\frac{2\delta}{1-\delta}} r_i^{\frac{\delta}{\delta-1}} P_{Hi}^{\frac{\delta}{1-\delta}} l_{ai} \tag{7-14}$$

每个企业的资本需求量：

$$k_i \left(\frac{h_i}{A} l_{ai}^{\delta-1}\right)^{\frac{1}{\delta}} = A^{\frac{1}{1-\delta}} \delta^{\frac{2}{1-\delta}} r_i^{\frac{1}{1-\delta}} P_{Hi}^{\frac{1}{1-\delta}} \tag{7-15}$$

每个企业的土地需求量：

$$l_{ai} = A^{\frac{1}{\delta(1-\delta)}} (1-\delta)^{\frac{1}{\delta}} \delta^{\frac{2}{1-\delta}} r_i^{\frac{1}{\delta}} P_{Li}^{\frac{1}{-\delta}} P_{Hi}^{\frac{2\delta-1}{\delta(1-\delta)}} \tag{7-16}$$

4. 均衡分析

首先考察在劳动要素和厂商的区域分布固定的情况下的地区内均衡，即新经济地理理论框架中的短期均衡。设 $\lambda=\dfrac{N_i}{N_j}$，为地区 i 和地区 j 的劳动力数量之比。在短期均衡状态下，λ 保持不变，家庭做出效用最大化决策，厂商做出利润最大化决策。区域内要素市场和产品市场出清。

劳动力市场出清条件为

$$\frac{n_i \partial}{1-\rho\beta} = N_i \tag{7-17}$$

土地市场出清条件为

$$m_i A^{\frac{1}{\delta(1-\delta)}}(1-\delta)^{\frac{1}{\delta}}\delta^{\frac{2}{1-\delta}}r_i^{\frac{1}{\delta}}P_{Li}^{\frac{1}{-\delta}}P_{Hi}^{\frac{2\delta-1}{\delta(1-\delta)}}=L_{ai} \tag{7-18}$$

资本市场出清条件为

$$m_i A^{\frac{1}{1-\delta}}\delta^{\frac{2}{1-\delta}}r_i^{\frac{1}{1-\delta}}P_H^{\frac{1}{1-\delta}}=N_i \tag{7-19}$$

制造品市场出清条件为

$$N_i\left[I_i\mu\frac{p_{ii}^{-\sigma}}{n_i p_{ii}^{1-\sigma}+n_j(\tau p_{ji})^{1-\sigma}}+I_j\mu\tau\frac{(\tau p_{ii})^{-\sigma}}{n_i(\tau p_{ii})^{1-\sigma}+n_j p_{ji}^{1-\sigma}}\right]=\frac{\partial\rho n_i}{1-\rho\beta} \tag{7-20}$$

且由式（7-5）和式（7-8）可得

$$N_i\left(I_i\mu\frac{\rho}{n_i w_i+n_j\tau^{1-\sigma}w_i^{\sigma}w_j^{1-\sigma}}+I_j\mu\tau\frac{\rho}{n_i\tau w_i+n_j w_i^{\sigma}w_j^{1-\sigma}}\right)=\frac{\partial\rho n_i}{1-\rho\beta} \tag{7-21}$$

住房市场出清条件为

$$N_i\frac{I_i(1-\mu)}{P_{Hi}}=m_i A^{\frac{1}{1-\delta}}\delta^{\frac{2\delta}{1-\delta}}r_i^{\frac{\delta}{\delta-1}}P_{Hi}^{\frac{\delta}{1-\delta}}l_{ai} \tag{7-22}$$

地区收支平衡

$$N_i I_i=w_i N_i+r_i K_i \tag{7-23}$$

从中可解出 w_i、r_i、P_{Li}、P_{Hi}、P_{Mi}、I_i，其中房价为

$$\ln P_{Hi}=C_0+C_1\ln A+C_2\ln I_i+C_3\ln r_i+C_4\ln P_{Li} \tag{7-24}$$

其中，$C_0=\frac{(1-\delta)[\ln(1-\delta)+(2\delta+1)\ln\delta]}{2-2\delta-2\delta^2}$，$C_1=\frac{\delta+1}{2-2\delta-2\delta^2}$，$C_2=\frac{\delta(1-\delta)}{2\delta^2+2\delta-2}$，$C_3=\frac{\delta}{\delta^2+\delta-1}$，$C_3=\frac{1-\delta}{2\delta^2+2\delta-2}$。

在长期，消费者会根据工资水平、房价及多样性偏好水平在各地区间流动，直至区域间的福利水平持平，各地区人口规模达到稳定。长期均衡条件为

$$\Delta V=V_i-V_j=\frac{s(N_i)I_i}{P_{Hi}^{1-\mu}P_{Mi}^{\mu}}-\frac{s(N_j)I_j}{P_{Hj}^{1-\mu}P_{Mj}^{\mu}}=0 \tag{7-25}$$

进而可得

$$\ln\frac{P_{Hi}}{P_{Hj}}=\frac{1}{1-\mu}\ln\frac{s(N_i)}{s(N_j)}+\frac{1}{1-\mu}\ln\frac{I_i}{I_j}+\frac{\mu}{1-\mu}\ln\frac{P_{Mj}}{P_{Mi}} \tag{7-26}$$

综合式（7-24）和式（7-26）可推出，除收入产业规模之外，场景因素是居民选择居住地区的重要因素。人们会为了享受高的场景水平，而选择去大城市，同时承受当地的高房价。

7.3 实 证 分 析

7.3.1 空间计量模型构建及检验

1. 空间计量模型构建

Anselin 于 1988 年给出了适用于空间计量经济分析的模型通用形式，通过对模型参数的不同限制，可以导出特定的模型。通用的空间自回归模型为

$$y = \rho W_1 y + X\beta + \mu, \quad \mu = \lambda W_2 \mu + \varepsilon \tag{7-27}$$

其中，$\varepsilon \sim N(0, \Sigma)$；$\beta_{k\times 1}$ 为参数向量；ρ 为空间滞后相关变量的参数；λ 为残差空间自回归结构中的参数；μ 为随机误差项；W_1 和 W_2 分别对应于因变量及扰动项中的空间自回归过程。而这个模型可以退化为经典线性回归模型、混合的回归-空间自回归模型、空间自回归干扰的线性回归模型、空间自回归干扰项的混合的回归-空间自回归模型这四种回归模型。

本章所要用到的空间计量模型主要是纳入了空间效应（空间相关和空间差异），适用于截面数据的空间常系数回归模型，包括空间滞后模型（spatial lag model，SLM）与空间误差模型（spatial error model，SEM）两种。

1）空间滞后模型

空间滞后模型主要用于研究相邻机构或地区的行为对整个系统内其他机构或地区的行为产生影响的情形，适合估计是否存在空间相互作用及空间相互作用的强度，以反映可能存在的实质性的空间影响，其表达式为

$$y = \rho W y + X\beta + \mu \tag{7-28}$$

其中，W 为空间权重矩阵。

2）空间误差模型

空间误差模型主要是通过其误差项来体现地区间的相互关系，具体分为空间误差自相关模型和空间误差移动平均模型。空间误差自相关模型的表达式为

$$y = X\beta + \mu, \quad \mu = \lambda W_\mu + \varepsilon \tag{7-29}$$

空间误差移动平均模型的表达式为

$$y = X\beta + \mu, \quad \mu = \varepsilon - \theta W_\varepsilon \tag{7-30}$$

其中，θ 为空间误差移动平均系数；W_μ 和 W_ε 为空间滞后误差项。

2. 模型检验

Moran's I 指数是一种分析具有空间依赖现象的区域经济行为的新型统计分析技术，通常用来判断地区间是否存在空间相关，计算公式如下：

$$\text{Moran's I}=\frac{\sum_{i=1}^{n}\sum_{j=1}^{n}W_{ij}(Y_i-\bar{Y})(Y_j-\bar{Y})}{S^2\sum_{i=1}^{n}\sum_{j=1}^{n}W_{ij}} \tag{7-31}$$

其中，$S^2=\frac{1}{n}\sum_{j=1}^{n}(Y_i-\bar{Y})^2$；$\bar{Y}=\frac{1}{n}\sum_{i=1}^{n}Y_i$；$Y_i$ 为第 i 个地区；n 为地区总数；W_{ij} 为二进制的空间相邻权值矩阵，表示其中的任一元素，采用邻接标准或距离标准，其目的是定义空间对象的相互邻接关系，便于把地理信息系统（geographic information system，GIS）数据库中的有关属性放到所研究的地理空间上来对比。一般邻接标准的 W_{ij} 为

$$W_{ij}=\begin{cases}1, & \text{当区域}i\text{和区域}j\text{相邻}\\0, & \text{当区域}i\text{和区域}j\text{不相邻}\end{cases} \tag{7-32}$$

其中，$i=1,2,\cdots,n;\quad j=1,2,\cdots,m$。

Moran's I 指数可看作各地区观测值的乘积和，其取值范围一般为$-1\leqslant I\leqslant 1$，I 大于 0 表示各地区间经济行为正相关，等于 0 表示不相关，否则为负相关。

但 Moran's I 检验只能用于检验是否存在空间自相关，而对模型的检验判断是空间滞后模型还是空间误差模型存在空间依赖性，主要是通过拉格朗日乘数 LM-Error、LM-Lag 和稳健的 R-LMERR 及 R-LMLAG 来实现的。其中

$$\text{LM-Error}=\left(\frac{1}{N}\frac{eWe}{e^{\mathrm{T}}e}\right)\Big/\text{race}(W^2+W^{\mathrm{T}}W) \tag{7-33}$$

$$\text{LM-Lag}=\left(\frac{1}{N}\frac{eWe}{e^{\mathrm{T}}e}\right)^2\Big/\{[(Wxb)^{\mathrm{T}}M(Wxb)]+\text{race}(W^2+W^{\mathrm{T}}W)\} \tag{7-34}$$

其中，b 为回归方程系数的估计值。在残差独立的假定下，LM-Error 和 LM-Lag 的统计量渐进服从自由度为 1 的 χ^2 分布。

而选择 SLM 或 SEM 的判别准则是在 Moran's I 检验显著的情况下，最大似然 LM-Lag 检验较 LM-Error 检验更加显著，并且稳健估计 R-LMLAG 显著，而 R-LMERR 不显著，则选择空间滞后模型。反之，则选择空间误差模型。常用的检验准则还有对数似然值（log L）、赤池信息准则（Akaike information Criterion，AIC）、施瓦茨准则（Schwarz criterion，SC），对数似然值越大，AIC 和 SC 值越小，模型拟合效果越好。

7.3.2　数据来源及指标选择

本章选取 2002～2012 年我国 287 个地级市商品房销售价格、房地产开发投资、人均可支配收入、房地产销售面积、商业贷款等经济指标。采用的数据主要来源

于 Wind、CEIC 数据库，场景指数同第 3 章所用数据。各变量如表 7-1 所示。

表 7-1　变量表

变量类型	指标说明	指标	标识
被解释变量		商品房销售价格	PRICE
解释变量	市场	房地产开发投资	INVESTMENT
	供给	商品房销售面积	AREA
	信贷	商业贷款	LOAN
	经济	人均可支配收入	INCOME
	设施	场景指数	CAS_RES
	就业	从业人员	EMPLOYEE
	人口	年末总人口	POPULLATION

研究中用到了中国地级行政区划界线数字化地图，主要通过地理信息系统软件 ArcGis9.3 和 OpenGeoDa 软件为空间计量分析提供邻接矩阵、距离矩阵等地理空间计算及图形支持分析。

7.3.3　模型选择与估计

首先利用 Moran's I 指数进行空间自相关分析，进而测算城市间的邻近效应和空间依赖性。图 7-1 显示了 2002～2012 年我国地级市商品房价格均存在正的空间自相关性（系数在 0.227 1～0.427 5 波动，且均通过了 1%显著性检验）。

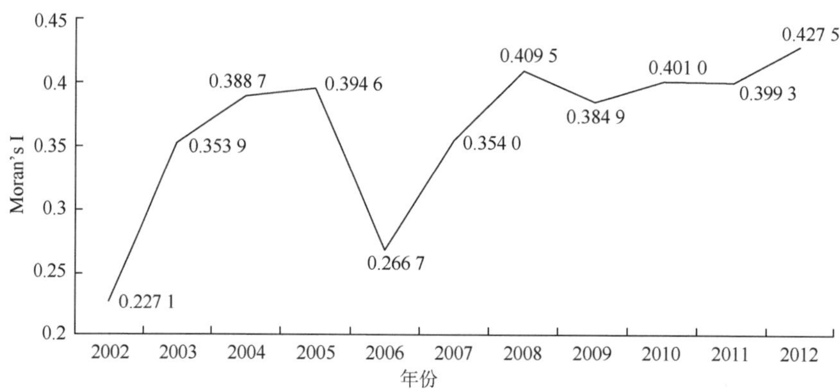

图 7-1　2002～2012 年地级市空间依赖性的 Moran's I 指数

为了深入分析前述商品房价格集聚和空间差异格局，下文计算并给出了局域 Moran's I 指数的散点图及局域空间相关分析 Moran's I 聚类地图。

2002～2012 年我国 287 个地级市的商品房销售价格大致上呈现为正的空间相

关关系。第一、三象限地级市房价水平在地理分布上呈现空间相关相似性，而第二、四象限呈现出空间相关异质性。2002 年，空间依赖性较为明显的地区主要分布在东部沿海及西部地区，包括 HH 型的环渤海地区、长三角区域，以及 LL 型的新疆、青海、西藏地区；甘肃、重庆、云南、广西、广东的一些城市表现出明显的异质性。2012 年位于 Moran 散点图各象限的省份变化不大，LL 型地区主要集中在西部新疆、西藏、青海三个省份和湖北、云贵地区，HH 型地区主要集中在京津冀、长三角、东南沿海及珠三角，异质性区域明显减少，空间聚集现象更加明显。

以上空间统计分析表明我国不同区域商品房销售价格确实存在着空间自相关性。因此，在研究房地产价格差异时有必要考虑空间因素建立计量模型。首先建立 OLS 的空间回归模型。表 7-2 的回归结果中，模型的拟合优度为 0.582 1，模型整体上显著性不强。整个模型除了商业贷款和年末总人口未通过 5%水平下的显著性检验外，其他均通过了显著性检验，这可能是由年末总人口和从业人员两变量存在相关性引起的。房地产开发投资、人均可支配收入、场景指数及从业人员的系数均为正值，说明它们对我国地市商品房销售价格有显著的正向作用；而商品房销售面积的回归系数为负，这说明它对房价的增长呈现出抑制作用。

表 7-2　区域商品房价格集聚与差异因素的 OLS 估计（一）

模型	系数	t 统计量	P 值
CONSTANT	250.527 6	1.178 6	0.239 4
INVESTMENTMRNT	0.031 0	2.907 9	0.003 9
AREA	−0.329 9	−4.994 9	0.000 0
INCOME	0.151 5	12.243 3	0.000 0
LOAN	0.002 4	0.092 6	0.926 3
CAS_RES	0.236 9	2.572 4	0.010 5
POPULLATION	−0.386 0	−0.727 9	0.467 2
EMPLOYEE	0.450 9	3.754 7	0.000 2
R^2	0.582 1		
F	70.453 1		0.000 0
DW	2.103 9		
误差正态性检验	DF	统计值	P 值
Jarque-Bera	2	129.647 1	0.000 0
异方差检验	DF	统计值	P 值
Brensch-Pagan	7	217.237 2	0.000 0
Koenker-Bassett	7	88.097 1	0.000 0

剔除年末总人口和商业贷款变量再次建立 OLS 的空间回归模型，结果如表 7-3 所示。模型的拟合优度为 0.581 5，除常数项，模型中所有变量都通过了 5%水平下的显著性检验，回归系数较表 7-2 有小幅波动。具体表现在商品房销售面积的回归系数由表 7-2 的−0.329 9 到表 7-3 的−0.353 4，说明在剔除变量后，商品房供给对房价增长的抑制作用增加；从业人员对商品房销售价格的影响降低。

表 7-3　区域商品房价格集聚与差异因素的 OLS 估计（二）

模型	系数	t 统计量	P 值
CONSTANT	222.239 2	1.066 0	0.287 2
INVESTMENTMRNT	0.033 0	3.811 8	0.000 2
AREA	−0.353 4	−7.413 8	0.000 0
INCOME	0.149 2	12.796 4	0.000 0
CAS_RES	0.229 4	2.758 8	0.006 1
EMPLOYEE	0.440 4	3.743 8	0.010 2
R^2	0.581 5		
F	98.936 9		0.000 0
DW	2.103 9		
误差正态性检验	DF	统计值	P 值
Jarque-Bera	2	129.449 2	0.000 0
异方差检验	DF	统计值	P 值
Brensch-Pagan	5	219.700 0	0.000 0
Koenker-Bassett	5	89.137 8	0.000 0

模型误差项为正态分布，不存在异方差，但估计的残差具有空间自相关现象，需要采用空间计量经济模型进行估计。表 7-4 中的 LM-Lag、LM-Error 和 R-LMLAG、R-LMERR 表示回归模型明显地拒绝了无空间依赖性的零假设，但二者的 P 值非常接近，无法判断 SLM 和 SEM 二者之中哪个较优。这可能是由这种判断不是特别严格所引起的。为此本章分别给出了 SLM 和 SEM 的估计结果进而判断最优模型。

表 7-4　地级市商品房价格空间依赖性检验

空间自相关诊断	自由度	统计值	P 值
Moran's I		0.385 2	—
LM-Lag	1	108.666 0	0.000 0
R-LMLAG	1	11.126 6	0.000 9
LM-Error	1	134.267 4	0.000 0
R-LMERR	1	36.728 0	0.000 0
LM（SARMA）	2	145.394 0	0.000 0

对比表 7-3 和表 7-5，从拟合优度看，相对 OLS 的空间计量模型，SLM 和 SEM 的拟合优度均有大幅提高，分别达到 0.694 2 和 0.719 4，表明 SLM 和 SEM 整体上均优于 OLS 的空间计量模型。加入空间因素后，模型有效地消除了空间自相关，模型的估计在空间上呈随机分布状态。根据 log L 值和 AIC、SC，SEM 略优于 SLM，最终确定我国地市商品房销售价格的空间计量 SEM 为

$$\begin{aligned}\hat{\text{PRICE}} &= 434.0081 + 0.0205\text{INVESTMENT} - 0.2420\text{AREA} + 0.1309\text{INCOME} \\ &\quad + 0.3859\text{CAS\_RES} + 0.0697\text{EMPLOYMENT} + 0.5814W_{\hat{\mu}}\end{aligned} \tag{7-35}$$

表 7-5　区域商品房价格集聚与差异因素的 SEM 估计

模型	SLM				SEM			
	系数	标准差	t	P 值	系数	标准差	t	P 值
W_PRICE	0.442 7	0.040 6	10.905 8	0.000 0				
CONSTANT	−596.188 2	184.884 2	−3.224 7	0.001 3	434.008 1	266.905 6	1.626 1	0.103 9
INVESTMENTMRNT	0.024 1	0.007 4	3.266 4	0.001 1	0.020 5	0.007 3	2.825 3	0.004 7
AREA	−0.301 0	0.040 5	−7.439 1	0.000 0	−0.242 0	0.038 3	−6.309 9	0.000 0
INCOME	0.112 2	0.010 8	10.371 3	0.000 0	0.130 9	0.011 2	11.713 2	0.000 0
CAS_RES	0.380 5	0.071 0	5.355 5	0.000 0	0.385 9	0.068 4	5.645 3	0.000 0
EMPLOYEE	0.161 0	0.107 3	0.569 1	0.069 3	0.069 7	0.100 8	1.683 6	0.042 3
LAMBDA					0.581 4	0.051 9	11.191 8	0.000 0
R^2	0.694 2				0.719 4			
异方差检验	DF	统计值	P 值		DF	统计值	P 值	
Brensch-Pagan	5	183.974 4	0.000 0		5	238.318 6	0.000 0	
空间依赖性检验	DF	统计值	P 值		DF	统计值	P 值	
LIK 值	1	96.784 6	0.000 0		1	113.568 3	0.000 0	
log L	−3 216.54				log L	−3 208.152 7		
AIC	6 447.09				AIC	6 428.31		
SC	6 474.33				SC	6 451.66		

7.3.4　模型结果分析

本章采用空间计量模型对我国商品房价格的集聚与差异进行了实证分析，结论如下。

（1）区域房价存在空间集聚和空间依赖现象。空间自相关系数取值为 0.581 4，

说明地区间相关性属于促进因素，区域房地产市场间存在一定联动效应。某地级市商品房价格的上涨将刺激周边地区的房价上升。

（2）从人均可支配收入的弹性系数来看，收入对房价的弹性达 0.89，说明我国居民对房屋存在刚性需求，因此，由经济增长带来的收入水平提高，会明显带来房地产需求的增加，从而推动房价上涨。房地产业在拉动经济增长的同时，也在某种程度上吞噬着经济增长的福利。

（3）增加房地产市场有效供给，扭转卖方市场有利于实现房地产市场的理性回归。另外，收入对房价的高弹性更多反映的是中低收入阶层的住房需求，为了抑制投机，应该合理调整房地产市场的供应机制，同时结合房地产市场的空间特征，推动房地产走向结构性分化。

（4）反映基础设施和区域发展文化的场景指数在回归模型中系数也非常显著，为 0.385 9，说明场景的丰富与完善将会提升区域房地产的附加价值，在某种程度上体现了区域房地产价格的发展潜力。改变现有经营和发展模式，将发展和经营的重点由原来的规模化转向精细化，有助于我国房地产业在绿色、人文领域实现新的增长和突破。

（5）从业人数也会影响房地产价格水平，这可能是由人口迁移造成的。但模型中回归系数较小，可能与该指标的统计口径有关。促进中心城市人口向外分流，如加强中心城市的附属城市建设，从而分散房地产市场需求，也是房地产调控的有效手段。

7.4 本章小结

本章基于新经济地理的视角构建了房价区域差异形成的理论模型，并采用空间计量模型对我国房地产价格增长集聚与差异进行了实证分析。通过 Moran's I 指数与基于 OLS 的空间计量模型比较研究，指出空间计量经济学模型的空间滞后模型和空间误差模型是目前研究考虑空间效应经济现象较好的模型，并得到如下结论及政策。

房地产价格不仅与区域内因素密切相关，还与相邻区域的房地产价格增长具有一定的空间依赖性。在整个实证分析过程中，Moran's I 指数表明我国各地区之间存在明显的空间自相关，说明空间效应不可忽略，并且从模型的拟合优度及显著性看，空间计量经济模型相比经典 OLS 模型有了提高，使得空间计量模型在处理纳入空间效应的地理数据时更具有说服力和解释力。局部商品房销售价格聚类图显示我国区域房地产价格水平形成了较强的空间依赖性，进一步说明我国各地区房地产价格具有联动效应，客观评价房地产价格的空间差异特征，正确认识房地产价格变动的空间规律对房地产市场宏观调控具有重要意义。

对于造成商品房价格差异的原因，实证研究结论显示，人均收入水平和供需失衡是主要原因。为了保持经济稳定增长实现房地产市场的理性回归，房地产调控应当从供给入手，着重完善房地产市场的供给机制，致力于提供不同层次的供给。此外，促进规模化经营和发展模式向精细化转变，以及引导中心城市人口向外分流，也将有助于我国房地产业实现新的增长和突破。

第 8 章　我国房地产市场价格波动的区域差异研究

近几年房地产市场分化现象日益加剧，“一刀切”的房地产调控政策无法达到有效调控房地产市场的目的，部分政策对于个别地区房地产市场调控是非有效的。要有效调控房地产市场，其前提是要正确认识和理解导致区域或者城市房地产市场波动的内在成因，分析不同城市住宅市场的特性及房地产市场主要影响因素的差异，强调差别化的区域房地产调控政策，有针对性地对基于省际层面、城市层面的房地产住宅市场进行宏观调控。

本章旨在研究导致不同城市住宅市场价格波动的主要影响因素及各影响因素对区域房地产市场的影响程度和影响方式的差异，以此掌握不同城市房地产市场的运行特性，为制定区域房地产市场调控政策提供实证依据。

8.1　文 献 综 述

国内外学者在研究房价整体决定因素中主要采用的方法有代表性个体模型、存量-流量模型和计量经济模型。在代表性个体模型中主要是货币经济周期模型，该模型研究货币政策在调节房价中的作用（Bernanke and Gertler，1989；Kiyotaki and Moore，1997；Bernanke et al.，1999；Iacoviello，2005）。货币政策主要采取的手段是调节货币发行量、住房贷款利率和商业贷款规模。William 在 1990 年首先提出存量-流量模型，验证住房空置与房价之间的关系，之后学者对该模型进行改进，主要考虑的变量有消费者对房价的预期、人口、商业贷款利率、竣工面积和空置面积，认为消费者对房价的预期、人口，竣工面积和空置面积与房价存在正向关系，而利率与房价存在负向关系（DiPasquale and Wheaton，1994）。国内外学者大多采用计量方法对房价决定因素进行实证研究。Engelhardt（1994）、Campbell 和 Cocco（2007）、Case 和 Quigley（2008）都认为房价和消费者的消费行为有直接的关系。之后，Moench 和 Ng（2011）采用因素增强型向量自回归（factor-augmented vector autoregression，FAVAR）模型研究美国国家整体和各个地区消费对房价波动的影响，发现房地产价格会影响居民消费，降低抵押贷款利率与降低联邦储蓄利率相比，前者对房价有更大的影响。在研究城市群中，Wei 和 Li（2002）采用序列相关和参数回归两种方法进行对比研究，序列相关结果发现建设成本低，人口增长率高，居民收入高的地区较易形成城市群，参数回归发现城市群与低建设成本相关，之前的研究表明房屋销量和价格只会对利率的变化有反应，本书表明两者也会对居民收入和信贷规模有反应，销量和房价是同向变化的（Oikarinen，2012）。

随着金融危机的影响进一步显现，学者们研究在金融危机下住房抵押贷款利率与房屋价格之间的关系，结论是金融危机会影响货币政策的传导机制，住房抵押贷款利率会影响住房价格（Hatemi and Roca，2010）。周京奎（2005）认为城市舒适性和工资对住宅价格的影响效应具有明显的区域差异性，其中东部地区的影响效应要高于西部地区。在研究国内房价区域差异中，梁云芳和高铁梅（2007）认为无论是房价的长期趋势还是短期波动，信贷规模对东部、西部地区影响都比较大，对中部地区影响较小，表明政府实施的信贷政策对调控东部、西部地区的房价是有效的。实际利率对各区域影响差异不大，且影响较小。人均 GDP 无论长期还是短期对中部地区房价影响都比较大，表明中部地区房地产市场的发展更多地依赖于该地区的经济发展状况。张宇等（2010）在研究我国住房价格与信贷规模的影响中发现，贷款利率对各城市房价短期偏离存在即期负向影响；开发贷款规模对房价短期偏离的正向推动作用在开发周期完成后显现。

总结学者对房地产价格影响因素的研究发现，已有研究主要是从需求、供给两个方面分析。从需求方面来看，主要因素有人均 GDP、人口、人均可支配收入、人均消费支出等；从供给方面来看，主要因素有商业贷款规模、住房抵押贷款利率、土地购置费、房屋空置面积等。但已有研究尚有一些局限性：①只关注一个或者两个变量，因此可能会存在遗漏变量或者选取变量存在偏差；②我国各地区房地产市场呈现区域特征，对我国房地产市场整体价格影响因素的研究较多，对区域尤其是城市层面的房价影响因素的研究较少。

8.2　我国区域住宅价格波动现状

由于数据获取的问题，本章拟通过选取 35 个大中城市[①]作为研究样本。本章更侧重于研究区域住宅价格影响因素的差异，在进行实证分析之前，运用空间聚类的方式对研究样本进行类别划分，引用研究团队中常飞等（2013）对于我国房地产市场的城市划分结果，如表 8-1 所示。第一类城市主要包括大部分东部城市和个别西部城市，其主要特点是经济总量和房地产市场规模较大（兰州、太原除外），房地产市场发展与经济基本面相对协调；第二类城市主要包括大部分中部、西部城市，其主要特点是尽管经济总量和房地产市场规模相对较小（重庆除外），但近几年房地产市场规模扩张迅速，房地产市场总量发展已经开始出现与经济社会基本面不甚协调的趋势；第三类城市主要是东部部分发达的二线城市，此类城市经济总量大（海口除

① 本章所选用的样本城市为北京、上海、重庆和天津 4 个直辖市，大连、沈阳、长春、南京、哈尔滨、青岛、济南、武汉、杭州、宁波、厦门、广州、深圳、成都和西安 15 个副省级市，以及南昌、乌鲁木齐、石家庄、兰州、太原、南宁、合肥、昆明、郑州、福州、西宁、长沙、贵阳、呼和浩特、银川、海口 16 个地级市。

外），经济活力强，人均可支配收入高，房地产市场总量总体与经济社会基本面相对较为协调；第四类城市为传统意义上所称一线城市，此类城市经济社会发展基础好，城市房地产业规模大，房地产业发展也较为成熟，与经济基本面基本协调。

表 8-1 基于空间聚类的城市划分最终结果

类别	城市	个数
Ⅰ	天津、青岛、济南、长春、福州、武汉、大连、南昌、乌鲁木齐、兰州、太原、哈尔滨、石家庄、海口	13
Ⅱ	西宁、呼和浩特、银川、贵阳、昆明、长沙、郑州、成都、西安、沈阳、南宁、合肥、重庆	13
Ⅲ	杭州、宁波、南京、厦门	5
Ⅳ	北京、上海、广州、深圳	4

通过对 35 个大中城市 2005～2012 年住宅市场价格的变动来分析区域住宅市场价格的差异，并按照分类结果，选取代表性城市进行比较分析。如图 8-1～图 8-4 所示，2005～2012 年四类城市的房地产价格处于不同的区间，从房价数值的变动来看，所有城市 2012 年的房价均已超过 2005 年房价的 2 倍，部分城市已接近 3 倍。第一类城市的房地产价格分布区间整体上要高于第二类城市，其中第一类城市中的福州在 2010 年之前价格增幅相对平稳，但在 2010 年之后其价格变化迅速由 8 400 元/米^{2}上升至 11 200 元/米^2，其发展趋势接近第三类城市中的南京。其第一类中其他城市房价之间的差距保持相对稳定。第二类城市中 2012 年房价最高的城市为成都，数值达到 7 275 元/米^2，在 2010 年以后更类似于第一类城市，第二类城市整体增幅的水平小于第一类城市，但整体波动趋势与第一类城市相似，自 2009 年以后各城市间商品房销售价格的差距有所扩大。

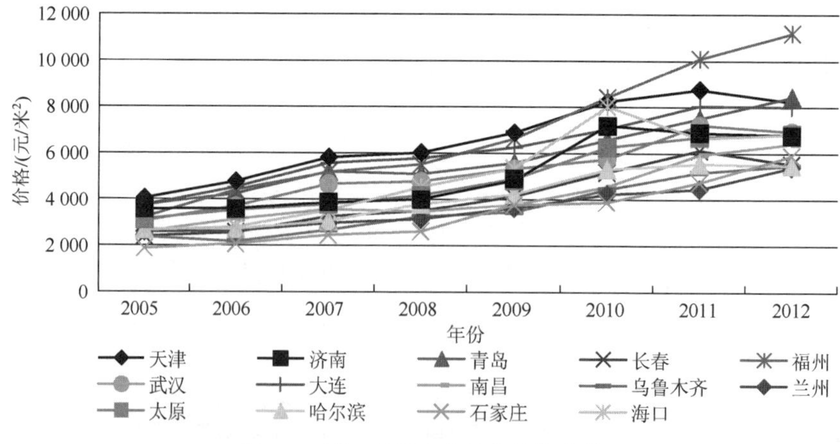

图 8-1 第一类城市房地产价格走势

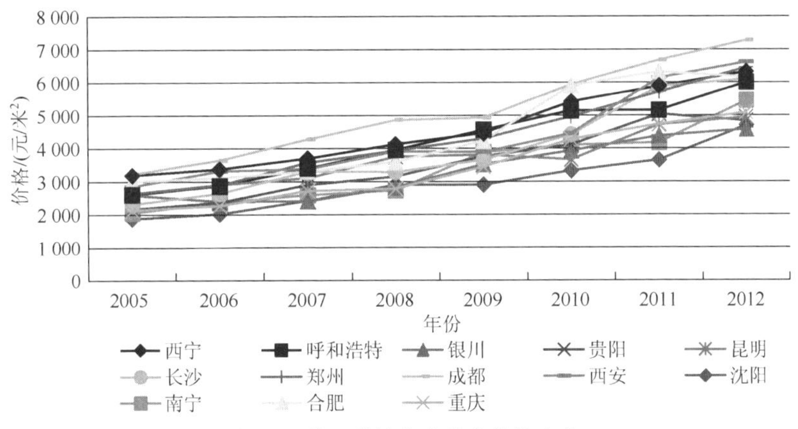

图 8-2　第二类城市房地产价格走势

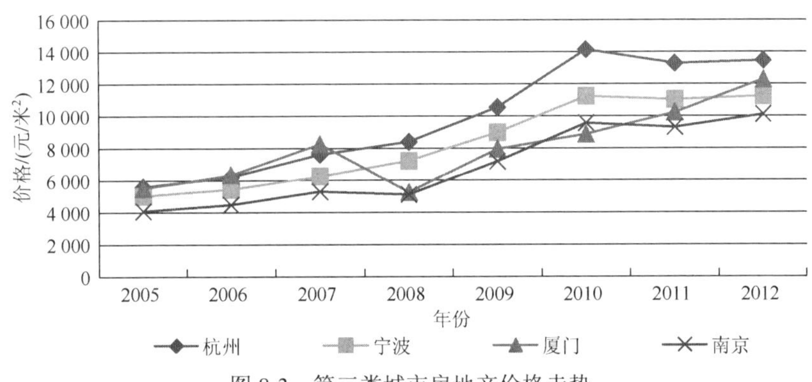

图 8-3　第三类城市房地产价格走势

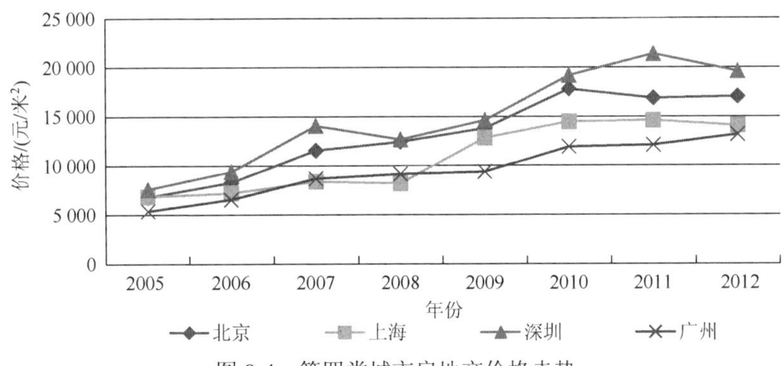

图 8-4　第四类城市房地产价格走势

其中商品房销售价格数值最高的城市当属第四类城市，为我国房地产市场发展最为迅速的一线城市，其房价波动经历了两个阶段——2005～2009 年、2010～2012 年，自 2009 年以后商品房销售均价均高于 10 000 元/米²，在 2010 年商品房销售价格增速均达到了较高水平，其中北京、深圳、广州在 2010 年的价格增速均超过 25%。第三类城市虽然房价数值上低于第四类城市，但其发展规律与第四类城市相似，在 2009 年以后也步入高房价阶段。

通过分析四类城市 2005～2012 年、2009～2012 年房价的平均涨幅可以看出，如表 8-2 所示，四类城市在 2005～2012 年房价的年均增幅大部分位于 12%～14%，通过计算涨幅均值得出四类城市的涨幅均值依次为 13.1%、12.3%、12.9%、13.3%。而 2009～2012 年的增幅则出现差别，受宏观调控政策的影响，一线城市的涨幅要明显低于其他城市，如北京、上海均低于 8%，大部分城市均高于 10%，通过计算均值得出，2009～2012 年第一类城市房价增幅均值为 13.1%，与 2005～2012 年的水平相同，第二类城市房价增幅均值为 13.2%，第三类城市的增幅均值为 10.9%，第四类城市的增幅为 8.2%。造成四类城市之间差别的原因除了各城市房价基数不同之外，房地产调控政策的区域效应是形成差别的重要原因。同时也可以看出，如青岛、兰州、太原、南昌、西安、沈阳、合肥、厦门等城市在 2009～2012 年的房价年均增幅要高于 2005～2012 年，而天津、武汉、大连、南宁、杭州、宁波、北京、上海等城市在 2009～2012 年的房价年均增幅要低于 2005～2012 年。不同城市间前后房价增幅的差异从一定程度上反映出不同城市的房价对调控政策的反应机制存在差异。

表 8-2　35 个城市房地产价格年均增速

类别	年份	城市						
I		天津	济南	青岛	长春	福州	武汉	大连
	2005～2012	10.6%	11.8%	12.3%	12.7%	19.5%	12.4%	11.4%
	2009～2012	6.1%	11.8%	14.8%	10.2%	19.1%	9.2%	8.6%
		兰州	太原	哈尔滨	石家庄	南昌	乌鲁木齐	海口
	2005～2012	11.1%	9.6%	10.7%	17.8%	13.9%	12.7%	14.5%
	2009～2012	14.2%	12.0%	9.1%	16.1%	19.4%	16.7%	8.5%
II		西宁	银川	贵阳	昆明	长沙	郑州	成都
	2005～2012	14.0%	8.4%	12.1%	9.3%	14.9%	13.6%	12.3%
	2009～2012	17.4%	9.1%	8.7%	9.0%	18.7%	14.5%	13.9%
		西安	沈阳	南宁	合肥	重庆	呼和浩特	
	2005～2012	12.8%	10.3%	12.7%	10.8%	13.2%	14.9%	
	2009～2012	19.4%	12.3%	9.6%	13.3%	13.9%	11.9%	
III		杭州	宁波	厦门	南京			
	2005～2012	13.3%	12.2%	12.2%	13.8%			
	2009～2012	8.4%	7.7%	15.6%	12.0%			
IV		北京	上海	深圳	广州			
	2005～2012	14.0%	10.8%	14.5%	13.7%			
	2009～2012	7.2%	3.1%	10.3%	12.1%			

8.3 理论分析

根据已有研究，20 世纪 90 年代后，研究者们开始综合考虑各种宏观经济因素对房地产价格的影响，其理论依据为存量-流量模型或者代表性个人模型。尽管这两类模型的理论背景不同，可以总结出描述房地产市场的模型一般包含三个方程——需求方程、供给方程和市场均衡方程。Iacoviello（2005）在新凯恩斯模型的框架下引入房地产，发现房地产抵押贷款极大地放大了房地产总需求对房地产价格冲击的反应。同时，王来福和郭峰（2007）通过实证研究，发现货币供应量与利率变化冲击对我国房地产价格有正向影响。史永东和陈日清（2008）建立了一个随机最优控制模型，发现房地产价格和贷款利率有较强的正相关关系。张涛等（2006）的研究发现，最优房地产价格水平取决于房地产抵押贷款和住房消费的收益与成本的对比，其房价决定公式如下：

$$P_H = \frac{U'_H / U'_C}{R_A + \beta(R_m - R_A) + (\delta + \tau + m)} \tag{8-1}$$

其中，U'_H、U'_C 分别为效用函数对非耐用消费品、住房的一阶偏导数；R_A 为资产回报率；R_m 为住房抵押贷款回报率；δ 为住房折旧率；m 为住房维持成本与住房实际总价值的比值。货币因素通过影响房地产需求，决定房价水平的两种传导途径，一是通过调节按揭贷款利率，二是通过调节按揭贷款成数，在此公式中以 β 表示，即调节住房按揭贷款首付款比例。由于我国各地区的贷款利率水平较为相似，很难通过利率水平来反映区域差距，已有学者做过类似研究，其结果由于所选取样本的不同，各有差异。在本章中，由于各个城市房地产按揭贷款统计数据获取较为困难，拟通过城市银行贷款数额来反映货币政策的实施对城市信贷规模的影响，进而研究其对房价的影响。

在存量-流量模型中，对于房地产价格的分析主要建立在供给、需求层面，通过建立供给、需求方程对房地产价格的形成因素进行分析。本章使用 Muellbauer 和 Murphy（1997）、Mishkin（2007）构建的房地产需求方程：

$$Q^d_{it} / \text{pop} = f(y, \text{uc}, D) \tag{8-2}$$

其中，y 为人均收入；pop 为人口数量；uc 为资本使用成本。使用 Muellbauer 和 Murphy（1997）、Quigley（1999）构建的房地产供给方程：

$$Q^s_{it} = s(p, \text{vac}, \text{const}, D) \tag{8-3}$$

其中，vac 为房屋空置率；const 为新开工面积；D 为影响房地产供给的其他因素，拟选用房地产开发投资额这一指标。

根据以上研究的影响因素可以得到类似的影响区域房地产价格的约简模型。

如式（8-4）所示，模型的左边 P 为房地产价格，右边为影响区域房地产价格的各个指标。其中，Pop 是人口数量，Pcdi 是人均可支配收入，Loan 是银行贷款规模，Vacancy 是房地产空置面积，Cons 为房屋新开工面积，Inv 为城市房地产投资额，D 为其他外生变量。

$$P = F(\mathrm{Pop}, \mathrm{Pcdi}, \mathrm{Loan}, \mathrm{Vacancy}, \mathrm{Cons}, \mathrm{Inv}, D) \tag{8-4}$$

8.4 实 证 分 析

8.4.1 数据来源说明

本章中所选用的房地产价格指标是通过计算得到的，其计算方式为各个城市商品房销售额除以商品房销售面积，单位为元/米 ^{2}。其中，商品房销售额、商品房销售面积数据来源于各省份相关年份的统计年鉴及各城市统计年鉴。同时，其他数据，包括城市年末总人口、人均可支配收入、银行贷款规模、房屋空置面积、房屋新开工面积及城市房地产投资额，来源于各省份及各城市相关年份的统计年鉴、CEIC 宏观经济数据库与 Wind 数据库。

8.4.2 平稳性检验

根据已有研究方法，本节运用面板向量自回归（panel data vector autoregression，PVAR）模型分析不同地区房地产价格决定因素的差异。首先对数据进行平稳性检验，采用的方法是 Augmented Dickey-Fuller（ADF）单位根检验，如表 8-3 所示。由结果可知，自变量中除了人口变量之外，其他变量均为非平稳序列，而一阶差分之后变为平稳序列，说明为同阶平稳序列，可以进行回归分析。

表 8-3　平稳性检验结果

变量	原序列		一阶差分	
	t 统计量	P 值	t 统计量	P 值
Pop	−5.995 95	0.000 0		
Pcdi	20.823 7	1.000 0	−4.221 81	0.000 0
Loan	13.373 4	1.000 0	−6.785 38	0.000 0
Inv	14.713 4	1.000 0	−2.019 79	0.001 7
Cons	−1.473 19	0.070 4	−11.742 6	0.000 0
Vacancy	0.030 16	0.512 0	−8.756 39	0.000 0
P	3.816 6	0.999 9	−11.439 6	0.000 0

8.4.3 模型与结果分析

本章将各变量进行对数处理，从而得到最终的房价决定方程：

$$P_{it}=\alpha_i+\beta_1\ln(\text{Pop}_{it})+\beta_2\ln(\text{Pcdi}_{it})+\beta_3\ln(\text{Loan}_{it}) \\ +\beta_4\ln(\text{Inv}_{it})+\beta_5\ln(\text{Cons}_{it})+\beta_6\ln(\text{Vancancy}_{it})+u_{it} \quad (8\text{-}5)$$

对于模型中变量的检验，首先运用固定效应模型确定模型变量的显著性，然后对各类城市房价影响因素的差异性进行分析。表 8-4 为运用所有样本回归的结果，由表 8-4 可知在已选择的变量中，其对房价的影响均较为显著，其中房屋空置面积对房价的影响程度较其他变量相比显著性较弱。通过系数分析，人口数量、人均可支配收入、银行贷款规模、城市房地产投资额、房屋空置面积对房地产价格起到正向的影响，会促进房地产价格的提高，尤其是居民购买能力的增加与信贷规模的影响，其系数分别为 0.527 620、0.302 354，而新开工面积增加了房屋供给会起到抑制房价上涨的作用。而通过 R^2 的累积结果，人口数量、人均可支配收入、银行贷款规模、城市房地产投资额及房屋新开工面积对房价的解释能力达到了 80%以上。通过以上分析，选用人口数量、人均可支配收入、银行贷款规模、城市房地产投资额、房屋新开工面积对各类城市房地产价格的影响因素进行分析，并通过各个影响因素的显著性程度分析变量对房价的解释能力。

表 8-4　35 个城市房价影响因素分析

变量名	回归系数	t 统计量	P 值
C	−0.333 395	−0.497 267	0.619 4
ln（Pop）	0.129 735	−3.597 638	0.000 4
ln（Pcdi）	0.527 620	10.785 040	0.000 0
ln（Loan）	0.302 354	7.681 432	0.000 0
ln（Inv）	0.108 875	2.556 697	0.011 1
ln（Cons）	−0.219 669	−6.065 827	0.000 0
ln（Vacancy）	0.031 149	1.948 284	0.052 4
R^2	0.872 804		

本章运用固定效应模型分析各类城市中影响房价的因素，如表 8-5 所示。通过对四类城市房地产投资的影响因素的分析发现，虽然从整体中各变量对房价的影响均为显著的，但是通过对各个类别中的城市进行分析来看，不同类别的城市的影响因素又呈现出区域性特征（表 8-6）。其中，第一类城市中影响显著的因素有银行贷款规模、城市房地产投资额；第二类城市中影响显著的因素有人均可支配收入、城市房地产投资额；第三类城市中影响显著的因素有银行贷款规模、城

市房地产投资额、房屋新开工面积；第四类城市中各个影响因素均不显著。其中，人口数量对于各类城市均不显著，分析其原因是：样本选取的时间段为 2005～2012 年，而且各类城市中城市数目最多为 13 个，短时间内城市人口变动浮动较少，同时样本数量有限，无法支撑人口规模对房价上涨的促进作用。

表 8-5　各类城市房价影响因素分析

变量名	第一类城市	第二类城市	第三类城市	第四类城市
C	2.521 8 （0.02）	7.814 6 （8.32）	0.453 3 （0.18）	7.824 （2.97）
ln（Pop）	0.325 3 （6.75）	0.097 4 （2.58）	0.271 0 （1.37）	1.081 3 （3.66）
ln（Pcdi）	0.484 5 （3.36）	0.372 6 （4.16）	0.850 1 （2.44）	0.172 1 （0.79）
ln（Loan）	0.236 0 （4.44）	0.046 （1.14）	0.924 7 （3.11）	1.247 8 （4.67）
ln（Inv）	0.170 6 （3.13）	0.311 7 （3.79）	0.191 0 （3.90）	0.11 （0.55）
ln（Cons）	0.040 0 （1.07）	−0.210 758 （−4.11）	0.230 4 （1.42）	−0.261 0 （−1.88）
ln（Vacancy）	−0.001 5 （−0.08）	−0.006 5 （−0.36）	−0.046 4 （−0.66）	−0.092 8 （−0.98）
R^2	0.90	0.89	0.91	0.95

表 8-6　各类城市影响因素显著性分析

类别	ln（Pop）	ln（Pcdi）	ln（Loan）	ln（Inv）	ln（Cons）
第一类	√	√	√	√	
第二类	√	√		√	√
第三类		√	√	√	
第四类	√		√		

在所得到的结果中，第三类城市的房价的影响因素最多，分别为银行贷款规模、城市房地产投资额、房屋新开工面积，第三类城市作为东部地区除了一线城市外，经济发展水平较高的地区，如杭州、宁波、厦门、南京，其房地产市场自 2009 年之后进入快速发展阶段，且在 2012 年这 4 个城市的商品房销售均价均在 10 000 元/米 ^{2} 以上。2012 年这 4 个城市的房地产投资额均较 2009 年提高了 1 倍，其中杭州、宁波、厦门的 2012 年的银行贷款规模较 2009 年提高了 50%，2012 年厦门、宁波房屋新开工面积较 2009 年提高了 1 倍，而杭州、南京 2009～2012 年房屋新开工面积增幅在 30%以上。第三类城市房地产市场的发展更多是受供给拉动。

通过上述实证结果可以看出，所选择的影响因素中，对第一类城市与第二类城市房价波动有显著影响的比对第三类、第四类城市房价波动有显著影响的多。其中，第一类城市影响显著的因素有人口规模、人均可支配收入、城市房地产投资额与银行贷款规模。第一类城市主要为我国东部地区城市，相对于第二类城市，其经济发展水平较高且房地产市场整体发展水平要高于第二类城市，受人均收入水平的影响，其购房能力要高于第二类城市，通过实证结果也可以看出其人均可支配收入系数要高于第二类城市，同时第一类城市也是东部各省份的省会城市或者计划单列市，其城市人口规模与密度要高于第二类城市，其人口规模对房价的影响也很显著。第一类城市内部各因素之间的影响也存在差异，其中人口规模与人均可支配收入对房价的影响要好于银行贷款规模与房地产开发投资，这与其他学者的实证分析结果类似，同时从实际情况考虑，受经济发展水平的影响，东部地区二线城市进入了快速发展阶段，尤其是房地产市场，居民收入水平得到了较快的提高，购房能力及偿还贷款能力得到了提高，而受信贷调控政策的影响，银行贷款规模对房价的促进作用相对于人均收入显得较弱，也从侧面说明东部二线城市房价的上升有刚性需求作为支撑，多数地区房价处于较为合理的水平。

第二类城市主要为中西部地区城市，其房价的影响因素为人口数量、可支配收入、房屋新开工面积及银行贷款规模，与第一类城市不同，第二类城市对房价影响程度较高的因素为人均可支配收入与城市房地产投资额。通过历史数据分析，受国家政策影响，2005～2012 年中西部地区各省份的经济发展水平逐年稳步提升，其房地产投资额占比呈现上升趋势，已有学者论证中部、西部地区房地产市场的发展主要受经济发展水平的影响，由于西部地区人口分布密度低于东部地区，城市房地产市场的发展及交易量的提升受购买能力和还贷能力的影响，即人均可支配收入的提高，由于房地产市场发展起步晚且发展相对缓慢等特征，银行贷款规模的增加并没有对房价起到积极的推动作用，即利率政策对于中西部城市尤其是西部城市房价的影响是无效的。从而可以看出，促进中西部地区房地产市场的发展，应依靠提升经济发展水平与人均收入水平，使得居民购房能力得到提升，市场交易更加活跃。

第三类城市的房价主要受到人均可支配收入、城市房地产投资额与银行贷款规模的影响更为显著，第三类城市作为东部地区除了一线城市外，经济发展水平较高的地区，如杭州、宁波、厦门、南京，其房地产市场自 2009 年之后进入快速发展阶段，且在 2012 年这 4 个城市的商品房销售均价均在 10 000 元/米^{2}以上。2012 年这 4 个城市房地产投资额均较 2009 年提高了 1 倍，其中杭州、宁波、厦门的 2012 年的银行贷款规模较 2009 年提高了 50%，2012 年厦门、宁波房屋新开工面积较 2009 年提高了 1 倍，而杭州、南京 2009～2012 年房屋新开工面积增幅在 30%以上。第三类城市房地产市场的发展更多是受供给拉动。

第四类城市北京、上海、广州、深圳是我国房地产市场交易最为活跃、发展最为成熟的城市，尤其是近年来虽然地方政府实施了多轮的房地产调控政策，但其房价数值与年均增速仍处于较高水平，房地产市场供给已经不能满足日益增长的住房需求，持续性的供不应求矛盾凸显。同时这 4 个城市的人均可支配收入也处于较高水平，其购房能力与偿债能力均处于较高水平，而且近几年来其银行贷款规模呈现高速增长态势。通过实证结果分析，银行贷款规模与人口规模对其房价的影响更为显著，与实际市场的发展现状相吻合。多轮的信贷调控政策与限购政策尚未完全起到抑制房价的作用，短时间内供不应求的矛盾难以得到解决，信贷政策在调控购房者购买能力的同时也限制了开发商的建设施工能力，对住房供给也产生了一定的影响。

8.5　本 章 小 结

通过上述研究可以总结出，不同城市房价的影响因素存在着显著的差异，经济发展水平较低的城市，其房价与经济基本面的关系更为显著，供需相对均衡，而经济发展水平较高的地区由于受信贷调控导致的投资增速放缓、人口迁移带来的购房需求增加等因素的影响，部分地区呈现出供不应求的局面，出现房价持续性上涨，而购房需求也持续性上升的局面。各城市房地产市场面临的问题不同，“一刀切”的调控政策已经无法达到有效调控房价的目的。应根据不同城市在不同时期影响房地产市场因素的不同，制定更为精确化的调控政策。

坚持“宏观稳，微观活”。中央政府继续坚持房地产调控政策不放松，把握房地产调控原则和目标。在制定调控政策时，对调控的对象、方式进行规定。对于贷款利率、首付比例等信贷调控方式，在规定指标下限的同时，考虑实际市场运行特征，让地方政府决定具体采用何种调控方式。对于限购等行政调控方式，可考虑由地方政府决定是否需要实施、实施细节及退出机制等问题，中央政府更多起到监管职能。

一线、少数二线城市调控力度应延续，三四线城市更应调控供应速度。目前一线城市和少数二线城市的供需失衡问题依然突出，短期内难以得到根本解决，限购等行政手段暂时可不退出，并通过保障性住房建设、盘活存量土地等方式，增加住宅市场供应。在房地产价格上涨较快的城市实行提高二套房贷首付比例及贷款利率、限制三套房贷等更为市场化的措施。与一线城市供不应求相反，部分三四线城市由于土地供应和房地产开发面积的不断增加，房地产市场供应过剩风险已凸显。在这些库存水平较高且去库存慢的三四线城市，可以多注重调控市场供应速度，通过控制土地、房屋的新开发总量，适度放宽现有的调控政策，刺激市场需求，达到去库存的目的。

第 9 章　基于时空模型的区域房地产价格扩散效应研究

随着我国区域间的相互联系日益加强，如资本、劳动力流动，信息扩散等，不同区域间房价波动往往也不是相互独立的，可能存在一个区域的房价波动会引发相邻及其他区域房价的波动，即所谓的区域房地产价格的扩散效应（diffusion/ripple effect）（Meen and Nygaard，2010；Meen，2002）。研究区域房价的动态扩散效应，把握价格波动的时空扩散机理，不仅可以更好地把握房地产市场的波动规律，而且能为政府制定和实施科学合理的宏观房地产调控政策提供理论参考，对整个房地产市场的健康稳定发展都具有重要意义。

本章将主要分两步对我国区域房价变动进行研究，首先是分析区域房价的时空扩散机理，构建区域房价的时空扩散模型；然后通过时空脉冲响应函数分析区域房价的扩散效应。

9.1　文 献 综 述

在我国，由于历史原因，不同区域在开放程度、经济发展水平等方面存在较大差别，一般沿海地区较内地更为开放，经济发展水平也更高，因此，当外部经济条件改变时，综合发展水平较高的区域总是先于其他区域感应到此变化并迅速调整，继而扩散到周边相邻及联系更为紧密的其他区域；不同区域房地产市场的变动也秉从相似原理，房价波动总是从最先感应到外部变动的区域传递到周边及联系更为紧密的其他区域。Meen 和 Nygaard（2010）、Meen（2002）总结了区域房价扩散的六点原因：家庭迁移、财富转移、空间套利、住房交易成本和搜寻成本、区域房价影响因素的领先滞后关系和空间异系数性。其中，前三个原因是各类住房需求在不同区域住房市场之间的转移，属于具有空间联系的影响因素；而后三个成因属于市场异质性相关的影响因素。此外，受我国整体上通勤成本降低，信息化普及度加深，城镇化建设推进等因素影响，不同区域间的人员流动迁徙，信息交流和城市集群化会日益加强，从而缩短不同区域间的经济距离和相对地理距离，最终致使区域间房价波动的扩散效应持续增强。事实上，我国学者也已经研究发现，不同区域间房地产价格存在着相互影响或空间相关（谭政勋和周利，2013），以及区域房价存在联动性（洪涛等，2007；陈雪楚等，2012），但是进一步研究区域房价扩散机理的文献还相对较少，这也是本章研究的出发点之一。本章将在前人研究的基础上，运用新的方法进一步细致地检验房价的时空联动关系，并通过时空脉冲响应函数分析房价的扩散效应。

关于区域房价扩散的研究最早开始于英国（MacDonald and Taylor，1993；Alexander and Barrow，1994），发展至今主要可以划分为两类：一是区域房价的趋同研究。从长期看，区域房价存在一定程度的恒定或均衡关系，即趋同现象。比如，Holmes 等（2011）、Barros 等（2012）研究美国各州住宅价格的趋同现象，但是就美国房价是否存在整体上的趋同并未得到统一的结论。Kim（2011）、Kim 和 Rous（2012）分别对美国和韩国的住宅价格趋同进行检验，也均未得到价格趋同的结论。二是区域房价波动的时空扩散机理研究。MacDonald 和 Taylor（1993）、Alexander 和 Barrow（1994）等研究英国房价的扩散效应，发现房价上涨会从英国东南部或大伦敦地区，通过中部向北部地区传递，逐渐传到英国的其他地区。Brady（2014）等对美国多个区域（州或城市）的房价波动进行分析，结果显示某些区域存在长期协整关系，某个区域的房价变动会对相邻区域的房价产生积极持久的影响。其他学者，如 Oikarinen（2012）、Luo 等（2007）、Shi 等（2009）、Chen 等（2011），各自研究芬兰、澳大利亚、新西兰和中国台湾地区房价的扩散效应，也在一定程度上发现房价的空间联动关系，即一个区域房价变动会对相邻或周围的房价产生影响。

研究区域房价扩散最常见的方法主要是运用 VAR 计量方法（包括各种延伸方法，如带结构断点的 VAR、Global VAR 等）和脉冲响应分析，并配合其他检验方法，如单位根检验、Granger 因果检验、协整检验等（Tsai，2015；Vansteenkiste and Hiebert，2011；Cooper et al.，2013；Cook，2003）。VAR 方法的缺点主要来源于该模型的自由度约束，模型中不能同时包含太多（如一般少于 8 个）区域单元，而且不方便在模型中考虑空间因素。为此，本章采用 Holly 等（2011）提出的时空扩散模型进行研究。该模型以面板数据为研究对象，在模型中同时考虑了时间和空间因素。模型的基本思想是假设在一个动态系统中，存在一个主导区域，该区域的房价主要受自身房价影响，而其他区域会受到该主导区域及其自身房价的影响，因此，研究的区域个数在模型中不会受到限制。

9.2　区域房价时空扩散的机理分析

根据数据的可获得性，本章以全国 30 个省份[①]2001 年 1 月～2014 年 12 月的房地产价格（房地产价格=房地产销售额/房地产销售面积）的月度数据为研究对

① 因为数据的可获得性，样本不包括西藏、香港、澳门和台湾。

象，研究区域房价的时空扩散效应。部分缺失数据采用 Catmull-Rom 样条插值①（Catmull and Rom，1974）进行补充，所有数据均剔除了通货膨胀因素②的影响。

如图 9-1 所示，2001 年 1 月～2014 年 12 月全国 30 个省份的真实房价整体均呈上升趋势，其中以北京、上海增长的幅度最大，其次是浙江、海南、天津、广东、福建、江苏，剩余区域大致可以归为同一层次。一般来说，区域范围内房价增长较快的区域也会带动周边或者其他关联性较强区域房价的增长（洪涛等，2007；黄飞雪，2011），因此本章将考察房价增长幅度较大的区域对其他区域房价变动的影响。

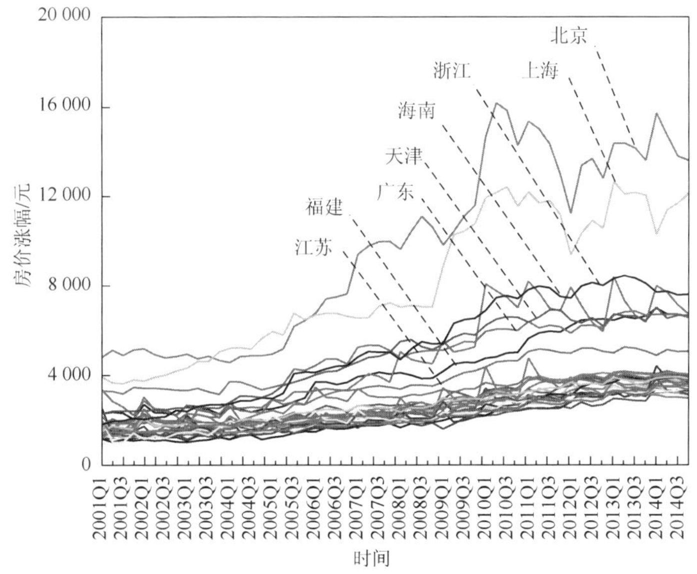

图 9-1 全国 30 个省份房价（剔除通货膨胀）趋势图

图 9-2 展示了 2001 年 1 月～2014 年 12 月全国 30 个省份的房价的平均值和标准差，横轴表示观测期的真实商品房均价，纵轴表示观测期的真实商品房价格的标准差，可以看出，北京、上海、浙江、海南是房价均价和波动幅度均较大的区域，在现实情况中也是受关注较多的区域，因此本章将以这个四个区域为主导区域，分别研究其对其他区域房价变动的影响。主导区域（标号 0）房价变动对其他区域（标号 1, 2, …）房价的影响，在时间和空间上会有所不同，如主导区域房价变动会较早

① Catmull-Rom 样条插值一般是通过待插数值的前两期数据和后两期数据来对缺失数据进行插值。本章中对于没有前期数据的缺失数据，通过假定前期数据的数值等于未知的缺失数据数值，再通过 Catmull-Rom 样条插值的计算公式计算缺失数据。

② 剔除通货膨胀因素影响的步骤：第一，计算出以 2001 年 1 月为基期（2001M1=100）的定基 CPI 值；第二，所有区域的房价除以相应时期的定基 CPI 值，从而得到各区域剔除了通货膨胀因素影响的房价数据。

影响与其关联性（地理相邻或者非邻）较强的区域的房价，而对与其关联性相对较弱的区域的房价的影响可能会相对滞后一些，而就影响程度而言，主导区域房价变动对与其关联性较强的区域的房价的影响程度会大一些，而对与其关联性相对较弱的区域的房价的影响会弱一些，从而形成如波纹状的扩散效果（图 9-3）。

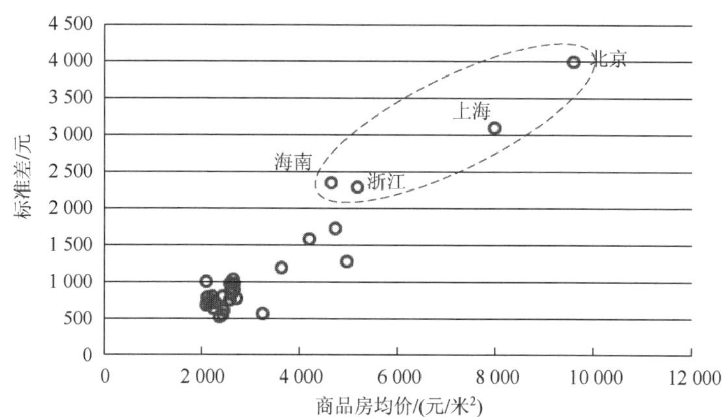

图 9-2　全国 30 个省份房价的均价和标准差（2001 年 1 月～2014 年 12 月）

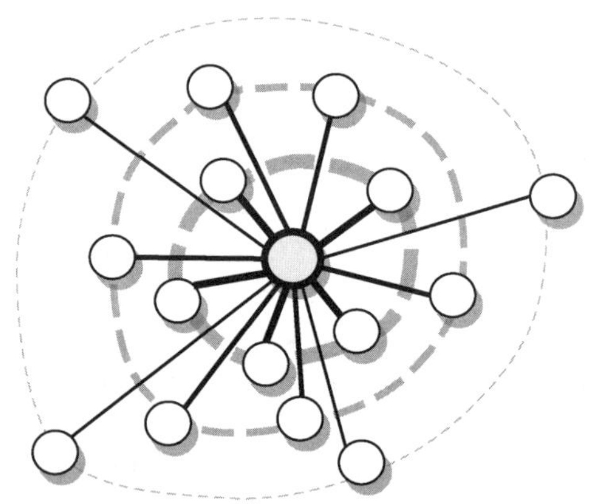

图 9-3　主区域房价变动对其他区域示意图

9.3　价格扩散模型及时空脉冲响应函数

9.3.1　房价的时空扩散模型

时空扩散模型先验地认为在所研究的区域集合中存在一个主导区域，外界冲击作用于该主导区域所引起的房价变动会以同步或滞后的方式波及其他区域，但其他区域又立即反作用于主导区域的效果却相对较小。这种作用机制可以理解为一个以每个区域为节点的星型网络结构，即主导区域的房价主要受自身房价变动的影响，而其他区域则会受到主导区域及其自身房价变动的共同影响。设 p_{it} 为第 i 个区域在时刻 t 的房价水平，其中，$i=0,1,\cdots,N$；$t=1,2,\cdots,T$，则主导区域（i=0）房价变动的数学表达式为

$$\Delta p_{0t}=\phi_{0s}(p_{0,t-1}-\overline{p}^{s}_{0,t-1})+a_0+\sum_{l=1}^{k}\alpha_{0l}\Delta p_{0,t-l}+\sum_{l=1}^{k}b_{0l}\Delta\overline{p}^{s}_{0,t-l}+\varepsilon_{0t} \tag{9-1}$$

其他区域（i=1, 2, ⋯, N）房价变动的数学表达式为

$$\Delta p_{it}=\phi_{is}(p_{i,t-1}-\overline{p}^{s}_{i,t-1})+\phi_{i0}(p_{i,t-1}-p_{0,t-1})+a_i+\sum_{l=1}^{k}a_{il}\Delta p_{i,t-l}+\sum_{l=1}^{k}b_{il}\Delta\overline{p}^{s}_{i,t-l}$$
$$+\sum_{l=0}^{k}c_{il}\Delta p_{0,t-l}+\varepsilon_{it} \tag{9-2}$$

对于式（9-1）和式（9-2），$\overline{p}^{s}_{it}$ 代表区域 i 的空间变量，按如下定义：

$$\overline{p}^{s}_{it}=\sum_{j=0}^{N}s_{ij}p_{jt},\quad \sum_{j=0}^{N}s_{ij}=1,\quad i=0,1,\cdots,N \tag{9-3}$$

式（9-3）中的权重 $s_{ij}\geqslant 0$，且是先验设定的，可以基于区域间的地理距离或者经济距离来设定。在实证应用中，若以区域间的地理距离来设定 s_{ij} 的值，则当区域 i 和区域 j 相邻时，$s_{ij}=1/n_i$，否则 $s_{ij}=0$，其中 n_i 是与区域 i 相邻的区域的个数。事实上，$\overline{p}^{s}_{it}$ 可以理解为区域 i 的地理加权平均房价。所有区域的权重 s_{ij} 可以写成一个空间矩阵 S，该矩阵 S 是每行标准化的，即 $S\tau_{N+1}=\tau_{N+1}$，其中，τ_{N+1} 是一个$(N+1)\times 1$ 维的单位向量。注意，S 的每列会被限制在 N 以内，即 $\sum_{i=0}^{N}s_{ij}<K$；另外，如 Pesaran 和 Chudik（2010）提到的，以主导单元为条件，其他空间依赖会比较弱，同时如果 N 足够大，区域间平均的成对依赖会消失。

对于上述模型，需要注意的是主导区域的价格变化 Δp_{0t} 对第 i 个区域有同期的空间影响，但是在 Δp_{0t} 的等式中并没有包含相应的同期平均价格。这意味着在主导区域的价格变量和滞后效应的条件下，冲击 ε_{it} 在区域间是大致独立分布的。在等式 $\Delta p_{it}(i=1,2,\cdots,N)$ 中，对于 $\Delta\overline{p}_{0t}$ 是弱外生的假设，可以通过 Wu（1973）的程序或者 Hausman（1978）的类别检验进行检验。按照 Wu（1973）的方法，通过主导区域模型的回归方程定义 OLS 的残差为

$$\hat{\varepsilon}_{0t}=\Delta p_{0t}-\hat{\phi}_{0s}(p_{0,t-1}-\overline{p}^{s}_{0,t-1})-\hat{a}_0-\hat{a}_{01}\Delta p_{0,t-1}-\hat{b}_{01}\Delta\overline{p}^{s}_{0,t-1} \tag{9-4}$$

运行辅回归：

$$\Delta p_{it}=\phi_{is}(p_{i,t-1}-\overline{p}^{s}_{i,t-1})+\phi_{i0}(p_{i,t-1}-p_{0,t-1})+a_i+\sum_{l=1}^{k}a_{il}\Delta p_{i,t-l}+\sum_{l=1}^{k}b_{il}\Delta\overline{p}^{s}_{i,t-l}$$
$$+\sum_{l=0}^{k}c_{il}\Delta p_{0,t-l}+\lambda_i\hat{\varepsilon}_{0t}+\eta_{it} \tag{9-5}$$

并且在此回归中使用标准的 t 检验来对每个区域分布进行 $\lambda_i=0$ 的假设检验。该检验渐近等同于使用 Hausman 过程，检验 OLS 和 IV 估计（a_i，a_{i1}，b_{i1}，c_{i0}）差异的显著性，使用 Δp_{0t-1} 和 $\Delta\overline{p}^s_{0,t-1}$ 作为式（9-2）中 Δp_{0t} 的工具变量。很明显，只有当工具变量没有被包含在非主导区域的模型的回归中，检验才能够被计算。在本章所采用的模型中，若 $N>1$ 就符合条件。当 N=1 时，$\Delta\overline{p}^s_{0,t-1}=\Delta p_{1,t-1}$，$\Delta\overline{p}^s_{1,t-1}=\Delta p_{0,t-1}$，模型简化为只包含 $\Delta p_{0,t}$ 和 $\Delta p_{1,t}$ 两个变量的二元 VAR 模型。

9.3.2　时空脉冲响应函数

尽管为了模型估计的目的，区域价格模型可以被去耦合，但是为了模拟和预测，模型代表的是一组需要同时被解决的方程式。将式（9-1）和式（9-2）的方程组写成如下形式：

$$\Delta p_t=a+Hp_{t-1}+\sum_{l=1}^{k}(A_l+G_l)\Delta p_{t-1}+\sum_{l=1}^{k}C_l\Delta p_{t-1}+\varepsilon_t \qquad (9\text{-}6)$$

其中，$p_t=(p_{0t},p_{1t},\cdots,p_{Nt})^{\mathrm{T}}$，$a=(a_0,a_1,\cdots,a_N)^{\mathrm{T}}$，$\varepsilon_t=(\varepsilon_{0t},\varepsilon_{1t},\cdots,\varepsilon_{Nt})^{\mathrm{T}}$，

$$H=\begin{pmatrix}\phi_{0s} & 0 & \cdots & 0 & 0\\ -\phi_{10} & \phi_{1s}+\phi_{10} & \cdots & 0 & 0\\ \vdots & \vdots & & \vdots & \vdots\\ -\phi_{N-1,0} & 0 & \cdots & \phi_{N-1,s}+\phi_{N-1,0} & 0\\ -\phi_{N0} & 0 & \cdots & 0 & \phi_{Ns}+\phi_{N0}\end{pmatrix}-\begin{pmatrix}\phi_{0s}s_0^{\mathrm{T}}\\ \phi_{1s}s_1^{\mathrm{T}}\\ \vdots\\ \phi_{N-1,s}s_{N-1}^{\mathrm{T}}\\ \phi_{Ns}s_N^{\mathrm{T}}\end{pmatrix}$$

$$A_l=\begin{pmatrix}a_{0l} & 0 & \cdots & 0 & 0\\ 0 & a_{1l} & \cdots & 0 & 0\\ \vdots & \vdots & & \vdots & \vdots\\ 0 & 0 & \cdots & a_{N-1,l} & 0\\ 0 & 0 & \cdots & 0 & a_{Nl}\end{pmatrix},\ G_l=\begin{pmatrix}b_{0l}s_0^{\mathrm{T}}\\ b_{1l}s_1^{\mathrm{T}}\\ \vdots\\ b_{N-1,l}s_{N-1}^{\mathrm{T}}\\ b_{Nl}s_N^{\mathrm{T}}\end{pmatrix},\ C_l=\begin{pmatrix}0 & 0 & \cdots & 0 & 0\\ c_{1l} & 0 & \cdots & 0 & 0\\ \vdots & \vdots & & \vdots & \vdots\\ c_{N-1,l} & 0 & \cdots & 0 & 0\\ c_{Nl} & 0 & \cdots & 0 & 0\end{pmatrix}$$

其中，$s_i^{\mathrm{T}}=(s_{i0},s_{i1},\cdots,s_{iN})$。矩阵 A_l 代表区域 l 自身的短期动态影响，G_l 代表区域 l 相邻区域的动态影响，C_0 代表主导区域房价变动对其他区域房价变动的同期影响。由前文 $s_i^{\mathrm{T}}\tau_{N+1}=1$，很容易验证 $H\tau_{N+1}=0$，所以 H 是秩亏的。由此，价格向量 p_t 的一个或多个元素必须要有单位根。

求出价格变动：

$$\Delta p_t=\mu+\varPi\, p_{t-1}+\varGamma\Delta p_{t-1}+R\varepsilon_t \qquad (9\text{-}7)$$

其中，

$$\mu=Ra,\quad R=(I_{N+1}-C_0)^{-1},\quad \varPi=RH,\quad \varGamma=R(A_l+G_l+C_l)$$

为了验证式（9-7）中的时空依赖属性，首先把式（9-7）写成 VAR 的形式：

$$p_t = \mu + \sum_{l=1}^{k+1} \phi_l \Delta p_{t-l} + R\varepsilon_t \tag{9-8}$$

其中，$\Phi_l = I_{N+1} + \Pi + \Gamma_l$，$\Phi_l = \Gamma_l - \Gamma_{l-1}$，$l = 2,\cdots,k$，$\Phi_{k+1} = -\Gamma_k$。房价的时间依赖性通过系数矩阵 Φ_l 来体现，而空间依赖性则通过 R 和误差协方差 $\mathrm{Cov}(\varepsilon_{it},\varepsilon_{jt})$（$i \neq j$）来体现。$\Phi_l$ 中的时间系数矩阵也受区域价格空间模式影响，这主要是因为该模型通过约束滞后效应和误差修正项来匹配某些空间模式（s_{ij} 的值不等于 0）。该 VAR 模型就可以用来预测和进行脉冲响应分析了。

为了进行脉冲响应分析，很重要的一步是要先区分两类反事实的问题。若对于 p_{0t} 是弱外生性的 Wu 检验的假设不被拒绝，那么就有理由假设 $\mathrm{Cov}(\varepsilon_{it},\varepsilon_{jt}) = 0$（$i = 1,2,\cdots,N$）。这种情况下，对主导区域一个单位的冲击（一个标准误差）所带来的对其他区域的在 h 个水平时期的脉冲响应可以写成：

$$g_0(h) = E(p_{t+h} \mid \varepsilon_{0t} = \sqrt{\sigma_{00}}\zeta_{t-1}) - E(p_{t+h} \mid \zeta_{t-1}) = \sqrt{\sigma_{00}}\Psi_h Re_0, \quad h = 0,1,\cdots \tag{9-9}$$

其中，ζ_{t-1} 为在 $t-1$ 时刻设置的信息；$\sqrt{\sigma_{00}} = \mathrm{Var}(\varepsilon_{0t})$；$e_0 = (1,0,0,\cdots,0)^{\mathrm{T}}$；$\Psi_h = \sum_{l=1}^{k+1} \phi_l \Psi_{h-l}$，$h = 0,1,\cdots$，初始值 $\Psi_0 = I_{N+1}$，$\Psi_h = 0$，$h < 0$。

为了导出一个冲击对非主导区域的脉冲响应，我们允许区域 i 和区域 $j(i, j=1, 2, \cdots, N)$之间存在同期相关关系。这可以通过 Pesaran 和 Shin（1998）扩展后的广义脉冲响应函数（the generalized impulse response function，GIRF）实现。在当前的应用中，

$$g_i(h) = \frac{\Psi_h R \Sigma e_i}{\sqrt{\sigma_{ii}}}, \quad h = 0,1,\cdots,H \tag{9-10}$$

其中，e_i 为$(N+1)\times 1$ 的零向量，不过它的第 i 个元素是联合的，

$$\Sigma = \begin{pmatrix} \sigma_{00} & 0 & 0 & \cdots & 0 & 0 \\ 0 & \sigma_{11} & \sigma_{12} & \cdots & \sigma_{1,N-1} & \sigma_{1N} \\ 0 & \sigma_{21} & \sigma_{22} & \cdots & \sigma_{2,N-1} & \sigma_{2N} \\ \vdots & \vdots & \vdots & & \vdots & \vdots \\ 0 & \sigma_{N-1,1} & \sigma_{N-1,2} & \cdots & \sigma_{N-1,N-1} & \sigma_{N,N-1} \\ 0 & \sigma_{N1} & \sigma_{N2} & \cdots & \sigma_{N-1,N} & \sigma_{NN} \end{pmatrix} \tag{9-11}$$

其中，$\sigma_{ij} = E(\varepsilon_{it}\varepsilon_{jt})$。$\Sigma$ 的元素可以一致地地通过对个体区域进行 OLS 回归的残差 $\hat{\varepsilon}_{it}$ 进行估计，即通过 $\hat{\sigma}_{ij} = T^{-1}\sum_{t=1}^{T}\hat{\varepsilon}_{it}\hat{\varepsilon}_{jt} \quad (i, j = 1,2,\cdots,N)$ 和 $\hat{\sigma}_{00} = T^{-1}\sum_{t=1}^{T}\hat{\varepsilon}_{0t}^2$。$\Sigma$ 的第一行和第一列是受限制的，对于 i=0，$g_i(h) = \sigma_{ii}^{-1/2}\Psi_h R\Sigma e_i = g_0(h)$。因此，由式(9-10)定义的广义脉冲响应函数，并结合式（9-11）定义的 Σ，是可以用来分析冲击

对主导区域及非主导区域的影响的。这两类区域的区别是通过 Σ 的零边界形式体现的。

值得注意的是，对于每个项和每个区域，式（9-1）和式（9-2）可以有不同的滞后阶数，k_{ia}，k_{ib}，k_{ic}。在实际应用中，这些滞后阶数是通过信息标准（information criterion，IC），如 AIC 和 Schwarz 贝叶斯准则（Schwarz Bayesian criterion，SBC）来选择的。区域和变量类别的滞后阶数的异质性可以通过定义 $k=\max_i\{k_{ia},k_{ib},k_{ic}\}$ 来容纳，对于比 k 短的滞后系数都设置为 0。另外，也可以在模型中引入其他可观测的变量，如实际可支配收入、利率等，不过这些变量的数据得是区域层面的。

9.4 实证研究

9.4.1 数据及单位根检验

本章的区域房价数据来源于国家统计局网站（http：//data.stats.gov.cn/），在 9.2 节已经做了数据处理的部分介绍。为了消除异方差性，所有的区域真实房价进一步作取对数处理。为了适应模型要求，对处理后的数据进行单位根检验，比较常用的单位根检验方法有 Dickey-Fuller（DF）检验、ADF 检验及 Phillips-Perron（PP）检验。本章采用 ADF 检验，结果如表 9-1 所示。

表 9-1 全国 30 个省份的房价（处理后）的单位根检验结果

变量	检验形式（C，T，K）	P 值	结论	变量	检验形式（C，T，K）	P 值	结论
ln（Anhui）	（C，T，2）	0.702 4	不平稳	ln（Guizhou）	（C，T，2）	0.397 6	不平稳
d（ln（Anhui））	（0，0，0）	0.000 0	平稳***	d（ln（Guizhou））	（0，0，0）	0.000 0	平稳***
ln（Beijing）	（C，T，0）	0.600 4	不平稳	ln（Hainan）	（C，T，1）	0.022 5	平稳***
d（ln（Beijing））	（0，0，0）	0.000 0	平稳***	ln（Hebei）	（C，T，1）	0.090 7	平稳**
ln（Chongqing）	（C，T，3）	0.047 5	平稳**	ln（Heilongjiang）	（C，T，0）	0.000 9	平稳***
ln（Fujian）	（C，T，0）	0.023 2	平稳**	ln（Henan）	（C，T，2）	0.008 4	平稳***
ln（Gansu）	（C，T，0）	0.000 0	平稳***	ln（Hubei）	（C，T，0）	0.007 5	平稳***
ln（Guangdong）	（C，T，0）	0.317 9	不平稳	ln（Hunan）	（C，T，2）	0.002 3	平稳***
d（ln（Guangdong））	（0，0，0）	0.000 0	平稳***	ln（Innermongolia）	（C，T，2）	0.010 7	平稳**
ln（Guangxi）	（C，T，0）	0.002 9	平稳***	ln（Jiangsu）	（C，0，0）	0.505 7	不平稳

续表

变量	检验形式（C，T，K）	P 值	结论	变量	检验形式（C，T，K）	P 值	结论
d（ln（Jiangsu））	（0，0，0）	0.000 0	平稳***	d（ln（Shanghai））	（0，0，0）	0.000 0	平稳***
ln（Jiangxi）	（C，T，0）	0.118 0	不平稳	ln（Shanxi）	（C，T，2）	0.000 0	平稳***
d（ln（Jiangxi））	（0，0，0）	0.000 0	平稳***	ln（Sichuan）	（C，T，2）	0.630 1	不平稳
ln（Jilin）	（C，T，1）	0.014 1	平稳**	d（ln（Sichuan））	（0，0，1）	0.000 0	平稳***
ln（Liaoning）	（C，T，13）	0.004 1	平稳***	ln（Tianjin）	（C，0，12）	0.523 9	不平稳
ln（Ningxia）	（C，T，0）	0.163 9	不平稳	d（ln（Tianjin））	（0，0，11）	0.040 4	平稳**
d（ln（Ningxia））	（C，T，1）	0.000 0	平稳***	ln（Xinjiang）	（C，T，2）	0.008 9	平稳***
ln（Qinghai）	（C，T，1）	0.000 0	平稳***	ln（Yunnan）	（C，T，3）	0.191 7	不平稳
ln（Shaanxi）	（C，T，0）	0.001 2	平稳***	d（ln（Yunnan））	（0，0，1）	0.000 0	平稳***
ln（Shandong）	（C，T，2）	0.004 4	平稳***	ln（Zhejiang）	（C，0，0）	0.102 2	不平稳
ln（Shanghai）	（C，T，3）	0.551 5	不平稳	d（ln（Zhejiang））	（0，0，0）	0.000 0	平稳***

注：d（·）表示一阶差分；检验形式中 C 和 T 分别表示检验方程中带有常数项和趋势项，滞后阶数 K 由 SIC 确定

、*分别表示在 5%、1%显著水平下拒绝原假设

由表 9-1 可以看出，30 个区域中北京、上海、浙江、江苏、天津等 12 个区域房价数据（处理后）存在单位根，符合模型对价格向量 p_t 的一个或多个元素必须要有单位根的要求。

9.4.2　模型估计

接下来，本章将根据 9.3 节介绍的模型，运用处理后的 30 个区域房价数据，构建以北京为主导区域的价格扩散模型。其中，式（9-3）的空间变量 $\overline{p}_{it}^{s}$ 为地理空间变量，即若两个区域地理相邻，空间矩阵 S 对应元素的值为 1，否则为 0。每个区域的价格方程用 OLS 估计，北京的房价变化通过其滞后项和相邻区域加权的房价变化的滞后项进行回归；其他 29 个区域通过相似回归估计，但是方程右端的回归项中多加入了北京房价变化的同期项和滞后项。每个区域滞后阶数分别通过 SBC 确定，但在本章中滞后阶数限定为最大 12 阶，因为数据频度为月度，12 阶刚好为 1 年。模型估计后的结果如表 9-2 所示。

表 9-2　以北京为主导区域的价格扩散模型估计结果（2001 年 1 月～2014 年 12 月）

城市名	EC1 $\hat{\phi}_{i0}$	EC2 $\hat{\phi}_{is}$	OwnLag	NeighbL	BaseLag	BaseCnt	Wu-Hausman	$\hat{k}_{ia}$	$\hat{k}_{ib}$	$\hat{k}_{ic}$
BJ	—	−0.091*** （−3.044）	0.193** （2.503）	−0.062 （−0.587）	—	—	—	1	1	—
AH	—	—	−0.361*** （−3.24）	0.193 （1.09）	—	0.110* （1.696）	−0.373	2	1	0
FJ	—	−0.137*** （−3.526）	−0.116 （−1.218）	−0.084 （−0.751）	—	0.142*** （2.668）	−0.854	2	1	0
GS	—	−0.337*** （−4.395）	−0.049 （−0.589）	−1.588*** （−3.876）	—	0.579*** （3.061）	−1.024	1	2	0
GD	—	—	−0.321** （−1.948）	−0.071 （−0.762）	—	0.162*** （3.505）	−0.927	4	1	0
GX	—	—	−1.175*** （−2.279）	0.220** （2.166）	—	0.085* （1.675）	1.175	12	1	0
GZ	—	−0.083** （−2.044）	−0.326*** （−2.931）	0.275* （1.678）	—	0.241*** （3.411）	2.221**	2	1	0
HaiN	−0.17*** （−4.569）	—	0.261*** （3.433）	−0.018 （−0.081）	—	−0.161 （−1.208）	1.202	1	1	0
HeB	—	−0.222*** （−3.332）	−0.312*** （−2.788）	−1.781 （−1.474）	—	0.108 （1.235）	0.065	2	12	0
HeN	—	−0.357*** （−5.894）	0.203*** （2.66）	−0.571*** （−3.284）	—	0.308*** （4.742）	−0.534	1	2	0
HLJ	—	—	−2.522*** （−5.955）	0.050 （1.163）	—	0.254*** （3.018）	0.396	10	1	0
HuB	—	−0.172*** （−3.631）	0.061 （0.783）	0.645*** （2.792）	—	−0.084 （−1.074）	−1.681*	1	2	0
HN	—	−0.234*** （−4.576）	−0.191* （−1.816）	0.236 （1.073）	—	0.090 （1.158）	0.406	2	1	0
JL	—	−0.547*** （−7.768）	0.159** （2.182）	0.043 （0.207）	—	0.079 （0.417）	0.326	1	1	0
JS	—	—	0.166** （1.986）	−0.146 （−1.526）	0.100*** （2.66）	0.046 （1.251）	−1.045	1	1	1
JX	—	—	−0.254** （−2.46）	−0.039 （−0.273）	—	0.160*** （2.726）	0.811	2	1	0
LN	−0.018 （−1.622）	—	−2.329*** （−4.053）	0.057 （1.201）	—	0.207*** （3.257）	0.106	12	1	0
NMG	−0.247*** （−4.641）	—	0.148* （1.723）	0.082 （0.430）	—	0.323** （2.280）	−3.233***	1	1	0
NX	—	—	0.019 （0.234）	0.023 （0.378）	—	0.102 （1.441）	0.438	1	1	0
QH	—	−0.292*** （−6.704）	0.228*** （3.332）	0.035 （0.321）	—	−0.049 （−0.365）	−2.916***	1	1	0
SD	—	—	−0.189* （−1.905）	−0.120 （−1.09）	—	−0.077 （−1.167）	−0.694	2	1	0
SX	—	−0.218*** （−4.523）	0.248*** （3.284）	−1.067*** （−3.368）	—	0.485*** （3.015）	−1.052	1	2	0

续表

城市名	EC1 $\hat{\phi}_{i0}$	EC2 $\hat{\phi}_{is}$	OwnLag	NeighbL	BaseLag	BaseCnt	Wu-Hausman	$\hat{k}_{ia}$	$\hat{k}_{ib}$	$\hat{k}_{ic}$
SAX	—	-0.335^{***} (−7.562)	0.044 (0.639)	-0.282^{**} (−2.435)	—	0.134 (1.72)	1.442	1	1	0
SH	—	-0.101^{***} (−2.635)	0.114 (1.387)	0.014 (0.086)	—	0.11 (1.661)	-1.66^{*}	1	1	0
SC	-0.051^{***} (−2.411)	—	-0.206^{**} (−2.506)	−0.022 (−0.263)	—	0.300^{***} (6.466)	-1.895^{*}	2	1	0
TJ	—	—	−0.175 (−0.412)	0.015 (0.225)	—	0.001 (0.02)	−1.069	12	1	0
XJ	—	—	−0.155 (−1.488)	0.025 (0.309)	—	0.376^{***} (3.096)	0.615	2	1	0
YN	—	-0.048^{**} (−2.067)	-0.484^{***} (−4.418)	0.222 (1.232)	—	0.005 (0.071)	-2.216^{**}	2	1	0
ZJ	—	-0.046^{***} (−3.122)	0.048 (0.613)	0.097 (0.956)	—	0.216^{***} (5.773)	0.736	1	1	0
CQ	—	-0.132^{***} (−3.066)	0.206 (1.561)	−0.029 (−0.329)	—	0.149^{***} (3.219)	0.331	3	1	0

注：括号内是 t 值

*、**、***分别表示在 10%、5%、1%显著水平下拒绝原假设

表 9-2 的第 2 列（EC1 $\hat{\phi}_{i0}$）和第 3 列（EC2 $\hat{\phi}_{is}$）分别是价格方程中系数 ϕ_{i0} 和 ϕ_{is} 的估计值，$\hat{\phi}_{i0}$ 表示区域 i 的房价与北京的偏差，$\hat{\phi}_{is}$ 表示区域 i 的房价与其相邻区域的偏差。可以看出，$\hat{\phi}_{i0}$ 系数在统计上显著的有 3 个，分别是海南、内蒙古和四川；$\hat{\phi}_{is}$ 系数在统计上显著的有 16 个。另外，有 11 个区域的 $\hat{\phi}_{i0}$ 系数和 $\hat{\phi}_{is}$ 系数在统计上均不显著，包括黑龙江、山东、天津、新疆等，这可能是由其独特的地理位置造成的。观察 $\hat{\phi}_{i0}$ 和 $\hat{\phi}_{is}$ 的系数值，可以发现统计上显著的系数值均为负数，这说明区域间房价变动存在替代性，即有些区域房价上升，同时有些区域房价下降，这个发现跟美国和英国的区域房价变动规律是一致的。造成这种现象的原因一般有两方面：一是不同区域工业结构变动、经济增长快慢、人口结构变动等差异致使人口从一个区域流向另一个区域，如人口从中西部向东部和东南沿海一带流动；二是区域自身的设施或功能相对提高，这也会造成区域房价的相对变动。

表 9-2 的第 4～6 列是价格方程中滞后项系数的估计值，第 7 列反映北京对其他区域的同期影响。第 4～7 列综合反映短期动态性和空间效应。通过观察估计结果，可以看出区域的滞后阶数长度和短期动态性存在一定的异质性。大部分区域房价自身变动的滞后项统计上显著，这些区域包括北京、广东、海南、江苏、四川等 20 个区域。7 个区域受相邻区域房价变动的滞后项影响显著，分别是山西、河南、湖北、陕西、甘肃、贵州和广西。这说明相较于受相邻区

域历史房价变动的影响，区域房价受自身历史房价变动的影响更大，房价的动态溢出效应并不是普遍现象。另外，只有江苏受北京历史房价变动影响显著。北京房价变动的同期效应在 16 个区域显著，包括山西、内蒙古、河南、贵州、浙江、广东等，同期效应的大小与区域在空间上与北京的距离表现出一定的关联性。

表 9-2 的第 8 列是 Wu-Hausman 统计检验结果，检验的原假设是：北京房价变动对其他区域房价变动的影响是外生的。观察检验结果，可以看出，除了内蒙古、青海、贵州、云南、上海、湖北、四川以外，其他 22 个区域都接受原假设，即北京房价变动对其房价变动的影响是外生的，进一步说明北京适合设为主导区域。而对于拒绝原假设的 7 个区域，则可能只是对北京房价变动在短期有影响，如区域房价下降，通过预期作用到北京，引起北京房价变动。

9.4.3 时空脉冲响应分析

表 9-2 的结果提供了区域房价时空变化的部分属性，为了更全面地从时间和空间上了解区域房价的变动情况，接下来运用 9.3 节介绍的时空脉冲响应函数计算广义脉冲响应，结果如图 9-4 所示。图 9-4 是作用在北京房价上的一个正向单位冲击（一个标准差）所引起的北京及其他区域房价在 80 个时期内的响应情况。可以看出，对大多数区域而言，作用在北京房价上的一个正向单位冲击会引起北京及其他区域的当期房价提高（截距），并快速提高到峰值，然后快速下降到一个较低的稳定水平（可理解为此时的影响消除）。北京房价变动对所有区域房价的影响，显现得快，消散得也快。其中，受北京房价变动影响比较大的区域包括北京本身、内蒙古、海南、四川、青海等。

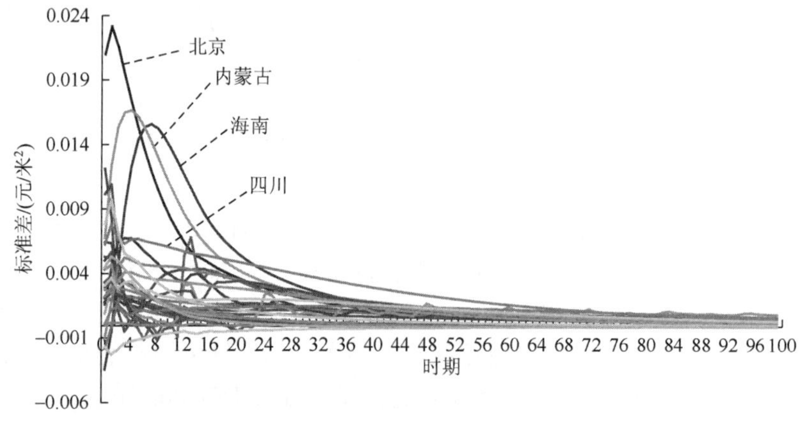

图 9-4 北京房价受单位冲击所引起的 30 个区域广义脉冲响应结果

由图 9-4 可知，所有区域的广义脉冲响应在第 80 期就基本稳定了，因此图 9-5 的时期轴为 0～80 期。图 9-5 的区域轴是按区域广义脉冲响应的大小排序的，用于排序的每个区域广义脉冲响应值是每个区域在 0～80 期每期脉冲响应值的绝对值之和，区域轴列出了排序前 15 的区域。由图 9-5 可以看出，各区域在前 24 期的脉冲响应幅度较大，由此可以推断，北京房价变动对区域房价影响的持续期大约为 2 年，受影响较大的区域依次是海南、内蒙古、四川、青海、甘肃、山西、陕西、吉林、重庆、河北、贵州、云南等，北京房价变动的影响主要是向华北、西南和西北地区扩散。

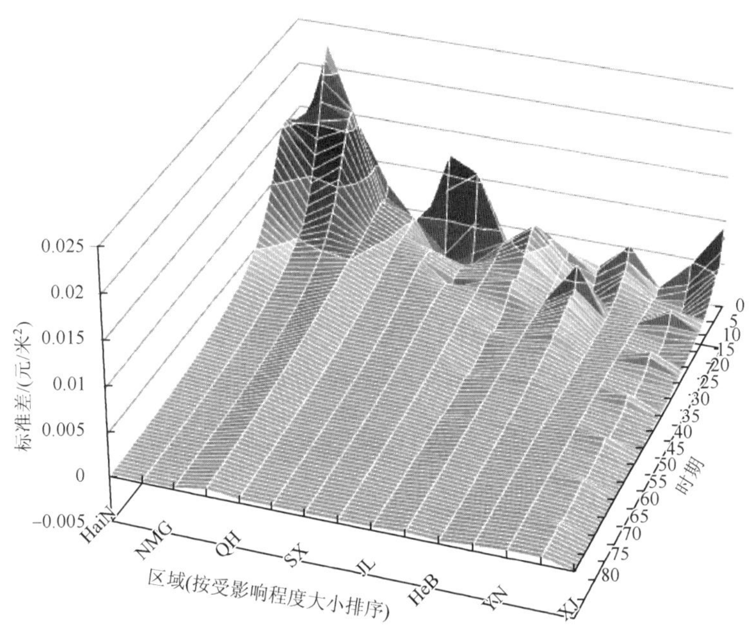

图 9-5　北京：受影响程度较大的 15 个区域广义脉冲响应结果三维图

9.5　不同主区域房价的扩散效应对比及政策建议

同以北京为主区域的实证过程，本章进一步分别以上海、海南和浙江为主区域进行实证和结果分析①。图 9-6～图 9-8 分别是一个正向单位冲击作用于上海、海南和浙江的房价而各自引起的所有区域房价的广义脉冲响应结果。

① 限于篇幅，本章未展示分别以上海、海南和浙江为主区域的模型估计结果和完整的时空脉冲响应结果，感兴趣的读者可向笔者索取。

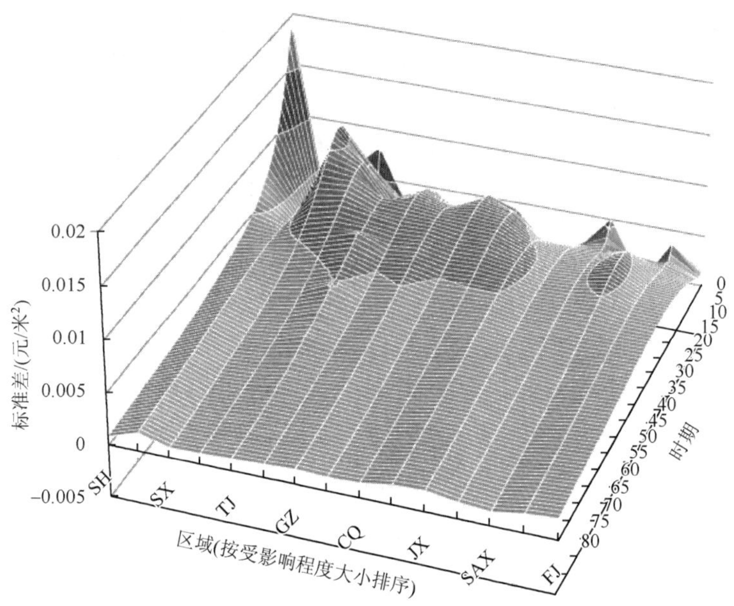

图 9-6　上海：受影响程度较大的 15 个区域广义脉冲响应结果三维图

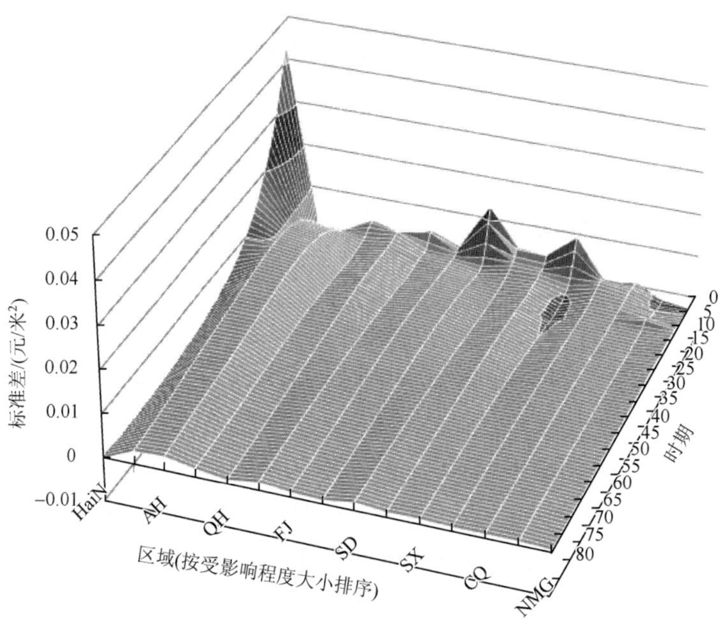

图 9-7　海南：受影响程度较大的 15 个区域广义脉冲响应结果三维图

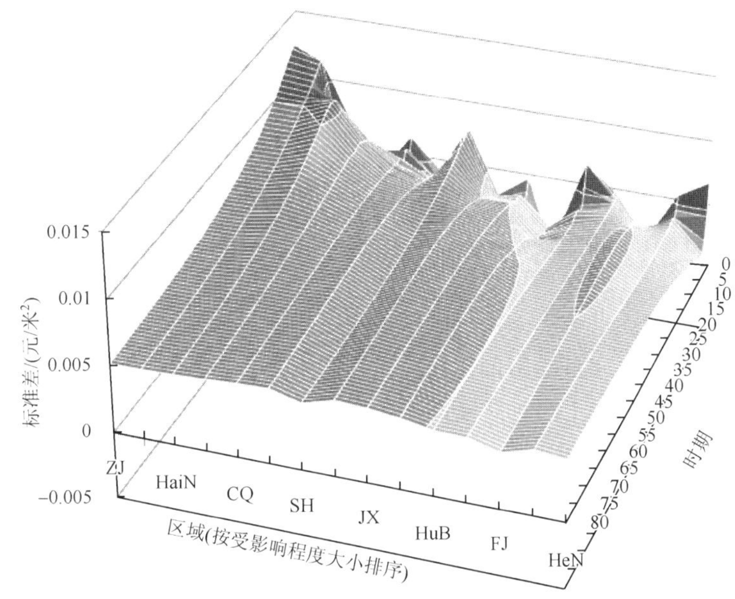

图 9-8　浙江：受影响程度较大的 15 个区域广义脉冲响应结果三维图

一个正向单位冲击作用于上海房价后，所引起的所有区域房价的脉冲响应过程跟作用于北京房价后的效果类似，均是所有区域房价提高到峰值，然后下降到一个较低的稳定水平（可理解为影响消除）。不同之处在于，北京房价变动对所有区域房价的影响，显现得快，消散得也快；而上海房价变动对所有区域房价的影响，显现得快，但消散得慢。由图 9-6 可知，上海房价变动所引起的所有区域的广义脉冲响应在第 90 期基本稳定，受影响较大的区域依次是上海本身、海南、山西、内蒙古、天津、安徽、贵州、浙江、重庆、四川、江西、湖北、陕西、湖南、福建等，上海房价变动的影响主要是向华东、西南、华北和华中地区扩散。一个正向单位冲击作用于海南房价后，仅引起少数区域房价的脉冲响应较大，分别是海南本身、江西、安徽。这三个区域的房价先在一定时期内提高到峰值，然后缓慢下降到一个较低的稳定水平（可理解为影响消除）。其他区域的脉冲响应幅度均很小，可认为受海南房价影响较小。由图 9-7 可知，海南房价变动所引起的所有区域的广义脉冲响应在第 95 期基本稳定，海南房价变动的影响主要是向华东地区扩散。一个正向单位冲击作用于浙江房价后，所引起的所有区域房价的脉冲响应过程差别较大，部分区域房价的脉冲响应过程跟上海房价变动作用下的情况类似，如北京、海南、上海、山西等，只是浙江房价变动的影响在长期也一直存在；另一部分区域房价的脉冲响应过程一直较平稳，如江苏、湖南、湖北；还有部分区域房价的脉冲响应过程从较低水平缓慢增长到较高水平，如贵州、河南、河北等。由图 9-8 可知，浙江房价变动所引起的所有区域的广义脉冲响应在第 80 期基本稳定，受影响较大的区域依次是浙江本身、北京、海南、山西、重庆、四川、上海、新疆、江西、青海、湖北、江苏等，浙江房价变动的影响主要是向华东、西南、西北地区扩散。

对比北京、上海、海南和浙江四个主区域房价变动对所有区域房价的影响，主区域房价变动对自身未来房价走势的影响都很大。北京房价变动的影响周期相对较短，而且最终影响会消除；上海、海南房价变动的影响周期相对较长，但最终影响也会消除；浙江房价变动的影响周期相对较长，影响在长期也一直存在。北京、上海、浙江房价变动影响的区域较广，而海南房价变动仅对极少数区域影响较大。因此，对北京的房价调控应是持续性的，这样才能有效调控北京及其所影响区域的房价；对上海、海南的房价调控可以是阶段性的，相机调控；对浙江房价的调控应该谨慎。

9.6 本 章 小 结

本章首次运用 Holly 等（2011）提出的时空扩散模型，把我国 30 个区域（省份）都纳入模型中，考察其房价扩散过程，重点考察了北京、上海、海南和浙江四个主导区域房价变动对所有区域房价的影响，分析得到了分别在四个主区域条件下房价扩散的特点，可以帮助更好地理解区域房地产市场的波动规律，并为制定和实施科学合理的宏观房地产调控政策提供实证依据。通过实证分析结果，本章结论如下。

北京房价变动对所有区域房价的影响，显现得快，消散得也快，影响周期相对较短，主要是向华北、西南和西北地区扩散，最终影响会消除。上海房价变动对所有区域房价的影响，显现得快，但消散得慢，主要是向华东、西南、华北和华中地区扩散，最终影响也会消除。海南房价变动的影响范围较小，主要是向华东地区扩散，最终影响也会消除。浙江房价变动的影响周期相对较长，主要是向华东、西南、西北地区扩散，影响在长期也一直存在。

另外，北京、上海、海南和浙江四个主区域房价变动对自身未来房价走势的影响都很大，目前对区域房价的直接调控可能比通过别的区域房价来影响的间接调控更有效。北京、上海、浙江房价变动影响的区域较广，而海南房价变动仅对极少数区域影响较大，因此，即使所谓的海南区域房地产泡沫破灭，短期内也不一定能引发全国性的房地产市场危机。

在调控方面，对北京的房价调控应是持续性的，这样才能有效调控北京及其所影响区域的房价；对上海、海南的房价调控可以是阶段性的，相机调控；而对浙江房价的调控应该谨慎。

第 10 章　我国房地产业关联效应及波及效应的区域比较研究

产业关联效应和波及效应衡量一个区域房地产业与其他产业的协调发展程度，是房地产业的重要发展特征。本章运用我国内地 30 个省份（不包括西藏）2007 年 42×42 部门投入产出表，借助投入产出模型用房地产业与其密切关联产业的关联度进行前向、后向、环向等层面的量化研究，通过区域比较，分析我国房地产业对相关产业的带动效应及其发展中存在的主要问题。

天津、上海、广东、海南、青海、浙江、福建、广西、贵州、云南、安徽、江西、湖南 13 个省份中某些产业的总产出为零，这是由于进口商品相抵消，直接消耗系数矩阵和直接分配系数矩阵无法计算，故将煤炭开采和洗选业、石油和天然气开采业两个部门进行合并，形成 41×41 投入产出表。这样处理之后，天津、上海、海南、青海仍有总产出为零的行业，故剔除这四个省份的数据，不作为本章的研究对象。

10.1　房地产业关联效应的区域比较研究

10.1.1　房地产业投入结构区域比较

首先计算 26 个省份的房地产业对 41 个细分产业的直接消耗系数和完全消耗系数，从房地产业投入结构的角度探究区域之间的共性和差异性。计算结果显示几乎所有的产业都为房地产业的后向关联产业。

宁夏相对于其他省份的表现明显异常，宁夏的房地产业对石油加工、炼焦及核燃料加工业，煤炭开采和洗选业、石油和天然气开采业两个产业的消耗异常的高，原因是宁夏拥有丰富的煤炭、天然气和石油资源，整个宁夏地区的煤层分布面积为 1.7 万平方千米，煤炭储量居全国第五位，是一个典型的能源依赖性省份，立足于煤炭资源的优势，大力发展产业链；吉林相较于其他省份也有异常值，吉林的房地产业对煤炭开采和洗选业、石油和天然气开采业，石油加工、炼焦及核燃料加工业的消耗也非常高。

分别计算每个省份房地产业对第一、第二、第三产业的完全消耗占比，如表 10-1 所示，可以看出，所有省份对第一产业的消耗均较小，小于 10%，大部分省份对第二产业的消耗大于第三产业。浙江、贵州、安徽、河南对第一产业的消耗相对于其他省市较多，即这四个省份的房地产业对农林牧渔业的消耗较多，河南、安徽都属于人口大省和农业大省；辽宁、吉林、黑龙江、河北、江苏、浙江、福建、山东、内蒙古、重庆、四川、宁夏、山西、安徽、江西、河南、湖南的房地产业对第二产业的消耗明显多于第三产业，大于 20%；北京、广东、广西、贵州、云南、甘肃、新疆、湖北对第二产业和第三产业的消耗相差较小，小于 20%；陕西的房地产业对第三产业的消耗多于第二产业。我国绝大部分地区的房地产业处于粗放的扩张阶段，对物质性产品消耗较大。

表 10-1　26 个省份的房地产业对第一、第二、第三产业的后向关联效应占比（单位：%）

产业	辽宁	吉林	黑龙江	北京	河北	江苏	浙江	福建	山东
第一产业	2.71	1.61	1.69	1.72	2.05	2.70	9.50	3.69	2.90
第二产业	62.13	76.94	64.87	53.08	73.52	66.55	65.00	59.35	72.99
第三产业	35.17	21.45	33.43	45.21	24.43	30.75	25.49	36.96	24.11
产业	四川	贵州	云南	陕西	甘肃	宁夏	新疆	山西	安徽
第一产业	2.11	5.15	3.83	1.72	2.69	2.30	2.39	2.76	8.34
第二产业	63.64	50.54	56.17	45.48	55.32	64.91	52.84	68.76	61.43
第三产业	34.25	44.32	39.99	52.80	41.99	32.78	44.77	28.49	30.23
产业	广东	内蒙古	广西	重庆	江西	河南	湖北	湖南	
第一产业	1.16	2.06	3.61	1.94	4.69	5.46	2.33	1.93	
第二产业	56.30	65.68	54.90	61.81	65.26	67.87	56.58	67.47	
第三产业	42.54	32.26	41.49	36.25	30.05	26.66	41.08	30.61	

为了探究成因，分别计算每个省份房地产业的完全密切后向关联产业，以房地产业对其他产业的完全消耗系数的平均值为分界线，高于均值的为该省份房地产业的密切后向关联产业，从计算结果可以看出一些表现突出和表现异常的省份（表 10-2），具体如下。

（1）河南省金融业不是房地产业的密切后向关联产业，房地产业对金融业消耗极少，在发达国家金融业对房地产业的投入占比达到 30%以上。

（2）以北京、广东为代表的省份对第二、第三产业的消耗相差较小，北京的房地产业对电力、热力的生产和供应业，金融业，租赁和商务服务业三个产业的消耗较高，广东的房地产业对通信设备、计算机及其电子设备制造业和金融业两个行业的消耗较高，这些地区消耗第二产业和第三产业相差较小，一方面是由房地产业第三产业流通服务的性质决定的，另一方面说明这两个省份在全国城镇住房停止实物分配之后，住房市场和住房金融发展得更快。

（3）浙江的房地产业对农林牧渔业的消耗系数为 0.036 9，仅次于排名第一的化学工业，吕品和郑莉锋（2012）指出与 2004 年、2005 年相比，当前浙江的农林牧渔业对房地产业的发展表现出强后向关联性，这折射出房地产业的急速发展出现较大危机，一方面说明房地产业的发展供地矛盾突出，另一方面结合浙江的地理条件，农林牧渔业受到房地产业高速发展带来的挤出效应影响，这种不利影响将会反过来制约房地产业的发展。

（4）宁夏的房地产业对煤炭开采和洗选业、石油和天然气开采业，石油加工、炼焦及核燃料加工业的后向关联效应显著，原因是宁夏拥有丰富的煤炭、天然气和石油资源，煤炭储量居全国第五位。

表 10-2　异常省份后向密切关联产业

产业	北京			浙江			广东		
	行业	系数	排名	行业	系数	排名	行业	系数	排名
第一产业				农林牧渔业	0.036 9	2			
第二产业	电力、热力的生产和供应业	0.102 4	1	化学工业	0.037 0	1	通信设备、计算机及其他电子设备制造业	0.066 0	2
	煤炭开采和洗选业、石油和天然气开采业	0.043 3	6	金属冶炼及压延加工业	0.033 9	3	化学工业	0.032 2	4
	通信设备、计算机及其他电子设备制造业	0.041 9	7	造纸印刷及文教体育用品制造业	0.028 4	4	造纸印刷及文教体育用品制造业	0.020 0	5
	化学工业	0.036 8	8	电力、热力的生产和供应业	0.019 5	5	电力、热力的生产和供应业	0.018 7	6
	金属冶炼及压延加工业	0.034 2	9	煤炭开采和洗选业、石油和天然气开采业	0.018 7	6	金属冶炼及压延加工业	0.016 4	9
	造纸印刷及文教体育用品制造业	0.033 6	11	建筑业	0.016 4	9	电气机械及器材制造业	0.015 7	10
	石油加工、炼焦及核燃料加工业	0.029 6	12	石油加工、炼焦及核燃料加工业	0.012 4	11	建筑业	0.014 2	11
				废品废料	0.011 2	13	金属制品业	0.014 1	12
				金属制品业	0.010 9	14	煤炭开采和洗选业、石油和天然气开采业	0.012 8	14
				通信设备、计算机及其他电子设备制造业	0.010 3	16			
				电气机械及器材制造业	0.010 0	17			

续表

产业	北京			浙江			广东		
	行业	系数	排名	行业	系数	排名	行业	系数	排名
第三产业	租赁和商务服务业	0.079 2	2	金融业	0.018 5	7	金融业	0.096 8	1
	金融业	0.075 5	3	租赁和商务服务业	0.017 9	8	租赁和商务服务业	0.035 8	3
	房地产业	0.046 8	4	住宿和餐饮业	0.012 8	10	房地产业	0.017 7	7
	交通运输及仓储业	0.044 7	5	批发和零售业	0.011 9	12	住宿和餐饮业	0.017 1	8
	批发和零售业	0.033 6	10	交通运输及仓储业	0.010 6	15	交通运输及仓储业	0.013 4	13
	住宿和餐饮业	0.029 1	13				信息传输、计算机服务和软件业	0.012 4	15

产业	宁夏			河南		
	行业	系数	排名	行业	系数	排名
第一产业				农林牧渔业	0.048 7	6
第二产业	石油加工、炼焦及核燃料加工业	0.406 0	1	化学工业	0.111 4	1
	煤炭开采和洗选业、石油和天然气开采业	0.240 5	2	通信设备、计算机及其他电子设备制造业	0.077 8	2
	电力、热力的生产和供应业	0.088 3	6	食品制造及烟草加工业	0.065 4	3
	化学工业	0.083 2	7	木材加工及家具制造业	0.045 4	7
	金属制品业	0.046 4	10	非金属矿物制品业	0.045 1	8
				电力、热力的生产和供应业	0.034 8	9
				煤炭开采和洗选业、石油和天然气开采业	0.030 2	11
				造纸印刷及文教体育用品制造业	0.023 1	12
				工艺品及其他制造业	0.022 8	13
第三产业	交通运输及仓储业	0.143 0	3	住宿和餐饮业	0.058 7	4
	金融业	0.104 0	4	交通运输及仓储业	0.050 2	5
	居民服务和其他服务业	0.094 5	5	批发和零售业	0.031 4	10
	租赁和商务服务业	0.069 1	8	租赁和商务服务业	0.022 6	14
	信息传输、计算机服务和软件业	0.064 1	9			

10.1.2　房地产业分配结构区域比较

分别计算每个省份的房地产业对其他各产业的直接前向关联效应和完全前向关联效应。据此可得以下结论。

（1）从产业性质上看，第三产业的直接分配系数均较高，房地产业较为密切的前向直接关联产业为第三产业，这是由房地产业具有流通服务的第三产业性质决定的；从完全分配系数来看，房地产业对几乎所有产业都有供给推动作用。

（2）从关联方式上看，通过对前向直接关联系数和前向完全关联系数的比较分析，房地产业对前向密切关联产业中的第三产业是直接作用方式，对第二产业是间接作用方式。

此外，可以看出一些表现较为异常的省份，内蒙古和江西的房地产业对批发和零售业的前向关联效应明显，湖北对化学工业的前向关联效应明显。

分别计算每个省份房地产业对第一、第二、第三产业的完全分配系数占比，如表 10-3 所示，可以看出，除去福建，其他省份对第一产业的消耗均较小，小于 10%，福建的房地产业对农林牧渔业的完全分配占比达 19.13%，福建依山傍海，90%的陆地被丘陵覆盖，被称为“八山一水一分田”，森林覆盖率为 65.95%，居全国首位，因此农林牧渔业是福建的主导产业之一，依托自然资源和政府政策支持，房地产业对第一产业的投入也较多。吉林、江苏、浙江、广东、湖北五个省份的房地产业对第二产业的前向关联效应占比明显大于第三产业；北京、广西、陕西、宁夏、新疆、山西的房地产业对第三产业的直接前向关联效应占比明显高于第二产业；辽宁、黑龙江、河北、福建、山东、内蒙古、重庆、四川、贵州、云南、甘肃、安徽、江西、河南、湖南的房地产业对第二产业和第三产业的完全前向关联效应相差较小，小于 20%。

表 10-3　26 个省份的房地产业对第一、第二、第三产业的前向关联效应占比（单位：%）

产业	辽宁	吉林	黑龙江	北京	河北	江苏	浙江	福建	山东
第一产业	2.75	1.31	3.88	0.30	2.28	1.20	0.91	19.13	2.16
第二产业	48.17	65.75	42.60	22.05	45.75	66.98	62.54	45.52	58.01
第三产业	49.08	32.94	53.52	77.65	51.96	31.82	36.55	35.35	39.83
产业	四川	贵州	云南	陕西	甘肃	宁夏	新疆	山西	安徽
第一产业	2.99	3.22	2.69	1.42	2.34	1.87	3.69	1.17	4.20
第二产业	44.13	45.12	52.37	38.97	39.05	38.35	38.21	32.21	46.36
第三产业	52.89	51.66	44.93	59.61	58.60	59.78	58.09	66.62	49.44
产业	广东	内蒙古	广西	重庆	江西	河南	湖北	湖南	
第一产业	0.82	4.98	3.79	1.64	3.75	2.83	3.85	3.20	
第二产业	72.10	44.83	38.07	44.83	54.04	55.73	68.69	39.38	
第三产业	27.08	50.20	58.14	53.54	42.21	41.44	27.47	57.42	

为了更深入地探讨省域之间房地产业前向关联效应的差异，分别计算每个省份的房地产业的密切前向关联产业（表 10-4），并对异常的省份和有代表性的省份进行分析，具体如下。

（1）江西、内蒙古的完全前向关联产业中，批发和零售业居第一，为最主要的前向关联产业，高于其他所有省份和所有产业，并且前向关联系数分别为 1.339 4、1.315 0，位于 26 个省份的第二、第三位。

（2）湖北、内蒙古、山东和江西的前向关联效应系数大于 1，其中湖北的前向关联系数为 1.875 7，位列第一名，并且可以看出，湖北的密切前向关联产业中第二产业有 11 个，第三产业仅有两个，分别为批发和零售业、交通运输及仓储业。广东、山东等一些省份也表现出同样的结构特征。

（3）湖南、安徽、山西、甘肃、福建的前向关联系数小于 0.3，其中福建为 0.080 2，并且房地产业作为投入要素，对农林牧渔业的投入就达到 19.13%。

表 10-4　异常省份房地产业的密切前向关联产业

产业	内蒙古			江西		
	行业	系数	排名	行业	系数	排名
第一产业	农林牧渔业	0.065 4	7	农林牧渔业	0.048 7	7
第二产业	金属冶炼及压延加工业	0.086 8	3	金属冶炼及压延加工业	0.104 6	2
	食品制造及烟草加工业	0.082 9	4	建筑业	0.102 5	3
	建筑业	0.077 0	6	化学工业	0.099 3	4
	煤炭开采和洗选业、石油和天然气开采业	0.048 5	9	食品制造及烟草加工业	0.079 0	5
	非金属矿物制品业	0.034 7	11	造纸印刷及文教体育用品制造业	0.054 7	6
第三产业	批发和零售业	0.239 7	1	批发和零售业	0.297 9	1
	交通运输及仓储业	0.121 5	2	教育	0.039 7	8
	住宿和餐饮业	0.080 3	5	公共管理和社会组织	0.039 3	9
	信息传输、计算机服务和软件业	0.054 4	8	交通运输及仓储业	0.039 0	10
	卫生、社会保障和社会福利业	0.044 9	10	住宿和餐饮业	0.036 3	11

产业	湖北			福建		
	行业	系数	排名	行业	系数	排名
第一产业	农林牧渔业	0.072 2	9	农林牧渔业	0.015 3	1
第二产业	化学工业	0.201 1	1	食品制造及烟草加工业	0.006 6	2
	建筑业	0.161 2	2	纺织服装鞋帽皮革羽绒及其制品业	0.004 4	5
	金属冶炼及压延加工业	0.111 8	4	化学工业	0.004 1	6

续表

产业	湖北			福建		
	行业	系数	排名	行业	系数	排名
第二产业	交通运输设备制造业	0.094 5	5	通信设备、计算机及其他电子设备制造业	0.003 4	7
	通用、专用设备制造业	0.093 0	6	建筑业	0.002 8	8
	食品制造及烟草加工业	0.083 6	8	纺织业	0.002 4	10
	金属制品业	0.063 9	10			
	纺织业	0.062 5	11			
	非金属矿物制品业	0.062 0	12			
	通信设备、计算机及其他电子设备制造业	0.059 3	13			
	纺织服装鞋帽皮革羽绒及其制品业	0.055 5	14			
第三产业	批发和零售业	0.135 9	3	公共管理和社会组织	0.005 9	3
	交通运输及仓储业	0.086 6	7	批发和零售业	0.004 7	4
				卫生、社会保障和社会福利业	0.002 8	9
				金融业	0.002 2	11
				住宿和餐饮业	0.002 2	12
				文化、体育和娱乐业	0.002 0	13
				居民服务和其他服务业	0.002 0	14

10.1.3　房地产业对其他产业的总带动效应

首先，计算各省份的房地产业对其他产业的环向关联效应，即前向和后向关联效应相加，探讨不同省份的房地产业对第一、第二、第三产业的带动效应的大小和总带动效应的大小（表 10-5），并结合房地产业增加值占 GDP 的比重探讨房地产业在各省份的地位与作用。另外，通过计算每个省份的房地产业对其他各细分产业的带动效应的大小来探索关联产业的差异性。

表 10-5　房地产业对第一、第二、第三产业的带动效应和总带动效应

产业	辽宁	吉林	黑龙江	北京	河北	江苏	浙江	福建	山东
第一产业	0.03	0.02	0.04	0.02	0.02	0.02	0.04	0.03	0.03
第二产业	0.65	0.96	0.76	0.55	0.59	0.78	0.63	0.28	0.84
第三产业	0.52	0.30	0.61	0.75	0.38	0.36	0.32	0.18	0.49
总带动效应	1.20	1.28	1.41	1.32	0.99	1.16	1.00	0.49	1.36

续表

产业	四川	贵州	云南	陕西	甘肃	宁夏	新疆	山西	安徽
第一产业	0.02	0.04	0.03	0.02	0.02	0.05	0.03	0.01	0.05
第二产业	0.42	0.46	0.51	0.50	0.48	1.38	0.42	0.28	0.39
第三产业	0.29	0.46	0.40	0.69	0.42	0.89	0.48	0.18	0.27
总带动效应	0.73	0.96	0.94	1.20	0.92	2.33	0.92	0.47	0.70
产业	广东	内蒙古	广西	重庆	江西	河南	湖北	湖南	
第一产业	0.01	0.07	0.03	0.02	0.08	0.06	0.09	0.02	
第二产业	0.95	0.78	0.4	0.48	1.16	0.85	1.69	0.44	
第三产业	0.46	0.75	0.38	0.41	0.76	0.42	0.81	0.3	
总带动效应	1.42	1.6	0.81	0.92	2	1.33	2.58	0.75	

计算出各省份的房地产业对第一、第二、第三产业的带动效应和总带动效应。从计算结果可以看出，所有省份的房地产业对第一产业，即农林牧渔业的带动效应较小，对第二、第三产业的带动效应有所不同，总带动效应有较大差别，主要表现为以下几点。

（1）北京、陕西和新疆三个省份的房地产业对第三产业的带动效应要高于房地产业对第二产业的带动效应，在其他省份地区房地产业对第二产业的带动效用要高于第三产业，尤其是吉林、江苏、浙江、福建、山东、广东、四川、安徽等地区差异较大，说明在我国大部分地区房地产业结构主要消耗的是物质原材料型产业，正处于粗放的发展模式中，还需要对房地产业进行升级和产业结构调整。

（2）湖北、江西、宁夏的房地产业的环向关联效应均高于我国平均水平和美国、韩国等国家水平，这说明在这些省份，房地产业在该省份国民经济体系中占有重要地位。

（3）计算各省份的房地产业增加值占 GDP 的比重（图 10-1），可以看出，北京、广东、福建、江苏和浙江均高于全国水平 5.15%，然而这些省份的房地产业的总关联效应相差较大，其中福建和浙江两个省份的房地产业在 GDP 中的占比较大，但关联效应较低，分别为 0.494 0、0.999 5，低于全国水平 1.000 3，这说明福建和浙江的房地产业的地位和作用不相符。

在房地产业总带动效应的基础上，探索各省份房地产业对各细分产业的关联效应的差异性，计算各个省份的房地产业对其他产业的环向关联效应，并取大于平均值的产业为密切关联产业，可得到表 10-6，表中画对号的产业为每个省份的密切关联产业。

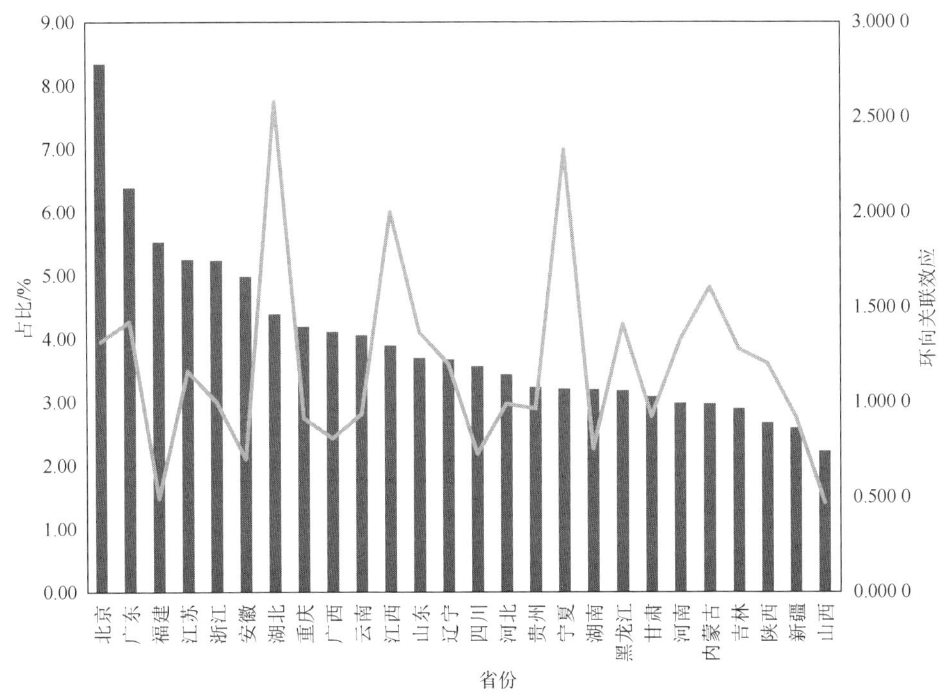

图 10-1　26 个省份 2007 年房地产业增加值占比和总带动效应

表 10-6　26 个省市份的房地产业的密切关联产业分布

产业	辽宁	吉林	黑龙江	北京	河北	江苏	浙江	福建	山东	广东	内蒙古	广西	重庆
农林牧渔业	√		√				√	√			√	√	
煤炭开采和洗选业、石油和天然气开采业		√	√	√	√				√		√		√
金属矿采选业													
非金属矿及其他矿采选业					√								
食品制造及烟草加工业			√					√	√		√	√	
纺织业						√	√						
纺织服装鞋帽皮革羽绒及其制品业						√	√	√		√			
木材加工及家具制造业													
造纸印刷及文教体育用品制造业		√		√			√	√	√	√		√	
石油加工、炼焦及核燃料加工业	√	√	√	√	√	√			√			√	
化学工业	√	√	√	√	√	√	√	√	√	√	√	√	√
非金属矿物制品业											√		
金属冶炼及压延加工业	√	√	√	√	√	√	√	√	√		√	√	√

续表

产业	辽宁	吉林	黑龙江	北京	河北	江苏	浙江	福建	山东	广东	内蒙古	广西	重庆
金属制品业					√	√	√		√	√			
通用、专用设备制造业	√		√			√	√		√	√			√
交通运输设备制造业	√	√				√	√			√		√	√
电气机械及器材制造业	√	√				√	√		√	√			√
通信设备、计算机及其他电子设备制造业		√		√		√	√	√	√	√		√	
仪器仪表及文化办公用机械制造业													
工艺品及其他制造业													
废品废料													
电力、热力的生产和供应业	√	√	√	√	√	√	√	√			√	√	√
燃气生产和供应业													
水的生产和供应业													
建筑业	√	√	√	√	√	√	√	√	√	√	√	√	√
交通运输及仓储业	√		√	√	√	√	√	√	√	√	√	√	√
邮政业													
信息传输、计算机服务和软件业	√		√	√	√			√			√		
批发和零售业	√		√	√	√	√	√	√	√	√	√	√	√
住宿和餐饮业	√		√	√		√	√	√			√	√	√
金融业	√	√	√	√	√	√	√	√	√	√		√	√
房地产业				√						√		√	
租赁和商务服务业	√	√	√	√	√	√	√	√	√	√		√	√
研究与试验发展业													
综合技术服务业				√	√								
水利、环境和公共设施管理业													
居民服务和其他服务业	√	√	√			√			√			√	
教育			√				√						
卫生、社会保障和社会福利业											√		
文化、体育和娱乐业													
公共管理和社会组织													√

产业	四川	贵州	云南	陕西	甘肃	宁夏	新疆	山西	安徽	江西	河南	湖北	湖南
农林牧渔业		√	√		√		√		√	√	√	√	
煤炭开采和洗选业、石油和天然气开采业	√	√		√	√	√	√	√	√		√		√
金属矿采选业													
非金属矿及其他矿采选业													
食品制造及烟草加工业			√							√	√	√	

续表

产业	四川	贵州	云南	陕西	甘肃	宁夏	新疆	山西	安徽	江西	河南	湖北	湖南
纺织业													
纺织服装鞋帽皮革羽绒及其制品业													
木材加工及家具制造业										√	√		
造纸印刷及文教体育用品制造业					√					√		√	
石油加工、炼焦及核燃料加工业				√	√	√	√	√					
化学工业	√	√	√	√	√	√	√	√	√	√	√	√	√
非金属矿物制品业								√			√		
金属冶炼及压延加工业	√	√	√	√	√	√	√	√	√	√	√	√	√
金属制品业									√			√	√
通用、专用设备制造业								√				√	√
交通运输设备制造业												√	
电气机械及器材制造业	√	√							√	√			√
通信设备、计算机及其他电子设备制造业	√										√		
仪器仪表及文化办公用机械制造业	√				√								
工艺品及其他制造业													
废品废料													
电力、热力的生产和供应业	√	√	√	√	√	√		√	√	√	√	√	√
燃气生产和供应业													
水的生产和供应业													
建筑业	√	√	√	√			√	√	√	√		√	
交通运输及仓储业	√	√	√	√	√	√	√	√	√	√	√	√	√
邮政业													
信息传输、计算机服务和软件业			√	√	√	√							√
批发和零售业	√	√	√	√		√	√	√	√	√	√	√	√
住宿和餐饮业	√	√	√	√	√	√	√		√	√	√		√
金融业	√	√	√	√	√	√	√	√	√			√	√
房地产业							√					√	
租赁和商务服务业		√	√	√		√	√		√				√
研究与试验发展业													
综合技术服务业													
水利、环境和公共设施管理业													
居民服务和其他服务业	√			√		√	√		√				√
教育					√		√						

续表

产业	四川	贵州	云南	陕西	甘肃	宁夏	新疆	山西	安徽	江西	河南	湖北	湖南
卫生、社会保障和社会福利业													
文化、体育和娱乐业		√			√			√					√
公共管理和社会组织		√						√					

由表 10-6 可知，第二产业中的金属矿采选业、工艺品及其他制造业、废品废料、燃气生产和供应业和水的生产和供应业，以及第三产业中的邮政业，研究与试验发展业，水利、环境和公共设施管理业均不是 26 个省份的密切环向关联产业。其中，化学工业，金属冶炼及压延加工业，交通运输及仓储业，电力、热力的生产和供应业，批发和零售业，金融业，建筑业，住宿和餐饮业是大部分省份的密切关联产业。值得注意的是，在北京、广东、广西、新疆和湖北，房地产业是自身的密切关联产业，这说明在这些省份房地产业的发展较为成熟和规范，市场化程度相比其他省份已经达到较高水平；在重庆、贵州和山西，公共管理和社会组织为房地产业的密切关联产业，说明这三个省份的房地产业受到当地政府政策的影响较大，房地产业市场机制不够完善。

10.2　房地产业波及效应的区域差异分析

10.2.1　房地产业波及效应的测算

计算得到我国 26 个省份的房地产业的影响力系数、感应度系数和波及效应，如表 10-7 所示。

表 10-7　26 个省份的房地产业的影响力系数、感应度系数、波及效应的排序和位次

排名	省份	影响力系数	位次	省份	感应度系数	位次	省份	波及效应	位次
	平均	0.598 1		平均	0.624 4		平均	1.222 5	
1	宁夏	1.086 5	**11/41**	湖北	1.218 8	**16/41**	湖北	1.935 7	36/41
2	吉林	0.760 3	37/41	内蒙古	1.065 0	**23/41**	宁夏	1.674 8	32/41
3	甘肃	0.744 3	38/41	江西	0.880 3	31/41	内蒙古	1.622 9	33/41
4	湖北	0.716 9	36/41	陕西	0.760 5	31/41	江西	1.497 9	38/41
5	黑龙江	0.711 9	39/41	黑龙江	0.758 8	34/41	黑龙江	1.470 8	39/41
6	广西	0.667 8	38/41	云南	0.660 8	36/41	陕西	1.360 2	38/41
7	河南	0.666 5	38/41	新疆	0.654 4	37/41	吉林	1.273 3	38/41
8	江西	0.617 5	41/41	贵州	0.646 0	37/41	甘肃	1.251 9	38/41

续表

排名	省份	影响力系数	位次	省份	感应度系数	位次	省份	波及效应	位次
	平均	0.598 1		平均	0.624 4		平均	1.222 5	
9	湖南	0.616 9	39/41	山东	0.642 6	36/41	新疆	1.240 4	41/41
10	四川	0.607 3	40/41	辽宁	0.622 3	35/41	贵州	1.234 1	39/41
11	陕西	0.599 7	39/41	广东	0.608 4	34/41	广西	1.234 0	40/41
12	贵州	0.588 1	38/41	宁夏	0.588 3	37/41	云南	1.206 6	40/41
13	新疆	0.586 0	41/41	广西	0.566 3	37/41	河南	1.185 9	41/41
14	北京	0.574 1	40/41	重庆	0.559 4	37/41	湖南	1.164 2	40/41
15	内蒙古	0.557 8	38/41	湖南	0.547 3	38/41	辽宁	1.139 5	39/41
16	云南	0.545 8	40/41	北京	0.525 9	36/41	四川	1.109 9	41/41
17	安徽	0.542 7	40/41	河南	0.519 4	38/41	北京	1.100 0	41/41
18	重庆	0.538 9	41/41	江苏	0.518 3	36/41	重庆	1.098 2	41/41
19	山西	0.535 1	41/41	吉林	0.513 0	37/41	山东	1.059 0	39/41
20	福建	0.523 6	40/41	河北	0.510 2	37/41	安徽	1.046 1	41/41
21	河北	0.519 3	40/41	甘肃	0.507 6	38/41	广东	1.044 0	38/41
22	辽宁	0.517 2	39/41	安徽	0.503 4	38/41	河北	1.029 6	41/41
23	江苏	0.474 7	40/41	四川	0.502 6	39/41	江苏	0.993 0	39/41
24	广东	0.435 6	41/41	浙江	0.487 7	37/41	山西	0.989 1	41/41
25	山东	0.416 3	41/41	山西	0.454 0	39/41	福建	0.937 8	40/41
26	浙江	0.398 3	41/41	福建	0.414 2	41/41	浙江	0.886 0	41/41

计算结果中可以看出，宁夏的房地产业的影响力系数在 26 个省份中排名第一，系数值为 1.086 5>1，并且在 41 个产业中位于第 11 名，说明宁夏的房地产业对宁夏总体经济的拉动作用较大；湖北、内蒙古两个省份的感应度系数在 26 个省份中排名分别为第一、第二，系数值分别为 1.218 8、1.065 0，值均大于 1，并且在 41 个产业中排名分别为第 16 名、第 23 名，说明两个省份的房地产业受本省经济的供给推动作用较大；波及效应结果表明 26 个省份的房地产业总体受本省经济的影响均较小。

10.2.2　房地产业波及效应的四象限分析

为进一步揭示各个省份之间房地产业的特点的差异性，根据四象限分析原理，以社会平均值 1.0 为分界线，绘制影响力系数-感应度系数的四象限图，如图 10-2 所示。

根据中国投入产出学会课题组（2006）的观点，处于第一象限的部门的影响力系数和感应度系数值均大于社会平均水平值 1.0，房地产业具有强辐射能力和强瓶颈制约力，房地产业对国民经济的拉动作用较强，是本省经济发展的重要支柱产业；处于第二象限的省份的房地产业的影响力系数大于社会平均值 1.0，感应度系数小于社会平均值 1.0，房地产业具有强辐射影响能力和弱瓶颈制约能力，一般房地产业发展水平处于较高阶段；处于第三象限的省份的影响力系数和感应度系数均小于 1.0，房地产业具有弱辐射影响力和弱瓶颈制约力；处于第四象限的省份的影响力系数小于 1.0，感应度系数大于 1.0，该区域的省份的房地产业具有弱辐射力和强制约力，房地产业对省域经济发展有制约作用。

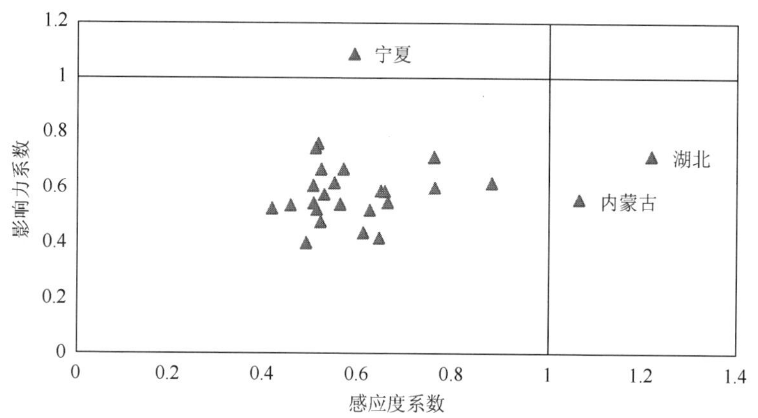

图 10-2　以社会平均值为 1 的房地产业影响力系数-感应度系数区域比较

由图 10-2 可知，我国 23 个省份均落在影响力系数-感应度系数散点图的第三象限，说明在我国绝大部分地区房地产业属于弱辐射弱制约性产业；宁夏位于第二象限，房地产业具有强辐射力和弱制约力属性，发展水平较为成熟；湖北、内蒙古地区的房地产业具有弱辐射力和强制约力，对经济健康运行起着支撑作用。吕品和郑莉锋（2012）通过对比我国和美国、德国、韩国等发达国家的影响力系数、感应度系数，得出美国、德国、韩国等发达国家的房地产业也属于弱辐射、强制约性产业，并解释了在成熟的房地产市场发展体系中，房地产业作为流通性服务业，中介机构数量较多，物业管理发达，对生活消费性服务业产生较强推动作用，影响力系数普遍较小，因此发达国家的房地产业一般不作为国民经济发展的支柱产业。

为进一步分析省域的差异性，以我国 26 个省份的影响力系数和感应度系数均值为分界点，绘制四象限图，如图 10-3 和表 10-8 所示。

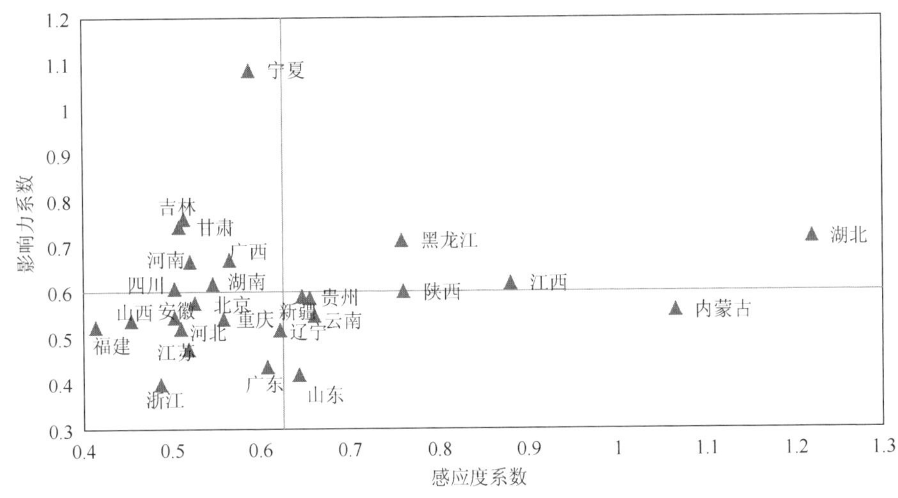

图 10-3　以均值为分界线的影响力系数-感应度系数四象限图

表 10-8　波及效应区域划分

系数水平	省份
影响力系数＞平均水平，感应度系数＞平均水平	湖北、黑龙江、江西、陕西
影响力系数＞平均水平，感应度系数＜平均水平	宁夏、吉林、甘肃、广西、河南、湖南、四川
影响力系数＜平均水平，感应度系数＞平均水平	贵州、内蒙古、云南、山东
影响力系数＜平均水平，感应度系数＜平均水平	新疆、北京、安徽、重庆、山西、福建、河北、辽宁、江苏、广东、浙江

由计算结果可知，我国大部分的省份影响力系数和感应度系数小于全国 26 个省份的均值水平，房地产业具有弱辐射、弱制约性，包括新疆、北京、安徽、重庆、山西、福建、河北、辽宁、江苏、广东、浙江，说明在这些省份，房地产业不是该省份带动国民经济增长的关键产业，房地产业仍有很大的发展空间；湖北、黑龙江、江西和陕西四个省份的房地产业同时具备强辐射能力和强制约性，对省域国民经济有较强的拉动作用和推动作用，房地产业为该省份支柱产业；宁夏、吉林、甘肃等七个省份的房地产业具备强辐射能力和弱制约性，房地产业发展水平较高；贵州、内蒙古、云南和山东四个省份的房地产业的制约性较强而辐射影响能力较弱，房地产业整体滞后于省域国民经济发展，成为国民经济增长的瓶颈之一。

10.3　房地产业关联效应及波及效应的空间统计分析

10.3.1　房地产业关联效应及波及效应的四象限分析

基于四象限模型对关联效应和波及效应进行交叉分析，得到各省份的房地产业与其他产业部门的潜在联系程度及其现实作用强度的相对强弱与组合情况。周兵兵等

（2011）指出，处于第一象限的省份的房地产业与其他产业的关联性和波及效应较强，在省域国民经济体系中占有重要地位，房地产业的发展正当其时，属于该省份主导产业；处于第二象限的省份的房地产业的关联性较强，但未能充分发挥出其关联性强的优势，未体现出其在经济增长中的重要作用与地位，产业发展相对滞后；处于第三象限的省份的房地产业的关联性和波及效应较弱，在该省份的经济中不处于关键发展产业，具备较大的发展潜力，属于朝阳产业；处于第四象限的省份的房地产业的关联性较弱而波及面较广，房地产业已经取得了较大发展。计算结果如表 10-9 所示。

综合考察各省份的房地产业的经济效应，湖北、宁夏、江西、内蒙古、黑龙江、吉林和陕西的房地产业的产业关联性较强，波及效应也较强，在省域国民经济体系中占有重要地位，房地产业的发展正当其时，属于当前的主导产业与黄金产业；北京、河南、山东、广东和辽宁五个省份的房地产业的产业关联性较强而波及效应较弱，未能充分发挥其关联性强的优势，未体现出其在经济增长中的重要作用与地位，房地产业发展滞后，可将其作为主导产业扶持发展，发挥关联性强的优势，以及波及面广的潜能；甘肃、新疆、贵州和广西的房地产业的产业关联性较弱，但在国民经济体系中波及面较广，房地产业取得较大发展，属于支柱产业；江苏、浙江和河北等 10 个省份的房地产业的产业关联性较弱，波及效应也较弱，在省域国民经济体系中也未占有重要地位。

表 10-9　关联效应及波及效应的省域差异-房地产业在该省域的地位

效应水平	省份	
关联效应>平均水平，波及效应>平均水平	湖北、宁夏、江西、内蒙古、黑龙江、吉林、陕西	主导产业
关联效应>平均水平，波及效应<平均水平	广东、山东、河南、北京、辽宁	朝阳产业
关联效应<平均水平，波及效应>平均水平	甘肃、新疆、贵州、广西	支柱产业
关联效应<平均水平，波及效应<平均水平	江苏、浙江、河北、云南、重庆、湖南、四川、安徽、福建、山西	欠发展产业

10.3.2　房地产业关联效应及波及效应的空间自相关分析

1. 空间自相关分析

Moran's I 指数是一种分析具有空间依赖现象的区域经济行为的新型统计分析技术，通常用来判断地区间是否存在空间相关，计算公式如下：

$$\text{Moran's I}=\frac{\sum_{i=1}^{n}\sum_{j=1}^{n}W_{ij}(Y_i-\bar{Y})(Y_j-\bar{Y})}{S^2\sum_{i=1}^{n}\sum_{j=1}^{n}W_{ij}} \tag{10-1}$$

其中，$S^2=\frac{1}{n}\sum_{i=1}^{n}(Y_i-\bar{Y})^2$；$\bar{Y}=\frac{1}{n}\sum_{i=1}^{n}Y_i$；$Y_i$ 为第 i 个地区；n 为地区总数；W_{ij} 为二进制的空间相邻权重矩阵，表示其中的任一元素，采用邻接标准或距离标准，其目的是定义空间对象的相互邻接关系，便于把地理信息系统数据库中的有关属性放到所研究的地理空间上来对比。一般邻接标准的 W_{ij} 为

$$W_{ij}=\begin{cases}1, & \text{当区域 } i \text{ 和区域 } j \text{ 相邻} \\ 0, & \text{当区域 } i \text{ 和区域 } j \text{ 不相邻}\end{cases} \tag{10-2}$$

其中，$i=1,2,\cdots,n$；$j=1,2,\cdots,m$。

Moran's I 指数可看作各地区观测值的乘积和，其取值范围一般为 $-1\leqslant I\leqslant 1$，若 I 大于 0 表示各地区间经济行为正相关，等于 0 表示不相关，否则为负相关。

空间计量经济学理论认为，相邻地区空间单元上某种经济地理现象是相关的。当相邻地区随机变量观测值在空间上出现集聚时为正的空间自相关；当某空间单元倾向于被相异值包围时则为负的空间自相关。可见空间自相关意味着区域间存在相互依赖和交互作用，这可能源于交通运输、劳动力、资本流动或者传播、溢出效应等。

2. 空间自相关分析

利用 Moran's I 指数对房地产业的完全消耗系数、完全分配系数、影响力系数、感应度系数、总带动效应和波及效应进行空间自相关分析，进而测算省域之间的邻近效应和空间依赖性。各省份的直接消耗系数、完全消耗系数、直接分配系数、完全分配系数、影响力系数、感应度系数、带动效应及波及效应的 Moran's I 值分别为−0.016 6、−0.071 6、−0.120 4、−0.142 8、0.159 3、−0.068 9、−0.033 9、0.194 1，只有完全分配系数、影响力系数和波及效应存在显著的空间自相关现象（在 10%的置信水平下）。

10.4　本 章 小 结

本章运用投入产出模型，测算了我国 26 个省份的房地产业的关联效应及波及效应，并进行了区域比较。研究得出：房地产业在湖北、宁夏、江西、内蒙古、黑龙江、吉林和陕西属于主导产业，其发展正当其时；在甘肃、新疆、贵州和广西属于支柱产业，已经取得了较大发展，但需加大经济技术投入，使其发展与国民经济增长相协调，获得更强的产业关联支撑，防止出现“产能过剩”；在北京、河南、山东、广东和辽宁五个省份属于朝阳产业，发展相对滞后，可进一步将其作为主导产业扶持发展，充分发挥其波及面广、带动性强的潜能；在江苏、浙江和河北等 10 个省份属于欠发展产业，应加大技术经济投入，充分发挥房地产业的基础性作用，带动国民经济增长。

第四篇　我国房地产市场差别化调控研究

第 11 章　我国房地产市场调控政策回顾与区域比较

本章对住房和城乡建设部、国家发展和改革委员会等部委发布具有重要调控作用的房地产政策、法规共计 360 余条进行分析，提炼出政策区域要素，据此构建房地产调控政策的编码体系。进而对 20 世纪 90 年代以来的我国房地产市场调控政策进行分阶段回顾与评述，并对北京、上海、深圳、重庆、成都等特别城市的调控政策进行回顾与分析。

11.1　房地产调控政策编码体系构建

从 1998 年我国房地产市场化开始，到 2014 年，我国房地产市场经历了天翻地覆的变化，住房和城乡建设部（前建设部）、国家发展和改革委员会（前国家计委）等部委发布具有重要调控作用的政策、法规共计 360 余条，本章以此为对象，通过定性分析进行解构、归类和比较，提取政策的区分要素（包括基本信息、政策主体和客体、政策内容、政策类型和政策关系）建立我国房地产政策文本结构化编码和分类体系（表 11-1～表 11-4）。

表 11-1　房地产调控政策编码体系构建

一级区分要素	二级区分要素
基本信息	政策名称 发文字号 发布时间 作用时期
政策主体和客体	政策发布部门 参与部门数量 作用对象
政策内容	关键词 政策目标 政策效果
政策类型	按作用面可分为：土地、供给、需求、环境 按政策手段可分为：行政、经济、法律、启发引导等
政策关系	所属政策群 所属政策群地位 上位政策 下位政策

表 11-2　一级区分要素含义说明

一级区分要素	要素特点及分析目的	备注
基本信息	客观性、唯一性 政策演进分析	
政策主体和客体	客观性 增强部门协同能力和效果 明确政策调整对象及目的	政策执行涉及部委越多，说明政策越受重视，同时政策制定和执行的协同要求越高
政策内容	政策关键词及目标具有客观性 政策效果具有滞后性	
政策类型	政策手段具有多样性、政府干预性强及复杂性等特点 通过多种政策手段的有效组合以达到供需平衡，提高资源配置效率，确保房地产业持续、快速发展的目的	房地产宏观调控政策通常包括行政手段、法律手段、启发引导手段等，每个手段又包括多种具体调控措施
政策关系	客观性 有助于理顺宏观调控逻辑及理解调控效果	

表 11-3　二级区分要素中政策手段分类及说明

政策手段	特点	内涵、形式
行政手段	权威性，依靠行政命令实施，其效果主要取决于上级行政机构的等级和权力大小 纵向性，主要通过渠道自上而下逐层下达，对横向缺乏约束力 强制性，上级对下级下达、颁布的命令和知识等，下级灵活退让、变通余地很少	行政手段是指凭借上下级领导关系和管理权限的大小，通过行政命令的形式自上而下进行管理的一种手段 行政调控手段主要包括计划手段、规划手段和行政管理手段三个方面
经济手段	客观性，主要依据客观经济规律运作 广泛性，经济手段适用于所有市场主体，并带来广泛的影响 作用时间慢，需要一定时间才能发挥效果、看到作用	经济手段是指通过调整各市场主体的物质利益关系影响经济行为的一种宏观管理手段，通常通过财政、金融、价格、投资等经济机制引导房地产经济健康运行并使之与国民经济和城市建设发展相协调，实现房地产的供需动态平衡 具体来说，财政政策包括税收、财政支出；货币政策包括利率、公开市场业务、法定存款准备金率、再贴现率
法律手段	严肃性，不容许任何人以任何形式更改、违背和触犯 反复适用性，使用期限长，适用范围广 稳定性，一旦生效，将在较长时期内发挥作用	法律手段指根据一定的立法程序，将经济运行发展的规律和准则加以固定，并通过司法、执法活动对特定社会经济现象进行管理的一种手段 具体包括专业性规范、相关性规范等
启发引导手段	非强制性，启发引导手段不具有强制性，房地产市场主体自由选择施行	启发引导手段指运用信息、社会舆论、说服教育等方式对房地产市场主体行为施加影响从而达到调控房地产市场的目的 启发引导手段主要包括信息引导、舆论导向及劝告等

表 11-4　二级区分要素中三种政策作用面说明

作用面	特点	具体形式
土地	目标明确，全面、准确收集信息，可行性，系统性，公共利益优先，垄断性	一般由单独的法律法规为土地管理指明方向、提供依据
金融	客观性，主要依据客观经济规律运作 广泛性，经济手段适用于所有市场主体，并带来广泛的影响	主要通过利率、法定存款准备金率及公开市场操作调节信贷；通过一系列行政规定调控住房公积金，首付比例等
综合管理	多样性，通过多种手段起到调控作用。 强制性	国家采用一系列政策、法规通过调控除土地、金融之外的手段以达到对房地产市场的整体调控

11.2　我国房地产调控政策回顾

11.2.1　旨在控制投资增长的首轮调控（1993～1997 年）

真正意义上针对房地产市场的首轮调控起于 1992 年房地产市场初步形成以后。以邓小平 1992 年南方谈话为契机，我国南方骤然掀起了房地产开发的高潮。海南、北海等地房地产开发投资高速增长，金融机构大量发放房地产贷款，以炒地皮、炒项目为主的房地产市场交易异常活跃，形成了严重的房地产泡沫。据统计，1992 年全国房地产开发投资额达 731 亿元，同比增长 117%。土地出让面积达 2.2 万平方米。商品房销售额超过 450 亿元，同比增长 83.83%，土地和商品房市场成交都十分活跃。1993 年上半年，全国房地产开发投资仍保持高速增长，相比 1992 年上半年增长 143.50%。然而，房地产开发过热，房价迅速攀升，也在一定程度上拉高了钢材、水泥等材料的价格，并且挤占了过多的资金，阻碍其他重点项目建设，导致国民经济发展严重失衡。

对此，1993 年下半年，中央政府开始通过严控信贷等措施遏制房地产企业炒地炒房的行为，以控制房地产开发投资过快增长。到 1993 年下半年，全国房地产开发投资增幅明显回落。1993 年年底，海南、北海等过热地区房地产泡沫破裂，之后经历了一段较长时期的低迷。1992～1993 年的房地产开发过热，暴露出了我国房地产市场形成初期的一系列问题，如交易不规划、市场管理薄弱等，但同时也昭示了住房商品化和市场化的巨大潜力，为进一步的住房制度改革提供了经验与参考。

1994 年继续实行 1993 年下半年的调控措施，房地产开发投资规模得到了控制，1994 年全国房地产开发投资额为 2 554.10 亿元，相对 1993 年增长了 31.82%，增幅同比回落十分明显。1995～1997 年，基本处于房地产过热后的市场反思与调整的阶段，开发投资增速逐步回落，市场整体比较低迷。调控的重点在于深化住房制度改革，规范房地产市场管理等方面，比较有代表意义的是 1994 年 7 月的《城市房地产管理法》和《关于深化城镇住房制度改革的决定》。

11.2.2　过渡到供需双调的二次调控（2002 年年底至 2007 年）

2003 年 6 月，中国人民银行发布《关于进一步加强房地产信贷业务管理的通知》（121 号文），其中提出要加强房地产信贷管理，具体措施包括提高房地产企业申请贷款的门槛，即房地产开发企业申请银行贷款，其自有资金（指所有者权益）应不低于开发项目总投资的 30%，并且要求开发资质、信用等级较高、没有拖欠工程款等条件；加强个人住房贷款管理，适当提高购买第二套以上（含第二套）住房的首付款比例。121 号文的出台对中小房地产企业是一个巨大打击。这份文件是 1998 年提出扶持房地产业成为新的经济增长点以来，首次采取措施控制房地产投资过热，表明政府对房地产的态度由支持转为谨慎。

2003 年 8 月，国务院发布《关于促进房地产市场持续健康发展的通知》（18 号文），其中要求充分认识房地产市场持续健康发展的重要意义，提出对符合条件的房地产开发企业和项目要继续加大信贷支持力度。这份文件也强调了要关注房地产价格和投资增长过快的问题，但几乎没有提出实质性的调控措施，由此，被业界视为对 121 文件的“缓冲剂”。这也反映了政府对房地产业的矛盾心态，既希望房地产业继续拉动经济增长，又担心房地产过热不利于经济平稳运行。中国人民银行 121 文和国务院 18 号文标志着新一轮调控的开始。

2003 年下半年开始，全国范围又开始出现房地产开发过热的现象。对此，政府从严控土地和信贷两方面着手，控制房地产投资过快。2004 年 3 月，国土资源部、监察部联合下发了《关于继续开展经营性土地使用权招标拍卖挂牌出让情况执法监察工作的通知》（71 号令），其中要求对“开展经营性土地使用权招标拍卖挂牌出让情况”进行全国范围内的执法监察，各地要在 2004 年 8 月 31 日前将历史遗留问题处理完毕，否则国家土地管理部门有权收回土地，纳入国家土地储备体系。这项措施从土地供给这个源头上控制房地产开发投资的过快增长。2004 年 8 月，中国银行业监督管理委员会发布《商业银行房地产贷款风险管理指引》，要求申请贷款的房地产开发企业的开发项目资本金比例不低于 35%，在 121 文件的 30%的基础上有所提高。

从 2005 年第 1 季度开始，部分地区房价呈现快速上升之势，引起政府的关注。而 2005 年之前的房地产市场调控，着重于控制房地产投资过快增长，对稳定房价的成效不大。因此，从 2005 年开始，政府调控目标由控制房地产投资规模过大的单一目标向既控制投资速度又抑制商品住房价格上涨过快的双重目标转换，强调做好供需双向调节，在控制投资的同时，着力于采取措施稳定房价。

2005 年 3 月，中国人民银行发出《关于调整商业银行住房信贷政策和超额准备金存款的通知》，其中宣布取消住房贷款优惠政策，实行利率下限管理。这标志着调控开始偏向需求方面。随后，国务院下发《关于切实稳定住房价格的通知》（“国八条”），其中将稳定房价提高到政治高度。同年 4 月，国务院常务会议提出了“新国八条”，并于 5 月下发了《国务院办公厅转发建设部等部门关于做好稳定住房价格工作意见的通知》，其中要求各地区把解决房价上涨幅度过快等问题作为当前加强宏观调控的一项重要任务，转发了建设部等七部委在《关于做好稳定住房价格工作的意见》中提出的八条意见。该意见取消了 1998 年以来的培育新经济增长点时期内出台的扶持房地产市场的一系列优惠政策，并提出了一些严厉的政策措施。

2006 年 5 月，国务院常务会提出“国六条”，强调进一步做好房地产市场引导和调控工作，并将调整住房供应结构、控制住房过快上涨纳入目标责任制。此后，为了观测落实“国六条”，国家税务总局、中国人民银行、中国银行业监督管理委员会等相关部门也发出通知，分别从税收政策、信贷政策和市场监管等方面加大房地产市场调控力度。2006 年 7 月，建设部、国家外汇管理局、国家发展和改革委员会、商务部也先后发文规定房地产市场的外资准入和相关审批管理、监管工作。严把外资进入的门槛，遏制外资炒房投资，有助于缓解房地产投资过热、房价上涨的压力。

从 2007 年下半年开始，调控的重点逐步转向保障性住房制度建设。2007 年 8 月，国务院发布《关于解决城市低收入家庭住房困难的若干意见》（24 号文），指出要切实解决城市低收入家庭住房困难的问题，加快建立以廉租住房为中心的住房保障体系。同年 10 月，中共十七大再次强调了解决居民住房问题的重要性。财政部、建设部等部门也先后出台配套政策，推进廉租房和经济适用房的建设与管理工作。

11.2.3　抑房价、重保障的新一轮调控（2009 年年底至今）

在 2008 年全球金融危机的影响下，我国楼市量价齐跌，出现 10 年以来的大拐点。对此，政府先后出台一系列救市计划，包括松绑房地产信贷、利率优惠等措施，这使得我国房地产在 2009 年迅速回升，部分城市出现了房价过快上涨等问题。为进一步加强和改善房地产市场调控，稳定市场预期，促进房地产市场平稳健康发展，国务院办公厅于 2010 年 1 月出台了《关于促进房地产市场平稳健康发展的通知》（“国十一条”），主要内容集中在：增加普通商品住房的供给；合理引导投资消费，抑制投资和投机性购房；加快保障性住房的建设。同年 4 月，国务院出台《国务院关于坚决遏制部分城市房价过快上涨的通知》（“新国十条”），其中提出必须充分认识房价过快上涨的危害性，认真落实中央确定的房地产市场调控政策，采取坚决的措施，遏制房价过快上涨，促进民生改善和经济发展。相对于前两次的调控，新一轮调控手段多样化，多管齐下，力度空前，并且突出实施差异化调控，在总量调控的基础上着重于长期性的结构调整。

11.2.4 各阶段主要的调控工具

通过回顾历年来我国房地产调控政策可知，我国房地产调控政策大致可以分为三类：一是控制资金流量和流向的房地产信贷政策，如加息、提准等利率和流动性调控也可以归于这一类；二是调控土地供给、税收等相关的财政政策，保障性住房政策也可以划归为这一类；三是非市场化的行政措施，如限购政策、限外资政策等。

1. 房地产信贷政策

房地产信贷政策适用于供需双向调节，常用的措施包括信贷总量和结构控制、信贷门槛调整、利率调整、法定准备金率调整、贷款首付比例调整等。

如图 11-1 所示。在 1993～1997 年首轮调控期间，央行先后 7 次加息。在扶持房地产成为新的经济增长点时期，自 1997 年 10 月开始进入降息周期，一直持续到 2002 年 2 月，期间先后 6 次降息，其中在 1998 年调整比较密集。2004 年以后开进入新一轮的加息周期，2004 年 10 月 29 日，央行自 1996 年以来首次上调金融机构存贷款基准利率并放宽人民币贷款利率浮动区间和允许人民币存款利率下浮。这轮加息周期持续到 2007 年年底，期间经过 9 次利率调整。次贷危机爆发后，央行为了救市在 2008 年 9～12 月短短 3 个月之间先后 5 次降息。

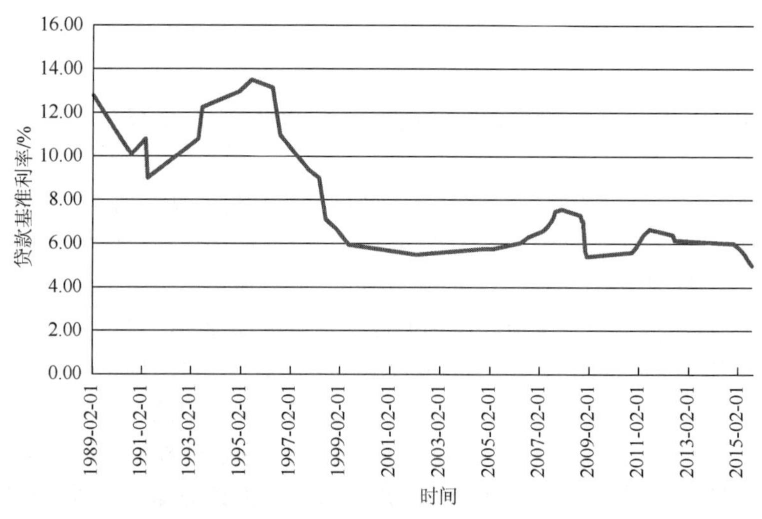

图 11-1 我国 1～3 年贷款基准利率变动

如图 11-2 所示，在 2003 年之前，法定存款准备金率变动不大，只是在 1998 年 3 月和 1999 年 11 月有两次降准。在 2003 年至 2008 年上半年二次调控期间，2003 年 9 月首次提高准备金率，由 6%提高到 7%，然后经过 19 次提准，法定存款准备金率由 2003 年的 7%提高到 2008 年 6 月的 17.5%。2008 年 9～12 月，央行 4 次降低存款准备金率，释放流动性，以支持危机后经济恢复。2010 年，为了遏制通货膨胀和房价过快上涨，央行进行密集提准，收缩流动性，先后经过 12 次提准，准备金率由 2008 年 12 月的 15.5%提高到 2011 年 6 月的 21.5%。2011 年下半年以来，新一轮调控取得了一定成效，房价上涨势头得到一定遏制，通胀压力减小，央行自 2011 年下半年先后两次降准。从 2012 年开始，流动性又开始逐步放开，多次下调利率及定向的降准降息，并推进利率市场化以释放流动性，同时对于首套房贷给予大力优惠，并下调公积金利率，但依然要求金融机构实行差别化的信贷政策以打击投机性购房。

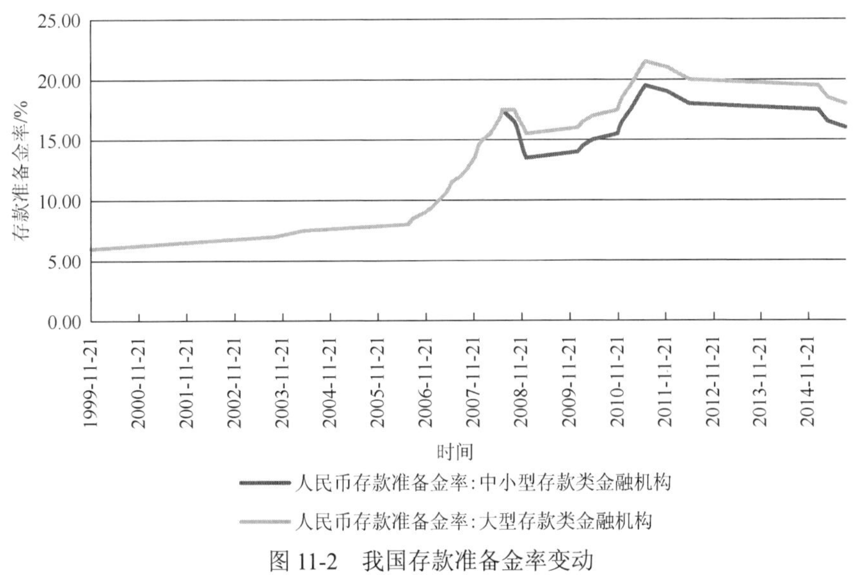

图 11-2　我国存款准备金率变动

2003 年之前，个人住房贷款首付比例不区分首套房和二套房，统一采用 20%的首付比例。在 2003 年启动的二次调控中，121 号文件中首次提出要适当提高二套房以上（包括二套房）的首付比例。2005 年 5 月，央行提出对已利用贷款购买住房又申请购买第二套（含）以上住房的，首付比例不得低于 30%。2007 年 9 月，《中国银行业监督管理委员会关于加强商业性房地产信贷管理的通知》规定，二套房贷款首付款比例不得低于 40%。2008 年 12 月，国务院发布的《关于促进房地产市场健康发展的若干意见》中提出对已贷款购买一套住房，但人均住房面积低于当地平均水平，再申请贷款购买第二套用于改善居住条件的普通自住房的居民，可比照执行首次贷款购买普通自住房的优惠政策，由此，二套房首付比例降至20%。2010 年 1 月，“国十一条”中提出二套房贷款首付款比例不得低于 40%。2010 年 4 月，“新国十条”中规定二套房首付比例不得低于 50%。2011 年 1 月，“新国八条”中规定二套房首付比例不得低于 60%，一直延续至今。具体如图 11-3 所示。

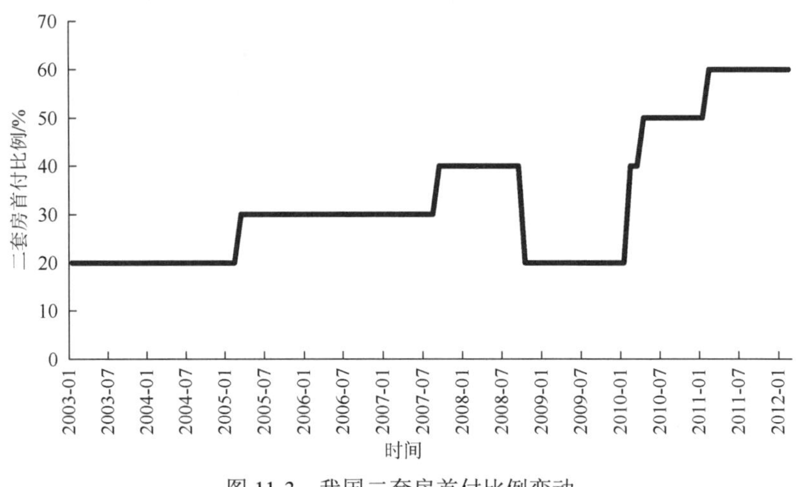

图 11-3　我国二套房首付比例变动

此外，提高或降低房地产信贷门槛调控信贷总量，加强信贷风险管理。例如，在首轮调控期间，国务院在 2004 年 4 月发出通知将房地产项目（不含经济适用房项目）资本金比例由 20%及以上，提高到 35%及以上。而后在 2009 年 5 月，国务院在《关于调整固定资产投资项目资本金比例的通知》中明确保障性住房和普通商品住房项目的最低资本金比例为 20%，其他房地产开发项目的最低资本金比例为30%。这是自 2004 年以来执行 35%自有资本金贷款比例后的首次下调，已恢复到1996 年开始实行资本金制度时的水平。而在 2009 年 12 月，财政部、国土资源部、央行、监察部等五部委公布《关于进一步加强土地出让收支管理的通知》，将开发商拿地首付款比例提高到 50%，且分期缴纳全部价款的期限原则上不超过一年。

2. 土地、保障性住房建设、税收等财政政策

土地调控政策着重于土地供给总量管理和土地供应结构调整，重在从源头上调整房地产市场供应结构。保障性住房建设政策和土地政策、信贷政策密切相关，主要强调加大对保障性住房的信贷投入和财政投入，确保保障性住房的资金和土地供应，进而确保保障性住房规划目标的实现。例如，在 2010 年 4 月出台的“新国十条”中，要求优先保证供应保障性住房、棚户区改造和中小套型普通商品住房用地，并要求不低于住房建设用地供应总量的 70%。

在税收政策方面，主要包括交易环节的营业税及持有环节的房产税收调整。例如，在 1998～2002 年，为了扶持房地产市场发展，政府通过换购住房税收优惠政策、减免房屋出租税费、消化空置商品房税费优惠等政策鼓励住房消费，扩大市场需求。又如 2001 年 1 月，财政部、国家税务总局出台 125 号文，对房屋出租的税费进行了减免，对政府定价出租的住房暂免房产税和营业税；对个人出租的居民住房，减征营业税（由 5%降为 3%）、房产税（12%降为 4%）和个人所得税（20%降为 10%）。再如 2010 年 2 月，上海和重庆开展房产税试点，通过对住房持有环节征税，遏制房地产市场投机炒房行为，同时也盘活财政收入来源，降低地方政府对土地转让收入的过于依赖。

3. 行政政策等其他政策

行政类政策是非市场化调控手段，一般立竿见影，在短期内效果明显，但不适于长期调控。2010 年 4 月开始实行的限购政策，以及同年 11 月实施的“限外令”等是典型的行政政策，“限购令”和“限外令”直指市场投机行为，将投机需求和部分投资需求强压下去。这类非市场调节手段虽然见效快而明显，但有悖市场规律，只能当作房地产市场供需长期调整过程中的缓冲手段。

11.3　典型城市政策分析

11.3.1　北京

北京作为我国首都，是政治中心和经济中心，在我国经济、文化发展中起到无法替代的作用，与我国经济结构一样，房地产市场在北京的经济建设中也发挥着支柱性的作用。

在经历了我国房地产市场初步的建立和完善阶段后，北京作为我国人口最集中的城市，房价自然迅猛上涨，严重高出了其发展水平，因而，2003～2007 年，北京着手从供需总量及宏观政策开始调控，力图使房地产降温，遏制房价过快上涨，先于国家宏观开始注意房地产市场过热的问题，对于国家的宏观调控政策，北京作为房地产过热的严重区域，从严执行，同时，率先开始限制境外资金炒房，出台了“24 号文件”、《物权法》以保障中低收入者的住房，加强物业税的试点征收、控制房地产商圈地现象。

如图 11-4 所示，在经历初期的调控之后，北京的房地产市场状况有了一定的改善，但效果不理想，随之而来的 2008 年的全球性经济危机使北京房地产出现整体小幅下滑，但依然高于城市的发展现状。为拉动经济，国家出台一系列政策促进房地产市场的发展，本已居高不下的房价再次开始炒热，报复性反弹。

2010 年，中央开始大力度给过热的房地产降温，北京从严调控，出台限购、限房政策，暂停第三套以上及非市民购房贷款，并发布《关于落实商业性个人住房贷款中第二套住房认定标准有关问题的通知》，同时预售资金监管措施遵循天津模式，出台“京七条”等一系列重拳。全国从严的宏观调控使得全国大多数地区的房价有所回落，但北京房价依然坚挺，因而，现阶段全国限房及严格调控政策逐步放开，但北京由于房价居高不下，迟迟没有放开从严的调控政策。

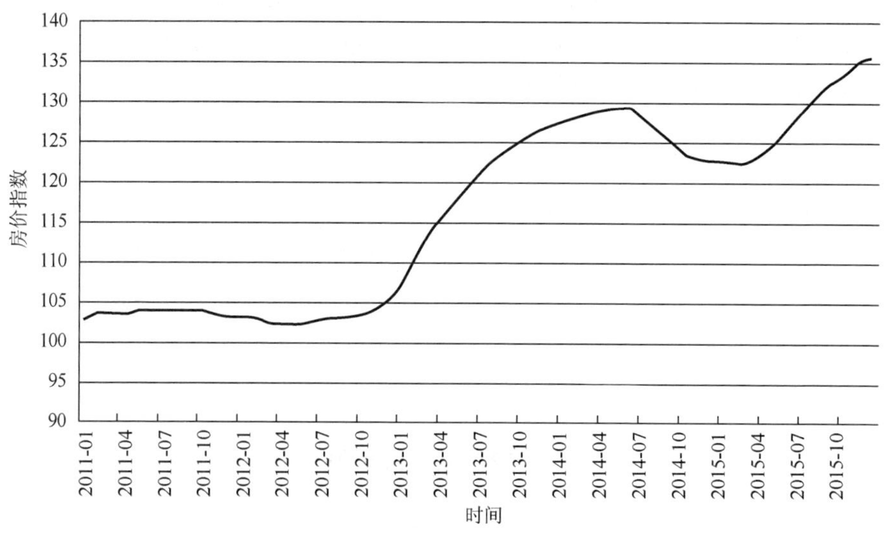

图 11-4　北京房价指数（2010 年=100）

总的来看，北京作为首都，是全国的政治经济中心、人口最密集的城市，其房价从房地产市场开放之初就领跑全国，因而一直以来的调控政策都是以控制房价为基调，实施从严的调控政策。在经历了 2010 年、2011 年两年严格的管控后，虽然管控措施并未全面放开。然而受制于客观因素、城市规划布局、国人对于住房的刚性需求，调控状况并不理想，2013 年房价开始反弹。

11.3.2　上海

上海作为我国的经济中心，其房地产业发展从 20 世纪 90 年代初开始，迄今已有 20 余年。经历了近 10 年的初步建立健全制度之后，从 2000 年开始，上海房地产市场火热发展，房价也一路上扬，除 2008 年年底、2009 年受金融危机影响之外，都实行与北京一样甚至比北京更加严格的房地产调控政策。

从 2001 年开始，取消蓝印户口、取消购房退税政策等一系列缓解房价上涨压力、平抑需求的措施出台，然而效果并未如预期；2004 年开始，调控措施更加严格，停止协议土地出让、增加配套商品房面积、增加低档住宅供应、提高土地使用税等一系列措施希望调控供给，特别是使低收入阶层有房可住，此外限制个人房贷、提高二套房贷首付比例、新房限转、限制外资进入等一系列措施抑制投机性购房需求，但效果颇为有限。

2008 年的经济危机使得保增长成为首要目标，上海也通过一系列措施刺激房地产市场。2008 年 10 月出台《关于促进本市房地产市场健康发展的若干意见》共 14 条，通过减税降息盘活房地产市场，同时加大力度进行中心城区的旧城区改造。2009 年上海贯彻了中央的稳定房地产市场及加强住房保障体系的方针，出台了《上海市经济适用住房管理试行办法》等一系列文件，在政策制度的鼓励下，供需全面井喷，商品房销售量同比增长 70%以上。

随着逐步走出经济危机的阴影，中央逐步开始正视过高的房价，出台一系列最严格的措施调控房地产市场，上海也不例外，2010 年 1 月，韩正就指出上海要做好房地产税改革试点的准备工作，紧接着上海异常严格的土地政策出台，上海银监局开始关注高价圈地问题，警惕房地产信贷风险，希望从源头调控房地产的高价问题；与此同时，针对需求方面，一再加强保障性住房的建设，放松保障性住房的申请条件，推行限房政策，同时提高利率收紧信贷。在一系列严格的调控措施下，2011 年上海的房地产住宅市场价格回落明显，收到了一定的效果，同时，房地产税的开征、二手房营业税的提高及限购令的持续使得不少房地产开发商坦言 2011 年是经济危机之后最难的一年。从 2012 年开始的近几年，随着中央政策转向稳定房价、差别化调控的方针，上海的房地产政策并没有放松，继续通过一系列政策抑制投机性购房并加大对保障性住房及中低价位住房的调控力度。具体如图 11-5 所示。

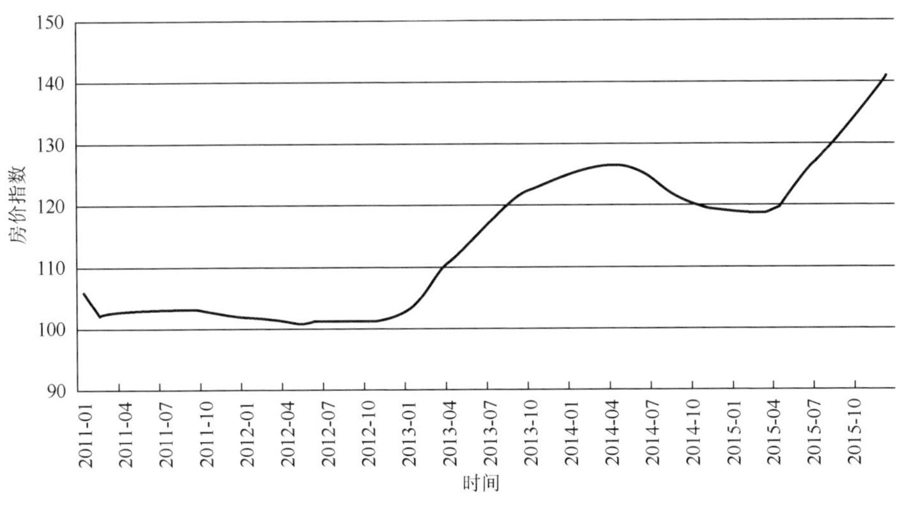

图 11-5　上海房价指数（2010 年=100）

总的来说，上海的房地产政策与北京类似，重在控制房价，抑制投机性购房需求，满足刚性购房需求，通过从紧的政策全方位的调控房地产市场，效果略好于北京，但由于政策思路不够统一，效果并不显著，如2008年之前的调控阶段，在供给方面的调控就体现出很明显的思路不清晰的问题，减少供给和扩大供给的政策摇摆不定，在一定程度上削弱了房地产政策的调控效果。

11.3.3 深圳

作为我国一线城市，改革开放的前哨，深圳早于全国所有省市，在20世纪80年代就建立起了市场化的房地产运作机制，同时其外向型经济也使其房地产市场在建立初期就与国际市场建立广泛了联系，早在1993年，其外销比例就曾高达惊人的22.3%。经历了30多年跌宕起伏的发展后，与早期相比，深圳房地产市场目前处于较平稳发展的阶段，其房地产市场更加注重在政府监管下市场秩序的建设及保障性住房制度的完善。

近几年，为了抑制较快增长的房价，深圳出台了一系列政策限制房价上涨。2010年9月1日起实行的《深圳市房地产市场监管办法》中就明确规定：房地产市场价格总水平出现剧烈波动等异常状态的，价格综合管理部门可以会同有关部门对相关房地产开发企业，采取公告、会议、书面通知、约谈等方式给予提醒告诫，对经提醒告诫仍未规范价格行为，违反价格法律法规的，由价格监督执法部门依法进行处罚。2011年3月29日，深圳限购令落地细则，规定了商品住房限购措施，即对深圳户籍居家庭，限购2套住房；对能够提供在本市1年以上纳税证明或社会保险缴纳证明的非本市户籍居民家庭，限购1套住房。政策的亮点在于进一步完善细化现行“限购令”的细则，对有关非深户购房的条件更加严格界定。不久，2011年5月1日，深圳所有商品房项目实行“明码标价、一套一标”。具体的限价办法是：对于2010年已获得预售证的项目，由2010年录入合同的价格折算出一个均价，新系统据此将对项目设定一个价格上限；2011年拿预售证的项目，则按照某一个月的录入合同价格来折算项目均价。对于还未拿预售证的项目，将分片区制定均价上限，再结合该项目的物业类型进行审批，每套房源上报预售的价格都要低于该片区设定的上限。深圳市“国五条”细则于2013年3月31日发布，与成都相似，细则规定确保2013年全市新建的商品住宅用房价格涨幅低于市人均可支配收入的实际增长幅度，涨幅目标基本上在7.5%左右；同时，在二套房的首付比例和贷款利率方面指出央行各地支行可以根据情况进行调整；住房建设用地的供应方面要求不低于5年内的平均水平，比例上要求中小型住房和保障房建设用地占比不低于70%；税收方面继续沿用2011年的政策，能核实的按差额20%征收，不能核实的按估价的1%～3%征收；二套房方面要求严格执行信贷政策，必要时可以调整首付比例和利率。

除了硬性的限价、限购之外，深圳也出台了一系列政策缓解高房价带来的购房压力。2012 年 5 月 9 日，深圳市住房公积金管理中心公布《深圳市住房公积金贷款管理暂行规定》（征求意见稿）。2012 年 5 月 25 日，“深圳市土地管理制度改革综合试点”将正式启动，深圳将以“产权明晰、市场配置、节约集约、科学调控”为土地管理制度改革原则，先行先试，建立高度城市化地区土地利用和管理新模式，推动土地资源配置市场化、土地利用高效化和土地管理的法制化。2012 年 9 月 12 日，深圳市住房公积金管理委员会发布《深圳市住房公积金贷款管理暂行规定》，主要内容包括：职工个人申请，单套住房的公积金贷款最高额度为 50 万元，申请人与共同申请人一并申请，且共同申请人在本市缴存住房公积金的，单套住房的公积金贷款最高额度为 90 万元，此外规定还表示，公积金贷款首付比例不得低于国家规定的首付款比例要求。该规定自 2012 年 9 月 28 日起施行，有效期为 5 年。

在保障房方面，2012 年 9 月 20 日，深圳市委常委会议审议并原则通过了《深圳市住房保障制度改革创新纲要》，深圳将在全国首次把住房保障对象，从户籍低收入家庭扩大到户籍无房家庭和非户籍住房困难家庭，并且首次提出建立保障性住房内部流转机制，彻底切断保障性住房的寻租空间。

近年来，为了刺激低迷的房地产市场发展，深圳放松了一定的公积金限制。2014 年 8 月 29 日，深圳市住房公积金管理委员会印发《深圳市住房公积金提取管理规定》，取消了住房消费提取后留存 1 个月缴存额的限制和其他住房消费提取前应已缴存 12 个月公积金的限制。2015 年 4 月 14 日，深圳市住房公积金管理委员会发布《关于提高住房公积金资金使用效率加快发展住房公积金贷款业务的通知》，主要是为贯彻落实住房和城乡建设部关于加强住房公积金管理电视电话会议及省住房和城乡建设厅有关会议精神，提高住房公积金资金使用效率，提升住房公积金缴存职工（以下简称职工）的住房消费能力，保障职工的基本权益，加大了公积金的贷款的支持力度，提高了贷款上限并扩大了公积金贷款政策的保障范围。

11.3.4　重庆

重庆的房地产市场从 1993 年开始正式进入市场化运作，通过市场机制条件，到现在已有二十多年。重庆的房地产市场政策调整基本与全国房地产市场政策调整的基调一致，特别是近年来，重庆的房地产政策着重于规范市场秩序，稳定房地产市场，促进房地产市场稳定发展及保障住房困难群众等方面，同时，重庆作为全国房地产税试点城市，在房地产税有关政策方面也做出了不少探索。

为调控 2008 年金融危机后房地产刺激政策带来的过高房价增速，2010 年 5 月 21 日，重庆房地产新政出台，实施细则实现软着陆，对普通商品房和首次购房予以鼓励，而对高档房及投资性购房消费则予以限制。同时，重庆作为全国首个开展公租房建设的城市，将试点把住房公积金结余资金用于政府投资的公共租赁住房、列入保障性住房规划的城市棚户区改造项目的建设。2013 年 3 月 31 日，重庆发布《关于继续做好房地产市场调控工作的通知》，对进一步做好房地产调控工作和房地产市场健康平稳发展具有重要意义。该通知贯彻落实“国五条”，结合重庆实际，主要内容有：完善住房保障体系，对保障性住房实行封闭式管理，公租房不得转租和转卖，加强保障性住房准入退出机制；加强普通住房土地供应，2013 年全市住房用地供应量不得低于过去五年平均供应量；继续执行商品房“一房一价”原则，加强行业自律。

在拆迁征地及棚户区改造方面，重庆也出台了不少相关政策。2012 年 5 月 6 日，重庆发布了《重庆市人民政府办公厅关于做好房屋被征收家庭住房保障工作的通知》。2014 年 10 月 24 日，重庆市召开 2014 年城市棚户区改造工作城市发展新区片区座谈会，会议提出四条具体要求以推进重庆市 12 个相关区县的棚户区改造工作：一是相关区县统一思想，健全机制，确保完成 2014 年目标任务；二是把握棚户区改造项目资金总体平衡原则，尽力而为、量力而行；三是积极探索融资渠道，创新融资模式，落实、利用好金融扶持政策；四是抓住机遇，加快城市棚户区改造步伐。

为解决高房价带来的住房困难问题，重庆在公积金贷款政策、公共租赁房政策等方面做出了不少探索。2012 年 5 月 28 日，重庆公积金管理中心宣布调高首套房公积金贷款政策。此次重庆市公积金贷款的松绑力度不小，单人贷款限额由 20 万提高到 40 万元，夫妻参贷后一个家庭最高可贷限额由 40 万元提高到 80 万元。与此同时，可贷比例由账户余额的 15 倍提至 25 倍，可补缴账户余额。但是在房地产调控政策不变的大背景下，这种“微调”效果如何还不得而知。同日，重庆发布了《关于做好 2012 年住房保障信息公开工作的通知》，通知要求：充分认识信息公开的重要意义；进一步明确信息公开的内容；切实做好信息公开的组织实施。2013 年 3 月 25 日，重庆市出台了《重庆市市级公共租赁住房财务管理暂行办法（试行）》，此政策只适用于由市政府投资建设的公租房。该办法指出用于公租房建设的资金要按照“专款专用，单独核算”的原则管理，有利于加强公租房财务管理，规范公租房建设资金运营。

11.3.5 成都

成都房地产市场化运作始于 20 世纪 80 年代末，彼时成都房地产市场全部由成都本土房地产企业把持，政策层面也处于从无到有的阶段，随着一系列诸如《土地管理法》《城市房地产管理法》等的颁布，房地产市场逐步建立起了雏形，随后进入了成都房地产市场蓬勃发展的时期。

为了给 2009 年以来过热的房地产市场降温，2010 年 11 月 1 日，《成都市商品房预售款监管办法（试行）》开始执行，自中央二轮调控颁布以来，成都市首个重要调控政策算是正式落地，按照规定成都市各房地产开发企业按照预算工程进度向监管银行申请预先调用相应进度预售款。监管银行结合工程监理单位出具的证明资料，在确定前一期工程已达相应进度后，拨付相应款项。2011 年 2 月 15 日，成都市房管局联合国土局、财政局等五大部门联合发布了“新国八条”成都细则，进一步贯彻落实国务院关于做好房地产调控的工作要求。随着成都细则的出台落地，成都版“限购令”也随之浮出水面。成都限购政策规定，即日起，成都户籍居民暂停购房 3 套住房，非成都本地居民凭纳税或社保证明可购房 1 套住房，无法提供证明的暂停购房。2012 年 3 月 20 日，成都发布了《关于进一步加强商品住房价格监管的通知》，内容包括商品住房价格实行申报备案管理、商品住房价格申报后的监督管理、严格商品住房销售行为的监管、建立住房价格监管信息共享机制、加大商品住房价格监督力度。继中央政府新“国五条”发布，成都市于 2013 年 3 月 31 日发布“国五条”细则，与其他城市出台的“国五条”细则相比，成都版“国五条”细则显得并不那么细致，除了提出进一步加大保障房的建设力度，继续加强对房地产市场的监管及增加对中小型普通商品住房的供应外，仅对本年度新建商品住房价格的涨幅做出了要求，确保其涨幅低于年度城镇人均可支配收入剔除通胀因素后的增长幅度，根据计算，成都 2013 年房价涨幅不能高于 9.5%才能过关。而类似北京 20%所得税的规定则并未出现。2014 年 4 月 29 日，成都市政府发布《成都市人民政府关于完善我市购房入户政策的通知》。自 2014 年 6 月 1 日起，成都市调整灾后重建的购房落户政策，规定购买满 90 平方米以上住房且缴纳社保满 1 年以上才能落户。此前，外地人在成都参加社会保险 1 年即可买房，落户只需购买满 70 平方米以上住房即可。此外，通知还显示，购买商品住房时间以在房管部门进行合同备案登记的日期为准，购买二手房的时间以在房管部门进行房产买卖过户登记的日期为准。新政一出，意味着为促进灾后重建的 70 平方米以上即可入户的政策停止执行。

在解决住房困难人群的问题方面，成都也进行了一些创新性的政策探索。2011 年 5 月 8 日，成都市国土资源局发布的最新公告显示，从 2011 年 5 月 9 日举行的土地拍卖会起，将首次实行“限地价、竞公租房面积”的“双竞规则”，即当所拍土地的即时竞价达到该宗土地的上限价后，将停止对土地价格的竞价，而转为在此价格基础上，对该宗土地的公租房配建面积进行竞拍，竞建面积最大的为该宗土地的最后竞得人。2012 年 3 月 20 日，成都对租房提取公积金相关政策进行了调整，取消了原来月租占缴存基数比重的条件限制，并且上调了年度最大提取额。调整后，公积金受益面将进一步扩大。2014 年 2 月 28 日，成都住房公积金管理中心发布《成都住房公积金再交易住房个人贷款管理办法》。该办法就贷款对象、用途和条件，贷款额、期限、利率，贷款申请与审批，贷款担保，贷款程序，贷款偿还，贷款管理等七个方面做了说明。2014 年 6 月 23 日，成都市人民政府新闻办公室召开新闻发布会，就该市出台的《成都市关于促进当前经济平稳增长的二十二条措施》进行介绍。据了解，成都支持居民合理住房需求，优化房地产政策，促进居民首套房和改善性住房消费。此外，该市还将加快保障房建设，2014 年 9 月底前将竣工各类保障房 2 万套。2014 年 9 月 18 日，成都市城乡房产管理局发布《成都市中心城区公共租赁住房配租细则》。该细则适用于武侯、锦江、金牛、青羊、成华及成都高新区范围内由成都市政府统一组织建设的公共租赁住房配租，有效期为 3 年。细则对中心城区公租房登记、摇号、选房、签约，以及配租管理等做了详细的规定。细则指出，成都市城乡房产管理局负责统筹协调决策公共租赁住房配租事宜。市住房委员会办公室负责拟定公共租赁住房配租政策。受成都市城乡房产管理局委托的配租机构具体实施登记、摇号、选房等工作。市公共住房管理中心负责签约、入住及后期管理等工作。成都房地产信息中心负责登记、选房、摇号系统软件制作及其他信息技术支持。需要注意的是，保障对象为个人的，只能选择套一以下户型，且面积超过 40 平方米以上部分按市场价收取租金。据了解，常规的公租房价格，是按照市场价的 70%～80%收取。2014 年 10 月 30 日，成都住房公积金管理中心发布关于贯彻落实《关于发展住房公积金个人住房贷款业务的通知》等文件精神的实施意见，就调整公积金贷款申请条件、提高单笔公积金贷款最高额度、积极支持缴存职工合理的住房贷款需求、推进异地贷款业务等四个方面提出了具体实施意见。

11.4 本 章 小 结

本章基于扎根理论，对住房和城乡建设部、国家发展和改革委员会等部委发布的 360 余条具有重要调控作用的房地产政策、法规进行扎根分析，从中提炼出房地产调控政策区域要素，包括基本信息、政策主体和客体、政策内容、政策类型、政策关系等一级区分要素，据此构建房地产调控政策的编码体系。进而将 20 世纪 90 年代以来的我国房地产市场调控划分为三个关键阶段，即 1993～1997 年的旨在控制投资增长的首轮调控阶段、2002 年年底至 2007 年的供需双调的二次调控阶段及 2009 年年底至今的抑房价重保障的新一轮调控阶段，对各阶段的调控政策及主要调控工具进行回顾与评述。最后，对北京、上海、深圳、重庆、成都等特别城市的调控政策进行了回顾与分析。

第 12 章 货币政策对区域房地产市场的传导机制与调控效应研究

房地产市场在货币政策传导过程中扮演着至关重要的角色，特别是在今年来全球性或区域性金融危机期间。本章将从科学分类的大样本出发，利用全局向量自回归（global VAR，GVAR）方法探讨房地产市场与货币政策之间的动态联系及货币政策效果的区域差异。

12.1 文献综述

一直以来，国内外学者试图解析房地产市场在货币政策传导机制中的作用（Elbourne，2008；Yang et al.，2010），部分国外研究也尝试比较统一货币区内房地产市场对货币政策的传导效应差异，如欧元区（Calza et al.，2007）和美国（Negro and Otrok，2007）。国内学者主要有张红和李洋（2013）从 30 个省份探讨了房地产市场在货币政策传导效应中的动态作用。然而，绝大多数研究主要集中于省级或是国家总量层面，鲜有学者从大样本、多层次探讨货币政策的房地产传导效应。由于目前我国房地产市场已呈现出两极分化的现象，有必要深入研究货币政策在房地产市场中传导效应的差异。

根据 Mundell（1961）的最优货币区理论，由于各地区自然环境、要素禀赋和历史背景的不同，货币政策必然存在着区域性的差别，对于美国、中国等大国尤为显著。自 2007 年年末美国次贷危机爆发以来，为应对国内外经济形势的变化，我国央行的货币政策在 2008～2010 年先后经历了从紧、适度宽松和稳健阶段。通过对利率水平和货币供应量的调节，货币政策在全国层面上基本达到预先设定的目标，保证了国民经济的健康发展和物价水平的总体稳定。但值得注意的是，局部地区的政策调控效果和预期有很大差异，部分城市房价和通货膨胀水平增长过快，这引起了国内学术界对于货币政策区域效应和房地产市场传导作用的广泛讨论（沈丽等，2010；史金艳等，2013）。自 2013 年下半年以来，伴随我国经济下行，许多城市出现房价松动现象，我国房地产市场又出现了新的特征。虽然一线城市和部分二线城市涨幅较大，但由于部分二线城市涨幅小，许多三四线城市持平，部分三四线城市和大部分小城镇下跌，城市区域呈现严重分化不均。

随着我国城市化进程的进一步推进，房地产市场已成为我国的支柱性行业，房地产市场的波动影响着上下游产业的存亡，也冲击着我国宏观经济的发展。一方面，房地产属于资金密集型行业，吸纳了大量的银行信贷，是货币政策传导的重要渠道。据统计，2012年年末，全国主要金融机构（含外资）人民币个人房地产贷款余额12.1万亿元，增长12.8%，在各项贷款中的占比为11%①。另一方面，房地产具有不可移动性，受区域经济基本面影响大，房地产价格与房地产投资均呈现出显著的区域性特性。

在研究货币政策调控的区域效应文献中，国外学者率先采用VAR模型开展实证研究。Carlino和Defina（1998）采用VAR模型分析了统一的货币政策对美国各地区经济的影响效果，并通过脉冲响应函数（impulse response function，IRF）检验了货币政策影响程度与该地区制造业比例和小银行比例有关。Fratantoni和Schuh采用美国1966～1998年的数据发现不同货币政策对房地产投资有不同的作用效果，进而对房地产价格产生不同的作用效果。Ortalo-Magné和Rady（2004）采用英格兰和威尔士住宅交易量的数据，发现金融因素和人口结构也是导致房地产市场存在区域差异的因素。

国内研究房地产市场区域差异的文献，在区域划分标准上主要分为两类：一类是参照我国地理区位及经济发展的不同水平将我国划分为东部、中部、西部三大区域进行比较，主要文献有梁云芳和高铁梅（2007）研究了东部、中部、西部房地产市场对信贷政策的敏感程度不同。王金承（2010）将泰尔指数运用于东部、中部、西部房地产投资的差异分析，张红和李洋（2013）运用GVAR方法对房地产市场对货币政策的传导效应进行差异研究。另一类主要通过聚类方法来划分房地产市场区域，李巧波（2011）将我国35个大中城市分为六大区域研究各区域差异，史金艳等（2013）选取四个方面指标将我国31个省份划分为三类不同区域进行差异分析。

纵观国内外已有文献，鲜有使用大样本、科学性更高的划分方式进行的研究，而且货币政策的区域效应研究大多通过VAR及其扩张模型开展，因此，本章将利用GVAR方法探讨房地产市场与货币政策之间的动态联系及货币政策效果的区域差异。

12.2　货币政策对房地产市场传导效应的理论分析

影响房地产价格的因素很多，其中货币政策是一个重要的因素。货币政策工具可分为数量型工具和价格型工具。我国央行常用的价格型货币政策工具包括存贷款利率等，常用的数量型货币政策工具包括公开市场操作、法定存款准备金率等。货币政策主要通过利率和货币供应量两种途径影响房地产市场。

① 资料来源：中国人民银行2013年公布的《中国区域金融运行报告》。

12.2.1　利率途径

在我国，房地产价格较高，大多数购房者还是采取按揭买房，利率的上升或下降将会直接影响购房者的月还款额，成本变化因而引起房地产需求的变化，从而导致房地产价格发生变化。其传导过程如图 12-1 所示。

图 12-1　利率对房地产价格的影响传导过程（消费品角度）

此外，房地产兼有投资品的金融属性，因此当利率发生变化时，理性投资者对于投资组合的需求也会发生变化，从而导致对非货币资产如房地产的需求产生变化，最终导致房地产价格相应变化。其传导过程如图 12-2 所示。

图 12-2　利率对房地产价格的影响传导过程（投资品角度）

12.2.2　货币供应量途径

在我国，中国人民银行的货币政策主要通过影响商业银行的放贷能力来对购房者获得按揭贷款的难易程度，进而影响房地产市场的有效需求。其传导过程具体如图 12-3 所示。

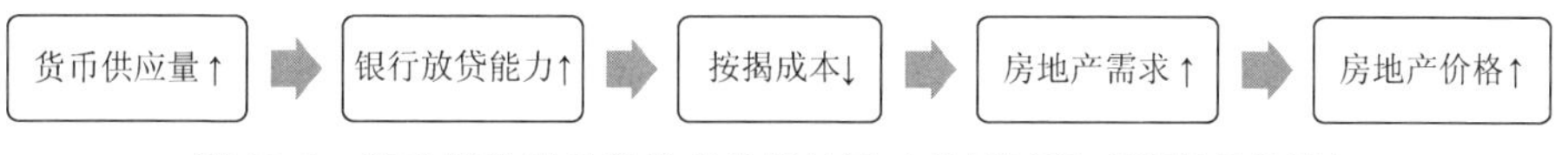

图 12-3　货币供给量对房地产价格的影响传导过程（消费品角度）

此外，货币供应量的变化也会引发投资组合效应，投资者会改变其投资组合。其传导过程具体如图 12-4 所示。

图 12-4　货币供给量对房地产价格的影响传导过程（投资品角度）

由于各地区房地产市场发展水平及房地产金融体系完善程度不同，货币政策对房地产市场投资和房地产价格的影响不尽相同，这导致了货币政策的区域效应。同时，房地产市场在区域层面上存在价格信息传递现象，各地区房价之间存在着长期稳定的关系，具有明显的价格互动作用（Vansteenkiste and Hiebert，2011）。

因此，本章试图从利率和货币供应量两个角度，同时考虑房价在不同地区之间产生的价格传递作用，分析货币政策与房地产市场的动态关系及区域差异性问题。下面我们将采用 2008～2013 年全国 86 个地级市的月度数据，构建 GVAR 模型探讨不同地区之间货币政策效果的差异问题。

12.3 GVAR 模型的构建

12.3.1 GVAR 模型的基本形式

GVAR 模型在各个地区 VARX*模型的基础上，通过空间距离权重矩阵综合各个地区的 VARX*模型，从而分析各地区之间的互动关系。在各地区 VARX*模型中，内生变量表示为 $X_{i,t}$，其余地区变量与 $X_{i,t}$ 相对应，表示为 $X_{i,t}^*$，模型假定 $X_{i,t}^*$ 具有弱外生性。VARX*的基本形式如下：

$$X_{i,t} = a_{i0} + a_{it}t + \Phi_i X_{i,t-1} + \Lambda_{i0} X_{i,t}^* + \Lambda_{il} X_{i,t-1}^* + \varepsilon_{it} \tag{12-1}$$

其中，Φ_i 为 $k_i \times k_i$ 的系数矩阵；Λ_{i0} 和 Λ_{il} 分别为 $k_i \times k_i$ 的系数矩阵；ε_{it} 为各地区自发冲击的 $k_i \times 1$ 向量，假设各地区的自发冲击是非序列相关且均值为零，即 $\varepsilon_{it} \sim \text{i.i.d.}(0, \Sigma_{ii})$。已知 $X_{i,t}$，其余地区变量 $X_{i,t}^*$ 通过空间距离权重矩阵 w_{ij} 计算得出。

在各地区 VARX*模型的基础上，通过识别和检验变量协整关系构建相应的 VECMX*模型，协整关系既可以存在于各地区模型的内生变量 $X_{i,t}$ 之间，也可以在其他地区变量 $X_{i,t}$ 与国外变量 $X_{i,t}^*$ 之间。通过空间距离权重矩阵，各个地区的 VECMX*模型进一步整合为 GVAR 模型，如式（12-2）所示：

$$GX_t = a_0 + a_1 t + HX_{t-1} + \varepsilon_t$$

$$a_0 = \begin{pmatrix} a_{00} \\ a_{10} \\ \vdots \\ a_{N0} \end{pmatrix},\quad a_1 = \begin{pmatrix} a_{01} \\ a_{11} \\ \vdots \\ a_{N1} \end{pmatrix},\quad \varepsilon_t = \begin{pmatrix} \varepsilon_{0t} \\ \varepsilon_{1t} \\ \vdots \\ \varepsilon_{Nt} \end{pmatrix},\quad G = \begin{pmatrix} A_0 W_0 \\ A_1 W_1 \\ \vdots \\ A_N W_N \end{pmatrix},\quad H = \begin{pmatrix} B_0 W_0 \\ B_1 W_1 \\ \vdots \\ B_N W_N \end{pmatrix} \tag{12-2}$$

$A_t = (I_{ki} - \Lambda_{i0})$；$B_i = (\Phi_i, \Lambda_{il})$；$W_i$ 为 $(k_i + k_i^*) \times k_i$ 的矩阵，其中元素已知，即由空间距离权重构成的系数。W_i 实质上是将各地区 VECMX*模型整合为 GVAR 模型的连接矩阵。通过估计单个地区的 VECMX*模型，并通过空间距离权重计算 W_i 中的系数，从而直接构造出矩阵 G，而不再需要在 GVAR 模型中估计。

12.3.2 GVAR 模型的分析步骤

在模型分析之前，GVAR 对不同地区之间的传导途径加以设定，既具有独立性，又具有关联性。传导途径分为三类：①各地区内生变量 $X_{i,t}$ 依赖于其他地区变量 $X_{i,t}^*$ 的当期值和滞后值；②各地区的变量 $X_{i,t}$ 受全局外生变量的共同影响，如利率和货币发行量；③第 i 个地区会受到第 j 个地区当期冲击的影响，这反映在误差协方差矩阵 Σ_{ij} 。

首先，设定全国 N 个地区，并选取一个地区作为参照地区，通常为北京。通过将式（12-1）中的地区变量和其他地区变量结合，形成 $(k_i+k_i^*)\times 1$ 的向量：$Z_{i,t}=\begin{pmatrix} X_{i,t} \\ X_{i,t}^* \end{pmatrix}$，式（12-1）可改写为式（12-3）：

$$A_i Z_{i,t}=a_{i0}+a_{il}t+B_i Z_{i,t-1}+\varepsilon_{i,t} \tag{12-3}$$

同式（12-2），A_i 和 B_i 为 $k_i\times(k_i+k_i^*)$ 的矩阵，且 A_i 为满秩矩阵，即 $\mathrm{rank}(A_i)=k_i$。将所有地区的 VARX^* 模型结合得到 $k\times 1$ 的向量 $X_t=(X_{0t}^{\mathrm{T}},X_{1t}^{\mathrm{T}},\cdots,X_{Nt}^{\mathrm{T}})^{\mathrm{T}}$，其中 $k_i=\sum_{i=0}^{N}k_i$，为 GVAR 模型中所有内生变量的个数，而各个地区的变量可以由 X_t 来表示，见式（12-4）：

$$Z_{i,t}=W_i X_t \tag{12-4}$$

将式（12-3）和式（12-4）结合得到式（12-5）：

$$A_i W_i X_t=a_{i0}+a_{il}t+B_i W_i X_{t-1}+\varepsilon_{it} \tag{12-5}$$

其中，$A_i W_i$ 和 $B_i W_i$ 为 $k_i\times k$ 的矩阵。将式（12-5）改写成上下叠加的形式，即为式（12-2）。

GVAR 模型不仅包含地区变量和其他地区变量，还能涵盖全局共同的外生变量，如利率和货币发行量等，因此，扩展的 VARX^*模型可以用式（12-6）表示：

$$X_{it}=a_{i0}+a_{il}t+\varPhi_i X_{i,t-1}+\varLambda_{i0}X_{i,t}^*+\varLambda_{i1}X_{i,t-1}^*+\varPsi_{i0}d_t+\varPsi_{i1}d_{t-1}+\varepsilon_{it} \tag{12-6}$$

其中，d_t 为 $s\times 1$ 向量，表示全局共有的变量，具有弱外生性。扩展的 GVAR 模型表达式为式（12-7）：

$$GX_t=a_0+a_1 t+HX_{t-1}+\varPsi_0 d_t+\varPsi_1 d_{t-1}+\varepsilon_t$$
$$\varPsi_0=\begin{pmatrix} \varPsi_{00} \\ \varPsi_{10} \\ \vdots \\ \varPsi_{N0} \end{pmatrix},\quad \varPsi_1=\begin{pmatrix} \varPsi_{01} \\ \varPsi_{11} \\ \vdots \\ \varPsi_{N1} \end{pmatrix} \tag{12-7}$$

由于 GVAR 模型是在统一框架下连接各地区的 VARX^*模型，各个变量之间的长期和短期关系得以体现，并能够得到统计学检验，如单位根检验、协整检验、弱外生性检验、结构稳定性检验等。同时，在对模型估计的基础上，GVAR 模型还能提供变量预测、广义脉冲响应函数、预测方差分解等丰富的应用，有利于对货币政策与房地产市场的关系开展动态分析。

12.3.3　变量与数据选取

本章采用第3章所提出的聚类标准，将我国61个地级市划分为六个子类地区，具体如表12-1所示，变量 N=61。

表 12-1　我国房地产市场区域划分

类别	城市
子类 1	广州，深圳，天津，杭州，长沙，成都，大连，沈阳，青岛（9个）
子类 2	长春，长沙，福州，哈尔滨，合肥，济南，昆明，南昌，南京，南宁，宁波，石家庄，太原，唐山，乌鲁木齐，无锡，武汉，西安，厦门，郑州（20个）
子类 3	贵阳，金华，烟台，（3个）
子类 4	三亚，温州（2个）
子类 5	包头，海口，呼和浩特，惠州，徐州，扬州，银川，泸州，牡丹江，韶关（10个）
子类 6	安庆，蚌埠，北海，丹东，赣州，桂林，吉林，济宁，锦州，九江，兰州，洛阳，南充，秦皇岛，西宁，宜昌，湛江（17个）

同时，本章选取货币供应量和利率作为全局变量，各地区的房地产价格、房地产投资完成额为内生经济变量。考虑到我国利率仍在由政府管制，因此引入市场化程度较高的银行间同业拆借利率作为价格型货币政策工具的代理变量，采用广义货币供应量（M2）作为数量型货币政策工具的变量。

12.3.4　各地区之间的权重矩阵

借鉴张红和李洋（2013）的方法，本章根据各地区之间的空间距离构造矩阵，然后利用倒数形式作权重处理，转换为反映各地区彼此影响程度的连接矩阵。

12.4　实 证 分 析

12.4.1　模型估计结果

经ADF单位根检验可知，货币供应量的时间序列并不平稳，经过1阶差分变换为平稳序列，而各地区经济变量的检验结果同样表明为 I（1）序列。根据AIC和SC，各地区 VARX^*模型选取2个月作为之后结束构建，并对 VARX^*模型矩阵系数进行识别，得到GVAR系统参数估计结果。基于模型估计结果，进一步采用广义脉冲响应函数分析货币政策冲击对房地产市场的动态作用。

12.4.2　广义脉冲响应分析

在传统的 VAR 模型中，一般采用正交化的脉冲响应函数（orthogonalised

impulse response function，OIRF）分析变量之间的互相影响，OIRF 使用正交化的冲击代替原始冲击，即对 VAR 的协方差矩阵进行 Cholesky 分解，其结果对变量之间的排序有很大依赖性。广义脉冲响应函数由 Pesaran 和 Shin（1998）提出，该方法消除了 Sims 方法中变量排序对脉冲响应分析结果的干扰，更适用于包含数十个变量的大型 VAR 系统。图 12-5～图 12-10 列举了广义脉冲响应函数的分析结果。分别是货币供给量的一个标准差正向冲击，代表扩张性货币政策，以及利率的一个标准差负向冲击，代表了紧缩的货币政策。

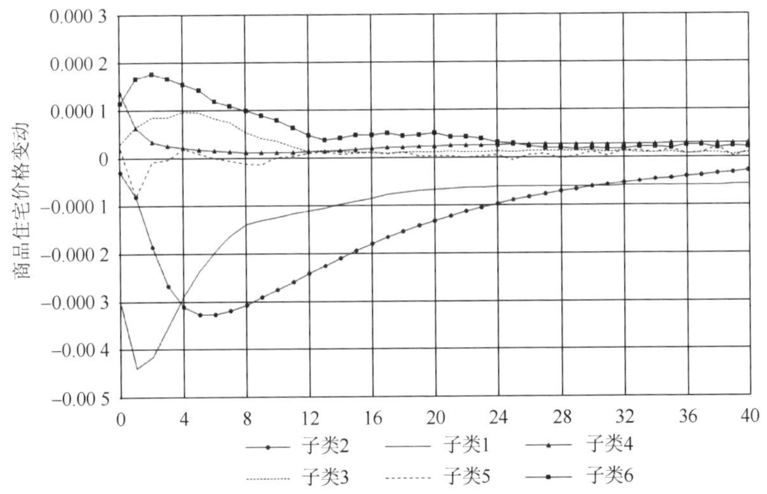

图 12-5　四万亿元发放前商品住宅价格对利率冲击的脉冲响应图

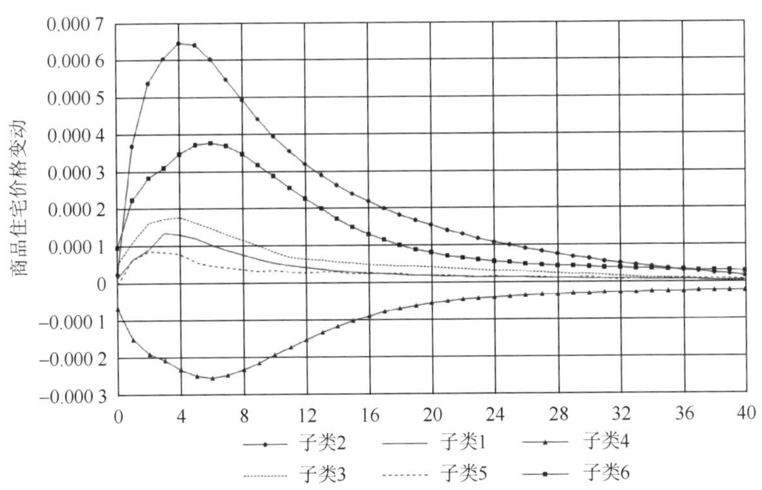

图 12-6　四万亿元发放前商品住宅价格对货币供应量冲击的脉冲响应图

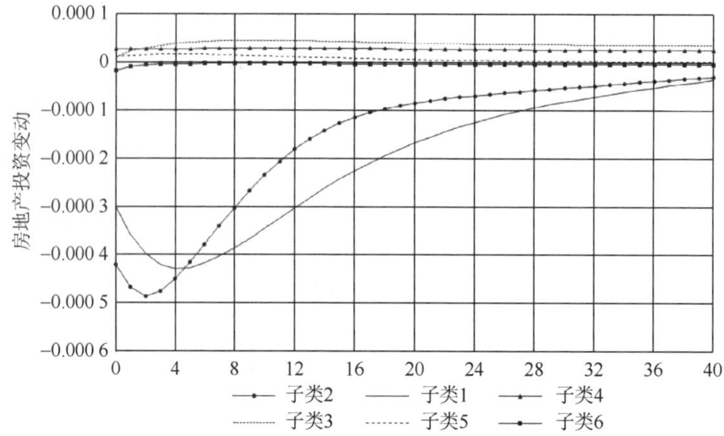

图 12-7　四万亿元发放前房地产投资对利率冲击脉冲响应图

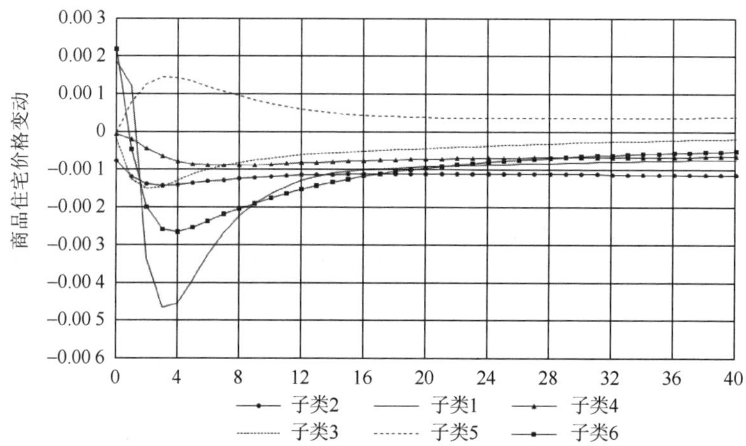

图 12-8　四万亿元发放后商品住宅价格对利率冲击的脉冲响应图

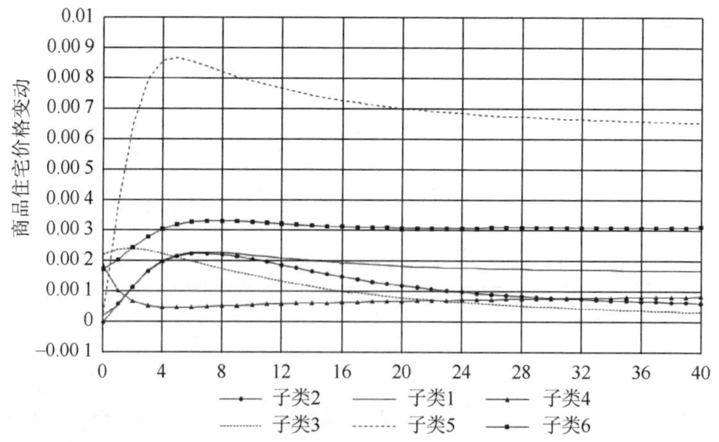

图 12-9　四万亿元发放后商品住宅价格对货币供给量冲击的脉冲响应图

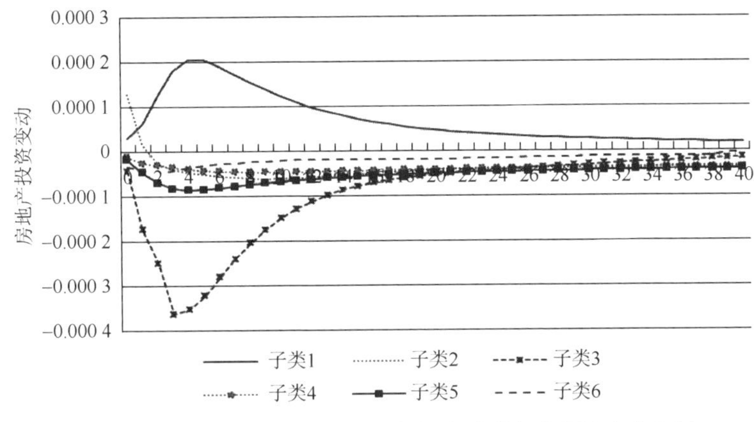

图 12-10　四万亿元发放后房地产投资对利率冲击脉冲响应图

1. 四万亿元发放前房地产市场对货币政策调整的响应

1）四万亿元发放前商品住宅价格对利率冲击的脉冲响应

从图 12-5 可以看出，对于子类 1 和子类 2 中的城市，同业拆借利率在当期冲击为负，利率与房地产价格成反比，符合经济学规律。其中，子类 1 在 2 个月左右的时间达到最大冲击，子类 2 在 4 个月左右达到最大冲击。子类 1 的金融市场更成熟、更完善，因此对于利率变动的反应更加迅速敏感。对其他四个子类经济区商品房屋价格的影响在当期有一个正向的冲击，接着逐渐趋于原始水平，这些子类的经济发展程度不高，此时国家的利率政策对这些区域的房地产市场还没有起到调控作用。

2）四万亿元发放前商品住宅价格对货币供应量冲击的脉冲响应

对于一个单位货币供给量的正向冲击，我国六个子类区商品房屋价格基本在一个季度时达到最大响应，之后逐渐被通货膨胀的影响抵消。货币供给量的正向冲击对于子类 1 的冲击在当期最大，其次是子类 2 和子类 3，说明子类 1 对货币供给增加的反应更敏感。其中，对子类 4 的冲击为负，说明温州、三亚的房地产价格主要不受制于货币政策的变化，而更受炒房游资的影响。综上可得，2009 年 2 月之前，除了温州、三亚等地区外，货币供给量的增加的冲击会推高实际房地产价格。

3）四万亿元发放前房地产投资对利率冲击的脉冲响应

子类 1 在当期的负向反应最大，且在第 2 个月左右达到最大响应，大约在 16 个月后回到原来水平，冲击时间较长。对于子类 2，基本在一个季度达到最大负向冲击，冲击强度比较平稳且持续。子类 4、子类 5、子类 6 的房地产投资基本不受利率的影响，说明这三类城市中本来用于投资性房地产的资金也较少，主要以政府投资或是自用性住宅为主，因此基本不受利率的影响。

综上所述，在 2009 年之前的房地产市场货币政策是起到了良好的调控效果的。对于房价上涨相对较快的子类 1 和子类 2，产生了预期的调控效果。

2. 四万亿元发放后房地产市场对货币政策调整的响应

1）四万亿元发放后商品住宅价格对利率冲击的脉冲响应

利率对六个子类经济区商品房屋价格的影响出现了异质性。对于子类 1，其房价基本出现正向反馈，也即“越调越高”，此时利率调整失效。对于子类 2，其房价出现负反馈，其在 2 个月达到最大值，快于 2009 年之前。对子类 3 和子类 4 的影响在第一个季度显示出正向冲击，在一个季度后才显示出负向影响。这有可能是两个原因导致：一是在 2009 年之后，子类 3 和子类 4 的城市的房价基本不受利率影响；二是利率对子类 3 和子类 4 的影响显示出一个季度的滞后性。反而是对于需要扶持的子类 5、子类 6，利率对房价显示出负响应。这也说明在四万亿元发放之后，货币政策基本失效。

2）四万亿元发放后商品住宅价格对货币供给量冲击的脉冲响应

2009 年 2 月后，货币供应量对我国六个子类房地产价格的影响出现分化，虽然以正向为主，对子类 1、子类 2、子类 3 的影响程度非常大。并且四万亿元发放后货币供应量的冲击幅度远大于四万亿元发放之前，说明子类 1、子类 2、子类 3 的房价增长速度快于货币供给量增长速度。

3）四万亿元发放后房地产投资对利率冲击的脉冲响应

房地产投资对于利率的反应出现异质性。子类 1 出现正向冲击；子类 2 在当期呈现出负的响应，在 8 个月达到最大响应值；子类 3 在当期呈现出比较高的负向响应；子类 4 在短期内没有影响，长期是一个负的冲击；子类 5 和子类 6 都明显地表现出负响应，并且在 8 个月左右达到最大响应。

综上可得，利率的调控已经出现了异质性，异质性主要体现在子类 2 上。并且对比四万亿元发放前与发放后，从响应方向与响应强度上，六个子类都不再相同。其中，子类 1 的房地产价格对利率的负向冲击显示出正向响应，说明此时利率的变动已经无法抑制房地产价格。从其他五个子类的结果观察，可以发现货币政策对子类 2、子类 3 的调控效果优于 2009 年之前，说明这两类地区在 2009 年之后经济发展程度上升，货币政策起到了预期的调控效果。但对于需要扶持的子类 5、子类 6 而言，货币政策的影响非常小且方向与预期不一致，这可能是由于货币政策存在全国的统一性，没有考虑到地区差异，没有起到预期的扶持效果。

12.5 本章小结

本章采用 2005 年 2 月～2013 年 12 月我国 62 个地级市的月度数据，通过构建 GVAR 模型探讨了四万亿元发放前后货币政策冲击对六类房地产市场的差异性影响。结论包括：①四万亿元投放进入房地产市场之前，货币政策调控具有较好的效果，在经济发展程度高的子类能起到抑制房价的作用，在经济发展程度不高的子类能推动房价上涨；②四万亿元发放后，货币政策调控效果远小于之前，各地区对货币供应量增长的响应出现偏差，不再均为正，尤其是子类 1 与子类 2 两个需要调控和防范的地区，此时货币政策调控手段失灵；③货币供给量与利率的冲击对各地区房地产市场的影响并不一致，具有区域异质性特征；④在房地产对货币政策的响应方面，数量型货币政策的传导效果要优于价格型货币政策，但在四万亿元发放之后调控效果远不如前。

目前我国正面临着地区发展不平衡和贫富差距不断扩大的现实，缩小区域经济差异及房地产市场的结构性差异亟待深入研究。本章通过研究货币政策与房地产市场之间的动态联系，认为中央政府首先应因地制宜，加快不同地区采取差异化调控；其次在政策实施过程中提高金融部门的参与度，而在调控政策的制定及实施方面，也应该准许不同地区根据本地情况进行灵活调整，采取货币政策与财政政策并用，尤其是采用数量型货币政策工具，如信贷调控手段，来抑制过度投资，引导合理投资，优化资源配置。

第13章　财政政策对区域房地产市场的传导机制与调控效应研究

税收等财政政策是政府调控房地产市场的重要手段。本章运用ABM/MAS技术结合我国实际的住房供给结构，对我国房地产市场进行仿真，据此研究财政政策的调整对我国房地产市场的系统影响，以及东部、中部和西部的区域差异。

13.1　文献综述

最近几年，ABM/MAS技术被应用到城市房地产市场的研究中，特别是用来对城市的扩张和演化问题建模，并验证一些经济理论和假设。例如，Benenson（1998）建立了多主体仿真模型模拟城市的住房选择问题，模型中将房价定义为居民社会经济地位和周围房屋价值的函数形式。Torrens（2007）将“空屋链模型”引入研究，文章中房价是由周围的环境特征和设定的价格折扣机制共同决定的。Filatova等（2009）将单中心城市理论模型应用到对土地市场交易过程的研究，阐述了讨价还价机制，并分析了市场环境对买方支付意愿（willing to pay，WTP）和卖方受偿意愿（willing to accept，WTA）的影响。Ettema（2011）基于主体建模，构造了房地产市场模型，详细模拟了房屋选择和定价过程。其房屋价格是在买方和卖方的双边交易中产生的，由消费者对市场环境的感知、消费预算和购房偏好共同产生。Robinson和Brown（2009）将ABM和GIS相结合，以需求为重点，详细探讨了房地产市场的区域发展模式，其中主体之间以效用最大化为目标，但并未引入竞争行为。Parker和Filatova（2008）使用ABM模型研究了房地产发展过程中的土地使用问题，深入研究了土地交易市场中的讨价还价机制。之后Parker和Filatova（2008）围绕土地建模的理论基础进行了一系列讨论。与此同时，越来越多的学者开始关注房地产财政政策对于房地产市场的传导效应。国内对房地产市场和财政政策传导机制的研究普遍集中于宏观总量的角度。

从总体看来，尽管国外学者对基于ABM/MAS技术的房地产市场相关仿真模型已较为成熟，但是该技术在我国房地产市场的应用还处于起步阶段。已有我国学者同样将ABM/MAS技术应用到对城市房地产市场的研究中，重点探讨了住房选择过程，但是缺少对特定的房地产市场交易过程的描述（Ettema，2011；Lowry，1960；Weicher and Thibodeau，1988），特别是国内专门用ABM/MAS技术仿真研究财政政策对房地产市场的影响的文章还比较少。

因此，本书的主要创新是结合我国的实际情况开发我国房地产市场的 ABM 模型，综合运用遗传算法、优化方法、系统动力学、人工智能、计量经济学等方法，并通过敏感性分析，分析财政政策变化特别是房产税率变动对我国房地产市场带来的影响，并对房地产企业及消费者的最优决策行为的相互关系加以研究，深入探讨不同主体行为和我国房地产市场的动态演化进程。同时，本章的另一个创新点是，结合我国各类房型的实际供给结构，采用 ABM 技术进行建模，仿真交易主体在新房市场和二手房市场之间的转移流动行为，从而从侧面反映我国房地产市场的结构特点。此外，本章还将从房价的构成结构入手，采用系统动力学还原开发商从卖地建房到定价销售的整个过程，细化其竞争和淘汰机制。

此外，通过 ABM 技术，我们可以将微观层面上家庭选择住房的流动性、开发商之间的竞争淘汰机制，以及宏观层面的市场动态演化过程进行链接，个体的异质性可以通过在新兴市场的现象进行识别。因此，本章的研究将有助于深入研究财政政策变化对我国房地产市场的影响，拓展 ABM 技术在我国房地产经济学领域的应用，从而丰富住房经济学的研究内容和方法体系。在本章中，开发商、消费者、中央银行等我国房地产市场中的主要实体被视为主体，在研究中尽可能地放松了其他研究中的假设，以更好地契合现实情况，采用更符合理性人假设的优化方法进行建模，探讨我国房地产市场中重要主体之间的相互作用和内在关系，为决策制定者提供参考。

接下来，将进一步阐释模型的整体结构、运行流程，以及各主体和市场的设置规则、模型的参数和仿真结果；最后，通过敏感性分析，详细分析房产税政策对我国房地产市场的影响。

13.2　模型描述

13.2.1　整体结构

不失一般性，模型中设置了 1 500 个家庭和 50 个房地产开发商，主体之间通过一系列的行为规则和作用机制构成了房地产交易市场。其中，家庭追求效用最大化，开发商追求自身利润最大化，在具体的房地产交易中引入了家庭和开发商的讨价还价机制、开发商之间的竞争淘汰机制、破产机制，中央银行仅在其中起政策调控的作用。图 13-1 列出了模型的整体结构图，详细展出了各部分主体及市场之间的关系。

具体而言，模型中有如下几个基本设定。

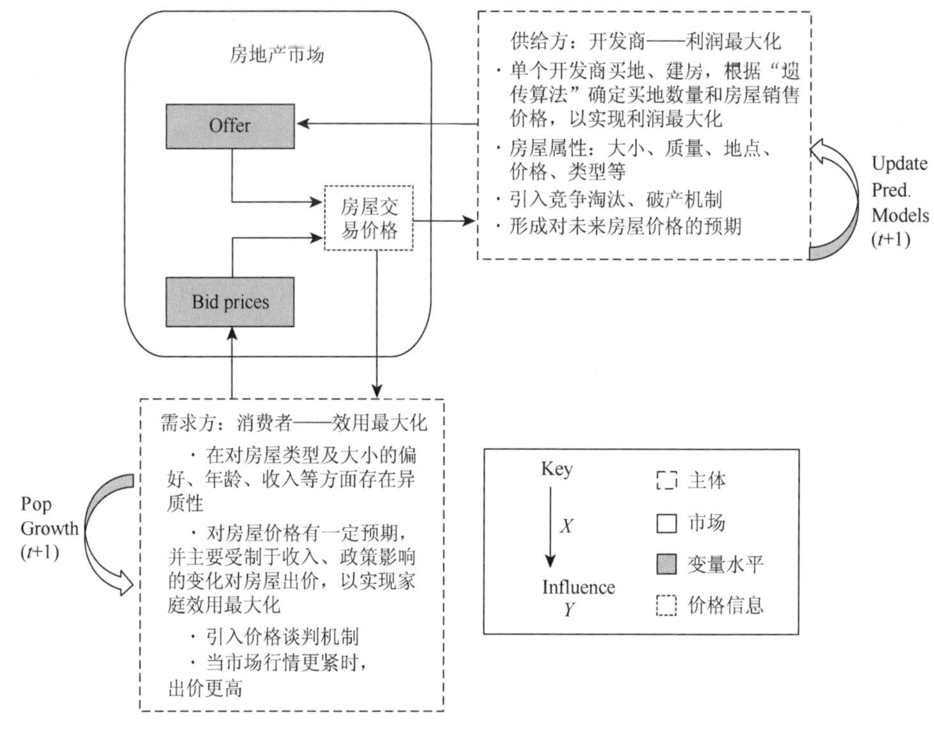

图 13-1　模型整体结构图

（1）每个开发商给所有的消费者仅提供自己建造的房子，且在所有的购房需求者中选择出价最高的家庭成交。这个设定前半部分基于当前的购房比较注重品牌效应，后半部分符合开发商追求利润最大化的本质。

（2）对于某一房型，不同开发商提供的待售房产互为替代品，而对于消费者而言，可以选择任一开发商购买房子。这个设定决定了不同开发商提供的房子存在竞争关系。

（3）消费者通过广告等途径获知所有开发商提供的所需房型的定价，并最终选择一个开发商购买房子。这个设定的前半部分基于信息时代下房屋的价格日趋公开透明的特点，而后半部分的设定则基于消费者从任一开发商那里购买房子的时间、交通成本的规避。

（4）不考虑基准利率上浮的情况。

（5）基于住房过滤理论，随着时间推移，家庭原有的住房会发生折旧、损耗、样式过时等导致房屋质量下降，当下降到一个阈值时，将促使家庭根据当前财产、效用等，到市场上寻找更高质量的住房。

（6）根据生命周期假说，家庭的年龄上升时，家庭的结构和收入情况也将随着时间推移发生变化，从而对住房的服务质量提出更高的需求。

（7）按照空屋链的理论，家庭每次进入交易阶段，当在市场上购买 1 套住房后，其之前的住房将被放入空屋待售。每个阶段中，家庭只能拥有一或两套住房，为了简化模型，拥有两套房屋的家庭只能选择效用较大的房屋居住，另一个将被放入空屋出售。

（8）买卖双方的议价能力将会随着房地产市场的实际供给和需求水平发生改变，这种变化将影响均衡价格水平。

13.2.2　家庭及其决策行为

1. 家庭购房决策行为的理论基础

为了细致研究家庭购房行为，本章在定义家庭购房决策行为时重点参考了恩格尔（Engel）、科拉特（Kollat）和克莱布威尔（Blackwell）提出的 EKB 模型，并将这种思路应用到研究中，结合研究需要，将 Engel 定义的五步购买决策过程定义为：家庭感知判断市场行情、搜索房源及其价值、比较搜索到的不同房子带来的效用、购买合适的房屋、使用并消费其价值。

此外，本章考虑并采用了当前这类研究中常用的“住房过滤理论”，应用了“空屋链模型”，同时本章参考了 O’Flaherty 的住房市场过滤模型中把住房市场按生命周期划分的一些假设。住房过滤理论是 20 世纪 60 年代以来美国房地产发展中研究住房公共政策最不可或缺的理论，美国的住房保障政策及住房选择援助计划就是以此理论为基础。因此，进一步利用这个理论对我国的房地产财政政策研究具有深远意义。住房过滤理论主要是基于不同的住房质量及其耐用性，细化家庭迁徙的动态过程，并反映新房市场、二手房市场的相互作用。家庭属性、住房质量及社会环境等因素的变化会随着时间的推移在不同子市场之间转移、流动。从供给的角度来看，过剩是住房过滤的前提条件，新建住房为住房过滤过程创造了前提条件，因此，住房过滤理论能有效连接新房和二手房市场。本章将住房过滤理论引入研究中，能将家庭的住房选择、搜寻迁移过程细化，并能更好地折射住房市场的微观结构。空屋链模型是研究住房过滤理论的常用模型，随着新建住房的推出及家庭收入的提高、原有住房质量的下降等因素刺激，更多住户产生换房的需求，从而促使老旧住房退出，并能最终改善整体市场的福利。

2. 家庭效用的衡量

从当前国际上采用 ABM 的方法对房地产市场进行研究的文章（Carter and McGoldrick，1988；Engel et al.，1973）来看，家庭购房的决策行为多采用效用度量（Albrecht et al.，2007；孙继伟，2009；周京奎，2005；单东，2012；高聚辉，

2012；蒋华东，2010；董藩和刘毅，2009；刘会洪，2007）。基于本章实际研究的需要，本章采用式（13-1）的形式表示第 i 套住房对第 j 个家庭的效用 $U_{i,j}$。其中，住房属性用 X 表示，包括房屋质量、房屋价格、房屋类型等因素，家庭属性用 Y 表示，这里主要考虑了家庭收入和年龄两个因素，每个主体对应的变量根据设定的概率分布函数进行取值。第 i 套住房对第 j 个家庭的效用 $U_{i,j}$ 可以表示为

$$U_{i,j}=\alpha_1\times q_i+\alpha_2\times p_i+\alpha_3\times d_i+\alpha_4\times s_j+\alpha_5\times l_i \tag{13-1}$$

其中，q_i、p_i、d_i、l_i 分别为第 i 套房屋的质量、价格、类型、房屋到市中心的距离；s_j 为第 j 个家庭的收入水平；α_1、α_2、α_3、α_4 和 α_5 为各变量所对应的系数。为反映不同家庭对新房和二手房的偏好程度，α_3、α_3 是根据设定的概率分布函数赋值给每个家庭主体。根据住房过滤理论，家庭收入和房屋质量都是随着时间变化的，因此 q_i 和 s_j 随时间推移分别具有递减和递增效应。同时我们引入 δ 和 λ 衡量住房质量和家庭收入的时变特征（Filatova et al.，2009；Robinson and Brown，2009；Ettema，2011），这种时变特征表示为式（13-2）：

$$q_i^{t+1}=\delta\times q_i^t\ ,\quad s_j^{t+1}=\lambda\times s_j^t \tag{13-2}$$

当住房的质量下降到一个阈值时，这个房屋将无人居住，并将自动退出市场；而当家庭年龄增长到最大值时，这个家庭也将自动退出市场，同时市场会自动生成一个年龄为 0 的新家庭，并随机分配一套空房供这个家庭居住。

3. 具体家庭购房决策行为建模过程

第 1 阶段，家庭首先根据自身对房屋的偏好（包括房屋质量、大小、类型、到城市中心的距离、价格）判断是否有换房的意愿。具体而言，在每一期模型运行开始时，全部家庭将在开发商提供的房屋中（包括新房和二手房）随机选择 N（设定 N=10）个房屋实地考察，具体是将这 N 个房屋的平均效用值 U_N 作为市场感知效用，并与家庭当前房屋效用 $U_{i,j}$ 进行比较，以判断市场行情。

$$U_N=\left(U_1+U_2+\cdots+U_N\right)/N \tag{13-3}$$

其中，U_N 为感知到的市场住房效用；N 为视察的房屋个数。

$$U_N-U_{i,j}>C^b \tag{13-4}$$

其中，C^b 为总交易成本，也被定义为阈值成本，这个阈值成本包括显性交易成本和隐形交易成本（如搬迁成本）等。如果感知到的市场住房效用 U_N 与家庭当前的房屋效用 $U_{i,j}$ 之间的差值超过阈值成本 C^b，那么将视这个家庭为有换房需求的家庭，模型会自动把这些家庭列入有换房需求的家庭列表。

第 2 阶段，在家庭根据市场行情判断是否有欲望购房后，需根据当前累积财

产的实际情况，判断是否有能力换房。目前我国房价居高不下，财政政策中的房产税政策是制约家庭购房预算的主要条件，因此本章重点将这两部分预算约束考虑进模型，结合政策条件和家庭财产的实际情况对有购房欲望的家庭进一步筛选。根据研究需要，我们进行两次筛选。

第一次筛选条件是根据家庭想购买的房屋类型，判断家庭当期的累积财产数是否能够支付首付，即判断是否有能力达到购买房屋的首付条件，具体用式（13-5）表示：

$$\text{Assets} > S_{\text{expect}} \times \text{Price} \times m \tag{13-5}$$

其中，Assets 为家庭总财产；S_{expect} 为家庭期望的购房面积；Price 为对应房屋的单价；m 为首付比例。

第二次筛选是判断家庭的每月还贷额是否满足国际惯例。按照国际惯例，目前比较流行的说法是，房价收入比的合理区间介于 3～6，而专家测算，如果考虑到住房贷款因素，购房还贷支出需占到家庭收入的 30%以下才是安全的，因此本章将这个条件作为第二次筛选的条件，满足购房条件的家庭需满足：

$$\text{Payment} \leqslant Y \times \eta \tag{13-6}$$

其中，Payment 为每月还款额；Y 为家庭每月收入；η 为住房支出能被银行接受的最大比例，设定为 30%。

由于等额本息还款法（即还款期内每月偿还相同数额的本息）比较适合我国多数家庭的实际，本章采用这种方法计算每月还款额，同时本章采用 2014 年我国的五年以上贷款利率 6.55%作为贷款基准利率，偿还期限采用临界值 30 年。每月还款额的计算公式用式（13-7）表示：

$$\text{Payment} = \text{Houseprice} \times (1-m) \times r \times (1+r)^{360} / [(1+r)^{360} - 1] \tag{13-7}$$

其中，Payment 为每月还款额；Houseprice 为房屋价格；m 为首付比例；r 为贷款月利率。

根据上海市房产税征收条例，房产税的征收范围包括新购买且属于第二套及以上的住房和非本地人新购的住房，其中对于本地人新购买的小于 60 平方米的住房将免收房产税。计税依据为按房屋价格的 70%缴纳房产税，税率为 0.6%。因此，每个家庭在每个月需缴纳的房产税税额可以表示为式（13-8）：

应税住房月应纳房产税税额=应税住房的面积×新购住房单价×70%×T　（13-8）

其中，T 为相应的房产税税率。模型对于免征房产税的住房也做了相应处理。

此外，财富效应是从房地产市场传递给实体经济的主要冲击。根据我国房地产市场的现实情况，房价的涨降通常对家庭的购房支出有着重要冲击，从而对家庭消费带来较大影响，也会导致消费品生产商产量的增减和雇佣水平的变化。因此，本章将财富效应考虑进去，并纳入家庭每期累积财产的预算中，第 t 期的累积财产表示为式（13-9）：

$$\text{Assets}_t^j = \text{Assets}_t^0 + Y_t^j - \text{CB}_t^j \tag{13-9}$$

其中，Assets_t^j 为累积财产；Assets_t^0 为期初财产；Y_t^j 为每月收入；CB_t^j 即 consumer budjet，表示每个月的消费预算。

模型需要在每个月月初计算消费预算 CB_t^j。对于第 j 个家庭而言，其第 t 个月的消费预算用式（13-9）表示：

$$\text{CB}_t^j = L_t^j + C_t^j - H_t^j + W_t^j \tag{13-10}$$

其中，L_t^j 为家庭每个月的劳动力收入；C_t^j 为家庭每个月的资本收入；H_t^j 为家庭每个月的购房支出；W_t^j 为财富效应。

根据已有研究，房价上涨带来的财富效应远超过股价上涨带来的财富效应，且房地产市场的财富效应一般取值为 5%～8%。为了更好地模拟实际情况，经过多次调试，本章在模型中财富效应的取值为 6.5%，这意味着家庭下个月的消费随房价涨降变动的幅度为 6.5%。

第 3 阶段为谈判议价和交易完成阶段，即在对有换房欲望和且有换房能力的家庭进行筛选后，符合条件的家庭将进入谈判议价进程。家庭将根据期望购房的面积、偏好的类型、实际财产收入等情况在房地产市场随机选择 N（设定 N=10）个开发商，并在这 10 个开发商提供的房屋里随机选择符合条件的 S 个（设定为 S=10）房屋进行实地考察，对这 10 个房屋的效用进行比较，选择效用最大的房屋与开发商进行谈判，即式（13-10）：

$$U^0 = \max[U_1, U_2, \cdots, U_N] \tag{13-11}$$

随后家庭和开发商基于买卖双方的数量判断市场行情，并依此计算买方的支付意愿 WTP 和出价 P_{bid}，以及卖方的售出意愿 WTA 和要价 P_{list}。如果买方的出价 P_{bid} 高于卖方的要价 P_{list}，则买卖双方达成这项交易。家庭支付房款，之后使用并消费房屋的价值。在模型中，当一个家庭卖一套房子时，家庭将用这部分收入偿还贷款，如果卖房得到的收入比需偿还的贷款多，家庭将把之间的这部分差额存进账户，以供后续买房使用。

13.2.3　开发商的决策行为

根据已有研究，尽管造成房地产市场繁荣或萧条现象的主要原因尚无定论，但目前经济学家持有的一种主要观点是房价主要是由土地成本、建筑成本等成本因素驱动的。这两年国际上出现了一些深入细化研究开发商购地、建房行为以期深入揭示房价上涨原因的文章，但从房价的主要构成结构入手深入研究的文章目前可能还不是太多。本章尝试从房价的构成结构入手，并结合我国当前的住房供给结构等实际情况，细化研究开发商的决策行为，以期得到一些理论并为相关领域学者的研究进行铺垫。

具体在模型中我们引入了 50 个开发商，以利润最大化为目标，在参考当期的销售水平和市场行情后，根据遗传算法为不同类型的房屋定价、预测下一期需要购买的土地数量。同时这些开发商之间引入了竞争行为和淘汰机制，每一期破产的开发商将被移除，系统生成新的开发商。实现方法主要为 ABM 方法结合遗传算法、优化方法、系统动力学，同时结合基本的统计方法对变量进行统计。引入系统动力学详细刻画开发商的生产和决策过程的原因有两个：一方面，系统动力学能细化房地产开发商的生产、销售及决策过程，从而有效揭示开发商的运作和行为；另一方面，系统动力学能有效处理非线性、高阶次、复杂时变的系统关系，从而更接近现实中开发商的决策过程。

本章在参考一些经典的系统动力学模型后，根据本章的研究目的进行了修改，形成了新的系统动力学模型，结合 ABM 方法，更好地模拟开发商行为。系统动力学的模型具体如图 13-2 所示。为了提高模型的准确度，笔者调研了模型涉及的 2013 年我国相关变量的数据，并对这些数据用计量、统计的方法进行处理。

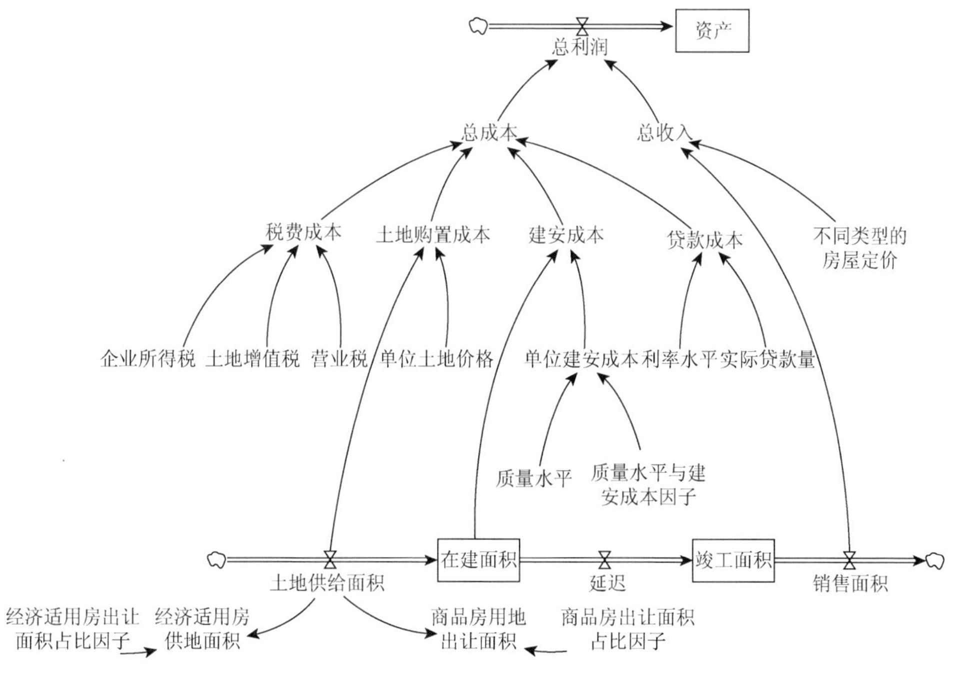

图 13-2　开发商决策的系统动力学模型

根据经济学原理，房屋销售单价的降低无疑会提高销量，但过低的销售单价势必将制约开发商利润率的提高，因此对不同类型房屋的定价策略将会直接影响开发商的利润率，同时也会影响家庭对房屋的需求；而每期购买的土地量过多将增加土地购置成本的负担，过少又将制约供给。因此，开发商每期购买的土地面积、每期对不同类型的房屋定价，对于开发商是很重要的两个决策变量，在我们的模型中，这两个重要的决策变量在每期都根据市场行情和上一期的销售水平，采用遗传算法确定。由于消费者需求的不确定性造成了最优购地面积的不确定性，同时现实中竣工延迟加大了购地决策的复杂度，对于这类没有精确解析式的开发商最优行为，线性规划等优化方法很难求解，从而需要采用遗传算法等启发式算法优化开发商行为。我们的模型采用了遗传算法为开发商决策，使开发商能“记住”之前取得良好利润的购买土地策略和房屋定价策略，不断迭代和演化的过程能促进开发商持续优化自身策略，而本章在具体处理时引入模型的随机性，可以为市场注入活力并促使开发商尝试更多可能性。与此同时，开发商在售房时同样受到消费者的选择，使得市场产生了淘汰机制和破产行为，开发商的总资产一旦为负将被淘汰，移出模型，同时市场产生一个新的开发商。

综上所述，通过遗传算法，开发商能不断调整和优化房屋定价策略、购买土地策略来最大化自己的利润，但也可能因为经营不善而被移除。这些设定可以用来研究幸存开发商在激烈竞争中的最优策略，也能为实际中的开发商企业提供管理启示，指导竞争性房屋定价和买地策略。

为了简化模型，每个时间步（timestep）开发商的总利润用总收入与总成本的差额表示，利润可正可负，累计为开发商的总资产。以利润最大化为原则，开发商 D_j 的目标函数是

$$\text{MaxmizePR} = \text{Profit}(P_j^1, P_j^2, \cdots, P_j^n, S_j^i) \tag{13-12}$$

其中，相关研究表明，从长期来看，企业的资产规模 B 服从离散的 Pareto 分布或 Zipf 规则，这种理论上的幂率尾分布特性适用于很多国家，且随着企业规模、数量等因素的改变，T 值将稳定接近于 1。因此在我们的模型中，开发商资产的初始规模也采用这种方式计算。尾部的累计分布函数具有如下形式：

$$\Pr[\text{B} \geqslant b_j] = \left(\frac{b_0}{b_j}\right)^T, \quad b_n \geqslant b_j \geqslant b_0, \quad T > 0 \tag{13-13}$$

其中，b_j 为开发商资产规模，b_n 为最大值，b_j 为最小值。

为了更好地结合我国的实际情况，本章参考了 2013 年我国房地产市场中开发商的住房供给结构，并将 2013 年我国住宅供给、需求的实际比例应用到模型中。国内自住型的商品房面积一般在 150 平方米以下，本章将此作为研究重点。房屋的买卖以套为单位，并随机安排最终进入谈判阶段的家庭顺序，因此每个家庭都会被轮到，除非房屋供给枯竭。2013 年我国住宅供需结构图如图 13-3 所示。

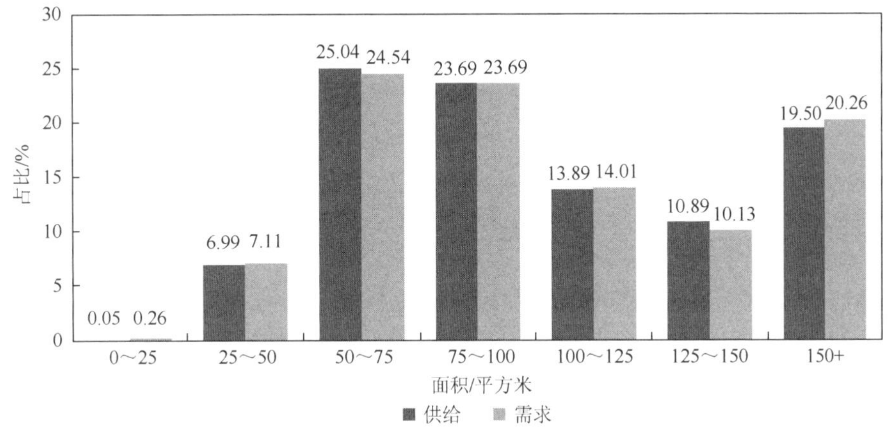

图 13-3　我国住宅供需结构图

+表示以上，下同

笔者在调研我国住宅供需历年统计数据后发现，一般情况下，开发商提供的户型大小与消费者的需求基本贴近，为更好地模拟我国实际情况，模型设定开发商也每期根据居民对房屋面积的需求决定提供各种户型商品房的数量。为更深入地研究我国的商品房出售面积需求结构，从而更深入地发掘一些问题，同时从简化模型的考虑，我们将不同大小的房屋划定为 0～25 平方米、25～50 平方米、50～75 平方米、75～100 平方米、100～125 平方米、125～150 平方米、150 平方米以上共七种房屋类型。每一期模型会对七类房型的供给量和最终成交量进行统计。

13.2.4　房地产交易市场

1. 新房市场的定价机制

根据之前的描述，新建住房的定价主要是由开发商的决策模型决定，买方只能选择接受或拒绝。

2. 二手房的讨价还价机制

本章把土地交易市场仿真模型加以拓展，并将这部分应用到二手房市场的讨价还价过程。首先，将买方的支付意愿 WTP 定义为按照柯布-道格拉斯的效用函数，即式（13-14），而卖方的受偿意愿 WTA 定义为房屋在上次交易中的价格。

$$\mathrm{WTP}=\frac{Y+U^2}{b^2+U^2} \tag{13-14}$$

其中，Y 为每期家庭的收入；U 为房屋的效用值；b 为常数项，这里表示家庭用于非住房支出所带来的效用值。

在二手房市场的交易过程中，市场供需情况在很大程度上影响着双方的议价能力。

定义家庭投标的价格为 P_{bid}，开发商挂牌的价格为 P_{list}，P_{bid}、P_{list} 的定价公式表示为式（13-15）：

$$
\begin{aligned}
P_{\text{bid}} &= \text{WTP} \times (1+\varepsilon) \\
P_{\text{list}} &= \text{WTA} \times (1+\varepsilon) \\
\varepsilon &= (\text{NC}-\text{MC})/(\text{NC}+\text{MC})
\end{aligned} \tag{13-15}
$$

其中，NC 为买方的数量；MC 为开发商提供的空屋数量；ε 的值表示市场供需情况，并且能被家庭和开发商感知。

由式（13-15）可以看出，ε 的取值为正、为负都有可能，意义是，当 ε 为正时，代表市场求大于供，买卖双方都在感知市场行情的前提下倾向于提高出价，ε 为负则相反。假设买卖双方讨价还价的能力相同，那么最终成交的价格 P 可以表示为

$$
P = \begin{cases} P_1, & P_1 \geqslant P_2 \\ \dfrac{P_1+P_2}{2}, & \text{WTA} < P_1 < P_2 \end{cases} \tag{13-16}
$$

13.2.5 具体模型运行流程

图 13-4 是模型的运行流程。模型初始化之后，首先统计存活开发商的列表和价格信息，家庭首先在开发商之间选择若干开发商并获取价格信息，随后家庭根据期望购房的面积大小从不同大小的住房分类中随机选择 N 个合适的房源，判断市场行情，即结合房屋大小、质量、类型、距离、家庭当期累积财产、当期收入水平，计算这 N 个房子的平均效用作为家庭感知的市场效用；接着家庭将感知的平均效用与家庭现在住房的效用进行比较，即判断是否有购房欲望；接着判断是否有购房能力，即家庭确定想换房后，还要结合家庭当前的累积财产、收入水平与我国当前的住房首付、还贷条件、纳税条件进行比较，判断是否有购房能力。具体进行两次判断，第一次是判断满足家庭当期累积的财产数足以支付首付数额，第二次判断是根据国际惯例，家庭每月的还贷支出不能超过其收入的 30%。通过这两次判断的家庭才进入交易阶段，有换房欲望且有能力换房的家庭将对家庭财富与期望购房的类型进行匹配，随机从市场上选择 S 个合适的房子，比较其效用，选择效用最大的房子进行购买。

期间，开发商不断更新其库存情况，调整当期的购地面积和销售定价，当家庭实现全部购买后开发商将计算其总成本，从而得到其当期利润。通过遗传算法的计算，开发商得到了下一个时期的房屋定价和期望购买土地的面积水平，以利润最大化为原则，不断调整，在下一期向家庭提交新的房源列表。

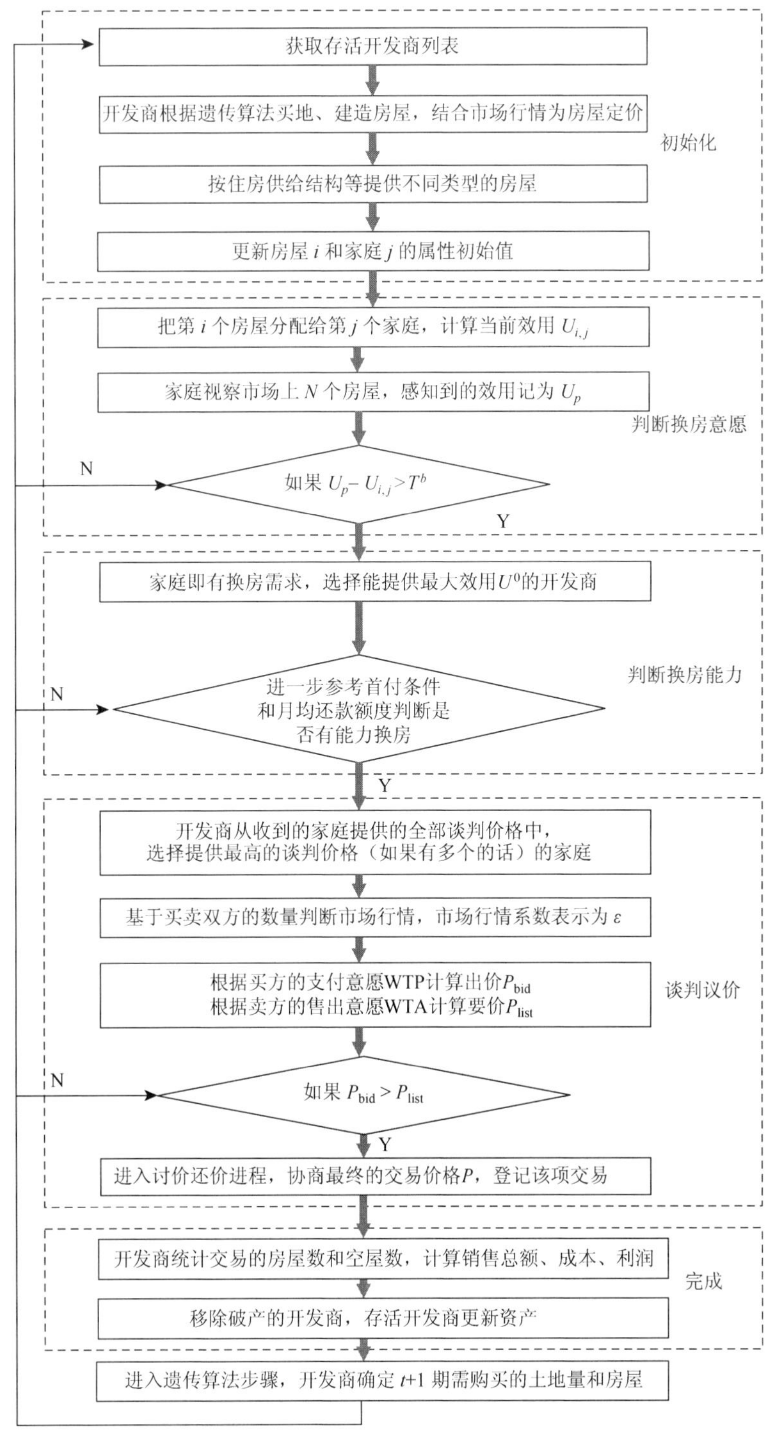

图 13-4　模型的运行流程图

以上介绍的是一个时间步内模型的运行流程。经过多次迭代之后，模型趋丁稳定和收敛，各个主体的行为和决策也将不断被优化。

13.3 模 型 仿 真

13.3.1 实验设计

本章具体设置了两种情景。情景 A 是基准情景，情景 B 研究房产税率不同时房地产市场各指标的变化。鉴于篇幅限制，各情景的参数及观测指标的变化情况不予详细说明。

13.3.2 模型实现及观测变量

本章在 Swarm v2.2 平台上借助 Java 语言实现模型的运行。由于每次模型运行接近 150 个时间步时观察指标趋于稳定，将模型终止的条件设为 150 个时间步，并每次运行 900 次检查模型的鲁棒性，以最大限度降低随机因素的影响。

考虑到我国房地产市场的特点，每个时间步代表一个月。模拟运行初始时，每一个代表家庭或开发商的主体在 60×50 的网格表面均匀分布。为了进一步结合我国房地产市场的实际情况，我们分别将东部、中部和西部地区的基本数据作为模型的数据。其中，北京是我国的政治文化中心和经济金融中心，房地产市场供需规模庞大，发展水平较高，但供需失衡严重，城市房价相对较高，因此东部地区以北京为代表。相对于东部发达城市，中部以郑州为代表，房地产市场规模适中，供需基本平衡，且房价处于中等水平。西部地区则以兰州为代表，其房地产市场发展相对落后，房地产需求低于供给的情况较为突出，同时房价也相对较低。

具体而言，为了深入研究政策变化对我国房地产市场的主要影响，观测变量包括：①每期新房、二手房的成交量；②每期新房、二手房成交均价；③每期家庭购房需求量；④每期家庭的平均效用值；⑤每期开发商购买土地的面积；⑥每期开发商的资产量；⑦每期开发商的利润；⑧每期开发商提供的住房数量；⑨每期各类不同大小的房型最终成交的数量。

前 2 个指标是观察房地产市场的重要指标，第 3、4 个指标主要是从家庭角度判断各种实验设计给家庭带来的影响；第 6、7、8 个指标主要是开发商角度，判断开发商的竞争程度和绩效情况；第 9 个角度反映政策变化对住房供给结构的影响。

13.4 结果与讨论

13.4.1 可支配收入对房价的影响的区域差异

人均可支配收入的绝对数额和增长速度在一定程度上能影响和反映房价的

波动，因此我们将城镇家庭人均可支配收入纳入模型，见图 13-5。从仿真结果来看，居民的人均可支配收入对不同区域房价的影响呈现差异化。可支配收入每上涨 1%，将分别促进东部、中部和西部地区的房价上涨 0.095%、0.53%和 0.61%，整体而言，物价水平变化对西部房价的影响最为显著，其次为中部地区，对东部地区的房价影响非常微小。这可能是由于中西部房价与经济基本面紧密相连，相对于东部地区刚性需求更大，房价偏低，上涨空间更大，因而影响更为显著。从财政主义的经典理论角度来说，当财政更为充足时，宽松的流动性会引起对通胀的预期，物价的上升也将拉动建筑及装修材料的上涨，并推高房屋成本。在流动性相对更为宽松且房价更高的东部，物价水平对房价的影响微乎其微。

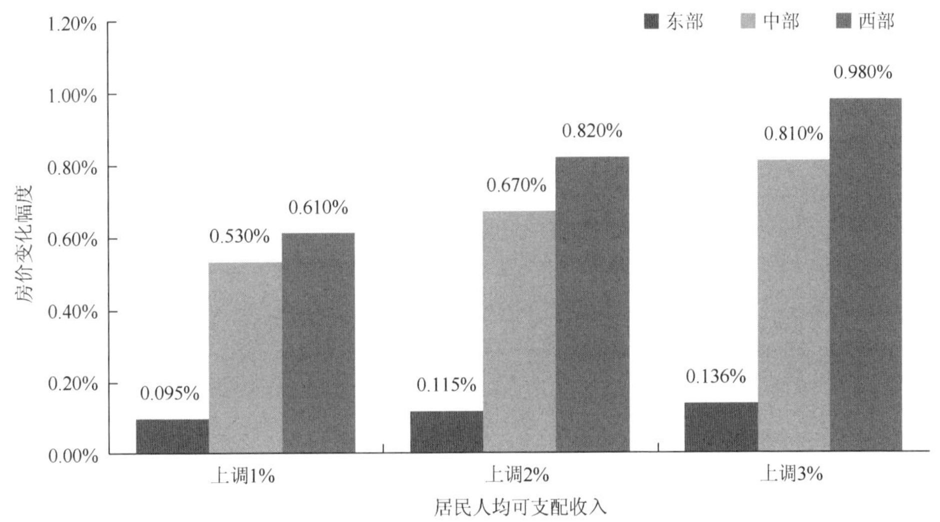

图 13-5　不同物价水平下房价变化的区域差异

13.4.2　房产税对房价的影响的区域差异

从总体来看，房产税对房价具有一定的抑制作用，但可能受当前并不太合理的房地产税收结构的影响，各区域的影响效应并不明显，见图 13-6。具体而言，房产税对东部、西部地区住房价格的影响均为负向的调控效应，对中部地区的住房价格直接体现为正向影响。房产税每提高 0.1%，将分别推动东部和西部地区的房价下降 2.8%和 5.3%，中部地区的房价上涨 2.2%。从模拟的最终结果来看，房产税政策对西部地区房价的调控最为有效，其次为东部地区，对于中部地区房价的调控并不理想，中部地区房价反而随房产税提升而“越调越涨”。

从模拟结果来看，西部地区房价对房产税变动的敏感性更强，对东部和中

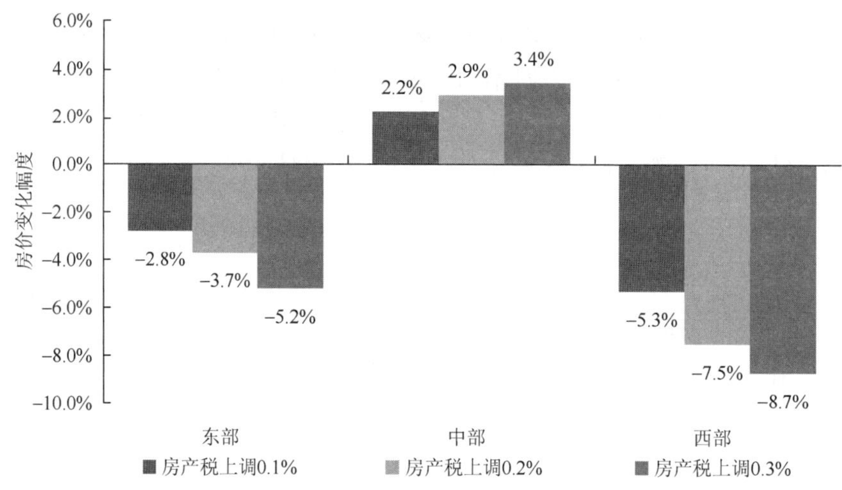

图 13-6　不同房产税水平下房价区域差异的仿真结果

部地区房价的影响并不大，这说明房产税在东部和中部地区的效果相对有限，尚需进一步改进。房产税的调节对东部和西部地区均表现为负向调节，对中部地区表现为正向调节作用，具体原因可能是在高价地王频现的东部，比起地价对房价的影响，房产税的征收对房价的影响微乎其微，总体而言，对于购房投机行为仍有一定的抑制作用，因而负向影响较小。对于中部地区，房地产税赋对中部地区消费者的购买力约束要明显低于东部地区，房产税的征收容易使开发商和消费者对未来房地产的市场整体行情的预期依然保持乐观，因而即使征收了房产税，对中部地区的房价的影响微弱，甚至表现为正向影响。和东部、中部地区不同，西部地区的基础设施的建设滞后于住宅建设速度，因而土地供应量并不能影响房价，相对较低的收入使得西部地区房产税税赋对房价的反应更为强烈。

13.4.3　总人口对房屋销量的影响的区域差异

从仿真结果来看，人口数量变化对于中西部地区的房屋销量有着显著影响，对东部地区的影响并不大。总人口每上涨 1%，对西部地区房屋销量的正向影响最大为 3.13%，中部地区为 2.92%，对东部地区的影响仅为 0.47%。可见，人口数量是中西部房屋销量的重要影响因素，同时这也在一定程度上体现中西部地区需求不足的问题，见图 13-7。

13.4.4　房产税对房屋销量的影响的区域差异

房产税的征收，对东部地区的房屋销量的影响最大，对西部地区的房屋销量

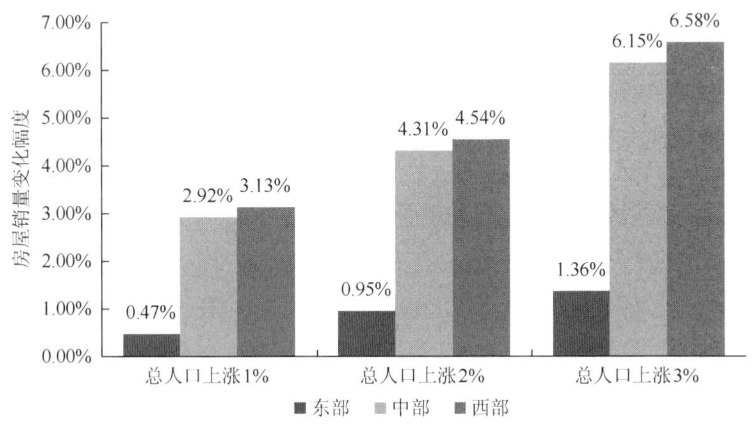

图 13-7 不同人口数量水平下房屋销量的区域差异

的影响也比较显著，对中部地区的房屋销量的影响非常小。房产税每提高 0.1%，将分别促进东部、中部和西部房屋销量下降 7.1%、0.4%和 6.3%。对于东部和西部地区，随着房产税征收及税率提高，房屋销量明显下降，这说明房产税改革对于东部、西部过热的商品房市场起到明显的抑制作用。对中部地区房屋销量的影响相对微弱，见图 13-8。

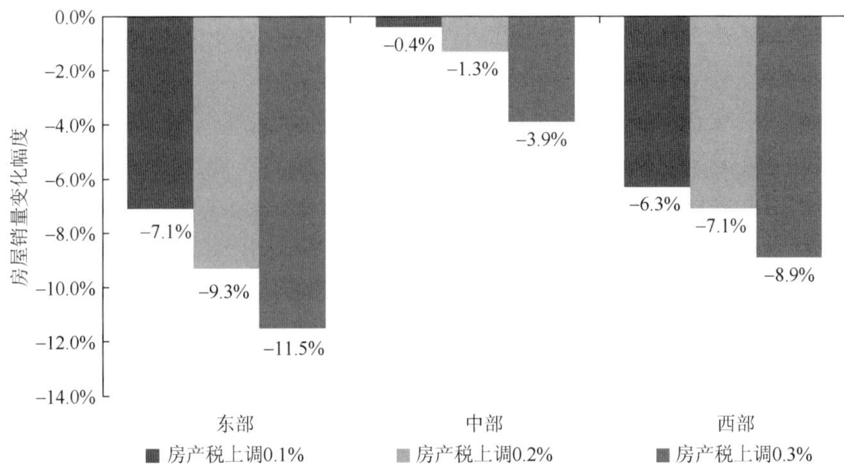

图 13-8 不同房产税率条件下各区域房屋销量的仿真结果

13.4.5 房产税对房屋供给量的影响的区域差异

由图 13-9 可知，就开发商提供的住房供给总量而言，房产税征收对中部地区的影响最大，对东部地区也有显著影响，对西部地区的影响很小，见图 13-9。就影响效果而言，对东部和西部地区体现为正向影响，对中部地区体现为负向影响。

随着房产税政策偏紧，对东部和西部住房供给总量的影响逐渐减弱，对中部地区的影响逐渐加强。经过多次模拟，我们发现，房产税平均每上升 0.1%，将促进东部和西部地区的住房供给分别增加 14.0%和 1.2%，中部地区的住房供给将减少 7.3%。这可能是由于，随着房产税政策偏紧，东部和西部地区的开发商并不认为房产税改革能有效抑制市场的投机需求和房屋价格上涨，相反，对未来房地产市场的整体行情依然保持乐观预期，因而增加住房供给，中部地区的实际情况则与之相反。

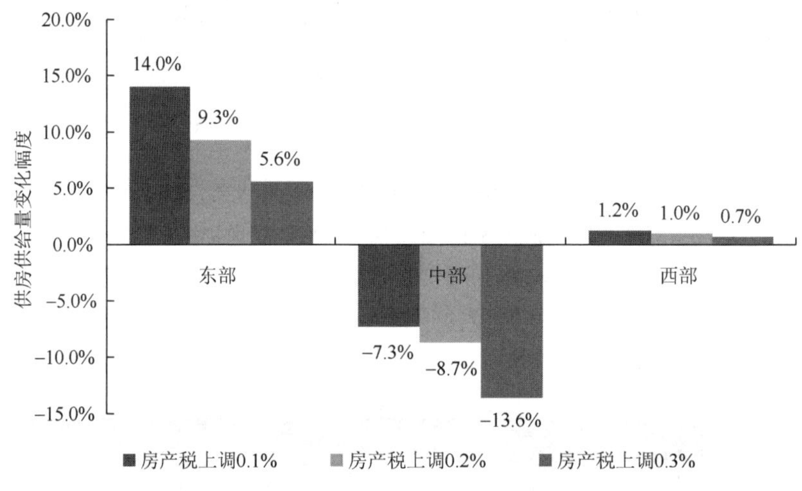

图 13-9　不同房产税率条件下各区域住房供给总量的仿真结果

13.4.6　房屋价格“正反馈机制”的区域差异

不少学者指出，我国的房价在一定程度上存在“正反馈机制”。为了探究这种正反馈机制是否存在，我们在模型中设计了一些指标，专门用以统计住房价格受上期交易价格的影响程度。从仿真结果来看，住房价格确实具有“正反馈机制”。从图 13-10 可知，当上期交易价格上涨 1%时，东部、中部和西部的住房价格相应地分别上涨 0.98%、1.03%和 0.88%，并且总体来看，中部地区的“正反馈机制”最为强烈，东部地区次之，西部地区最为微弱，见图 13-10。

13.4.7　房屋价格对房地产需求的影响的区域差异

一般情况，房地产需求弹性系数为负数。从仿真结果图 13-11 来看，房屋价格每上涨 1%，东部、中部地区房地产需求平均上涨 0.39%和 0.85%，而西部地区下降 0.31%。东部、中部地区房地产需求系数为正且十分显著，西部地区为负，并不显著。东部、中部地区房地产需求随房价上涨而显著上升，可能是由于房价

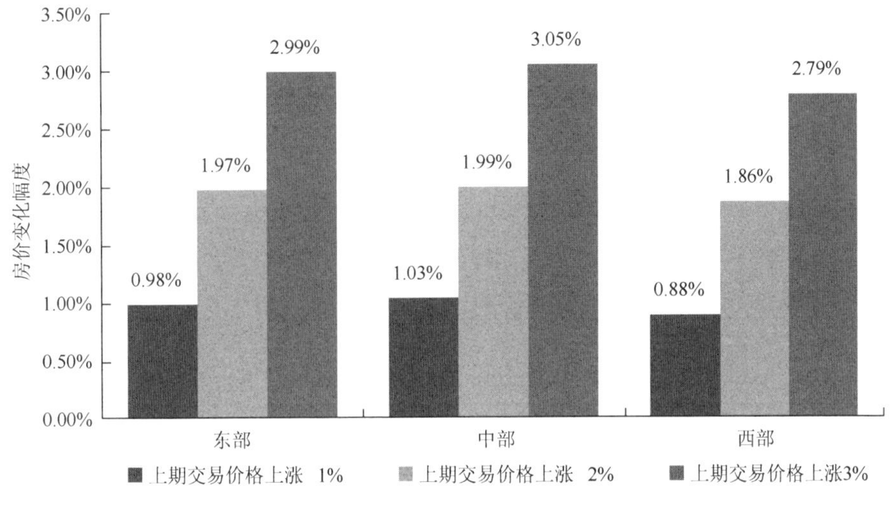

图 13-10　不同房产税率条件下房价“正反馈机制”的区域差异

上涨使更多投资者对房市产生乐观预期，加大投资，房价上涨引起的财富效应超过了引起的预算约束效应，需求更加旺盛，因而东部、中部地区的房价需求弹性系数为正，西部地区则与之相反。

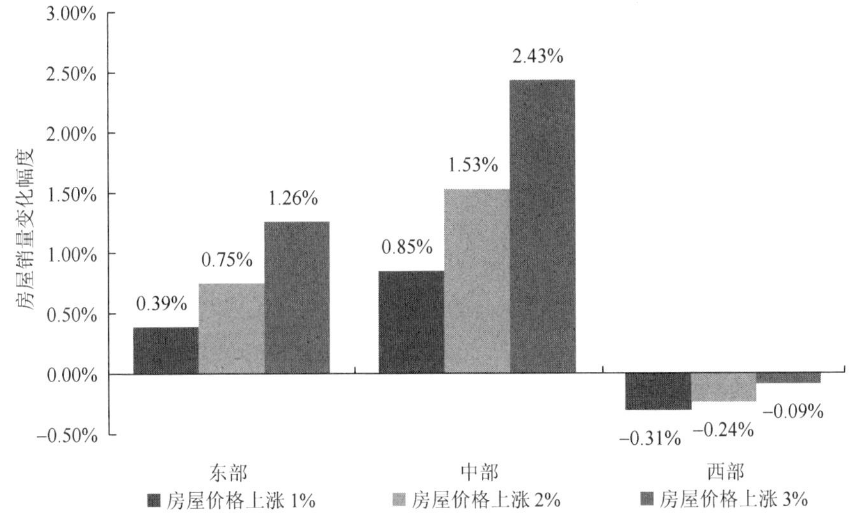

图 13-11　房屋价格对房地产需求影响的区域差异

13.4.8　房产税对住房供给结构的影响

表 13-1～表 13-3 分别列出了根据遗传算法和市场行情，不同房产税率条件下不同区域的住房供给结构的仿真结果，具体列出了各种情境下东部、中部、西部

地区各种类型房屋的最终成交量，以侧面观察各区域住房供给结构的变化特点。

表 13-1 东部地区不同房产税率条件下住房供给结构的仿真结果（单位：套）

房产税率	0～25平方米	25～50平方米	50～75平方米	75～100平方米	100～125平方米	125～150平方米	150平方米以上
基准税率	373	20 116	16 643	6 187	2 256	624	991
房产税上调 0.1%	402	24 157	19 036	7 890	2 311	658	762
房产税上调 0.2%	473	26 155	22 148	8 526	2 297	649	653

表 13-2 中部地区不同房产税率条件下住房供给结构的仿真结果（单位：套）

房产税率	0～25平方米	25～50平方米	50～75平方米	75～100平方米	100～125平方米	125～150平方米	150平方米以上
基准税率	297	22 145	17 175	6 267	2 641	656	982
房产税上调 0.1%	214	19 956	16 492	5 732	2 251	615	1 243
房产税上调 0.2%	186	17 633	15 461	5 105	1 986	582	1 494

表 13-3 西部地区不同房产税率条件下住房供给结构的仿真结果（单位：套）

房产税率	0～25平方米	25～50平方米	50～75平方米	75～100平方米	100～125平方米	125～150平方米	150平方米以上
基准税率	421	24 105	18 652	7 163	2 351	596	872
房产税上调 0.1%	434	24 238	18 986	7 357	2 405	632	784
房产税上调 0.2%	442	24 351	19 127	7 682	2 416	657	705

当房产税政策偏紧时，对于东部地区，随着房产税率的提高，0～25 平方米、25～50 平方米的住房供给略有增加，50～75 平方米、75～100 平方米的住房供给明显增加，100～125 平方米、125～150 平方米的房屋供给基本不变。在这七类房屋类型中，150 平方米以上的房屋供给在房产税改革前后出现了结构性波动，减少幅度最大。这说明东部地区面临房产税改革带来的持有成本对需求的影响不大，开发商对高档住宅的投资出现了负增长，居民最关心的普通商品住宅的投资也发生了一定的结构性波动，说明东部地区的房产税改革在引导开发商增加小面积住房投资，从而满足消费者的刚需或改善性需求方面有一定的效果。

对于中部地区，100 平方米以下的住房供给明显减少，100～150 平方米的住房供给也微量减少，150 平方米以上的住房供给明显增加。从仿真结果来看，房产税改革对中部地区的住房供给的影响的效果并不理想。房产税改革不能有效对高档住房的供给市场降温，同时对小面积住房特别是普通商品住宅和 90 平方米以下的住房投资造成了一定的冲击。由此可见，房产税改革对于遏制中部地区的投机炒房行为，打压高端房地产市场，稳定房价的效果并不明显，甚至与预期相反。

对于西部地区，随着房产税政策偏紧，100 平方米以下的住房供给微量增加，100～150 平方米的住房供给也在一定程度上体现为上升趋势，150 平方米以上的住房供给表现为微量减少。这说明，对于西部地区，房产税改革在一定程度上抑制了高端住房消费，增加了中小户型供给，对于优化住房供应结构有一定的效果，但是并不明显。

为了更细致地研究房产税政策对不同地区住房供给结构的影响，结合我国房地产市场的主要房屋供给状况，我们初步根据房屋面积将全部房屋划分为 0～90 平方米、90～144 平方米、144 平方米以上三种房屋类型。不同房产税政策条件下的住房供给结构仿真结果如图 13-12～图 13-15 所示。可以看出，随着房产税政策偏紧，东部地区普通住宅供给明显增加，高档住宅供给明显减少；中部地区普通住宅供给明显减少，高档住宅供给微量增加；西部地区普通住宅供给基本不变，高档住宅供给微量减少。总体看来，就控制高端住房供给，增加普通住房供应而言，房产税政策对东部地区住房供给结构的影响最大，效果明显，对西部地区也能起到一定的优化住房供给结构的作用，但效果微弱，对中部地区住房供给结构的调控作用最不理想，甚至随着房产税政策偏紧，将提升开发商对中部地区房地产市场的预期，高端房地产市场对普通房地产市场形成一定的冲击，不利于优化住房供应结构。

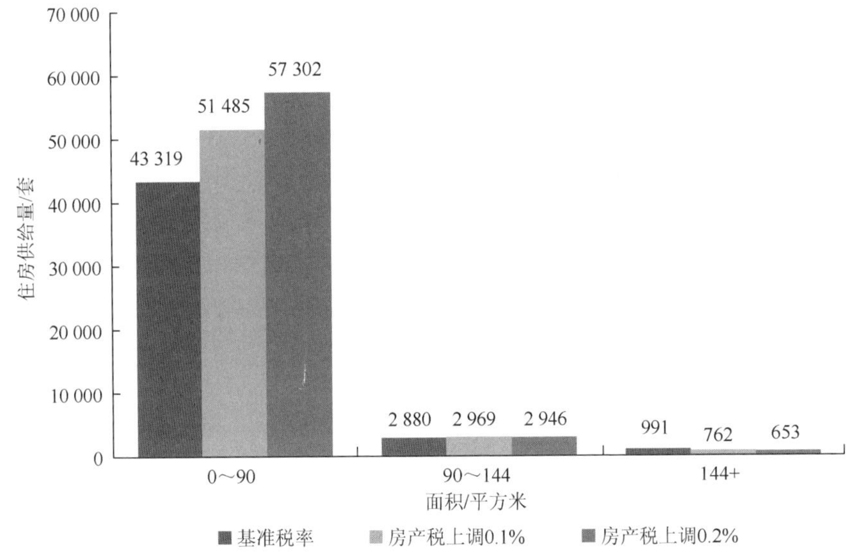

图 13-12　不同房产税率条件下东部地区住房供给结构的仿真结果

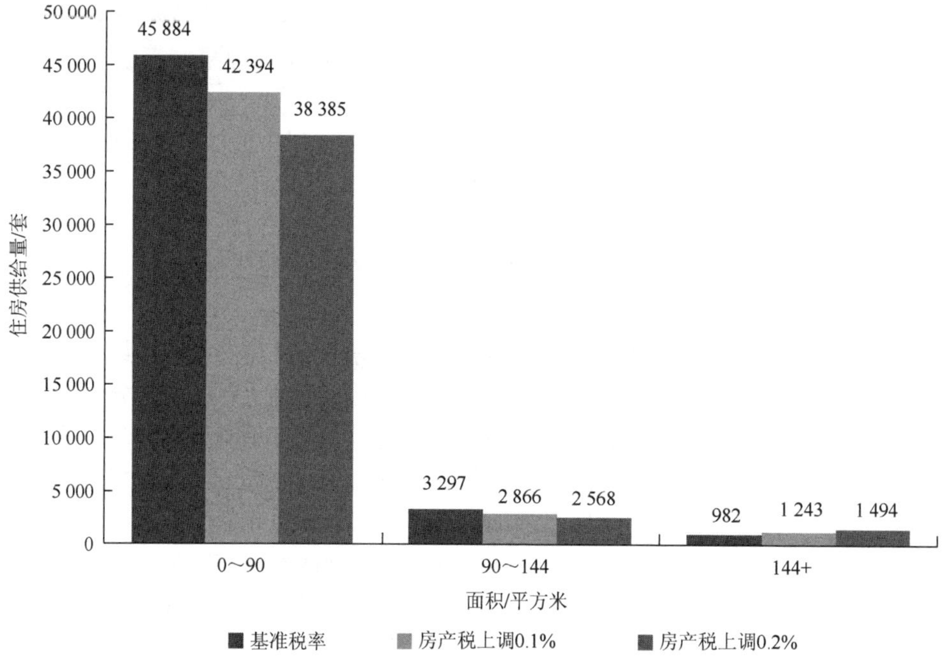

图 13-13 不同房产税率条件下中部地区住房供给结构的仿真结果

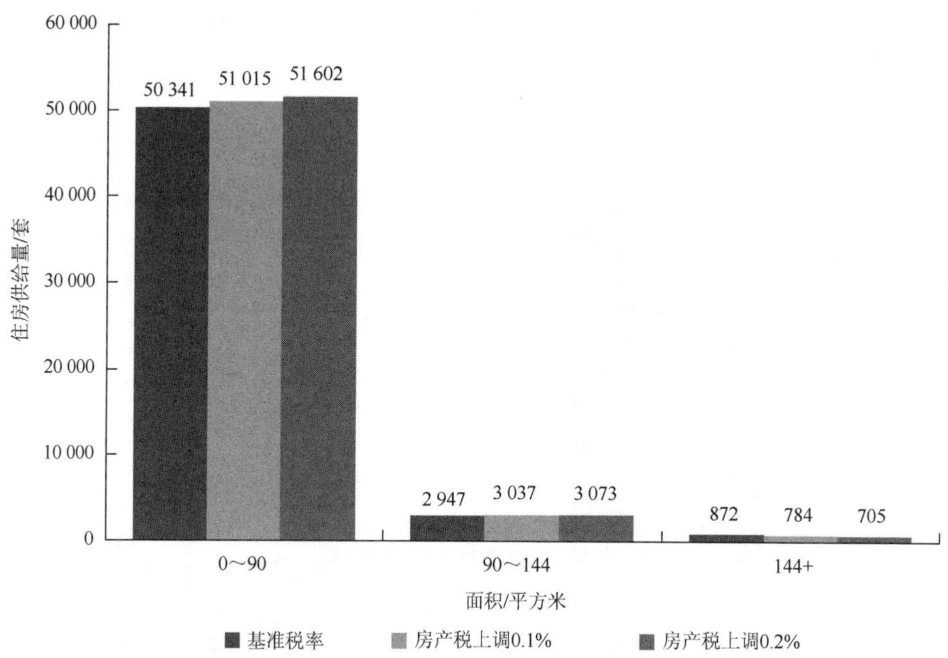

图 13-14 不同房产税率条件下西部地区住房供给结构的仿真结果

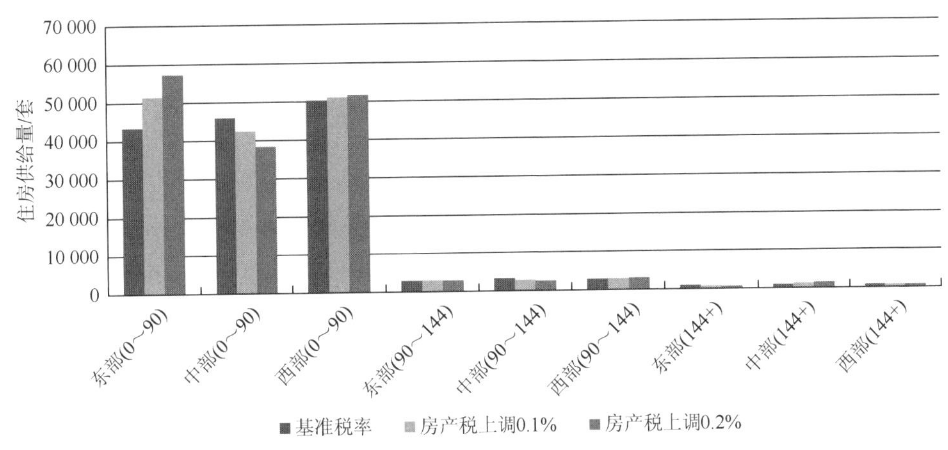

图 13-15　不同房产税率条件下各区域各类房型住房供给结构的仿真结果

13.5　本 章 小 结

本章结合 EKB 消费模型、住房过滤理论，基于我国房地产市场的实际供给结构和分割特点，在 Swarm v2.2 平台开展了基于主体的建模与仿真，并用遗传算法、系统动力学、计量经济学等方法模拟家庭、开发商的决策行为，深入研究了土地政策特别是土地价格、土地供应面积变化对房地产市场的新房和二手房销量与价格、家庭购房需求、住宅供给结构、开发商的资产及利润等带来的影响，仿真模拟了东部、中部和西部房地产市场在不同财政政策条件下的动态演化过程和区域差异。有以下几点发现。

第一，居民的人均可支配收入对不同区域房价的影响呈现差异化。可支配收入每上涨 1%，将分别促进东部、中部和西部地区的房价上涨 0.095%、0.53%和 0.61%，整体而言，物价水平变化对西部房价的影响最为显著，其次为中部地区，对东部地区的房价影响非常微小。

第二，房产税对东部、西部地区住房价格的影响均为负向的调控效应，对中部地区的住房价格直接体现为正向影响。总体而言，房产税对房屋价格的调节作用非常有限。房产税每提高 0.1%，将分别推动东部和西部地区的房价下降 2.8%和 5.3%，中部地区的房价上涨 2.2%。因此，房产税政策对西部地区房价的调控最为有效，其次为东部地区，对于中部地区房价的调控并不理想，中部地区房价反而随房产税提升而“越调越涨”。

第三，人口数量变化对中部、西部地区的房屋销量有着显著影响，对东部地区的影响并不大。总人口每上涨 1%，对西部地区房屋销量的正向影响最大为 3.13%，中部地区为 2.92%，对东部地区的影响仅为 0.47%。可见，人口数量是中西部房屋销量的重要影响因素。

第四，房产税的征收对东部地区的房屋销量的影响最大，对西部地区的房屋销量的影响也比较显著，对中部地区的房屋销量的影响非常小。房产税每提高 0.1%，将促进东部和西部房屋销量分别下降 7.1%和 6.3%，中部地区销量下降 0.4%。

第五，就开发商提供的住房供给总量而言，房产税征收对中部地区的影响最大，对东部地区也有显著影响，对西部地区的影响很小。房产税平均每上升 0.1%，将促进东部和西部地区的住房供给分别增加 9.6%和 1.0%，中部地区的住房供给将减少 9.9%。就作用效果而言，对东部和西部地区体现为正向影响，对中部地区体现为负向影响。随着房产税政策偏紧，对东部和西部地区住房供给总量的影响逐渐减弱，对中部地区的影响逐渐加强。

第六，房屋价格确实具有“正反馈机制”，当上期交易价格上涨 1%时，东部、中部和西部地区的住房价格相应地分别上涨 0.98%、1.03%和 0.88%，并且总体来看，中部地区的“正反馈机制”最为强烈，东部地区次之，西部地区最为微弱。

第七，房屋价格每上涨 1%，东部、中部地区房地产需求平均上涨 0.39%和 0.85%，而西部地区下降 0.31%。东部、中部地区房地产需求系数为正且十分显著，西部地区则为负，其需求系数并不显著。

第八，随着房产税政策偏紧，东部地区普通住宅供给明显增加，高档住宅供给明显减少；中部地区普通住宅供给明显减少，高档住宅供给微量增加；西部地区普通住宅供给基本不变，高档住宅供给微量减少。总体看来，就控制高端住房供给，增加普通住房供应而言，房产税政策对东部地区住房供给结构的影响最大，效果明显，对西部地区也能起到一定的优化住房供给结构的作用，但效果微弱，对中部地区住房供给结构的调控作用最不理想，甚至随着房产税政策偏紧，将提升开发商对中部地区房地产市场的预期，高端房地产市场对普通房地产市场形成一定的冲击，不利于优化住房供应结构。

总体而言，财政政策在调节市场的供需总量、供需结构方面有一些影响，但对于调控房价等方面并不显著，需配合其他政策工具一同使用，应综合考虑各种因素的作用，分阶段和梯度实施各种调控政策，以更好地促进房地产市场健康稳定发展。

第 14 章　行政政策对于区域差异化房地产价格影响研究——基于 Multi-Agent 模型

为了稳定房地产市场的价格波动，帮助房地产市场持续健康地发展，国家自 2010 年之后推出了一系列的行政政策来限制房地产市场的投机行为。为了研究这些行政政策是否能够起到应有的作用，本章构建了自下而上、系统全面的 Multi-Agent 房地产市场模型对行政政策在不同城市房地产市场的差异化效应进行了仿真研究。

14.1　文 献 综 述

首先，在房地产市场价格波动研究或房地产市场泡沫研究方面，Bisping 和 Patron（2008）认为市场变化是房地产市场价格波动的长期因素，并采用动态随机一般均衡（dyhamic stochastic general equilibrium，DSGE）模型解释在 1980～2000 年经济基本面对房地产市场价格的长期影响。Baddeley（2008）建立需求模型，通过衡量成交量与羊群效应、外部效应、市场非理性程度之间的关系，研究预期变化对房地产市场价格波动的影响，发现当投资者普遍乐观时，房地产市场泡沫将出现，当投资者普遍悲观时，房地产市场泡沫将破灭。Iacoviello（2005）引入个人和企业决策模型，研究房地产市场价格波动与经济周期之间的关系和它们之间的作用机理。

部分学者研究相关政策对房地产市场价格的影响，主要包括货币政策、土地政策和行政政策。货币政策对房地产市场价格的影响主要通过利率途径、信贷途径和基础货币途径，研究采用的方法主要有 VAR、SVAR（Aoki et al，2002；Iacoviello，2005）；Magliocca 等（2011）构建包含农户（供应土地）、房地产开发商和购房者三类主体的 Agent-based 模型，研究土地政策对房地产市场的影响。关于行政政策对房地产市场价格的影响研究，冯科和何理（2012）参考 Kim（1997）的基于数量的反需求函数体系，并结合房地产市场的特点重新构建了反需求函数，定量分析了房地产限购政策对其他消费市场的影响及产生的社会福利变化。研究结果显示，房地产限购政策会破坏其他消费市场的均衡并造成福利损失，但全国、北京、上海的福利损失结构因房地产需求类型而异。刘小瑜等（2013）运用 VAR 模型对限购令下的市场效应进行实证分析。

部分学者关于房地产市场价格的区域差异的研究，主要围绕区域差异对房地产市场进行重新划分。Meen 和 Nygaard（2010）指出尽管房价相对较高的地区会抑制劳动力流入，但是套利的预期会促进劳动力流入。Jeanty 等（2010）利用 1990～2000 年美国密歇根州的普查数据证实了存在劳动力流动与房价的空间互动。董梅生（2005）运用聚类分析，把我国房地产经济划为最快发展区、较快发展区、潜在发展区、缓慢潜在发展区和缓慢发展区五种类型。李勇辉（2006）从全国房地产业的区域角度，把我国分成东部、中部和西部三大地区。易成栋（2008）基于房地产开发企业竞争力评价指标体系，将 31 个省份聚类分为较强、强、一般和很弱四类。魏玮和王洪卫（2010）分别利用 35 个大中城市的数据和省际面板数据对房地产市场区域划分和用地政策调控进行了研究。

总的来说，国内外学者对房地产市场价格的研究的理论基础是宏观经济学中市场总供给和总需求，通过供给方、需求方单方面考量或者两者考量研究房地产市场价格的形成机理。然而，却忽略了消费者和投资者的微观行为对房地产市场的影响。此外，国内外学者研究房地产市场价格大多采用宏观经济模型，如动态随机一般均衡，以及计量模型，很少自下而上、从微观到宏观建立房地产市场模型。因此，本章拟建立一个系统的房地产市场 Multi-Agent 模型，通过研究政策对个体产生的实际影响，从而自下而上、从微观到宏观地研究房地产市场未来的走势。并在实证研究中分别选取我国一、二、三线代表城市的住房市场进行区域差别化的仿真研究，探讨行政政策对不同区域的差异化影响和传递效应。

14.2 模型构建

我国政府的行政政策对我国的房地产市场产生了重大的影响，为了研究这些政策会对不同发达水平城市的房地产市场产生什么影响，本章以居民和政府作为主体，基于 Multi-Agent 模型构造了房地产交易仿真模型，如图 14-1 所示。

如图 14-1 所示，本章的主体主要有两个：一个是居民，另外一个是政府。居民有两种行为，分别是消费和投资。本章的假设居民必须在拥有 1 套以上住房的情况下才能进行投资行为。政府则是根据群众信息来设定具体的房地产限购或限外政策，居民的投资需求可以通过行政政策来进行有效控制。因此，本章拟通过该 Multi-Agent 模型，研究居民群体在不同政策条件下的微观行为会对房地产市场产生什么影响，从而能够帮助政府制定相关政策提供建议。

14.2.1 居民主体设定

居民是房地产市场的需求来源，居民的经济行为是房地产市场的运行基础。而影响居民行为决策的重要因素则是居民状态属性，因此，本章居民有如下属性变量：居民所在城市、拥有房产数、存款、年租金、年收入、年支出、公积金贷款、商业贷款、贷款总额、拥有投资性住房数。

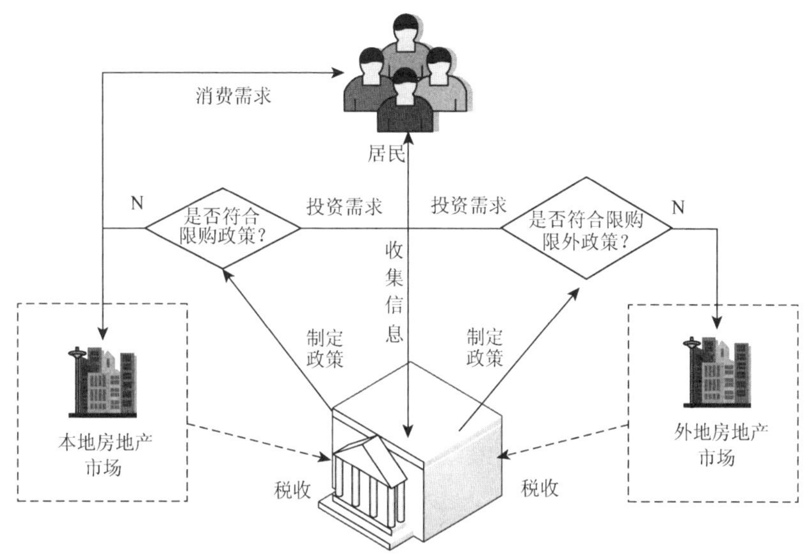

图 14-1　模型的框架结构图

而居民购房行为分为住房消费和住房投资行为，本章假设居民必须在拥有 1 套房产的情况下才能进行住房投资，具体流程如图 14-2 所示。

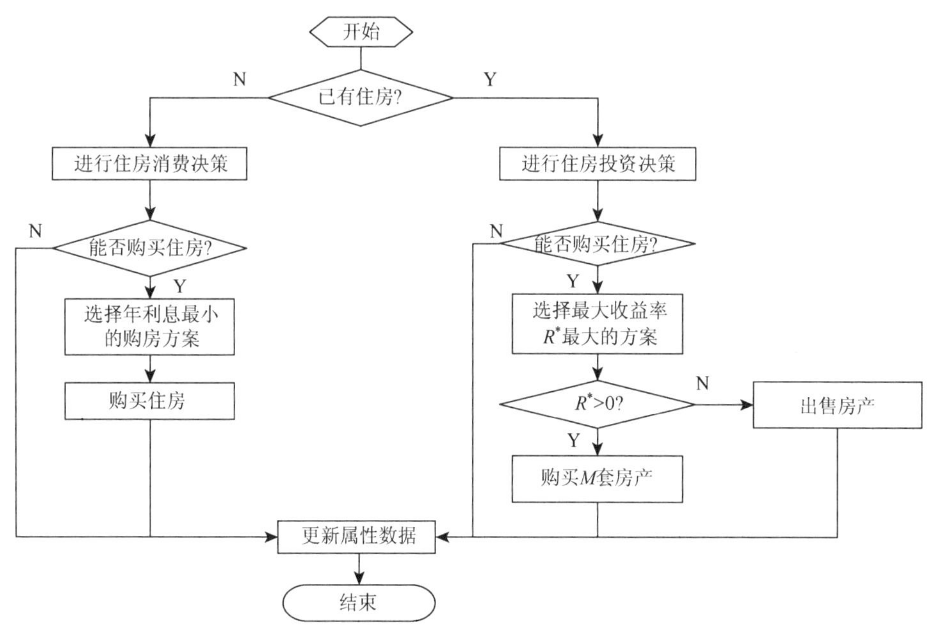

图 14-2　居民购房行为主要流程

如图 14-2 所示，居民首先判断是否已有住房，如果没有，则进行住房消费决策流程，在财富足够支付购买费用的情况下，选择年利息最小的方案买房；否则进行住房投资决策流程，并根据自身的预期计算出各个方案的收益，如果这些方案收益最大值大于 0，则按照该方案购买 M 套房产；反之，如果收益最大值小于 0，则出售拥有的所有房产。

1. 住房消费行为决策函数

本章假设住房消费居民的目标是月供最小化，即在付出最小月供的情况下购买居住住房，同时，年利息是以 20 年为期限的贷款计算得到，公式如下：

$$
\begin{aligned}
&\min \quad \text{Aunal\_interest} \\
&\text{s.t.} \quad \text{Income}(t)-\text{Rent}(t)-\text{Ex}(t)-\text{Aunal\_interest}\geqslant 0 \\
&\qquad \text{Deposit}(t)+\text{Loan1}+\text{Loan2}-(1+\theta_1)\times\text{Price}(t)\times\text{Size}\geqslant 0 \\
&\qquad \text{Loan1}+\text{Loan2}=\text{MR1}\times\text{Price}(t)\times\text{Size} \\
&\qquad 0\leqslant\theta_1\leqslant 1,\quad t=1,2,\cdots,N;\ 0\leqslant\text{MR1}\leqslant\text{Max\_ratio1}
\end{aligned}
$$

其中，Income(t)为第 t 期的年收入；Rent(t)为第 t 期的租金；Ex(t)为第 t 期的年支出，AP 为年利息，采用等额本息还款法计算；Deposit(t)为第 t 期的银行存款；Loan1 和 Loan2 分别为公积金贷款和商业贷款；Price(t)则为第 t 期每平方米的价格；Size 为住房的面积大小；θ_1 为首套房应交税率；MR1 为首套房按揭贷款比例；Max_ratio1 为首套住房最大的按揭贷款比例。

2. 住房投资行为决策函数

不失一般性，本章假设投资居民的目标是未来 5 年（政策规定 5 年以上的住房在交易时享免税政策）最大化收益，年利息是以 20 年为期限的贷款计算得到，公式如下：

$$
\begin{aligned}
&\max \quad R=\{[(1+\varepsilon)^4\times\varepsilon-\theta_2]\times\text{Price}(t)\times\text{Size}-(1+\beta)^4\times\beta\times\text{Price}(t)\times\text{Size}\}\times M \\
&\text{s.t.} \quad \text{Income}(t)-\text{Rent}(t)+\text{NewRent}(t)\times M-\text{Ex}(t)-\text{Aunal\_interest}\times M\geqslant 0 \\
&\qquad \text{Deposit}(t)-\text{Loan}+(\text{Loan1}+\text{Loan2})\times M-(1+\theta_2)\times\text{Price}(t)\times\text{Size}\times M\geqslant 0 \\
&\qquad \text{Loan1}+\text{Loan2}=\text{MR2}\times\text{Price}(t)\times\text{Size} \\
&\qquad 0\leqslant\theta_2\leqslant 1;\ t=1,2,\cdots,N;\ 0\leqslant\varepsilon\leqslant 1;\ 0\leqslant\beta\leqslant 1; \\
&\qquad M=0,1,2,\cdots,\text{MaxM};\ 0\leqslant\text{MR2}\leqslant\text{Max\_ratio2}
\end{aligned}
$$

其中，ε 为年预期收益率，由以下公式计算得到：

$$\varepsilon=\pi_1+\pi_2\times\text{PE}+\pi_3$$

其中，π_1 为历史收益率；π_2 为服从均匀分布[0，1]的随机数；π_3 为随机扰动，其服从[−0.2，0.2]的随机数（一般房地产投资收益率为 16.7%）；PE 为政府政策的影响，分为三个值：

$$PE = \begin{cases} 1, & \text{政策利好} \\ 0, & \text{政策中性} \\ -1, & \text{政策利空} \end{cases}$$

β 为市场无风险利率；θ_2 为非首套房购房应交税率；M 为购房数量，因此 MaxM 则是政策允许购买的最大数量；MR2 为非首套房购房按揭贷款比例；Max_ratio2 为非首套住房最大的按揭贷款比例。

14.2.2　政府主体设定

在房地产的交易活动中，政府扮演着控制者的角色，通过发布的政策引导着住房价格的趋势。因此，在本模型中，政府的属性变量分别为是否实施限制购房、是否实施限制外省购房政策、公积金贷款政策和未满足住房需求居民比例。

在本模型中，政府的行为是根据其调控目标来确定的，本章假设政府的目标是通过降低房价从而解决居民的住房问题（即降低没有住房居民比例 NHR），具体行为流程图如图 14-3 所示。

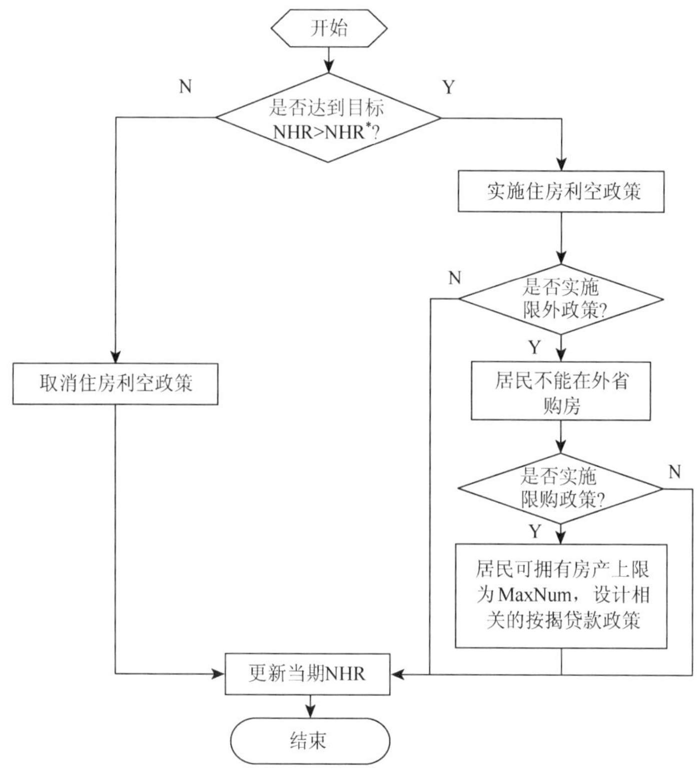

图 14-3　政府的行为流程图

如图 14-3 所示，当没有住房居民的比例超过政府调控的目标比例时，政府会实施住房市场利空政策，限制购买住房及调整按揭贷款政策，试图稳定或降低房价；否则，政府会取消住房市场利空政策，让市场政策运转。

其中，降低没有住房居民比例 NHR 的计算公式如下：

$$\text{NHR} = (\text{没有住房的人数NH} / \text{总人数PeopleNum}) \times 100\%$$

14.3 实验设计

本章通过现实数据构造 Multi-Agent 模型，从而研究行政政策对房地产市场的影响。中国指数研究院基于商品房销售额、GDP 和常住人口三个指标对我国地级及以上城市进行了简单分类，将其划分为一线城市、1.5 线城市、二线城市、2.5 线城市、三线城市、3.5 线城市及四线城市。根据以上分类，我们选取了我国一、二、三线的代表城市作为实证研究对象，分别是北京、郑州和贵阳。本章使用的数据及变量将在 14.3.1 小节介绍，14.3.2 小节则设计不同行政政策情景，从而研究不同情景下的仿真结果。

14.3.1 数据及变量介绍

由于不能确定人口增长的月度数据，模型选用年度数据作为研究样本。通过各个城市 2014 年的年度统计报告，最终确定了租金、房价、人口数据、个人年度可支配收入与支出、个人储蓄等变量。此外，其他的相关参数及变量的初始值将在表 14-1 中详细介绍。

表 14-1 变量介绍及初始值设定

参数/变量		符号	定义	变量初始值/参数值	说明
居民主体的变量和参数	变量	Income	人均可支配年收入	服从正太分布 *N*～（Income′，0.2×Income′）	Income′是城市年度统计报告里的人均可支配收入数据
	变量	Ex	人均年支出	服从正太分布 *N*～（Ex′，0.2×Ex′）	Ex′是城市年度统计报告里的人均支出数据
	变量	Deposit	存款	服从以 Deposit′为均值的指数分布	Deposit′是城市年度统计报告里的人均储蓄存款数据
	变量	HN	房产数量	服从均匀分布[0，3]	
	变量	IHN	投资性房产数量	0	
	变量	Loan1	公积金贷款	0	
	变量	Loan2	商业贷款	0	
	变量	Loan	贷款总额	0	等于 Loan1+Loan2
	变量	Aunal_interest	应还年利息	0	
	变量	Rent	租金费用或收益	根据初始拥有房产计算得到	

续表

参数/变量		符号	定义	变量初始值/参数值	说明
政府主体的变量和参数	变量	MaxM	限购数量	2	根据目前政策设定
	变量	LimitS?	是否实施限外政策	True	
	变量	MR1	首套购房按揭贷款比例	0.8	
	变量	MR2	非首套购房按揭贷款比例	0.6	
	变量	PE	政策效果（利好/中性/利空）	−1	
	参数	MaxPLoan	最大公积金贷款限额	800 000	
	参数	$r1$	首套购房公积金贷款利率	4.25%	
	参数	$r2$	非首套购房公积金贷款利率	1.1×$r1$	
	参数	r	商业贷款利率	6.15%	
	参数	θ_1	首套购房税率	1.5%	
	参数	θ_2	非首套购房税率	3.5%	
其他变量和参数	参数	PeopleNum	人口数量	北京，郑州，贵阳 13 000，9 300，4 500	根据真实人口数量缩小 1 000 倍
	参数	GR	人口增长率	1.28%，1.99%，0.75%	根据 2013 年和 2014 年的数据计算得到
	参数	β	市场无风险利率	5.5%	
	变量	Price	住房价格	25 180，8 030，6 537	2014 年平均房价
	变量	NewRent	住房年租金	56 086，27 840，22 934	2014 年平均房租
	参数	IIR	收入增长率	10%	
	参数	EIR	支出增长率	10%	
	参数	Size	房屋面积大小	80	假设市场上房屋面积大小均为 80 平方米

本章将模拟未来 25 年的房地产市场（即 25 个周期），每年的住房价格是由总需求和总供给确定（Tian et al.，2010）：

$$\text{Price}(i,t)=\begin{cases}\text{Price}(i,t-1)\times[1+((D(i,t-1)-S(i,t))/S(i,t))/E_{SD}], & D(i,t-1)<S(i,t)\\ \text{Price}(i,t-1)\times[1+((D(i,t-1)-S(i,t))/D(i,t-1))/E_{SD}], & D(i,t-1)>S(i,t)\end{cases}$$

其中，$D(i,t-1)$ 为 i 城市第 t–1 期的需求；S 为供给；E_{SD} 为房价对需求供给变动的价格弹性系数，根据历史数据计算得到为 2.5。由于没有办法获取准确的供给数据，在目前市场比较稳定的情况下，本章假设供给的计算公式为

$$S(i,t)=\begin{cases}\left[\text{NH}(i,t)/(\text{NH}(i,t)-\text{Add\_P}(i,t))\right]\times\text{Add\_P}(i,t), & \text{NH}(i,t)>\text{Add\_P}(i,t)\\ \text{Add\_P}(i,t), & \text{NH}(i,t)=\text{Add\_P}(i,t)\end{cases}$$

其中，Add_P(i, t)为 i 城市第 t 期增长的人口数量，即 PeopleNum×GR。

14.3.2　情景设计

为了研究目前情况下，不同政策会带来的不同结果。本章设计以下三种情景，已研究不同政策对不同类型城市的差异化影响，如表 14-2 所示。

表 14-2　情景设计

情景描述	关键变量与参数的设定
A. 实施限购限外政策	LimitS?=False MaxM=2 PE=−1
B. 不实施限购政策	LimitS?=False MaxM= ∞ PE=0
C. 不实施限购限外政策	LimitS?=True MaxM= ∞ PE=0

14.4　实 证 分 析

为了研究不同行政政策会对不同发达水平的城市产生什么影响，本章对不同的情景分别进行了仿真实验，结果图中的横坐标代表运行时间步 t（运行一次相当于一年)。其中，对于各房地产市场价格的影响结果将在 14.4.1 小节进行分析；而对于销售量和无房居民比例的仿真结果将在 14.4.2 小节和 14.4.3 小节讨论。此外，在政府不实施限购、限外政策的情况下，不同市场间会相互影响，因此，在本节将讨论各房地产市场直接的传递效应。

14.4.1　不同行政政策对各房地产市场价格的影响

本节将讨论不同发达水平城市的房地产价格在不同行政政策（即实施限购限外政策、不实施限购政策和不实施限购限外政策）下的走势。结果如图 14-4～图 14-6 所示。

图 14-4～图 14-6 是北京、郑州、贵阳的房价在不同行政政策下的走势，通过图 14-4～图 14-6 我们可以得到以下发现：①当实施限购限外政策时，各个城市房地产价格将会呈现下降趋势，北京、郑州和贵阳分别在 t=17、t=11 和 t=14

到达最低点，较初始值下降了 34%、33%和 30%，之后呈现回升状态。这意味着目前郑州的房地产泡沫相对较小，而北京的房地产泡沫最大。②相反，如果不实施限购政策，仅实施限外政策，这会使各城市的房价持续上升。这是因为在不限购的情况下，房地产市场的历史收益使得投资房地产成为一个风险低、回报高的投资方式，这会造成需求的不断上升，从而价格不断升高。③在不实施任何限制政策时，发现北京的住房价格反而有下降的趋势，这说明二三线城市的房地产市场的升值空间比北京更大，因此北京的大部分投资者更倾向于去其他两个城市进行房地产投资。而图 14-5 和图 14-6 也说明了这一点，其价格增长速度明显快于在不实施限购政策下的价格增长速度，是受到外部投资刺激的结果。

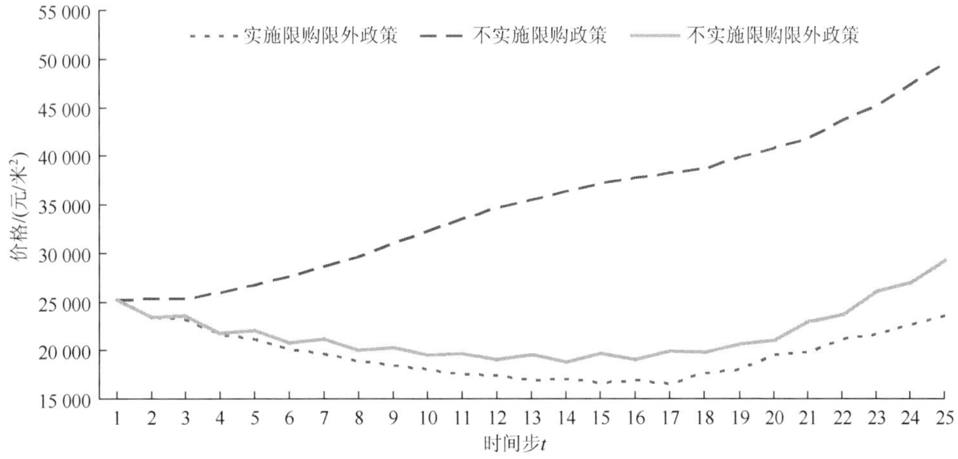

图 14-4　北京房价在不同行政政策下的仿真结果

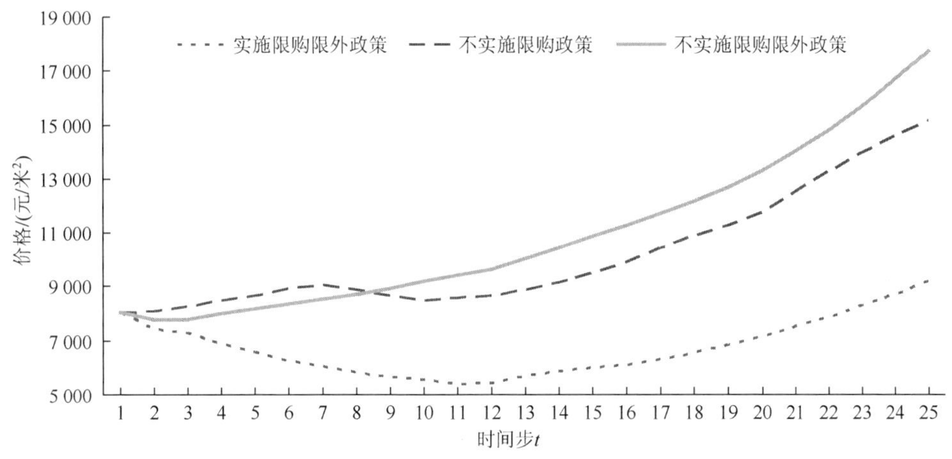

图 14-5　郑州房价在不同行政政策下的仿真结果

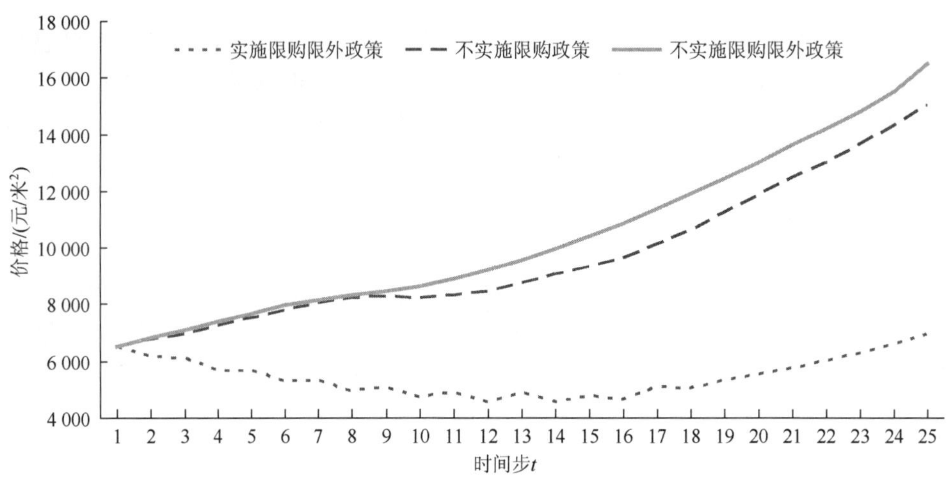

图 14-6　贵阳房价在不同行政政策下的仿真结果

14.4.2　不同行政政策对各房地产市场销量的影响

图 14-7～图 14-9 显示北京、郑州、贵阳在不同行政政策下的住房销售量情况。从仿真结果可知，不同的行政政策对房地产市场的销售量会产生巨大的影响，具体有以下几点发现：①在实施限购限外政策时，各城市在初期的销售量都非常低，但是随着房价不断降低及财富的不断积累，北京、郑州和贵阳的住房销售量在 t=16、t=10、t=15 时会突然激增，并且持续波动上升。②在不实施限购政策时，由于房地产投资火热，短期的销售量会增加很快，同时房价大幅上升。但是，随着北京、郑州和贵阳房价的升高，分别到达 t=11、t=6、t=6 时，销售量开始下

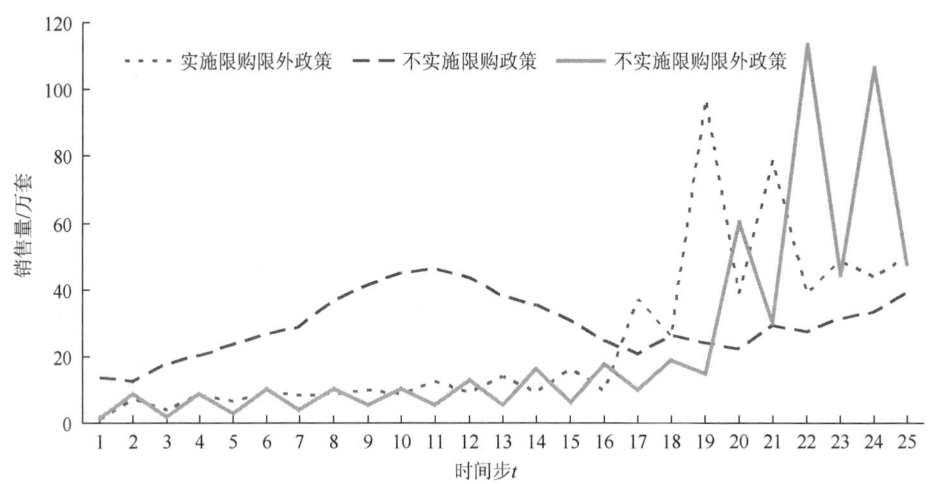

图 14-7　北京住房销售量在不同行政政策下的仿真结果

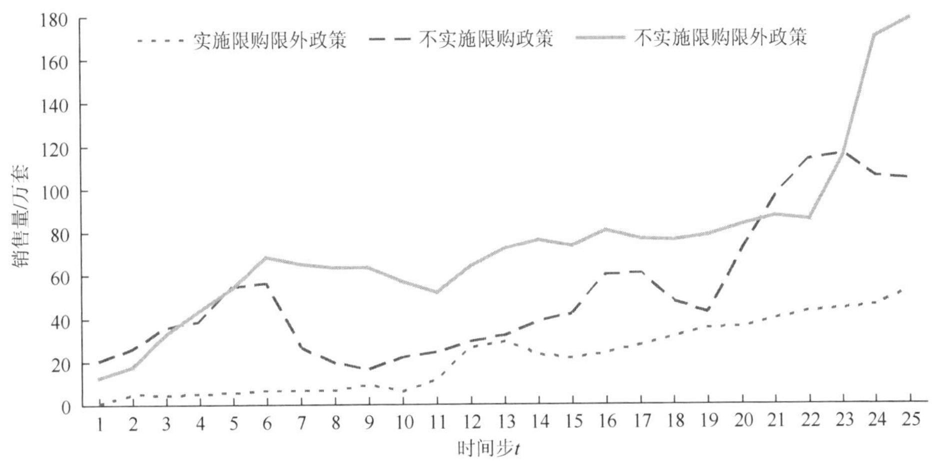

图 14-8　郑州住房销售量在不同行政政策下的仿真结果

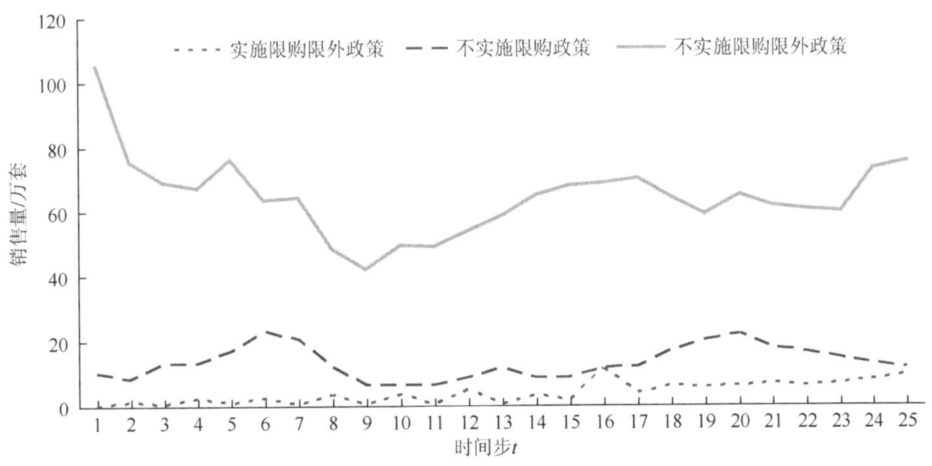

图 14-9　贵阳住房销售量在不同行政政策下的仿真结果

滑，但是除了房地产投资的热潮外，随着人均财富的增长和积累，销售量会重新升温。值得一提的是，贵阳作为典型的三线城市，由于其人口规模并不大，其销量远远不如一二线城市。③在不实施限购限外政策时，发现该政策对一线城市的房地产市场没有产生很大的影响，反而二三线城市的销售量会增加很多，尤其是三线城市的房地产市场，由图 14-9 可知，其销量增加了 4 倍左右，这说明还未成熟的房地产市场更受投资者的青睐。

14.4.3　不同行政政策对居民住房消费的影响

虽然高房价和高交易量能给政府带来高额的税收，但是房地产泡沫所带来的风险却是政府不愿意看见的。同时，解决民生问题也是政府的长期目标，即降低无住房居民的比例。图 14-10～图 14-12 是三个城市在不同行政政策下的无房居民比例变化情况。

对一线城市北京而言，如图 14-10 所示，实施限购限外政策能够有效降低其无房居民比例，在 t=16 时，该比例开始明显下滑，说明此时的销售量大于每年的人口增加量。如果不限购，则会造成房价上涨，从而导致存款较少的居民买不起房，并随着每年人口的增长，无房居民的比例呈现上升趋势。而不实施限购限外政策时，大量的投资者更倾向于投资二三线城市未成熟的房地产市场，因此，北京的房价将会呈现出下滑的状态，使得大部分的居民在 t=17 时能够买上住房。

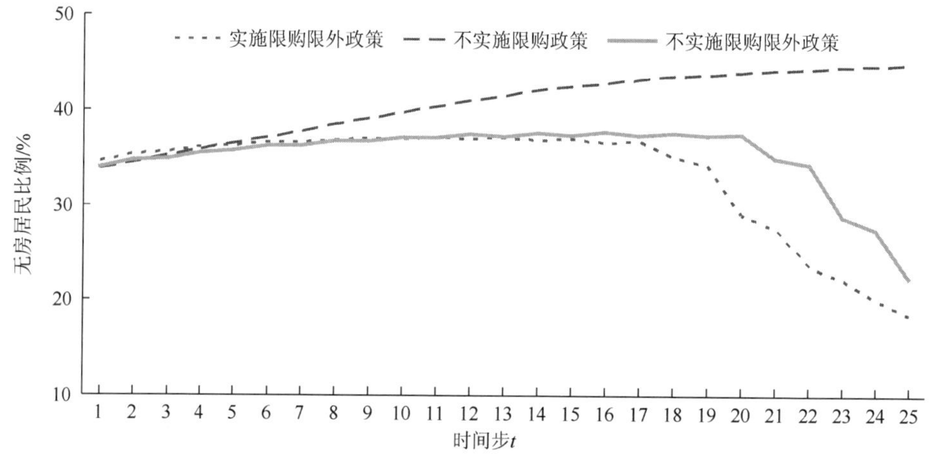

图 14-10　北京无房居民比例在不同行政政策下的仿真结果

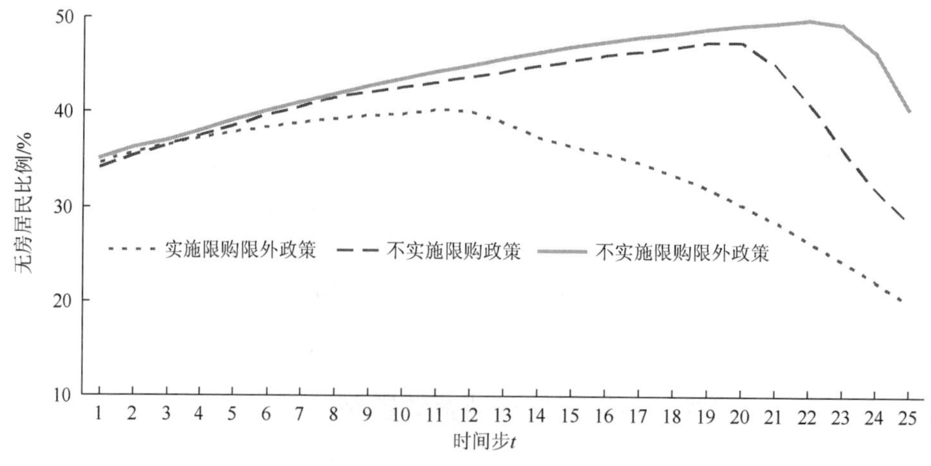

图 14-11　郑州无房居民比例在不同行政政策下的仿真结果

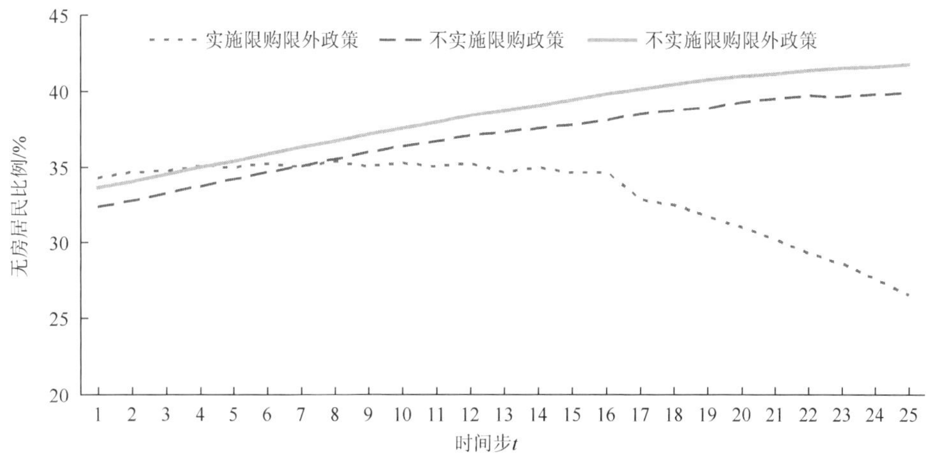

图 14-12　贵阳无房居民比例在不同行政政策下的仿真结果

对二线城市郑州而言，如图 14-11 所示，实施限购限外政策时和北京一样，能够有效降低其无房居民比例，并且在 t=12 时，该比例就开始下滑，这说明由于人口增长速度、财富增长速度和价格下跌速度相对较快，郑州的居民能够在更短的时间内购买住房。此外，与北京的房地产市场相反的是，在不实施限购限外政策时的无房居民比例的增长速度要高于不实施限购政策时的增长速度，这说明郑州不仅本土有许多房地产投资者，大量的外部房地产投资者的加入，也大大刺激了郑州市房地产价格的上升，从而导致无房居民比例剧烈上升。但是，在最后两种情景下的无房居民比例都呈现出了下滑的趋势，这说明郑州的财富增长速度是非常快的。

对三线城市贵阳而言，其基本情况和郑州相似，不同的是，在不实施限购政策和不实施限购限外政策时，其无房居民比例没有下降的趋势，这是由于该地区的财富增长速度远远不如房价增长速度，说明在发达程度较低和居民收入较低的地区开放房地产投资限制会造成更大的泡沫风险。

14.5　本 章 小 结

本章构建了自下而上、系统全面的 Multi-Agent 房地产市场模型对行政政策在不同城市房地产市场的差异化效应进行了仿真研究。实证研究得到以下结论。

（1）对于一线城市而言，实施限购限外政策时，由于需求供给的作用，房价短期内下滑。当不实施限购限外政策时，由于目前北京地区的房地产价格过高，且市场已经较为成熟，北京地区的投资者们更倾向于将钱投向上涨空间更大的未成熟房地产市场，而北京的房地产投资都有所下降，这反而使得该政策下的北京的房地产价格短期内下滑。因此，就目前北京的房地产市场而言，应该采取持续的房地产利空政策来稳定房价，使房地产市场随着经济的发展回到正轨。

从价格下跌的程度来看，一线城市的泡沫最大，三线城市的泡沫最小。

（2）对于二线城市而言，从实证研究可知，如果不限制其投资空间，二线城市的房价将会继续上涨。但是由于二线城市处于快速发展阶段，人均财富增长较快，该区域的房地产市场拥有很大的发展空间，且风险较低，是目前比较适合大力发展房地产的地区。

（3）对于三线城市而言，由于人均收入较低，且经济发展速度跟不上房地产市场的发展速度，放开该区域的房地产投资限制会导致该地区的房地产极速泡沫化，给国家和企业带来极大的风险，使得群众的生活负担更加严重。因此，不建议在三线城市开放房地产市场的投资限制，以求稳定发展。

高房价能够给政府带来高税收、给企业带来高利润率，但是其带来的风险也是非常巨大的。目前北京的住房交易量一直呈现下滑的趋势，并且交易量中大概60%的交易是换房交易，对于实际的交易量来说并没有增长。在如此的市场环境下北京的房价一直高居不下，这与错误的市场估计和政府的土地供应成本密不可分，因此正确地估计并引导房地产市场，除了制定相关的行政政策以外，还应该在土地政策等方面做出新的改变，才能使各种政策不相互矛盾，使得各项政策发挥应有的效果。一旦房价偏离正常的经济轨道之后，将会带来严重的社会问题，当泡沫破裂时，会给相关行业的企业、国家经济和人民生活带来沉重的打击。因此，如何构建和引导正确的房地产市场是政府非常重要和迫切的任务。

第 15 章　我国房地产调控政策效应的综合评价体系研究

我国房地产市场“福利分房”制度取消以来，国家每年采取多项政策调控房地产市场，其中包括货币政策、财政政策和行政政策等。房地产政策综合调控效果如何，今后应该采取什么样的措施加以改进？本章借鉴了以往研究房地产市场政策的评价指标，加入供需比、房价收入比等指标，并分为政府、市场和民生三个目标，采用因子分析法求得各指标权重，对我国房地产市场进行综合评价。获得评价得分之后，采用 SVAR 方法，用基础货币发行量和住房抵押贷款利率对政策综合评价得分进行冲击，检验货币政策的效果。

15.1　文 献 综 述

房地产宏观调控是整个国民经济宏观调控的一部分，是国家对房地产业进行有效管理的基础。根据本章研究的需要，现对国内外房地产政策评价研究已有文献进行综述。

关于房地产宏观调控问题，国外学者在各个方面进行了研究。从已有的研究成果来看，各类研究成果从不同方面和不同角度评价了房地产市场调控效果，但是主要集中在对单一指标或者对单一政策进行评价。在土地政策方面，Wu 和 Sharma（2012）、Goodman 和 Thibodeau（2003，2007）研究房价与土地价格之间的关系，认为土地政策会对房地产价格波动产生重要影响。在住房保障政策研究方面，Goodman 和 Thibodeau（2007）等指出政府应调控房地产市场中经济所不能触及的方面，对保障房的建设和规范进行有效的干预；同时，Moulton 等（2014）对比研究金融危机前后美国房地产市场，发现保障性住房政策对信贷市场及房地产市场的泡沫没有显著影响。在货币政策方面，Aoki 等（2002）等分析了房地产金融调控政策对房地产市场交易的影响，研究表明利率调控、信贷调控等均会对房地产市场交易产生显著的影响；Iacoviello（2005）建立带有名义贷款和房价间接约束的货币经济周期模型，研究结果表明需求是随着住房名义价格的变动而变动的，而且变动的幅度是逐步放大的，在利率一定的条件下，名义贷款减缓了供给的波动，因此在货币政策中房价的变动和名义贷款变动产生的效果可以相互抵消；Wei 和 Lam（2014）研究货币政策在我国房地产的传导机制及在不同区域产生效果的差异，研究结果表明东部沿海地区房地产市场投资更多取决于银行贷款规模，与其他地区相比，东部沿海地区房地产市场对货币政策更加敏感，提醒政府要考虑相同政策对不同区域产生不同的效果。

此外，相关研究多聚焦于公共政策的执行问题及其评价方法，多为定性的政策评论，其中政策执行问题包括效果偏差形式、“中梗阻”现象、政治资源流失问题、政策主体的困境问题等；政策评价方法研究包括政策评价指标体系的构建（宋健峰和袁汝华，2006）、公共政策定量评估方法、政策评估模式的选择标准及现存问题等。在定量研究中，已有学者针对房地产调控政策的评价进行了初步的研究。其中，吴艳等（2013）从房地产业同国民经济的协调关系、房地产市场供求平衡状况、房地产产品供应结构状况和居民住房水平情况四个准则层进行评价，选取的指标有房地产投资增长率与实际 GDP 增长率之比、房地产贷款余额与金融机构全部贷款余额之比、房价收入比等。张永岳等（2010）运用层次分析法（analytic hierarchy process，AHP）从市场、居民和政府三个角度评价相关政策效果。

通过以上综述可知，在房地产市场政策效果研究方面，国内外已有的定量研究大多基于宏观角度，研究单一政策在房地产市场产生的效果，较少考虑统一政策在不同地区间产生的效果差异；国内外已有的定性研究中大多论述公共政策产生的效果、存在的问题及如何解决存在的问题，已有的定量研究仅从宏观经济和房地产市场发展两个角度评估政策的效果，较少从宏观经济发展、社会公平、房地产市场发展、消费者满意度等多角度综合评价政策效果。总之，国内外对房地产政策进行分阶段、系统性、科学性的政策综合评价的研究比较缺乏。因此，本章的创新点有以下三个方面：①根据我国房地产市场不同阶段不同的调控目标，分阶段、分地区评价我国房地产市场政策的综合效应；②采用客观赋值法，从政府、市场和民生三个角度综合评价我国房地产市场的政策效应，不仅克服了主观赋值法的局限性，而且克服了从宏观经济发展和稳定房地产价格两个目标评价房地产市场相关政策效果的片面性；③采用 SVAR 方法，实证调控手段对政策评价的结果产生的冲击，为各个城市、各个区域房地产市场未来的调控方向提供政策建议。

本章构建的评价体系能够实现在既定目标下对各区域阶段性调控政策的效应进行综合评价，分析市场、政府、民生等目标的实现情况，分析各区域房地产宏观调控政策是否存在短期性、相机性、非均衡性等问题，并提出及时调整调控策略。

15.2　综合评价体系构建

15.2.1　指标体系构建及释义

房地产市场调控的基本目标是保持房地产市场价格相对平稳，供求总量基本平衡，产品供应结构与每一时期的实际需求相协调，加大住房保障力度，保证社会公平，努力改善居民的住房状况，满足大多数居民的住房需求，促进房地产业与国民经济协调发展，实现整个房地产业的健康可持续发展（王先柱，2011；李秀婷和董纪昌，2014）。房地产市场的发展关系到宏观经济的发展，对房地产市场调控效果的评价，不能只关注房价波动，应该建立综合的评价体系，对政策效果进行全面评价，对调控的目标和调控的结果进行对比分析，探讨政策执行的结果在多大程度上达到了政策调控的目标。

基于以上分析，结合评价指标体系遵循综合性、科学性、可操作性、层次性、可比性等原则，本章设计的房地产市场调控政策综合效应评价指标如表 15-1 所示。

表 15-1　房地产市场调控政策综合效应评价体系

目标层	准则层	评价指标	释义	评价影响的方向
政府	宏观经济与房地产市场协同发展	房地产投资额与 GDP 的比值	房地产开发投资完成额/GDP（当季值）	+
		房地产开发投资额占固定资产投资的比重	房地产开发投资完成额/固定资产投资完成额（当月值）	+
		住宅平均价格增长率与 GDP 增长率之比	住宅平均价格增长率/GDP 增长率（同比）（当月值）	+
	社会公平	90 平方米以下套型投资完成额占房地产投资完成额的比重	90 平方米以下套型投资完成额/房地产投资完成额（当月值）	+
市场	土地市场	土地购置面积增长率	土地购置面积增长率（同比）	+
	住宅市场	供需比	住宅销售面积/住宅用地规划建筑面积总和	+
		住宅投资占固定资产投资的比重		+
		住宅销售额占商品房销售额的比重		+
		住宅销售面积占商品房销售面积的比重		+
	融资结构	国内贷款占比	房地产开发投资资金来源中国内贷款占比	–
		自筹资金占比	房地产开发投资资金来源中自筹资金占比	+
民生	购买力	房价收入比	居民人均可支配收入/住宅平均价格	+
		居民可支配收入增长率		+

目标层分为政府、市场、民生三大目标。其中，政府目标主要包括促进宏观经济与房地产市场协调发展及实现社会公平。在房地产市场中对 GDP 和固定资产投资产生显著影响的是房地产开发投资和房价（王先柱，2011），因此，在衡量宏观经济与房地产市场协调发展的目标中，主要测算房地产投资额与 GDP 的比值、房

地产开发投资额占固定资产投资的比重、住宅平均价格增长率与 GDP 增长率之比三个指标，这些指标关注房地产开发投资和房价增长分别对 GDP、固定资产投资的作用。中低收入家庭是实现社会公平扶持的主要群体，因此，在实现社会公平目标中，选取了 90 平方米以下套型投资完成额占房地产投资完成额的比重测算政策实施对实现社会公平的效果。市场目标主要分为两大市场（土地市场、住宅市场）发展情况，以及房地产开发商融资结构。土地购置面积影响房地产市场供给，土地购置面积增长间接增加房地产市场供给，可能会引起房价下降，因此土地购置面积增长率在综合评价指标中具有重要的作用。住宅市场主要指标有供需比、住宅投资占固定资产投资的比重、住宅销售额占商品房销售额的比重、住宅销售面积占商品房销售面积的比重，供需比的计算公式为住宅销售面积/住宅用地规划建筑面积总和；房地产开发商融资结构主要关注国内贷款占比和自筹资金占比，国内贷款占比越低，自筹资金占比越高，说明房地产开发企业运用大量的自有资金进行房地产投资，而不是大部分用商业贷款进行投资。居民购买力是决定居民住房需求是否能够得到满足，在多大程度上得到满足的重要指标（黄静和屠梅曾，2009），因此，民生目标以衡量居民购买力为准则。具体指标包括房价收入比和居民可支配收入增长率。

15.2.2 数据来源及预处理

根据上文构建的指标体系，本章搜集 1999～2015 年我国全国及主要城市的相关数据。全国和主要城市的数据主要来源于 Wind 数据库、国家统计局和中国统计年鉴，个别城市的数据主要来源于地方统计局、地方相关年份的统计年鉴。因数据获取的问题，全国的数据和北京、上海、天津、广州的数据均为季度数据，温州、邯郸、阜阳、银川的数据均为年度数据。同时，个别时间残缺的数据取之前三个时间段数据的平均值来代替。

此外，在构建的指标体系中，除国内贷款比例与综合评价效果呈负向影响之外，其他指标与综合评价效果呈正向影响。因此，在数据预处理中，国内贷款均取负值。

15.3 因子分析及综合评价结果

根据不同时期房地产市场调控目标不同，实证研究将时间段分为 1999～2004 年、2005～2008 年、2009 年及 2010～2015 年四个时间段。同时，以全国的数据为基准，采用因子分析法求出各个时间段各个指标的权重。详细计算步骤具体如下。

（1）因子分析适用性检验。采用 Bartlett 球度检验和 KMO 检验判断各时间段指标是否适用因子分析。检验结果见附录 4。结果显示样本数据适合作因子分析。

（2）公因子的提取及因子载荷矩阵的求解命名。因子分析的目的是测算主因子的权重，因此根据原有变量的相关系数矩阵，提取公因子并选取特征值大于 1 的特征根，计算结果见附录 4。每组提取的因子累计方差贡献率介于 75%～85%，即反映指标 75%～85%的原始信息，丢失信息较少。因此，将每组选取的因子确定为公因子。

（3）因子得分。本章采用回归法，与因子得分系数一并计算各样本的综合得分。因子权重计算结果见附录 4。

（4）计算得到综合评价的结果，如图 15-1～图 15-4 所示。

从图 15-2 可以看出，上海每年政策综合评价指标的值波动较大，说明每个阶段实施的房地产市场政策对上海房地产市场产生的效果较明显；与房地产市场其他政策相比，2008 年下半年实施的“国十三条”和 2013 年上半年实施的“国五

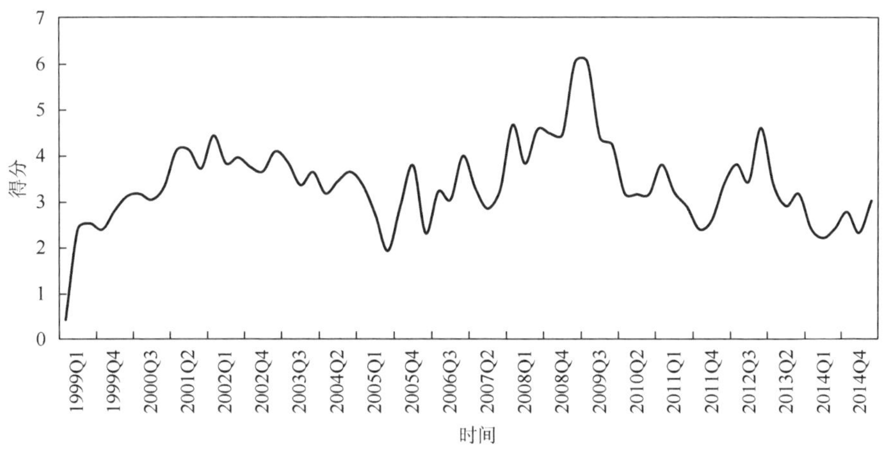

图 15-1　全国房地产市场综合评价结果

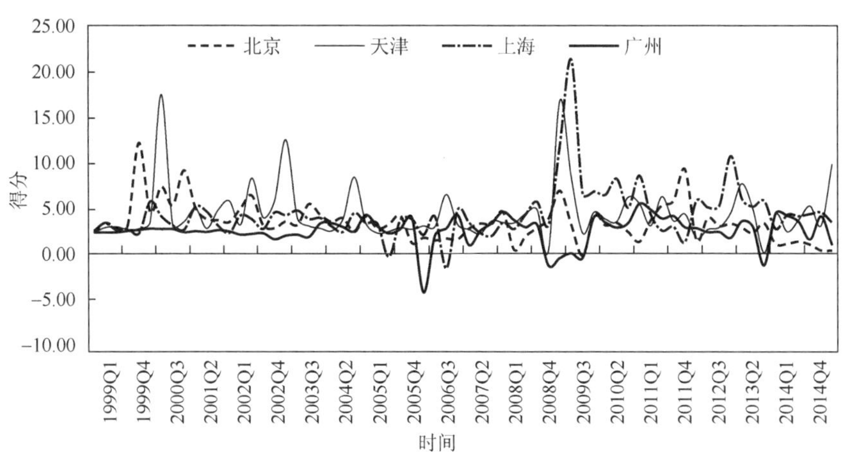

图 15-2　北京、天津、上海、广州房地产市场综合评价结果

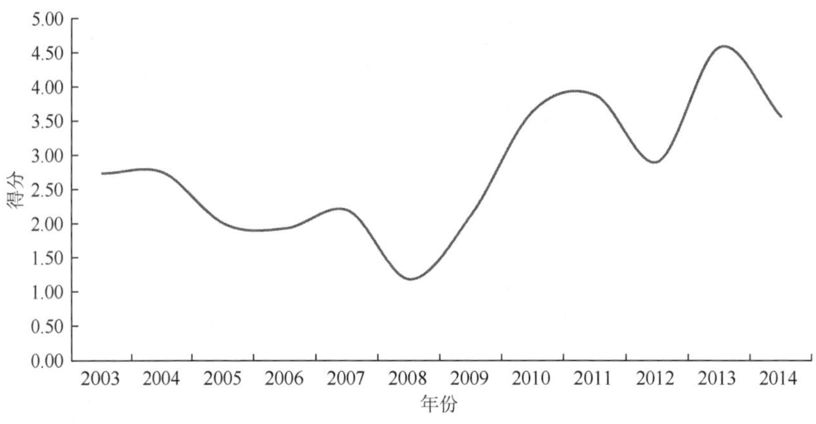

图 15-3　温州房地产市场综合评价结果

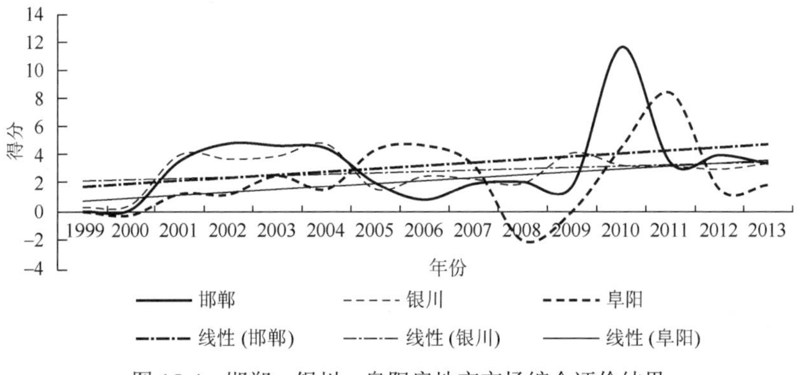

图 15-4　邯郸、银川、阜阳房地产市场综合评价结果

条”（加征 20%个人所得税）政策效果较明显。对比图 15-1、图 15-2、图 15-3 可知，温州房地产市场政策调控效果欠佳，政策综合评价得分平均值为 2.58，全国房地产市场政策综合评价得分平均值为 3.38，温州房地产市场政策效果低于全国平均水平。比较图 15-2、图 15-4 可知，我国房地产市场政策调控结果存在区域差异，北京、天津、上海、广州房地产市场波动较大，是房地产市场政策的重点调控区域，而邯郸、银川和阜阳受房地产市场政策影响较小，是房地产市场政策的稳定调控区域。

15.4　SVAR 实证分析

在对货币政策对指标的影响效果进行实证分析之前，首先需要区分“政策规则”和“政策冲击”。“政策规则”是货币政策内生的、长期的运营，也就是货币政策对基本经济运行的正常反应；而“政策冲击”是政策外生性的变化，使指标评价结果产生的短期偏离，是货币政策调节经济的反映。

可以将货币政策“内生反应”和“外生冲击”写成公式：$x = f(z) + \varepsilon$。其中，$f(z)$ 也称为“政策反应函数”，描述的是经济变量 z 和政策变量 x 之间的系统性关系，是货币政策内生的、被动的反应。如果这种关系在较长时间内是稳定的，就意味着货币政策是基于一定的规则来操作的，并且 $f(z)$ 表示政策规则的一个隐含前提是经济制度和结构基本不变。而 ε 则是上述政策规则难以解释的政策变化。

15.4.1　变量选取与数据来源和处理

货币政策的传导途径，主要可以分为“货币渠道”和“信贷渠道”。货币渠道传导过程一般表现为：央行通过准备金、再贴现和公开市场操作等工具，影响基础货币投放等操作目标，进而影响货币供应量 M2 等中间指标，最终实现房价稳定、物价稳定、经济增长等目的。

15.4.2　模型建立

本章选取 SVAR 进行实证分析。该方法通过对 VAR 加长短期约束，分析变量对结构冲击的响应。

一般 k 个变量 p 阶 SVAR 为

$$By_t = \tau_0 + \tau_1 y_{t-1} + \tau_2 y_{t-2} + \cdots + \tau_p y_{t-p} + \mu_t \tag{15-1}$$

其中，t=1, 2, ⋯, T；y_{t-p} 为内生变量 p 期滞后变量；μ_t 为结构化扰动项，化简可以得到

$$y_t = A_0 + A_1 y_{t-1} + A_2 y_{t-2} + \cdots + A_p y_{t-p} + \varepsilon_t \tag{15-2}$$

比较式（15-1）和式（15-2）可以得到简化式扰动项和结构扰动项之间的关系，也就是反映了内生变量之间的同期相关关系，$\varepsilon_t = B^{-1}\mu_t$，$B$ 是短期约束条件。在实际的估计中，通过 ε_t 和 μ_t 的关系，可以看出扰动项对内生变量同期和未来的变化产生影响。

SVAR 的具体计算步骤如下：对全国 1999～2015 年第二季度的影响因子及 M2 和 5 年以上贷款利率进行单位根检验，结果如表 15-2 所示。

表 15-2　单位根检验结果

Method	Statistic	Prob.	sections	Obs
Null：Unit root（assumes common unit root process）				
Levin，Lin & Chu t	−1.597 63	0.055 1	3	193
Im，Pesaran and Shin W-stat	−3.889 32	0.000 1	3	193
ADF-Fisher Chi-square	27.726 8	0.000 1	3	193
PP-Fisher Chi-square	24.164 7	0.000 5	3	195

从结果可以看出，其不存在单位根，因而是平稳序列，可以进行建模。由 AIC 及 SC，确定滞后阶数为 5，可以建立 VAR 模型，其特征根均在单位圆内，模型稳定；并且，通过 Granger 因果检验发现，在 5%的显著性条件下，M2 和贷款利率变动是因子的 Granger 原因。同理，我们可以得到北京的滞后阶数为 5、上海的滞后阶数为 8、邯郸的滞后阶数为 2，并且，北京、上海、邯郸的数据也通过 Granger 因果检验。全国 VAR 模型的结果如表 15-3 所示。

表 15-3　全国 VAR 模型的结果

指标	INFACTOR	M2	RATE
INFACTOR（−1）	0.469 551	0.237 719	−0.022 279
	（0.144 93）	（0.390 67）	（0.054 60）
	[3.239 82]	[0.608 49]	[−0.408 06]
INFACTOR（−2）	0.056 052	0.080 353	0.056 565
	（0.159 09）	（0.428 84）	（0.059 93）
	[0.352 32]	[0.187 37]	[0.943 83]
INFACTOR（−3）	0.002 430	0.070 406	−0.117 602
	（0.152 02）	（0.409 79）	（0.057 27）
	[0.015 99]	[0.171 81]	[−2.053 50]
INFACTOR（−4）	0.064 949	0.596 339	−0.022 137
	（0.156 12）	（0.420 84）	（0.058 81）
	[0.416 01]	[1.417 02]	[−0.376 39]
INFACTOR（−5）	−0.098 518	−0.165 825	0.009 295
	（0.136 44）	（0.367 78）	（0.051 40）
	[−0.722 07]	[−0.450 88]	[0.180 84]
M2（−1）	0.034 060	1.100 615	0.043 440
	（0.053 40）	（0.143 95）	（0.020 12）
	[0.637 82]	[7.646 08]	[2.159 42]
M2（−2）	0.042 820	−0.171 245	−0.032 979
	（0.078 29）	（0.211 03）	（0.029 49）
	[0.546 95]	[−0.811 48]	[−1.118 24]
M2（−3）	−0.076 717	−0.213 466	−0.001 307
	（0.078 55）	（0.211 74）	（0.029 59）
	[−0.976 67]	[−1.008 18]	[−0.044 18]
M2（−4）	0.030 129	−0.181 595	0.020 465
	（0.077 63）	（0.209 27）	（0.029 25）
	[0.388 09]	[−0.867 77]	[0.699 77]

续表

指标	INFACTOR	M2	RATE
M2（–5）	0.006 461	0.247 243	0.004 177
	（0.051 67）	（0.139 27）	（0.019 46）
	[0.125 05]	[1.775 25]	[0.214 59]
RATE（–1）	0.229 237	–1.205 446	1.265 436
	（0.409 66）	（1.104 26）	（0.154 32）
	[0.559 58]	[–1.091 63]	[8.199 90]
RATE（–2）	–1.330 137	0.021 689	–0.352 360
	（0.661 82）	（1.783 97）	（0.249 31）
	[–2.009 83]	[0.012 16]	[–1.413 33]
RATE（–3）	1.2740 64	1.974 804	0.042 239
	（0.662 05）	（1.784 59）	（0.249 40）
	[1.924 43]	[1.106 59]	[0.169 36]
RATE（–4）	0.438 944	–0.666 717	–0.068 573
	（0.604 80）	（1.630 27）	（0.227 83）
	[0.725 77]	[–0.408 96]	[–0.300 98]
RATE（–5）	–0.343 446	0.227 367	–0.064 289
	（0.364 16）	（0.981 62）	（0.137 18）
	[–0.943 11]	[0.231 62]	[–0.468 64]
C	–0.575 979	–1.464 994	0.886 196
	（1.243 23）	（3.351 20）	（0.468 34）
	[–0.463 29]	[–0.437 16]	[1.892 22]

15.4.3　SVAR 模型估计结果

在 VAR 模型的基础上，建立基于 AB 型 SVAR 模型的短期约束矩阵，得到矩阵估计，进而得到 SVAR 模型。其中，*A* 和 *B* 矩阵如下：

$$A=\begin{bmatrix} 1 & 0 & 0 \\ C(1) & 1 & 0 \\ C(2) & C(3) & 1 \end{bmatrix},\quad B=\begin{bmatrix} C(4) & 0 & 0 \\ 0 & C(5) & 0 \\ 0 & 0 & C(6) \end{bmatrix}$$

全国 SVAR 模型的结果如表 15-4 所示。此外，北京、上海、邯郸 SVAR 实证研究的结果及过程见附录 4.5～附录 4.7。

表 15-4 全国 SVAR 模型的结果

A=				
1	0	0		
C(1)	1	0		
C(2)	*C*(3)	1		
B=				
C(4)	0	0		
0	*C*(5)	0		
0	0	*C*(6)		
	Coefficient	Std. Error	z-Statistic	Prob.
C(1)	−0.213 758	0.344 044	−0.621 311	0.534 4
C(2)	0.049 295	0.047 580	1.036 028	0.300 2
C(3)	−0.019 112	0.017 651	−1.082 770	0.278 9
C(4)	0.565 945	0.051 238	11.045 36	0.000 0
C(5)	1.520 731	0.137 681	11.045 36	0.000 0
C(6)	0.209 651	0.018 981	11.045 36	0.000 0
Log likelihood	−155.210 6			
Estimated *A* matrix：				
1.000 000	0.000 000	0.000 000		
−0.213 758	1.000 000	0.000 000		
0.049 295	−0.019 112	1.000 000		
Estimated *B* matrix：				
0.565 945	0.000 000	0.000 000		
0.000 000	1.520 731	0.000 000		
0.000 000	0.000 000	0.209 651		

15.5 脉冲响应分析

对模型施加基础货币供给量和住房抵押贷款利率正向冲击，得到实证研究结果，如图 15-5 所示。经过结果分析，得出结论为增加基础货币发行量和调整住房抵押贷款利率对房地产市场政策效果都会产生影响，但是两者的影响并不相同。增加货币发行量会在房地产市场产生正向影响，但是在各个城市产生影响的时间长度不相同，在北京、上海政策影响的时间要长于邯郸，这说明我国房地产市场政策调控存在区域差异；调整住房抵押贷款利率也会对房地产市场产生影响，与增加货币发行量相比，调整住房抵押贷款利率影响的时间较短，可以作为房地产市场短期调控政策，同时，这种政策对房地产市场产生不确定的影响，也就是说，调低住房抵押贷款利率会促进房地产市场发展，但是住房抵押贷款利率调低到一定程度，继续调低住房抵押贷款，又会抑制房地产市场发展，过低的住房抵押贷款易引发房地产市场风险。

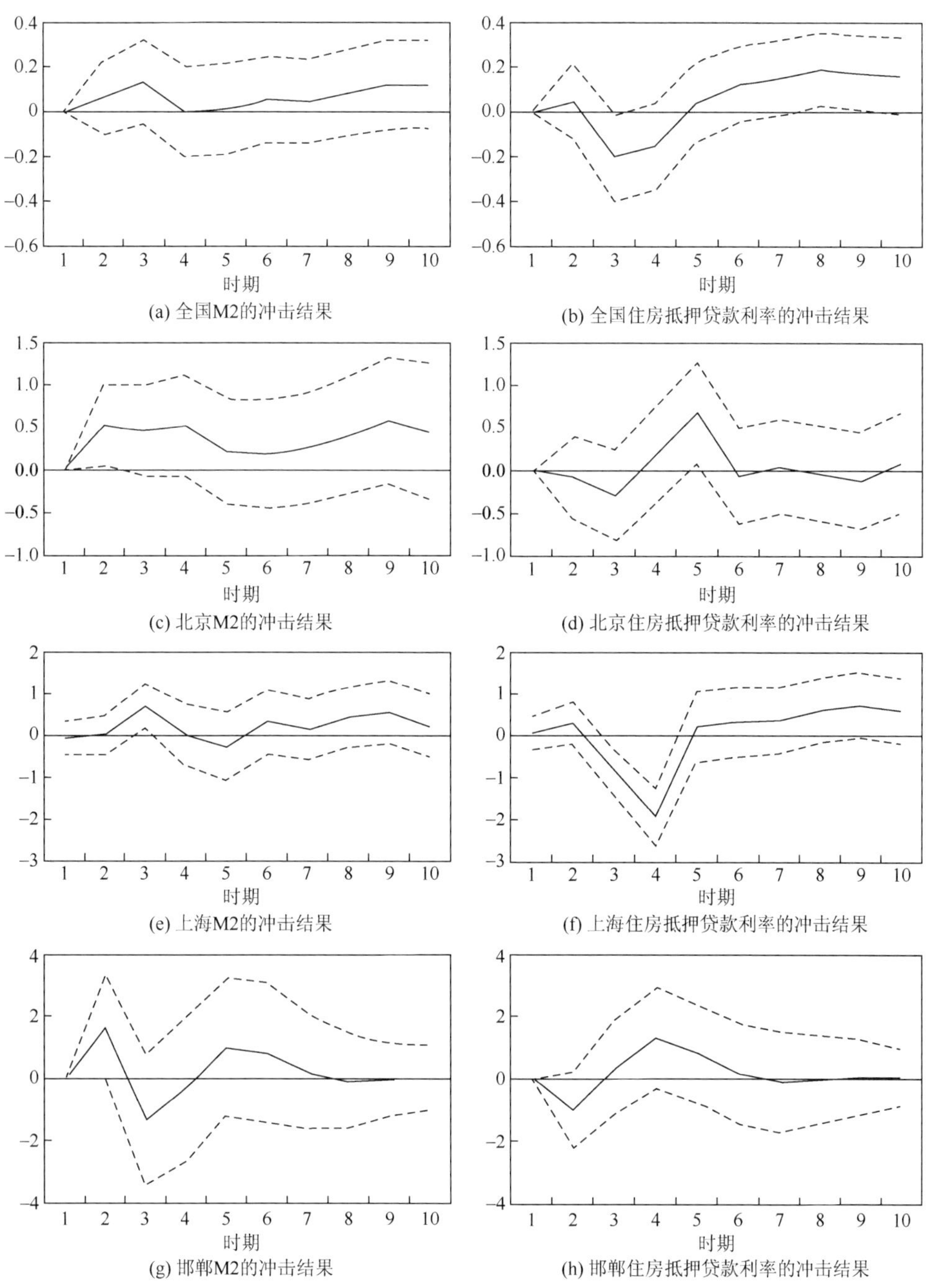

图 15-5　M2 和住房抵押贷款利率对房地产市场的冲击作用

15.6 本章小结

本章构建了房地产市场调控政策综合效应评价体系，对我国房地产市场进行综合评价。进而，采用 SVAR 方法，用基础货币发行量和住房抵押贷款利率对政策综合评价得分进行冲击，检验货币政策的效果。在综合评价中，发现上海房地产市场受政策影响较大，历次政策调整会引起上海房地产综合评价得分波动较大；温州房地产市场综合评价综合得分低于全国均值和其他城市分值，其主要原因是房地产市场资源分配不公平和房地产开发商融资结构不合理。在 SVAR 分析中，发现货币政策中增加基础货币发行量，会对房地产市场产生长远影响，但是对不同城市的影响会存在差异，这主要是由于我国房地产市场各个城市存在区域差异；调整利率会对房地产市场产生短期影响，并且这种影响不稳定。

第 16 章　我国房地产市场差别化调控政策建议

房地产调控一方面要促进房地产业的健康发展，尽量避免过度依赖房地产业带动经济增长，以避免房地产业的大幅波动对宏观经济的不利冲击。另一方面，需保持房价在合理区间内平稳波动，基本实现住有所居。这应是我国房地产市场调控的共同目标和准则。而不同区域房地产市场供需资源条件、市场特征及政策反应都有所不同，其调控目标、调控手段也应有所差异。

本章根据上文区域划分、区域差异特征分析及政策效应评估研究，提出区域差别化调控的基本思路，针对不同房地产区域初步设定调控目标，并围绕长效调控机制构建和调控策略设计两大层面提出分类调控建议，据此为我国房地产市场调控提供翔实依据。

16.1　区域差别化调控的基本思路

区域房地产市场的差异性决定了区域房地产市场的调控应该因地制宜和分类调控，即应该采用差别化的区域房地产市场调控策略。本章在此提出“分类调控+重点关注+多层监测”的调控思路，分类调控是指先对所有区域按照某一标准进行分类，如本书基于静态供需分布将我国房地产市场分为三大类，然后针对每一类区域的特点，对其房地产市场采取区域差别化的调控策略。

重点关注又包含三层含义：一是对每类区域中的典型或特殊区域重点关注，如子类 5 中的三亚，由于其房地产市场存在较大的投资性和投机性，故相对于子群 1 中的其他区域应该重点关注；二是对区域中的典型或特殊城市应该重点关注，如深圳，其价格波动特征明显不同于其他区域内其他城市，故应该重点关注；三是由于区域间房地产市场存在波纹效应，应该重点关注那些更能引起其他区域房地产市场波动的主导区域或主导城市，因为这些主导区域房地产市场的变动往往也是对其他区域房地产市场变动进行判断的先行信号。

多层监测是指对区域房地产市场应该保持从价格层面，到供求层面，再到外部影响因素（如宏观经济、金融、社会环境）的监测，可以建立相应的监测预警体系，这样有助于动态地调控区域房地产市场，并根据调控政策的实施效果，及时反馈，对政策进行调整。

“分类调控+重点关注+多层监测”的调控思路能够完成“面、点结合”，横向和纵向结合，静态和动态结合，有助于实现区域房地产市场调控的目标，提高宏观调控绩效。具体的示意图如图 16-1 所示。

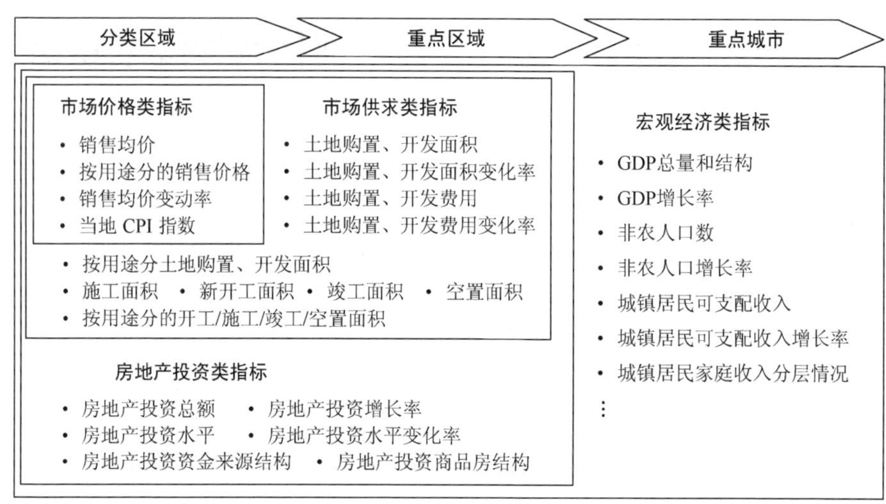

图 16-1 “分类调控+重点关注+多层监测”调控的示意图

16.2 区域调控目标与原则

16.2.1 房地产调控的基本目标

房地产调控的主要目的应该是规范区域房地产市场秩序，满足地区民众的基本住房需求，实现房地产市场稳定健康发展。这就要求区域房地产市场的供求总量应该保持基本平衡，供求结构和投资应该基本合理，房价和成交量达到基本稳定，抑制市场的剧烈波动。具体而言，区域房地产市场差别化调控的目标主要可概括为以下几个方面。

（1）保持区域房地产市场的稳定运行，防范区域房地产市场风险。房地产市场特殊的市场结构和市场行为，导致其容易吸引投机行为和产生寡头垄断，容易产生剧烈的市场波动。而区域房地产市场的剧烈波动又会对区域经济、居民家庭资产等产生强烈的冲击。因此，应当密切监控区域房地产市场，及时采取相应的调控对策，维护市场正常秩序，避免市场剧烈波动对国民经济和人民生活的危害。目前，我国区域房地产市场发展水平参差不齐，房价水平相差较大，虽然还没有发生全国性房地产市场危机的迹象，但不少区域房地产的空置率较高，存在一定的市场泡沫，区域房地产市场泡沫破灭同样会对区域经济乃至整个国民经济造成危害，因此，应该重点防范风险，避免区域房地产市场危机的发生。

（2）保障居民的居住需求，提高居住水平和居住质量。因为住房问题不仅是经济问题，也是社会和政治问题，所以“保证居者有其所”是我国区域房地产市场调控的核心内容之一，即每个人都应该有住的地方。为此，可采用分层次的方式逐步实现这一目标：首先要努力解决中低收入家庭的居住问题，加大公租房、保障房等的建设。其次要满足自住性住房的刚性需求，采取一定的社会保障措施，如对首套房购置降低首付款、给予利率优惠等。最后还应该鼓励经济条件较好的家庭的改善型住房需求。住房条件差会带来严重的额外成本，应该对现有条件差的住房（如棚户区）进行改造，并废除贫民窟等，从而提高居民的居住水平和居住质量。居住水平和居住质量一般以三个指标来衡量：一是人均住房数量（面积或房间数）；二是住房本身的质量和周边配套设施；三是住房支出占家庭收入的比重。不少发达国家，如美国、英国、瑞典、澳大利亚等，已经在其住宅法或相关法案中对居住质量进行了相关说明。

（3）优化和改善区域房地产市场供应结构。我国目前的房地产市场是结构性供给过剩，从区域分布来看，部分二线城市和三四线城市的房地产供给严重过剩，这主要是由于某些区域发展中选择依赖房地产的发展模式，导致房地产发展过剩，也导致地方政府债务突出。从市场供给结构来看，中低档住宅、经济适用房和廉租房供应比例相对较小，而中低收入的购房人群又占人口的很大比重，具有很大的住房需求。因此，应该合理规划区域内住房的供给量和供给速率，保持区域市场内不同住宅类别（如高档商品住宅、中低档住宅、经济适用房、廉租房等）合理的供应比例，不同户型（大、中、小）、不同价位（高、中、低价位）住宅的合理供应比例，以及商品房和保障型住房的合理供应比例，实现区域房地产市场供应结构，与当地的经济发展水平、人口数量等相契合，最终合理地满足不同层次的住房需求。

（4）协调区域房地产业与其他产业的共同发展。房地产业的产业链长、关联度高、带动性强，在较大程度上能促进区域经济增长和带动就业增加。但房地产业的发展不能与其他产业的发展脱节，如果一个区域只是大力发展房地产业，而忽略其他产业，最终就会造成房地产业和国民经济中其他产业的发展失衡，进而对房地产市场产生异常冲击，最终损害整个区域的发展。目前，我国房地产业的发展与政府关系密切，受政策性因素的影响较强，对社会福利的关注不够，不利于产业本身及整体区域经济的长远发展。区域发展房地产市场，应当注重其生活消费和服务性功能的提升，不应过分依赖房地产开发投资拉动区域经济增长。因为商业地产涉及产业链更长，对其发展应当适度引导与推进，增加房地产业对服务业等其他产业的拉动作用，推动区域房地产业长期性成长机制的形成。

16.2.2　房地产调控的基本原则

在区域房地产市场差别化调控的过程中，应该紧紧围绕调控目标，在调控政策的制定和具体实施过程中应该秉承一定的原则，主要包括以下几点。

（1）公平性原则。在进行区域房地产市场调控时，首要秉承的应该是公平性原则。调控政策需要通过对中低收入阶层的补助，不断缩小各个阶层在居住水平上的差距，达到“居者有其所”。在当前房价高企的态势下，中低收入阶层很难买或租得起房，即使暂时有房可住，居住条件也普遍较中高收入阶层差距很大，这种差距还有继续扩大的趋势。不同收入阶层间居住条件的差距不断增加，会引起很多社会问题，将直接影响我国当前和谐社会的建设。

（2）社会保障性原则。市场机制是资源配置最主要的工具，但我国区域房地产市场由于信息不完全、投机行为及制度不完善等因素，往往会出现“市场失灵”的情况，这就需要秉承社会保障性原则，为中低收入阶层和其他特殊社会群体提供适宜住房而采取措施。政府可以建立相应的住房保障制度，不断满足社会成员的基本居住需求。

（3）产权明晰原则。住房产权明晰化是实施住房补贴、发展住房金融、有效管制土地市场、发展建材产业等的前提，是房地产市场调控的重要内容。遵循产权明晰原则，需要改革住房投资体制，加快提租力度和公有住房的自有化进程，彻底实行土地有偿使用制度，完善财产税制等。

（4）适应需求规律原则。发展房地产能为区域带来经济增长，但仅由地方政府主导的房地产开发与投资，往往忽略实际住房需求，这样的供应体制在长期内将难持续。区域房地产市场差别化调控应该注重把区域住房需求者的家庭可支配收入、消费倾向、居住偏好、租金等因素都纳入考虑范畴。

（5）阶段性推进原则。区域房地产市场调控应与社会和经济的发展及人民生活水平的提高相适应，调控的范围和方式也应随社会经济环境的变化而不断调整。因此，区域房地产市场调控应该是呈阶段性推进的，如住房供应体系中各类住房的比例应该动态调整。

16.2.3 区域差别化调控目标

本书第一篇从静态供需分布、动态房价波动特征等视角对我国房地产市场进行了合理划分，根据第二篇各类房地产市场的特征分析和第三篇的政策效应评估可知，不同区域房地产市场特征差异明显，对政策的反应也各有异同，因此，房地产调控应因地制宜，针对各类房地产区域分别设计差异化的调控目标，如表 16-1 所示。

表 16-1 各区域房地产市场调控目标

区域	类别	调控方向和力度		调控持续性
		投资	需求	
重点调控区域	子类 1	++	+++	持续
	子类 2	+	++	持续
	子类 3	+	o	持续
	子类 4	+	+	持续

续表

区域	类别	调控方向和力度		调控持续性
		投资	需求	
重点调控区域	子类 5	+++	+++	持续
	子类 6	++	+	持续
稳定发展区域	子类 7	o	o	相机调控
	子类 8	o	o	相机调控
	子类 9	o	o	相机调控
适度扶持区域	子类 10	–	––	短期持续、动态调整
	子类 11	–	––	短期持续、动态调整
	子类 12	–	––	短期持续、动态调整
	子类 13	––	–––	短期持续、动态调整

注：符号“+”“–”“o”分别表示调控从紧、从松、不变的方向，符号数量代表调控力度大小

针对重点调控区域内的城市，坚持实施从紧的调控政策，其调控目标是适度控制房地产供给和需求规模，抑制房价过快增长。

针对稳定发展区域的城市，实时监控房地产市场运行情况，重在稳定当地的房价水平，不需要加大调控力度。

针对适度扶持区域的城市，应该适度放松调控，刺激和支持当地居民的购房需求，扶持当地房地产业和房地产市场的发展。

在具体实施过程中，地方政府可作一定调整。例如，目前温州房价已经开始下降、三亚房价也出现松动，当地政府对其调控力度可以适度降低，谨防房地产市场硬着陆带来的风险。此外，针对同一子类的城市也可有适当的差异化调整。例如，天津、重庆、成都、大连、青岛等城市与广州和深圳同属子类 2，供需要素水平接近，但房地产市场表现略有差异，对这些城市的调控力度要低于广州和深圳。

16.3 长效调控机制构建

16.3.1 构建房地产长效调控机制的意义

房地产市场长效调控机制，是指在未来一定时间内长期存在、稳定运行，具有保持房地产市场长期稳定发展的市场调控机制。相对于短期调控机制，房地产市场长期调控机制具有长期性、稳定性、普遍性、预见性。房地产市场长效调控机制是系统性的调控机制，既具有房地产市场层面的调节功能，更应是房地产市

场发展战略层面的引导机制，能够综合性、全面性地指导我国房地产市场的整体平稳健康发展。

自住房分配制度改革以来，我国房地产市场经历了快速发展的阶段，现阶段我国房地产市场正处于市场调整阶段，在此过程中不断暴露出市场发展所存在的诸多矛盾，同时针对房地产发展所面临的新形势、新常态，有必要构建系统完整的房地产宏观调控长效机制，保证房地产市场健康稳定发展。

我国经济发展正面临新问题与新形势，正步入“新常态”，房地产业作为国民经济的基础性、先导性产业，在国民经济发展中具有不可替代的作用。经济发展对于房地产业的发展具有重要影响，既存在制约作用，又存在促进作用。而房地产业的发展对于固定资产投资、产业结构变革的作用也不可忽视，为适应经济发展的“新常态”，我国房地产市场宏观调控需要构建长效机制。

我国人口经济正面临老龄化问题，人口是影响房地产市场需求的重要因素，人口总量、人口增速、人口结构和人口迁移等因素对房地产市场现阶段状况及未来发展趋势或潜在风险具有重要影响。未来一段时间内我国的人口年龄结构将呈现出老年人口比例持续升高、中青年人口比例持续下降的局面，预计未来 10～25 年我国城市人口住房需求将呈现倒“U”形的发展趋势。为更好地应对人口结构变化所导致的住房需求变化等一系列问题，我国房地产市场宏观调控需要构建长效机制。

我国的城镇化建设为固定资产投资、宏观经济运行、房地产市场发展及人民生活水平的提高做出了重要贡献。城镇化发展对房地产市场的影响随着城镇化进程的加快逐渐显现，在过去的发展过程中，城镇化水平的提高对房地产业的发展具有明显的带动作用，二者之间存在长期的正向稳定关系。预计 2020 年我国城镇化率为 60%左右。稳定的新型城镇化发展进程将带来稳定的住房刚性需求。为更好地应对新型城镇化发展所带来的住房新需求，我国房地产市场宏观调控需要构建长效机制。

在推进新型城镇化建设的同时，我国户籍制度改革也在稳步推进。户籍制改革有利于让更多的农村人口流向城市，这些人口在城市定居能够给房地产市场带来更多的需求量，户籍制度改革将有利于解决中小城镇落户和配套福利措施，有利于促进中小城市的城镇化建设。为更好应对户籍制度改革对房地产市场的新要求，我国房地产市场宏观调控需要构建长效机制。

“一带一路”、长江中下游城市群等国家战略的提出有利于加快向西开放步伐，促进我国中部、西部地区和沿边地区对外开放，进一步加快产业合理分布和上下游联动机制，能够有效促进区域经济发展，将为中部、西部地区房地产市场的发展提供新的机遇，基础设施的互联互通为区域人口流动提供了更高的可能性，带来区域住宅刚性需求，促进产业结构调整与区域经济增长，为区域房地产市场的发展提供新的经济基础。为更好地应对国家经济发展战略对房地产市场的新要求，我国房地产市场宏观调控需要构建长效机制。

16.3.2　构建房地产长效调控机制的原则

构建房地产市场宏观调控长效机制，应坚持目标的协调与统一。房地产市场发展与经济发展目标相统一；地方土地供给与国家土地规划目标相统一；保证合理低价与维护地方政府稳定财政收入相统一；保障房地产市场投融资与防范房地产信贷危机相统一；商品房市场发展与保障房建设相统一；保障新建住房市场与健全二手房市场相统一；商品房市场调控与租赁市场调控相统一。

构建房地产市场宏观调控长效机制，应坚持政策的协调与统一。短期政策目标与长期政策目标相统一；新型城镇化建设与户籍制度改革政策目标相统一；土地供给政策与地方财政收入改革目标相统一；不动产登记推进与房地产税收制度建设相统一；商品房市场发展与保障房建设规模相统一。

构建房地产市场宏观调控长效机制，应坚持分类推进与逐步解决。针对不同城市、不同收入人群、不同住房规模与结构，分类推进调控政策；针对重点调控区域、适度扶持区域、重点发展区域，分类推进市场调控政策；针对商品房建设、公租房建设、保障房建设，分类推进市场调控政策；针对刚性需求、改善性需求、投资投机需求，分类推进市场调控政策。坚持稳中求进，逐步解决的原则，保障阶段性目标的实现，应先保障房地产市场供给，抑制房地产销售价格与土地出让价格过快上涨，逐步解决土地供给、住房结构调整等机制改革，稳步推进不动产登记、户籍制度改革、房地产税收制度等制度化建设。

16.3.3　房地产长效调控机制的构建

1. 加强房地产市场基础制度建设

我国房地产市场相对年轻，诸如房地产市场统计制度、税收制度、市场管理制度等基础性制度建设还有待逐步完善。房地产市场基础制度的不健全不利于房地产调控政策的实施。比如，不动产登记制度是房产税全面推出的基础，当前不动产登记制度正在大力推进中，但到正式投入使用仍然任重道远。

各类区域都需加快推进不动产登记系统等房地产市场基础设施建设，逐步完善全国住房开发、建设、销售、存量的统计信息系统和部门信息共享平台，促进市场信息公开透明，为房地产调控政策制定、经济主体决策等提供基础。

针对重点调控区域，应在不动产登记制度建设的基础上，继续推进房地产税改革试点和房产税立法。大多处于该区域的城市房地产中介制度和金融制度相对完备，执行力度可略微滞后于房地产税制建设。

针对稳定发展区域，一并推进房地产税制、中介管理制度和房地产金融制度建设，促进房地产市场的规范化运营，以及房地产金融市场的健康发展。

针对适度扶持区域，着重建设与完善房地产中介管理制度和房地产金融制度，增加房地产市场活力，通过发展房地产金融市场、规范中介行为等手段，促进房地产需求的增长，从而拉动当地房地产市场发展。具体如表 16-2 所示。

表 16-2　各区域房地产基础制度建设

房地产制度	重点调控区域	稳定发展区域	适度扶持区域
不动产登记制度	+++	+++	+++
信息统计制度与发布制度	+++	+++	+++
房地产税制	+++	++	+
房地产中介管理制度	++	++	++
房地产金融制度	++	++	++
住房保障制度	++	++	++

注：符号“+”个数表示执行的优先程度，符号数越多，则表现应该有优先程度高

2. 注重房地产业与其他产业的协调发展

对房地产市场的调控是以理性认识我国房地产业在宏观经济中的地位与作用为基础的。各区域房地产业与其他产业的关联作用不同，因此，对于房地产业在国民经济的定位也会有所不同。各类区域应根据自身产业结构特征，协调好房地产业与其他产业的发展，从而促进当地的产业结构转型。

大部分重点调控区域的城市的房地产业的拉动作用和推动作用相对于其他行业要小，说明房地产业在这些城市发展中发挥了一般性的作用。这些城市在继续发展住宅地产的同时，适度引导与推进商业地产的良性发展。商业地产涉及产业链更长，发展商业地产能增加房地产业对服务业等其他产业的拉动作用，也有助于房地产业长期性成长机制的形成。

针对适度扶持区域，大部分房地产业虽然相对落后，但在当地经济中仍发挥了相对重要的作用。这些城市在扶持房地产业的同时，应该注重发展房地产业的密切关联产业，从而避免房地产业的过度投资，也有利于不同产业的均衡发展。具体可参见图 16-2。

3. 构建房地产相关配套政策体系

我国房地产市场发展失衡本质上是供需资源分配失衡的问题，如重点调控区域内的部分城市相对适度扶持区域内的城市在教育资源、医疗资源等方面都享有优势。因此，诸如人口、产业等配套政策体系构建对于房地产市场发展也至关重要。

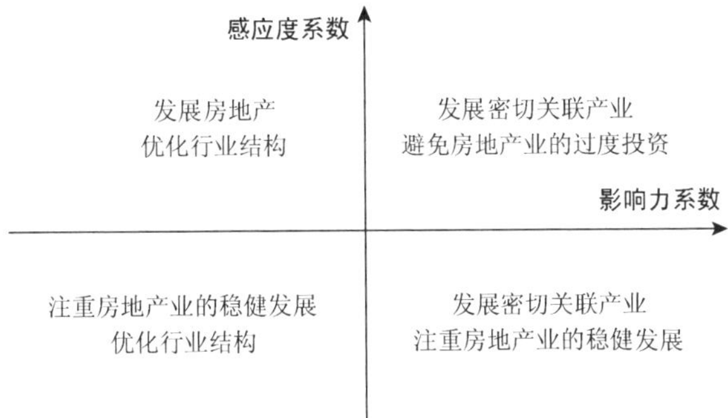

图 16-2 房地产业关联效应的四象限

建议在全国层面和分区域层面对各类资源布局进行清点和重新规划，通过实施引导性政策将大中城市过多的资源外移，减轻其人口导入压力，借此向其他中小城市释放经济活力，从而带动当地房地产市场的发展。比如，北京、天津、唐山等城市同处京津冀地区，但房地产市场发展差距较大，利用天津、唐山等周边城市分流北京的市场需求、平抑北京的高房价是一种经济可行的调控方式。具体参见表 16-3。

表 16-3 各子类城市房地产配套政策（可根据实际情况调整）

区域	类别	供给要素			需求要素			基本面		
		资金	土地	劳动力	人口	收入	工资	场景	第三产业	第二产业
重点调控区域	子类 1	++	++	++	++	o	o	o	o	+
	子类 2	+	+	+	++	o	o	o	o	+
	子类 3	+	+	+	+	o	o	o	o	o
	子类 4	+	o	o	o	o	o	o	o	o
	子类 5	++	++	+	+	o	o	o	+	o
	子类 6	++	+	+	+	o	o	o	o	o
稳定发展区域	子类 7	o	o	o	o	o	o	o	o	o
	子类 8	o	o	o	o	o	o	o	o	o
	子类 9	o	o	o	o	o	o	o	o	o
适度扶持区域	子类 10	--	--	--	--	--	--	--	--	--
	子类 11	-	-	--	--	--	--	--	--	--
	子类 12	-	-	--	--	--	--	--	--	--
	子类 13	---	---	---	---	---	---	---	---	--

注：符号“+”“–”“o”分别表示调控从紧、从松、不变的方向，符号数量代表调控力度大小

4. 构建区域房地产市场的动态监控机制

各类区域中都有表现特别的城市，存在房地产市场发展严重失衡、调控效果

欠佳等特点。例如，重点调控区域内的鄂尔多斯的房地产供给过剩，而温州的房地产调控效果低于全国平均水平等。再如北京等城市对其他城市的示范效应明显，北京的高房价相对更容易进行空间扩散，传导到其他城市。建议对这些城市房地产市场进行重点监控。

根据区域划分、特征分析及政策效应评估结果，初步确定的重点调控对象包括鄂尔多斯、贵阳、金华、廊坊、南通、绍兴、台州、潍坊、烟台、舟山、珠海、三亚、温州、绥化、营口、防城港、玉林、鞍山、呼和浩特、芜湖、保定、大同等城市。

此外，应根据城市房地产市场的表现，对重点调控对象进行动态调整，构建区域房地产市场的动态监控机制。

16.4 分类调控策略设计

16.4.1 重点调控区域的调控策略设计

针对重点调控区域内的城市采取整体从紧的调控政策，综合运用财政、货币等政策工具，调控力度延续较长时间，从而适度控制房地产供给和需求规模，抑制房价过快增长。

在财政政策方面，继续大力推进房产税试点工作及保障房建设，对房地产交易税的征收保持当前水平，加强土地供给规划和管理。

在金融政策方面，长期保持较为宽松的货币政策，侧重使用数量型货币政策，利率政策、首付比例政策保持平稳，稳定当地房地产市场预期。

在行政政策方面，限购政策及限外政策都保持，暂时不退出。

需要注意的是，对子类 1 中的北京、上海和子类 2 中的广州、深圳等城市，需要注重供需结构调整，重点在优化供给结构和供给规模。而子类 5 中的城市是房地产市场发展要快于当地经济基础水平、房价虚高的城市，当地投资投机性需求旺盛，需要严厉控制。对其他子类城市的调控力度可略低于这三类城市。

16.4.2 稳定发展区域的调控策略设计

针对稳定发展区域，重在稳定当地的房价水平，不需要加大调控力度。在财政政策方面，对房地产交易税进行适度减免，降低住房交易成本，促进购房需求的增长。尽量开始推进房产税政策，加强土地供给管理，同时适度推进保障房建设。在金融政策方面，在短期内保持适度宽松的货币政策，各类货币政策都保持平稳。在行政政策方面，全面取消限购政策及限外政策。

但是，对于子类 7 中的鞍山、呼和浩特、芜湖等存在一定程度的供过于求现象的城市，以及子类 8 中的保定和子类 9 中的大同等房地产开发投资额都要远高于房地产需求的城市需要重点关注，避免出现类似子类 4 中鄂尔多斯投资过热的情况。而对于诸如包头、湖州、台州、扬州、中山、海口这些房地产需求相对较为旺盛的城市，则要避免出现非理性需求的增长。

16.4.3　适度扶持区域的调控策略设计

针对适度扶持区域的房地产调控采取整体宽松的政策，刺激和支持当地居民的购房需求，扶持当地房地产业和房地产市场的发展。在财政政策方面，对房地产交易税进行适度减免，降低住房交易成本，从而促进购房需求的增长。房产税政策可暂缓推出，土地政策、保障房政策力度在短期内保持不变，长期上则应做好土地供给规划，加强土地供给管理，同时适度推进保障房建设。在金融政策方面，在短期内保持适度从紧的货币政策，数量型政策可适度放松，利率政策、首付比政策仍然从紧。在行政政策方面，全面取消限购政策及限外政策。

对于子类 10 中的周口、通化和许昌，以及子类 11 中的永州、百色和梧州等城市应该以刺激需求为主，注意避免产生类似于子类 6 中的防城港和玉林投资过热的现象。

分类区域的调控策略可参见表 16-4。

表 16-4　我国房地产差别化调控策略表

调控工具		重点调控区域			稳定发展区域			适度扶持区域		
		短期	中期	长期	短期	中期	长期	短期	中期	长期
财政政策	土地供给	++	++	++	+	+	+	o	o	+
	房产税	++	++	+++	+	+	++	o	o	–
	交易税	o	o	o	–	–	–	–––	––	––
	保障房	–––	–––	––	––	––	–	o	o	–
金融政策	货币供给	–	–	o	–	–	–	––	––	––
	利率	+	o	o	o	o	o	–	–	o
	首付比例	++	+	o	o	o	o	––	––	––
行政政策	限购	+++	++	+	––	––	––	–––	––	––
	限外	+++	++	++	––	––	––	–	–	o

注：符号“+”“–”“o”分别表示调控从紧、从松、不变的方向，符号数量代表调控力度大小

16.5　本 章 小 结

本章结合前面章节的分析结果和研究结论，着重提出区域房地产市场差别化调控的策略建议。首先，提出了“分类调控+重点关注+多层监测”的区域房地产市场差别化调控思路。其次，确定了房地产调控的四个基本目标、五个基本原则。

四个基本目标分别是：①保持区域房地产市场的稳定运行，防范区域房地产市场风险；②保障居民的居住需求，提高居住水平和居住质量；③优化和改善区域房地产市场供应结构；④协调区域房地产业与其他产业的共同发展。五个基本原则分别是：①公平性原则；②社会保障性原则；③产权明晰原则；④适应需求规律原则；⑤阶段性推进原则。

在此基础上，针对三类区域，分别设定了差别化调控目标：①针对重点调控区域内的城市，坚持实施从紧的调控政策，其调控目标是适度控制房地产供给和需求规模，抑制房价过快增长。②针对稳定发展区域的城市，实时监控房地产市场运行情况，重在稳定当地的房价水平，不需要加大调控力度。③针对适度扶持区域的城市，应该适度放松调控，刺激和支持当地居民的购房需求，扶持当地房地产业和房地产市场的发展。最后，分别从长效调控机制构建、分类调控策略设计两个方面提出了具体的差别化调控建议。其中，构建长效调控机制主要从四个方面着手：①加强房地产市场基础制度建设；②注重房地产业与其他产业的协调发展；③构建房地产相关配套政策体系；④构建区域房地产市场的动态监控体系。

参 考 文 献

常飞，李秀婷，郭琨，等. 2013. 货币政策对区域房地产住宅市场的差异化影响——基于国内十城市房地产住宅市场的实证研究[J]. 管理评论，25（010）：3-9.

陈斌开，徐帆，谭力. 2012. 人口结构转变与中国住房需求：1999～2025——基于人口普查数据的微观实证研究[J]. 北京：金融研究，（1）：129-140.

陈浮，王良健. 2000. 中国房地产市场化区域差异与发展战略研究[J]. 财经理论与实践，21（3）：104-107.

陈浪南，王鹤. 2012. 我国房地产价格区域互动的实证研究[J]. 统计研究，（7）：37-43.

陈雪楚，彭建刚，吴梦吟. 2012. 城市间房价相关性与系统性金融风险防范[J] .上海金融，（8）：16-20.

陈章喜，黄准. 2010. 珠三角经济区房地产价格互动关系研究——以广州，深圳，东莞为例[J]. 南方金融，（4）：82-86.

董藩，刘毅. 2009. 徘徊还是进步：2003—2008 年中国住宅政策的评论[J]. 中南民族大学学报（人文社会科学版），（3）：146-151.

董梅生. 2006. 对我国房地产经济的分区讨论[J]. 技术经济，（11）：24-26.

范艳玮，杨莉，赵晓光. 2007. 房地产市场预警体系研究及展望——局限性、研究方向及基于 TEI@ I 的预警构想[J]. 商场现代化，（04X）：47.

冯科，何理. 2012. 中国房地产市场“限购政策”研究——基于反需求函数的理论与经验分析[J]. 经济学动态，（2）：53-60.

高波，王斌. 2008. 中国大中城市房地产需求弹性地区差异的实证分析[J]. 当代经济科学，（1）：1-8.

高聚辉. 2012. 近年房地产宏观调控政策回顾与思考[J]. 中国发展观察，（3）：17-19.

耿鹏，赵昕东. 2009. 基于 GVAR 模型的产业内生联系与外生冲击分析[J]. 数量经济技术经济研究，（12）：32-45.

郭振平. 2013. 基于行业 GVAR 模型的银行业信用风险宏观压力测试研究[D]. 湖南大学硕士学位论文.

贺灿飞，梁金柱. 2004. 我国区域经济差异的时空变化：市场化、全球化与时空化[J]. 管理世界，（8）：8-18.

洪涛，西宝，高波. 2007. 房地产价格区域间联动与泡沫的空间扩散——基于 2000—2005 年中国 35 个大中城市面板数据的实证检验[J].统计研究，24（8）：64-67.

胡晓添，璞励杰，赵静. 2010. 特定时期住房市场差异演变研究[J]. 中国土地科学，（3）：55-60.

黄飞雪. 2011. 中国东中西部城市房价波动的涟漪效应——以中国东中西部代表的九城市为例[J]. 运筹与管理，（5）：206-215.

黄静，屠梅曾. 2009. 房地产财富与消费：来自于家庭微观调查数据的证据[J]. 管理世界，（7）：35-45.

蒋华东. 2010. 必然与根本：重构中国房地产体制的思考[J]. 经济体制改革，（4）：160-163.

孔行，黄玲，于勃. 2009. 区域房地产业与区域经济发展的长期动态协调关系研究[J]. 中央财经大学学报，（3）：54-59.

孔煜，魏锋，任宏. 2005. 我国房地产投资与 GDP 之间关系的区域差异分析[J]. 建筑经济，（1）：45-49.

况伟大. 2010. 预期，投机与中国城市房价波动[J]. 经济研究，（9）：67-78.

李健元，孙刚，李刚. 2011. 中美人口数量代际变化对中美股票市场和房地产市场的影响研究[J]. 管理世界，（8）：171-172.

李巧波. 2011. 我国房地产市场的区域差异及影响因素研究[D]. 华东师范大学硕士学位论文.

李秀婷，董纪昌. 2014. 我国城市房地产市场划分：基于供需分布的视角[J]. 经济管理，(7)：140-150.
李勇辉，陈勇强，何灵. 2007. 中国房地产业的区域差异分析及对策建议[J]. 石家庄经济学院学报，29 (6)：777-780.
梁云芳，高铁梅. 2007. 中国房地产价格波动区域差异的实证分析[J]. 经济研究，(8)：133-142.
凌鑫，刘科伟. 2006. 东中西部房地产业增长期比较研究[J]. 经济与管理，20 (5)：13-15.
刘洪玉，杨帆，徐跃进. 2013. 基于 2010 年人口普查数据的中国城镇住房状况分析[J]. 清华大学学报（哲学社会科学版），(6)：138-147.
刘会洪. 2007. 房地产宏观调控的政策误区——对我国 2003-2006 年房地产宏观调控政策的分析与思考[J]. 经济体制改革，(5)：157-160.
刘金娥，陈国进，胡卓红. 2013. 异质信念，通货幻觉与中国区域房价泡沫[J]. 现代财经：天津财经学院学报，(010)：24-32.
刘璐. 2013. 限贷和限购政策对一般均衡中房价的影响[J]. 管理科学学报，16 (9)：20-32.
刘小瑜，谢娟娟，赵鹤芹. 2013. 限购令下的房地产市场效应实证研究[J]. 统计与决策，(4)：126-128.
龙莹. 2010. 空间异质性与区域房地产价格波动的差异——基于地理加权回归的实证研究[J]. 中央财经大学学报，(11)：80-85.
骆永民. 2011. 城市化对房价的影响：线性还是非线性？——基于四种面板数据回归模型的实证分析[J]. 财经研究，37 (4)：135-144.
吕品，郑莉锋. 2012. 房地产业的关联效应和波及效应——基于浙江省投入产出表的实证分析[J]. 科学决策，(2)：52-63.
马健，刘志新，张力健. 2013. 异质信念，融资决策与投资收益[J]. 管理科学学报，16 (1)：59-73.
单东. 2012. 中国房地产改革之路径[J]. 浙江学刊，4：161-169.
沈丽，李文君，李琴. 2010. 统一利率政策与房地产价格区域差异的理论与实证分析[J]. 经济研究参考，(22)：17-24.
沈悦，刘洪玉. 2004. 住宅价格与经济基本面：1995-2002 年中国 14 城市的实证研究[J]. 北京：经济研究，(6)：78-86.
史金艳，张娣，谷宇. 2013. 货币政策影响房地产价格的区域差异研究[J]. 大连理工大学学报（社会科学版），34 (3)：8-13.
史永东，陈日清. 2008. 不确定性条件下的房地产价格决定：随机模型和经验分析[J]. 经济学季刊，8 (1)：211-230.
宋健峰，袁汝华. 2006. 政策评估指标体系的构建[J]. 统计与决策，(22)：63-64.
孙继伟. 2009. 论投资品对经济危机的诱发与加剧作用[J]. 审计与经济研究，3：92-96.
谭术魁，陈晓川. 2006. 房地产投资差异的测度方法研究与应用[J]. 中国房地产金融，(1)：9-12.
谭政勋，周利. 2013. 房价波动的空间效应：估计方法与我国实证[J]. 数理统计与管理，32 (3)：401-413.
田成诗，王雁. 2012. 基于空间统计分析的中国省域房地产价格差异研究[J]. 数学的实践与认识，(1)：13-21.
王春艳，吴老二. 2007. 人口迁移，城市圈与房地产价格——基于空间计量学的研究[J]. 人口与经济，(4)：63-67.
王鹤. 2012. 基于空间计量的房地产价格影响因素分析[J]. 经济评论，(1)：48-56.
王金承. 2010. 中国房地产投资的地区差异分析——以 1991—2007 年数据为例[J]. 经济研究导刊，(20)：58-59.
王金明，高铁梅. 2004. 对我国房地产市场需求和供给函数的动态分析[J]. 中国软科学，(4)：69-74.
王来福，郭峰. 2007. 货币政策对房地产价格的动态影响研究[J]. 财经问题研究，(11)：31-42.
王松涛. 2009. 城市经济开放度对房地产价格的影响研究——基于中国 35 个大中城市面板数据模型的分析[J]. 天津：南开经济研究，(2)：91-102.
王先柱. 2011. 房地产市场货币政策区域效应——基于我国 31 个省市的实证分析[J]. 山西财经大学学报，(10)：52-61.

魏巍贤，李阳. 2005. 我国房地产需求的地区差异分析[J]. 统计研究，（9）：56-60.

魏玮，王洪卫. 2010. 房地产价格对货币政策动态响应的区域异质性——基于省际面板数据的实证分析[J]. 财经研究，（6）：123-132.

位志宇，杨忠直. 2007. 长三角房价走势的趋同性研究[J]. 南京师大学报（社会科学版），（3）：43-48.

吴艳，王佑辉，鲍俊升. 2013. 房地产市场调控政策的综合效应研究[J]. Academic 中州学刊，（4）：35-39.

谢洁玉，吴斌珍，李宏彬，等. 2012. 中国城市房价与居民消费[J]. 金融研究，（6）：13-27.

易成栋. 2008. 中国房地产业的地区差异——基于第一次经济普查数据的实证研究[J]. 经济地理，（6）：981-984.

袁志刚，樊潇彦. 2003. 房地产市场理性泡沫分析[J]. 经济研究，3（3）：34-43.

张红，李洋. 2013. 房地产市场对货币政策传导效应的区域差异研究——基于 GVAR 模型的实证分析[J]. 金融研究，（2）：114-128.

张金清，吴有红. 2009. 外资流动对房地产价格影响的研究[J]. 系统工程学报，24（5）：568-573.

张淑莲，张红兵，王琴. 2011. 环渤海区域房地产价格波动传递机制的实证研究[J]. 河北大学学报（哲学社会科学版），36（3）：85-90.

张涛，龚六堂，卜永祥. 2006. 资产回报，住房按揭贷款与房地产均衡价格[J]. 金融研究，（2）：1-11.

张延群. 2012. 全球向量自回归模型的理论，方法及其应用[J]. 数量经济技术经济研究，（4）：136-149.

张永岳，张传勇，谢晖. 2010. 我国房地产宏观调控政策效果评估初探——基于公共政策评估的视角[J]. 上海经济研究，（12）：73-81.

张宇，吴璟，刘洪玉. 2010. 中国住房信贷政策对城市住房价格的影响[J]. 清华大学学报（自然科学版），（3）：466-469.

中国投入产出学会课题组. 2006. 我国目前产业关联度分析——2002 年投入产出表系列分析报告之一[J]. 统计研究，（11）：3-8.

中国指数研究院. 2013. 2013 年中国地级以上城市房地产开发投资吸引力研究[R].

周兵兵，代云开，张燕. 2011. 中国房地产业经济效应的省域差异分析[J]. 统计与决策，（23）：76-79.

周京奎. 2005. 房地产价格波动与投机行为——对中国 14 城市的实证研究[J]. 当代经济科学，27（4）：19-24.

Abeysinghe T，Choy K M. 2004. The aggregate consumption puzzle in Singapore [J]. Journal of Asian Economics，15（3）：563-578.

Abraham J M，Goetzmann W N. 1994. Homogeneous Grouping of Metropolitan Housing Market [J]. Journal of Housing Economics，3（3）：186-206.

Ahuja A，Cheung L，Han G，et al. 2010. Are house prices rising too fast in China？[R]. IMF Working Papers：1-31.

Albrecht J，Anderson A，Smith E，et al. 2007. Opportunistic matching in the housing market [J]. International Economic Review，48（2）：641-664.

Alexander C，Barrow M. 1994. Seasonality and cointegration of regional house prices in the UK[J]. Urban Studies，31（10）：1667-1689.

Aoki K，Proudman J，Vlieghe G. 2002. Houses as collateral：has the link between house prices and consumption in the UK changed？[J]. Federal Reserve Bank of New York Economic Policy Review，8（1）：163-178.

Ashworth J，Parker S C. 1997. Modelling regional house prices in the UK [J]. Scottish Journal of Political Economy，44（3）：225-246.

Assenmacher-Wesche K，Pesaran M H. 2008. A VECX model of the Swiss economy [R]. CESifo Working Paper.

Baddeley M C. 2008. Structural shifts in UK unemployment 1979-2005：The twin impacts of financial deregulation and computerization [J]. Bulletin of Economic Research，60（2）：123-157.

Barros C P，Gil-Alana L A，Payne J E. 2012. Comovements among US state housing prices：evidence from fractional cointegration[J]. Economic Modelling，29（3）：936-942.

Baumont C. 2007. Neighborhood Effects，Urban Public Policies and Housing Values A Spatial Econometric Perspective [R]. Université de Bourgogne Laboratoire d'Economie et de Gestion（CNRS）.

Benenson I. 1998. Multi-agent simulations of residential dynamics in the city [J]. Computers，Environment and Urban Systems，22（1）：25-42.

Bernanke B S，Gertler M. 1989. Agency costs，net worth，and business fluctuation[J]. AER，79（1）：14-31.

Bernanke B S，Gertler M，Gilchrist S. 1999. The financial accelerator in a quantitative business cycle framework[J]. Handbook of macroeconomics，1：1341-1393.

Bisping T O，Patron H. 2008. Residential investment and business cycles in an open economy：A generalized impulse response approach [J]. The Journal of Real Estate Finance and Economics，37（1）：33-49.

Borgers A W J. 2009. An agent-based model of residential choice dynamics in nonstationary housing markets [J]. Environment and Planning A，41：1997-2013.

Bourassa S C，Hamelink F，Hoesli M. 1999. Defining Housing Submarket [J]. Journal of Housing Economics，8（2）：160-183.

Bourassa S C，Hoesli M，Pema V S. 2003. Do Housing Submarkets Really Matter？[J]. Journal of Housing Economics，12（1）：12-28.

Brady R R. 2014. The spatial diffusion of regional housing prices across US states [J]. Regional Science and Urban Economics，46：150-166.

Bramley G. 1993. Land-use planning and the housing market in Britain：the impact on housebuilding and house prices [J]. Environment and Planning A，25（7）：1021-1051.

Burger P，van Rensburg L J. 2008. Metropolitan house prices in South Africa：do they converge？[J]. South African Journal of Economics，76（2）：291-297.

Calza A，Monacelli T，Stracca L. 2007. Mortgage markets，collateral constraints，and monetary policy：do institutional factors matter?[R]. Center for Financial Studies CFS Working Paper No. 2007/10.

Calza A，Sousa J. 2003. Why has broad money demand been more stable in the euro area than in other economies? A literature review[R]. Working Paper.

Campbell J Y，Cocco J F. 2007. How do house prices affect consumption？Evidence from micro data [J]. Journal of Monetary Economics，54（3）：591-621.

Canarella G，Miller S，Pollard S. 2012. Unit roots and structural change an application to us house price indices [J]. Urban Studies，49（4）：757-776.

Capozza D R，Hendershott P H，Mack C，et al. 2002. Determinants of real house price dynamics[R]. National Bureau of Economic Research.

Carlino G，DeFina R. 1998. The differential regional effects of monetary policy[J]. Review of Economics and Statistics，80（4）：572-587.

Carter B E，McGoldrick M E. 1988. The Changing Family Life Cycle：A Framework for Family Therapy [M]. Boston：Allyn&Bacon.

Case K E，Quigley J M. 2008. How housing booms unwind：income effects，wealth effects，and feedbacks through financial markets [J]. European Journal of Housing Policy，8（2）：161-180.

Catmull E，Rom R. 1974. A class of local interpolating splines [J]. Computer Aided Geometric Design，74：317-326.

Chamberlin E. 1933. The Theory of Monopolistic Competition：A Re-Orientation of the Theory of Value [M]. Cambridge：Harvard University Press.

Chen P F，Chien M S，Lee C C. 2011. Dynamic modeling of regional house price diffusion in Taiwan[J]. Journal of Housing Economics，20（4）：315-332.

Chien M S. 2010. Structural breaks and the convergence of regional house prices [J]. The Journal of Real Estate Finance and Economics，40（1）：77-88.

Cohen J P，Coughlin C C. 2008. Spatial hedonic models of airport noise，proximity，and housing prices*[J]. Journal of Regional Science，48（5）：859-878.

Cook S. 2003. The convergence of regional house prices in the UK [J]. Urban Studies，40（11）：2285-2294.

Cooper C，Orford S，Webster C，et al. 2013. Exploring the ripple effect and spatial volatility in house prices in England and Wales：regressing interaction domain cross-correlations against reactive statistics [J]. Environment and Planning B：Planning and Design，40（5）：763-782.

Dees S，Mauro F，Pesaran M H，et al. 2007. Exploring the international linkages of the euro area：a global VAR analysis[J]. Journal of Applied Econometrics，22（1）：1-38.

Deng Y，Gyourko J，Wu J. 2012. Land and house price measurement in China[R]. Nber Working Paper.

DiPasquale D，Wheaton W C. 1994. Housing market dynamics and the future of housing prices[J]. Journal of Urban Economics，35（1）：1-27.

Dixit A K，Stiglitz J E. 1977. Monopolistic competition and optimum product diversity [J]. The American Economic Review，67（3）：297-308.

Dunn J C. 1974. Well separated clusters and optimal fuzzy partitions [J]. Journal of Cybernetics，4（1）：95-104.

Elbourne A. 2008. The UK housing market and the monetary policy transmission mechanism：an SVAR approach[J]. Journal of Housing Economics，17（1）：65-87.

Engel J F，Blackwell R D，Kollat D T. 1973. Consumer Behavior[M]. New York：Dry den Press.

Engelhardt G V. 1994. House prices and the decision to save for down payments [J]. Journal of Urban Economics，36（2）：209-237.

Ester M，Kriegel H P，Sander J. 1996. A density-based algorithm for discovering clusters in large spatial database with noise [R]. Proceedings of 2rd International Conference on Knowledge Discovery and Data Mining：226-231.

Ettema D. 2011. A multi-agent model of urban processes：modelling relocation processes and price setting in housing markets[J]. Computers，Environment and Urban Systems，35（1）：1-11.

Filatova T，Parker D，van der Veen A. 2009. Agent-based urban land markets：agent's pricing behavior，land prices and urban land use change [J]. Journal of Artificial Societies and Social Simulation，12（1）：3.

Goetzmann W N，Wachter S M. 1995.Clustering methods for real estate portfolios[J]. Real Estate Economics，23（3）：271-310.

Goodman A C，Thibodeau T G. 1998. Housing market segmentation [J]. Journal of Housing Economics，12（1）：121-143.

Goodman A C，Thibodeau T G. 2003. Housing market segmentation and hedonic prediction accuracy [J]. Journal of Housing Economics，12（1）：12-28.

Goodman A C，Thibodeau T G. 2007. The spatial proximity of metropolitan area housing submarkets [J]. Real Estate Economics，35（2）：209-232.

Guo K，Wang J，S G S，et al. 2012. Cluster analysis on city real estate market of China：based on a new integrated method for time series clustering[J]. Procedia Computer Science，（9）：1299-1305.

Gupta R，Miller S M. 2012. “Ripple effects” and forecasting home prices in Los Angeles，Las Vegas，and Phoenix[J]. The Annals of Regional Science，48（3）：763-782.

Halkidi M，Batistakis Y，Vazirgiannis M. 2001. On clustering validation techniques [J]. Intelligent Information Systems，17（2/3）：107-145.

Halkidi M，Vazirgiannis M，Batistakis Y. 2000. Quality scheme assessment in the clustering process [J]. Principles of Data Mining and Knowledge Discovery，（1910）：265-276.

Hanson J. 2001. From sheltered housing to lifetime homes：an inclusive approach to housing[A]//Winters S. Lifetime Housing in Europe[C]. Leuven：Katholieke Unversiteit Leuven.

Hatemi J A，Roca E. 2010. The impact of the US real estate market on other major markets during normal and crisis periods[R]. Griffith University，Department of Accounting，Finance and Economics.

Hausman J A. 1978. Specification tests in econometrics[J]. Econometrica：Journal of the Econometric Society，46（6）：1251-1271.

He C，Wang Z，Guo H，et al. 2010. Driving forces analysis for residential housing price in Beijing [J]. Procedia Environmental Sciences，2：925-936.

Helbich M，Brunauer W，Hagenauer J，et al. 2013. Data-driven regionalization of housing markets [J]. Annals of the Association of American Geographers，103（4）：871-889.

Helbich M，Brunauer W，Vaz E，et al. 2014. Spatial heterogeneity in hedonic house price models：the case of Austria [J]. Urban Studies，51（2）：390-411.

Helpman E. 1998. The size of regions [A]// Pines D，Sadka E，Zilcha I. Topics in Public Economics：Theoretical and Applied Analysis[C]. Cambridge：Cambridge University Press：33-54.

Hepsen A，Vatansever M. 2012. Using hierarchical clustering algorithms for Turkish residential market [J]. International Journal of Economics and Finance，4（1）：38-50.

Holly S，Pesaran M H，Yamagata T. 2010. A spatio-temporal model of house prices in the USA[J]. Journal of Econometrics，158（1）：160-173.

Holly S，Pesaran M H，Yamagata T. 2011. The spatial and temporal diffusion of house prices in the UK[J]. Journal of Urban Economics，69（1）：2-23.

Holmans A E. 1990. House prices：changes through time at national and sub-national level[R]. London：Department of the Environment，No. 110.

Holmes M J. 2007. How convergent are regional house prices in the United Kingdom? Some new evidence from panel data unit root testing [J]. Journal of Economic and Social Research，9（1）：1-17.

Holmes M J，Otero J，Panagiotidis T. 2011. Investigating regional house price convergence in the United States：evidence from a pair-wise approach[J]. Economic Modelling，28（6）：2369-2376.

Hort K. 1998. The determinants of urban house price fluctuations in Sweden 1968-1994 [J]. Journal of housing Economics，7（2）：93-120.

Iacoviello M. 2005. House prices，borrowing constraints，and monetary policy in the business cycle[J]. American Economic Review，95（3）：739-764.

Iacoviello M，Minetti R. 2008. The credit channel of monetary policy：evidence from the housing market[J]. Journal of Macroeconomics，30（1）：69-96.

Islam K S，Asami Y. 2009. Housing market segmentation：a review [J]. Review of Urban & Regional Development Studies，21（2/3）：93-109.

Ismail S. 2006. Spatial autocorrelation and real estate studies：a literature review [J]. Malaysian Journal of Real Estate，1（1）：1-13.

Jeanty P W，Partridge M，Irwin E. 2010. Estimation of a spatial simultaneous equation model of population migration and housing price dynamics [J]. Regional Science and Urban Economics，40（5）：343-352.

Kauko T，Hooimeijer P，Hakfoort J. 2002. Capturing housing market segmentation：an alternative approach based on neural network modelling [J]. Housing Studies，17（6）：875-894.

Kearl J R. 1979. Inflation，mortgage，and housing [J]. The Journal of Political Economy，87（5）：1115-1138.

Kim H Y. 1997. Inverse demand systems and welfare measurement in quantity space [J]. Southern Economic Journal，63（3）：663-679.

Kim Y S. 2011. Housing price convergence in Korea[J]. Korea and the World Economy，12（1）：211-238.

Kim Y S，Rous J J. 2012. House price convergence：evidence from US state and metropolitan area panels[J]. Journal of Housing Economics，21（2）：169-186.

Kiyotaki N，Moore J. 1997. Credit chains[J]. Journal of Political Economy，105（21）：211-248.

Kohonen T. 1995. Self-Organing Maps-Springer Series in Information Sciences，vol. 30 [M]. Berlim：Springer Verlag.

Kuethe T H. 2012. Spatial fragmentation and the value of residential housing [J]. Land Economics，88（1）：16-27.

Lean H H，Smyth R. 2013. Regional house prices and the ripple effect in Malaysia [J]. Urban Studies，50（5）：895-922.

Leishman C，Costello G，Rowley S，et al. 2013. The predictive performance of multilevel models of housing sub-markets：a comparative analysis [J]. Urban Studies，50（6）：1201-1220.

Lowry I S. 1960. Filtering and housing standards：a conceptual analysis [J]. Land Economics，36（4）：362-370.

Luo Z Q，Liu C，Picken D. 2007. Housing price diffusion pattern of Australia's state capital cities[J]. International Journal of Strategic Property Management，11（4）：227-242.

MacDonald R，Taylor M P. 1993. Regional house prices in Britain：long-run relationships and short-run dynamics [J]. Scottish Journal of Political Economy，40（1）：43-55.

MacQueen J B. 1967. Some Methods for Classification and Analysis of Multivariate Observations [C]. Proceedings of 5th Berkley Symposium on Mathematical Statistical and Probability，1：281-297.

Magliocca N，Safirova E，McConnell V，et al. 2011. An economic agent-based model of coupled housing and land markets（CHALMS）[J]. Computers，Environment and Urban Systems，35（3）：183-191.

Mankiw N G，Weil D N. 1989. The baby boom，the baby bust，and the housing market [J]. Regional Science and Urban Economics，19（2）：235-258.

Meen G. 1999. Regional house prices and the ripple effect：a new interpretation[J]. Housing Studies，14（6）：733-753.

Meen G. 2001. Modelling Spatial Housing Markets：Theory，Analysis，and Policy[M]. Springer.

Meen G. 2002. The time-series behavior of house prices：a transatlantic divide？[J]. Journal of Housing Economics，11（1）：1-23.

Meen G，Nygaard A. 2010. Housing and regional economic disparities [R]. Economics paper，Department for Communities and Local Government，No. 5.

Miao H，Ramchander S，Simpson M W. 2011. Return and volatility transmission in US housing markets [J]. Real Estate Economics，39（4）：701-741.

Miles W. 2015. Regional house price segmentation and convergence in the US：a new approach [J]. The Journal of Real Estate Finance and Economics，50（1）：113-128.

Mishkin F S. 2007. Housing and the monetary transmission mechanism[R]. National Bureau of Economic Research.

Moench E，Ng S. 2011. A hierarchical factor analysis of US housing market dynamics [J]. The Econometrics Journal，14（1）：C1-C24.

Montañés A，Olmos L. 2013. Convergence in US house prices [J]. Economics Letters，121（2）：152-155.

Moulton S，Haurin D R，Wei S，et al. 2014. An analysis of default risk in the home equity conversion mortgage（HECM）program[J]. Ssrn Electronic Journal，90：17-34.

Muellbauer J，Murphy A. 1997. Booms and busts in the UK housing market*[J]. The Economic Journal，107（445）：1701-1727.

Mundell R A. 1961. A theory of optimum currency areas[J]. American Economic Review，51（4）：657-665.

Negro M D，Otrok C. 2007. 99 Luftballons：Monetary policy and the house price boom across U.S. states[J]. Journal of Monetary Economics，54（7）：1962-1985.

Oikarinen E. 2004. The diffusion of housing price movements from center to surrounding areas[J]. Journal of Housing Research，15（1）：3-28.

Oikarinen E. 2012. Empirical evidence on the reaction speeds of housing prices and sales to demand shocks [J]. Journal of Housing Economics，21（1）：41-54.

Ortalo-Magné F，Rady S. 2004. Housing transactions and macroeconomic fluctuations：a case study of England and Wales[J]. Journal of Housing Economics，13（4）：287-303.

Parker D C，Filatova T. 2008. A conceptual design for a bilateral agent-based land market with heterogeneous economic agents [J]. Computers，Environment and Urban Systems，32（6）：454-463.

Peng R J，Wheaton W C. 1994. Effects of restrictive land supply on housing in Hong Kong：an econometric analysis [J]. Journal of Housing Research，5（2）：263-291.

Pesaran H H，Shin Y. 1998. Generalized impulse response analysis in linear multivariate models[J]. Economics letters，58（1）：17-29.

Pesaran M，Chudik A. 2010. Econometric analysis of high dimensional VARs featuring a dominant unit[R]. ECB working paper No. 1194.

Pflüger M，Tabuchi T. 2010. The size of regions with land use for production [J]. Regional Science and Urban Economics，40（6）：481-489.

Phillips P C B，Sul D. 2007. Transition modeling and econometric convergence tests [J]. Econometrica，75（6）：1771-1855.

Phillips P C B，Sul D. 2009. Economic transition and growth [J]. Journal of Applied Econometrics，24（7）：1153-1185.

Pyatt G，Chen C N，Fei J. 1980. The distribution of income by factor components [J]. Quarterly Journal of Economics，95（3）：451-473.

Quigley J M. 1999. Real estate prices and economic cycles [J]. International Real Estate Review，2（1）：1-20.

Robinson D T，Brown D G. 2009. Evaluating the effects of land-use development policies on ex-urban forest cover：an integrated agent-based GIS approach [J]. International Journal of Geographical Information Science，23（9）：1211-1232.

Sander H，Polasky S，Haight R G. 2010. The value of urban tree cover：a hedonic property price model in Ramsey and Dakota Counties，Minnesota，USA [J]. Ecological Economics，69（8）：1646-1656.

Sheikholeslami G，Chatterjee S，Zhang A. 1998. WaveCluster：A multi-resolution clustering approach for very large spatial database [R]. Proceedings of 24th VLDB Conference：428-439.

Shi S，Young M，Hargreaves B. 2009. The ripple effect of local house price movements in New Zealand[J]. Journal of

Property Research，26（1）：1-24.

Simlai P. 2014. Estimation of variance of housing prices using spatial conditional heteroskedasticity（SARCH）model with an application to Boston housing price data [J]. The Quarterly Review of Economics and Finance，54（1）：17-30.

Stein J C. 1993. Prices and trading volume in the housing market：a model with down payment effects [R]. National Bureau of Economic Research.

Taylor J B. 2007. Housing and monetary policy [R]. National Bureau of Economic Research.

Theodoridis S，Koutroubas K. 1999. Pattern Recognition [M]. Cambridge：Academic Press.

Tian J，Hu Z，Wu J，et al. 2010. Dynamic economy and power simulation system based on multi-agent modelling [J]. Proceedings of the CSEE，30（7）：85-91.

Torrens P M. 2007. A geographic automata model of residential mobility [J]. Environment and Planning B：Planning and Design，34（2）：200.

Tsai I C. 2015. Spillover effect between the regional and the national housing markets in the UK[J]. Regional Studies，49（12）：1957-1976.

Tse C B，Rodgers T，Niklewski J. 2014. The 2007 financial crisis and the UK residential housing market：Did the relationship between interest rates and house prices change？[J]. Economic Modelling，37：518-530.

Vansteenkiste I，Hiebert P. 2011. Do house price developments spillover across euro area countries? Evidence from a global VAR[J]. Journal of Housing Economics，20（4）：299-314.

Villar J G，Raya J M. 2015. Use of a Gini index to examine housing price heterogeneity：a quantile approach [J]. Journal of Housing Economics，29：59-71.

Watkins C A. 2001. The definition and identification of housing submarkets [J]. Environment and Planning A，33（12）：2235-2253.

Wei Y H D，Li W M. 2002. Reforms，globalization，and urban growth in China：the case of Hangzhou [J]. Eurasian Geography & Economics，43（6）：459-475.

Wei Y，Lam P T I. 2014. The effects of monetary policy on real estate investment in China：a regional perspective[J]. International Journal of Strategic Property Management，18（4）：368-379.

Weicher J C，Thibodeau T G. 1988. Filtering and housing markets：an empirical analysis [J]. Journal of Urban Economics，23（1）：21-40.

Wheaton W C. 1990. Vacancy，search，and prices in a housing market matching model[J]. Journal of Political Economy，98（6）：1270-1292.

Wood R. 2003. The information content of regional house prices：can they be used to improve national house price forecasts?[J]. Bank of England Quarterly Bulletin，Autumn，43（3）：304-314.

Wu B，Xie J. 2013. House prices and household saving rate：evidence from China [K]. SSRN 2261043.

Wu C，Sharma R. 2012. Housing submarket classification：the role of spatial contiguity [J]. Applied Geography，32（2）：746-756.

Wu D M. 1973. Alternative tests of independence between stochastic regressors and disturbances[J]. Econometrica：Journal of the Econometric Society，41（4）：733-750.

Yang Z，Wang S，Campbell R. 2010. Monetary policy and regional price boom in Sweden[J]. Journal of Policy Modeling，32（6）：865-879.

Yoo E H，Kyriakidis P C. 2009. Area-to-point Kriging in spatial hedonic pricing models [J]. Journal of Geographical Systems，11（4）：381-406.

Zahn C T. 1971. Graph-theoretical methods for detecting and describing gestalt clusters [J]. IEEE Transaction on Computers，C-20（1）：68-86.

Zhang Y，Hua X，Zhao L. 2012. Exploring determinants of housing prices：a case study of Chinese experience in 1999-2010 [J]. Economic modelling，29（6）：2349-2361.

Zhu B，Füss R，Rottke N B. 2013. Spatial linkages in returns and volatilities among US regional housing markets [J]. Real Estate Economics，41（1）：29-64.

附　　录

附录 1　第 1 章相关内容

附表 1-1　各地区房地产开发完成投资额占比情况

年份	东部地区房地产开发投资完成额占比/%	中部地区房地产开发投资完成额占比/%	西部地区房地产开发投资完成额占比/%
2000	72.59	12.55	14.86
2001	71.19	12.96	15.85
2002	71.04	13.36	15.60
2003	69.50	14.51	15.99
2004	69.56	15.39	15.05
2005	66.32	16.95	16.73
2006	63.91	18.16	17.92
2007	61.92	18.89	19.19
2008	60.15	20.48	19.37
2009	58.26	21.92	19.83
2010	58.03	21.80	20.17
2011	57.54	21.60	20.86
2012	56.47	21.95	21.58
2013	55.78	22.14	22.08
2014	55.74	21.75	22.51

附表 1-2　东部地区各省份商品房竣工面积情况（单位：万平方米）

年份	北京	天津	河北	辽宁	上海	江苏
2000	1 365.6	583.5	771.3	1 619.0	1 643.6	2 143.2
2001	1 707.4	690.5	848.8	1 843.0	1 791.4	2 341.9
2002	2 384.4	746.4	839.0	1 984.3	1 984.7	2 696.7
2003	2 593.6	911.3	1 207.3	2 139.7	2 491.8	3 120.2
2004	3 067.0	1 108.1	820.7	2 064.4	3 443.0	3 906.3
2005	3 770.9	1 479.2	1 129.9	2 443.9	3 095.7	5 500.1
2006	3 193.9	1 520.2	1 378.9	2 888.8	3 274.3	5 933.5
2007	2 891.7	1 704.4	1 342.6	3 129.9	3 380.1	6 340.8
2008	2 558.0	1 799.4	1 663.6	3 826.1	2 570.7	8 265.5
2009	2 678.6	1 902.1	2 211.7	4 031.7	2 105.0	8 442.8
2010	2 387.0	2 099.0	3 615.0	4 497.0	1 941.0	8 696.0

续表

年份	北京	天津	河北	辽宁	上海	江苏
2011	2 245.2	2 102.8	5 180.5	6 322.8	2 384.3	8 448.2
2012	2 390.9	2 542.7	4 894.6	6 438.2	2 305.1	9 848.4
2013	2 666.4	2 805.4	4 437.0	6 152.0	2 254.4	9 711.6
2014	3 054.1	2 924.8	4 037.6	6 147.0	2 313.3	9 620.5
年份	浙江	福建	山东	广东	海南	
2000	1 676.9	1 009.4	1 426.5	3 161.6	36.0	
2001	2 053.9	1 280.8	1 727.5	3 344.6	62.5	
2002	2 660.6	1 323.5	2 189.6	3 908.8	54.5	
2003	3 214.9	1 363.0	2 688.8	4 383.7	115.0	
2004	3 195.3	1 523.9	2 396.9	3 407.8	105.3	
2005	4 130.8	1 576.2	3 600.4	4 385.2	187.1	
2006	3 877.5	1 408.3	3 699.1	4 314.1	125.9	
2007	4 100.1	1 711.3	3 794.7	4 262.9	233.1	
2008	4 458.3	1 906.2	4 535.1	5 063.9	308.8	
2009	3 843.8	2 240.3	5 015.9	5 062.2	431.6	
2010	4 116.0	2 242.0	5 074.0	5 659.0	609.0	
2011	4 528.6	2 651.7	6 356.8	6 140.6	449.3	
2012	4 292.9	2 232.8	7 325.0	6 356.1	856.4	
2013	4 692.3	3 369.8	7 508.5	6 273.3	609.4	
2014	6 390.2	3 583.6	7 787.3	7 328.0	1 203.9	

附表 1-3　东部地区各省份商品房竣工面积同比增速（单位：%）

年份	北京	天津	河北	辽宁	上海	江苏
2000	13.0	28.3	11.3	26.7	11.9	−1.0
2001	25.0	18.3	10.0	13.8	9.0	9.3
2002	39.7	8.1	−1.2	7.7	10.8	15.2
2003	8.8	22.1	43.9	7.8	25.6	15.7
2004	18.3	21.6	−32.0	−3.5	38.2	25.2
2005	23.0	33.5	37.7	18.4	−10.1	40.8
2006	−15.3	2.8	22.0	18.2	5.8	7.9
2007	−9.5	12.1	−2.6	8.3	3.2	6.9
2008	−11.5	5.6	23.9	22.2	−23.9	30.4
2009	4.7	5.7	32.9	5.4	−18.1	2.1
2010	−10.9	10.4	63.4	11.5	−7.8	3.0

续表

年份	北京	天津	河北	辽宁	上海	江苏
2011	–5.9	0.2	43.3	40.6	22.8	–2.8
2012	6.5	20.9	–5.5	1.8	–3.3	16.6
2013	11.5	10.3	–9.3	–4.4	–2.2	–1.4
2014	14.5	4.3	–9.0	–0.1	2.6	–0.9

年份	浙江	福建	山东	广东	海南
2000	4.2	28.0	1.8	19.7	25.9
2001	22.5	26.9	21.1	5.8	73.6
2002	29.5	3.3	26.7	16.9	–12.8
2003	20.8	3.0	22.8	12.1	111.0
2004	–0.6	11.8	–10.9	–22.3	–8.4
2005	29.3	3.4	50.2	28.7	77.7
2006	–6.1	–10.7	2.7	–1.6	–32.7
2007	5.7	21.5	2.6	–1.2	85.1
2008	8.7	11.4	19.5	18.8	32.5
2009	–13.8	17.5	10.6	0.0	39.8
2010	7.1	0.1	1.2	11.8	41.1
2011	10.0	18.3	25.3	8.5	–26.2
2012	–5.2	–15.8	15.2	3.5	90.6
2013	9.3	50.9	2.5	–1.3	–28.8
2014	36.2	6.3	3.7	16.8	97.6

附表 1-4　中部地区各省份商品房竣工面积情况（单位：万平方米）

年份	山西	吉林	黑龙江	安徽
2000	306.4	464.8	827.9	759.3
2001	374.1	628.7	1 013.8	957.0
2002	447.0	755.9	803.6	1 062.5
2003	482.6	711.0	883.5	1 326.2
2004	477.1	484.6	942.9	1 685.0
2005	667.3	622.8	1 305.0	1 816.9
2006	674.7	934.8	1 398.1	2 067.2
2007	796.9	1 291.8	1 595.6	2 341.6
2008	920.5	1 549.1	1 404.7	2 541.1
2009	861.1	1 469.6	1 888.3	2 861.2
2010	1 204.0	2 031.0	2 646.0	3 027.0

续表

年份	山西	吉林	黑龙江	安徽
2011	2 110.4	1 878.9	3 231.3	3 628.7
2012	1 733.0	1 927.9	3 245.7	3 965.4
2013	2 284.8	2 253.7	2 932.7	5 180.4
2014	2 182.5	1 573.9	3 000.9	5 196.4
年份	江西	河南	湖北	湖南
2000	402.8	597.5	843.5	577.6
2001	546.2	644.4	1 049.5	648.9
2002	688.2	892.3	1 072.4	807.8
2003	1 055.5	1 005.5	1 332.5	1 142.3
2004	1 155.7	1 135.3	1 532.4	1 459.1
2005	1 561.5	1 370.9	1 627.0	1 741.1
2006	1 621.5	1 681.4	1 817.7	1 706.2
2007	1 626.1	2 785.5	2 099.7	2 055.8
2008	1 586.7	3 026.0	2 057.9	2 393.8
2009	1 646.8	3 401.0	2 312.1	2 965.2
2010	1 818.0	4 427.0	2 541.0	3 348.0
2011	1 906.1	5 527.4	3 221.0	4 146.3
2012	1 747.5	5 870.5	3 273.7	4 458.0
2013	1 790.3	5 965.9	3 040.8	4 593.8
2014	1 871.8	7 324.3	3 431.2	4 022.9

附表 1-5　中部地区各省份商品房竣工面积同比增速（单位：%）

年份	山西	吉林	黑龙江	安徽
2000	18.1	26.1	51.2	20.3
2001	22.1	35.3	22.5	26.0
2002	19.5	20.2	−20.7	11.0
2003	8.0	−5.9	9.9	24.8
2004	−1.1	−31.8	6.7	27.1
2005	39.9	28.5	38.4	7.8
2006	1.1	50.1	7.1	13.8
2007	18.1	38.2	14.1	13.3
2008	15.5	19.9	−12.0	8.5
2009	−6.5	−5.1	34.4	12.6
2010	39.8	38.2	40.1	5.8
2011	75.3	−7.5	22.1	19.9

续表

年份	山西	吉林	黑龙江	安徽
2012	−17.9	2.6	0.4	9.3
2013	31.8	16.9	−9.6	30.6
2014	−4.5	−30.2	2.3	0.3
年份	江西	河南	湖北	湖南
2000	11.5	34.3	23.0	20.4
2001	35.6	7.8	24.4	12.3
2002	26.0	38.5	2.2	24.5
2003	53.4	12.7	24.3	41.4
2004	9.5	12.9	15.0	27.7
2005	35.1	20.8	6.2	19.3
2006	3.8	22.6	11.7	−2.0
2007	0.3	65.7	15.5	20.5
2008	−2.4	8.6	−2.0	16.4
2009	3.8	12.4	12.4	23.9
2010	10.4	30.2	9.9	12.9
2011	4.8	24.9	26.8	23.8
2012	−8.3	6.2	1.6	7.5
2013	2.4	1.6	−7.1	3.0
2014	4.6	22.8	12.8	−12.4

附表 1-6　西部地区各省份商品房竣工面积情况（单位：万平方米）

年份	内蒙古	广西	重庆	四川	贵州	云南
2000	412.9	226.7	849.4	1 285.3	349.2	426.0
2001	515.4	331.3	1 020.6	1 843.9	490.8	366.0
2002	583.4	352.5	1 390.7	2 312.3	514.1	561.5
2003	615.9	558.7	1 677.0	2 864.1	655.4	586.6
2004	614.4	884.5	1 534.6	2 398.7	644.5	473.2
2005	897.1	1 330.7	2 209.8	2 769.9	711.6	857.5
2006	1 332.8	1 133.7	2 224.8	3 238.7	642.1	1 160.4
2007	1 832.9	1 313.0	2 253.1	3 084.1	694.8	1 016.3
2008	1 981.4	1 253.5	2 367.9	3 348.6	720.7	1 051.7
2009	2 314.8	1 441.6	2 907.1	4 279.5	1 223.5	1 680.6
2010	2 298.0	1 564.0	2 627.0	3 967.0	1 048.0	1 536.0
2011	2 519.4	2 303.4	3 424.3	4 232.5	1 455.2	1 572.1
2012	2 449.1	2 333.6	3 990.6	5 866.6	1 416.8	1 851.6

续表

年份	内蒙古	广西	重庆	四川	贵州	云南
2013	2 638.2	1 712.7	3 804.4	5 108.9	1 764.8	2 019.2
2014	2 012.1	1 866.0	3 717.8	5 334.5	2 842.3	1 788.6
年份	西藏	陕西	甘肃	青海	宁夏	新疆
2000	6.7	585.3	187.1	74.3	155.5	330.1
2001	11.1	581.0	222.6	106.0	190.7	633.3
2002	16.2	642.1	220.3	133.6	219.6	727.2
2003	12.6	709.5	260.7	157.0	407.3	791.1
2004	9.2	538.4	321.3	149.9	428.3	557.0
2005	26.5	757.2	454.9	104.1	568.1	717.4
2006	32.9	792.1	420.3	133.1	524.5	679.1
2007	41.3	892.0	431.7	171.2	501.2	890.6
2008	54.6	875.7	546.5	225.3	634.2	1 049.3
2009	46.0	917.0	540.6	182.0	741.2	1 032.7
2010	12.0	900.0	599.0	268.0	937.0	1 013.0
2011	21.7	1 128.3	743.8	520.5	967.3	1 270.5
2012	9.2	1 653.9	844.5	416.2	1 152.0	1 736.2
2013	18.1	1 511.7	915.6	592.6	1 104.5	1 722.2
2014	52.5	2 188.9	813.2	559.5	1 203.7	2 086.1

附表 1-7　西部地区各省份商品房竣工面积同比增速（单位：%）

年份	内蒙古	广西	重庆	四川	贵州	云南
2000	53.7	13.4	37.1	26.8	52.3	–3.4
2001	24.8	46.1	20.2	43.5	40.5	–14.1
2002	13.2	6.4	36.3	25.4	4.7	53.4
2003	5.6	58.5	20.6	23.9	27.5	4.5
2004	–0.2	58.3	–8.5	–16.2	–1.7	–19.3
2005	46.0	50.4	44.0	15.5	10.4	81.2
2006	48.6	–14.8	0.7	16.9	–9.8	35.3
2007	37.5	15.8	1.3	–4.8	8.2	–12.4
2008	8.1	–4.5	5.1	8.6	3.7	3.5
2009	16.8	15.0	22.8	27.8	69.8	59.8
2010	–0.7	8.5	–9.6	–7.3	–14.3	–8.6
2011	9.6	47.3	30.4	6.7	38.9	2.4

续表

年份	内蒙古	广西	重庆	四川	贵州	云南
2012	−2.8	1.3	16.5	38.6	−2.6	17.8
2013	7.7	−26.6	−4.7	−12.9	24.6	9.1
2014	−23.7	9.0	−2.3	4.4	61.1	−11.4

年份	西藏	陕西	甘肃	青海	宁夏	新疆
2000	−17.3	0.8	8.7	−4.9	25.2	106.3
2001	65.7	−0.7	19.0	42.7	22.6	91.9
2002	45.9	10.5	−1.0	26.0	15.2	14.8
2003	−22.2	10.5	18.3	17.5	85.5	8.8
2004	−27.0	−24.1	23.2	−4.5	5.2	−29.6
2005	188.0	40.6	41.6	−30.6	32.6	28.8
2006	24.2	4.6	−7.6	27.9	−7.7	−5.3
2007	25.5	12.6	2.7	28.6	−4.4	31.1
2008	32.2	−1.8	26.6	31.6	26.5	17.8
2009	−15.8	4.7	−1.1	−19.2	16.9	−1.6
2010	−73.9	−1.9	10.8	47.3	26.4	−1.9
2011	80.8	25.4	24.2	94.2	3.2	25.4
2012	−57.5	46.6	13.5	−20.0	19.1	36.7
2013	96.0	−8.6	8.4	42.4	−4.1	−0.8
2014	190.0	44.8	−11.2	−5.6	9.0	21.1

附表 1-8　东部地区各省份商品房销售价格（单位：元/米^2）

年份	北京	天津	河北	辽宁	上海	江苏	浙江	福建	山东	广东	海南
2000	4 919	2 328	1 448	2 076	3 565	1 643	1 947	2 084	1 427	3 228	1 980
2001	5 062	2 375	1 463	2 126	3 866	1 801	2 050	2 015	1 457	3 305	1 910
2002	4 764	2 487	1 503	2 139	4 134	1 925	2 387	2 152	1 605	3 241	1 789
2003	4 737	2 518	1 463	2 291	5 118	2 197	2 737	2 297	1 698	3 195	2 105
2004	5 053	3 115	1 605	2 412	5 855	2 651	3 108	2 560	2 045	3 482	2 405
2005	6 788	4 055	1 862	2 798	6 842	3 359	4 280	3 162	2 425	4 443	2 924
2006	8 280	4 774	2 111	3 073	7 196	3 592	4 774	3 994	2 541	4 853	3 787
2007	11 553	5 811	2 586	3 490	8 361	4 024	5 786	4 684	2 904	5 914	4 162
2008	12 418	6 015	2 779	3 758	8 195	4 049	6 262	4 384	2 970	5 953	5 443
2009	13 799	6 886	3 263	4 034	12 840	4 983	7 826	5 427	3 505	6 513	6 261

续表

年份	北京	天津	河北	辽宁	上海	江苏	浙江	福建	山东	广东	海南
2010	17 782	8 230	3 539	4 505	14 464	5 841	9 258	6 256	3 944	7 486	8 735
2011	16 852	8 745	3 983	4 733	14 603	6 554	9 838	7 764	4 448	7 879	8 943
2012	17 022	8 218	4 478	4 942	14 061	6 727	10 643	8 646	4 763	8 112	7 894

附表 1-9　东部地区各省份商品房销售价格增速（单位：%）

年份	北京	天津	河北	辽宁	上海	江苏	浙江	福建	山东	广东	海南
2000	−12.9	3.4	7.1	8.2	4.2	3.7	2.0	1.0	6.2	2.1	10.1
2001	2.9	2.0	1.0	2.4	8.4	9.6	5.3	−3.3	2.1	2.4	−3.5
2002	−5.9	4.7	2.7	0.6	6.9	6.9	16.4	6.8	10.2	−1.9	−6.3
2003	−0.6	1.2	−2.7	7.1	23.8	14.1	14.7	6.7	5.8	−1.4	17.7
2004	6.7	23.7	9.7	5.3	14.4	20.7	13.6	11.4	20.4	9.0	14.3
2005	34.3	30.2	16.0	16.0	16.9	26.7	37.7	23.5	18.6	27.6	21.6
2006	22.0	17.7	13.4	9.8	5.2	6.9	11.5	26.3	4.8	9.2	29.5
2007	39.5	21.7	22.5	13.6	16.2	12.0	21.2	17.3	14.3	21.9	9.9
2008	7.5	3.5	7.5	7.7	−2.0	0.6	8.2	−6.4	2.3	0.7	30.8
2009	11.1	14.5	17.4	7.3	56.7	23.1	25.0	23.8	18.0	9.4	15.0
2010	28.9	19.5	8.5	11.7	12.6	17.2	18.3	15.3	12.5	14.9	39.5
2011	−5.2	6.3	12.5	5.1	1.0	12.2	6.3	24.1	12.8	5.3	2.4
2012	1.0	−6.0	12.4	4.4	−3.7	2.6	8.2	11.4	7.1	3.0	−11.7

附表 1-10　东部地区各省份住宅销售价格（单位：元/米^2）

年份	北京	天津	河北	辽宁	上海	江苏	浙江	福建	山东	广东	海南
2000	4 557	2 274	1 350	1 882	3 326	1 527	1 758	1 767	1 343	2 973	1 956
2001	4 716	2 308	1 330	1 999	3 658	1 665	1 821	1 788	1 361	3 102	1 904
2002	4 467	2 414	1 327	1 991	4 007	1 806	2 128	1 744	1 535	3 022	1 797
2003	4 456	2 393	1 343	2 131	4 989	2 017	2 451	2 053	1 624	2 994	2 017
2004	4 747	2 950	1 486	2 316	5 761	2 418	2 786	2 297	1 886	3 298	2 380
2005	6 162	3 987	1 777	2 652	6 698	3 146	3 973	2 801	2 295	4 149	2 855
2006	7 375	4 649	2 028	2 884	7 039	3 375	4 510	3 656	2 400	4 589	3 735
2007	10 661	5 576	2 505	3 355	8 253	3 834	5 623	4 476	2 799	5 682	4 095
2008	11 648	5 598	2 743	3 575	8 115	3 802	6 144	4 498	2 851	5 723	5 441
2009	13 224	6 605	3 210	3 872	12 364	4 805	7 890	5 366	3 390	6 360	6 291
2010	17 151	7 940	3 442	4 303	14 290	5 592	9 332	6 077	3 809	7 004	8 800
2011	15 518	8 548	3 767	4 543	13 566	6 145	9 801	7 452	4 299	7 561	9 083
2012	16 553	8 010	4 142	4 717	13 870	6 423	10 680	8 366	4 557	7 668	7 811

附表 1-11　东部地区各省份住宅销售价格增速（单位：%）

年份	北京	天津	河北	辽宁	上海	江苏	浙江	福建	山东	广东	海南
2000	–4.8	5.4	3.1	7.3	7.2	4.5	3.0	–2.3	6.9	2.1	15.9
2001	3.5	1.5	–1.5	6.2	10.0	9.0	3.6	1.2	1.3	4.3	–2.7
2002	–5.3	4.6	–0.2	–0.4	9.5	8.5	16.9	–2.5	12.8	–2.6	–5.6
2003	–0.2	–0.9	1.2	7.0	24.5	11.7	15.2	17.7	5.8	–0.9	12.2
2004	6.5	23.3	10.6	8.7	15.5	19.9	13.7	11.9	16.1	10.2	18.0
2005	29.8	35.2	19.6	14.5	16.3	30.1	42.6	21.9	21.7	25.8	20.0
2006	19.7	16.6	14.1	8.7	5.1	7.3	13.5	30.5	4.6	10.6	30.8
2007	44.6	19.9	23.5	16.3	17.2	13.6	24.7	22.4	16.6	23.8	9.6
2008	9.3	0.4	9.5	6.6	–1.7	–0.8	9.3	0.5	1.9	0.7	32.9
2009	13.5	18.0	17.0	8.3	52.4	26.4	28.4	19.3	18.9	11.1	15.6
2010	29.7	20.2	7.2	11.1	15.6	16.4	18.3	13.3	12.4	10.1	39.9
2011	–9.5	7.7	9.4	5.6	–5.1	9.9	5.0	22.6	12.9	8.0	3.2
2012	6.7	–6.3	10.0	3.8	2.2	4.5	9.0	12.3	6.0	1.4	–14.0

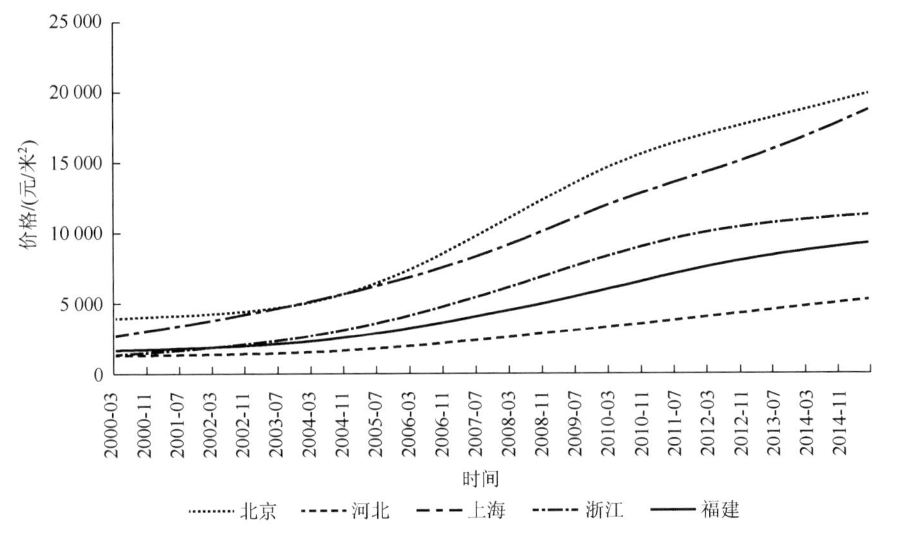

附图 1-1　东部地区部分省份住宅销售价格趋势

附表 1-12　中部地区各省份商品房销售价格（单位：元/米²）

年份	山西	吉林	黑龙江	安徽	江西	河南	湖北	湖南
2000	1 118	1 408	1 739	1 173	949	1 260	1 368	1 079
2001	1 349	1 552	1 784	1 163	972	1 236	1 363	1 248
2002	1 435	1 665	1 803	1 290	1 062	1 380	1 456	1 326
2003	1 611	1 574	1 799	1 513	1 210	1 388	1 506	1 413
2004	1 803	1 880	1 939	1 782	1 325	1 573	1 672	1 511

续表

年份	山西	吉林	黑龙江	安徽	江西	河南	湖北	湖南
2005	2 210	1 888	2 099	2 220	1 529	1 867	2 263	1 625
2006	1 988	2 010	2 196	2 322	1 708	2 012	2 556	1 928
2007	2 250	2 302	2 471	2 664	2 072	2 253	3 053	2 233
2008	2 355	2 507	2 832	2 949	2 136	2 339	3 001	2 302
2009	2 707	2 917	3 241	3 420	2 643	2 666	3 532	2 680
2010	3 487	3 647	3 719	4 205	3 144	3 042	3 743	3 146
2011	3 433	4 364	3 966	4 776	4 148	3 501	4 486	3 790
2012	3 871	4 147	4 067	4 825	4 745	3 831	5 043	4 049

附表 1-13 中部地区各省份商品房销售价格增速（单位：%）

年份	山西	吉林	黑龙江	安徽	江西	河南	湖北	湖南
2000	8.9	−1.9	8.1	−4.8	15.7	23.3	5.6	1.5
2001	20.7	10.2	2.6	−0.9	2.4	−1.9	−0.4	15.7
2002	6.4	7.3	1.1	10.9	9.3	11.7	6.8	6.3
2003	12.3	−5.5	−0.2	17.3	13.9	0.6	3.4	6.6
2004	11.9	19.4	7.8	17.8	9.5	13.3	11.0	6.9
2005	22.6	0.4	8.3	24.6	15.4	18.7	35.3	7.5
2006	−10.0	6.5	4.6	4.6	11.7	7.8	12.9	18.6
2007	13.2	14.5	12.5	14.7	21.3	12.0	19.4	15.8
2008	4.7	8.9	14.6	10.7	3.1	3.8	−1.7	3.1
2009	14.9	16.4	14.4	16.0	23.7	14.0	17.7	16.4
2010	28.8	25.0	14.7	23.0	19.0	14.1	6.0	17.4
2011	−1.6	19.7	6.7	13.6	31.9	15.1	19.9	20.5
2012	12.8	−5.0	2.5	1.0	14.4	9.4	12.4	6.8

附表 1-14 中部地区各省份住宅销售价格（单位：元/米^2）

年份	山西	吉林	黑龙江	安徽	江西	河南	湖北	湖南
2000	985	1 299	1 578	1 020	854	1 152	1 280	987
2001	1 249	1 451	1 631	994	864	1 173	1 311	1 123
2002	1 253	1 499	1 599	1 171	907	1 291	1 408	1 150
2003	1 263	1 447	1 622	1 346	964	1 289	1 452	1 188
2004	1 574	1 758	1 693	1 571	1 158	1 443	1 599	1 248
2005	1 876	1 756	1 873	2 065	1 336	1 659	2 164	1 405
2006	1 806	1 858	2 035	2 153	1 591	1 843	2 422	1 655
2007	2 052	2 192	2 354	2 505	1 998	2 081	2 937	2 068
2008	2 253	2 399	2 642	2 808	2 022	2 138	2 898	2 113

续表

年份	山西	吉林	黑龙江	安徽	江西	河南	湖北	湖南
2009	2 552	2 788	3 067	3 235	2 517	2 501	3 413	2 532
2010	3 338	3 495	3 492	3 899	2 959	2 856	3 506	3 014
2011	3 231	4 161	3 683	4 371	3 822	3 123	4 142	3 524
2012	3 691	3 875	3 726	4 495	4 381	3 511	4 668	3 670

附表 1-15　中部地区各省份住宅销售价格增速（单位：%）

年代	山西	吉林	黑龙江	安徽	江西	河南	湖北	湖南
2000	0.2	5.1	11.1	−4.1	17.1	20.1	3.5	3.1
2001	26.8	11.7	3.4	−2.5	1.2	1.8	2.4	13.8
2002	0.3	3.3	−2.0	17.8	5.0	10.1	7.4	2.4
2003	0.8	−3.5	1.4	14.9	6.3	−0.2	3.1	3.3
2004	24.6	21.5	4.4	16.7	20.1	11.9	10.1	5.1
2005	19.2	−0.1	10.6	31.4	15.4	15.0	35.3	12.6
2006	−3.7	5.8	8.6	4.3	19.1	11.1	11.9	17.8
2007	13.6	18.0	15.7	16.3	25.6	12.9	21.3	25.0
2008	9.8	9.4	12.2	12.1	1.2	2.7	−1.3	2.2
2009	13.3	16.2	16.1	15.2	24.5	17.0	17.8	19.8
2010	30.8	25.4	13.9	20.5	17.6	14.2	2.7	19.0
2011	−3.2	19.1	5.5	12.1	29.2	9.4	18.1	16.9
2012	14.2	−6.9	1.2	2.8	14.6	12.4	12.7	4.1

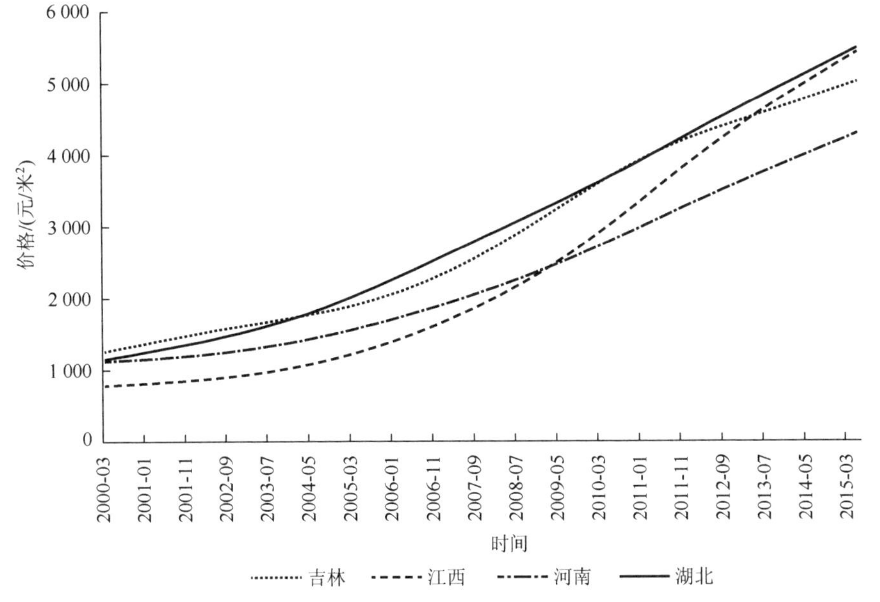

附图 1-2　中部地区部分省份住宅销售价格趋势

附表 1-16　西部地区各省份商品房销售价格（单位：元/米²）

年份	内蒙古	广西	重庆	四川	贵州	云南	陕西	甘肃	青海	宁夏	新疆	西藏
2000	1 136	1 450	1 351	1 340	1 269	1 739	1 253	1 302	1 238	1 352	1 424	1 075
2001	1 235	1 836	1 443	1 368	1 164	1 940	1 570	1 259	1 208	1 596	1 533	1 674
2002	1 256	1 926	1 556	1 381	1 238	1 913	1 554	1 326	1 292	1 865	1 735	1 569
2003	1 270	1 883	1 596	1 421	1 313	1 882	1 534	1 275	1 465	1 868	1 817	1 753
2004	1 401	2 083	1 766	1 572	1 385	1 978	1 731	1 754	1 583	1 880	1 585	2 748
2005	1 653	2 014	2 135	1 945	1 607	2 165	2 060	1 936	1 832	2 235	1 798	1 700
2006	1 811	2 195	2 269	2 271	1 780	2 380	2 461	1 780	1 921	2 063	1 858	1 976
2007	2 247	2 539	2 723	2 840	2 137	2 455	2 622	2 191	2 311	2 136	2 081	2 704
2008	2 483	2 826	2 785	3 157	2 339	2 680	2 952	1 958	2 460	2 435	2 240	3 202
2009	2 972	3 260	3 442	3 509	2 874	2 931	3 223	2 483	2 517	3 090	2 604	2 452
2010	3 521	3 562	4 281	4 138	3 357	3 158	3 759	3 042	3 005	3 304	3 087	2 896
2011	3 783	3 772	4 734	4 918	3 889	3 635	4 949	3 318	3 248	3 732	3 549	3 475
2012	4 053	4 203	5 080	5 449	4 116	4 209	5 156	3 570	4 049	3 948	3 918	3 269

附表 1-17　西部地区各省份商品房销售价格增速（单位：%）

年份	内蒙古	广西	重庆	四川	贵州	云南	陕西	甘肃	青海	宁夏	新疆	西藏
2000	−1.0	−4.4	−1.9	−0.7	−1.1	5.3	20.2	2.2	−15.3	−3.7	2.2	−18.1
2001	8.7	26.6	6.8	2.1	−8.3	11.6	25.3	−3.3	−2.4	18.0	7.7	55.7
2002	1.7	4.9	7.8	1.0	6.4	−1.4	−1.0	5.3	7.0	16.9	13.2	−6.3
2003	1.1	−2.2	2.6	2.9	6.1	−1.6	−1.3	−3.8	13.4	0.2	4.7	11.7
2004	10.3	10.6	10.7	10.6	5.5	5.1	12.8	37.6	8.1	0.6	−12.8	56.8
2005	18.0	−3.3	20.9	23.7	16.0	9.5	19.0	10.4	15.7	18.9	13.4	−38.1
2006	9.6	9.0	6.3	16.8	10.8	9.9	19.5	−8.1	4.9	−7.7	3.3	16.2
2007	24.1	15.7	20.0	25.1	20.1	3.2	6.5	23.1	20.3	3.5	12.0	36.8
2008	10.5	11.3	2.3	11.2	9.5	9.2	12.6	−10.6	6.4	14.0	7.6	18.4
2009	19.7	15.4	23.6	11.1	22.9	9.4	9.2	26.8	2.3	26.9	16.3	−23.4
2010	18.5	9.3	24.4	17.9	16.8	7.7	16.6	22.5	19.4	6.9	18.5	18.1
2011	7.4	5.9	10.6	18.8	15.8	15.1	31.7	9.1	8.1	13.0	15.0	20.0
2012	7.1	11.4	7.3	10.8	5.8	15.8	4.2	7.6	24.6	5.8	10.4	−5.9

附表 1-18　西部地区各省份住宅销售价格（单位：元/米²）

年份	内蒙古	广西	重庆	四川	贵州	云南	陕西	甘肃	青海	宁夏	新疆	西藏
2000	984	1 382	1 077	1 135	1 096	1 646	1 210	1 199	1 136	1 145	1 328	1 075
2001	1 023	1 628	1 133	1 171	1 026	1 848	1 398	1 190	1 123	1 309	1 409	1 466
2002	1 041	1 644	1 277	1 190	1 068	1 784	1 481	1 195	1 167	1 594	1 444	1 542
2003	1 077	1 699	1 324	1 229	1 143	1 775	1 390	1 175	1 342	1 515	1 487	1 745
2004	1 225	1 886	1 573	1 351	1 181	1 860	1 598	1 601	1 415	1 665	1 325	2 748
2005	1 402	1 825	1 901	1 688	1 308	2 001	1 930	1 739	1 681	1 765	1 509	1 506
2006	1 627	1 973	2 081	2 123	1 584	2 191	2 297	1 703	1 840	1 869	1 684	1 687
2007	2 015	2 386	2 588	2 753	1 899	2 296	2 487	2 146	2 206	1 958	1 960	2 662
2008	2 265	2 634	2 640	3 067	2 122	2 441	2 821	1 851	2 384	2 215	2 100	3 103
2009	2 649	3 133	3 266	3 434	2 642	2 723	3 113	2 396	2 442	2 824	2 466	2 392
2010	2 983	3 382	4 040	3 985	3 142	2 893	3 668	2 938	2 894	3 107	2 872	2 761
2011	3 341	3 554	4 492	4 595	3 490	3 388	4 705	3 130	3 090	3 389	3 287	3 312
2012	3 656	3 910	4 805	4 959	3 695	3 861	4 803	3 376	3 692	3 621	3 594	2 982

附表 1-19　西部地区各省份住宅销售价格增速（单位：%）

年份	内蒙古	广西	重庆	四川	贵州	云南	陕西	甘肃	青海	宁夏	新疆	西藏
2000	0.5	9.1	−0.3	−2.4	−1.4	4.9	21.7	12.8	−10.0	−4.7	1.1	43.5
2001	4.0	17.8	5.2	3.2	−6.4	12.3	15.5	−0.8	−1.1	14.3	6.1	36.4
2002	1.8	1.0	12.7	1.6	4.1	−3.5	5.9	0.4	3.9	21.8	2.5	5.2
2003	3.5	3.3	3.7	3.3	7.0	−0.5	−6.1	−1.7	15.0	−5.0	3.0	13.2
2004	13.7	11.0	18.8	9.9	3.3	4.8	15.0	36.3	5.4	9.9	−10.9	57.5
2005	14.4	−3.2	20.9	24.9	10.8	7.6	20.8	8.6	18.8	6.0	13.9	−45.2
2006	16.0	8.1	9.5	25.8	21.1	9.5	19.0	−2.1	9.5	5.9	11.6	12.0
2007	23.8	20.9	24.4	29.7	19.9	4.8	8.3	26.0	19.9	4.8	16.4	57.8
2008	12.4	10.4	2.0	11.4	11.7	6.3	13.4	−13.7	8.1	13.1	7.1	16.6
2009	17.0	18.9	23.7	12.0	24.5	11.6	10.4	29.4	2.4	27.5	17.4	−22.9
2010	12.6	7.9	23.7	16.0	18.9	6.2	17.8	22.6	18.5	10.0	16.5	15.4
2011	12.0	5.1	11.2	15.3	11.1	17.1	28.3	6.5	6.8	9.1	14.4	20.0
2012	9.5	10.0	7.0	7.9	5.9	14.0	2.1	7.9	19.5	6.8	9.3	−10.0

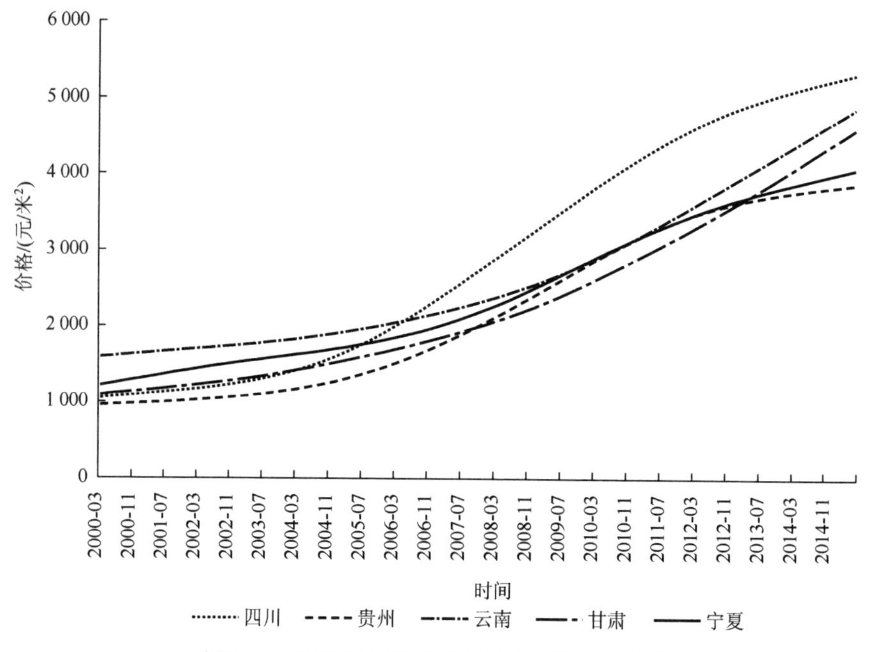

附图 1-3　西部地区部分省份住宅销售价格趋势

附录 2　第 2 章相关内容

附表 2-1　河北各地级市房地产开发投资额（单位：亿元）

年份	保定	沧州	承德	邯郸	衡水	廊坊
2000	13.34	6.46	4.20	8.57	5.21	10.89
2001	16.29	7.07	6.68	12.84	0.00	14.80
2002	13.62	10.07	9.54	16.52	10.48	19.35
2003	19.12	13.12	14.89	19.78	13.75	28.53
2004	33.20	20.02	15.84	23.37	13.00	41.02
2005	28.92	18.47	15.87	27.75	13.22	58.62
2006	43.56	22.07	20.90	26.19	18.30	66.41
2007	71.15	26.81	32.39	47.14	16.38	123.18
2008	97.72	52.63	47.64	76.73	17.67	219.78
2009	174.43	69.61	67.19	113.38	42.89	248.43
2010	273.94	112.62	92.72	225.63	78.73	249.10
2011	353.83	152.79	143.84	240.29	121.94	294.18
2012	347.91	150.01	120.33	257.83	104.28	243.07
2013	334.13	184.51	140.93	305.04	120.81	303.46
2014	456.31	201.91	139.08	377.09	131.39	522.25
年份	秦皇岛	石家庄	唐山	邢台	张家口	
2000	13.76	23.26	14.62	4.37	3.79	

续表

年份	秦皇岛	石家庄	唐山	邢台	张家口
2001	18.90	28.18	16.15	4.22	7.69
2002	25.32	33.41	21.60	4.35	10.78
2003	25.74	62.09	28.00	10.84	16.10
2004	26.54	98.76	45.63	14.48	19.40
2005	30.70	122.10	39.12	15.33	21.43
2006	47.72	132.15	48.41	20.09	35.06
2007	58.40	197.54	61.85	23.78	50.66
2008	82.52	280.40	120.38	27.15	61.82
2009	94.45	373.98	191.79	47.61	96.28
2010	120.26	538.00	338.39	62.39	173.15
2011	164.86	789.14	506.27	85.25	208.56
2012	213.32	833.21	516.52	90.93	209.12
2013	235.12	928.15	569.15	124.78	199.34
2014	268.80	1 025.33	609.30	151.83	176.43

附表 2-2 山西各地级市房地产开发投资额（单位：亿元）

年份	太原	大同	阳泉	长治	晋城	朔州
2000	16.07	7.83	2.67	0.66	2.16	1.24
2001	21.14	10.20	2.87	1.88	3.19	1.41
2002	29.44	8.82	3.81	4.75	3.49	1.49
2003	42.61	9.15	6.60	7.05	4.91	2.59
2004	62.84	9.50	7.46	9.13	8.94	4.81
2005	79.44	14.62	11.99	11.70	8.23	5.37
2006	80.32	21.42	17.54	14.08	6.88	6.93
2007	94.82	28.03	21.83	15.26	8.12	10.40
2008	121.84	27.02	28.11	17.80	14.80	11.66
2009	165.01	83.66	31.98	26.50	26.54	16.15
2010	241.09	90.61	43.34	32.76	32.37	19.78
2011	312.08	134.18	58.88	53.76	37.50	24.22
2012	364.72	170.61	56.97	75.92	45.18	46.40
2013	429.92	265.02	72.39	94.21	50.82	90.15
2014	483.23	237.32	52.70	75.23	58.18	77.17

年份	晋中	运城	忻州	临汾	吕梁
2000	3.14	1.39	0.39	0.94	0.81
2001	2.45	3.25	0.85	1.58	1.72
2002	3.35	6.44	0.84	3.57	1.67
2003	6.09	7.63	0.66	6.22	1.38

续表

年份	晋中	运城	忻州	临汾	吕梁
2004	10.68	10.50	0.69	5.41	1.51
2005	16.65	16.15	2.70	7.75	2.86
2006	20.68	20.07	8.03	9.23	5.49
2007	22.96	26.33	9.13	13.46	8.77
2008	24.13	35.43	12.13	22.07	12.97
2009	20.81	40.19	20.88	38.93	13.06
2010	29.81	33.25	18.13	31.37	19.71
2011	32.22	52.63	24.10	37.39	22.97
2012	70.31	57.77	27.63	55.56	29.38
2013	76.93	93.03	38.11	65.58	32.47
2014	112.90	117.72	61.74	84.20	43.15

附表 2-3　内蒙古各地级市房地产开发投资额（单位：亿元）

年份	呼和浩特	包头	乌海	赤峰	通辽
2000	11.77	7.81	0.46	5.41	5.12
2001	15.54	11.27	0.74	7.63	6.72
2002	24.41	10.38	3.02	5.56	7.03
2003	27.40	17.91	3.81	6.14	7.40
2004	32.46	29.79	6.39	10.91	5.99
2005	35.86	31.00	8.27	17.61	8.22
2006	94.99	59.29	13.42	29.32	17.62
2007	129.83	81.93	18.49	39.04	35.53
2008	177.07	139.60	29.47	45.48	38.79
2009	178.29	140.43	23.05	54.57	20.53
2010	254.35	202.83	24.90	83.37	57.79
2011	344.49	234.17	49.83	128.08	100.60
2012	447.99	158.56	46.35	139.84	42.63
2013	581.68	206.47	47.86	147.17	69.19
2014	563.13	197.87	48.73	128.59	88.71

年份	鄂尔多斯	呼伦贝尔	巴彦淖尔	乌兰察布
2000	—	—	—	—
2001	1.88	10.05	3.54	2.35
2002	3.68	7.04	4.45	2.43
2003	5.56	7.33	5.46	2.58
2004	5.92	6.75	4.16	3.94

续表

年份	鄂尔多斯	呼伦贝尔	巴彦淖尔	乌兰察布
2005	17.05	15.42	10.91	4.85
2006	40.56	21.97	17.23	15.50
2007	84.86	43.88	17.21	20.13
2008	149.89	54.36	32.23	25.51
2009	219.44	42.37	50.95	23.62
2010	280.53	49.79	56.21	35.04
2011	426.03	110.46	69.50	44.02
2012	175.34	90.75	66.40	31.99
2013	137.56	107.98	58.29	30.97
2014	83.50	102.91	43.90	25.16

附表 2-4　安徽各地级市房地产开发投资额（单位：亿元）

年份	合肥	芜湖	蚌埠	淮南	马鞍山	淮北	铜陵	安庆
2000	23.05	9.63	4.77	3.18	5.54	2.68	5.48	4.36
2001	25.54	13.59	6.06	3.77	7.62	2.86	5.63	6.85
2002	40.02	17.24	8.07	5.13	9.97	3.51	7.15	9.15
2003	89.70	25.93	13.51	6.73	13.62	6.07	9.31	10.52
2004	138.32	28.97	16.90	13.39	19.73	6.99	13.24	15.71
2005	190.29	43.72	21.28	15.03	26.41	8.84	13.43	17.98
2006	280.64	59.34	24.65	23.50	30.79	12.52	17.79	25.57
2007	385.01	88.90	33.60	30.95	34.66	17.53	20.78	43.13
2008	567.16	150.23	40.55	36.98	65.18	22.36	32.25	63.63
2009	670.36	206.87	37.40	54.71	62.76	31.51	46.47	65.33
2010	819.03	291.16	73.84	78.35	85.05	42.53	73.30	92.22
2011	880.29	307.23	102.56	106.95	132.83	64.36	98.75	98.65
2012	913.80	366.67	183.54	116.07	211.49	109.28	116.81	100.17
2013	1 105.81	446.12	325.32	128.21	255.75	134.01	125.46	149.80
2014	1 127.35	479.01	406.96	110.50	245.58	152.40	132.76	146.94

年份	黄山	滁州	阜阳	宿州	六安	亳州	池州	宣城
2000	5.09	3.68	2.84	2.28	3.47	2.76	2.10	3.88
2001	6.08	4.68	3.56	2.80	5.33	3.34	2.44	5.82
2002	8.03	5.45	3.18	3.71	6.30	3.68	3.50	6.69
2003	10.85	6.68	7.93	4.48	9.33	4.60	4.63	9.26
2004	17.96	9.99	13.26	7.57	15.49	4.82	6.84	13.02

续表

年份	黄山	滁州	阜阳	宿州	六安	亳州	池州	宣城
2005	20.68	16.59	17.90	8.76	14.85	6.25	7.77	16.40
2006	22.31	19.24	25.52	12.93	23.10	7.43	9.54	18.81
2007	31.47	29.34	31.39	21.48	34.05	7.66	13.07	35.95
2008	70.01	46.38	42.26	31.20	39.09	13.26	31.37	61.59
2009	88.44	66.37	43.12	36.32	43.50	21.64	46.97	87.85
2010	125.76	131.77	50.05	47.14	62.41	43.52	66.49	82.19
2011	127.74	165.68	78.80	68.75	86.37	81.24	77.88	117.17
2012	144.00	229.81	87.99	103.47	121.48	96.01	92.25	158.75
2013	142.47	261.69	140.48	142.50	144.75	149.07	105.67	189.11
2014	136.75	305.47	215.67	182.33	182.27	209.06	104.12	201.77

附表 2-5 江苏各地级市房地产开发投资额（单位：亿元）

年份	南京	无锡	徐州	常州	苏州	南通	连云港
2000	99.34	44.67	28.05	29.98	61.18	26.11	6.62
2001	111.00	49.31	31.34	32.17	68.62	33.13	9.66
2002	137.63	77.01	25.01	41.02	107.34	35.96	16.02
2003	183.80	131.79	30.10	52.78	177.94	48.32	19.76
2004	292.88	195.58	30.91	97.90	334.32	59.39	27.32
2005	296.14	227.74	62.57	114.27	414.33	80.05	35.36
2006	351.17	276.81	70.80	171.04	470.75	107.93	55.07
2007	445.97	378.12	100.11	225.05	601.96	137.43	79.40
2008	508.17	449.72	130.81	308.92	718.08	172.68	113.28
2009	595.68	463.37	159.06	306.20	724.34	200.79	110.81
2010	748.35	612.67	205.32	409.91	935.80	272.78	132.36
2011	871.43	877.78	255.12	567.53	1 199.13	379.96	164.65
2012	971.96	974.37	310.07	597.01	1 263.36	481.74	162.23
2013	1 037.71	1 128.91	380.47	681.39	1 414.01	596.52	174.07
2014	1 125.49	1 252.22	468.88	681.53	1 764.44	678.92	189.28

年份	淮安	盐城	扬州	镇江	泰州	宿迁
2000	7.41	11.89	15.43	12.89	12.63	2.77
2001	11.27	13.40	17.98	14.95	17.14	4.47
2002	15.58	17.30	26.19	19.80	19.47	7.00
2003	21.54	23.13	43.82	32.29	31.15	13.06
2004	34.59	31.14	63.98	39.17	39.28	23.31
2005	45.31	52.24	73.14	60.48	47.24	37.17

续表

年份	淮安	盐城	扬州	镇江	泰州	宿迁
2006	66.35	65.51	83.43	67.42	63.41	57.02
2007	102.15	92.56	106.48	84.37	92.07	70.25
2008	138.40	95.12	137.66	97.03	111.78	87.07
2009	182.15	129.85	129.53	95.47	123.88	117.36
2010	237.77	165.47	165.16	114.88	149.73	147.63
2011	286.49	214.37	197.71	141.47	228.25	189.93
2012	280.55	273.41	235.84	205.48	234.48	218.64
2013	312.22	327.31	315.91	296.31	271.16	305.46
2014	357.66	379.64	360.44	319.05	285.54	377.14

附表 2-6　浙江各地级市房地产开发投资额（单位：亿元）

年份	杭州	宁波	温州	嘉兴	湖州	绍兴
2000	101.53	59.71	55.37	23.34	17.26	36.15
2001	140.91	87.08	87.87	39.83	23.40	48.61
2002	198.25	125.97	112.74	47.99	29.58	49.09
2003	258.85	184.26	134.93	72.44	41.52	74.47
2004	328.54	234.41	141.62	114.24	56.86	116.00
2005	410.57	259.50	153.97	123.40	69.05	103.33
2006	442.65	313.58	168.76	118.10	72.80	128.57
2007	518.79	332.89	192.49	147.74	94.94	178.59
2008	615.41	307.75	219.39	181.12	106.84	202.06
2009	704.68	374.51	253.34	187.18	111.30	210.46
2010	956.20	557.27	270.50	270.39	143.13	297.80
2011	1 302.72	754.94	680.55	383.37	184.68	403.24
2012	1 597.36	884.35	687.50	415.88	211.17	467.71
2013	1 853.28	1 123.14	734.37	510.83	267.64	536.99
2014	2 301.08	1 328.14	808.88	525.72	342.75	613.51

年份	金华	衢州	舟山	台州	丽水
2000	19.56	8.62	10.27	24.11	6.40
2001	41.64	16.55	15.21	32.02	11.76
2002	55.33	26.35	18.69	46.77	18.04
2003	77.56	35.53	18.19	56.50	25.83
2004	115.46	42.51	23.66	87.32	34.24
2005	120.10	37.92	27.67	116.13	34.85
2006	109.79	39.63	33.11	101.47	45.82
2007	121.43	45.91	39.15	95.73	53.95

续表

年份	金华	衢州	舟山	台州	丽水
2008	140.96	44.39	38.95	126.25	39.99
2009	132.64	37.59	48.99	152.27	41.30
2010	163.65	63.71	58.98	196.08	47.73
2011	203.59	70.66	116.79	319.16	54.64
2012	285.19	75.79	158.94	357.38	84.99
2013	384.97	88.82	143.79	453.54	118.88
2014	367.67	95.17	225.80	496.05	157.63

附表 2-7　福建各地级市房地产开发投资额（单位：亿元）

年份	福州	厦门	莆田	三明	泉州	漳州	南平	龙岩	宁德
2000	75.85	62.12	3.67	5.60	21.96	17.93	10.29	4.83	5.13
2001	89.52	56.63	5.89	7.36	25.59	17.11	11.45	5.41	6.54
2002	99.07	62.33	5.63	7.40	28.76	17.37	11.14	6.35	10.94
2003	167.04	79.27	8.55	8.98	39.13	20.99	13.45	11.05	13.60
2004	223.83	91.46	13.47	15.14	58.15	32.73	15.40	14.31	16.20
2005	222.03	114.07	21.47	14.59	68.56	41.66	19.47	19.11	16.98
2006	301.18	213.93	26.05	26.38	87.49	55.39	27.54	27.95	21.45
2007	376.47	345.74	49.61	47.34	114.84	83.53	41.88	39.06	34.02
2008	313.61	327.02	63.08	66.59	134.87	112.04	39.16	40.14	32.60
2009	361.80	294.59	63.33	74.81	146.72	99.31	40.77	49.65	32.55
2010	670.69	396.13	87.91	94.82	203.11	159.62	67.13	80.82	58.62
2011	956.45	438.12	152.83	105.73	274.36	223.48	68.31	87.93	98.70
2012	972.27	518.88	198.59	139.98	395.50	254.49	85.84	120.53	138.04
2013	1 264.79	531.80	283.32	162.02	585.45	356.10	133.31	165.13	221.04
2014	1 455.07	704.06	346.87	176.76	775.95	472.24	150.02	212.09	274.33

附表 2-8　江西各地级市房地产开发投资额（单位：亿元）

年份	南昌	景德镇	萍乡	九江	新余	鹰潭
2000	13.20	2.22	2.38	5.06	0.64	1.85
2001	20.51	2.84	3.44	6.74	1.49	2.21
2002	34.67	6.70	4.26	10.83	3.33	3.02
2003	60.01	17.10	6.81	12.30	6.23	4.36
2004	85.18	18.08	15.24	17.56	7.05	5.36
2005	110.22	13.58	14.46	23.92	12.48	5.87
2006	110.75	14.51	17.14	26.44	15.86	5.50

续表

年份	南昌	景德镇	萍乡	九江	新余	鹰潭
2007	125.60	16.16	17.70	38.82	22.06	8.14
2008	163.30	23.12	18.93	36.32	23.27	10.00
2009	198.25	24.98	19.92	49.00	24.14	11.00
2010	230.15	25.72	16.47	46.06	24.43	13.04
2011	279.89	34.90	16.52	60.80	27.11	21.51
2012	344.36	52.04	17.16	58.12	24.73	25.15
2013	406.14	42.66	24.38	75.29	41.52	36.63
2014	414.07	36.97	37.17	129.18	28.62	44.94

年份	赣州	吉安	宜春	抚州	上饶
2000	5.23	2.27	4.42	2.38	2.76
2001	9.63	2.38	6.03	4.12	4.17
2002	11.62	5.02	7.27	8.03	9.01
2003	13.50	12.17	10.71	16.75	17.40
2004	20.14	14.24	14.40	20.34	25.27
2005	25.01	18.77	15.67	24.84	35.95
2006	34.03	21.89	20.27	32.18	47.38
2007	50.87	21.88	29.31	41.76	62.65
2008	62.26	29.94	39.85	56.80	83.87
2009	76.62	34.16	42.90	62.99	90.57
2010	100.48	32.95	49.80	74.63	92.16
2011	130.64	33.42	70.77	84.11	100.46
2012	163.27	43.90	80.97	66.09	93.84
2013	196.62	62.23	100.99	81.36	106.75
2014	230.34	66.10	110.73	98.88	125.48

附表 2-9　山东各地级市房地产开发投资额（单位：亿元）

年份	济南	青岛	淄博	枣庄	东营	烟台	潍坊	济宁	泰安
2000	50.53	67.51	8.92	6.83	4.04	17.45	12.19	8.19	5.40
2001	62.20	92.52	13.25	7.28	6.14	26.56	15.96	9.98	5.53
2002	76.46	103.65	25.46	9.27	12.24	41.86	20.42	15.33	6.24
2003	89.80	127.80	36.37	14.88	20.27	71.78	37.10	24.91	15.08
2004	110.25	162.70	57.17	20.34	35.07	95.16	60.71	27.79	21.50
2005	121.09	223.84	77.35	23.14	47.00	111.05	79.00	39.69	30.52
2006	160.05	268.36	97.08	24.65	41.93	143.64	98.42	45.79	22.55
2007	193.21	322.35	105.68	34.74	63.48	205.12	156.63	57.31	34.24

续表

年份	济南	青岛	淄博	枣庄	东营	烟台	潍坊	济宁	泰安
2008	274.12	380.57	121.62	39.39	67.99	272.01	196.44	69.07	43.88
2009	332.56	459.48	140.61	68.14	84.64	271.20	266.50	82.37	52.16
2010	484.50	602.44	166.99	78.00	100.30	383.12	367.63	134.60	75.10
2011	527.16	782.72	197.18	136.85	122.91	568.97	406.75	182.24	86.15
2012	663.32	930.11	155.66	178.56	147.75	573.52	468.80	219.07	108.94
2013	721.20	1 048.50	200.40	220.40	175.76	578.40	602.10	275.40	126.20
2014	917.37	1 117.73	236.20	215.70	198.45	611.80	450.01	356.12	143.09

年份	威海	日照	莱芜	临沂	德州	聊城	滨州	菏泽
2000	17.53	2.48	1.83	8.16	5.13	3.87	1.02	2.23
2001	19.38	4.41	1.80	11.92	9.16	7.30	1.97	2.33
2002	24.63	5.36	2.09	15.43	11.40	15.70	4.42	3.66
2003	43.69	14.17	2.82	23.25	23.37	22.65	5.71	8.28
2004	45.68	21.28	4.44	26.06	33.81	25.13	7.18	13.50
2005	58.34	28.03	7.13	36.37	39.53	19.98	15.02	20.74
2006	80.39	35.62	6.82	50.20	40.31	24.82	15.47	29.08
2007	95.72	37.51	13.55	67.09	48.09	25.67	23.41	36.94
2008	150.22	54.09	13.27	119.00	63.84	22.13	50.67	44.60
2009	209.51	61.14	16.39	146.38	73.31	32.44	69.83	62.09
2010	269.80	63.33	18.34	158.23	90.19	56.45	96.55	106.23
2011	352.26	61.07	28.83	190.78	117.64	90.89	106.28	148.53
2012	366.19	65.99	35.24	233.52	141.31	108.75	135.26	176.31
2013	411.81	72.04	36.71	300.50	195.80	146.10	127.09	206.18
2014	357.23	91.93	29.25	370.92	209.79	169.97	112.07	230.33

附表 2-10 河南各地级市房地产开发投资额（单位：亿元）

年份	郑州	开封	洛阳	平顶山	安阳	鹤壁	新乡	焦作	濮阳
2000	34.19	3.09	10.53	3.59	3.97	0.38	3.20	1.20	2.17
2001	47.59	3.87	13.39	3.63	4.77	0.52	4.60	1.46	3.12
2002	59.63	4.72	17.04	4.50	6.65	1.07	7.99	2.46	3.78
2003	74.26	7.27	20.82	3.45	11.08	1.13	12.25	6.74	5.12
2004	121.78	6.82	30.69	4.86	11.60	1.17	19.35	13.21	5.62
2005	168.10	7.40	46.08	6.54	13.99	1.31	24.43	14.81	10.47
2006	229.89	10.75	78.82	14.94	24.22	6.22	33.48	22.14	13.84
2007	298.76	15.03	110.10	24.76	35.45	9.68	51.33	36.43	17.21
2008	434.96	22.38	110.37	19.83	53.69	11.71	76.31	55.56	25.67
2009	513.83	36.94	137.94	41.31	74.59	15.24	102.16	62.50	35.97

续表

年份	郑州	开封	洛阳	平顶山	安阳	鹤壁	新乡	焦作	濮阳
2010	775.16	57.69	179.90	54.28	98.72	24.47	117.64	72.29	41.60
2011	923.60	88.16	239.19	75.30	121.52	36.65	155.69	71.62	50.23
2012	1 095.14	94.88	274.51	109.35	131.58	37.59	172.85	71.09	57.90
2013	1 445.33	134.80	301.97	120.16	153.76	50.56	227.29	117.00	72.68
2014	1 743.51	135.98	302.61	155.82	175.66	64.13	267.49	117.25	84.77

年份	许昌	漯河	三门峡	南阳	商丘	信阳	周口	驻马店
2000	2.51	2.37	0.85	5.04	0.73	2.33	1.08	0.44
2001	3.11	3.71	1.78	3.89	0.67	4.22	1.75	0.50
2002	3.15	3.99	1.53	7.36	0.53	6.35	5.50	1.72
2003	4.51	5.26	1.22	11.08	3.34	8.62	6.39	2.57
2004	7.55	6.88	1.45	12.97	6.25	12.04	7.20	3.49
2005	9.37	13.21	2.18	34.32	13.48	23.03	9.78	5.33
2006	20.78	17.61	5.09	22.45	19.18	33.89	15.30	9.60
2007	29.98	15.08	7.43	32.36	26.63	55.86	34.06	28.02
2008	46.71	17.72	17.60	42.52	57.86	89.56	65.19	47.36
2009	58.43	16.52	26.50	56.12	76.31	112.51	95.85	76.85
2010	71.06	28.93	46.60	70.32	89.98	136.08	125.09	107.05
2011	94.39	33.25	53.86	93.72	103.19	165.48	148.87	144.65
2012	89.31	37.35	64.78	100.85	140.37	189.15	173.14	168.25
2013	120.66	46.39	85.72	131.03	189.68	226.29	207.20	181.32
2014	137.78	38.85	97.87	156.60	211.37	248.43	209.87	202.14

附表 2-11　湖南各地级市房地产开发投资额（单位：亿元）

年份	长沙	株洲	湘潭	衡阳	邵阳	岳阳	常德
2000	33.02	6.01	4.83	4.87	2.26	5.04	5.54
2001	54.94	7.66	7.46	6.80	2.34	6.61	9.12
2002	81.79	9.52	8.08	7.37	3.35	7.51	12.36
2003	122.56	18.46	11.87	11.51	6.60	11.86	14.67
2004	175.54	34.07	15.54	12.48	10.13	14.32	23.97
2005	256.35	32.50	16.73	13.23	11.96	19.65	26.72
2006	303.86	44.35	23.64	16.59	15.17	21.18	32.14
2007	407.05	57.91	35.18	23.51	18.87	29.27	39.85
2008	469.47	81.39	34.39	31.32	24.23	34.91	40.92
2009	497.47	104.08	48.21	41.27	36.29	51.34	50.37
2010	684.15	146.49	64.59	65.31	47.03	70.37	61.70

续表

年份	长沙	株洲	湘潭	衡阳	邵阳	岳阳	常德
2011	886.92	184.80	72.13	80.74	61.10	100.40	85.76
2012	1 032.00	189.65	93.81	96.75	75.49	102.06	94.81
2013	1 153.61	226.94	122.25	111.30	102.73	109.90	121.76
2014	1 310.50	235.33	147.13	138.29	130.01	131.78	124.05
年份	张家界	益阳	郴州	永州	怀化	娄底	
2000	0.79	2.48	4.07	1.64	1.45	2.28	
2001	0.90	2.42	4.54	0.93	2.12	1.53	
2002	2.38	3.77	6.32	1.61	3.07	2.01	
2003	4.19	7.91	16.68	2.54	7.38	4.01	
2004	4.95	7.55	19.18	6.82	7.65	5.34	
2005	3.87	10.84	20.06	12.99	13.16	8.88	
2006	4.74	17.22	22.18	15.47	12.50	16.21	
2007	6.19	32.06	27.39	24.80	15.58	18.35	
2008	9.04	46.62	30.17	33.86	21.14	23.27	
2009	17.76	51.84	42.51	61.97	33.29	28.17	
2010	22.49	63.00	68.68	72.60	44.73	28.97	
2011	29.44	80.59	94.22	86.19	57.04	52.33	
2012	44.52	92.59	116.54	86.12	79.35	81.14	
2013	68.00	100.90	147.62	89.98	118.39	119.36	
2014	58.75	101.12	162.03	92.98	101.87	109.71	

附表 2-12　广西各地级市房地产开发投资额（单位：亿元）

年份	南宁	柳州	桂林	梧州	北海	防城港	钦州
2000	15.73	4.84	7.88	3.84	1.03	0.26	0.43
2001	18.56	8.82	13.16	7.47	2.35	0.33	0.65
2002	23.88	16.00	17.35	6.08	2.67	0.68	1.08
2003	39.48	27.90	26.24	5.44	4.74	1.21	1.63
2004	66.04	38.49	35.14	7.04	8.86	1.65	5.10
2005	105.11	41.06	41.71	9.61	10.79	2.60	15.79
2006	139.07	45.20	51.13	12.74	13.56	5.42	12.65
2007	187.46	73.74	79.04	19.90	24.19	16.41	23.10
2008	199.30	92.01	83.26	20.69	39.24	29.22	33.13
2009	226.73	120.09	92.28	25.07	58.12	51.33	39.16

续表

年份	南宁	柳州	桂林	梧州	北海	防城港	钦州
2010	317.50	165.41	118.01	60.05	97.34	90.55	65.39
2011	392.42	199.17	158.09	74.65	135.40	133.90	82.15
2012	362.73	230.27	176.07	71.89	176.17	129.77	68.44
2013	416.37	245.85	194.34	91.20	170.00	100.12	72.91
2014	551.82	277.52	215.23	88.00	157.49	89.26	76.17

年份	贵港	玉林	百色	贺州	河池	来宾	崇左
2000	0.58	0.76	—	—	—	—	—
2001	1.78	0.71	—	—	—	—	—
2002	3.02	1.09	0.85	0.63	0.22	0.03	0.15
2003	4.74	3.04	2.57	1.28	0.98	0.92	0.01
2004	—	5.88	2.59	1.79	4.30	2.00	0.67
2005	16.84	15.66	10.28	1.18	5.42	5.58	2.86
2006	20.45	25.33	51.29	4.50	4.89	8.57	5.16
2007	19.68	28.57	29.67	6.21	6.59	9.37	12.37
2008	27.23	35.99	19.82	5.46	8.52	10.40	17.36
2009	33.56	66.34	37.94	8.65	17.56	13.63	23.21
2010	45.31	82.72	65.92	13.79	26.32	24.67	33.25
2011	51.81	92.35	68.52	14.10	24.99	48.02	38.81
2012	48.99	94.66	65.93	19.76	14.24	61.96	34.06
2013	54.31	87.09	57.03	22.80	19.21	52.99	30.36
2014	77.88	96.33	54.36	17.82	27.13	74.78	34.66

附表 2-13　海南各地级市房地产开发投资额（单位：亿元）

年份	海口	三亚
2000	8.81	0.18
2001	13.50	2.61
2002	14.83	4.33
2003	27.70	8.37
2004	40.29	13.85
2005	46.38	19.75
2006	50.47	29.66
2007	59.97	51.37
2008	71.25	76.18

续表

年份	海口	三亚
2009	78.00	97.89
2010	103.79	132.84
2011	145.14	178.84
2012	175.55	238.45
2013	256.31	302.81
2014	289.53	380.02

附表 2-14　甘肃各地级市房地产开发投资额（单位：亿元）

年份	兰州	嘉峪关	金昌	白银	天水	武威
2000	20.03	—	—	0.34	2.92	—
2001	23.12	0.06	—	0.48	2.41	0.94
2002	25.14	0.33	—	0.72	2.47	1.24
2003	30.15	2.37	0.42	1.29	4.72	2.28
2004	44.66	2.28	0.60	2.38	6.31	3.43
2005	52.57	3.23	1.20	2.70	5.99	4.16
2006	53.81	1.73	2.53	3.12	9.91	5.82
2007	74.45	3.45	1.80	4.27	12.93	8.50
2008	92.51	7.87	1.99	6.28	14.26	9.25
2009	98.61	10.91	5.98	6.84	15.06	10.44
2010	118.28	11.77	4.83	11.75	23.51	11.18
2011	159.67	12.28	6.44	15.22	27.88	14.53
2012	233.31	19.49	7.68	19.87	30.94	22.90
2013	286.81	22.48	9.14	22.82	39.01	30.79
2014	336.54	22.65	9.77	27.01	34.99	24.09

年份	张掖	平凉	酒泉	庆阳	定西	陇南
2000	—	—	—	—	—	—
2001	—	—	—	—	—	—
2002	2.56	1.66	2.15	0.52	—	—
2003	2.08	1.77	2.30	1.25	1.38	—
2004	2.34	2.76	3.08	1.35	1.66	0.50
2005	2.76	5.08	3.93	3.36	2.44	0.49
2006	3.56	5.75	3.78	3.71	3.02	0.54
2007	4.69	6.76	5.85	4.09	5.53	0.55

续表

年份	张掖	平凉	酒泉	庆阳	定西	陇南
2008	5.13	8.68	9.61	4.79	8.03	0.52
2009	4.90	12.72	10.53	10.78	9.95	3.67
2010	8.08	16.41	13.74	12.29	18.31	3.14
2011	15.39	16.51	25.84	17.47	25.23	5.46
2012	31.09	29.67	28.29	50.73	45.21	5.95
2013	45.45	40.05	41.22	66.72	60.43	9.52
2014	46.57	38.40	38.35	39.60	44.19	10.67

附表 2-15　宁夏各地级市房地产开发投资额（单位：亿元）

年份	银川	石嘴山	吴忠	固原	中卫
2000	12.35	1.80	2.26	—	—
2001	17.66	1.97	3.50	—	—
2002	24.05	2.91	3.56	0.33	—
2003	39.36	4.95	5.33	1.29	—
2004	48.81	7.70	2.82	1.78	2.30
2005	59.91	5.83	6.50	0.94	4.64
2006	57.68	8.06	6.17	2.26	2.76
2007	62.72	14.42	6.84	2.90	5.54
2008	78.61	15.72	9.76	3.82	9.45
2009	99.60	19.75	20.44	6.98	15.55
2010	160.82	33.47	27.74	9.42	15.57
2011	207.67	46.39	37.20	17.02	19.47
2012	275.70	48.49	37.95	21.43	45.58
2013	330.81	65.58	56.13	45.40	61.06
2014	388.90	78.72	68.41	70.33	48.45

附表 2-16　青海各地级市房地产开发投资额（单位：亿元）

年份	西宁
2000	11.82
2001	13.93
2002	15.05
2003	18.90
2004	22.86
2005	27.07

续表

年份	西宁
2006	29.38
2007	31.60
2008	44.72
2009	63.84
2010	95.40
2011	117.29
2012	158.23
2013	195.29
2014	246.86

附表 2-17　新疆各地级市房地产开发投资额（单位：亿元）

年份	乌鲁木齐	克拉玛依
2000	42.68	0.45
2001	62.02	1.49
2002	51.28	2.50
2003	47.90	4.58
2004	42.31	7.33
2005	37.15	12.01
2006	56.23	6.93
2007	81.80	6.64
2008	100.35	8.13
2009	104.95	10.06
2010	145.64	8.89
2011	195.57	13.32
2012	216.26	28.22
2013	287.53	42.75
2014	349.58	33.35

附表 2-18　河北各地级市房地产开发投资额增速（单位：%）

年份	保定	沧州	承德	邯郸	衡水	廊坊
2001	22.1	9.4	59.0	49.8	—	35.9
2002	−16.4	42.4	42.8	28.7	—	30.7
2003	40.4	30.3	56.1	19.7	31.2	47.4
2004	73.6	52.6	6.4	18.1	−5.5	43.8

续表

年份	保定	沧州	承德	邯郸	衡水	廊坊
2005	−12.9	−7.7	0.2	18.7	1.7	42.9
2006	50.6	19.5	31.7	−5.6	38.4	13.3
2007	63.3	21.5	55.0	80.0	−10.5	85.5
2008	37.3	96.3	47.1	62.8	7.9	78.4
2009	78.5	32.3	41.0	47.8	142.7	13.0
2010	57.0	61.8	38.0	99.0	83.6	0.3
2011	29.2	35.7	55.1	6.5	54.9	18.1
2012	−1.7	−1.8	−16.3	7.3	−14.5	−17.4
2013	−4.0	23.0	17.1	18.3	15.9	24.8
2014	36.6	9.4	−1.3	23.6	8.8	72.1

年份	秦皇岛	石家庄	唐山	邢台	张家口
2001	37.4	21.2	10.5	−3.4	102.9
2002	34.0	18.6	33.7	3.1	40.2
2003	1.7	85.8	29.6	149.2	49.4
2004	3.1	59.1	63.0	33.6	20.5
2005	15.7	23.6	−14.3	5.9	10.5
2006	55.4	8.2	23.7	31.1	63.6
2007	22.4	49.5	27.8	18.4	44.5
2008	41.3	41.9	94.6	14.2	22.0
2009	14.5	33.4	59.3	75.4	55.7
2010	27.3	43.9	76.4	31.0	79.8
2011	37.1	46.7	49.6	36.6	20.5
2012	29.4	5.6	2.0	6.7	0.3
2013	10.2	11.4	10.2	37.2	−4.7
2014	14.3	10.5	7.1	21.7	−11.5

附表 2-19　山西各地级市房地产开发投资额增速（单位：%）

年份	太原	大同	阳泉	长治	晋城	朔州
2001	31.5	30.3	7.5	184.8	47.7	13.7
2002	39.3	−13.5	32.8	152.7	9.4	5.7
2003	44.7	3.7	73.2	48.4	40.7	73.8
2004	47.5	3.8	13.0	29.5	82.1	85.7
2005	26.4	53.9	60.7	28.1	−7.9	11.6
2006	1.1	46.5	46.3	20.3	−16.4	29.1

续表

年份	太原	大同	阳泉	长治	晋城	朔州
2007	18.1	30.9	24.5	8.4	18.0	50.1
2008	28.5	–3.6	28.8	16.6	82.3	12.1
2009	35.4	209.6	13.8	48.9	79.3	38.5
2010	46.1	8.3	35.5	23.6	22.0	22.5
2011	29.4	48.1	35.9	64.1	15.8	22.4
2012	16.9	27.2	–3.2	41.2	20.5	91.6
2013	17.9	55.3	27.1	24.1	12.5	94.3
2014	12.4	–10.5	–27.2	–20.1	14.5	–14.4
年份	晋中	运城	忻州	临汾	吕梁	
2001	–22.0	133.8	117.9	68.1	112.3	
2002	36.7	98.2	–1.2	125.9	–2.9	
2003	81.8	18.5	–21.4	74.2	–17.4	
2004	75.4	37.6	4.5	–13.0	9.4	
2005	55.9	53.8	291.3	43.3	89.4	
2006	24.2	24.3	197.4	19.1	92.0	
2007	11.0	31.2	13.7	45.8	59.7	
2008	5.1	34.6	32.9	64.0	47.9	
2009	–13.8	13.4	72.1	76.4	0.7	
2010	43.2	–17.3	–13.2	–19.4	50.9	
2011	8.1	58.3	32.9	19.2	16.5	
2012	118.2	9.8	14.6	48.6	27.9	
2013	9.4	61.0	37.9	18.0	10.5	
2014	46.8	26.5	62.0	28.4	32.9	

附表 2-20　内蒙古各地级市房地产开发投资额增速（单位：%）

年份	呼和浩特	包头	乌海	赤峰	通辽
2001	32.0	44.3	60.9	41.0	31.3
2002	57.1	–7.9	308.1	–27.1	4.6
2003	12.2	72.5	26.2	10.4	5.3
2004	18.5	66.3	67.7	77.7	–19.1
2005	10.5	4.1	29.4	61.4	37.2
2006	164.9	91.3	62.3	66.5	114.4
2007	36.7	38.2	37.8	33.2	101.6
2008	36.4	70.4	59.4	16.5	9.2
2009	0.7	0.6	–21.8	20.0	–47.1

续表

年份	呼和浩特	包头	乌海	赤峰	通辽
2010	42.7	44.4	8.0	52.8	181.5
2011	35.4	15.5	100.1	53.6	74.1
2012	30.0	−32.3	−7.0	9.2	−57.6
2013	29.8	30.2	3.3	5.2	62.3
2014	−3.2	−4.2	1.8	−12.6	28.2
年份	鄂尔多斯	呼伦贝尔	巴彦淖尔	乌兰察布	
2001	—	—	—	—	
2002	95.7	−30.0	25.7	3.4	
2003	51.1	4.1	22.7	6.2	
2004	6.5	−7.9	−23.8	52.7	
2005	188.0	128.4	162.3	23.1	
2006	137.9	42.5	57.9	219.6	
2007	109.2	99.7	−0.1	29.9	
2008	76.6	23.9	87.3	26.7	
2009	46.4	−22.1	58.1	−7.4	
2010	27.8	17.5	10.3	48.3	
2011	51.9	121.9	23.6	25.6	
2012	−58.8	−17.8	−4.5	−27.3	
2013	−21.5	19.0	−12.2	−3.2	
2014	−39.3	−4.7	−24.7	−18.8	

附表 2-21　安徽各地级市房地产开发投资额增速（单位：%）

年份	合肥	芜湖	蚌埠	淮南	马鞍山	淮北	铜陵	安庆
2001	10.8	41.1	27.0	18.6	37.5	6.7	2.7	57.1
2002	56.7	26.9	33.2	36.1	30.8	22.7	27.0	33.6
2003	124.1	50.4	67.4	31.2	36.6	72.9	30.2	15.0
2004	54.2	11.7	25.1	99.0	44.9	15.2	42.2	49.3
2005	37.6	50.9	25.9	12.2	33.9	26.5	1.4	14.4
2006	47.5	35.7	15.8	56.4	16.6	41.6	32.5	42.2
2007	37.2	49.8	36.3	31.7	12.6	40.0	16.8	68.7
2008	47.3	69.0	20.7	19.5	88.1	27.6	55.2	47.5
2009	18.2	37.7	−7.8	47.9	−3.7	40.9	44.1	2.7
2010	22.2	40.7	97.4	43.2	35.5	35.0	57.7	41.2
2011	7.5	5.5	38.9	36.5	56.2	51.3	34.7	7.0

续表

年份	合肥	芜湖	蚌埠	淮南	马鞍山	淮北	铜陵	安庆
2012	3.8	19.3	79.0	8.5	59.2	69.8	18.3	1.5
2013	21.0	21.7	77.2	10.5	20.9	22.6	7.4	49.5
2014	1.9	7.4	25.1	–13.8	–4.0	13.7	5.8	–1.9

年份	黄山	滁州	阜阳	宿州	六安	亳州	池州	宣城
2001	19.4	27.2	25.4	22.8	53.6	21.0	16.2	50.0
2002	32.1	16.5	–10.7	32.5	18.2	10.2	43.4	14.9
2003	35.1	22.6	149.4	20.8	48.1	25.0	32.3	38.4
2004	65.5	49.6	67.2	69.0	66.0	4.8	47.7	40.6
2005	15.1	66.1	35.0	15.7	–4.1	29.7	13.6	26.0
2006	7.9	16.0	42.6	47.6	55.6	18.9	22.8	14.7
2007	41.1	52.5	23.0	66.1	47.4	3.1	37.0	91.1
2008	122.5	58.1	34.6	45.3	14.8	73.1	140.0	71.3
2009	26.3	43.1	2.0	16.4	11.3	63.2	49.7	42.6
2010	42.2	98.5	16.1	29.8	43.5	101.1	41.6	–6.4
2011	1.6	25.7	57.4	45.8	38.4	86.7	17.1	42.6
2012	12.7	38.7	11.7	50.5	40.7	18.2	18.5	35.5
2013	–1.1	13.9	59.7	37.7	19.2	55.3	14.5	19.1
2014	–4.0	16.7	53.5	28.0	25.9	40.2	–1.5	6.7

附表 2-22　江苏各地级市房地产开发投资额增速（单位：%）

年份	南京	无锡	徐州	常州	苏州	南通	连云港
2001	11.7	10.4	11.7	7.3	12.2	26.9	45.9
2002	24.0	56.2	–20.2	27.5	56.4	8.5	65.8
2003	33.5	71.1	20.4	28.7	65.8	34.4	23.3
2004	59.3	48.4	2.7	85.5	87.9	22.9	38.3
2005	1.1	16.4	102.4	16.7	23.9	34.8	29.4
2006	18.6	21.5	13.2	49.7	13.6	34.8	55.7
2007	27.0	36.6	41.4	31.6	27.9	27.3	44.2
2008	13.9	18.9	30.7	37.3	19.3	25.6	42.7
2009	17.2	3.0	21.6	–0.9	0.9	16.3	–2.2
2010	25.6	32.2	29.1	33.9	29.2	35.9	19.4
2011	16.4	43.3	24.3	38.5	28.1	39.3	24.4
2012	11.5	11.0	21.5	5.2	5.4	26.8	–1.5

续表

年份	南京	无锡	徐州	常州	苏州	南通	连云港
2013	6.8	15.9	22.7	14.1	11.9	23.8	7.3
2014	8.5	10.9	23.2	0.0	24.8	13.8	8.7
年份	淮安	盐城	扬州	镇江	泰州	宿迁	
2001	52.1	12.7	16.5	16.0	35.7	61.4	
2002	38.2	29.1	45.7	32.4	13.6	56.6	
2003	38.3	33.7	67.3	63.1	60.0	86.6	
2004	60.6	34.6	46.0	21.3	26.1	78.5	
2005	31.0	67.8	14.3	54.4	20.3	59.5	
2006	46.4	25.4	14.1	11.5	34.2	53.4	
2007	54.0	41.3	27.6	25.1	45.2	23.2	
2008	35.5	2.8	29.3	15.0	21.4	23.9	
2009	31.6	36.5	–5.9	–1.6	10.8	34.8	
2010	30.5	27.4	27.5	20.3	20.9	25.8	
2011	20.5	29.6	19.7	23.1	52.4	28.7	
2012	–2.1	27.5	19.3	45.2	2.7	15.1	
2013	11.3	19.7	34.0	44.2	15.6	39.7	
2014	14.6	16.0	14.1	7.7	5.3	23.5	

附表 2-23　浙江各地级市房地产开发投资额增速（单位：%）

年份	杭州	宁波	温州	嘉兴	湖州	绍兴
2001	38.8	45.8	58.7	70.7	35.6	34.5
2002	40.7	44.7	28.3	20.5	26.4	1.0
2003	30.6	46.3	19.7	50.9	40.4	51.7
2004	26.9	27.2	5.0	57.7	36.9	55.8
2005	25.0	10.7	8.7	8.0	21.4	–10.9
2006	7.8	20.8	9.6	–4.3	5.4	24.4
2007	17.2	6.2	14.1	25.1	30.4	38.9
2008	18.6	–7.6	14.0	22.6	12.5	13.1
2009	14.5	21.7	15.5	3.3	4.2	4.2
2010	35.7	48.8	6.8	44.5	28.6	41.5
2011	36.2	35.5	151.6	41.8	29.0	35.4
2012	22.6	17.1	1.0	8.5	14.3	16.0

续表

年份	杭州	宁波	温州	嘉兴	湖州	绍兴
2013	16.0	27.0	6.8	22.8	26.7	14.8
2014	24.2	18.3	10.1	2.9	28.1	14.2

年份	金华	衢州	舟山	台州	丽水
2001	112.9	92.0	48.1	32.8	83.8
2002	32.9	59.2	22.9	46.1	53.4
2003	40.2	34.8	−2.7	20.8	43.2
2004	48.9	19.6	30.1	54.5	32.6
2005	4.0	−10.8	16.9	33.0	1.8
2006	−8.6	4.5	19.7	−12.6	31.5
2007	10.6	15.8	18.2	−5.7	17.7
2008	16.1	−3.3	−0.5	31.9	−25.9
2009	−5.9	−15.3	25.8	20.6	3.3
2010	23.4	69.5	20.4	28.8	15.6
2011	24.4	10.9	98.0	62.8	14.5
2012	40.1	7.3	36.1	12.0	55.5
2013	35.0	17.2	−9.5	26.9	39.9
2014	−4.5	7.1	57.0	9.4	32.6

附表 2-24　福建各地级市房地产开发投资额增速（单位：%）

年份	福州	厦门	莆田	三明	泉州	漳州	南平	龙岩	宁德
2001	18.0	−8.8	60.5	31.4	16.5	−4.6	11.3	12.0	27.5
2002	10.7	10.1	−4.4	0.5	12.4	1.5	−2.7	17.4	67.3
2003	68.6	27.2	51.9	21.4	36.1	20.8	20.7	74.0	24.3
2004	34.0	15.4	57.5	68.6	48.6	55.9	14.5	29.5	19.1
2005	−0.8	24.7	59.4	−3.6	17.9	27.3	26.4	33.5	4.8
2006	35.6	87.5	21.3	80.8	27.6	33.0	41.4	46.3	26.3
2007	25.0	61.6	90.4	79.5	31.3	50.8	52.1	39.7	58.6
2008	−16.7	−5.4	27.2	40.7	17.4	34.1	−6.5	2.8	−4.2
2009	15.4	−9.9	0.4	12.3	8.8	−11.4	4.1	23.7	−0.2
2010	85.4	34.5	38.8	26.7	38.4	60.7	64.7	62.8	80.1
2011	42.6	10.6	73.8	11.5	35.1	40.0	1.8	8.8	68.4
2012	1.7	18.4	29.9	32.4	44.2	13.9	25.7	37.1	39.9
2013	30.1	2.5	42.7	15.7	48.0	39.9	55.3	37.0	60.1
2014	15.0	32.4	22.4	9.1	32.5	32.6	12.5	28.4	24.1

附表 2-25 江西各地级市房地产开发投资额增速（单位：%）

年份	南昌	景德镇	萍乡	九江	新余	鹰潭
2001	55.4	27.9	44.5	33.2	132.8	19.5
2002	69.0	135.9	23.8	60.7	123.5	36.7
2003	73.1	155.2	59.9	13.6	87.1	44.4
2004	41.9	5.7	123.8	42.8	13.2	22.9
2005	29.4	–24.9	–5.1	36.2	77.0	9.5
2006	0.5	6.8	18.5	10.5	27.1	–6.3
2007	13.4	11.4	3.3	46.8	39.1	48.0
2008	30.0	43.1	6.9	–6.4	5.5	22.9
2009	21.4	8.0	5.2	34.9	3.7	10.0
2010	16.1	3.0	–17.3	–6.0	1.2	18.5
2011	21.6	35.7	0.3	32.0	11.0	65.0
2012	23.0	49.1	3.9	–4.4	–8.8	16.9
2013	17.9	–18.0	42.1	29.5	67.9	45.6
2014	2.0	–13.3	52.5	71.6	–31.1	22.7
年份	赣州	吉安	宜春	抚州	上饶	
2001	84.1	4.8	36.4	73.1	51.1	
2002	20.7	110.9	20.6	94.9	116.1	
2003	16.2	142.4	47.3	108.6	93.1	
2004	49.2	17.0	34.5	21.4	45.2	
2005	24.2	31.8	8.8	22.1	42.3	
2006	36.1	16.6	29.4	29.5	31.8	
2007	49.5	0.0	44.6	29.8	32.2	
2008	22.4	36.8	36.0	36.0	33.9	
2009	23.1	14.1	7.7	10.9	8.0	
2010	31.1	–3.5	16.1	18.5	1.8	
2011	30.0	1.4	42.1	12.7	9.0	
2012	25.0	31.4	14.4	–21.4	–6.6	
2013	20.4	41.8	24.7	23.1	13.8	
2014	17.1	6.2	9.6	21.5	17.5	

附表 2-26 山东各地级市房地产开发投资额增速（单位：%）

年份	济南	青岛	淄博	枣庄	东营	烟台	潍坊	济宁	泰安
2001	23.1	37.0	48.5	6.6	52.0	52.2	30.9	21.9	2.4
2002	22.9	12.0	92.2	27.3	99.3	57.6	27.9	53.6	12.8
2003	17.4	23.3	42.9	60.5	65.6	71.5	81.7	62.5	141.7
2004	22.8	27.3	57.2	36.7	73.0	32.6	63.6	11.6	42.6

续表

年份	济南	青岛	淄博	枣庄	东营	烟台	潍坊	济宁	泰安
2005	9.8	37.6	35.3	13.8	34.0	16.7	30.1	42.8	42.0
2006	32.2	19.9	25.5	6.5	−10.8	29.3	24.6	15.4	−26.1
2007	20.7	20.1	8.9	40.9	51.4	42.8	59.1	25.2	51.8
2008	41.9	18.1	15.1	13.4	7.1	32.6	25.4	20.5	28.2
2009	21.3	20.7	15.6	73.0	24.5	−0.3	35.7	19.3	18.9
2010	45.7	31.1	18.8	14.5	18.5	41.3	37.9	63.4	44.0
2011	8.8	29.9	18.1	75.4	22.5	48.5	10.6	35.4	14.7
2012	25.8	18.8	−21.1	30.5	20.2	0.8	15.3	20.2	26.5
2013	8.7	12.7	28.7	23.4	19.0	0.9	28.4	25.7	15.8
2014	27.2	6.6	17.9	−2.1	12.9	5.8	−25.3	29.3	13.4

年份	威海	日照	莱芜	临沂	德州	聊城	滨州	菏泽
2001	10.6	77.8	−1.6	46.1	78.6	88.6	93.1	4.5
2002	27.1	21.5	16.1	29.4	24.5	115.1	124.4	57.1
2003	77.4	164.4	34.9	50.7	105.0	44.3	29.2	126.2
2004	4.6	50.2	57.4	12.1	44.7	10.9	25.7	63.0
2005	27.7	31.7	60.6	39.6	16.9	−20.5	109.2	53.6
2006	37.8	27.1	−4.3	38.0	2.0	24.2	3.0	40.2
2007	19.1	5.3	98.7	33.6	19.3	3.4	51.3	27.0
2008	56.9	44.2	−2.1	77.4	32.8	−13.8	116.4	20.7
2009	39.5	13.0	23.5	23.0	14.8	46.6	37.8	39.2
2010	28.8	3.6	11.9	8.1	23.0	74.0	38.3	71.1
2011	30.6	−3.6	57.2	20.6	30.4	61.0	10.1	39.8
2012	4.0	8.1	22.2	22.4	20.1	19.7	27.3	18.7
2013	12.5	9.2	4.2	28.7	38.6	34.3	−6.0	16.9
2014	−13.3	27.6	−20.3	23.4	7.1	16.3	−11.8	11.7

附表 2-27　河南各地级市房地产开发投资额增速（单位：%）

年份	郑州	开封	洛阳	平顶山	安阳	鹤壁	新乡	焦作	濮阳
2001	39.2	25.2	27.2	1.1	20.2	36.8	43.8	21.7	43.8
2002	25.3	22.0	27.3	24.0	39.4	105.8	73.7	68.5	21.2
2003	24.5	54.0	22.2	−23.3	66.6	5.6	53.3	174.0	35.4
2004	64.0	−6.2	47.4	40.9	4.7	3.5	58.0	96.0	9.8
2005	38.0	8.5	50.1	34.6	20.6	12.0	26.3	12.1	86.3
2006	36.8	45.3	71.1	128.4	73.1	374.8	37.0	49.5	32.2
2007	30.0	39.8	39.7	65.7	46.4	55.6	53.3	64.5	24.3
2008	45.6	48.9	0.2	−19.9	51.5	21.0	48.7	52.5	49.2

续表

年份	郑州	开封	洛阳	平顶山	安阳	鹤壁	新乡	焦作	濮阳
2009	18.1	65.1	25.0	108.3	38.9	30.1	33.9	12.5	40.1
2010	50.9	56.2	30.4	31.4	32.4	60.6	15.2	15.7	15.7
2011	19.1	52.8	33.0	38.7	23.1	49.8	32.3	–0.9	20.7
2012	18.6	7.6	14.8	45.2	8.3	2.6	11.0	–0.7	15.3
2013	32.0	42.1	10.0	9.9	16.9	34.5	31.5	64.6	25.5
2014	20.6	0.9	0.2	29.7	14.2	26.8	17.7	0.2	16.6

年份	许昌	漯河	三门峡	南阳	商丘	信阳	周口	驻马店
2001	23.9	56.5	109.4	–22.8	–8.2	81.1	62.0	13.6
2002	1.3	7.5	–14.0	89.2	–20.9	50.5	214.3	244.0
2003	43.2	31.8	–20.3	50.5	530.2	35.7	16.2	49.4
2004	67.4	30.8	18.9	17.1	87.1	39.7	12.7	35.8
2005	24.1	92.0	50.3	164.6	115.7	91.3	35.8	52.7
2006	121.8	33.3	133.5	–34.6	42.3	47.2	56.4	80.1
2007	44.3	–14.4	46.0	44.1	38.8	64.8	122.6	191.9
2008	55.8	17.5	136.9	31.4	117.3	60.3	91.4	69.0
2009	25.1	–6.8	50.6	32.0	31.9	25.6	47.0	62.3
2010	21.6	75.1	75.8	25.3	17.9	20.9	30.5	39.3
2011	32.8	14.9	15.6	33.3	14.7	21.6	19.0	35.1
2012	–5.4	12.3	20.3	7.6	36.0	14.3	16.3	16.3
2013	35.1	24.2	32.3	29.9	35.1	19.6	19.7	7.8
2014	14.2	–16.3	14.2	19.5	11.4	9.8	1.3	11.5

附表 2-28　湖南各地级市房地产开发投资额增速（单位：%）

年份	长沙	株洲	湘潭	衡阳	邵阳	岳阳	常德
2001	66.4	27.5	54.5	39.6	3.5	31.2	64.6
2002	48.9	24.3	8.3	8.4	43.2	13.6	35.5
2003	49.8	93.9	46.9	56.2	97.0	57.9	18.7
2004	43.2	84.6	30.9	8.4	53.5	20.7	63.4
2005	46.0	–4.6	7.7	6.0	18.1	37.2	11.5
2006	18.5	36.5	41.3	25.4	26.8	7.8	20.3
2007	34.0	30.6	48.8	41.7	24.4	38.2	24.0
2008	15.3	40.5	–2.2	33.2	28.4	19.3	2.7
2009	6.0	27.9	40.2	31.8	49.8	47.1	23.1
2010	37.5	40.7	34.0	58.3	29.6	37.1	22.5

续表

年份	长沙	株洲	湘潭	衡阳	邵阳	岳阳	常德
2011	29.6	26.2	11.7	23.6	29.9	42.7	39.0
2012	16.4	2.6	30.1	19.8	23.6	1.7	10.6
2013	11.8	19.7	30.3	15.0	36.1	7.7	28.4
2014	13.6	3.7	20.4	24.2	26.6	19.9	1.9

年份	张家界	益阳	郴州	永州	怀化	娄底
2001	13.9	–2.4	11.5	–43.3	46.2	–32.9
2002	164.4	55.8	39.2	73.1	44.8	31.4
2003	76.1	109.8	163.9	57.8	140.4	99.5
2004	18.1	–4.6	15.0	168.5	3.7	33.2
2005	–21.8	43.6	4.6	90.5	72.0	66.3
2006	22.5	58.9	10.6	19.1	–5.0	82.5
2007	30.6	86.2	23.5	60.3	24.6	13.2
2008	46.0	45.4	10.1	36.5	35.7	26.8
2009	96.5	11.2	40.9	83.0	57.5	21.1
2010	26.6	21.5	61.6	17.2	34.4	2.8
2011	30.9	27.9	37.2	18.7	27.5	80.6
2012	51.2	14.9	23.7	–0.1	39.1	55.1
2013	52.7	9.0	26.7	4.5	49.2	47.1
2014	–13.6	0.2	9.8	3.3	–14.0	–8.1

附表 2-29　广西各地级市房地产开发投资额增速（单位：%）

年份	南宁	柳州	桂林	梧州	北海	防城港	钦州
2001	18.0	82.2	67.0	94.5	128.2	26.9	51.2
2002	28.7	81.4	31.8	–18.6	13.6	106.1	66.2
2003	65.3	74.4	51.2	–10.5	77.5	77.9	50.9
2004	67.3	38.0	33.9	29.4	86.9	36.4	212.9
2005	59.2	6.7	18.7	36.5	21.8	57.6	209.6
2006	32.3	10.1	22.6	32.6	25.7	108.5	–19.9
2007	34.8	63.1	54.6	56.2	78.4	202.8	82.6
2008	6.3	24.8	5.3	4.0	62.2	78.1	43.4
2009	13.8	30.5	10.8	21.2	48.1	75.7	18.2
2010	40.0	37.7	27.9	139.5	67.5	76.4	67.0
2011	23.6	20.4	34.0	24.3	39.1	47.9	25.6
2012	–7.6	15.6	11.4	–3.7	30.1	–3.1	–16.7

续表

年份	南宁	柳州	桂林	梧州	北海	防城港	钦州
2013	14.8	6.8	10.4	26.9	–3.5	–22.8	6.5
2014	32.5	12.9	10.7	–3.5	–7.4	–10.8	4.5

年份	贵港	玉林	百色	贺州	河池	来宾	崇左
2001	206.9	–6.6	—	—	—	—	—
2002	69.7	53.5	—	—	—	—	—
2003	57.0	178.9	202.4	103.2	345.5	2966.7	–93.3
2004	—	93.4	0.8	39.8	338.8	117.4	6600.0
2005	—	166.3	296.9	–34.1	26.0	179.0	326.9
2006	21.4	61.7	398.9	281.4	–9.8	53.6	80.4
2007	–3.8	12.8	–42.2	38.0	34.8	9.3	139.7
2008	38.4	26.0	–33.2	–12.1	29.3	11.0	40.3
2009	23.2	84.3	91.4	58.4	106.1	31.1	33.7
2010	35.0	24.7	73.7	59.4	49.9	81.0	43.3
2011	14.3	11.6	3.9	2.2	–5.1	94.6	16.7
2012	–5.4	2.5	–3.8	40.1	–43.0	29.0	–12.2
2013	10.9	–8.0	–13.5	15.4	34.9	–14.5	–10.9
2014	43.4	10.6	–4.7	–21.8	41.2	41.1	14.2

附表 2-30　海南各地级市房地产开发投资额增速（单位：%）

年份	海口	三亚
2001	53.2	1 350.0
2002	9.9	65.9
2003	86.8	93.3
2004	45.5	65.5
2005	15.1	42.6
2006	8.8	50.2
2007	18.8	73.2
2008	18.8	48.3
2009	9.5	28.5
2010	33.1	35.7
2011	39.8	34.6
2012	21.0	33.3
2013	46.0	27.0
2014	13.0	25.5

附表 2-31　甘肃各地级市房地产开发投资额增速（单位：%）

年份	兰州	嘉峪关	金昌	白银	天水	武威
2001	15.4	—	—	41.2	−17.5	—
2002	8.7	450.0	—	50.0	2.5	31.9
2003	19.9	618.2	—	79.2	91.1	83.9
2004	48.1	−3.8	42.9	84.5	33.7	50.4
2005	17.7	41.7	100.0	13.4	−5.1	21.3
2006	2.4	−46.4	110.8	15.6	65.4	39.9
2007	38.4	99.4	−28.9	36.9	30.5	46.0
2008	24.3	128.1	10.6	47.1	10.3	8.8
2009	6.6	38.6	200.5	8.9	5.6	12.9
2010	19.9	7.9	−19.2	71.8	56.1	7.1
2011	35.0	4.3	33.3	29.5	18.6	30.0
2012	46.1	58.7	19.3	30.6	11.0	57.6
2013	22.9	15.3	19.0	14.8	26.1	34.5
2014	17.3	0.8	6.9	18.4	−10.3	−21.8
年份	张掖	平凉	酒泉	庆阳	定西	陇南
2001	—	—	—	—	—	—
2002	—	—	—	—	—	—
2003	−18.8	6.6	7.0	140.4	—	—
2004	12.5	55.9	33.9	8.0	20.3	—
2005	17.9	84.1	27.6	148.9	47.0	−2.0
2006	29.0	13.2	−3.8	10.4	23.8	10.2
2007	31.7	17.6	54.8	10.2	83.1	1.9
2008	9.4	28.4	64.3	17.1	45.2	−5.5
2009	−4.5	46.5	9.6	125.1	23.9	605.8
2010	64.9	29.0	30.5	14.0	84.0	−14.4
2011	90.5	0.6	88.1	42.1	37.8	73.9
2012	102.0	79.7	9.5	190.4	79.2	9.0
2013	46.2	35.0	45.7	31.5	33.7	60.0
2014	2.5	−4.1	−7.0	−40.6	−26.9	12.1

附表 2-32　宁夏各地级市房地产开发投资额增速（单位：%）

年份	银川	石嘴山	吴忠	固原	中卫
2001	43.0	9.4	54.9	—	—
2002	36.2	47.7	1.7	—	—
2003	63.7	70.1	49.7	290.9	—
2004	24.0	55.6	−47.1	38.0	—

续表

年份	银川	石嘴山	吴忠	固原	中卫
2005	22.7	–24.3	130.5	–47.2	101.7
2006	–3.7	38.3	–5.1	140.4	–40.5
2007	8.7	78.9	10.9	28.3	100.7
2008	25.3	9.0	42.7	31.7	70.6
2009	26.7	25.6	109.4	82.7	64.6
2010	61.5	69.5	35.7	35.0	0.1
2011	29.1	38.6	34.1	80.7	25.0
2012	32.8	4.5	2.0	25.9	134.1
2013	20.0	35.2	47.9	111.9	34.0
2014	17.6	20.0	21.9	54.9	–20.7

附表 2-33 青海各地级市房地产开发投资额增速（单位：%）

年份	西宁
2001	17.9
2002	8.0
2003	25.6
2004	21.0
2005	18.4
2006	8.5
2007	7.6
2008	41.5
2009	42.8
2010	49.4
2011	22.9
2012	34.9
2013	23.4
2014	26.4

附表 2-34 新疆各地级市房地产开发投资额增速（单位：%）

年份	乌鲁木齐	克拉玛依
2001	45.3	231.1
2002	–17.3	67.8
2003	–6.6	83.2
2004	–11.7	60.0

续表

年份	乌鲁木齐	克拉玛依
2005	–12.2	63.8
2006	51.4	–42.3
2007	45.5	–4.2
2008	22.7	22.4
2009	4.6	23.7
2010	38.8	–11.6
2011	34.3	49.8
2012	10.6	111.9
2013	33.0	51.5
2014	21.6	–22.0

附表 2-35　河北各地级市商品房销售额（单位：亿元）

年份	保定	沧州	承德	邯郸	衡水	廊坊
2002	6.30	5.50	5.80	9.60	3.70	14.00
2003	8.20	8.60	15.30	13.10	8.50	17.10
2004	14.40	10.00	14.60	11.00	12.70	36.80
2005	13.90	15.46	12.15	16.74	12.01	47.97
2006	26.07	19.52	20.52	21.32	9.73	71.45
2007	45.31	19.22	26.14	20.92	14.40	121.53
2008	36.00	38.48	28.08	36.64	11.84	166.13
2009	53.37	67.23	39.18	58.29	20.51	260.93
2010	106.32	125.26	104.52	90.33	53.14	399.87
2011	143.28	181.78	122.61	132.11	106.11	389.52
2012	133.21	129.83	94.48	164.83	74.30	417.36
2013	129.45	211.51	117.86	153.77	111.74	502.01
2014	198.26	207.46	139.47	161.70	130.34	703.15

年份	秦皇岛	石家庄	唐山	邢台	张家口
2002	11.70	18.10	17.70	2.90	4.50
2003	14.50	18.70	22.00	5.60	6.70
2004	24.50	40.90	41.90	6.80	20.00
2005	39.77	41.73	35.38	10.43	16.77
2006	58.93	62.78	53.23	15.11	25.18
2007	79.12	96.49	52.05	24.14	35.36
2008	52.41	88.44	96.35	22.67	43.20

续表

年份	秦皇岛	石家庄	唐山	邢台	张家口
2009	86.77	132.67	147.91	26.69	74.51
2010	147.01	182.16	197.10	56.16	188.14
2011	165.32	437.19	355.98	83.23	228.10
2012	142.83	379.06	490.08	62.85	215.08
2013	202.46	523.48	538.19	81.24	207.97
2014	126.68	509.59	451.05	99.06	201.24

附表 2-36　山西各地级市商品房销售额（单位：亿元）

年份	太原	大同	阳泉	长治	晋城	朔州
2002	18.20	6.60	2.80	1.50	3.40	1.20
2003	26.70	6.70	4.00	4.10	3.90	1.40
2004	38.70	6.20	6.10	7.30	3.80	5.00
2005	78.30	12.55	8.61	9.44	7.79	4.59
2006	49.10	16.65	10.15	18.74	6.44	7.42
2007	64.59	20.83	16.33	16.71	5.91	12.20
2008	73.12	15.72	19.40	14.37	10.86	8.83
2009	88.78	16.32	25.61	29.32	16.66	13.83
2010	187.49	23.99	28.03	32.17	18.44	11.87
2011	149.96	29.35	28.05	42.31	36.55	16.34
2012	221.48	47.22	34.90	55.72	26.59	21.23
2013	295.21	55.80	28.00	64.71	38.37	40.58
2014	325.95	36.78	23.26	69.32	34.08	45.56

年份	晋中	运城	忻州	临汾	吕梁
2002	2.00	2.20	0.50	2.00	1.70
2003	2.80	4.90	0.80	2.90	0.80
2004	7.30	6.30	0.60	4.10	0.90
2005	11.84	10.62	1.78	5.14	1.59
2006	19.35	13.50	5.87	7.20	2.91
2007	22.33	18.98	8.34	11.38	7.91
2008	27.97	30.05	13.11	15.10	6.01
2009	16.19	34.41	10.60	17.96	10.33
2010	28.49	32.92	14.36	17.43	16.51
2011	25.26	42.20	23.36	32.04	15.60
2012	42.79	66.89	17.66	32.13	13.27
2013	48.71	65.55	18.46	47.64	25.23
2014	57.16	57.19	18.17	59.70	18.97

附表 2-37　内蒙古各地级市商品房销售额（单位：亿元）

年份	呼和浩特	包头	乌海	赤峰	通辽
2002	18.10	7.60	2.10	5.10	2.70
2003	21.30	12.70	3.50	5.70	4.10
2004	28.00	18.80	8.00	6.70	4.40
2005	46.10	37.67	12.79	13.11	5.08
2006	50.98	50.84	17.64	28.76	9.43
2007	58.64	94.02	32.01	37.52	29.40
2008	90.63	135.34	26.75	44.52	21.97
2009	146.03	192.72	17.11	57.68	24.26
2010	193.71	266.57	27.23	102.86	48.32
2011	243.46	323.08	45.06	162.19	62.79
2012	260.38	161.80	50.63	123.72	51.86
2013	220.01	214.15	53.21	203.11	59.41
2014	199.19	194.17	67.75	116.47	52.47
年份	鄂尔多斯	呼伦贝尔	巴彦淖尔	乌兰察布	
2002	4.20	7.60	2.40	1.00	
2003	5.00	8.40	2.20	2.90	
2004	7.90	11.70	4.30	2.70	
2005	18.70	17.35	11.69	5.85	
2006	47.58	22.90	12.70	4.98	
2007	118.13	36.07	17.82	20.37	
2008	125.62	75.01	24.34	21.94	
2009	167.10	65.19	38.81	23.34	
2010	251.63	70.69	41.87	29.99	
2011	224.28	151.58	48.29	40.25	
2012	107.90	140.24	32.95	17.84	
2013	103.85	159.51	65.94	13.35	
2014	102.52	202.42	39.83	20.87	

附表 2-38　辽宁各地级市商品房销售额（单位：亿元）

年份	沈阳	大连	鞍山	抚顺	本溪	丹东	锦州
2002	56.60	119.50	15.40	7.90	8.20	9.20	8.10
2003	94.80	145.80	12.00	8.30	7.80	7.60	13.10
2004	152.70	151.80	18.80	15.00	10.00	11.20	9.00
2005	317.45	222.95	23.27	14.25	18.81	21.05	10.31

续表

年份	沈阳	大连	鞍山	抚顺	本溪	丹东	锦州
2006	419.90	284.54	29.05	18.60	22.90	22.63	19.41
2007	540.81	461.14	35.75	25.08	31.32	46.32	34.88
2008	604.69	475.05	72.12	28.02	34.65	50.41	51.76
2009	684.36	720.32	122.51	49.65	54.09	78.70	62.34
2010	945.05	856.04	202.42	77.54	76.16	109.00	122.20
2011	1 274.02	732.66	252.56	126.12	145.04	146.73	134.27
2012	1 561.13	861.47	312.31	145.75	170.85	178.78	158.13
2013	1 436.05	1 009.87	366.52	168.07	196.93	211.73	188.74
2014	931.58	687.87	165.81	88.28	129.82	120.10	159.57

年份	营口	阜新	辽阳	盘锦	铁岭	朝阳	葫芦岛
2002	12.10	5.30	6.50	5.10	6.60	5.20	8.30
2003	12.60	7.50	7.00	3.00	6.70	6.40	11.40
2004	15.20	8.00	7.50	3.90	4.80	8.00	10.50
2005	25.08	15.94	14.21	6.40	12.36	6.88	8.47
2006	26.87	9.70	13.23	8.06	17.77	18.04	17.13
2007	33.84	13.51	24.62	9.49	27.08	22.63	30.41
2008	50.47	16.65	29.71	29.70	30.58	28.43	35.41
2009	101.58	20.60	38.82	50.52	66.39	39.27	79.46
2010	184.28	33.57	60.29	91.84	136.09	69.34	99.50
2011	233.11	51.05	73.49	127.68	128.72	92.72	50.94
2012	268.21	58.85	96.66	148.33	166.97	151.49	83.87
2013	270.43	80.23	116.84	155.99	182.78	231.43	143.58
2014	112.50	73.65	75.92	161.18	170.71	139.59	75.52

附表 2-39　安徽各地级市商品房销售额（单位：亿元）

年份	合肥	芜湖	蚌埠	淮南	马鞍山	淮北	铜陵	安庆
2002	34.00	3.00	1.40	3.70	5.80	2.60	3.30	3.60
2003	59.90	17.00	7.80	5.40	10.20	1.80	6.40	8.90
2004	99.20	17.60	16.70	7.30	20.10	9.10	8.80	16.60
2005	179.37	31.01	21.85	6.61	48.10	13.00	9.30	18.89
2006	200.69	42.49	26.28	12.83	50.79	13.77	17.13	23.87
2007	342.05	62.86	30.07	26.14	64.65	17.89	19.59	34.82
2008	335.14	70.57	34.90	35.39	35.47	19.68	12.71	39.95
2009	548.77	110.19	58.66	57.05	45.53	32.71	27.49	65.07
2010	593.34	166.40	75.20	82.34	56.15	31.11	39.75	85.07

续表

年份	合肥	芜湖	蚌埠	淮南	马鞍山	淮北	铜陵	安庆
2011	788.17	206.56	93.25	76.85	94.48	53.71	49.78	105.32
2012	764.86	236.26	113.87	83.94	113.14	49.17	54.37	122.35
2013	1 023.01	337.09	193.36	108.47	147.96	74.03	70.09	199.02
2014	1 141.36	329.68	221.78	86.98	111.77	56.90	92.67	172.25
年份	黄山	滁州	阜阳	宿州	六安	亳州	池州	宣城
2002	4.40	9.10	5.00	9.40	3.90	2.10	5.00	3.50
2003	9.00	4.80	3.60	4.90	7.90	2.70	3.80	7.40
2004	16.80	6.00	7.70	3.00	10.80	4.80	6.20	9.20
2005	10.89	9.80	14.14	6.01	13.81	3.98	9.53	13.15
2006	15.80	19.90	22.50	9.65	6.08	9.71	17.98	17.98
2007	22.82	28.44	34.81	17.75	36.32	6.62	12.73	29.42
2008	24.10	31.13	30.59	18.55	34.49	8.98	18.53	34.58
2009	41.14	63.10	49.77	31.28	49.39	15.29	44.57	72.30
2010	52.83	97.44	71.51	49.10	76.29	20.37	64.10	83.74
2011	56.61	117.80	71.32	94.68	116.23	73.24	92.52	109.13
2012	57.85	143.48	88.32	111.46	117.31	71.72	88.22	113.57
2013	70.71	204.02	147.63	149.14	123.61	116.07	76.27	142.39
2014	51.01	221.76	179.39	181.07	153.07	153.44	70.46	121.59

附表 2-40　江苏各地级市商品房销售额（单位：亿元）

年份	南京	无锡	徐州	常州	苏州	南通	连云港
2002	112.30	42.70	14.00	46.80	116.40	33.20	9.70
2003	139.90	67.50	14.50	50.00	158.30	36.60	17.20
2004	213.70	103.90	13.70	58.60	226.50	48.40	27.30
2005	384.37	219.55	50.61	155.63	499.99	84.30	33.45
2006	452.41	259.41	61.98	191.20	638.78	151.54	45.42
2007	603.51	351.07	85.20	228.52	985.25	185.07	69.61
2008	359.46	288.85	78.69	220.11	573.42	136.17	80.27
2009	852.81	666.14	175.42	445.77	1 506.84	291.85	160.08
2010	787.38	811.45	232.55	553.19	1 248.06	357.44	167.70
2011	714.72	569.97	286.01	485.23	1 091.34	381.14	188.70
2012	—	—	—	—	—	—	—

续表

年份	南京	无锡	徐州	常州	苏州	南通	连云港
2013	—	—	—	—	—	—	—
2014	1 352.20	651.20	—	503.70	1 547.01	—	160.63
年份	淮安	盐城	扬州	镇江	泰州	宿迁	
2002	11.00	11.70	18.00	11.60	14.30	6.00	
2003	19.50	16.10	38.70	19.50	18.50	7.90	
2004	22.80	19.90	52.60	26.40	24.10	7.30	
2005	32.93	33.84	99.45	47.63	52.46	30.40	
2006	42.39	54.89	112.96	63.48	76.25	41.29	
2007	80.38	72.29	141.82	92.52	100.45	61.96	
2008	70.45	77.05	110.03	72.50	111.87	66.41	
2009	154.81	155.02	225.52	187.62	159.94	123.10	
2010	232.61	224.79	304.73	203.86	248.61	164.62	
2011	254.25	249.47	332.93	205.31	295.06	173.76	
2012	—	251.38	—	—	—	—	
2013	—	339.49	—	—	—	—	
2014	302.42	313.97	—	—	—	—	

附表 2-41　浙江各地级市商品房销售额（单位：亿元）

年份	杭州	宁波	温州	嘉兴	湖州	绍兴
2002	156.30	104.00	59.70	34.50	30.30	50.40
2003	218.80	157.20	91.20	49.40	30.40	57.40
2004	274.40	195.50	120.10	58.60	36.30	86.50
2005	395.66	234.78	128.45	130.33	69.41	137.15
2006	473.69	331.31	153.20	124.05	81.57	169.68
2007	876.02	502.89	223.15	168.84	111.11	242.30
2008	651.75	323.91	152.75	147.20	82.28	116.12
2009	1 537.22	732.98	426.54	340.64	219.77	302.99
2010	1 396.77	778.47	307.31	378.96	258.53	463.41
2011	974.90	580.85	228.36	275.89	223.87	385.62
2012	1 465.26	663.39	354.83	322.48	186.04	418.91
2013	1 711.20	810.40	575.93	439.78	215.71	568.65
2014	1 558.39	780.54	589.91	353.96	199.97	440.26
年份	金华	衢州	舟山	台州	丽水	
2002	32.20	15.70	11.60	23.20	12.60	

续表

年份	金华	衢州	舟山	台州	丽水
2003	50.50	26.80	18.60	44.70	17.20
2004	71.70	25.50	19.10	45.60	15.70
2005	139.42	32.65	33.84	76.98	36.22
2006	103.64	43.67	39.19	122.74	49.78
2007	174.76	51.60	66.92	143.52	66.89
2008	147.07	39.49	45.69	122.63	44.80
2009	229.18	86.15	107.76	271.54	79.22
2010	275.53	90.57	125.26	330.47	53.77
2011	247.26	55.07	141.09	285.23	76.05
2012	315.93	70.24	83.63	305.31	76.63
2013	374.20	115.86	127.74	339.83	105.14
2014	354.03	109.15	102.19	307.01	127.60

附表 2-42 福建各地级市商品房销售额（单位：亿元）

年份	福州	厦门	莆田	三明	泉州	漳州	南平	龙岩	宁德
2002	88.00	69.80	4.90	9.00	20.10	15.00	8.40	4.20	6.50
2003	98.20	90.60	3.20	6.50	29.10	12.60	8.70	7.60	9.80
2004	109.00	127.00	8.80	7.00	47.80	13.20	16.10	10.80	15.30
2005	270.25	179.75	13.51	18.42	32.69	35.62	14.80	20.50	19.56
2006	292.18	274.70	25.16	22.55	59.71	44.61	25.64	38.43	24.48
2007	334.35	410.59	37.48	41.71	103.53	80.63	47.74	41.95	36.55
2008	204.45	204.70	30.48	28.69	102.99	56.13	32.27	28.26	24.64
2009	457.22	420.82	58.03	72.31	168.78	97.90	55.00	86.11	61.65
2010	502.86	379.12	79.55	105.23	225.30	122.21	62.60	64.72	69.61
2011	627.81	448.10	112.69	108.28	341.35	184.69	73.09	64.09	115.15
2012	941.49	755.67	139.62	126.60	365.14	196.87	—	93.44	112.41
2013	—	1 071.85	224.87	169.83	624.82	—	140.65	155.42	131.99
2014	1 035.01	1 215.19	—	148.70	530.10	275.58	143.91	99.36	118.55

附表 2-43 江西各地级市商品房销售额（单位：亿元）

年份	南昌	景德镇	萍乡	九江	新余	鹰潭
2002	19.80	4.50	2.30	8.70	1.40	1.70
2003	32.00	8.20	4.10	7.20	2.70	2.80
2004	77.10	12.50	8.10	12.10	5.00	4.40

续表

年份	南昌	景德镇	萍乡	九江	新余	鹰潭
2005	98.69	12.14	12.79	13.51	9.09	3.24
2006	119.88	10.10	9.34	19.26	15.87	1.87
2007	170.43	14.35	9.41	46.48	20.23	5.29
2008	116.11	13.64	10.03	37.77	20.01	8.13
2009	186.72	19.07	15.02	79.95	31.84	11.76
2010	237.80	25.81	17.94	85.18	36.54	11.76
2011	296.45	49.53	14.86	124.11	40.75	23.14
2012	442.82	46.03	14.67	73.42	26.87	21.19
2013	597.50	64.92	27.63	147.44	50.06	36.09
2014	543.34	41.83	25.70	134.38	40.98	41.85

年份	赣州	吉安	宜春	抚州	上饶
2002	7.60	3.20	4.40	4.00	4.30
2003	11.30	3.00	5.70	14.70	10.60
2004	18.80	10.80	7.90	15.00	16.60
2005	28.33	16.23	18.06	23.20	16.99
2006	37.48	25.24	20.57	23.15	20.68
2007	60.49	31.72	33.45	32.21	26.70
2008	48.28	31.25	26.05	30.06	27.64
2009	98.09	38.66	44.71	42.86	34.12
2010	131.45	43.94	65.00	57.86	63.10
2011	139.41	37.72	92.58	104.57	79.25
2012	204.58	46.69	88.37	96.24	76.48
2013	309.06	80.40	112.18	122.78	100.60
2014	344.72	81.14	107.34	131.54	128.95

附表 2-44　山东各地级市商品房销售额（单位：亿元）

年份	济南	青岛	淄博	枣庄	东营	烟台	潍坊	济宁	泰安
2002	41.00	93.30	17.30	6.00	8.90	25.70	11.50	9.90	4.40
2003	59.70	111.30	25.90	8.00	11.10	36.00	26.70	12.50	8.00
2004	78.72	153.10	—	—	—	—	—	—	—
2005	81.84	345.92	49.54	17.85	32.32	107.85	65.18	22.69	18.96
2006	100.34	305.26	83.78	28.80	47.45	130.60	77.33	43.22	22.90
2007	120.93	433.36	104.27	35.44	60.52	179.39	105.18	47.56	32.75

续表

年份	济南	青岛	淄博	枣庄	东营	烟台	潍坊	济宁	泰安
2008	155.11	392.42	100.40	27.94	66.01	204.41	155.30	52.42	38.68
2009	215.98	703.67	138.72	54.80	96.57	270.91	250.57	76.52	67.13
2010	332.64	895.29	240.37	73.75	137.90	475.71	415.69	104.01	99.23
2011	398.59	771.04	308.30	93.34	173.90	643.51	445.64	133.32	130.38
2012	450.10	766.07	—	—	168.78	—	—	—	139.20
2013	—	978.62	—	99.70	187.73	—	493.00	297.40	179.10
2014	637.46	970.90	215.09	145.87	166.22	559.49	325.44	334.38	114.08

年份	威海	日照	莱芜	临沂	德州	聊城	滨州	菏泽
2002	20.90	5.10	2.10	8.70	7.60	5.70	2.20	2.40
2003	26.30	11.00	1.70	12.80	14.30	11.30	2.80	3.60
2004	—	—	—	—	—	—	—	—
2005	45.54	20.46	8.82	21.57	27.70	19.37	7.07	17.99
2006	58.76	26.00	7.50	35.69	31.47	22.41	9.22	28.61
2007	117.22	46.36	15.66	56.57	33.30	29.11	17.00	35.55
2008	119.14	26.74	11.81	80.31	39.59	28.63	45.54	91.26
2009	196.35	34.68	12.11	93.13	67.18	47.01	47.22	101.92
2010	281.85	41.68	11.88	128.25	120.62	73.31	67.67	165.71
2011	305.81	62.45	10.27	209.96	147.32	93.81	95.09	236.43
2012	—	—	31.31	—	152.86	—	—	—
2013	—	81.41	28.27	352.90	234.40	—	105.62	—
2014	400.97	72.78	19.45	368.09	180.16	137.74	107.17	124.36

附表 2-45　河南各地级市商品房销售额（单位：亿元）

年份	郑州	开封	洛阳	平顶山	安阳	鹤壁	新乡	焦作	濮阳
2002	33.10	3.60	10.90	4.10	6.40	0.80	5.20	1.80	2.80
2003	56.10	5.00	18.20	3.80	6.10	0.20	4.40	2.20	3.80
2004	66.00	6.30	22.70	4.90	11.30	0.70	8.80	6.10	4.60
2005	161.87	8.47	35.20	8.90	16.32	0.82	16.80	8.64	6.27
2006	231.31	9.79	59.52	11.48	20.18	3.06	24.03	15.00	10.17
2007	392.34	16.20	103.92	15.26	37.60	8.31	33.45	31.15	13.76
2008	289.46	18.43	69.97	18.51	37.57	7.35	40.04	29.91	15.81
2009	514.82	28.17	103.74	26.67	47.26	11.56	56.70	36.96	22.89
2010	772.70	41.62	144.24	30.94	74.67	18.98	81.74	47.78	33.60

续表

年份	郑州	开封	洛阳	平顶山	安阳	鹤壁	新乡	焦作	濮阳
2011	890.44	59.05	198.63	39.17	115.61	28.98	119.07	48.23	52.09
2012	901.62	67.06	199.33	44.66	98.20	30.90	124.38	49.28	64.94
2013	1 161.65	100.23	293.18	71.64	127.20	43.47	191.08	59.22	100.61
2014	1 205.17	102.67	286.23	74.49	163.44	58.39	223.01	63.38	74.33

年份	许昌	漯河	三门峡	南阳	商丘	信阳	周口	驻马店
2002	3.20	2.00	1.00	4.00	0.80	2.80	6.60	0.80
2003	1.80	4.10	1.20	6.40	0.70	4.60	2.10	1.40
2004	3.30	5.60	0.70	7.80	1.50	12.00	1.80	2.30
2005	9.92	9.88	1.61	11.24	2.60	13.98	5.30	2.78
2006	13.44	12.81	2.75	16.88	7.21	29.39	9.02	5.76
2007	38.24	24.38	4.87	33.28	18.98	52.40	24.90	28.74
2008	20.99	13.90	9.05	41.52	24.36	43.26	32.45	28.13
2009	36.17	15.18	15.62	42.45	37.51	69.73	32.85	52.00
2010	42.26	24.32	18.61	56.80	55.85	85.35	43.33	74.74
2011	62.24	35.94	23.77	93.65	92.13	129.52	64.22	123.48
2012	66.91	33.23	29.47	97.67	113.36	134.05	80.98	123.82
2013	101.29	37.32	42.48	134.74	141.54	160.86	100.81	175.11
2014	124.32	34.91	50.77	146.70	230.03	202.95	139.20	240.44

附表 2-46　湖南各地级市商品房销售额（单位：亿元）

年份	长沙	株洲	湘潭	衡阳	邵阳	岳阳	常德
2002	42.10	4.80	4.10	4.20	0.70	4.10	9.30
2003	67.10	10.60	6.70	4.20	2.50	4.20	9.60
2004	96.00	19.20	9.40	5.40	2.60	7.00	11.20
2005	155.96	25.77	11.99	9.82	6.30	12.44	21.98
2006	196.11	41.02	24.81	13.50	6.79	10.44	31.26
2007	323.39	68.55	33.58	17.80	7.44	23.49	35.52
2008	273.36	77.06	24.01	21.36	9.78	29.08	29.47
2009	513.10	109.67	41.15	48.62	15.25	32.98	46.08
2010	742.33	153.46	57.71	68.23	20.83	62.87	71.75
2011	882.07	225.60	64.02	95.15	32.57	95.29	103.00
2012	931.56	213.80	65.54	103.43	47.71	133.17	94.52

续表

年份	长沙	株洲	湘潭	衡阳	邵阳	岳阳	常德
2013	1 160.38	235.09	91.47	125.51	68.80	99.53	102.36
2014	928.92	227.61	74.11	142.59	86.96	123.11	102.66
年份	张家界	益阳	郴州	永州	怀化	娄底	
2002	1.70	1.60	3.70	0.60	2.10	0.70	
2003	2.50	0.90	6.90	0.60	2.40	1.20	
2004	5.90	2.90	10.10	1.90	4.20	2.00	
2005	4.55	4.24	14.94	10.76	10.74	4.25	
2006	4.52	7.64	17.60	7.73	9.32	12.13	
2007	4.98	18.11	17.94	17.14	16.91	14.02	
2008	6.84	23.70	14.84	13.02	13.43	15.71	
2009	11.72	29.93	22.04	23.93	18.60	21.35	
2010	20.99	44.43	48.36	42.19	29.01	36.18	
2011	31.76	61.83	82.16	68.21	47.66	50.38	
2012	19.37	77.71	104.01	94.66	82.96	96.60	
2013	25.63	97.12	126.88	117.76	131.09	114.13	
2014	26.66	94.03	147.46	153.56	101.29	50.56	

附表 2-47　广西各地级市商品房销售额（单位：亿元）

年份	南宁	柳州	桂林	梧州	北海	防城港	钦州
2002	26.80	14.20	14.00	6.10	1.20	0.40	0.40
2003	43.30	15.80	22.40	4.80	1.70	0.70	1.00
2004	94.50	24.20	24.80	4.80	5.00	1.50	1.60
2005	118.61	55.23	50.77	5.12	4.03	1.33	9.90
2006	131.00	49.26	52.15	9.76	11.18	2.27	12.13
2007	214.06	74.88	69.69	14.80	21.54	5.08	17.02
2008	191.35	59.54	74.25	12.84	30.02	11.68	23.03
2009	333.45	88.72	81.61	24.31	57.41	19.05	41.19
2010	342.84	113.30	115.66	34.26	76.00	48.82	62.30
2011	369.81	129.53	118.19	47.32	72.91	67.74	45.85
2012	377.59	165.75	136.59	45.28	58.84	48.43	51.93
2013	488.97	149.21	169.20	64.07	80.69	51.04	57.95
2014	531.87	194.58	171.01	73.44	94.18	64.24	53.41
年份	贵港	玉林	百色	贺州	河池	来宾	崇左
2002	2.50	0.70	0.30	0.40	—	—	—
2003	3.20	1.20	0.40	0.60	0.70	0.10	—
2004	—	2.60	1.80	—	2.60	0.60	—

续表

年份	贵港	玉林	百色	贺州	河池	来宾	崇左
2005	11.66	6.98	7.19	1.74	4.60	5.23	1.49
2006	15.90	17.09	12.32	3.73	2.87	6.00	4.30
2007	22.68	26.66	17.10	4.66	6.34	7.31	9.76
2008	21.44	26.54	13.24	4.10	5.35	8.78	8.52
2009	28.85	39.34	19.70	4.21	11.53	12.32	15.39
2010	41.96	59.93	32.60	5.37	21.58	18.46	23.13
2011	48.14	91.70	36.31	6.86	17.59	26.32	32.57
2012	50.22	89.29	41.60	10.74	17.05	37.51	29.01
2013	61.12	100.04	50.11	13.98	19.03	35.19	35.19
2014	70.70	108.62	46.00	17.84	25.92	43.35	36.92

附表 2-48　海南各地级市商品房销售额（单位：亿元）

年份	海口	三亚
2002	12.00	1.40
2003	20.10	3.40
2004	24.10	6.10
2005	33.67	12.02
2006	39.46	34.96
2007	59.93	55.48
2008	79.91	91.09
2009	102.35	127.24
2010	168.12	243.88
2011	150.08	209.25
2012	181.63	209.24
2013	250.17	265.57
2014	266.58	197.07

附表 2-49　青海各地级市商品房销售额（单位：亿元）

年份	西宁
2002	6.90
2003	9.50
2004	12.70
2005	20.81
2006	21.52
2007	33.78
2008	31.41

续表

年份	西宁
2009	44.85
2010	71.72
2011	95.18
2012	79.33
2013	128.57
2014	175.89

附表 2-50　新疆各地级市商品房销售额（单位：亿元）

年份	乌鲁木齐	克拉玛依
2002	58.00	2.00
2003	71.90	4.40
2004	60.00	7.40
2005	57.66	12.68
2006	89.57	8.50
2007	133.01	9.61
2008	96.05	11.90
2009	185.16	18.49
2010	211.59	15.22
2011	249.48	13.42
2012	220.92	19.60
2013	339.77	60.68
2014	306.51	50.37

附表 2-51　河北各地级市商品房销售额增速（单位：%）

年份	保定	沧州	承德	邯郸	衡水	廊坊
2003	30.2	56.4	163.8	36.5	129.7	22.1
2004	75.6	16.3	−4.6	−16.0	49.4	115.2
2005	−3.5	54.6	−16.8	52.2	−5.4	30.4
2006	87.6	26.3	68.9	27.4	−19.0	48.9
2007	73.8	−1.5	27.4	−1.9	48.0	70.1
2008	−20.5	100.2	7.4	75.1	−17.8	36.7
2009	48.3	74.7	39.5	59.1	73.2	57.1
2010	99.2	86.3	166.8	55.0	159.1	53.2

续表

年份	保定	沧州	承德	邯郸	衡水	廊坊
2011	34.8	45.1	17.3	46.3	99.7	−2.6
2012	−7.0	−28.6	−22.9	24.8	−30.0	7.1
2013	−2.8	62.9	24.7	−6.7	50.4	20.3
2014	53.2	−1.9	18.3	5.2	16.6	40.1

年份	秦皇岛	石家庄	唐山	邢台	张家口
2002	23.9	3.3	24.3	93.1	48.9
2003	69.0	118.7	90.5	21.4	198.5
2004	62.3	2.0	−15.6	53.4	−16.2
2005	48.2	50.4	50.5	44.9	50.1
2006	34.3	53.7	−2.2	59.8	40.4
2007	−33.8	−8.3	85.1	−6.1	22.2
2008	65.6	50.0	53.5	17.7	72.5
2009	69.4	37.3	33.3	110.4	152.5
2010	12.5	140.0	80.6	48.2	21.2
2011	−13.6	−13.3	37.7	−24.5	−5.7
2012	41.7	38.1	9.8	29.3	−3.3
2013	−37.4	−2.7	−16.2	21.9	−3.2
2014	23.9	3.3	24.3	93.1	48.9

附表 2-52　山西各地级市商品房销售额增速（单位：%）

年份	太原	大同	阳泉	长治	晋城	朔州
2003	46.7	1.5	42.9	173.3	14.7	16.7
2004	44.9	−7.5	52.5	78.0	−2.6	257.1
2005	102.3	102.4	41.1	29.3	105.0	−8.2
2006	−37.3	32.7	17.9	98.5	−17.3	61.7
2007	31.5	25.1	60.9	−10.8	−8.2	64.4
2008	13.2	−24.5	18.8	−14.0	83.8	−27.6
2009	21.4	3.8	32.0	104.0	53.4	56.6
2010	111.2	47.0	9.4	9.7	10.7	−14.2
2011	−20.0	22.3	0.1	31.5	98.2	37.7
2012	47.7	60.9	24.4	31.7	−27.3	29.9
2013	33.3	18.2	−19.8	16.1	44.3	91.1
2014	10.4	−34.1	−16.9	7.1	−11.2	12.3

年份	晋中	运城	忻州	临汾	吕梁
2003	40.0	122.7	60.0	45.0	−52.9
2004	160.7	28.6	−25.0	41.4	12.5

续表

年份	晋中	运城	忻州	临汾	吕梁
2005	62.2	68.6	196.7	25.4	76.7
2006	63.4	27.1	229.8	40.1	83.0
2007	15.4	40.6	42.1	58.1	171.8
2008	25.3	58.3	57.2	32.7	−24.0
2009	−42.1	14.5	−19.1	18.9	71.9
2010	76.0	−4.3	35.5	−3.0	59.8
2011	−11.3	28.2	62.7	83.8	−5.5
2012	69.4	58.5	−24.4	0.3	−14.9
2013	13.8	−2.0	4.5	48.3	90.1
2014	17.3	−12.8	−1.6	25.3	−24.8

附表 2-53　内蒙古各地级市商品房销售额增速（单位：%）

年份	呼和浩特	包头	乌海	赤峰	通辽
2003	17.7	67.1	66.7	11.8	51.9
2004	31.5	48.0	128.6	17.5	7.3
2005	64.6	100.4	59.9	95.7	15.5
2006	10.6	35.0	37.9	119.4	85.6
2007	15.0	84.9	81.5	30.5	211.8
2008	54.6	43.9	−16.4	18.7	−25.3
2009	61.1	42.4	−36.0	29.6	10.4
2010	32.7	38.3	59.1	78.3	99.2
2011	25.7	21.2	65.5	57.7	29.9
2012	6.9	−49.9	12.4	−23.7	−17.4
2013	−15.5	32.4	5.1	64.2	14.6
2014	−9.5	−9.3	27.3	−42.7	−11.7

年份	鄂尔多斯	呼伦贝尔	巴彦淖尔	乌兰察布
2003	19.0	10.5	−8.3	190.0
2004	58.0	39.3	95.5	−6.9
2005	136.7	48.3	171.9	116.7
2006	154.4	32.0	8.6	−14.9
2007	148.3	57.5	40.3	309.0
2008	6.3	108.0	36.6	7.7
2009	33.0	−13.1	59.4	6.4
2010	50.6	8.4	7.9	28.5
2011	−10.9	114.4	15.3	34.2
2012	−51.9	−7.5	−31.8	−55.7
2013	−3.8	13.7	100.1	−25.2
2014	−1.3	26.9	−39.6	56.3

附表 2-54 辽宁各地级市商品房销售额增速（单位：%）

年份	沈阳	大连	鞍山	抚顺	本溪	丹东	锦州
2003	67.5	22.0	–22.1	5.1	–4.9	–17.4	61.7
2004	61.1	4.1	56.7	80.7	28.2	47.4	–31.3
2005	107.9	46.9	23.8	–5.0	88.1	87.9	14.6
2006	32.3	27.6	24.8	30.5	21.7	7.5	88.3
2007	28.8	62.1	23.1	34.8	36.8	104.7	79.7
2008	11.8	3.0	101.7	11.7	10.6	8.8	48.4
2009	13.2	51.6	69.9	77.2	56.1	56.1	20.4
2010	38.1	18.8	65.2	56.2	40.8	38.5	96.0
2011	34.8	–14.4	24.8	62.7	90.4	34.6	9.9
2012	22.5	17.6	23.7	15.6	17.8	21.8	17.8
2013	–8.0	17.2	17.4	15.3	15.3	18.4	19.4
2014	–35.1	–31.9	–54.8	–47.5	–34.1	–43.3	–15.5
年份	营口	阜新	辽阳	盘锦	铁岭	朝阳	葫芦岛
2003	4.1	41.5	7.7	–41.2	1.5	23.1	37.3
2004	20.6	6.7	7.1	30.0	–28.4	25.0	–7.9
2005	65.0	99.3	89.5	64.1	157.5	–14.0	–19.3
2006	7.1	–39.1	–6.9	25.9	43.8	162.2	102.2
2007	25.9	39.3	86.1	17.7	52.4	25.4	77.5
2008	49.1	23.2	20.7	213.0	12.9	25.6	16.4
2009	101.3	23.7	30.7	70.1	117.1	38.1	124.4
2010	81.4	63.0	55.3	81.8	105.0	76.6	25.2
2011	26.5	52.1	21.9	39.0	–5.4	33.7	–48.8
2012	15.1	15.3	31.5	16.2	29.7	63.4	64.6
2013	0.8	36.3	20.9	5.2	9.5	52.8	71.2
2014	–58.4	–8.2	–35.0	3.3	–6.6	–39.7	–47.4

附表 2-55 安徽各地级市商品房销售额增速（单位：%）

年份	合肥	芜湖	蚌埠	淮南	马鞍山	淮北	铜陵	安庆
2003	76.2	466.7	457.1	45.9	75.9	–30.8	93.9	147.2
2004	65.6	3.5	114.1	35.2	97.1	405.6	37.5	86.5
2005	80.8	76.2	30.8	–9.5	139.3	42.9	5.7	13.8
2006	11.9	37.0	20.3	94.1	5.6	5.9	84.2	26.4
2007	70.4	47.9	14.4	103.7	27.3	29.9	14.4	45.9
2008	–2.0	12.3	16.1	35.4	–45.1	10.0	–35.1	14.7
2009	63.7	56.1	68.1	61.2	28.4	66.2	116.3	62.9

续表

年份	合肥	芜湖	蚌埠	淮南	马鞍山	淮北	铜陵	安庆
2010	8.1	51.0	28.2	44.3	23.3	–4.9	44.6	30.7
2011	32.8	24.1	24.0	–6.7	68.3	72.6	25.2	23.8
2012	–3.0	14.4	22.1	9.2	19.8	–8.5	9.2	16.2
2013	33.8	42.7	69.8	29.2	30.8	50.6	28.9	62.7
2014	11.6	–2.2	14.7	–19.8	–24.5	–23.1	32.2	–13.5
年份	黄山	滁州	阜阳	宿州	六安	亳州	池州	宣城
2003	104.5	–47.3	–28.0	–47.9	102.6	28.6	–24.0	111.4
2004	86.7	25.0	113.9	–38.8	36.7	77.8	63.2	24.3
2005	–35.2	63.3	83.6	100.3	27.9	–17.1	53.7	42.9
2006	45.1	103.1	59.1	60.6	–56.0	144.0	88.7	36.7
2007	44.4	42.9	54.7	83.9	497.4	–31.8	–29.2	63.6
2008	5.6	9.5	–12.1	4.5	–5.0	35.6	45.6	17.5
2009	70.7	102.7	62.7	68.6	43.2	70.3	140.5	109.1
2010	28.4	54.4	43.7	57.0	54.5	33.2	43.8	15.8
2011	7.2	20.9	–0.3	92.8	52.4	259.5	44.3	30.3
2012	2.2	21.8	23.8	17.7	0.9	–2.1	–4.6	4.1
2013	22.2	42.2	67.2	33.8	5.4	61.8	–13.5	25.4
2014	–27.9	8.7	21.5	21.4	23.8	32.2	–7.6	–14.6

附表 2-56　江苏各地级市商品房销售额增速（单位：%）

年份	南京	无锡	徐州	常州	苏州	南通	连云港
2003	24.6	58.1	3.6	6.8	36.0	10.2	77.3
2004	52.8	53.9	–5.5	17.2	43.1	32.2	58.7
2005	79.9	111.3	269.4	165.6	120.7	74.2	22.5
2006	17.7	18.2	22.5	22.9	27.8	79.8	35.8
2007	33.4	35.3	37.5	19.5	54.2	22.1	53.3
2008	–40.4	–17.7	–7.6	–3.7	–41.8	–26.4	15.3
2009	137.2	130.6	122.9	102.5	162.8	114.3	99.4
2010	–7.7	21.8	32.6	24.1	–17.2	22.5	4.8
2011	–9.2	–29.8	23.0	–12.3	–12.6	6.6	12.5
2012	—	—	—	—	—	—	—
2013	—	—	—	—	—	—	—
2014	—	—	—	—	—	—	—
年份	淮安	盐城	扬州	镇江	泰州	宿迁	
2003	77.3	37.6	115.0	68.1	29.4	31.7	
2004	16.9	23.6	35.9	35.4	30.3	–7.6	

续表

年份	淮安	盐城	扬州	镇江	泰州	宿迁
2005	44.4	70.1	89.1	80.4	117.7	316.4
2006	28.7	62.2	13.6	33.3	45.3	35.8
2007	89.6	31.7	25.5	45.7	31.7	50.1
2008	–12.4	6.6	–22.4	–21.6	11.4	7.2
2009	119.7	101.2	105.0	158.8	43.0	85.4
2010	50.3	45.0	35.1	8.7	55.4	33.7
2011	9.3	11.0	9.3	0.7	18.7	5.6
2012	—	0.8	—	—	—	—
2013	—	35.1	—	—	—	—
2014	—	–7.5	—	—	—	—

附表 2-57　浙江各地级市商品房销售额增速（单位：%）

年份	杭州	宁波	温州	嘉兴	湖州	绍兴
2003	40.0	51.2	52.8	43.2	0.3	13.9
2004	25.4	24.4	31.7	18.6	19.4	50.7
2005	44.2	20.1	7.0	122.4	91.2	58.6
2006	19.7	41.1	19.3	–4.8	17.5	23.7
2007	84.9	51.8	45.7	36.1	36.2	42.8
2008	–25.6	–35.6	–31.5	–12.8	–25.9	–52.1
2009	135.9	126.3	179.2	131.4	167.1	160.9
2010	–9.1	6.2	–28.0	11.2	17.6	52.9
2011	–30.2	–25.4	–25.7	–27.2	–13.4	–16.8
2012	50.3	14.2	55.4	16.9	–16.9	8.6
2013	16.8	22.2	62.3	36.4	15.9	35.7
2014	–8.9	–3.7	2.4	–19.5	–7.3	–22.6

年份	金华	衢州	舟山	台州	丽水
2003	56.8	70.7	60.3	92.7	36.5
2004	42.0	–4.9	2.7	2.0	–8.7
2005	94.4	28.0	77.2	68.8	130.7
2006	–25.7	33.8	15.8	59.4	37.4
2007	68.6	18.2	70.8	16.9	34.4
2008	–15.8	–23.5	–31.7	–14.6	–33.0
2009	55.8	118.2	135.9	121.4	76.8
2010	20.2	5.1	16.2	21.7	–32.1
2011	–10.3	–39.2	12.6	–13.7	41.4
2012	27.8	27.5	–40.7	7.0	0.8
2013	18.4	64.9	52.7	11.3	37.2
2014	–5.4	–5.8	–20.0	–9.7	21.4

附表 2-58　福建各地级市商品房销售额增速（单位：%）

年份	福州	厦门	莆田	三明	泉州	漳州	南平	龙岩	宁德
2003	11.6	29.8	–34.7	–27.8	44.8	–16.0	3.6	81.0	50.8
2004	11.0	40.2	175.0	7.7	64.3	4.8	85.1	42.1	56.1
2005	147.9	41.5	53.5	163.1	–31.6	169.8	–8.1	89.8	27.8
2006	8.1	52.8	86.2	22.4	82.7	25.2	73.2	87.5	25.2
2007	14.4	49.5	49.0	85.0	73.4	80.7	86.2	9.2	49.3
2008	–38.9	–50.1	–18.7	–31.2	–0.5	–30.4	–32.4	–32.6	–32.6
2009	123.6	105.6	90.4	152.0	63.9	74.4	70.4	204.7	150.2
2010	10.0	–9.9	37.1	45.5	33.5	24.8	13.8	–24.8	12.9
2011	24.8	18.2	41.7	2.9	51.5	51.1	16.8	–1.0	65.4
2012	50.0	68.6	23.9	16.9	7.0	6.6	—	45.8	–2.4
2013	—	41.8	61.1	34.1	71.1	—	—	66.3	17.4
2014	—	13.4	—	–12.4	–15.2	—	2.3	–36.1	–10.2

附表 2-59　江西各地级市商品房销售额增速（单位：%）

年份	南昌	景德镇	萍乡	九江	新余	鹰潭
2003	61.6	82.2	78.3	–17.2	92.9	64.7
2004	140.9	52.4	97.6	68.1	85.2	57.1
2005	28.0	–2.9	57.9	11.7	81.8	–26.4
2006	21.5	–16.8	–27.0	42.6	74.6	–42.3
2007	42.2	42.1	0.7	141.3	27.5	182.9
2008	–31.9	–4.9	6.6	–18.7	–1.1	53.7
2009	60.8	39.8	49.8	111.7	59.1	44.6
2010	27.4	35.3	19.4	6.5	14.8	0.0
2011	24.7	91.9	–17.2	45.7	11.5	96.8
2012	49.4	–7.1	–1.3	–40.8	–34.1	–8.4
2013	34.9	41.0	88.3	100.8	86.3	70.3
2014	–9.1	–35.6	–7.0	–8.9	–18.1	16.0

年份	赣州	吉安	宜春	抚州	上饶
2003	48.7	–6.3	29.5	267.5	146.5
2004	66.4	260.0	38.6	2.0	56.6
2005	50.7	50.3	128.6	54.7	2.3
2006	32.3	55.5	13.9	–0.2	21.7
2007	61.4	25.7	62.6	39.1	29.1
2008	–20.2	–1.5	–22.1	–6.7	3.5
2009	103.2	23.7	71.6	42.6	23.4
2010	34.0	13.7	45.4	35.0	84.9

续表

年份	赣州	吉安	宜春	抚州	上饶
2011	6.1	–14.2	42.4	80.7	25.6
2012	46.7	23.8	–4.5	–8.0	–3.5
2013	51.1	72.2	26.9	27.6	31.5
2014	11.5	0.9	–4.3	7.1	28.2

附表 2-60　山东各地级市商品房销售额增速（单位：%）

年份	济南	青岛	淄博	枣庄	东营	烟台	潍坊	济宁	泰安
2003	45.6	19.3	49.7	33.3	24.7	40.1	132.2	26.3	81.8
2004	31.9	37.6	—	—	—	—	—	—	—
2005	4.0	125.9	—	—	—	—	—	—	—
2006	22.6	–11.8	69.1	61.3	46.8	21.1	18.6	90.5	20.8
2007	20.5	42.0	24.5	23.1	27.5	37.4	36.0	10.0	43.0
2008	28.3	–9.4	–3.7	–21.2	9.1	13.9	47.7	10.2	18.1
2009	39.2	79.3	38.2	96.1	46.3	32.5	61.3	46.0	73.6
2010	54.0	27.2	73.3	34.6	42.8	75.6	65.9	35.9	47.8
2011	19.8	–13.9	28.3	26.6	26.1	35.3	7.2	28.2	31.4
2012	12.9	–0.6	—	—	–2.9	—	—	—	6.8
2013	—	27.7	—	—	11.2	—	—	—	28.7
2014	—	–0.8	—	46.3	–11.5	—	–34.0	12.4	–36.3

年份	威海	日照	莱芜	临沂	德州	聊城	滨州	菏泽
2003	25.8	115.7	–19.0	47.1	88.2	98.2	27.3	50.0
2004	—	—	—	—	—	—	—	—
2005	—	—	—	—	—	—	—	—
2006	29.0	27.1	–15.0	65.5	13.6	15.7	30.4	59.0
2007	99.5	78.3	108.8	58.5	5.8	29.9	84.4	24.3
2008	1.6	–42.3	–24.6	42.0	18.9	–1.6	167.9	156.7
2009	64.8	29.7	2.5	16.0	69.7	64.2	3.7	11.7
2010	43.5	20.2	–1.9	37.7	79.5	55.9	43.3	62.6
2011	8.5	49.8	–13.6	63.7	22.1	28.0	40.5	42.7
2012	—	—	204.9	—	3.8	—	—	—
2013	—	—	–9.7	—	53.3	—	—	—
2014	—	–10.6	–31.2	4.3	–23.1	—	1.5	—

附表 2-61　河南各地级市商品房销售额增速（单位：%）

年份	郑州	开封	洛阳	平顶山	安阳	鹤壁	新乡	焦作	濮阳
2003	69.5	38.9	67.0	−7.3	−4.7	−75.0	−15.4	22.2	35.7
2004	17.6	26.0	24.7	28.9	85.2	250.0	100.0	177.3	21.1
2005	145.3	34.4	55.1	81.6	44.4	17.1	90.9	41.6	36.3
2006	42.9	15.6	69.1	29.0	23.7	273.2	43.0	73.6	62.2
2007	69.6	65.5	74.6	32.9	86.3	171.6	39.2	107.7	35.3
2008	−26.2	13.8	−32.7	21.3	−0.1	−11.6	19.7	−4.0	14.9
2009	77.9	52.8	48.3	44.1	25.8	57.3	41.6	23.6	44.8
2010	50.1	47.7	39.0	16.0	58.0	64.2	44.2	29.3	46.8
2011	15.2	41.9	37.7	26.6	54.8	52.7	45.7	0.9	55.0
2012	1.3	13.6	0.4	14.0	−15.1	6.6	4.5	2.2	24.7
2013	28.8	49.5	47.1	60.4	29.5	40.7	53.6	20.2	54.9
2014	3.7	2.4	−2.4	4.0	28.5	34.3	16.7	7.0	−26.1

年份	许昌	漯河	三门峡	南阳	商丘	信阳	周口	驻马店
2003	−43.8	105.0	20.0	60.0	−12.5	64.3	−68.2	75.0
2004	83.3	36.6	−41.7	21.9	114.3	160.9	−14.3	64.3
2005	200.6	76.4	130.0	44.1	73.3	16.5	194.4	20.9
2006	35.5	29.7	70.8	50.2	177.3	110.2	70.2	107.2
2007	184.5	90.3	77.1	97.2	163.2	78.3	176.1	399.0
2008	−45.1	−43.0	85.8	24.8	28.3	−17.4	30.3	−2.1
2009	72.3	9.2	72.6	2.2	54.0	61.2	1.2	84.9
2010	16.8	60.2	19.1	33.8	48.9	22.4	31.9	43.7
2011	47.3	47.8	27.7	64.9	65.0	51.8	48.2	65.2
2012	7.5	−7.5	24.0	4.3	23.0	3.5	26.1	0.3
2013	51.4	12.3	44.1	38.0	24.9	20.0	24.5	41.4
2014	22.7	−6.5	19.5	8.9	62.5	26.2	38.1	37.3

附表 2-62　湖南各地级市商品房销售额增速（单位：%）

年份	长沙	株洲	湘潭	衡阳	邵阳	岳阳	常德
2003	59.4	120.8	63.4	0.0	257.1	2.4	3.2
2004	43.1	81.1	40.3	28.6	4.0	66.7	16.7
2005	62.5	34.2	27.6	81.9	142.3	77.7	96.3
2006	25.7	59.2	106.9	37.5	7.8	−16.1	42.2
2007	64.9	67.1	35.3	31.9	9.6	125.0	13.6
2008	−15.5	12.4	−28.5	20.0	31.5	23.8	−17.0
2009	87.7	42.3	71.4	127.6	55.9	13.4	56.4

续表

年份	长沙	株洲	湘潭	衡阳	邵阳	岳阳	常德
2010	44.7	39.9	40.2	40.3	36.6	90.6	55.7
2011	18.8	47.0	10.9	39.5	56.4	51.6	43.6
2012	5.6	–5.2	2.4	8.7	46.5	39.8	–8.2
2013	24.6	10.0	39.6	21.3	44.2	–25.3	8.3
2014	–19.9	–3.2	–19.0	13.6	26.4	23.7	0.3
年份	张家界	益阳	郴州	永州	怀化	娄底	
2003	47.1	–43.8	86.5	0.0	14.3	71.4	
2004	136.0	222.2	46.4	216.7	75.0	66.7	
2005	–22.9	46.2	47.9	466.3	155.7	112.5	
2006	–0.7	80.2	17.8	–28.2	–13.2	185.4	
2007	10.2	137.0	1.9	121.7	81.4	15.6	
2008	37.3	30.9	–17.3	–24.0	–20.6	12.1	
2009	71.3	26.3	48.5	83.8	38.5	35.9	
2010	79.1	48.4	119.4	76.3	56.0	69.5	
2011	51.3	39.2	69.9	61.7	64.3	39.2	
2012	–39.0	25.7	26.6	38.8	74.1	91.7	
2013	32.3	25.0	22.0	24.4	58.0	18.1	

附表 2-63　广西各地级市商品房销售额增速（单位：%）

年份	南宁	柳州	桂林	梧州	北海	防城港	钦州
2003	61.6	11.3	60.0	–21.3	41.7	75.0	150.0
2004	118.2	53.2	10.7	0.0	194.1	114.3	60.0
2005	25.5	128.2	104.7	6.7	–19.4	–11.3	518.8
2006	10.4	–10.8	2.7	90.6	177.4	70.7	22.5
2007	63.4	52.0	33.6	51.6	92.7	123.8	40.3
2008	–10.6	–20.5	6.5	–13.2	39.4	129.9	35.3
2009	74.3	49.0	9.9	89.3	91.2	63.1	78.9
2010	2.8	27.7	41.7	40.9	32.4	156.3	51.3
2011	7.9	14.3	2.2	38.1	–4.1	38.8	–26.4
2012	2.1	28.0	15.6	–4.3	–19.3	–28.5	13.3
2013	29.5	–10.0	23.9	41.5	37.1	5.4	11.6
2014	8.8	30.4	1.1	14.6	16.7	25.9	–7.8
年份	贵港	玉林	百色	贺州	河池	来宾	崇左
2003	28.0	71.4	33.3	50.0	—	—	—
2004	—	116.7	350.0	—	271.4	500.0	—

续表

年份	贵港	玉林	百色	贺州	河池	来宾	崇左
2005	—	168.5	299.4	—	76.9	771.7	—
2006	36.4	144.8	71.3	114.4	−37.6	14.7	188.6
2007	42.6	56.0	38.8	24.9	120.9	21.8	127.0
2008	−5.5	−0.5	−22.6	−12.0	−15.6	20.1	−12.7
2009	34.6	48.2	48.8	2.7	115.5	40.3	80.6
2010	45.4	52.3	65.5	27.6	87.2	49.8	50.3
2011	14.7	53.0	11.4	27.7	−18.5	42.6	40.8
2012	4.3	−2.6	14.6	56.6	−3.1	42.5	−10.9
2013	21.7	12.0	20.5	30.2	11.6	−6.2	21.3
2014	15.7	8.6	−8.2	27.6	36.2	23.2	4.9

附表 2-64　海南各地级市商品房销售额增速（单位：%）

年份	海口	三亚
2003	67.5	142.9
2004	19.9	79.4
2005	39.7	97.0
2006	17.2	190.8
2007	51.9	58.7
2008	33.3	64.2
2009	28.1	39.7
2010	64.3	91.7
2011	−10.7	−14.2
2012	21.0	0.0
2013	37.7	26.9
2014	6.6	−25.8

附表 2-65　青海各地级市商品房销售额增速（单位：%）

年份	西宁
2003	37.7
2004	33.7
2005	63.9
2006	3.4
2007	57.0
2008	−7.0
2009	42.8

续表

年份	西宁
2010	59.9
2011	32.7
2012	–16.7
2013	62.1
2014	36.8

附表 2-66　新疆各地级市商品房销售额增速（单位：%）

年份	乌鲁木齐	克拉玛依
2003	24.0	120.0
2004	–16.6	68.2
2005	–3.9	71.4
2006	55.3	–33.0
2007	48.5	13.1
2008	–27.8	23.8
2009	92.8	55.4
2010	14.3	–17.7
2011	17.9	–11.8
2012	–11.4	46.1
2013	53.8	209.6
2014	–9.8	–17.0

附表 2-67　河北各地级市商品房销售面积（单位：万平方米）

年份	保定	沧州	承德	邯郸	衡水	廊坊
2002	56.10	37.10	28.70	72.50	26.40	106.60
2003	56.00	57.90	84.90	105.90	69.10	119.30
2004	117.90	74.40	85.60	69.30	96.20	204.00
2005	97.76	100.33	67.94	105.52	83.13	230.03
2006	160.46	116.03	104.02	113.60	66.15	271.69
2007	230.96	90.65	100.85	96.42	82.96	359.17
2008	163.26	179.08	115.61	150.65	65.02	422.57
2009	219.23	249.41	137.14	197.21	113.19	627.72
2010	399.88	422.61	329.78	275.71	244.43	819.90
2011	477.66	532.60	329.63	380.71	435.24	728.79
2012	419.62	359.25	260.10	431.79	279.97	710.17

续表

年份	保定	沧州	承德	邯郸	衡水	廊坊
2013	327.86	481.51	288.45	355.84	390.05	774.57
2014	488.69	507.36	320.25	364.45	402.96	893.01
年份	秦皇岛	石家庄	唐山	邢台	张家口	
2002	56.40	104.00	117.00	30.70	33.00	
2003	81.40	118.30	141.60	51.20	54.70	
2004	121.00	239.70	223.70	67.90	143.80	
2005	161.75	223.20	163.08	57.65	118.34	
2006	205.37	303.53	228.92	91.75	156.46	
2007	214.03	393.58	167.12	131.25	200.82	
2008	132.61	338.86	313.41	113.49	237.27	
2009	201.18	344.50	418.67	130.12	328.24	
2010	326.15	469.31	481.97	225.37	666.98	
2011	335.26	922.24	686.78	292.83	766.58	
2012	276.45	768.73	835.57	206.82	596.45	
2013	302.50	951.21	1 014.93	245.41	543.62	
2014	225.60	888.26	852.45	278.47	484.70	

附表 2-68　山西各地级市商品房销售面积（单位：万平方米）

年份	太原	大同	阳泉	长治	晋城	朔州
2002	82.60	47.90	22.60	12.80	27.00	11.30
2003	84.00	48.10	37.30	28.40	32.60	13.50
2004	144.50	41.90	50.00	35.40	29.10	34.30
2005	219.00	66.41	58.00	49.20	48.78	41.20
2006	137.23	79.60	63.00	103.91	31.96	49.04
2007	167.23	98.49	77.30	68.60	20.80	78.87
2008	181.76	69.78	80.36	70.77	38.42	47.66
2009	183.80	57.81	93.02	116.11	60.65	63.20
2010	258.82	80.74	107.71	122.45	61.43	57.61
2011	217.69	90.16	106.43	144.34	104.64	79.05
2012	326.06	110.17	124.79	167.55	71.52	95.18
2013	397.60	120.61	85.24	181.55	86.62	138.18
2014	428.03	81.68	73.67	184.85	75.40	132.16
年份	晋中	运城	忻州	临汾	吕梁	
2002	24.30	21.90	5.10	20.90	18.00	
2003	26.20	42.80	7.60	30.70	8.50	

续表

年份	晋中	运城	忻州	临汾	吕梁
2004	56.80	51.00	4.90	27.00	8.00
2005	77.10	75.02	14.20	29.14	10.66
2006	127.72	93.50	43.40	36.84	25.23
2007	123.86	126.32	55.64	46.68	49.75
2008	141.76	194.63	72.25	61.97	36.41
2009	76.42	189.43	81.76	66.44	45.58
2010	114.55	175.97	68.95	67.50	64.84
2011	82.91	188.42	100.28	110.79	60.06
2012	108.72	264.58	69.05	108.56	51.71
2013	126.94	229.41	60.74	135.81	80.11
2014	136.92	197.97	63.03	149.86	52.70

附表 2-69　内蒙古各地级市商品房销售面积（单位：万平方米）

年份	呼和浩特	包头	乌海	赤峰	通辽
2002	121.00	75.20	20.70	38.30	18.90
2003	137.60	114.00	30.80	45.20	32.40
2004	172.70	143.70	55.80	52.40	34.40
2005	224.11	217.49	85.27	94.02	35.43
2006	215.32	262.00	109.98	174.00	65.02
2007	225.89	306.86	158.97	201.71	175.24
2008	331.89	418.73	136.69	208.80	122.27
2009	374.99	570.05	83.67	229.96	126.10
2010	471.88	597.72	83.45	350.77	214.54
2011	583.71	730.65	113.33	477.01	278.27
2012	478.18	354.30	116.33	337.93	158.68
2013	420.45	408.28	125.79	490.90	168.64
2014	363.91	377.43	124.45	293.78	137.13

年份	鄂尔多斯	呼伦贝尔	巴彦淖尔	乌兰察布
2002	35.70	51.80	19.40	8.80
2003	33.20	58.70	25.40	29.70
2004	61.80	75.50	34.10	28.80
2005	111.64	101.48	87.57	47.06
2006	239.27	122.50	90.58	40.72
2007	416.37	186.93	97.10	141.90
2008	413.19	292.77	139.88	155.11

续表

年份	鄂尔多斯	呼伦贝尔	巴彦淖尔	乌兰察布
2009	419.34	266.43	181.09	137.31
2010	535.54	253.87	176.92	166.66
2011	459.88	394.42	178.39	173.95
2012	232.69	420.77	101.22	70.84
2013	233.17	463.02	117.76	50.43
2014	235.69	548.36	105.49	69.13

附表 2-70　辽宁各地级市商品房销售面积（单位：万平方米）

年份	沈阳	大连	鞍山	抚顺	本溪	丹东	锦州
2002	206.10	419.90	83.90	52.00	44.20	63.40	44.40
2003	324.80	498.10	58.60	48.10	44.80	54.60	68.00
2004	524.30	486.30	94.20	66.10	58.60	57.20	50.70
2005	996.10	594.90	95.50	79.10	88.60	100.20	56.80
2006	1 243.80	628.80	109.85	84.72	101.00	104.11	112.80
2007	1 462.04	828.24	123.25	104.90	124.86	192.02	177.81
2008	1 465.05	822.71	247.50	98.60	127.60	193.20	200.50
2009	1 532.90	1 152.70	363.90	157.40	173.10	248.40	232.40
2010	1 746.52	1 215.33	553.14	212.31	227.60	332.23	353.02
2011	2 165.17	909.90	606.22	307.80	399.80	434.40	416.66
2012	2 469.65	1 076.36	766.93	319.90	476.21	480.69	500.45
2013	2 262.33	1 222.13	889.61	335.65	527.06	490.83	528.13
2014	1 498.40	746.40	355.50	175.40	329.27	256.57	384.65

年份	营口	阜新	辽阳	盘锦	铁岭	朝阳	葫芦岛
2002	97.40	43.20	41.30	31.90	54.80	43.00	55.70
2003	91.10	61.50	45.30	20.00	51.70	54.10	80.50
2004	106.30	64.00	43.10	24.50	36.90	62.80	74.90
2005	161.20	95.30	73.40	36.30	79.70	48.80	58.60
2006	165.93	59.60	64.40	44.43	95.48	112.80	98.60
2007	183.24	66.47	109.92	52.18	134.82	133.97	136.71
2008	228.00	67.50	112.60	99.00	148.70	137.90	142.20
2009	357.70	89.30	130.80	154.00	285.60	210.10	287.20
2010	532.58	121.57	177.58	261.30	485.60	298.76	282.81
2011	613.06	165.19	200.57	346.10	447.04	376.34	153.21
2012	641.82	186.43	258.45	376.57	504.77	571.64	198.09
2013	620.98	210.74	275.07	372.94	494.49	749.06	313.30
2014	262.07	188.21	171.84	379.02	407.58	413.72	186.17

附表 2-71　安徽各地级市商品房销售面积（单位：万平方米）

年份	合肥	芜湖	蚌埠	淮南	马鞍山	淮北	铜陵	安庆
2002	194.50	25.30	14.50	32.40	44.50	23.80	31.50	32.40
2003	285.80	107.70	48.90	40.30	65.30	14.20	48.00	70.70
2004	398.10	89.90	89.20	46.50	115.70	60.50	54.20	140.60
2005	594.98	121.60	110.46	42.01	183.98	71.48	47.02	140.60
2006	640.92	146.44	121.91	59.50	227.94	72.47	73.21	150.39
2007	1 042.69	195.92	118.34	104.01	228.24	86.05	54.61	194.18
2008	933.13	177.11	126.19	125.26	110.71	76.66	38.54	213.69
2009	1 297.95	286.09	175.62	174.91	114.61	119.78	73.80	267.55
2010	1 004.91	320.22	177.89	213.89	128.06	107.39	86.55	284.95
2011	1 245.98	381.30	201.38	187.17	245.57	136.58	101.72	311.38
2012	1 242.48	426.99	269.56	184.03	260.22	117.46	113.78	317.30
2013	1 628.09	612.67	414.25	227.52	312.14	158.24	126.20	435.14
2014	1 594.79	623.70	450.28	179.71	245.89	120.66	120.87	361.57

年份	黄山	滁州	阜阳	宿州	六安	亳州	池州	宣城
2002	46.50	64.20	48.70	69.30	29.20	22.60	50.00	27.20
2003	59.70	37.40	33.00	34.90	74.00	28.10	36.50	65.10
2004	100.00	47.30	59.60	26.40	84.00	37.60	48.00	63.60
2005	67.07	62.59	89.88	39.00	86.00	26.58	59.46	79.86
2006	89.70	108.80	129.80	56.33	36.57	51.38	96.52	96.52
2007	115.10	134.75	165.68	81.99	173.30	38.70	59.24	149.49
2008	104.80	128.87	125.98	89.90	137.97	41.37	71.67	135.81
2009	145.89	212.63	166.79	133.60	169.95	66.40	151.91	255.16
2010	153.50	282.59	194.07	176.63	217.44	71.15	181.17	258.81
2011	136.48	295.77	162.34	250.28	278.59	191.05	211.49	268.52
2012	137.89	341.49	202.28	289.13	262.24	184.50	213.78	265.69
2013	159.44	472.47	299.01	420.33	275.19	265.73	152.32	306.59
2014	115.45	503.93	342.93	484.10	331.18	319.27	154.07	253.77

附表 2-72　江苏各地级市商品房销售面积（单位：万平方米）

年份	南京	无锡	徐州	常州	苏州	南通	连云港
2002	382.10	235.40	102.80	248.90	540.00	204.00	77.30
2003	444.50	304.60	100.20	206.10	615.00	200.60	102.50
2004	608.00	410.10	79.60	236.90	707.40	228.50	126.70
2005	943.81	596.78	273.04	422.53	1 128.52	326.90	144.86

续表

年份	南京	无锡	徐州	常州	苏州	南通	连云港
2006	1 010.50	648.58	288.46	479.12	1 391.38	471.75	194.54
2007	1 137.88	767.74	357.70	579.49	1 914.46	518.29	271.86
2008	699.34	537.35	294.27	504.49	1 007.36	419.35	298.00
2009	1 186.94	1 110.78	544.38	922.65	2 346.12	666.64	514.46
2010	823.17	1 045.07	621.75	915.75	1 514.02	739.52	474.18
2011	767.70	659.89	639.38	661.12	1 210.91	677.53	435.68
2012	950.87	926.27	698.34	756.81	1 466.29	712.49	418.84
2013	1 222.01	909.44	856.82	875.98	1 875.05	1 035.26	489.64
2014	1 207.58	839.15	738.03	787.50	1 599.16	919.17	337.64
年份	淮安	盐城	扬州	镇江	泰州	宿迁	
2002	88.30	96.80	114.60	78.70	98.00	56.40	
2003	121.10	144.30	192.80	109.00	122.40	65.80	
2004	121.40	122.00	227.10	128.40	130.80	57.60	
2005	174.35	178.12	348.02	204.60	210.09	191.28	
2006	204.87	265.72	391.93	245.35	263.74	247.05	
2007	323.68	313.65	430.66	301.09	314.24	368.01	
2008	263.94	286.91	304.38	214.06	302.87	354.55	
2009	531.34	502.74	514.74	458.64	408.44	540.33	
2010	641.14	581.34	628.75	374.77	523.79	603.62	
2011	552.48	562.82	552.45	331.34	468.20	456.95	
2012	677.14	548.20	601.91	420.20	326.68	517.48	
2013	842.43	742.32	699.49	592.21	491.41	822.73	
2014	614.53	624.52	635.07	520.15	440.21	584.12	

附表 2-73　浙江各地级市商品房销售面积（单位：万平方米）

年份	杭州	宁波	温州	嘉兴	湖州	绍兴
2002	443.20	398.10	209.80	180.20	163.40	266.50
2003	564.70	548.60	289.40	246.50	167.50	226.20
2004	655.90	556.90	313.60	244.30	178.50	359.70
2005	704.20	467.00	261.90	386.50	248.50	367.20
2006	761.76	609.31	262.83	360.64	244.74	387.12
2007	1 150.28	804.43	297.10	418.80	288.10	479.40
2008	775.02	448.38	172.80	333.20	196.30	216.90
2009	1 456.40	815.20	314.00	681.40	432.30	476.50
2010	988.34	693.56	228.45	596.27	412.00	610.35

续表

年份	杭州	宁波	温州	嘉兴	湖州	绍兴
2011	734.00	526.50	135.30	398.70	331.10	456.70
2012	1 089.62	590.22	204.25	450.31	273.56	483.74
2013	1 139.13	730.09	349.73	601.13	308.48	607.74
2014	1 121.10	726.40	420.20	497.30	304.90	531.70
年份	金华	衢州	舟山	台州	丽水	
2002	200.30	111.90	52.00	119.10	74.90	
2003	271.90	149.30	65.70	168.50	83.60	
2004	291.10	147.20	65.40	175.70	63.40	
2005	362.40	138.70	87.80	184.30	97.40	
2006	272.72	181.30	91.80	259.72	113.01	
2007	367.10	184.60	136.50	281.30	134.40	
2008	336.80	129.10	74.10	227.90	81.60	
2009	420.10	231.30	161.30	422.40	127.40	
2010	424.64	170.90	138.15	462.89	91.16	
2011	304.20	79.40	136.10	327.00	102.20	
2012	322.51	104.12	78.40	319.72	88.82	
2013	392.68	170.19	107.01	351.75	129.07	
2014	336.60	166.80	91.70	344.60	135.40	

附表 2-74　福建各地级市商品房销售面积（单位：万平方米）

年份	福州	厦门	莆田	三明	泉州	漳州	南平	龙岩	宁德
2002	358.90	226.10	49.60	65.20	132.40	83.00	68.40	27.00	42.00
2003	452.10	294.40	22.60	46.40	175.00	76.80	73.00	48.90	61.60
2004	416.90	305.90	51.50	52.50	227.00	74.60	100.20	70.40	86.40
2005	841.32	326.65	64.93	98.01	115.74	171.72	89.04	102.33	104.10
2006	664.58	433.27	83.21	99.26	185.97	167.16	123.50	158.06	106.69
2007	645.63	497.70	126.42	157.27	293.87	268.31	175.11	134.47	123.18
2008	370.66	389.47	89.47	79.49	257.88	176.38	109.76	84.12	68.44
2009	690.13	529.29	137.87	193.45	364.38	276.59	158.22	213.98	159.31
2010	597.83	426.77	164.12	228.40	444.10	286.30	150.80	139.00	138.20
2011	622.18	438.26	189.40	209.20	482.70	338.60	150.60	122.50	147.10
2012	841.50	615.34	205.50	218.72	553.70	351.20	167.98	154.96	150.03
2013	1 256.49	786.71	288.43	263.46	908.73	489.58	261.79	237.35	183.62
2014	965.60	790.21	258.71	237.53	801.73	474.71	238.20	175.67	177.13

附表 2-75　江西各地级市商品房销售面积（单位：万平方米）

年份	南昌	景德镇	萍乡	九江	新余	鹰潭
2002	116.90	36.10	20.00	81.20	20.60	11.70
2003	135.40	65.50	36.60	77.70	35.10	25.90
2004	335.20	80.00	64.00	108.30	48.00	38.40
2005	381.42	84.32	66.76	111.79	83.96	24.68
2006	383.51	74.90	54.00	145.10	118.10	14.80
2007	478.99	79.55	56.97	246.81	125.69	28.12
2008	335.48	64.48	55.92	189.53	117.08	43.36
2009	494.69	89.11	70.13	266.16	150.66	40.40
2010	520.84	107.78	70.25	292.89	151.26	35.48
2011	499.13	118.82	44.30	338.02	128.47	65.48
2012	689.86	121.97	38.51	196.45	78.15	54.52
2013	841.49	158.96	63.94	304.84	131.78	78.73
2014	824.66	98.30	54.89	317.20	94.41	101.63
年份	赣州	吉安	宜春	抚州	上饶	
2002	88.90	30.60	57.40	53.40	47.80	
2003	132.80	44.40	71.40	123.00	105.60	
2004	196.30	115.60	89.00	129.90	182.30	
2005	252.45	156.19	144.24	190.64	153.69	
2006	265.98	210.21	162.00	182.10	166.33	
2007	329.48	217.40	227.39	191.52	193.67	
2008	233.40	205.20	153.45	162.53	167.18	
2009	370.42	203.94	231.03	198.88	165.49	
2010	382.21	173.06	274.43	228.93	232.59	
2011	319.72	107.24	276.88	289.39	229.39	
2012	392.38	121.83	240.88	264.49	198.07	
2013	581.79	184.36	278.91	303.48	238.78	
2014	582.17	186.70	253.68	295.40	258.12	

附表 2-76　山东各地级市商品房销售面积（单位：万平方米）

年份	济南	青岛	淄博	枣庄	东营	烟台	潍坊	济宁	泰安
2002	194.60	426.90	133.60	54.00	68.10	171.70	105.50	70.10	48.00
2003	256.20	462.70	179.00	76.50	78.80	212.40	197.00	94.20	62.50
2004	—	—	—	—	—	—	—	—	—
2005	261.25	923.92	255.38	117.91	161.97	410.15	385.88	143.68	102.44
2006	284.66	718.41	375.99	160.62	225.86	458.94	338.92	235.26	122.47

续表

年份	济南	青岛	淄博	枣庄	东营	烟台	潍坊	济宁	泰安
2007	320.24	833.29	461.47	157.20	258.26	563.61	502.94	206.34	154.14
2008	371.16	770.30	398.94	112.46	263.97	612.77	647.27	231.56	164.42
2009	441.06	1 261.86	475.60	198.80	329.10	697.70	908.60	277.30	208.20
2010	531.49	1 360.69	654.80	225.80	373.60	1 163.40	1 388.70	351.70	282.50
2011	594.06	1 027.95	707.10	242.70	404.60	1 292.40	1 239.80	350.60	301.40
2012	658.00	950.90	—	—	—	—	—	—	—
2013	820.20	1 160.20	—	—	383.70	—	1 240.80	734.80	405.70
2014	864.89	1 163.53	390.80	346.00	334.89	826.33	774.03	822.58	224.34

年份	威海	日照	莱芜	临沂	德州	聊城	滨州	菏泽
2002	122.90	40.40	15.40	75.40	61.50	62.30	22.20	27.30
2003	164.20	65.10	17.30	100.10	108.30	113.00	30.80	39.60
2004	—	—	—	—	—	—	—	—
2005	224.54	98.59	72.10	124.99	177.16	142.24	47.19	105.55
2006	355.34	110.62	46.32	203.14	189.83	147.34	53.80	191.29
2007	402.10	165.06	76.30	292.85	195.29	148.89	114.35	209.66
2008	398.03	95.02	62.26	376.37	197.18	143.25	255.94	406.75
2009	565.50	111.30	49.90	388.30	321.90	185.70	235.50	420.60
2010	742.30	112.30	44.40	456.80	457.80	242.40	278.10	627.10
2011	753.90	146.90	35.20	642.20	450.10	272.00	331.80	783.20
2012	398.03	95.02	62.26	376.37	197.18	143.25	255.94	406.75
2013	878.83	159.72	67.64	901.10	600.50	366.10	360.75	—
2014	847.46	147.24	41.75	906.07	451.98	352.46	323.74	362.03

附表 2-77　河南各地级市商品房销售面积（单位：万平方米）

年份	郑州	开封	洛阳	平顶山	安阳	鹤壁	新乡	焦作	濮阳
2002	163.10	34.50	84.80	33.80	51.90	4.40	39.70	15.00	27.30
2003	269.30	42.50	152.20	24.00	50.30	1.90	35.10	23.50	40.00
2004	314.50	53.20	167.70	35.00	76.20	6.80	54.60	51.80	39.90
2005	613.68	42.72	204.17	62.44	98.63	7.24	119.23	74.13	45.52
2006	800.80	51.90	303.74	74.08	120.47	23.42	164.25	123.13	66.74
2007	1 097.90	68.14	439.71	92.90	229.79	51.29	215.73	172.94	83.61
2008	736.85	89.15	270.12	99.39	190.80	41.96	225.22	126.44	76.65
2009	1 198.92	118.59	378.55	131.56	244.06	59.55	298.70	180.10	109.27

续表

年份	郑州	开封	洛阳	平顶山	安阳	鹤壁	新乡	焦作	濮阳
2010	1 558.72	147.97	455.04	128.40	339.88	77.92	360.52	200.72	148.77
2011	1 563.22	191.39	552.59	135.96	418.13	103.73	447.17	171.37	191.50
2012	1 441.87	191.65	494.17	138.27	337.80	101.10	436.75	154.78	206.78
2013	1 621.89	253.03	701.00	217.36	399.35	149.01	571.86	174.74	284.21
2014	1 591.91	273.00	689.60	210.44	490.15	190.23	595.11	193.27	224.31

年份	许昌	漯河	三门峡	南阳	商丘	信阳	周口	驻马店
2002	23.90	26.60	11.50	41.90	11.60	22.40	36.20	9.80
2003	16.90	48.50	10.60	52.80	10.90	41.50	23.90	16.80
2004	24.70	50.60	5.40	63.20	10.20	56.10	17.90	21.90
2005	68.58	76.92	16.06	82.90	23.61	110.93	42.45	21.65
2006	90.71	87.36	17.64	118.49	49.43	177.28	75.35	42.24
2007	227.81	139.10	37.05	215.17	100.07	308.25	194.02	211.78
2008	108.61	85.88	64.38	203.72	161.93	257.28	226.05	198.17
2009	154.93	76.80	67.07	218.52	202.74	368.36	171.66	329.20
2010	166.37	113.92	84.72	272.90	271.31	416.89	235.23	428.26
2011	209.26	157.80	94.31	356.13	318.03	480.01	273.31	535.46
2012	207.31	112.58	99.47	357.00	399.98	423.09	301.00	482.49
2013	271.06	107.32	122.99	434.10	528.03	445.18	330.65	607.32
2014	301.70	89.98	140.89	444.68	630.31	556.12	429.96	775.52

附表 2-78 湖南各地级市商品房销售面积（单位：万平方米）

年份	长沙	株洲	湘潭	衡阳	邵阳	岳阳	常德
2002	232.10	41.00	46.90	37.80	9.30	47.20	71.00
2003	327.50	99.60	65.70	43.60	25.60	45.90	81.50
2004	470.50	113.30	93.80	49.40	26.40	71.80	116.80
2005	674.08	176.68	100.54	86.32	50.20	107.52	161.95
2006	741.69	215.37	166.40	107.85	55.57	89.85	168.07
2007	978.56	334.87	187.03	123.62	58.33	150.08	211.32
2008	822.59	354.36	119.75	122.02	67.34	138.94	153.86
2009	1 406.58	429.87	176.45	225.82	89.17	178.33	227.89
2010	1 680.21	513.79	201.64	284.37	111.07	241.40	319.09
2011	1 500.17	601.77	191.17	325.45	137.66	326.83	338.28
2012	1 526.93	524.51	194.07	312.75	169.74	400.73	269.77

续表

年份	长沙	株洲	湘潭	衡阳	邵阳	岳阳	常德
2013	1 840.59	557.00	241.98	384.35	230.08	304.58	252.53
2014	1 519.20	537.26	185.74	390.65	293.07	340.44	235.98
年份	张家界	益阳	郴州	永州	怀化	娄底	
2002	18.40	21.10	31.80	7.00	22.60	4.20	
2003	16.70	18.70	54.70	13.00	27.90	18.00	
2004	39.00	22.90	87.10	21.90	39.40	18.90	
2005	34.07	43.35	133.54	97.61	99.41	40.46	
2006	29.83	80.61	135.80	60.95	72.46	60.35	
2007	27.27	143.47	101.68	125.99	114.19	97.60	
2008	35.76	141.74	85.17	107.75	97.76	89.50	
2009	58.53	155.96	126.67	169.01	113.40	112.51	
2010	81.04	194.31	224.36	239.46	153.47	179.86	
2011	110.88	229.91	303.88	325.66	208.54	226.68	
2012	60.73	257.48	350.07	392.08	323.74	299.55	
2013	74.74	309.88	363.53	468.93	446.24	371.33	
2014	58.13	312.11	430.05	520.76	320.29	171.92	

附表 2-79　广西各地级市商品房销售面积（单位：万平方米）

年份	南宁	柳州	桂林	梧州	北海	防城港	钦州
2002	113.00	89.10	60.50	33.00	10.00	6.30	4.60
2003	192.20	97.50	105.40	33.00	14.10	4.10	9.10
2004	341.60	134.00	138.30	29.20	35.20	17.20	13.80
2005	454.94	256.42	258.18	36.77	27.52	11.00	65.42
2006	456.02	211.78	237.04	53.98	63.47	15.42	75.73
2007	628.84	275.60	288.54	78.00	82.38	29.04	80.70
2008	484.91	200.12	265.55	64.70	107.15	47.58	90.30
2009	731.70	267.80	273.80	98.40	175.97	75.60	146.90
2010	666.48	291.88	323.58	133.53	179.58	155.06	200.03
2011	717.73	308.40	303.69	169.68	161.52	237.50	129.17
2012	629.01	349.45	322.69	138.11	133.76	145.26	143.25
2013	702.60	280.42	383.41	181.60	178.44	145.72	155.29
2014	802.57	286.49	351.66	182.06	169.62	156.06	148.90
年份	贵港	玉林	百色	贺州	河池	来宾	崇左
2002	25.00	5.60	3.10	0.70	—	—	—
2003	26.90	10.00	3.90	2.10	6.10	0.70	—
2004	—	20.80	13.40	—	22.00	6.60	1.60

续表

年份	贵港	玉林	百色	贺州	河池	来宾	崇左
2005	78.90	52.00	54.59	14.34	35.12	89.14	14.27
2006	90.79	89.48	86.83	26.34	22.61	39.25	33.32
2007	121.35	136.01	103.60	30.80	43.55	51.60	62.78
2008	102.00	137.41	77.38	23.95	33.80	55.99	47.10
2009	116.10	173.72	97.50	24.48	59.63	62.60	78.80
2010	140.66	253.82	145.88	26.70	91.69	85.70	99.30
2011	138.70	294.70	152.85	35.16	67.64	116.00	122.60
2012	137.41	274.91	142.28	43.44	57.79	119.58	122.31
2013	156.15	294.34	150.54	47.22	64.62	129.77	125.45
2014	173.38	311.73	130.04	70.56	67.63	147.19	120.62

附表 2-80　海南各地级市商品房销售面积（单位：万平方米）

年份	海口	三亚
2002	57.00	15.50
2003	70.50	14.00
2004	107.90	17.60
2005	131.90	31.20
2006	141.64	52.29
2007	170.46	79.00
2008	176.29	91.13
2009	190.68	114.51
2010	209.76	140.83
2011	225.55	163.69
2012	266.07	180.03
2013	336.90	184.17
2014	337.12	100.99

附表 2-81　青海各地级市商品房销售面积（单位：万平方米）

年份	西宁
2002	47.40
2003	57.90
2004	73.80
2005	110.88
2006	106.44
2007	139.55
2008	108.31

续表

年份	西宁
2009	154.68
2010	215.11
2011	260.83
2012	168.97
2013	277.80
2014	305.71

附表 2-82　新疆各地级市商品房销售面积（单位：万平方米）

年份	乌鲁木齐	克拉玛依
2002	249.60	14.10
2003	303.80	34.60
2004	273.90	51.60
2005	243.03	89.35
2006	413.45	49.10
2007	498.69	59.90
2008	296.10	76.16
2009	537.27	97.19
2010	473.73	57.64
2011	481.84	50.37
2012	402.93	69.06
2013	566.25	191.66
2014	483.48	145.00

附表 2-83　河北各地级市商品房销售面积增速（单位：%）

年份	保定	沧州	承德	邯郸	衡水	廊坊
2003	–0.2	56.1	195.8	46.1	161.7	11.9
2004	110.5	28.5	0.8	–34.6	39.2	71.0
2005	–17.1	34.9	–20.6	52.3	–13.6	12.8
2006	64.1	15.6	53.1	7.7	–20.4	18.1
2007	43.9	–21.9	–3.0	–15.1	25.4	32.2
2008	–29.3	97.6	14.6	56.2	–21.6	17.7
2009	34.3	39.3	18.6	30.9	74.1	48.5
2010	82.4	69.4	140.5	39.8	115.9	30.6
2011	19.5	26.0	0.0	38.1	78.1	–11.1

续表

年份	保定	沧州	承德	邯郸	衡水	廊坊
2012	–12.2	–32.5	–21.1	13.4	–35.7	–2.6
2013	–21.9	34.0	10.9	–17.6	39.3	9.1
2014	49.1	5.4	11.0	2.4	3.3	15.3
年份	秦皇岛	石家庄	唐山	邢台	张家口	
2003	44.3	13.8	21.0	66.8	65.8	
2004	48.6	102.6	58.0	32.6	162.9	
2005	33.7	–6.9	–27.1	–15.1	–17.7	
2006	27.0	36.0	40.4	59.2	32.2	
2007	4.2	29.7	–27.0	43.1	28.4	
2008	–38.0	–13.9	87.5	–13.5	18.2	
2009	51.7	1.7	33.6	14.7	38.3	
2010	62.1	36.2	15.1	73.2	103.2	
2011	2.8	96.5	42.5	29.9	14.9	
2012	–17.5	–16.6	21.7	–29.4	–22.2	
2013	9.4	23.7	21.5	18.7	–8.9	
2014	–25.4	–6.6	–16.0	13.5	–10.8	

附表 2-84 山西各地级市商品房销售面积增速（单位：%）

年份	太原	大同	阳泉	长治	晋城	朔州
2003	1.7	0.4	65.0	121.9	20.7	19.5
2004	72.0	–12.9	34.0	24.6	–10.7	154.1
2005	51.6	58.5	16.0	39.0	67.6	20.1
2006	–37.3	19.9	8.6	111.2	–34.5	19.0
2007	21.9	23.7	22.7	–34.0	–34.9	60.8
2008	8.7	–29.2	4.0	3.2	84.7	–39.6
2009	1.1	–17.2	15.8	64.1	57.9	32.6
2010	40.8	39.7	15.8	5.5	1.3	–8.8
2011	–15.9	11.7	–1.2	17.9	70.3	37.2
2012	49.8	22.2	17.3	16.1	–31.7	20.4
2013	21.9	9.5	–31.7	8.4	21.1	45.2
2014	7.7	–32.3	–13.6	1.8	–13.0	–4.4
年份	晋中	运城	忻州	临汾	吕梁	
2003	7.8	95.4	49.0	46.9	–52.8	
2004	116.8	19.2	–35.5	–12.1	–5.9	

续表

年份	晋中	运城	忻州	临汾	吕梁
2005	35.7	47.1	189.8	7.9	33.3
2006	65.7	24.6	205.6	26.4	136.7
2007	−3.0	35.1	28.2	26.7	97.2
2008	14.5	54.1	29.9	32.8	−26.8
2009	−46.1	−2.7	13.2	7.2	25.2
2010	49.9	−7.1	−15.7	1.6	42.3
2011	−27.6	7.1	45.4	64.1	−7.4
2012	31.1	40.4	−31.1	−2.0	−13.9
2013	16.8	−13.3	−12.0	25.1	54.9
2014	7.9	−13.7	3.8	10.3	−34.2

附表 2-85　内蒙古各地级市商品房销售面积增速（单位：%）

年份	呼和浩特	包头	乌海	赤峰	通辽
2003	13.7	51.6	48.8	18.0	71.4
2004	25.5	26.1	81.2	15.9	6.2
2005	29.8	51.4	52.8	79.4	3.0
2006	−3.9	20.5	29.0	85.1	83.5
2007	4.9	17.1	44.5	15.9	169.5
2008	46.9	36.5	−14.0	3.5	−30.2
2009	13.0	36.1	−38.8	10.1	3.1
2010	25.8	4.9	−0.3	52.5	70.1
2011	23.7	22.2	35.8	36.0	29.7
2012	−18.1	−51.5	2.6	−29.2	−43.0
2013	−12.1	15.2	8.1	45.3	6.3
2014	−13.4	−7.6	−1.1	−40.2	−18.7

年份	鄂尔多斯	呼伦贝尔	巴彦淖尔	乌兰察布
2003	−7.0	13.3	30.9	237.5
2004	86.1	28.6	34.3	−3.0
2005	80.6	34.4	156.8	63.4
2006	114.3	20.7	3.4	−13.5
2007	74.0	52.6	7.2	248.5
2008	−0.8	56.6	44.1	9.3
2009	1.5	−9.0	29.5	−11.5

续表

年份	鄂尔多斯	呼伦贝尔	巴彦淖尔	乌兰察布
2010	27.7	−4.7	−2.3	21.4
2011	−14.1	55.4	0.8	4.4
2012	−49.4	6.7	−43.3	−59.3
2013	0.2	10.0	16.3	−28.8
2014	1.1	18.4	−10.4	37.1

附表 2-86　辽宁各地级市商品房销售面积增速（单位：%）

年份	沈阳	大连	鞍山	抚顺	本溪	丹东	锦州
2003	57.6	18.6	−30.2	−7.5	1.4	−13.9	53.2
2004	61.4	−2.4	60.8	37.4	30.8	4.8	−25.4
2005	90.0	22.3	1.4	19.7	51.2	75.2	12.0
2006	24.9	5.7	15.0	7.1	14.0	3.9	98.6
2007	17.5	31.7	12.2	23.8	23.6	84.4	57.6
2008	0.2	−0.7	100.8	−6.0	2.2	0.6	12.8
2009	4.6	40.1	47.0	59.6	35.7	28.6	15.9
2010	13.9	5.4	52.0	34.9	31.5	33.7	51.9
2011	24.0	−25.1	9.6	45.0	75.7	30.8	18.0
2012	14.1	18.3	26.5	3.9	19.1	10.7	20.1
2013	−8.4	13.5	16.0	4.9	10.7	2.1	5.5
2014	−33.8	−38.9	−60.0	−47.7	−37.5	−47.7	−27.2

年份	营口	阜新	辽阳	盘锦	铁岭	朝阳	葫芦岛
2003	−6.5	42.4	9.7	−37.3	−5.7	25.8	44.5
2004	16.7	4.1	−4.9	22.5	−28.6	16.1	−7.0
2005	51.6	48.9	70.3	48.2	116.0	−22.3	−21.8
2006	2.9	−37.5	−12.3	22.4	19.8	131.1	68.3
2007	10.4	11.5	70.7	17.4	41.2	18.8	38.7
2008	24.4	1.5	2.4	89.7	10.3	2.9	4.0
2009	56.9	32.3	16.2	55.6	92.1	52.4	102.0
2010	48.9	36.1	35.8	69.7	70.0	42.2	−1.5
2011	15.1	35.9	12.9	32.5	−7.9	26.0	−45.8
2012	4.7	12.9	28.9	8.8	12.9	51.9	29.3
2013	−3.2	13.0	6.4	−1.0	−2.0	31.0	58.2
2014	−57.8	−10.7	−37.5	1.6	−17.6	−44.8	−40.6

附表 2-87　安徽各地级市商品房销售面积增速（单位：%）

年份	合肥	芜湖	蚌埠	淮南	马鞍山	淮北	铜陵	安庆
2003	46.9	325.7	237.2	24.4	46.7	–40.3	52.4	118.2
2004	39.3	–16.5	82.4	15.4	77.2	326.1	12.9	98.9
2005	49.5	35.3	23.8	–9.7	59.0	18.1	–13.2	0.0
2006	7.7	20.4	10.4	41.6	23.9	1.4	55.7	7.0
2007	62.7	33.8	–2.9	74.8	0.1	18.7	–25.4	29.1
2008	–10.5	–9.6	6.6	20.4	–51.5	–10.9	–29.4	10.0
2009	39.1	61.5	39.2	39.6	3.5	56.2	91.5	25.2
2010	–22.6	11.9	1.3	22.3	11.7	–10.3	17.3	6.5
2011	24.0	19.1	13.2	–12.5	91.8	27.2	17.5	9.3
2012	–0.3	12.0	33.9	–1.7	6.0	–14.0	11.9	1.9
2013	31.0	43.5	53.7	23.6	20.0	34.7	10.9	37.1
2014	–2.0	1.8	8.7	–21.0	–21.2	–23.7	–4.2	–16.9
年份	黄山	滁州	阜阳	宿州	六安	亳州	池州	宣城
2003	28.4	–41.7	–32.2	–49.6	153.4	24.3	–27.0	139.3
2004	67.5	26.5	80.6	–24.4	13.5	33.8	31.5	–2.3
2005	–32.9	32.3	50.8	47.7	2.4	–29.3	23.9	25.6
2006	33.7	73.8	44.4	44.4	–57.5	93.3	62.3	20.9
2007	28.3	23.9	27.6	45.6	373.9	–24.7	–38.6	54.9
2008	–8.9	–4.4	–24.0	9.6	–20.4	6.9	21.0	–9.2
2009	39.2	65.0	32.4	48.6	23.2	60.5	112.0	87.9
2010	5.2	32.9	16.4	32.2	27.9	7.2	19.3	1.4
2011	–11.1	4.7	–16.3	41.7	28.1	168.5	16.7	3.8
2012	1.0	15.5	24.6	15.5	–5.9	–3.4	1.1	–1.1
2013	15.6	38.4	47.8	45.4	4.9	44.0	–28.7	15.4
2014	–27.6	6.7	14.7	15.2	20.3	20.1	1.1	–17.2

附表 2-88　江苏各地级市商品房销售面积增速（单位：%）

年份	南京	无锡	徐州	常州	苏州	南通	连云港
2003	16.3	29.4	–2.5	–17.2	13.9	–1.7	32.6
2004	36.8	34.6	–20.6	14.9	15.0	13.9	23.6
2005	55.2	45.5	243.0	78.4	59.5	43.1	14.3
2006	7.1	8.7	5.6	13.4	23.3	44.3	34.3
2007	12.6	18.4	24.0	20.9	37.6	9.9	39.7
2008	–38.5	–30.0	–17.7	–12.9	–47.4	–19.1	9.6

续表

年份	南京	无锡	徐州	常州	苏州	南通	连云港
2009	69.7	106.7	85.0	82.9	132.9	59.0	72.6
2010	−30.6	−5.9	14.2	−0.7	−35.5	10.9	−7.8
2011	−6.7	−36.9	2.8	−27.8	−20.0	−8.4	−8.1
2012	23.9	40.4	9.2	14.5	21.1	5.2	−3.9
2013	28.5	−1.8	22.7	15.7	27.9	45.3	16.9
2014	−1.2	−7.7	−13.9	−10.1	−14.7	−11.2	−31.0
年份	淮安	盐城	扬州	镇江	泰州	宿迁	
2003	37.1	49.1	68.2	38.5	24.9	16.7	
2004	0.2	−15.5	17.8	17.8	6.9	−12.5	
2005	43.6	46.0	53.2	59.3	60.6	232.1	
2006	17.5	49.2	12.6	19.9	25.5	29.2	
2007	58.0	18.0	9.9	22.7	19.1	49.0	
2008	−18.5	−8.5	−29.3	−28.9	−3.6	−3.7	
2009	101.3	75.2	69.1	114.3	34.9	52.4	
2010	20.7	15.6	22.1	−18.3	28.2	11.7	
2011	−13.8	−3.2	−12.1	−11.6	−10.6	−24.3	
2012	22.6	−2.6	9.0	26.8	−30.2	13.2	
2013	24.4	35.4	16.2	40.9	50.4	59.0	
2014	−27.1	−15.9	−9.2	−12.2	−10.4	−29.0	

附表 2-89　浙江各地级市商品房销售面积增速（单位：%）

年份	杭州	宁波	温州	嘉兴	湖州	绍兴
2003	27.4	37.8	37.9	36.8	2.5	−15.1
2004	16.2	1.5	8.4	−0.9	6.6	59.0
2005	7.4	−16.1	−16.5	58.2	39.2	2.1
2006	8.2	30.5	0.4	−6.7	−1.5	5.4
2007	51.0	32.0	13.0	16.1	17.7	23.8
2008	−32.6	−44.3	−41.8	−20.4	−31.9	−54.8
2009	87.9	81.8	81.7	104.5	120.2	119.7
2010	−32.1	−14.9	−27.2	−12.5	−4.7	28.1
2011	−25.7	−24.1	−40.8	−33.1	−19.6	−25.2
2012	48.4	12.1	51.0	12.9	−17.4	5.9
2013	4.5	23.7	71.2	33.5	12.8	25.6
2014	−1.6	−0.5	20.1	−17.3	−1.2	−12.5
年份	金华	衢州	舟山	台州	丽水	
2003	35.7	33.4	26.3	41.5	11.6	
2004	7.1	−1.4	−0.5	4.3	−24.2	
2005	24.5	−5.8	34.3	4.9	53.6	

续表

年份	金华	衢州	舟山	台州	丽水
2006	–24.7	30.7	4.6	40.9	16.0
2007	34.6	1.8	48.7	8.3	18.9
2008	–8.3	–30.1	–45.7	–19.0	–39.3
2009	24.7	79.2	117.7	85.3	56.1
2010	1.1	–26.1	–14.4	9.6	–28.4
2011	–28.4	–53.5	–1.5	–29.4	12.1
2012	6.0	31.1	–42.4	–2.2	–13.1
2013	21.8	63.5	36.5	10.0	45.3
2014	–14.3	–2.0	–14.3	–2.0	4.9

附表 2-90　福建各地级市商品房销售面积增速（单位：%）

年份	福州	厦门	莆田	三明	泉州	漳州	南平	龙岩	宁德
2003	26.0	30.2	–54.4	–28.8	32.2	–7.5	6.7	81.1	46.7
2004	–7.8	3.9	127.9	13.1	29.7	–2.9	37.3	44.0	40.3
2005	101.8	6.8	26.1	86.7	–49.0	130.2	–11.1	45.4	20.5
2006	–21.0	32.6	28.2	1.3	60.7	–2.7	38.7	54.5	2.5
2007	–2.9	14.9	51.9	58.4	58.0	60.5	41.8	–14.9	15.5
2008	–42.6	–21.7	–29.2	–49.5	–12.2	–34.3	–37.3	–37.4	–44.4
2009	86.2	35.9	54.1	143.4	41.3	56.8	44.2	154.4	132.8
2010	–13.4	–19.4	19.0	18.1	21.9	3.5	–4.7	–35.0	–13.3
2011	4.1	2.7	15.4	–8.4	8.7	18.3	–0.1	–11.9	6.4
2012	35.3	40.4	8.5	4.6	14.7	3.7	11.5	26.5	2.0
2013	49.3	27.8	40.4	20.5	64.1	39.4	55.8	53.2	22.4
2014	–23.2	0.4	–10.3	–9.8	–11.8	–3.0	–9.0	–26.0	–3.5

附表 2-91　江西各地级市商品房销售面积增速（单位：%）

年份	南昌	景德镇	萍乡	九江	新余	鹰潭
2003	15.8	81.4	83.0	–4.3	70.4	121.4
2004	147.6	22.1	74.9	39.4	36.8	48.3
2005	13.8	5.4	4.3	3.2	74.9	–35.7
2006	0.5	–11.2	–19.1	29.8	40.7	–40.0
2007	24.9	6.2	5.5	70.1	6.4	90.0
2008	–30.0	–18.9	–1.8	–23.2	–6.9	54.2
2009	47.5	38.2	25.4	40.4	28.7	–6.8

续表

年份	南昌	景德镇	萍乡	九江	新余	鹰潭
2010	5.3	21.0	0.2	10.0	0.4	−12.2
2011	−4.2	10.2	−36.9	15.4	−15.1	84.6
2012	38.2	2.7	−13.1	−41.9	−39.2	−16.7
2013	22.0	30.3	66.0	55.2	68.6	44.4
2014	−2.0	−38.2	−14.2	4.1	−28.4	29.1
年份	赣州	吉安	宜春	抚州	上饶	
2003	49.4	45.1	24.4	130.3	120.9	
2004	47.8	160.4	24.6	5.6	72.6	
2005	28.6	35.1	62.1	46.8	−15.7	
2006	5.4	34.6	12.3	−4.5	8.2	
2007	23.9	3.4	40.4	5.2	16.4	
2008	−29.2	−5.6	−32.5	−15.1	−13.7	
2009	58.7	−0.6	50.6	22.4	−1.0	
2010	3.2	−15.1	18.8	15.1	40.5	
2011	−16.3	−38.0	0.9	26.4	−1.4	
2012	22.7	13.6	−13.0	−8.6	−13.7	
2013	48.3	51.3	15.8	14.7	20.6	
2014	0.1	1.3	−9.0	−2.7	8.1	

附表 2-92　山东各地级市商品房销售面积增速（单位：%）

年份	济南	青岛	淄博	枣庄	东营	烟台	潍坊	济宁	泰安
2003	31.7	8.4	34.0	41.7	15.7	23.7	86.7	34.4	30.2
2004	—	—	—	—	—	—	—	—	—
2005	—	—	—	—	—	—	—	—	—
2006	9.0	−22.2	47.2	36.2	39.4	11.9	−12.2	63.7	19.6
2007	12.5	16.0	22.7	−2.1	14.3	22.8	48.4	−12.3	25.9
2008	15.9	−7.6	−13.6	−28.5	2.2	8.7	28.7	12.2	6.7
2009	18.8	63.8	19.2	76.8	24.7	13.9	40.4	19.8	26.6
2010	20.5	7.8	37.7	13.6	13.5	66.7	52.8	26.8	35.7
2011	11.8	−24.5	8.0	7.5	8.3	11.1	−10.7	−0.3	6.7
2012	10.8	−7.5	—	—	—	—	—	—	—
2013	24.7	22.0	—	—	—	—	—	—	—
2014	5.4	0.3	—	—	−12.7	—	−37.6	11.9	−44.7
年份	威海	日照	莱芜	临沂	德州	聊城	滨州	菏泽	
2003	33.6	61.1	12.3	32.8	76.1	81.4	38.7	45.1	
2004	—	—	—	—	—	—	—	—	

续表

年份	威海	日照	莱芜	临沂	德州	聊城	滨州	菏泽
2005	—	—	—	—	—	—	—	—
2006	58.3	12.2	–35.8	62.5	7.2	3.6	14.0	81.2
2007	13.2	49.2	64.7	44.2	2.9	1.1	112.5	9.6
2008	–1.0	–42.4	–18.4	28.5	1.0	–3.8	123.8	94.0
2009	42.1	17.1	–19.9	3.2	63.3	29.6	–8.0	3.4
2010	31.3	0.9	–11.0	17.6	42.2	30.5	18.1	49.1
2011	1.6	30.8	–20.7	40.6	–1.7	12.2	19.3	24.9
2012	–47.2	–35.3	76.9	–41.4	–56.2	–47.3	–22.9	–48.1
2013	120.8	68.1	8.6	139.4	204.5	155.6	41.0	—
2014	–3.6	–7.8	–38.3	0.6	–24.7	–3.7	–10.3	—

附表 2-93　河南各地级市商品房销售面积增速（单位：%）

年份	郑州	开封	洛阳	平顶山	安阳	鹤壁	新乡	焦作	濮阳
2003	65.1	23.2	79.5	–29.0	–3.1	–56.8	–11.6	56.7	46.5
2004	16.8	25.2	10.2	45.8	51.5	257.9	55.6	120.4	–0.3
2005	95.1	–19.7	21.7	78.4	29.4	6.5	118.4	43.1	14.1
2006	30.5	21.5	48.8	18.6	22.1	223.5	37.8	66.1	46.6
2007	37.1	31.3	44.8	25.4	90.7	119.0	31.3	40.5	25.3
2008	–32.9	30.8	–38.6	7.0	–17.0	–18.2	4.4	–26.9	–8.3
2009	62.7	33.0	40.1	32.4	27.9	41.9	32.6	42.4	42.6
2010	30.0	24.8	20.2	–2.4	39.3	30.8	20.7	11.4	36.1
2011	0.3	29.3	21.4	5.9	23.0	33.1	24.0	–14.6	28.7
2012	–7.8	0.1	–10.6	1.7	–19.2	–2.5	–2.3	–9.7	8.0
2013	12.5	32.0	41.9	57.2	18.2	47.4	30.9	12.9	37.4
2014	–1.8	7.9	–1.6	–3.2	22.7	27.7	4.1	10.6	–21.1

年份	许昌	漯河	三门峡	南阳	商丘	信阳	周口	驻马店
2003	–29.3	82.3	–7.8	26.0	–6.0	85.3	–34.0	71.4
2004	46.2	4.3	–49.1	19.7	–6.4	35.2	–25.1	30.4
2005	177.7	52.0	197.4	31.2	131.5	97.7	137.2	–1.1
2006	32.3	13.6	9.8	42.9	109.4	59.8	77.5	95.1
2007	151.1	59.2	110.0	81.6	102.4	73.9	157.5	401.4
2008	–52.3	–38.3	73.8	–5.3	61.8	–16.5	16.5	–6.4
2009	42.6	–10.6	4.2	7.3	25.2	43.2	–24.1	66.1
2010	7.4	48.3	26.3	24.9	33.8	13.2	37.0	30.1
2011	25.8	38.5	11.3	30.5	17.2	15.1	16.2	25.0
2012	–0.9	–28.7	5.5	0.2	25.8	–11.9	10.1	–9.9
2013	30.8	–4.7	23.6	21.6	32.0	5.2	9.9	25.9
2014	11.3	–16.2	14.6	2.4	19.4	24.9	30.0	27.7

附表 2-94　湖南各地级市商品房销售面积增速（单位：%）

年份	长沙	株洲	湘潭	衡阳	邵阳	岳阳	常德
2003	41.1	142.9	40.1	15.3	175.3	–2.8	14.8
2004	43.7	13.8	42.8	13.3	3.1	56.4	43.3
2005	43.3	55.9	7.2	74.7	90.2	49.7	38.7
2006	10.0	21.9	65.5	24.9	10.7	–16.4	3.8
2007	31.9	55.5	12.4	14.6	5.0	67.0	25.7
2008	–15.9	5.8	–36.0	–1.3	15.4	–7.4	–27.2
2009	71.0	21.3	47.3	85.1	32.4	28.4	48.1
2010	19.5	19.5	14.3	25.9	24.6	35.4	40.0
2011	–10.7	17.1	–5.2	14.4	23.9	35.4	6.0
2012	1.8	–12.8	1.5	–3.9	23.3	22.6	–20.3
2013	20.5	6.2	24.7	22.9	35.5	–24.0	–6.4
2014	–17.5	–3.5	–23.2	1.6	27.4	11.8	–6.6
年份	张家界	益阳	郴州	永州	怀化	娄底	
2003	–9.2	–11.4	72.0	85.7	23.5	328.6	
2004	133.5	22.5	59.2	68.5	41.2	5.0	
2005	–12.6	89.3	53.3	345.7	152.3	114.1	
2006	–12.4	86.0	1.7	–37.6	–27.1	49.2	
2007	–8.6	78.0	–25.1	106.7	57.6	61.7	
2008	31.1	–1.2	–16.2	–14.5	–14.4	–8.3	
2009	63.7	10.0	48.7	56.9	16.0	25.7	
2010	38.5	24.6	77.1	41.7	35.3	59.9	
2011	36.8	18.3	35.4	36.0	35.9	26.0	
2012	–45.2	12.0	15.2	20.4	55.2	32.1	
2013	23.1	20.4	3.8	19.6	37.8	24.0	
2014	–22.2	0.7	18.3	11.1	–28.2	–53.7	

附表 2-95　广西各地级市商品房销售面积增速（单位：%）

年份	南宁	柳州	桂林	梧州	北海	防城港	钦州
2003	70.1	9.4	74.2	0.0	41.0	–34.9	97.8
2004	77.7	37.4	31.2	–11.5	149.6	319.5	51.6
2005	33.2	91.4	86.7	25.9	–21.8	–36.0	374.1
2006	0.2	–17.4	–8.2	46.8	130.6	40.2	15.8
2007	37.9	30.1	21.7	44.5	29.8	88.3	6.6
2008	–22.9	–27.4	–8.0	–17.1	30.1	63.8	11.9

续表

年份	南宁	柳州	桂林	梧州	北海	防城港	钦州
2009	50.9	33.8	3.1	52.1	64.2	58.9	62.7
2010	–8.9	9.0	18.2	35.7	2.1	105.1	36.2
2011	7.7	5.7	–6.1	27.1	–10.1	53.2	–35.4
2012	–12.4	13.3	6.3	–18.6	–17.2	–38.8	10.9
2013	11.7	–19.8	18.8	31.5	33.4	0.3	8.4
2014	14.2	2.2	–8.3	0.3	–4.9	7.1	–4.1

年份	贵港	玉林	百色	贺州	河池	来宾	崇左
2003	7.6	78.6	25.8	200.0	—	—	—
2004	—	108.0	243.6	—	260.7	842.9	—
2005	—	150.0	307.4	—	59.6	1250.6	791.9
2006	15.1	72.1	59.1	83.7	–35.6	–56.0	133.5
2007	33.7	52.0	19.3	16.9	92.6	31.5	88.4
2008	–15.9	1.0	–25.3	–22.2	–22.4	8.5	–25.0
2009	13.8	26.4	26.0	2.2	76.4	11.8	67.3
2010	21.2	46.1	49.6	9.1	53.8	36.9	26.0
2011	–1.4	16.1	4.8	31.7	–26.2	35.4	23.5
2012	–0.9	–6.7	–6.9	23.5	–14.6	3.1	–0.2
2013	13.6	7.1	5.8	8.7	11.8	8.5	2.6
2014	11.0	5.9	–13.6	49.4	4.7	13.4	–3.9

附表 2-96　海南各地级市商品房销售面积增速（单位：%）

年份	海口	三亚
2003	23.7	–9.7
2004	53.0	25.7
2005	22.2	77.3
2006	7.4	67.6
2007	20.3	51.1
2008	3.4	15.4
2009	8.2	25.7
2010	10.0	23.0
2011	7.5	16.2
2012	18.0	10.0
2013	26.6	2.3
2014	0.1	–45.2

附表 2-97　青海各地级市商品房销售面积增速（单位：%）

年份	西宁
2003	22.2
2004	27.5
2005	50.2
2006	–4.0
2007	31.1
2008	–22.4
2009	42.8
2010	39.1
2011	21.3
2012	–35.2
2013	64.4
2014	10.0

附表 2-98　新疆各地级市商品房销售面积增速（单位：%）

年份	乌鲁木齐	克拉玛依
2003	21.7	145.4
2004	–9.8	49.1
2005	–11.3	73.2
2006	70.1	–45.0
2007	20.6	22.0
2008	–40.6	27.1
2009	81.4	27.6
2010	–11.8	–40.7
2011	1.7	–12.6
2012	–16.4	37.1
2013	40.5	177.5
2014	–14.6	–24.3

附表 2-99　河北各地级市商品房销售价格增速（单位：%）

年份	保定	沧州	承德	邯郸	衡水	廊坊
2003	30.39	0.19	–10.83	–6.58	–12.23	9.14
2004	–16.59	–9.51	–5.36	28.32	7.32	25.85
2005	16.41	14.64	4.85	–0.05	9.44	15.60

续表

年份	保定	沧州	承德	邯郸	衡水	廊坊
2006	14.27	9.18	10.31	18.30	1.81	26.11
2007	20.75	26.03	31.39	15.61	18.01	28.66
2008	12.40	1.35	-6.29	12.10	4.91	16.19
2009	10.40	25.45	17.62	21.53	-0.49	5.73
2010	9.22	9.96	10.94	10.84	19.98	17.33
2011	12.82	15.15	17.36	5.92	12.14	9.59
2012	5.83	5.88	-2.34	10.01	8.86	9.96
2013	24.37	21.55	12.49	13.20	7.95	10.28
2014	2.75	-6.91	6.58	2.67	12.91	21.49

年份	秦皇岛	石家庄	唐山	邢台	张家口
2003	-14.13	-9.17	2.70	15.79	-10.18
2004	13.67	7.94	20.56	-8.44	13.55
2005	21.43	9.57	15.83	80.65	1.89
2006	16.70	10.63	7.18	-8.97	13.57
2007	28.83	18.53	33.94	11.68	9.41
2008	6.91	6.46	-1.29	8.61	3.40
2009	9.13	47.56	14.92	2.69	24.68
2010	4.51	0.79	15.76	21.49	24.26
2011	9.40	22.13	26.75	14.06	5.49
2012	4.78	4.02	13.16	6.92	21.19
2013	29.54	11.61	-9.59	8.93	6.09
2014	-16.10	4.25	-0.22	7.46	8.53

附表 2-100　山西各地级市商品房销售价格增速（单位：%）

年份	太原	大同	阳泉	长治	晋城	朔州
2003	44.26	1.09	-13.44	23.19	-5.00	-2.35
2004	-15.74	6.23	13.77	42.84	9.15	40.57
2005	33.50	27.71	21.68	-6.96	22.29	-23.57
2006	0.07	10.69	8.53	-6.00	26.18	35.81
2007	7.95	1.11	31.12	35.06	41.01	2.23
2008	4.16	6.52	14.28	-16.64	-0.52	19.77
2009	20.07	25.31	14.04	24.36	-2.82	18.11
2010	49.97	5.25	-5.48	4.04	9.28	-5.84

续表

年份	太原	大同	阳泉	长治	晋城	朔州
2011	–4.91	9.56	1.27	11.57	16.36	0.32
2012	–1.39	31.66	6.12	13.45	6.44	7.91
2013	9.31	7.94	17.45	7.18	19.15	31.66
2014	2.56	–2.67	–3.88	5.21	2.04	17.39

年份	晋中	运城	忻州	临汾	吕梁
2003	29.85	13.97	7.37	–1.29	–0.35
2004	20.26	7.90	16.33	60.75	19.53
2005	19.49	14.60	2.37	16.16	32.58
2006	–1.34	1.99	7.90	10.80	–22.67
2007	19.00	4.06	10.82	24.74	37.85
2008	9.44	2.76	21.06	–0.05	3.82
2009	7.37	17.65	–28.55	10.94	37.30
2010	17.40	2.99	60.64	–4.48	12.35
2011	22.50	19.72	11.85	11.99	2.01
2012	29.18	12.88	9.79	2.34	–1.20
2013	–2.50	13.02	18.83	18.52	22.73
2014	8.79	1.10	–5.15	13.57	14.29

附表 2-101　内蒙古各地级市商品房销售价格增速（单位：%）

年份	呼和浩特	包头	乌海	赤峰	通辽
2003	3.48	10.23	12.01	–5.30	–11.42
2004	4.74	17.44	26.16	1.39	1.08
2005	26.87	32.39	4.62	9.05	12.10
2006	15.10	12.03	6.93	18.54	1.15
2007	9.64	57.90	25.54	12.54	15.68
2008	5.19	5.49	–2.81	14.63	7.10
2009	42.61	4.60	4.49	17.64	7.07
2010	5.41	31.92	59.57	16.91	17.07
2011	1.60	–0.85	21.85	15.95	0.19
2012	30.55	3.28	9.46	7.68	44.84
2013	–3.90	14.86	–2.81	13.01	7.79
2014	4.60	–1.92	28.70	–4.18	8.61

年份	鄂尔多斯	呼伦贝尔	巴彦淖尔	乌兰察布
2003	28.01	–2.47	–29.99	–14.07
2004	–15.12	8.29	45.59	–3.99
2005	31.03	10.33	5.86	32.60

续表

年份	鄂尔多斯	呼伦贝尔	巴彦淖尔	乌兰察布
2006	18.72	9.34	5.03	−1.62
2007	42.67	3.22	30.89	17.38
2008	7.16	32.78	−5.19	−1.47
2009	31.07	−4.50	23.16	20.17
2010	17.91	13.80	10.43	5.86
2011	3.79	38.02	14.38	28.59
2012	−4.92	−13.28	20.25	8.84
2013	−3.95	3.36	72.01	5.12
2014	−2.34	7.15	−32.57	14.04

附表 2-102　辽宁各地级市商品房销售价格增速（单位：%）

年份	沈阳	大连	鞍山	抚顺	本溪	丹东	锦州
2003	6.28	2.85	11.56	13.58	−6.15	−4.08	5.60
2004	−0.21	6.64	−2.54	31.51	−1.99	40.67	−7.85
2005	9.42	20.06	22.09	−20.61	24.41	7.29	2.25
2006	5.93	20.74	8.53	21.87	6.80	3.47	−5.20
2007	9.57	23.04	9.68	8.90	10.63	10.98	14.00
2008	11.58	3.71	0.46	18.86	8.26	8.17	31.60
2009	8.17	8.22	15.53	11.00	15.07	21.43	3.91
2010	21.20	12.72	8.70	15.78	7.09	3.55	29.05
2011	8.74	14.32	13.85	12.19	8.42	2.95	−6.91
2012	7.43	−0.60	−2.25	11.19	−1.11	10.11	−1.95
2013	0.42	3.24	1.17	9.90	4.14	15.98	13.10
2014	−2.06	11.53	13.21	0.51	5.52	8.51	16.08
年份	营口	阜新	辽阳	盘锦	铁岭	朝阳	葫芦岛
2003	11.33	−0.60	−1.82	−6.18	7.60	−2.18	−4.96
2004	3.39	2.50	12.61	6.12	0.38	7.68	−1.01
2005	8.81	33.81	11.25	10.76	19.22	10.67	3.10
2006	4.08	−2.70	6.11	2.89	20.01	13.44	20.20
2007	14.04	24.88	9.03	0.25	7.92	5.62	28.04
2008	19.86	21.36	17.80	64.95	2.38	22.05	11.95
2009	28.29	−6.48	12.48	9.35	13.04	−9.34	11.11
2010	21.84	19.70	14.39	7.14	20.56	24.17	27.16
2011	9.89	11.91	7.92	4.96	2.74	6.15	−5.50
2012	9.90	2.15	2.07	6.77	14.88	7.56	27.34
2013	4.21	20.60	13.57	6.19	11.74	16.58	8.24
2014	−1.43	2.79	4.01	1.67	13.31	9.21	−11.48

附表 2-103　吉林各地级市商品房销售价格增速（单位：%）

年份	长春	吉林	四平	辽源	通化	白山	松原	白城
2003	−11.07	4.52	18.58	27.32	−5.23	14.88	−7.14	33.00
2004	5.09	27.99	43.09	8.70	7.92	−11.02	61.54	395.00
2005	5.17	−0.67	−37.83	−15.69	4.73	31.86	48.92	−82.61
2006	6.89	1.82	−5.39	13.09	18.02	23.35	−20.06	−6.90
2007	27.03	21.93	18.28	25.62	2.05	−7.96	−27.75	25.56
2008	7.31	10.95	12.88	2.87	14.88	3.53	40.11	20.41
2009	18.76	22.79	14.31	−1.43	10.71	15.10	−21.01	−17.68
2010	25.03	20.84	18.31	18.47	8.92	17.63	110.46	17.75
2011	18.41	20.23	14.06	34.28	—	—	—	—
2012	—	—	10.91	—	—	—	—	—
2013	—	—	14.33	—	—	—	—	—
2014	—	—	—	—	—	—	—	—

附表 2-104　黑龙江各地级市商品房销售价格增速（单位：%）

年份	哈尔滨	齐齐哈尔	鸡西	鹤岗	双鸭山	大庆
2003	0.24	−3.42	−41.41	3.97	−16.99	6.18
2004	−63.72	−75.71	−68.06	−68.52	—	−11.85
2005	216.48	374.32	409.15	306.84	—	49.95
2006	0.10	2.94	5.06	13.42	5.06	16.68
2007	12.97	16.69	14.80	9.52	27.73	2.15
2008	24.23	11.77	12.42	8.58	12.41	13.11
2009	11.43	32.25	27.20	16.60	15.37	20.17
2010	26.16	6.23	16.06	3.42	23.03	18.24
2011	4.05	11.64	4.35	47.81	33.17	7.53
2012	−0.99	3.20	−2.46	−4.08	−6.18	−0.81
2013	12.63	15.72	−0.79	10.00	−17.44	−5.97
2014	0.13	6.51	17.24	3.63	5.71	14.06
年份	伊春	佳木斯	七台河	牡丹江	黑河	绥化
2003	18.42	−2.68	−1.02	−7.93	−37.39	30.88
2004	−68.89	−10.56	−87.29	−74.84	−41.03	–
2005	201.11	23.38	750.67	382.35	133.63	–
2006	−7.81	13.37	14.76	−4.53	−28.90	9.16
2007	11.41	12.15	11.34	14.18	−12.92	14.48
2008	28.94	17.40	6.53	16.70	52.59	15.41

续表

年份	伊春	佳木斯	七台河	牡丹江	黑河	绥化
2009	15.38	28.75	4.38	28.55	56.73	33.20
2010	11.21	10.53	31.20	21.38	–0.40	4.88
2011	13.57	12.62	25.97	5.21	14.69	26.72
2012	21.67	0.87	8.64	–1.28	–3.14	–2.12
2013	15.47	3.19	–2.66	11.18	–3.45	20.49
2014	–1.26	–0.93	–7.23	1.15	18.33	–2.00

附表 2-105　安徽各地级市商品房销售价格增速（单位：%）

年份	合肥	芜湖	蚌埠	淮南	马鞍山	淮北	铜陵	安庆
2003	19.90	33.12	65.21	17.34	19.84	16.03	27.27	13.30
2004	18.89	24.03	17.37	17.16	11.22	18.66	21.77	–6.21
2005	20.98	30.26	5.66	0.23	50.49	20.91	21.82	13.80
2006	3.87	13.78	8.98	37.04	–14.77	4.48	18.30	18.14
2007	4.76	10.58	17.87	16.55	27.12	9.42	53.31	12.98
2008	9.48	24.19	8.84	12.42	13.11	23.48	–8.07	4.26
2009	17.72	–3.34	20.77	15.44	23.99	6.38	12.95	30.09
2010	39.65	34.92	26.56	18.03	10.37	6.08	23.30	22.75
2011	7.14	4.25	9.54	6.66	–12.25	35.75	6.56	13.30
2012	–2.68	2.14	–8.77	11.09	13.01	6.45	–2.36	14.00
2013	2.07	–0.56	10.50	4.52	9.02	11.76	16.23	18.61
2014	13.90	–3.93	5.52	1.52	–4.11	0.80	38.05	4.16
年份	黄山	滁州	阜阳	宿州	六安	亳州	池州	宣城
2003	59.32	–9.46	6.25	3.51	–20.07	3.41	4.11	–11.66
2004	11.44	–1.16	18.43	–19.06	20.43	32.86	24.07	27.26
2005	–3.35	23.43	21.77	35.61	24.90	17.29	24.08	13.83
2006	8.48	16.82	10.18	11.17	3.53	26.21	16.23	13.13
2007	12.56	15.39	21.21	26.37	26.06	–9.48	15.36	5.65
2008	15.99	14.45	15.57	–4.69	19.28	26.89	20.32	29.38
2009	22.63	22.85	22.89	13.47	16.25	6.08	13.48	11.28
2010	22.05	16.19	23.48	18.73	20.73	24.33	20.59	14.19
2011	20.52	15.51	19.23	36.09	18.91	33.90	23.64	25.61
2012	1.15	5.49	–0.62	1.90	7.22	1.40	–5.67	5.18
2013	5.71	2.77	13.08	–7.96	0.41	12.37	21.34	8.65
2014	–0.37	1.91	5.95	5.42	2.90	10.03	–8.67	3.17

附表 2-106　江苏各地级市商品房销售价格增速（单位：%）

年份	南京	无锡	徐州	常州	苏州	南通	连云港
2003	7.09	22.17	6.26	29.02	19.41	12.11	33.72
2004	11.67	14.33	18.93	1.96	24.39	16.09	28.40
2005	15.87	45.21	7.70	48.90	38.37	21.75	7.17
2006	9.93	8.72	15.92	8.34	3.62	24.57	1.11
2007	18.47	14.33	10.85	−1.18	12.10	11.16	9.67
2008	−3.09	17.55	12.27	10.64	10.61	−9.06	5.20
2009	39.79	11.56	20.50	10.74	12.83	34.82	15.52
2010	33.13	29.47	16.07	25.03	28.35	10.40	13.66
2011	−2.67	11.24	19.60	21.50	9.33	16.39	22.47
2012	—	—	—	—	—	—	—
2013	—	—	—	—	—	—	—
2014	—	—	—	—	—	—	—

年份	淮安	盐城	扬州	镇江	泰州	宿迁
2003	29.26	−7.69	27.80	21.37	3.58	12.86
2004	16.63	46.20	15.39	14.93	21.90	5.56
2005	0.57	16.47	23.38	13.22	35.52	25.40
2006	9.55	8.73	0.86	11.14	15.78	5.16
2007	20.02	11.57	14.26	18.76	10.57	0.74
2008	7.48	16.52	9.77	10.22	15.55	11.25
2009	9.16	14.82	21.20	20.78	6.02	21.63
2010	24.52	25.40	10.62	32.97	21.21	19.71
2011	26.84	14.63	24.34	13.91	32.78	39.43
2012	—	3.45	—	—	—	—
2013	—	−0.27	—	—	—	—
2014	—	9.93	—	—	—	—

附表 2-107　浙江各地级市商品房销售价格增速（单位：%）

年份	杭州	宁波	温州	嘉兴	湖州	绍兴
2003	9.87	9.69	10.75	4.68	−2.13	34.18
2004	7.97	22.51	21.53	19.69	12.05	−5.23
2005	34.30	43.21	28.07	40.58	37.35	55.32
2006	10.68	8.16	18.85	2.01	19.32	17.35
2007	22.47	14.97	28.86	17.20	15.71	15.31
2008	10.42	15.56	17.69	9.58	8.68	5.92
2009	25.51	24.47	53.67	13.16	21.29	18.77
2010	33.89	24.83	−0.97	27.13	23.43	19.40

续表

年份	杭州	宁波	温州	嘉兴	湖州	绍兴
2011	−6.02	−1.71	25.47	8.88	7.75	11.21
2012	1.25	1.88	2.93	3.49	0.58	2.56
2013	11.71	−1.24	−5.21	2.16	2.82	8.05
2014	−7.47	−3.20	−14.75	−2.71	−6.21	−11.51

年份	金华	衢州	舟山	台州	丽水
2003	15.53	27.94	26.91	36.19	22.30
2004	32.62	−3.49	3.16	−2.17	20.36
2005	56.19	35.89	31.97	60.94	50.17
2006	−1.22	2.32	10.76	13.14	18.45
2007	25.27	16.05	14.84	7.96	12.99
2008	−8.27	9.43	25.77	5.47	10.31
2009	24.93	21.76	8.35	19.47	13.26
2010	18.94	42.29	35.72	11.06	−5.14
2011	25.27	30.87	14.33	22.18	26.16
2012	20.52	−2.74	2.90	9.48	15.94
2013	−2.72	0.91	11.91	1.17	−5.58
2014	10.37	−3.88	−6.65	−7.78	15.69

附表 2-108　福建各地级市商品房销售价格增速（单位：%）

年份	福州	厦门	莆田	三明	泉州
2003	−11.41	−0.31	43.33	1.48	9.53
2004	20.37	34.91	20.68	−4.82	26.63
2005	22.86	32.54	21.77	40.96	34.13
2006	36.87	15.22	45.32	20.88	13.68
2007	17.79	30.12	−1.95	16.74	9.73
2008	6.51	−36.29	14.91	36.09	13.36
2009	20.11	51.27	23.55	3.56	15.98
2010	26.96	11.73	15.16	23.26	9.53
2011	19.96	15.10	22.75	12.34	39.39
2012	10.88	20.11	14.19	11.83	−6.75
2013	—	10.94	14.75	11.37	4.26
2014	—	12.87	—	−2.88	−3.84

年份	漳州	南平	龙岩	宁德
2003	−9.22	−2.95	−0.09	2.80
2004	7.85	34.82	−1.29	11.31
2005	17.23	3.45	30.59	6.11

续表

年份	漳州	南平	龙岩	宁德
2006	28.66	24.90	21.37	22.12
2007	12.61	31.32	28.31	29.32
2008	5.90	7.84	7.69	21.33
2009	11.22	18.24	19.79	7.49
2010	20.60	19.42	15.70	30.16
2011	27.78	16.91	12.36	55.41
2012	2.77	—	15.25	−4.29
2013	—	—	8.59	−4.06
2014	—	12.45	−13.62	−6.89

附表 2-109　江西各地级市商品房销售价格增速（单位：%）

年份	南昌	景德镇	萍乡	九江	新余	鹰潭
2003	39.53	0.43	−2.59	−13.51	13.19	−25.60
2004	−2.68	24.81	12.98	20.57	35.42	5.99
2005	12.49	−7.86	51.37	8.17	3.94	14.57
2006	20.81	−6.34	−9.72	9.83	24.12	−3.75
2007	13.83	33.77	−4.50	41.88	19.78	48.89
2008	−2.73	17.27	8.59	5.82	6.19	−0.33
2009	9.06	1.17	19.41	50.73	23.65	55.25
2010	20.96	11.90	19.24	−3.18	14.31	13.87
2011	30.09	74.07	31.35	26.25	31.31	6.62
2012	8.08	−9.47	13.56	1.79	8.40	9.98
2013	10.62	8.22	13.44	29.41	10.48	17.94
2014	−7.21	4.19	8.35	−12.41	14.26	−10.17

年份	赣州	吉安	宜春	抚州	上饶
2003	−0.47	−35.39	4.14	59.55	11.58
2004	12.55	38.27	11.19	−3.38	−9.28
2005	17.17	11.22	41.06	5.39	21.40
2006	25.57	15.55	1.41	4.46	12.47
2007	30.29	21.52	15.85	32.29	10.88
2008	12.67	4.38	15.40	9.97	19.92
2009	28.02	24.48	14.00	16.52	24.70
2010	29.88	33.94	22.39	17.28	31.58
2011	26.78	38.53	41.17	42.97	27.35
2012	19.57	8.96	9.72	0.70	11.76
2013	1.89	13.79	9.63	11.19	9.11
2014	11.47	−0.34	5.20	10.07	18.58

附表 2-110　山东各地级市商品房销售价格增速（单位：%）

年份	济南	青岛	淄博	枣庄	东营	烟台
2003	10.60	10.06	11.74	−5.88	7.78	13.24
2004	—	—	—	—	—	—
2005	—	—	—	—	—	—
2006	12.52	13.49	14.87	18.44	5.28	8.22
2007	7.13	22.39	1.40	25.73	11.54	11.85
2008	10.67	−2.04	11.38	10.20	6.71	4.81
2009	17.18	9.46	15.90	10.95	17.34	16.40
2010	27.81	17.99	25.86	18.49	25.79	5.31
2011	7.21	14.00	18.77	17.75	16.44	21.77
2012	1.95	7.41	—	—	—	—
2013	—	4.70	—	—	—	—
2014	—	−1.07	—	—	1.45	—

年份	潍坊	济宁	泰安	威海	日照	莱芜
2003	24.34	−6.04	39.64	−5.81	33.85	−27.94
2004	—	—	—	—	—	—
2005	—	—	—	—	—	—
2006	35.08	16.33	1.03	−18.47	13.26	32.36
2007	−8.34	25.46	13.63	76.29	19.50	26.76
2008	14.73	−1.79	10.72	2.68	0.19	−7.58
2009	14.94	21.90	37.06	16.00	10.72	27.94
2010	8.54	7.17	8.94	9.36	19.11	10.25
2011	20.08	28.58	23.15	6.83	14.54	9.04
2012	—	—	—	—	—	72.36
2013	—	—	—	—	—	−16.89
2014	5.82	0.44	15.19	—	−3.02	11.47

年份	临沂	德州	聊城	滨州	菏泽
2003	10.82	6.85	9.30	−8.26	3.41
2004	—	—	—	—	—
2005	—	—	—	—	—
2006	1.81	6.03	11.69	14.39	−12.25
2007	9.95	2.86	28.55	−13.25	13.37

续表

年份	临沂	德州	聊城	滨州	菏泽
2008	10.46	17.75	2.22	19.69	32.32
2009	12.40	3.94	26.66	12.69	8.00
2010	17.06	26.25	19.47	21.36	9.05
2011	16.45	24.23	14.04	17.78	14.24
2012	—	136.85	—	—	—
2013	—	–49.65	—	—	—
2014	3.73	2.12	—	13.07	—

附表 2-111　河南各地级市商品房销售价格增速（单位：%）

年份	郑州	开封	洛阳	平顶山	安阳	鹤壁
2003	2.65	12.75	–6.97	30.53	–1.66	–42.11
2004	0.74	0.66	13.20	–11.58	22.28	–2.21
2005	25.69	67.43	27.37	1.81	11.58	10.02
2006	9.51	–4.86	13.66	8.72	1.24	15.36
2007	23.72	26.04	20.61	6.00	–2.32	24.00
2008	9.93	–13.05	9.60	13.38	20.34	8.11
2009	9.31	14.90	5.80	8.85	–1.66	10.82
2010	15.45	18.41	15.67	18.87	13.45	25.48
2011	14.91	9.69	13.40	19.56	25.85	14.70
2012	9.78	13.41	12.22	12.11	5.14	9.40
2013	14.54	13.21	3.69	2.04	9.57	–4.55
2014	5.70	–5.06	–0.76	7.40	4.69	5.22
年份	新乡	焦作	濮阳	许昌	漯河	三门峡
2003	–4.30	–21.99	–7.38	–20.45	12.43	30.19
2004	28.57	25.79	21.36	25.44	30.92	14.51
2005	–12.58	–1.03	19.48	8.27	16.06	–22.67
2006	3.83	4.52	10.63	2.43	14.16	55.51
2007	5.98	47.85	8.00	13.29	19.53	–15.68
2008	14.66	31.33	25.33	15.13	–7.65	6.94
2009	6.77	–13.25	1.56	20.80	22.12	65.67
2010	19.44	15.99	7.81	8.80	8.01	–5.68
2011	17.44	18.23	20.44	17.09	6.69	14.74

续表

年份	新乡	焦作	濮阳	许昌	漯河	三门峡
2012	6.95	13.13	15.46	8.51	29.60	17.55
2013	17.33	6.44	12.72	15.78	17.81	16.58
2014	12.15	−3.24	−6.39	10.27	11.57	4.33

年份	南阳	商丘	信阳	周口	驻马店
2003	26.97	−6.88	−11.33	−51.81	2.08
2004	1.82	128.99	92.98	14.45	26.03
2005	9.86	−25.12	−41.08	24.16	22.27
2006	5.07	32.45	31.55	−4.12	6.20
2007	8.57	30.03	2.54	7.21	−0.48
2008	31.77	−20.68	−1.09	11.86	4.60
2009	−4.68	22.99	12.58	33.31	11.28
2010	7.14	11.26	8.15	−3.74	10.48
2011	26.34	40.73	31.80	27.56	32.14
2012	4.04	−2.17	17.42	14.50	11.28
2013	13.45	−5.42	14.05	13.32	12.35
2014	6.29	36.15	1.00	6.19	7.53

附表 2-112　湖北各地级市商品房销售价格增速（单位：%）

年份	武汉	黄石	十堰	宜昌	襄阳	鄂州
2003	7.51	−4.88	8.43	6.46	−5.60	26.65
2004	21.42	40.56	13.78	12.15	20.81	33.45
2005	12.96	17.91	9.53	39.84	32.60	34.68
2006	29.85	2.69	29.45	11.02	19.50	−7.50
2007	26.41	21.14	−4.93	13.95	26.81	58.59
2008	2.51	77.02	69.72	60.54	71.35	2.01
2009	11.45	37.37	5.32	3.26	20.00	37.12
2010	7.93	−33.47	−15.55	−12.27	−23.83	12.38
2011	25.58	5.85	22.28	17.45	9.55	4.93
2012	1.69	—	22.43	11.01	6.94	—
2013	—	—	—	−3.84	21.65	—
2014	—	—	—	—	—	—

年份	荆门	孝感	荆州	黄冈	咸宁	随州
2003	−4.03	−21.91	4.58	−24.00	14.60	13.69
2004	−2.40	51.50	10.04	32.78	−7.92	11.57

续表

年份	荆门	孝感	荆州	黄冈	咸宁	随州
2005	56.35	5.89	43.16	37.17	58.96	2.70
2006	2.54	29.03	10.89	15.83	19.58	11.86
2007	3.68	10.42	13.64	2.35	33.24	42.12
2008	85.05	1556.79	90.68	361.56	136.61	41.27
2009	27.58	−76.85	35.02	26.93	22.27	1.00
2010	−26.25	−61.10	−38.27	−71.17	−39.49	20.10
2011	17.98	16.63	16.16	28.96	22.68	19.63
2012	—	—	—	28.00	—	—
2013	—	—	—	1.65	—	—
2014	—	—	—	—	—	—

附表 2-113　湖南各地级市商品房销售价格增速（单位：%）

年份	长沙	株洲	湘潭	衡阳	邵阳	岳阳	常德
2003	12.95	−9.09	16.65	−13.30	29.74	5.34	−10.07
2004	−0.41	59.23	−1.73	13.48	0.85	6.55	−18.59
2005	13.39	−13.93	19.00	4.07	27.43	18.67	41.54
2006	14.28	30.58	25.02	10.03	−2.64	0.43	37.04
2007	24.99	7.48	20.42	15.03	4.39	34.70	−9.63
2008	0.56	6.23	11.67	21.57	13.86	33.72	13.95
2009	9.77	17.32	16.31	22.99	17.76	−11.64	5.57
2010	21.11	17.07	22.72	11.44	9.66	40.83	11.20
2011	33.09	25.52	17.01	21.85	26.16	11.95	35.41
2012	3.76	8.73	0.84	13.12	18.80	13.98	15.07
2013	3.34	3.54	11.93	−1.26	6.39	−1.67	15.69
2014	−3.01	0.38	5.55	11.78	−0.77	10.66	7.33

年份	张家界	益阳	郴州	永州	怀化	娄底
2003	62.03	−36.53	8.41	−46.15	−7.42	−60.00
2004	1.06	163.12	−8.07	87.98	23.92	58.73
2005	−11.72	−22.76	−3.52	27.06	1.35	−0.74
2006	13.46	−3.10	15.84	15.05	19.05	91.35
2007	20.52	33.18	36.14	7.27	15.13	−28.53
2008	4.74	32.46	−1.24	−11.18	−7.23	22.20
2009	4.69	14.77	−0.14	17.18	19.39	8.11

续表

年份	张家界	益阳	郴州	永州	怀化	娄底
2010	29.35	19.15	23.88	24.44	15.25	6.01
2011	10.59	17.61	25.43	18.88	20.90	10.49
2012	11.35	12.23	9.89	15.27	12.13	45.10
2013	7.52	3.84	17.47	4.02	14.64	–4.69
2014	33.74	–3.87	–1.76	17.42	7.65	–4.32

附表 2-114 广东各地级市商品房销售价格增速（单位：%）

年份	广州	韶关	深圳	珠海	汕头	佛山	江门
2003	0.25	–79.22	110.16	64.48	71.17	153.18	35.56
2004	7.70	10.93	8.02	5.90	11.08	11.78	8.32
2005	18.26	3.41	12.18	22.87	13.32	16.64	14.49
2006	22.02	14.66	23.78	17.77	7.50	14.10	7.33
2007	32.45	27.98	49.70	35.66	20.44	36.67	46.73
2008	2.08	15.70	–9.86	8.37	7.47	1.99	5.64
2009	5.62	11.97	15.40	6.00	4.45	16.18	17.37
2010	27.48	23.12	31.17	39.89	17.23	20.62	25.44
2011	1.53	14.66	11.37	10.94	21.12	6.54	14.01
2012	8.75	20.66	–8.24	–7.03	16.58	0.21	3.28
2013	16.46	–1.12	24.56	7.34	20.95	12.48	8.04
2014	2.54	–4.39	1.32	1.97	–7.18	–2.21	–0.15
年份	湛江	茂名	肇庆	惠州	梅州	汕尾	河源
2003	–33.65	30.86	–39.80	–28.00	–40.03	–64.61	–11.90
2004	11.09	19.16	0.85	16.78	52.57	2.13	4.15
2005	19.90	20.74	9.22	12.20	–10.72	24.85	15.83
2006	–0.21	–5.62	15.93	17.09	10.42	13.89	5.08
2007	23.37	22.54	28.49	34.23	15.40	7.55	48.30
2008	5.83	2.78	–0.21	3.17	27.05	1.43	–2.95
2009	37.74	18.94	17.56	3.53	3.43	65.39	17.06
2010	12.10	17.68	18.89	16.27	36.87	16.30	13.14
2011	20.36	38.33	15.67	11.61	20.73	35.75	24.14
2012	2.98	–2.53	–0.76	4.52	29.32	–2.80	11.10
2013	5.01	14.93	5.74	1.04	8.46	24.89	16.98
2014	4.46	3.83	0.94	2.34	4.28	1.86	–6.86
年份	阳江	清远	东莞	中山	潮州	揭阳	云浮
2003	–38.23	–10.96	96.33	116.91	7.05	–3.30	28.91
2004	32.53	4.85	15.34	–0.91	3.61	2.86	7.18

续表

年份	阳江	清远	东莞	中山	潮州	揭阳	云浮
2005	13.09	35.59	0.13	12.10	12.22	−8.96	−11.99
2006	30.10	29.97	13.77	7.00	11.54	26.25	13.54
2007	22.13	18.59	21.98	30.88	16.55	44.53	15.20
2008	6.92	6.44	8.13	9.82	16.73	14.89	26.49
2009	9.26	16.21	5.64	4.78	6.53	3.53	18.04
2010	13.43	24.37	24.32	13.51	36.68	18.99	29.47
2011	16.52	5.08	5.55	13.77	20.20	6.02	9.06
2012	32.01	4.03	9.97	−7.48	9.92	25.57	11.53
2013	3.81	10.51	6.83	9.99	31.47	6.77	6.82
2014	−9.48	−2.83	7.39	0.39	−5.84	−0.79	−7.71

附表 2-115　广西各地级市商品房销售价格增速（单位：%）

年份	南宁	柳州	桂林	梧州	北海	防城港	钦州
2003	−5.01	1.68	−8.16	−21.31	0.47	168.90	26.37
2004	22.79	11.44	−15.62	13.01	17.81	−48.92	5.51
2005	−5.76	19.26	9.66	−15.29	3.09	38.64	30.52
2006	10.18	7.99	11.88	29.85	20.29	21.75	5.84
2007	18.50	16.81	9.78	4.94	48.44	18.83	31.67
2008	15.92	9.50	15.77	4.59	7.15	40.33	20.93
2009	15.49	11.35	6.60	24.49	16.45	2.65	9.94
2010	12.88	17.17	19.92	3.85	29.72	24.95	11.08
2011	0.16	8.20	8.88	8.69	6.66	−9.41	13.97
2012	16.51	12.93	8.76	17.56	−2.55	16.89	2.13
2013	15.93	12.18	4.26	7.61	2.80	5.06	2.94
2014	−4.78	27.64	10.19	14.34	22.79	17.52	−3.88
年份	贵港	玉林	百色	贺州	河池	来宾	崇左
2003	18.96	−4.00	5.98	−50.00	—	—	—
2004	—	4.17	30.97	—	2.99	−36.36	—
2005	—	7.38	−1.95	—	10.83	−35.46	—
2006	18.51	42.29	7.73	16.71	−3.09	160.54	23.60
2007	6.72	2.63	16.33	6.84	14.69	−7.33	20.47
2008	12.47	−1.46	3.66	13.15	8.73	10.69	16.36
2009	18.22	17.25	18.09	0.46	22.16	25.50	7.97
2010	20.05	4.26	10.60	16.95	21.72	9.45	19.27
2011	16.35	31.79	6.30	−2.99	10.49	5.34	14.05
2012	5.30	4.38	23.08	26.72	13.45	38.25	−10.72
2013	7.10	4.64	13.85	19.75	−0.18	−13.55	18.27
2014	4.18	2.52	6.27	−14.60	30.14	8.61	9.12

附表 2-116　海南各地级市商品房销售价格增速（单位：%）

年份	海口	三亚
2003	35.43	168.88
2004	–21.66	42.71
2005	14.29	11.16
2006	9.14	73.54
2007	26.20	5.04
2008	28.93	42.33
2009	18.42	11.17
2010	49.32	55.85
2011	–16.98	–26.18
2012	2.59	–9.08
2013	8.78	24.07
2014	6.49	35.33

附表 2-117　四川各地级市商品房销售价格增速（单位：%）

年份	成都	自贡	攀枝花	泸州	德阳	绵阳
2003	6.22	–22.03	–34.96	20.16	8.57	5.62
2004	16.86	4.76	0.85	12.28	16.95	16.01
2005	31.21	17.31	37.45	–2.94	15.39	11.27
2006	13.01	3.91	–0.41	12.61	23.17	12.00
2007	17.55	31.47	2.68	34.56	27.56	8.64
2008	13.58	22.09	4.98	15.76	8.00	17.27
2009	1.36	21.41	28.27	9.68	19.15	22.15
2010	20.59	19.98	–9.54	30.53	18.97	25.53
2011	12.47	16.08	43.65	21.51	18.27	13.32
2012	8.96	8.65	26.59	2.01	5.26	17.59
2013	–1.08	13.60	11.01	23.24	13.25	–2.75
2014	–2.40	10.82	–8.39	–1.35	–9.11	11.87
年份	广元	遂宁	内江	乐山	南充	眉山
2003	7.53	22.78	23.67	12.62	9.62	10.35
2004	11.21	–18.04	16.07	3.60	4.56	10.01
2005	9.84	18.07	–4.47	20.27	4.37	5.87
2006	15.67	12.46	14.42	17.79	8.46	10.20
2007	28.32	13.47	10.75	36.89	28.16	30.44
2008	29.58	6.66	36.96	19.56	34.52	21.97
2009	8.04	17.97	17.85	5.26	21.07	33.86
2010	39.98	31.89	25.57	40.36	15.39	32.83

续表

年份	广元	遂宁	内江	乐山	南充	眉山
2011	32.32	36.12	28.60	28.67	30.67	13.35
2012	−5.51	28.74	5.26	5.08	2.48	7.91
2013	2.33	0.24	15.73	−2.20	7.79	9.33
2014	24.69	14.68	2.48	−7.70	15.20	0.78
年份	宜宾	广安	达州	雅安	巴中	资阳
2003	−1.68	−5.19	5.97	10.14	8.70	21.09
2004	11.31	9.01	13.99	70.69	−1.57	16.94
2005	29.86	9.98	58.84	−0.98	25.19	14.30
2006	21.98	10.43	−17.05	3.80	12.12	12.84
2007	7.19	21.35	27.49	−9.86	14.63	21.27
2008	19.20	15.95	25.47	20.18	21.83	15.17
2009	22.20	18.43	18.60	15.96	27.78	16.79
2010	21.95	45.27	22.72	5.31	28.78	36.06
2011	17.13	32.56	17.40	56.69	30.88	31.07
2012	11.99	14.15	19.08	8.19	10.63	14.75
2013	13.12	14.41	11.58	4.82	25.92	0.78
2014	8.34	4.67	−0.18	6.49	4.62	12.63

附表 2-118　贵州各地级市商品房销售价格增速（单位：%）

年份	贵阳	六盘水	遵义	安顺
2003	18.86	9.33	−0.26	−17.94
2004	−8.16	32.25	13.18	13.81
2005	20.39	6.88	23.72	9.49
2006	9.39	—	—	—
2007	22.30	—	—	—
2008	8.54	5.53	6.59	15.31
2009	19.45	−17.06	24.84	0.40
2010	9.24	37.43	28.55	12.80
2011	22.56	15.78	18.83	25.08
2012	—	—	—	—
2013	—	—	—	—
2014	—	—	—	—

附表 2-119　云南各地级市商品房销售价格（单位：%）

年份	昆明	曲靖	玉溪	保山	邵通	丽江	普洱	临沧
2003	−0.08	5.33	5.83	5.25		8.96	−38.10	153.33
2004	—	—	—	—	—	—	—	—

续表

年份	昆明	曲靖	玉溪	保山	邵通	丽江	普洱	临沧
2005	—	—	—	—	—	—	—	—
2006	9.99	20.33	–2.04	42.85	26.16	–8.34	23.58	65.33
2007	–83.78	12.31	–16.70	190.72	–4.90	15.63	–30.33	–32.07
2008	696.17	18.96	51.03	–63.70	–3.63	4.38	41.03	72.96
2009	1.52	16.54	6.12	20.42	33.30	8.09	22.58	–22.16
2010	–3.80	–2.25	35.93	8.36	39.04	–1.80	–0.97	56.78
2011	28.78	0.93	9.25	14.78	1.18	10.55	33.20	6.99
2012	—	—	—	—	—	—	—	—
2013	—	—	—	—	—	—	—	—
2014	—	—	—	—	—	—	—	—

附表 2-120 陕西各地级市商品房销售价格增速（单位：%）

年份	西安	铜川	宝鸡	咸阳	渭南
2003	5.45	5.08	12.94	14.38	–14.49
2004	28.19	–4.55	12.48	1.11	21.38
2005	2.94	–8.67	–7.45	19.15	10.90
2006	16.33	46.97	22.27	31.72	8.80
2007	1.87	10.05	–0.78	–0.20	8.54
2008	15.60	–7.97	9.61	14.20	17.36
2009	–0.43	53.81	61.18	15.21	–1.82
2010	14.47	28.16	4.00	12.35	11.68
2011	37.84	23.39	17.53	23.76	60.74
2012	7.75	9.15	–3.87	0.42	20.26
2013	1.20	3.29	15.01	7.92	2.95
2014	–3.70	–1.89	–4.69	2.62	5.19

年份	延安	汉中	榆林	安康	商洛
2003	–15.01	–1.94	28.57	–7.07	–14.78
2004	–13.86	7.07	5.88	14.10	11.29
2005	95.34	11.49	12.30	9.06	18.02
2006	–18.33	9.97	–4.81	16.85	0.41
2007	28.07	35.66	32.06	13.18	11.71
2008	32.27	48.51	12.11	19.17	8.60
2009	–24.82	–21.21	33.35	2.14	26.65
2010	58.52	35.22	16.34	46.51	44.34

续表

年份	延安	汉中	榆林	安康	商洛
2011	49.53	16.03	21.91	25.22	8.39
2012	−21.88	−2.76	−11.44	−5.05	14.20
2013	−4.93	9.89	6.96	18.13	−12.21
2014	0.25	−1.46	8.52	−11.26	−1.61

附表 2-121　甘肃各地级市商品房销售价格增速（单位：%）

年份	兰州	嘉峪关	金昌	白银	天水	武威
2003	30.73	—	—	−11.02	−3.56	−7.08
2004	3.74	75.85	155.56	3.09	10.61	27.92
2005	4.08	16.76	−86.63	4.35	2.00	2.98
2006	1.97	−12.56	9.51	−12.43	−3.78	31.96
2007	22.09	8.25	54.58	44.24	35.16	−11.33
2008	6.01	15.04	−40.29	8.63	−3.09	−21.67
2009	14.85	2.53	136.80	43.34	9.82	82.95
2010	17.09	73.80	−22.40	21.98	−1.88	−23.57
2011	5.51	−4.65	30.65	24.26	83.60	117.79
2012	21.09	22.95	8.30	2.67	−22.36	−4.66
2013	1.98	8.10	4.14	7.17	19.35	1.93
2014	13.29	1.70	27.12	−1.19	4.47	6.21
年份	张掖	平凉	酒泉	庆阳	定西	陇南
2003	−8.00	1.03	28.37	5.42	−32.05	−5.45
2004	17.85	38.38	−1.42	−20.18	38.46	−8.33
2005	35.57	−6.91	10.46	2.92	54.03	45.43
2006	−16.08	40.79	2.99	32.04	−10.18	50.94
2007	9.47	−22.62	59.11	13.96	33.09	31.41
2008	17.75	28.62	6.37	12.69	−0.85	−19.40
2009	15.50	12.06	8.57	19.45	40.77	−10.42
2010	41.40	−16.85	25.61	43.74	15.00	69.05
2011	9.85	150.92	27.11	11.25	18.62	−0.97
2012	−7.00	−6.68	−11.63	17.47	12.66	22.55
2013	8.38	4.94	25.39	−3.85	3.72	27.85
2014	−1.48	10.50	3.04	−14.91	9.11	−8.04

附表 2-122　宁夏各地级市商品房销售价格增速（单位：%）

年份	银川	石嘴山	吴忠	固原	中卫
2003	−2.97	9.96	10.88	−38.64	-
2004	−3.41	13.89	16.81	1.85	-
2005	24.59	18.98	−0.25	−16.96	-

续表

年份	银川	石嘴山	吴忠	固原	中卫
2006	–7.51	8.87	8.27	–16.82	7.72
2007	0.39	12.84	8.90	3.29	–0.78
2008	17.44	0.58	21.20	27.26	37.93
2009	24.57	20.65	23.92	30.03	9.97
2010	11.54	5.13	18.46	24.43	0.95
2011	11.38	21.75	10.30	12.62	18.07
2012	4.54	6.39	9.15	14.17	12.92
2013	6.15	–5.07	5.79	6.35	24.65
2014	–8.34	6.44	7.27	9.98	–9.16

附表 2-123　青海各地级市商品房销售价格增速（单位：%）

年份	西宁
2003	12.71
2004	4.88
2005	9.06
2006	7.73
2007	19.73
2008	19.80
2009	–0.02
2010	14.99
2011	9.45
2012	28.66
2013	–1.42
2014	24.32

附表 2-124　新疆各地级市商品房销售价格增速（单位：%）

年份	乌鲁木齐	克拉玛依
2003	1.85	–10.35
2004	–7.44	12.77
2005	8.31	–1.04
2006	–8.69	21.99
2007	23.12	–7.33
2008	21.62	–2.61
2009	6.24	21.76

续表

年份	乌鲁木齐	克拉玛依
2010	29.60	38.80
2011	15.92	0.90
2012	5.89	6.52
2013	9.44	11.55
2014	5.65	9.72

附录 3 第 10 章相关内容

附表 10-1 26 个省份房地产业密切后向关联产业

产业	辽宁			吉林			黑龙江		
	行业	系数	排名	行业	系数	排名	行业	系数	排名
第一产业	农林牧渔业	0.012 8	15						
第二产业	化学工业	0.037 9	2	煤炭开采和洗选业、石油和天然气开采业	0.1516	1	建筑业	0.087 7	1
	电力、热力的生产和供应业	0.035 1	3	石油加工、炼焦及核燃料加工业	0.1453	2	煤炭开采和洗选业、石油和天然气开采业	0.054 4	2
	金属冶炼及压延加工业	0.032 8	4	电力、热力的生产和供应业	0.1348	3	电力、热力的生产和供应业	0.051 9	3
	石油加工、炼焦及核燃料加工业	0.020 6	7	通信设备、计算机及其他电子设备制造业	0.0522	5	石油加工、炼焦及核燃料加工业	0.049 2	4
	煤炭开采和洗选业、石油和天然气开采业	0.019 7	8	化学工业	0.0443	7	金属冶炼及压延加工业	0.044 5	5
	建筑业	0.018 7	9	电气机械及器材制造业	0.0400	8	通用、专用设备制造业	0.024 4	10
	电气机械及器材制造业	0.018 0	10	造纸印刷及文教体育用品制造业	0.0400	9	造纸印刷及文教体育用品制造业	0.023 3	12
	金属制品业	0.015 8	13	金属冶炼及压延加工业	0.0352	10	化学工业	0.023 1	13
	造纸印刷及文教体育用品制造业	0.014 6	14	金属制品业	0.0258	12			
	通用、专用设备制造业	0.012 8	16	通用、专用设备制造业	0.0253	13			

续表

产业	辽宁			吉林			黑龙江		
	行业	系数	排名	行业	系数	排名	行业	系数	排名
第三产业	金融业	0.043 2	1	金融业	0.0642	4	交通运输及仓储业	0.043 0	6
	租赁和商务服务业	0.025 8	5	租赁和商务服务业	0.0481	6	居民服务和其他服务业	0.030 7	7
	交通运输及仓储业	0.021 9	6	居民服务和其他服务业	0.0320	11	批发和零售业	0.030 6	8
	批发和零售业	0.018 0	11				金融业	0.030 5	9
	住宿和餐饮业	0.016 1	12				信息传输、计算机服务和软件业	0.024 0	11
	房地产业	0.012 5	17						

产业	北京			河北			江苏		
	行业	系数	排名	行业	系数	排名	行业	系数	排名
第一产业							农林牧渔业	0.014 3	17
第二产业	电力、热力的生产和供应业	0.102 4	1	金属冶炼及压延加工业	0.0517	1	化学工业	0.050 4	1
	煤炭开采和洗选业、石油和天然气开采业	0.043 3	6	建筑业	0.0435	2	金属冶炼及压延加工业	0.044 6	2
	通信设备、计算机及其他电子设备制造业	0.041 9	7	电力、热力的生产和供应业	0.0410	3	煤炭开采和洗选业、石油和天然气开采业	0.026 9	5
	化学工业	0.036 8	8	煤炭开采和洗选业、石油和天然气开采业	0.0383	4	石油加工、炼焦及核燃料加工业	0.025 9	6
	金属冶炼及压延加工业	0.034 2	9	金属制品业	0.0380	5	电力、热力的生产和供应业	0.023 5	7
	造纸印刷及文教体育用品制造业	0.033 6	11	化学工业	0.0306	6	电气机械及器材制造业	0.020 7	8
	石油加工、炼焦及核燃料加工业	0.029 6	12	石油加工、炼焦及核燃料加工业	0.0179	9	通信设备、计算机及其他电子设备制造业	0.020 6	9
				造纸印刷及文教体育用品制造业	0.0155	11	金属制品业	0.017 5	12
				电气机械及器材制造业	0.0141	12	通用、专用设备制造业	0.016 8	13

续表

产业	北京			河北			江苏		
	行业	系数	排名	行业	系数	排名	行业	系数	排名
第二产业				金属矿采选业	0.0136	13	造纸印刷及文教体育用品制造业	0.015 1	14
				木材加工及家具制造业	0.0134	15	食品制造及烟草加工业	0.015 0	15
							建筑业	0.014 6	16
							交通运输设备制造业	0.013 4	18
第三产业	租赁和商务服务业	0.079 2	2	租赁和商务服务业	0.0233	7	金融业	0.039 1	3
	金融业	0.075 5	3	交通运输及仓储业	0.0225	8	租赁和商务服务业	0.031 5	4
	房地产业	0.046 8	4	金融业	0.0169	10	住宿和餐饮业	0.018 8	10
	交通运输及仓储业	0.044 7	5	住宿和餐饮业	0.0134	14	交通运输及仓储业	0.017 9	11
	批发和零售业	0.033 6	10				房地产业	0.013 2	19
	住宿和餐饮业	0.029 1	13						

产业	浙江			福建			山东		
	行业	系数	排名	行业	系数	排名	行业	系数	排名
第一产业	农林牧渔业	0.036 9	2	农林牧渔业	0.0153	10	农林牧渔业	0.009 6	15
第二产业	化学工业	0.037 0	1	通信设备、计算机及其他电子设备制造业	0.0396	1	化学工业	0.031 0	1
	金属冶炼及压延加工业	0.033 9	3	化学工业	0.0395	2	金属冶炼及压延加工业	0.027 8	2
	造纸印刷及文教体育用品制造业	0.028 4	4	电力、热力的生产和供应业	0.0225	6	电气机械及器材制造业	0.023 8	3
	电力、热力的生产和供应业	0.019 5	5	建筑业	0.0195	8	金属制品业	0.016 8	5
	煤炭开采和洗选业、石油和天然气开采业	0.018 7	6	纺织服装鞋帽皮革羽绒及其制品业	0.0167	9	煤炭开采和洗选业、石油和天然气开采业	0.015 7	6
	建筑业	0.016 4	9	造纸印刷及文教体育用品制造业	0.0142	11	通用、专用设备制造业	0.015 4	7

续表

产业	浙江			福建			山东		
	行业	系数	排名	行业	系数	排名	行业	系数	排名
第二产业	石油加工、炼焦及核燃料加工业	0.012 4	11	金属冶炼及压延加工业	0.0111	13	交通运输设备制造业	0.014 3	8
	废品废料	0.011 2	13	非金属矿物制品业	0.0107	14	造纸印刷及文教体育用品制造业	0.013 4	9
	金属制品业	0.010 9	14	石油加工、炼焦及核燃料加工业	0.0101	15	石油加工、炼焦及核燃料加工业	0.013 1	10
	通信设备、计算机及其他电子设备制造业	0.010 3	16				电力、热力的生产和供应业	0.012 2	11
	电气机械及器材制造业	0.010 0	17				通信设备、计算机及其他电子设备制造业	0.008 8	16
							食品制造及烟草加工业	0.008 2	17
第三产业	金融业	0.018 5	7	租赁和商务服务业	0.0348	3	金融业	0.018 2	4
	租赁和商务服务业	0.017 9	8	金融业	0.0344	4	住宿和餐饮业	0.011 9	12
	住宿和餐饮业	0.012 8	10	交通运输及仓储业	0.0238	5	交通运输及仓储业	0.011 6	13
	批发和零售业	0.011 9	12	住宿和餐饮业	0.0201	7	租赁和商务服务业	0.011 2	14
	交通运输及仓储业	0.010 6	15	信息传输、计算机服务和软件业	0.0116	12	金融业	0.018 2	4

产业	广东			内蒙古			广西		
	行业	系数	排名	行业	系数	排名	行业	系数	排名
第一产业							农林牧渔业	0.019 1	10
第二产业	通信设备、计算机及其他电子设备制造业	0.066 0	2	建筑业	0.0463	1	电力、热力的生产和供应业	0.035 9	3
	化学工业	0.032 2	4	电力、热力的生产和供应业	0.0281	3	石油加工、炼焦及核燃料加工业	0.026 6	6
	造纸印刷及文教体育用品制造业	0.020 0	5	金属冶炼及压延加工业	0.0170	5	造纸印刷及文教体育用品制造业	0.025 5	7
	电力、热力的生产和供应业	0.018 7	6	煤炭开采和洗选业、石油和天然气开采业	0.0109	7	金属冶炼及压延加工业	0.024 0	8

续表

产业	广东			内蒙古			广西		
	行业	系数	排名	行业	系数	排名	行业	系数	排名
第二产业	金属冶炼及压延加工业	0.016 4	9	造纸印刷及文教体育用品制造业	0.0102	8	化学工业	0.023 7	9
	电气机械及器材制造业	0.015 7	10	化学工业	0.0093	9	通信设备、计算机及其他电子设备制造业	0.017 1	12
	建筑业	0.014 2	11	石油加工、炼焦及核燃料加工业	0.0083	11	煤炭开采和洗选业、石油和天然气开采业	0.016 4	13
	金属制品业	0.014 1	12	金属制品业	0.0083	12	金属制品业	0.014 8	14
	煤炭开采和洗选业、石油和天然气开采业	0.012 8	14	非金属矿物制品业	0.0077	13	建筑业	0.014 0	15
							电气机械及器材制造业	0.013 0	17
第三产业	金融业	0.096 8	1	交通运输及仓储业	0.0332	2	金融业	0.041 6	1
	租赁和商务服务业	0.035 8	3	批发和零售业	0.0195	4	租赁和商务服务业	0.039 5	2
	房地产业	0.017 7	7	住宿和餐饮业	0.0146	6	住宿和餐饮业	0.033 5	4
	住宿和餐饮业	0.017 1	8	金融业	0.0093	10	交通运输及仓储业	0.029 8	5
	交通运输及仓储业	0.013 5	13				批发和零售业	0.018 9	11
	信息传输、计算机服务和软件业	0.012 4	15				房地产业	0.013 3	16

产业	重庆			四川			贵州		
	行业	系数	排名	行业	系数	排名	行业	系数	排名
第一产业							农林牧渔业	0.024 0	7
第二产业	化学工业	0.048 1	1	电气机械及器材制造业	0.0701	1	电气机械及器材制造业	0.048 2	3
	金属冶炼及压延加工业	0.034 0	3	金属冶炼及压延加工业	0.0478	2	化学工业	0.032 8	4
	电气机械及器材制造业	0.022 2	7	仪器仪表及文化办公用机械制造业	0.0292	6	电力、热力的生产和供应业	0.027 3	6

续表

产业	重庆			四川			贵州		
	行业	系数	排名	行业	系数	排名	行业	系数	排名
第二产业	电力、热力的生产和供应业	0.022 0	8	通信设备、计算机及其他电子设备制造业	0.0270	7	金属冶炼及压延加工业	0.023 7	8
	煤炭开采和洗选业、石油和天然气开采业	0.019 4	9	化学工业	0.0217	8	石油加工、炼焦及核燃料加工业	0.014 0	11
	石油加工、炼焦及核燃料加工业	0.017 5	10	煤炭开采和洗选业、石油和天然气开采业	0.0173	10	煤炭开采和洗选业、石油和天然气开采业	0.011 9	12
	造纸印刷及文教体育用品制造业	0.015 4	11	电力、热力的生产和供应业	0.0169	12	造纸印刷及文教体育用品制造业	0.011 8	13
	交通运输设备制造业	0.014 8	12	造纸印刷及文教体育用品制造业	0.0127	13	农林牧渔业	0.024 0	7
	通用、专用设备制造业	0.013 6	13						
第三产业	金融业	0.038 6	2	金融业	0.0432	3	租赁和商务服务业	0.052 8	1
	租赁和商务服务业	0.033 5	4	批发和零售业	0.0349	4	金融业	0.050 6	2
	住宿和餐饮业	0.026 4	5	交通运输及仓储业	0.0297	5	交通运输及仓储业	0.028 8	5
	交通运输及仓储业	0.023 2	6	居民服务和其他服务业	0.0198	9	住宿和餐饮业	0.023 5	9
	批发和零售业	0.012 4	14	住宿和餐饮业	0.0169	11	批发和零售业	0.023 2	10

产业	云南			陕西			甘肃		
	行业	系数	排名	行业	系数	排名	行业	系数	排名
第一产业	农林牧渔业	0.015 3	11				农林牧渔业	0.019 7	13
第二产业	电力、热力的生产和供应业	0.027 4	3	电力、热力的生产和供应业	0.0303	3	电力、热力的生产和供应业	0.066 1	2
	化学工业	0.022 7	4	石油加工、炼焦及核燃料加工业	0.0230	5	造纸印刷及文教体育用品制造业	0.061 4	3
	金属冶炼及压延加工业	0.017 7	7	煤炭开采和洗选业、石油和天然气开采业	0.0215	7	煤炭开采和洗选业、石油和天然气开采业	0.041 4	7

续表

产业	云南			陕西			甘肃		
	行业	系数	排名	行业	系数	排名	行业	系数	排名
第二产业	造纸印刷及文教体育用品制造业	0.017 4	8	金属制品业	0.0172	8	化学工业	0.036 3	8
	石油加工、炼焦及核燃料加工业	0.015 6	10	造纸印刷及文教体育用品制造业	0.0165	9	仪器仪表及文化办公用机械制造业	0.034 5	9
	煤炭开采和洗选业、石油和天然气开采业	0.014 3	12	化学工业	0.0160	10	金属冶炼及压延加工业	0.023 9	11
	电气机械及器材制造业	0.013 2	13	金属冶炼及压延加工业	0.0122	12	石油加工、炼焦及核燃料加工业	0.021 4	12
	木材加工及家具制造业	0.011 8	14	通信设备、计算机及其他电子设备制造业	0.0119	13			
	通用、专用设备制造业	0.009 7	16						
第三产业	租赁和商务服务业	0.043 3	1	租赁和商务服务业	0.0822	1	金融业	0.069 4	1
	金融业	0.027 5	2	金融业	0.0645	2	教育	0.060 7	4
	交通运输及仓储业	0.022 2	5	住宿和餐饮业	0.0302	4	交通运输及仓储业	0.049 1	5
	批发和零售业	0.018 7	6	交通运输及仓储业	0.0222	6	住宿和餐饮业	0.045 0	6
	住宿和餐饮业	0.017 0	9	房地产业	0.0123	11	文化、体育和娱乐业	0.024 0	10
	信息传输、计算机服务和软件业	0.010 6	15						

产业	宁夏			新疆			山西		
	行业	系数	排名	行业	系数	排名	行业	系数	排名
第一产业							农林牧渔业	0.009 6	11
第二产业	石油加工、炼焦及核燃料加工业	0.406 0	1	煤炭开采和洗选业、石油和天然气开采业	0.0425	2	化学工业	0.042 3	1
	煤炭开采和洗选业、石油和天然气开采业	0.240 5	2	石油加工、炼焦及核燃料加工业	0.0413	3	建筑业	0.039 1	2
	电力、热力的生产和供应业	0.088 3	6	金属冶炼及压延加工业	0.0227	6	金属冶炼及压延加工业	0.038 9	3

续表

产业	宁夏			新疆			山西		
	行业	系数	排名	行业	系数	排名	行业	系数	排名
第二产业	化学工业	0.083 2	7	电力、热力的生产和供应业	0.0172	8	电力、热力的生产和供应业	0.029 0	5
	金属制品业	0.046 4	10	造纸印刷及文教体育用品制造业	0.0161	9	煤炭开采和洗选业、石油和天然气开采业	0.014 0	7
				建筑业	0.0153	10	石油加工、炼焦及核燃料加工业	0.013 1	9
				化学工业	0.0152	11	非金属矿物制品业	0.012 1	10
				金属制品业	0.0119	14	通用、专用设备制造业	0.009 3	12
第三产业	交通运输及仓储业	0.143 0	3	租赁和商务服务业	0.0675	1	批发和零售业	0.037 1	4
	金融业	0.104 0	4	金融业	0.0288	4	金融业	0.019 8	6
	居民服务和其他服务业	0.094 5	5	住宿和餐饮业	0.0233	5	交通运输及仓储业	0.013 8	8
	租赁和商务服务业	0.069 1	8	交通运输及仓储业	0.0207	7			
	信息传输、计算机服务和软件业	0.064 1	9	批发和零售业	0.0146	12			
				房地产业	0.0144	13			

产业	安徽			江西			河南		
	行业	系数	排名	行业	系数	排名	行业	系数	排名
第一产业	农林牧渔业	0.033 6	4	农林牧渔业	0.0311	8	农林牧渔业	0.048 7	6
第二产业	金属冶炼及压延加工业	0.041 7	1	化学工业	0.0977	1	化学工业	0.111 4	1
	金属制品业	0.036 3	2	木材加工及家具制造业	0.0512	3	通信设备、计算机及其他电子设备制造业	0.077 8	2
	化学工业	0.028 7	5	电力、热力的生产和供应业	0.0469	5	食品制造及烟草加工业	0.065 4	3
	电气机械及器材制造业	0.025 8	6	电气机械及器材制造业	0.0418	6	木材加工及家具制造业	0.045 4	7

续表

产业	安徽			江西			河南		
	行业	系数	排名	行业	系数	排名	行业	系数	排名
第二产业	煤炭开采和洗选业、石油和天然气开采业	0.019 6	9	金属冶炼及压延加工业	0.0346	7	非金属矿物制品业	0.045 1	8
	通信设备、计算机及其他电子设备制造业	0.013 9	10	造纸印刷及文教体育用品制造业	0.0263	9	电力、热力的生产和供应业	0.034 8	9
	电力、热力的生产和供应业	0.013 7	11	煤炭开采和洗选业、石油和天然气开采业	0.0243	10	煤炭开采和洗选业、石油和天然气开采业	0.030 2	11
	石油加工、炼焦及核燃料加工业	0.013 1	12	通用、专用设备制造业	0.0168	13	造纸印刷及文教体育用品制造业	0.023 1	12
	金属矿采选业	0.012 2	13				工艺品及其他制造业	0.022 8	13
第三产业	批发和零售业	0.034 6	3	批发和零售业	0.0583	2	住宿和餐饮业	0.058 7	4
	租赁和商务服务业	0.022 2	7	交通运输及仓储业	0.0492	4	交通运输及仓储业	0.050 2	5
	交通运输及仓储业	0.020 8	8	住宿和餐饮业	0.0230	11	批发和零售业	0.031 4	10
	住宿和餐饮业	0.012 1	14	金融业	0.0176	12	租赁和商务服务业	0.022 6	14
	金融业	0.010 2	15						

产业	湖北			湖南		
	行业	系数	排名	行业	系数	排名
第一产业						
第二产业	化学工业	0.065 1	1	电气机械及器材制造业	0.078 0	1
	造纸印刷及文教体育用品制造业	0.045 5	3	金属冶炼及压延加工业	0.049 6	2
	电力、热力的生产和供应业	0.041 4	5	金属制品业	0.029 4	3
	建筑业	0.025 7	8	电力、热力的生产和供应业	0.025 3	6
	金属冶炼及压延加工业	0.023 1	10	煤炭开采和洗选业、石油和天然气开采业	0.023 3	7
	石油加工、炼焦及核燃料加工业	0.021 9	11	化学工业	0.022 6	8
	仪器仪表及文化办公用机械制造业	0.019 9	13	仪器仪表及文化办公用机械制造业	0.015 9	10
	煤炭开采和洗选业、石油和天然气开采业	0.019 2	14	金属矿采选业	0.015 8	11
	电气机械及器材制造业	0.019 1	15	石油加工、炼焦及核燃料加工业	0.013 7	15

续表

产业	湖北			湖南		
	行业	系数	排名	行业	系数	排名
第三产业	金融业	0.057 2	2	租赁和商务服务业	0.028 3	4
	房地产业	0.043 5	4	居民服务和其他服务业	0.025 6	5
	交通运输及仓储业	0.036 6	6	交通运输及仓储业	0.020 6	9
	租赁和商务服务业	0.035 9	7	住宿和餐饮业	0.015 8	12
	居民服务和其他服务业	0.023 5	9	信息传输、计算机服务和软件业	0.015 0	13
	批发和零售业	0.020 8	12	金融业	0.014 9	14
				批发和零售业	0.013 2	16

附表 10-2　26 个省份房地产业密切前向关联产业

产业	辽宁			吉林			黑龙江		
	行业	系数	排名	行业	系数	排名	行业	系数	排名
第一产业	农林牧渔业	0.020 0	14				农林牧渔业	0.027 1	9
第二产业	金属冶炼及压延加工业	0.038 3	3	建筑业	0.108 1	1	建筑业	0.066 3	2
	通用、专用设备制造业	0.036 6	4	交通运输设备制造业	0.021 8	2	煤炭开采和洗选业、石油和天然气开采业	0.041 5	3
	建筑业	0.034 8	5	化学工业	0.009 3	5	食品制造及烟草加工业	0.028 9	7
	化学工业	0.033 9	7				电力、热力的生产和供应业	0.027 5	8
	石油加工、炼焦及核燃料加工业	0.033 6	8				通用、专用设备制造业	0.024 5	10
	交通运输设备制造业	0.026 5	9				化学工业	0.021 2	14
	电力、热力的生产和供应业	0.020 6	12				石油加工、炼焦及核燃料加工业	0.019 1	17
	食品制造及烟草加工业	0.020 2	13						
	通信设备、计算机及其他电子设备制造业	0.019 0	15						
第三产业	批发和零售业	0.116 4	1	信息传输、计算机服务和软件业	0.014 3	3	批发和零售业	0.079 2	1
	金融业	0.082 8	2	文化、体育和娱乐业	0.011 4	4	教育	0.039 0	4

续表

产业	辽宁			吉林			黑龙江		
	行业	系数	排名	行业	系数	排名	行业	系数	排名
第三产业	信息传输、计算机服务和软件业	0.034 3	6	批发和零售业	0.009 2	6	信息传输、计算机服务和软件业	0.035 7	5
	交通运输及仓储业	0.025 0	10	综合技术服务业	0.008 8	7	金融业	0.035 3	6
	居民服务和其他服务业	0.023 4	11				卫生、社会保障和社会福利业	0.024 2	11
	房地产业	0.012 5	17				交通运输及仓储业	0.023 3	12
							住宿和餐饮业	0.022 4	13
							公共管理和社会组织	0.021 0	15
							租赁和商务服务业	0.019 4	16
							邮政业	0.017 5	18

产业	北京			河北			江苏		
	行业	系数	排名	行业	系数	排名	行业	系数	排名
第一产业									
第二产业	通信设备、计算机及其他电子设备制造业	0.026 2	7	金属冶炼及压延加工业	0.056 5	2	通信设备、计算机及其他电子设备制造业	0.065 3	1
	建筑业	0.017 4	10	化学工业	0.021 5	7	化学工业	0.059 7	2
				建筑业	0.018 4	8	通用、专用设备制造业	0.038 1	3
							金属冶炼及压延加工业	0.035 9	5
							纺织业	0.035 1	6
							纺织服装鞋帽皮革羽绒及其制品业	0.031 0	8
							电气机械及器材制造业	0.029 3	9
							建筑业	0.027 4	10
							金属制品业	0.018 1	13

续表

产业	北京			河北			江苏		
	行业	系数	排名	行业	系数	排名	行业	系数	排名
第二产业							交通运输设备制造业	0.015 6	15
第三产业	金融业	0.094 9	1	交通运输及仓储业	0.073 9	1	批发和零售业	0.036 2	4
	房地产业	0.046 8	2	信息传输、计算机服务和软件业	0.028 0	3	金融业	0.033 5	7
	信息传输、计算机服务和软件业	0.030 3	3	批发和零售业	0.027 8	4	居民服务和其他服务业	0.020 0	11
	批发和零售业	0.028 6	4	综合技术服务业	0.027 1	5	信息传输、计算机服务和软件业	0.019 2	12
	租赁和商务服务业	0.027 1	5	金融业	0.026 5	6	租赁和商务服务业	0.017 9	14
	综合技术服务业	0.026 4	6						
	公共管理和社会组织	0.025 1	8						
	住宿和餐饮业	0.020 9	9						
	交通运输及仓储业	0.016 1	11						
	教育	0.011 8	12						
	文化、体育和娱乐业	0.011 7	13						

产业	浙江			福建			山东		
	行业	系数	排名	行业	系数	排名	行业	系数	排名
第一产业				农林牧渔业	0.015 3	1			
第二产业	纺织业	0.049 1	1	食品制造及烟草加工业	0.006 6	2	化学工业	0.080 0	3
	化学工业	0.046 7	2	纺织服装鞋帽皮革羽绒及其制品业	0.004 4	5	食品制造及烟草加工业	0.061 1	4
	纺织服装鞋帽皮革羽绒及其制品业	0.041 8	4	化学工业	0.004 1	6	金属冶炼及压延加工业	0.052 4	7
	通用、专用设备制造业	0.035 3	5	通信设备、计算机及其他电子设备制造业	0.003 4	7	通用、专用设备制造业	0.050 7	8

续表

产业	浙江			福建			山东		
	行业	系数	排名	行业	系数	排名	行业	系数	排名
第二产业	建筑业	0.031 3	6	建筑业	0.002 8	8	通信设备、计算机及其他电子设备制造业	0.048 7	9
	电气机械及器材制造业	0.023 7	10	纺织业	0.002 4	10	建筑业	0.036 0	10
	交通运输设备制造业	0.023 2	11				电气机械及器材制造业	0.031 6	11
	金属冶炼及压延加工业	0.019 2	12				造纸印刷及文教体育用品制造业	0.030 0	12
	造纸印刷及文教体育用品制造业	0.017 5	13				煤炭开采和洗选业、石油和天然气开采业	0.029 7	13
	通信设备、计算机及其他电子设备制造业	0.017 5	14				非金属矿物制品业	0.027 7	14
							纺织业	0.025 3	16
第三产业	批发和零售业	0.04 53	3	公共管理和社会组织	0.005 9	3	租赁和商务服务业	0.084 6	1
	教育	0.029 3	7	批发和零售业	0.004 7	4	批发和零售业	0.080 8	2
	住宿和餐饮业	0.024 8	8	卫生、社会保障和社会福利业	0.002 8	9	交通运输及仓储业	0.059 7	5
	租赁和商务服务业	0.024 0	9	金融业	0.002 2	11	居民服务和其他服务业	0.056 8	6
	交通运输及仓储业	0.017 0	15	住宿和餐饮业	0.002 2	12	金融业	0.026 3	15
	金融业	0.016 4	16	文化、体育和娱乐业	0.002 0	13			
	公共管理和社会组织	0.015 0	17	居民服务和其他服务业	0.002 0	14			

产业	广东			内蒙古			广西		
	行业	系数	排名	行业	系数	排名	行业	系数	排名
第一产业				农林牧渔业	0.065 4	7	农林牧渔业	0.010 7	12
第二产业	通信设备、计算机及其他电子设备制造业	0.141 4	1	金属冶炼及压延加工业	0.086 8	3	建筑业	0.019 4	3

续表

产业	广东			内蒙古			广西		
	行业	系数	排名	行业	系数	排名	行业	系数	排名
第二产业	化学工业	0.073 8	2	食品制造及烟草加工业	0.082 9	4	金属冶炼及压延加工业	0.018 4	4
	电气机械及器材制造业	0.068 1	3	建筑业	0.077 0	6	食品制造及烟草加工业	0.013 2	7
	纺织服装鞋帽皮革羽绒及其制品业	0.055 3	5	煤炭开采和洗选业、石油和天然气开采业	0.048 5	9	交通运输设备制造业	0.012 7	9
	造纸印刷及文教体育用品制造业	0.046 5	7	非金属矿物制品业	0.034 7	11	电力、热力的生产和供应业	0.008 8	14
	金属制品业	0.041 9	8				化学工业	0.008 4	15
	建筑业	0.031 5	10						
	通用、专用设备制造业	0.030 7	11						
	纺织业	0.026 6	12						
	交通运输设备制造业	0.026 0	13						
	非金属矿物制品业	0.022 8	14						
第三产业	批发和零售业	0.062 4	4	批发和零售业	0.239 7	1	批发和零售业	0.034 5	1
	住宿和餐饮业	0.049 6	6	交通运输及仓储业	0.121 5	2	金融业	0.025 6	2
	交通运输及仓储业	0.034 1	9	住宿和餐饮业	0.080 3	5	住宿和餐饮业	0.017 8	5
							房地产业	0.013 3	6
							公共管理和社会组织	0.013 1	8
							居民服务和其他服务业	0.012 7	10
							租赁和商务服务业	0.010 9	11
							信息传输、计算机服务和软件业	0.010 1	13
							交通运输及仓储业	0.008 1	16
							教育	0.007 7	17

续表

产业	重庆			四川			贵州		
	行业	系数	排名	行业	系数	排名	行业	系数	排名
第一产业				农林牧渔业	0.006 2	13	农林牧渔业	0.016 0	15
第二产业	交通运输设备制造业	0.053 8	2	建筑业	0.018 5	2	建筑业	0.040 2	2
	建筑业	0.039 3	4	金属冶炼及压延加工业	0.009 8	5	金属冶炼及压延加工业	0.036 3	3
	电力、热力的生产和供应业	0.022 7	7	食品制造及烟草加工业	0.009 8	6	化学工业	0.033 4	4
	金属冶炼及压延加工业	0.015 8	8	化学工业	0.009 4	7	电力、热力的生产和供应业	0.028 4	5
	化学工业	0.014 8	10	通用、专用设备制造业	0.007 7	11	煤炭开采和洗选业、石油和天然气开采业	0.017 2	12
	通用、专用设备制造业	0.012 7	12				食品制造及烟草加工业	0.017 1	14
							非金属矿物制品业	0.012 2	16
第三产业	住宿和餐饮业	0.068 2	1	批发和零售业	0.034 0	1	批发和零售业	0.077 0	1
	批发和零售业	0.050 0	3	居民服务和其他服务业	0.014 8	3	住宿和餐饮业	0.027 4	6
	公共管理和社会组织	0.030 3	5	金融业	0.010 5	4	公共管理和社会组织	0.026 7	7
	金融业	0.029 8	6	教育	0.008 1	8	交通运输及仓储业	0.023 7	8
	租赁和商务服务业	0.015 8	9	公共管理和社会组织	0.007 9	9	文化、体育和娱乐业	0.021 3	9
	交通运输及仓储业	0.013 8	11	信息传输、计算机服务和软件业	0.007 7	10	信息传输、计算机服务和软件业	0.018 4	10
				交通运输及仓储业	0.007 3	12	教育	0.017 3	11
				住宿和餐饮业	0.005 3	14	金融业	0.017 2	13

产业	云南			陕西			甘肃		
	行业	系数	排名	行业	系数	排名	行业	系数	排名
第一产业	农林牧渔业	0.014 5	12						

续表

产业	云南			陕西			甘肃		
	行业	系数	排名	行业	系数	排名	行业	系数	排名
第二产业	建筑业	0.110 2	1	建筑业	0.087 5	1	建筑业	0.018 5	1
	金属冶炼及压延加工业	0.064 1	2	煤炭开采和洗选业、石油和天然气开采业	0.029 5	8	金属冶炼及压延加工业	0.013 5	5
	化学工业	0.024 1	6	交通运输设备制造业	0.022 8	10	石油加工、炼焦及核燃料加工业	0.008 4	9
	电力、热力的生产和供应业	0.022 0	8	金属冶炼及压延加工业	0.019 2	11	食品制造及烟草加工业	0.005 7	12
	食品制造及烟草加工业	0.018 6	9				化学工业	0.004 9	13
							电力、热力的生产和供应业	0.004 9	14
第三产业	批发和零售业	0.058 9	3	批发和零售业	0.084 5	2	金融业	0.017 1	2
	金融业	0.043 1	4	金融业	0.078 5	3	住宿和餐饮业	0.015 8	3
	住宿和餐饮业	0.025 8	5	信息传输、计算机服务和软件业	0.067 1	4	教育	0.015 6	4
	交通运输及仓储业	0.023 5	7	租赁和商务服务业	0.049 1	5	批发和零售业	0.013 2	6
	信息传输、计算机服务和软件业	0.015 9	10	住宿和餐饮业	0.042 4	6	公共管理和社会组织	0.013 1	7
	租赁和商务服务业	0.014 8	11	居民服务和其他服务业	0.035 6	7	信息传输、计算机服务和软件业	0.009 2	8
	综合技术服务业	0.013 7	12	交通运输及仓储业	0.023 6	9	交通运输及仓储业	0.008 1	10
	公共管理和社会组织	0.013 3	13				房地产业	0.007 0	11

产业	宁夏			新疆			山西		
	行业	系数	排名	行业	系数	排名	行业	系数	排名
第一产业				农林牧渔业	0.017 9	10			
第二产业	建筑业	0.037 0	4	建筑业	0.068 0	1	建筑业	0.007 4	4
	金属冶炼及压延加工业	0.030 6	7	石油加工、炼焦及核燃料加工业	0.022 9	7	煤炭开采和洗选业、石油和天然气开采业	0.007 4	5

续表

产业	宁夏			新疆			山西		
	行业	系数	排名	行业	系数	排名	行业	系数	排名
第二产业	化学工业	0.019 3	9	煤炭开采和洗选业、石油和天然气开采业	0.020 5	8	金属冶炼及压延加工业	0.007 4	6
	电力、热力的生产和供应业	0.018 1	10	化学工业	0.014 2	15	石油加工、炼焦及核燃料加工业	0.004 2	12
	通用、专用设备制造业	0.015 0	11	金属冶炼及压延加工业	0.013 1	16			
				食品制造及烟草加工业	0.012 0	17			
第三产业	公共管理和社会组织	0.051 7	1	租赁和商务服务业	0.046 0	2	公共管理和社会组织	0.014 6	1
	批发和零售业	0.047 7	2	交通运输及仓储业	0.038 4	3	文化、体育和娱乐业	0.013 6	2
	住宿和餐饮业	0.042 3	3	批发和零售业	0.032 8	4	卫生、社会保障和社会福利业	0.008 5	3
	交通运输及仓储业	0.034 4	5	教育	0.029 2	5	综合技术服务业	0.007 1	7
	教育	0.030 9	6	居民服务和其他服务业	0.024 6	6	交通运输及仓储业	0.005 4	8
	信息传输、计算机服务和软件业	0.024 0	8	公共管理和社会组织	0.019 1	9	信息传输、计算机服务和软件业	0.005 3	9
				住宿和餐饮业	0.017 0	11	邮政业	0.004 9	10
				金融业	0.016 8	12	金融业	0.004 7	11
				信息传输、计算机服务和软件业	0.015 0	13	水利、环境和公共设施管理业	0.003 9	13
				房地产业	0.014 4	14	居民服务和其他服务业	0.003 6	14
							房地产业	0.003 6	15
							批发和零售业	0.003 6	16

产业	安徽			江西			河南		
	行业	系数	排名	行业	系数	排名	行业	系数	排名
第一产业	农林牧渔业	0.012 5	10	农林牧渔业	0.050 3	7	农林牧渔业	0.012 3	10
第二产业	化学工业	0.017 1	4	金属冶炼及压延加工业	0.104 6	2	非金属矿物制品业	0.029 9	2

续表

产业	安徽			江西			河南		
	行业	系数	排名	行业	系数	排名	行业	系数	排名
第二产业	金属冶炼及压延加工业	0.016 8	5	建筑业	0.102 5	3	食品制造及烟草加工业	0.026 3	3
	建筑业	0.015 4	6	化学工业	0.099 3	4	金属冶炼及压延加工业	0.025 6	4
	电气机械及器材制造业	0.013 9	9	食品制造及烟草加工业	0.079 0	5	化学工业	0.021 4	5
	交通运输设备制造业	0.011 6	11	造纸印刷及文教体育用品制造业	0.054 7	6	通用、专用设备制造业	0.021 3	6
	食品制造及烟草加工业	0.011 0	12				建筑业	0.018 8	8
	通用、专用设备制造业	0.009 4	15				煤炭开采和洗选业、石油和天然气开采业	0.011 0	12
	电力、热力的生产和供应业	0.007 4	17				交通运输设备制造业	0.010 8	13
第三产业	批发和零售业	0.025 5	1	批发和零售业	0.297 9	1	批发和零售业	0.070 8	1
	交通运输及仓储业	0.020 5	2	教育	0.039 7	7	教育	0.019 8	7
	居民服务和其他服务业	0.017 6	3	公共管理和社会组织	0.039 3	8	住宿和餐饮业	0.016 7	9
	金融业	0.015 2	7	交通运输及仓储业	0.039 0	9	公共管理和社会组织	0.011 5	11
	租赁和商务服务业	0.014 6	8	住宿和餐饮业	0.036 3	10			
	教育	0.010 8	13						
	住宿和餐饮业	0.010 1	14						
	卫生、社会保障和社会福利业	0.008 2	16						
	文化、体育和娱乐业	0.007 3	18						

产业	湖北			湖南		
	行业	系数	排名	行业	系数	排名
第一产业	农林牧渔业	0.072 2	9	农林牧渔业	0.007 9	15
第二产业	化学工业	0.201 1	1	金属冶炼及压延加工业	0.013 8	3
	建筑业	0.161 2	2	建筑业	0.012 4	6
	金属冶炼及压延加工业	0.111 8	4	通用、专用设备制造业	0.009 6	10

续表

产业	湖北			湖南		
	行业	系数	排名	行业	系数	排名
第二产业	交通运输设备制造业	0.094 5	5	化学工业	0.009 1	12
	通用、专用设备制造业	0.093 0	6	食品制造及烟草加工业	0.008 2	14
	食品制造及烟草加工业	0.083 6	8	交通运输设备制造业	0.006 2	17
	金属制品业	0.063 9	10			
	纺织业	0.062 5	11			
	非金属矿物制品业	0.062 0	12			
	通信设备、计算机及其他电子设备制造业	0.059 3	13			
	纺织服装鞋帽皮革羽绒及其制品业	0.055 5	14			
第三产业	批发和零售业	0.135 9	3	批发和零售业	0.023 3	1
	交通运输及仓储业	0.086 6	7	居民服务和其他服务业	0.021 0	2
				教育	0.012 8	4
				公共管理和社会组织	0.012 5	5
				文化、体育和娱乐业	0.012 1	7
				租赁和商务服务业	0.010 2	8
				卫生、社会保障和社会福利业	0.009 8	9
				信息传输、计算机服务和软件业	0.009 5	11
				住宿和餐饮业	0.008 9	13
				金融业	0.006 7	16

附录 4　第 15 章相关内容

附录 4.1　1999～2004 年时间段因子分析的结果

附表 15-1　1999～2004 年时间段指标 Bartlett 球度检验和 KMO 检验

取样足够度的 Kaiser-Meyer-Olkin 度量		0.532
Bartlett 的球度检验	近似卡方	796.062
	df	105
	Sig.	0.000

附表 15-2　1999～2004 年时间段指标解释的方差

成分	初始特征值			提取平方和载入		
	合计	方差贡献率/%	累计方差贡献率/%	合计	方差贡献率/%	累计方差贡献率/%
1	4.185	27.901	27.901	4.185	27.901	27.901
2	3.275	21.831	49.732	3.275	21.831	49.732
3	2.536	16.908	66.640	2.536	16.908	66.640
4	1.436	9.574	76.214	1.436	9.574	76.214
5	1.233	8.220	84.434	1.233	8.220	84.434
6	0.727	4.848	89.282			
7	0.491	3.272	92.554			
8	0.392	2.613	95.167			
9	0.320	2.135	97.303			
10	0.160	1.064	98.366			
11	0.104	0.692	99.059			
12	0.063	0.423	99.482			
13	0.046	0.310	99.791			
14	0.025	0.164	99.955			
15	0.007	0.045	100.000			

注：提取方法为主成分分析

附表 15-3　1999～2004 年时间段指标成分矩阵

指标	成分				
	1	2	3	4	5
房地产开发投资完成额/GDP	0.880	−0.062	−0.063	−0.227	0.245
房地产开发投资完成额/固定资产投资完成额	−0.749	0.578	−0.027	−0.125	0.101
住宅平均价格增长率/GDP 增长率（同比）（当月值）	0.230	−0.017	0.706	0.347	−0.209
90 平方米以下套型投资完成额/房地产投资完成额	0.825	0.429	0.067	0.000	0.194
土地购置面积增长率	−0.604	0.049	0.035	−0.089	0.642
土地价格增长率与 GDP 增长率之比	0.377	0.144	0.209	0.455	0.368
供需比	0.771	0.454	−0.008	0.162	0.241
住宅投资占固定资产投资的比重	−0.653	0.624	0.062	−0.236	0.166
住宅销售额占商品房销售额的比重	0.139	0.167	0.892	−0.230	0.144
住宅销售面积占商品房销售面积的比重	−0.111	0.220	0.900	−0.193	0.021
房地产开发资金来源:国内贷款占比	−0.501	0.696	0.049	0.391	−0.203
房地产开发资金来源:自筹资金占比	0.073	0.916	−0.064	0.235	−0.119
居民人均可支配收入/住宅平均价格	0.385	0.724	−0.484	0.054	−0.159
居民可支配收入增长率	0.290	0.408	−0.247	−0.696	0.078

注：提取方法为主成分分析，已提取了 5 个成分

附录 4.2 2005～2008 年时间段因子分析的结果

附表 15-4 2005～2008 年时间段指标 Bartlett 球度检验和 KMO 检验

KMO 和 Bartlett 的检验		
取样足够度的 Kaiser-Meyer-Olkin 度量		0.464
Bartlett 的球度检验	近似卡方	269.934
	df	91
	Sig.	0.000

附表 15-5 2005～2008 年时间段指标解释的总方差

成分	初始特征值			提取平方和载入		
	合计	方差贡献率/%	累计方差贡献率/%	合计	方差贡献率/%	累计方差贡献率/%
1	4.949	35.352	35.352	4.949	35.352	35.352
2	3.372	24.085	59.438	3.372	24.085	59.438
3	3.167	22.619	82.057	3.167	22.619	82.057
4	1.274	9.099	91.156	1.274	9.099	91.156
5	0.511	3.647	94.804			
6	0.320	2.283	97.087			
7	0.144	1.030	98.116			
8	0.117	0.835	98.952			
9	0.068	0.486	99.438			
10	0.046	0.326	99.763			
11	0.021	0.147	99.910			
12	0.008	0.057	99.967			
13	0.003	0.021	99.988			
14	0.002	0.012	100.000			

注：提取方法为主成分分析

附表 15-6 2005～2008 年时间段指标成分矩阵

指标	成分			
	1	2	3	4
房地产开发投资完成额/GDP	–0.891	0.384	–0.149	0.025
房地产开发投资完成额/固定资产投资完成额	0.965	0.011	0.123	–0.040
住宅平均价格增长率/GDP 增长率（同比）（当月值）	0.014	–0.203	0.842	–0.076
90 平方米以下套型投资完成额/房地产投资完成额	–0.021	0.817	–0.438	0.251
土地购置面积增长率	0.151	0.507	0.672	–0.314

续表

指标	成分			
	1	2	3	4
供需比	0.138	0.562	−0.720	−0.318
住宅投资占固定资产投资的比重	0.916	0.273	0.059	0.003
住宅销售额占商品房销售额的比重	−0.118	0.890	0.357	−0.204
住宅销售面积占商品房销售面积的比重	−0.008	0.800	0.492	−0.160
房地产开发资金来源：国内贷款占比	0.955	−0.072	0.173	0.053
房地产开发资金来源：自筹资金占比	0.963	0.090	0.044	−0.012
居民人均可支配收入/住宅平均价格	0.698	0.054	−0.666	0.165
居民可支配收入增长率	0.002	0.648	−0.016	0.677

注：提取方法为主成分分析

附录 4.3　2009 年时间段因子分析的结果

附表 15-7　2009 年时间段指标解释总方差

成分	初始特征值			提取平方和载入		
	合计	方差贡献率/%	累计方差贡献率/%	合计	方差贡献率/%	累计方差贡献率/%
1	7.637	54.549	54.549	7.637	54.549	54.549
2	4.091	29.222	83.770	4.091	29.222	83.770
3	2.272	16.230	100.000	2.272	16.230	100.000
4	5.399×10^{-16}	3.856×10^{-15}	100.000			
5	2.374×10^{-16}	1.695×10^{-15}	100.000			
6	1.915×10^{-16}	1.368×10^{-15}	100.000			
7	4.384×10^{-17}	3.132×10^{-16}	100.000			
8	-4.020×10^{-17}	-2.871×10^{-16}	100.000			
9	-1.168×10^{-16}	-8.342×10^{-16}	100.000			
10	-2.370×10^{-16}	-1.693×10^{-15}	100.000			
11	-3.424×10^{-16}	-2.445×10^{-15}	100.000			
12	-5.245×10^{-16}	-3.746×10^{-15}	100.000			
13	-9.312×10^{-16}	-6.652×10^{-15}	100.000			
14	-1.591×10^{-15}	-1.136×10^{-14}	100.000			

注：此方法为主成分分析

附表 15-8　2009 年时间段指标成分矩阵

指标	成分		
	1	2	3
房地产开发投资完成额/GDP	−0.995	−0.049	0.090
房地产开发投资完成额/固定资产投资完成额	0.921	−0.317	0.226

续表

指标	成分		
	1	2	3
住宅平均价格增长率/GDP 增长率（同比）（当月值）	−0.503	0.706	0.499
90 平方米以下套型投资完成额/房地产投资完成额	−0.991	0.130	−0.018
土地购置面积增长率	−0.590	−0.750	−0.299
土地价格增长率与 GDP 增长率之比	−0.299	−0.395	0.868
供需比	−0.150	−0.226	0.962
住宅投资占固定资产投资的比重	0.898	−0.132	0.420
住宅销售额占商品房销售额的比重	−0.263	0.965	−0.011
住宅销售面积占商品房销售面积的比重	−0.233	0.970	0.060
房地产开发资金来源：国内贷款占比	0.996	−0.024	−0.083
房地产开发资金来源：自筹资金占比	0.940	0.338	0.050
居民人均可支配收入/住宅平均价格	1.000	−0.019	−0.022
居民可支配收入增长率	0.546	0.836	0.062

注：此方法为主成分分析

附录 4.4　2010～2015 年时间段因子分析的结果

附表 15-9　2010～2015 年时间段指标解释的总方差

成分	初始特征值			提取平方和载入		
	合计	方差贡献率/%	累计方差贡献率/%	合计	方差贡献率/%	累计方差贡献率%
1	5.857	39.046	39.046	5.857	39.046	39.046
2	3.943	26.286	65.332	3.943	26.286	65.332
3	1.577	10.515	75.847	1.577	10.515	75.847
4	1.239	8.263	84.110	1.239	8.263	84.110
5	0.978	6.520	90.630			
6	0.828	5.520	96.150			
7	0.277	1.848	97.998			
8	0.176	1.171	99.169			
9	0.089	0.596	99.765			
10	0.032	0.211	99.976			
11	0.004	0.024	100.000			
12	2.913×10^{-16}	1.942×10^{-15}	100.000			
13	-2.564×10^{-16}	-1.709×10^{-15}	100.000			
14	-4.851×10^{-16}	-3.234×10^{-15}	100.000			
15	-6.657×10^{-16}	-4.438×10^{-15}	100.000			

注：提取方法为主成分分析

附表 15-10　2010～2015 年时间段指标成分矩阵

指标	成分			
	1	2	3	4
房地产开发投资完成额/GDP	−0.745	−0.369	−0.263	0.406
房地产开发投资完成额/固定资产投资完成额	0.853	0.445	0.027	0.209
住宅平均价格增长率/GDP 增长率（同比）（当月值）	−0.275	−0.458	0.772	0.253
90 平方米以下套型投资完成额/房地产投资完成额	−0.761	−0.048	0.404	−0.206
土地购置面积增长率	0.697	−0.444	−0.344	−0.123
土地价格增长率与 GDP 增长率之比	0.248	−0.449	0.191	−0.260
供需比	0.469	0.028	−0.254	−0.074
住宅投资占固定资产投资的比重	0.782	0.456	−0.169	0.274
住宅销售额占商品房销售额的比重	0.546	−0.726	0.185	0.312
住宅销售面积占商品房销售面积的比重	0.520	−0.728	−0.017	0.428
房地产开发资金来源：国内贷款占比	0.932	0.133	0.307	−0.084
房地产开发资金来源：自筹资金占比	0.879	0.357	0.292	0.032
居民人均可支配收入/住宅平均价格	0.117	0.842	0.403	−0.169
居民可支配收入增长率	−0.456	0.720	−0.284	0.245

注：提取方法为主成分分析，已提取了 4 个成分

附录 4.5　北京数据 VAR 和 SVAR 实证结果

附表 15-11　北京 VAR 实证研究结果

指标	BEIJING	M2	RATE
BEIJING（−1）	0.180 008	0.187 721	0.018 571
	（0.164 57）	（0.165 42）	（0.029 16）
	[1.093 80]	[1.134 80]	[0.636 91]
BEIJING（−2）	0.117 756	0.255 148	−0.008 409
	（0.160 04）	（0.160 87）	（0.028 36）
	[0.735 80]	[1.586 09]	[−0.296 55]
BEIJING（−3）	−0.094 737	−0.545 412	−0.040 284
	（0.154 13）	（0.154 93）	（0.027 31）
	[−0.614 65]	[−3.520 40]	[−1.475 15]
BEIJING（−4）	−0.101 253	−0.076 511	0.021 260
	（0.177 08）	（0.178 00）	（0.031 37）
	[−0.571 78]	[−0.429 84]	[0.677 62]

续表

指标	BEIJING	M2	RATE
BEIJING（-5）	0.444 039	0.271 021	-0.008 001
	（0.154 61）	（0.155 41）	（0.027 39）
	[2.871 93]	[1.743 88]	[-0.292 07]
BEIJING（-6）	0.212 160	-0.058 009	-0.010 888
	（0.172 82）	（0.173 71）	（0.030 62）
	[1.22 765]	[-0.333 94]	[-0.355 58]
BEIJING（-7）	-0.070 848	-0.096 939	0.011 143
	（0.173 30）	（0.174 19）	（0.030 70）
	[-0.408 82]	[-0.556 50]	[0.362 91]
M2（-1）	0.387 579	1.240 640	0.045 990
	（0.174 13）	（0.175 03）	（0.030 85）
	[2.225 80]	[7.088 14]	[1.490 68]
M2（-2）	-0.252 222	-0.124 950	-0.055 736
	（0.281 66）	（0.283 11）	（0.049 90）
	[-0.895 50]	[-0.441 35]	[-1.116 89]
M2（-3）	0.0213 18	-0.416 662	0.0163 05
	（0.278 68）	（0.280 12）	（0.049 38）
	[0.076 50]	[-1.487 44]	[0.330 22]
M2（-4）	-0.081 215	0.058 936	0.028 303
	（0.269 83）	（0.271 22）	（0.047 81）
	[-0.300 99]	[0.217 30]	[0.592 02]
M2（-5）	0.246 080	0.289 024	-0.036 790
	（0.266 20）	（0.267 58）	（0.047 16）
	[0.924 41]	[1.080 14]	[-0.780 03]
M2（-6）	-0.383 027	-0.235 785	0.033 557
	（0.235 39）	（0.236 61）	（0.041 71）
	[-1.627 21]	[-0.996 53]	[0.804 62]
M2（-7）	0.367 349	0.098 920	-0.009 718
	（0.146 91）	（0.147 67）	（0.026 03）
	[2.500 56]	[0.669 89]	[-0.373 37]
RATE（-1）	-0.632 711	-2.045 103	1.337 139
	（1.024 89）	（1.030 19）	（0.181 59）
	[-0.617 35]	[-1.985 18]	[7.363 66]
RATE（-2）	0.508 706	1.717 718	-0.419 792
	（1.641 78）	（1.650 27）	（0.290 89）
	[0.309 85]	[1.040 87]	[-1.443 15]

续表

指标	BEIJING	M2	RATE
RATE（−3）	1.590 702	0.719 247	0.105 491
	（1.703 42）	（1.712 23）	（0.301 81）
	[0.933 83]	[0.420 06]	[0.349 53]
RATE（−4）	0.840 716	−0.775 950	−0.184 563
	（1.739 11）	（1.748 10）	（0.308 13）
	[0.483 42]	[−0.443 88]	[−0.598 98]
RATE（−5）	−3.911 634	−0.390 051	−0.119 814
	（1.743 28）	（1.752 29）	（0.308 87）
	[−2.243 84]	[−0.222 60]	[−0.387 91]
RATE（−6）	2.079 887	2.261 229	0.290 078
	（1.841 70）	（1.851 22）	（0.326 31）
	[1.129 33]	[1.22 148]	[0.888 97]
RATE（−7）	−0.628 635	−1.543 858	−0.197 348
	（1.172 65）	（1.178 71）	（0.207 77）
	[−0.536 08]	[−1.309 79]	[−0.949 86]
C	−3.622 789	2.095 451	0.881 217
	（4.541 34）	（4.564 82）	（0.804 62）
	[−0.797 74]	[0.459 04]	[1.095 19]

附表 15-12　北京 SVAR 实证研究结果

Model：Ae=Bu where E[uu']=I

Restriction Type：short-run pattern matrix

A=

1	0	0
C（1）	1	0
C（2）	*C*（3）	1

B=

C（4）	0	0
0	*C*（5）	0
0	0	*C*（6）

	Coefficient	Std. Error	z-Statistic	Prob.
C（1）	−0.071 024	0.137 726	−0.515 693	0.606 1
C（2）	0.025 548	0.024 060	1.061 830	0.288 3
C（3）	0.012 765	0.023 936	0.533 273	0.593 8
C（4）	1.438 403	0.139 710	10.295 63	0.000 0
C（5）	1.442 226	0.140 081	10.295 63	0.000 0

续表

C（6）	0.251 322	0.024 411	10.295 63	0.000 0
Log likelihood	−191.092 3			
Estimated *A* matrix：				
1.000 000	0.000 000	0.000 000		
−0.071 024	1.000 000	0.000 000		
0.025 548	0.012 765	1.000 000		
Estimated *B* matrix：				
1.438 403	0.000 000	0.000 000		
0.000 000	1.442 226	0.000 000		
0.000 000	0.000 000	0.251 322		

附录 4.6　上海数据 VAR 和 SVAR 实证结果

附表 15-13　上海 VAR 实证研究结果

指标	SHANGHAI	M2	RATE
SHANGHAI（−1）	−0.282 619	−0.009 203	0.000 424
	（0.159 36）	（0.143 55）	（0.024 19）
	[−1.773 46]	[−0.064 11]	[0.017 55]
SHANGHAI（−2）	−0.137 132	−0.152 658	−0.006 954
	（0.153 77）	（0.138 52）	（0.023 34）
	[−0.891 77]	[−1.102 09]	[−0.297 94]
SHANGHAI（−3）	0.056 947	0.015 878	−0.011 779
	（0.121 19）	（0.10 916）	（0.018 39）
	[0.469 91]	[0.14 545]	[−0.640 40]
SHANGHAI（−4）	0.173 157	0.020 956	8.29×10^{-5}
	（0.099 20）	（0.089 35）	（0.015 06）
	[1.745 60]	[0.234 52]	[0.005 51]
SHANGHAI（−5）	0.104 991	0.088 420	0.003 809
	（0.091 20）	（0.082 15）	（0.013 84）
	[1.151 17]	[1.076 25]	[0.275 19]
SHANGHAI（−6）	−0.015 962	−0.203 632	−0.003 689
	（0.094 13）	（0.084 79）	（0.014 29）
	[−0.169 57]	[−2.401 51]	[−0.258 23]
SHANGHAI（−7）	0.040 359	−0.093 631	−0.008 104
	（0.099 11）	（0.089 28）	（0.015 04）
	[0.407 21]	[−1.048 77]	[−0.538 78]

续表

指标	SHANGHAI	M2	RATE
M2（−1）	0.021 958	1.178 891	0.025 886
	（0.171 98）	（0.154 92）	（0.026 10）
	[0.127 67]	[7.609 79]	[0.991 71]
M2（−2）	0.409 670	−0.149 632	−0.018 716
	（0.267 81）	（0.241 24）	（0.040 65）
	[1.529 71]	[−0.620 27]	[−0.460 46]
M2（−3）	−0.323 030	−0.212 965	−0.005 246
	（0.254 56）	（0.229 31）	（0.038 64）
	[−1.268 95]	[−0.928 73]	[−0.135 78]
M2（−4）	0.053 168	−0.177 096	0.020 703
	（0.252 05）	（0.22 704）	（0.03 825）
	[0.210 94]	[−0.780 01]	[0.541 19]
M2（−5）	0.269 255	0.468 072	−0.009 511
	（0.250 21）	（0.225 39）	（0.037 98）
	[1.076 11]	[2.076 76]	[−0.250 46]
M2（−6）	−0.128 533	−0.257 411	0.010 551
	（0.265 19）	（0.238 87）	（0.040 25）
	[−0.484 69]	[−1.077 60]	[0.262 16]
M2（−7）	0.105 888	0.223 320	0.009 845
	（0.166 95）	（0.150 38）	（0.025 34）
	[0.634 27]	[1.485 03]	[0.388 56]
RATE（−1）	1.504 623	−2.031 681	1.295 905
	（1.091 04）	（0.982 78）	（0.165 59）
	[1.379 08]	[−2.067 27]	[7.825 99]
RATE（−2）	−5.296 324	0.976 177	−0.404 715
	（1.819 94）	（1.639 37）	（0.276 22）
	[−2.910 17]	[0.595 46]	[−1.465 20]
RATE（−3）	−3.517 097	1.138 547	0.140 927
	（2.053 12）	（1.849 41）	（0.311 61）
	[−1.713 05]	[0.615 63]	[0.452 25]
RATE（−4）	8.201 616	−1.171 420	−0.20 0274
	（2.153 94）	（1.940 23）	（0.326 91）
	[3.807 73]	[−0.603 75]	[−0.612 63]

续表

指标	SHANGHAI	M2	RATE
RATE（−5）	−1.112 333	0.955 022	−0.083 574
	（2.284 21）	（2.057 57）	（0.346 68）
	[−0.486 97]	[0.464 15]	[−0.241 07]
RATE（−6）	3.850 679	1.272 397	0.099 463
	（2.071 71）	（1.866 16）	（0.314 43）
	[1.858 69]	[0.681 83]	[0.316 33]
RATE（−7）	−1.414 471	−1.157 539	−0.008 808
	（1.284 93）	（1.157 44）	（0.195 02）
	[−1.100 81]	[−1.000 08]	[−0.045 17]
C	−16.329 450	0.245 822	0.561 092
	（4.947 51）	（4.456 63）	（0.750 90）
	[−3.300 54]	[0.055 16]	[0.747 23]
R-squared	0.829 084	0.904 995	0.888 150
Adj. R-squared	0.732 078	0.851 073	0.824 667
Sum sq. resids	96.173 29	78.035 76	2.215 361
S.E. equation	1.612 228	1.452 265	0.244 693
F-statistic	8.546 694	16.783 41	13.990 45
Log likelihood	−98.131 49	−91.966 45	13.105 23
Akaike AIC	4.072 254	3.863 269	0.301 518
Schwarz SC	4.846 929	4.637 944	1.076 193
Mean dependent	4.489 486	16.901 74	6.386 554
S.D. dependent	3.114 740	3.763 213	0.584 372
Determinant resid covariance（dof adj.）		0.323 980	
Determinant resid covariance		0.079 904	
Log likelihood		−176.607 6	
Akaike information criterion		8.223 987	
Schwarz criterion		10.548 01	

附表 15-14　上海 SVAR 实证研究结果

Model：Ae=Bu where E[uu']=I

Restriction Type：short-run pattern matrix

A=		
1	0	0
C（1）	1	0
C（2）	*C*（3）	1

续表

B=				
C（4）	0	0		
0	*C*（5）	0		
0	0	*C*（6）		
	Coefficient	Std. Error	z-Statistic	Prob.
C（1）	0.093 200	0.116 642	0.799 025	0.424 3
C（2）	−0.006 280	0.019 843	−0.316 485	0.751 6
C（3）	0.003 387	0.022 029	0.153 764	0.877 8
C（4）	1.612 228	0.148 418	10.862 78	0.000 0
C（5）	1.444 471	0.132 974	10.862 78	0.000 0
C（6）	0.244 413	0.022 500	10.862 78	0.000 0
Log likelihood	−217.9 034			
Estimated *A* matrix：				
1.000 000	0.000 000	0.000 000		
0.093 200	1.000 000	0.000 000		
−0.006 280	0.003 387	1.000 000		
Estimated *B* matrix：				
1.612 228	0.000 000	0.000 000		
0.000 000	1.444 471	0.000 000		
0.000 000	0.000 000	0.244 413		

附录 4.7　邯郸数据 VAR 和 SVAR 实证结果

附表 15-15　邯郸 VAR 实证研究结果

Dependent variable：HANDAN			
Excluded	Chi-sq	df	Prob.
M2	1.939 829	2	0.379 1
RATE	4.090 804	2	0.129 3
All	19.312 090	4	0.000 7
Dependent variable：M2			
Excluded	Chi-sq	df	Prob.
HANDAN	0.577 624	2	0.749 2
RATE	2.930 052	2	0.231 1
All	3.184 294	4	0.527 5
Dependent variable：RATE			
Excluded	Chi-sq	df	Prob.
HANDAN	2.049 309	2	0.358 9
M2	4.755 182	2	0.092 8
All	5.174 452	4	0.269 9

附表 15-16　邯郸 SVAR 实证研究结果

Model：Ae=Bu where E[uu']=I				
Restriction Type：short-run pattern matrix				
A=				
1	0	0		
C（1）	1	0		
C（2）	*C*（3）	1		
B=				
C（4）	0	0		
0	*C*（5）	0		
0	0	*C*（6）		
	Coefficient	Std. Error	z-Statistic	Prob.
C（1）	0.004 965	0.005 388	0.921 416	0.356 8
C（2）	0.022 651	0.065 183	0.347 503	0.728 2
C（3）	5.621 925	3.250 584	1.729 512	0.083 7
C（4）	1.846 799	0.362 187	5.099 020	0.000 0
C（5）	0.035 880	0.007 037	5.099 020	0.000 0
C（6）	0.420 520	0.082 471	5.099 020	0.000 0
Log likelihood	−8.793 664			
Estimated *A* matrix：				
1.000 000	0.000 000	0.000 000		
0.004 965	1.000 000	0.000 000		
0.022 651	5.621 925	1.000 000		
Estimated *B* matrix：				
1.846 799	0.000 000	0.000 000		
0.000 000	0.035 880	0.000 000		
0.000 000	0.000 000	0.420 520